Julian Klagge

Normative Kohärenz des deutschen Lauterkeitsrechts

Schriften zum Europäischen und Internationalen Privat-, Bank- und Wirtschaftsrecht

---

EIW Band 59

Julian Klagge

Normative Kohärenz des deutschen Lauterkeitsrechts

Analyse zur Umsetzung der Dogmatik der UGP-Richtlinie in das deutsche UWG

DE GRUYTER

Dr. *Julian Klagge*, Berlin

ISBN 978-3-11-052217-4
e-ISBN (PDF) 978-3-11-052436-9
e-ISBN (EPUB) 978-3-11-052364-5

Library of Congress Cataloging-in-Publication Data
A CIP catalog record for this book has been applied for at the Library of Congress.

Bibliografische Information der Deutschen Nationalbibliothek
Die Deutsche Nationalbibliothek verzeichnet diese Publikation in der Deutschen Nationalbibliografie; detaillierte bibliografische Daten sind im Internet über http://dnb.dnb.de abrufbar.

Druck und Bindung: CPI books GmbH, Leck
♾ Gedruckt auf säurefreiem Papier
Printed in Germany

www.degruyter.com

Vorwort

Die vorliegende Arbeit wurde im Sommersemester 2016 von der Juristischen Fakultät der Humboldt-Universität zu Berlin als Dissertation angenommen. Rechtsprechung und Literatur sind bis Ende August 2016 berücksichtigt.

Mein herzlicher Dank gilt zunächst Frau Prof. Dr. Eva Inés Obergfell für ihre jederzeit konstruktive und herzliche Betreuung meines Promotionsvorhabens sowie die spannende Zeit an ihrem Lehrstuhl. Herrn Prof. Dr. Karl-Heinz Fezer danke ich herzlich für die zügige Erstellung des Zweitgutachtens.

Antonia Füller, Tobias Heinemann und Thomas Hohendorf danke ich für ihre wertvollen Korrekturen und Anmerkungen. Ohne sie und meinen Mitdoktoranden Tomás Vio Michaelis wäre die Promotionszeit nur halb so schön gewesen.

Nicht genug kann ich meiner Freundin Hannah Andres danken. Sie hat nicht nur unermüdlich meine Texte korrigiert, sondern mich vor allem durch die Höhen und Tiefen in der Entstehungsphase dieser Arbeit begleitet.

Den Herausgebern der „Schriften zum Europäischen und Internationalen Privat-, Bank- und Wirtschaftsrecht" danke ich für die Aufnahme in die Schriftenreihe. Dem Arbeitskreis Wirtschaft und Recht im Stifterverband für die Deutsche Wissenschaft danke ich für die Unterstützung dieser Arbeit mit einem Promotionsstipendium.

Schließlich danke ich von Herzen meinen Eltern für all ihre Unterstützung und Liebe auf meinem bisherigen Lebensweg. Ihnen ist diese Arbeit gewidmet.

Inhaltsübersicht

Inhalt

Abkürzungsverzeichnis

Dienstleistungs-RL:	Richtlinie 2006/123/EG des Europäischen Parlaments und des Rates vom 12. Dezember 2006 über Dienstleistungen im Binnenmarkt
E-Commerce-RL:	Richtlinie 2000/31/EG des Europäischen Parlaments und des Rates vom 8. Juni 2000 über bestimmte rechtliche Aspekte der Dienste der Informationsgesellschaft, insbesondere des elektronischen Geschäftsverkehrs, im Binnenmarkt („Richtlinie über den elektronischen Geschäftsverkehr")
ErwGr:	Erwägungsgrund
GD SANCO:	Generaldirektion Gesundheit und Verbraucher (Direction générale de la santé et des consommateurs)
Irreführungs-RL 1997:	Richtlinie 97/57/EG des Europäischen Parlaments und des Rates vom 6. Oktober 1997 zur Änderung der Richtlinie 84/450/EWG über irreführende Werbung zwecks Einbeziehung der vergleichenden Werbung
Irreführungs-RL:	Richtlinie 2006/114/EG des Europäischen Parlaments und des Rates vom 12. Dezember 2006 über irreführende und vergleichende Werbung
Kosmetik-RL:	Richtlinie 76/768/EWG des Rates vom 27. Juli 1976 zur Angleichung der Rechtsvorschriften der Mitgliedstaaten über kosmetische Mittel
Marken-RL:	Richtlinie 2008/95/EG des Europäischen Parlaments und des Rates vom 22. Oktober 2008 zur Angleichung der Rechtsvorschriften der Mitgliedstaaten über die Marken
Pauschalreisen-RL:	Richtlinie 90/314/EWG des Rates vom 13. Juni 1990 über Pauschalreisen
UGP-RL:	Richtlinie 2005/29/EG des Europäischen Parlaments und des Rates vom 11. Mai 2005 über unlautere Geschäftspraktiken im binnenmarktinternen Geschäftsverkehr zwischen Unternehmern und Verbrauchern und zur Änderung der Richtlinie 84/450/EWG des Rates, der Richtlinien 97/7/EG, 98/27/EG und 2002/65/EG des Europäischen Parlaments und des Rates sowie der Verordnung (EG) Nr. 2006/2004 des Europäischen Parlaments und des Rates (Richtlinie über unlautere Geschäftspraktiken)
UWG 2004:	Gesetz gegen den unlauteren Wettbewerb vom 03. Juli 2004, BGBl. I, S. 1414
UWG 2008:	Erstes Gesetz zur Änderung des Gesetzes gegen den unlauteren Wettbewerb vom 22. Dezember 2008, BGBl. I, S. 2949
UWG 2015:	Zweites Gesetz zur Änderung des Gesetzes gegen den unlauteren Wettbewerb vom 02. Dezember 2015, BGBl. I, S. 2158
Verbraucherrechte-RL:	Richtlinie 2011/83/EU des Europäischen Parlaments und des Rates vom 25. Oktober 2011 über die Rechte der Verbraucher, zur Abänderung der Richtlinie 93/13/EWG des Rates und der Richtlinie 1999/44/EG des Europäischen Parlaments und des Rates sowie zur Aufhebung der Richtlinie 85/577/EWG des Rates und der Richtlinie 97/7/EG des Europäischen Parlaments und des Rates

Verbrauchsgüterkauf-RL:	Richtlinie 1999/44/EG des Europäischen Parlaments und des Rates vom 25. Mai 1999 zu bestimmten Aspekte des Verbrauchsgüterkaufs und der Garantien für Verbrauchsgüter
VO Verkaufsförderung:	Vorschlag für eine Verordnung des Europäischen Parlaments und des Rates über Verkaufsförderung im Binnenmarkt vom 02.10.2001, KOM (2001) 546 endg.; geänderter Vorschlag vom 25.10.2002, KOM (2002) 585 endg.

Alle sonstigen Abkürzungen sind die üblich verwendeten nach *Kirchner, Hildebert:* Abkürzungsverzeichnis der Rechtssprache, 5. Aufl., Berlin 2015.

Einleitung

A. Einführung in die Thematik

Kaum ein Thema hat den lauterkeitsrechtlichen Diskurs der vergangenen Jahre so sehr beschäftigt wie die Umsetzung der UGP-RL in das deutsche Lauterkeitsrecht. Die UGP-RL wurde am 11.05.2005 verabschiedet und trat einen Tag später in Kraft. Ihr Gegenstand ist die Vollharmonisierung unlauterer Geschäftspraktiken im Verhältnis zwischen Unternehmern und Verbrauchern („b2c-Verhältnis“)[1]. Sie betraf damit einen gewichtigen Teilbereich des Lauterkeitsrechts, da sie das Verhältnis zwischen Unternehmern („b2b-Verhältnis“) von ihrer Anwendung ausklammerte. Im Zuge der UGP-RL wurde dementsprechend der Zweck der Irreführungs-RL in deren Art. 1 allein auf den Schutz der Interessen der Gewerbetreibenden beschränkt.

Der deutsche Gesetzgeber stand nun vor dem Dilemma, erst ein Jahr zuvor nach knapp 100 Jahren weitestgehend unveränderter Gesetzeslage das UWG am 03.07.2004 grundlegend reformiert zu haben. Vergebens war die Erwartung, mit dem UWG 2004 Signalwirkung auf unionsrechtlicher Ebene zu entfalten[2]. Der Richtliniengeber wählte – nicht zuletzt aus harmonisierungspolitischen Gründen – bewusst einen europäisch autonomen Weg ohne Prävalenz für ein bestimmtes nationales Lauterkeitsrechtsmodell[3]. Gem. ErwGr 13 S. 1 UGP-RL[4] verfolgte er insbesondere das ambitionierte Ziel, die im Lauterkeitsrecht der Mitgliedstaaten existierenden unterschiedlichen Generalklauseln und Rechtsgrundsätze zu ersetzen.

Obwohl die UGP-RL fristgerecht bis zum 12.06.2007 hätte umgesetzt werden müssen, erfolgte die Umsetzung erst mit dem 1. Gesetz zur Änderung des UWG vom

1 Dass die UGP-RL zu einer Vollharmonisierung führt, ist mittlerweile unbestritten. Dazu nur EuGH GRUR 2009, 599 Tz. 52 – *VTB-VAB/Total Belgium*; GRUR 2010, 244 Tz. 41 – *Plus Warenhandelsgesellschaft*; GRUR 2013, 1157 Tz. 47 – *CHS/Team4 Travel*; GRUR 2013, 1159 Tz. 34 – *BKK/Wettbewerbszentrale*; GRUR 2015, 600 Tz. 32 – *Ungarische Verbraucherschutzbehörde/UPC*. Ausführlich noch etwa *Ohly* WRP 2006, 1401, 1409 – 1412; *Stuyck/Terryn/van Dyck* CML Rev. 2006, 107, 115 – 117. Zum Konzept der Vollharmonisierung S. 186 – 190.

2 *Keßler/Micklitz* BB 2003, 2073, 2078; *dies.* VuR 2009, 88, 89; dazu auch die gesetzgeberische Fehleinschätzung in RegE UWG 2004 BT-Drs. 15/1487, S. 12: „Wegen dieser Unwägbarkeiten kann der Ausgang der Brüsseler Vorhaben vor einer Reform des deutschen UWG nicht abgewartet werden.“ Dies zu Recht als anmaßend kritisierend Fezer/Büscher/Obergfell/*Fezer*, § 1 Rn. 7.

3 Weatherill/Bernitz/*Bernitz*, S. 33, 34; *Ohly* WRP 2008, 177, 181; dazu auch *Micklitz* FS Fezer, S. 835, 846.

4 Alle nachfolgenden Erwägungsgründe sind solche der UGP-RL, sofern nicht anders gekennzeichnet.

DOI 10.1515/9783110524369-001

22.12.2008. Angesichts der Notwendigkeit, bereits kurze Zeit nach der umfassenden Reform von 2004 das UWG erneut zu novellieren, entschied sich der Gesetzgeber dafür, so wenige Eingriffe wie möglich vorzunehmen. Das Wort der „schlanken" Umsetzung machte die Runde[5]. Zur Rechtfertigung berief sich der Gesetzgeber auf Art. 288 Abs. 3 AEUV, wonach der Inhalt einer Richtlinie verpflichtend umzusetzen ist, den Mitgliedstaaten jedoch Form und Mittel der Umsetzung freistehen[6]. Eine tiefergehende Auseinandersetzung, worin der Inhalt der UGP-RL – von tatbestandlichen Abweichungen vom UWG 2004 abgesehen – überhaupt bestehe und wie umfassend er in das mitgliedstaatliche Lauterkeitsrecht hineinreiche, fand nicht in ausreichendem Maße statt[7]. Vielmehr beharrte der Gesetzgeber auf dem Standpunkt, mit dem UWG 2004 der UGP-RL inhaltlich bereits in weiten Teilen vorgegriffen zu haben[8]. In der Folgezeit wurden die Probleme der schlanken Umsetzung der UGP-RL im UWG 2008 deutlich. Der Rechtsanwender war mit der permanenten Notwendigkeit einer richtlinienkonformen Auslegung belastet, da das UWG im Anwendungsbereich der UGP-RL aus sich heraus, d. h. ohne gleichzeitige Zuhilfenahme der UGP-RL selbst, kaum angewendet werden konnte[9]. Den krönenden Höhepunkt der widerwilligen Umsetzung bildete die Richtlinienwidrigkeit des § 4 Nr. 6 UWG 2008[10].

Im Jahr 2009 gewann der fachliche Diskurs an Fahrt, als *Fezer* seine These vom unionsrechtlich bedingten Dualismus des Lauterkeitsrechts postulierte[11]. Die These vom Dualismus besagt im Kern, dass die UGP-RL zu einer materiellen Zweiteilung des Lauterkeitsrechts in ein verbraucherschutzbezogenes und ein mitbewerberschutzbezogenes Lauterkeitsrecht geführt habe[12]. Im ersteren sollten die geschützten Verbraucherinteressen die alleinige Auslegungsdirektive bilden, im letzteren die geschützten Mitbewerberinteressen[13]. Mit dieser Ansicht stellte sich *Fezer* in klaren Kontrast zum tradierten, sog. integrierten Konzept der

5 *Alexander* GRUR Int. 2010, 1025, 1033; *Köhler* GRUR 2012, 1073; *Timm-Wagner* GRUR 2013, 245, 246.

6 RegE UWG 2008 BT-Drs. 16/10145, S. 11.

7 Für einen progressiven Umgang mit der UGP-RL und ihrer Umsetzung in das UWG jedoch *Fezer* WRP 2006, 781; eine stärkere Ausrichtung des UWG an den Entwicklungstendenzen auf europäischer Ebene hin zu einem originären Verbraucherschutz im Lauterkeitsrecht bereits fordernd *ders.* WRP 2001, 989, 998.

8 RegE UWG 2008 BT-Drs. 16/10145, S. 10.

9 Dies auch bemängelnd *Köhler* WRP 2012, 251, 252.

10 Dazu unten S. 262–266. Alle nachfolgenden Paragrafen sind solche des UWG 2008, sofern nicht anders gekennzeichnet.

11 *Fezer* WRP 2009, 1163.

12 *Fezer* WRP 2009, 1163, 1165 f.

13 *Fezer* WRP 2009, 1163, 1166.

„Schutzzwecktrias" im deutschen Lauterkeitsrecht, wonach sämtliche geschützten Interessen gleichrangig als Auslegungsdirektive zu berücksichtigen und dementsprechend lauterkeitsrechtliche Regelungen für alle Marktteilnehmer möglichst einheitlich zu gestalten seien[14]. Die Diskussion um die These vom Dualismus wurde in der Folge geradezu konfrontativ geführt[15]. Nur vereinzelt fand die These Gefolgschaft in der Literatur[16].

Die Rechtslage im UWG 2008 wurde schließlich im Dezember 2011 von der Kommission wegen unzureichender Umsetzung der UGP-RL gerügt[17]. Als Reaktion auf ein von der Kommission eingeleitetes Vertragsverletzungsverfahren sah sich der deutsche Gesetzgeber nunmehr gezwungen, erneut Änderungen am UWG vorzunehmen[18]. Ergebnis ist das jüngst verabschiedete 2. Gesetz zur Änderung des UWG vom 02.12.2015, das am 10.12.2015 in Kraft getreten ist. Tiefgreifende Änderungen inhaltlicher Art sind mit dem UWG 2015 jedoch nach wie vor nicht bezweckt. Dem Gesetzgeber geht es lediglich um Klarstellungen in Wortlaut und Systematik[19]. Am Grundsatz, ein für alle Marktteilnehmer einheitliches Lauterkeitsrecht zu schaffen, wurde nicht gerüttelt[20]. Die entscheidende Frage, ob mit den lauterkeitsrechtlichen Entwicklungen auf europäischer Ebene in Form der UGP-RL nicht doch tiefgreifende dogmatische Änderungen der deutschen Lauterkeitsrechtsordnung verbunden sind, steht vor dem Hintergrund der unveränderten Haltung des Gesetzgebers noch immer im Raum. Zwar wird der Disput um eine Abkehr vom integrierten Ansatz des UWG in den letzten Jahren weniger scharf geführt, er ist aber bislang nicht beigelegt. Die vorliegende Untersuchung greift die damit zusammenhängenden Fragen auf und ist bestrebt, den Diskurs weiter voran zu treiben.

---

14 RegE UWG 2008 BT-Drs. 16/10145, S. 11. Ausführlich zum integrierten Schutzkonzept S. 217–221.

15 So insbesondere der Disput zwischen *Fezer* WRP 2009, 1163; *Scherer* WRP 2010, 586; wiederum *Fezer* WRP 2010, 677; *Köhler* WRP 2010, 1293.

16 Ausdrücklich etwa *Schork*, S. 110–113.

17 Dazu Harte/Henning/*Podszun*, § 3 Rn. 38–42.

18 Beschlussempfehlung Ausschuss Recht und Verbraucherschutz zum UWG 2015 BT-Drs. 18/6571, S. 13.

19 RegE UWG 2015 BR-Drs. 26/15, S. 1; Beschlussempfehlung Ausschuss Recht und Verbraucherschutz zum UWG 2015 BT-Drs. 18/6571, S. 1. – Scharfe Kritik an der Gesetzgebungsgeschichte zum UWG übt Götting/Nordemann/*Götting*[3], Einl. Rn. 11: „Mit der fehlenden Kontinuität und Konsistenz hat sich der Gesetzgeber ein Armutszeugnis ausgestellt."

20 RegE UWG 2015 BR-Drs. 26/15, S. 1; Beschlussempfehlung Ausschuss Recht und Verbraucherschutz zum UWG 2015 BT-Drs. 18/6571, S. 1.

B. Gegenstand der Untersuchung

Angesichts der grundlegenden Umsetzungsschwierigkeiten in Bezug auf die UGP-RL und der konfrontativ geführten Diskussion um ein dualistisches oder einheitlich-integratives Lauterkeitsrecht nimmt die vorliegende Untersuchung einen umfassenderen Blick auf UGP-RL und UWG ein. Nicht spezifische Umsetzungsdefizite einzelner Richtlinienvorschriften sind hierbei von Interesse, sondern die Frage, ob und auf welche Art und Weise die UGP-RL in ihrer dogmatischen Gesamtheit tiefgreifende Änderungen in der deutschen Lauterkeitsrechtsordnung nach sich zieht. Allein in diesem Zusammenhang kommen die Einzeltatbestände der UGP-RL zum Tragen. Die Notwendigkeit einer präzisen Analyse zur Umsetzung der Richtliniendogmatik ist umso dringlicher, als es sich bei der UGP-RL um ein in ihrer Anwendung weitreichendes Regelwerk handelt, welches auf einer unionsrechtlich autonomen Teleologie basiert und mit einer Generalklausel in Art. 5 Abs. 2 UGP-RL,[21] speziellen Tatbeständen zu irreführenden und aggressiven Geschäftspraktiken sowie einer Liste mit Per-se-Verboten (sog. „Black List") eine für europäische Richtlinien ungewöhnlich komplexe Regelungssystematik aufweist. Die hier in Blick genommene Umsetzung der vollharmonisierenden UGP-RL muss sich der Herausforderung stellen, inhaltlich den Richtlinienvorgaben ausnahmslos gerecht zu werden, gleichzeitig aber auf nationaler Ebene ein normativ widerspruchsfreies Lauterkeitsrecht zu begründen bzw. aufrechtzuerhalten. Genau hierin liegt das Ziel der vorliegenden Untersuchung: die Erarbeitung einer normativ-kohärenten Umsetzung der Dogmatik der UGP-RL in das deutsche UWG.

Zum einen steht damit die normative *Kohärenz* des UWG infolge der Umsetzung der UGP-RL im Fokus der Untersuchung. Kohärenz, vom lateinischen Wort „cohaerere" („mit etwas zusammenhängen/verbunden sein"), bezeichnet für sich genommen bestimmte Zusammenhänge. Unter dem Aspekt der *normativen*, d.h. wertungsbezogenen Kohärenz[22] wird im Folgenden die widerspruchsfreie Sinneinheit und Folgerichtigkeit der in rechtlichen Regelungen zum Ausdruck kommenden Wertungen verstanden[23]. Der Kohärenzbegriff betrifft im rechtswissenschaftlichen Kontext widerspruchsfreie Wertungskohärenz[24]. Diese bildet das

21 Alle nachfolgenden Artikel sind solche der UGP-RL, sofern nicht anders gekennzeichnet.

22 Zum Charakter einer Norm als präskriptives Werturteil *Rüthers/Fischer/Birk*, Rn. 111, 113 f.; *Rüthers*, Rechtsdogmatik und Rechtspolitik, S. 16.

23 Dazu *Röhl/Röhl*, S. 443; *Mittwoch*, S. 150 f.

24 Dazu *Gebauer*, in: Gsell/Herresthal, S. 163 f., unter Hinweis auf disziplinär unterschiedliche Bedeutungen des Kohärenzbegriffs.

Ideal eines inneren rechtlichen Wertungssystems, welches begrifflich und sachlich-inhaltlich im Kontext der Systematik der UGP-RL eingehend beleuchtet wird[25].

Zum anderen bildet die Frage nach der *Dogmatik* der UGP-RL und der unionsrechtlichen Verpflichtung zu ihrer Umsetzung ins nationale Recht den Schwerpunkt der Untersuchung. Der häufig als bekannt vorausgesetzte Begriff der Dogmatik wurzelt sprachlich im griechischen Wort „Dogma" und wird im Allgemeinen als „festgelegte Meinung" oder „verbindlicher Lehrsatz" verstanden[26]. In der Geschichte der Wissenschaften, insbesondere der Philosophie und der Theologie, hatte das Dogma die Bedeutung einer gegen jeden Zweifel gesicherten Grundüberzeugung[27]. Übertragen auf die Ebene des Rechts lässt sich Dogmatik als die Erläuterung der für das geltende Recht maßgeblichen Begründungen und Lösungsmuster begreifen und umfasst alle rechtlichen Lehrsätze, Grundregeln und Prinzipien[28]. Dementsprechend wird der Untersuchung ein spezifisches Verständnis rechtlicher Dogmatik zugrunde gelegt[29]. Rechtsdogmatik soll das geltende Recht mit rationaler Überzeugungskraft erklären[30]. Sie bildet ein System von Sätzen, mit denen das geltende Recht begrifflich-systematisch durchdrungen und auf abstraktere Institute zurückgeführt werden kann, um so seine Anwendung zu steuern[31]. Auf diese Weise rationalisiert und strukturiert Dogmatik die Rechtsanwendung[32]. Mit ihren aktuell anerkannten Lösungsmustern fungiert sie als Stabilisator für die Rechtsanwendung und trägt zur Vorhersehbarkeit und Reproduzierbarkeit juristischer Entscheidungen und damit zur Rechtssicherheit bei[33]. Gleichzeitig wird der Rechtsanwender mit Hilfe dogmatischer Lösungsmuster entlastet[34]. Nicht zuletzt bietet dogmatische Differenziertheit die Basis für eine rational-kritische Auseinandersetzung mit aktuell anerkannten rechtlichen

---

25 Zum inneren System im Recht S. 92 f.

26 *Röhl/Röhl*, S. 164; *Rüthers/Fischer/Birk*, Rn. 310; *Rüthers*, Rechtsdogmatik und Rechtspolitik, S. 9.

27 *Rüthers/Fischer/Birk*, Rn. 310; *Rüthers*, Rechtsdogmatik und Rechtspolitik, S. 9.

28 *Rüthers/Fischer/Birk*, Rn. 311; *Rüthers*, Rechtsdogmatik und Rechtspolitik, S. 10.

29 Zu diesem spezifischen Dogmatikverständnis *Volkmann* JZ 2005, 261, 262, unter Abgrenzung zu einem allgemeinen juristischen Dogmatikbegriff, der als Synonym für die Rechtswissenschaft als Ganzes verwendet wird.

30 *Rüthers/Fischer/Birk*, Rn. 311. Zur Möglichkeit der Veränderung von Dogmatiken *Rüthers*, Rechtsdogmatik und Rechtspolitik, S. 13; *Volkmann* JZ 2005, 261, 262 f.

31 *Volkmann* JZ 2005, 261, 262, unter Hinweis auf einen bis dato fehlenden konsentierten Begriff juristischer Dogmatik; *Jansen*, Rechtsdogmatik, Rn. 2.

32 *Röhl/Röhl*, S. 644; *Volkmann* JZ 2005, 261, 262; *Jansen*, Rechtsdogmatik, Rn. 3.

33 *Alexy*, S. 326 f.; *Rüthers/Fischer/Birk*, Rn. 322; *Rüthers*, Rechtsdogmatik und Rechtspolitik, S. 28.

34 *Alexy*, S. 329; *Rüthers/Fischer/Birk*, Rn. 323; *Rüthers*, Rechtsdogmatik und Rechtspolitik, S. 28; *Volkmann* JZ 2005, 261, 262.

Begründungs- und Lösungsmustern und leistet somit einen Beitrag zu deren Fortentwicklung[35]. Dabei können Dogmatiken allgemeiner oder bereichsspezifischer Art sein[36]. Letzteres ist bei der hier zu thematisierenden Dogmatik der UGP-RL der Fall. Die vorgenommene Untersuchung zu den dogmatischen Grundlagen der UGP-RL verfolgt damit angesichts des hier zugrunde gelegten Verständnisses rechtlicher Dogmatik das Ziel, die innerhalb des Anwendungsbereichs der Richtlinie geltenden teleologischen und systematischen Grundregeln offenzulegen und deren generelle Vorgaben für die Anwendung der UGP-RL in Form mitgliedstaatlichen Umsetzungsrechts und dessen Ausgestaltung festzulegen.

C. Gang der Untersuchung

Im 1. Kapitel gilt es, die dogmatischen Grundlagen der UGP-RL als Ausgangs-, Dreh- und Angelpunkt dieser Untersuchung zu erarbeiten. Dies umfasst eine eingehende Analyse von Teleologie, Anwendungsbereich und äußerer Darstellungs- wie innerer Wertungssystematik, um aus den dabei gewonnenen Erkenntnissen als Gesamtbild das dogmatische Konstrukt der UGP-RL zu bestimmen und für alle weiteren Untersuchungsschritte fruchtbar zu machen. Insbesondere die normative Rolle des Art. 5 Abs. 2 und sein systematisches Verhältnis zu Art. 6–9 sowie der Black List und die sich daraus ergebenden Konsequenzen für das Anwendungsverhältnis der Unlauterkeitsvorschriften untereinander stehen im Fokus der dogmatischen Analyse.

Auf Basis dieser dogmatischen Grundlagen der UGP-RL stellt sich die, einem Vergleich mit der deutschen Umsetzungsrechtslage des UWG 2008 und des UWG 2015 notwendigerweise vorgelagerte Frage, ob und wie diese Vorgaben der UGP-RL vom nationalen Normgeber zwingend umzusetzen sind. Demgemäß greift das 2. Kapitel die Problematik zur Umsetzung vollharmonisierender Richtlinien im Privatrecht auf und lotet die dem nationalen Normgeber im primärrechtlichen Rahmen des Art. 288 Abs. 3 AEUV verbleibenden Handlungsoptionen aus. Unter diesen Prämissen wird der Untersuchungsthematik entsprechend besonderes Augenmerk auf die Reichweite der Umsetzungsverpflichtungen des nationalen Normgebers in Bezug auf Telos, Anwendungsbereichsbestimmung bzw. -abgrenzung sowie äußerer und innerer Systematik einer vollharmonisierenden Richtlinie

35 *Alexy*, S. 328 f.; *Rüthers/Fischer/Birk*, Rn. 326 f.; *Rüthers*, Rechtsdogmatik und Rechtspolitik, S. 29 f.

36 *Volkmann* JZ 2005, 261, 262, der als Beispiel bereichsspezifischer Dogmatik die Grundrechtsdogmatik aufführt.

gelegt. Dabei spielen auch die Grenzen einer richtlinienkonformen Auslegung als Ausgleich legislativer Umsetzungsdefizite eine Rolle.

Auf den gewonnenen Erkenntnissen zur Dogmatik der UGP-RL und der Verpflichtung des mitgliedstaatlichen Normgebers zur Umsetzung derselben aufbauend, werden im 3. Kapitel das der Richtlinienumsetzung dienende UWG 2008 sowie das jüngst geänderte UWG 2015 einer kritischen Betrachtung unterzogen, um etwaige Divergenzen zu den dogmatischen Vorgaben der UGP-RL aufzudecken. Von besonderem Interesse ist die dogmatische Ausgestaltung der Schutzzwecktrias in § 1, die einheitliche Anwendungsbereichsbestimmung in § 2 Abs. 1 Nr. 1 und das wertungsmäßige Zusammenspiel zwischen den Generalklauseln in § 3 Abs. 1 und Abs. 2 sowie den speziellen Tatbeständen des UWG. Eine präzise Offenlegung der dogmatischen Abweichungen des UWG von 2008 und 2015 von der UGP-RL hat seinen vornehmlichen Zweck darin, die diesbezüglichen Schwachstellen der bisherigen Rechtslage kenntlich zu machen und für eine weitere künftige legislative Revision des UWG berücksichtigen zu können.

Der Erarbeitung einer sowohl primärrechts- als auch konkret richtlinienkonformen gesetzlichen und dabei normativ widerspruchsfreien Umsetzung der UGP-RL in das UWG dient das 4. Kapitel. Ausgehend von den zuvor analysierten dogmatischen Divergenzen zwischen UGP-RL und UWG geht es darum, die teleologischen, anwendungsbereichsspezifischen und regelungssystematischen Vorgaben der UGP-RL in gebotenem Umfang bereits auf gesetzlicher Ebene zu implementieren, ohne jedoch Inkohärenzen zu den vom Anwendungsbereich der UGP-RL nicht umfassten Unlauterkeitstatbeständen zu provozieren. Ziel wird es sein, eine unionsrechtskonforme und gleichzeitig wertungskonsistente Grundlage für ein neues UWG zu schaffen. Gebotene Änderungen von Schutzzweckklausel, Anwendungsbereichsbestimmung sowie eine widerspruchsfreie Systematisierung des UWG werden umfassend erläutert. Die daraus resultierenden Lösungsvorschläge kulminieren in einem konkret ausformulierten Vorschlag für ein neues, umfassend reformiertes UWG.

1. Kapitel: Dogmatik der UGP-RL

A. Rechtspolitischer Hintergrund der UGP-RL

Bevor in die konkrete Untersuchung zu Zweck, Anwendungsbereich und System der UGP-RL eingestiegen wird, soll zunächst das Augenmerk auf ihre Entstehungsgeschichte und ihre rechtspolitischen Hintergründe gerichtet werden. Diesbezüglich werden die maßgeblichen rechtspolitischen Ansätze zum Erlass der UGP-RL herausgearbeitet und auf ihre Kontinuität im Entstehungsprozess hin überprüft. Dies geschieht insbesondere in Anbetracht der vielen kritischen Stimmen, welche die Genese der UGP-RL über die Jahre hinweg begleitet haben und bis dato nicht verstummt sind. Hierbei ist es hilfreich, einen kurzen Blick auf das 2006 gescheiterte Parallelvorhaben zur UGP-RL, die VO Verkaufsförderung und ihre rechtspolitischen Konvergenzen zur UGP-RL zu werfen. Aus den Untersuchungen ergeben sich schließlich erste Anhaltspunkte für ein Verständnis der harmonisierungspolitischen Bedeutung der UGP-RL im Gefüge des europäischen Lauterkeitsrechts.

I. Grünbuch zum Verbraucherschutz in der Europäischen Union

Gesetzesinitiativer Ausgangspunkt der UGP-RL bildete das Grünbuch zum Verbraucherschutz in der Europäischen Union,[37] das unter Federführung der GD SANCO erarbeitet und von der Kommission am 2. Oktober 2001 vorgelegt wurde. Im Zentrum der angestoßenen Konsultation stand zur Debatte, ob etwaige Reformbemühungen auf der Grundlage eines spezifischen[38] oder eines kombinierten[39] Ansatzes verfolgt werden sollten. Mit dem Erlass einer umfassenden Rahmenrichtlinie und einer Generalklausel als deren Kernelement favorisierte die Kommission bereits zum damaligen Zeitpunkt einen kombinierten Ansatz[40].

---

37 KOM (2001) 531 endg., im Folgenden auch „Grünbuch Verbraucherschutz".

38 Gemeint war damit ein Ansatz basierend auf einer Vielzahl spezifischer Richtlinien, jeweils auf einzelne Regelungsaspekte bezogen, vgl. KOM (2001) 531 endg., S. 13.

39 Der kombinierte Ansatz beinhaltete eine umfassende Rahmenrichtlinie als „Sicherheitsnetz", welche bestehende, sektorspezifische Richtlinien nicht in Frage stellen sollte, KOM (2001) 531 endg., S. 14.

40 So bezweifelte die Kommission Effizienz und Effektivität des spezifischen Ansatzes, befürchtete aber gleichzeitig die Konsensfindung beim kombinierten Ansatz, KOM (2001) 531 endg., S. 13 f.; dazu auch MüKo-UWG/*Micklitz*[1], EG E Rn. 11.

DOI 10.1515/9783110524369-002

1. Rechtspolitische Zielsetzungen

Das Grünbuch Verbraucherschutz durchzieht das sowohl verbraucherschutz- als auch binnenmarktintegrationspolitische Ziel, den Binnenmarkt dem Verbraucher zunutze zu machen. Die marktintegrative Dimension des Waren- und Dienstleistungsverkehrs solle zum Profit der Verbraucher fruchtbar gemacht werden, indem diese mittels grenzübergreifender Transaktionen die für sie günstigsten und innovativsten Produkte zur Auswahl haben sollten, um damit bestmögliche Kaufentscheidungen zu treffen und einen verstärkten Wettbewerbsdruck zu erzeugen[41]. Als wesentliches Hindernis zur Verwirklichung dieser Zielsetzung identifizierte die Kommission die Vielzahl disparater Regelungen im lauterkeitsrechtlichen Verbraucherschutz der Mitgliedstaaten[42]. In vielen Mitgliedstaaten gelte zwar ein allgemeines und mitunter durch spezifische Vorschriften abgestütztes Rechtsprinzip. Gerade dieser Zustand laufe jedoch der Verwirklichung des Binnenmarktes aus Perspektive der Verbraucher zuwider[43]. Seine potenziellen Möglichkeiten habe der Binnenmarkt für den Verbraucher weder realisiert noch folge er den werbetechnischen Entwicklungen im Rahmen von b2c-Transaktionen[44]. Grenzübergreifende Geschäfte im b2c-Bereich vollzögen sich nur in den wenigsten Fällen. Grund hierfür sei ein Mangel an Klarheit und Rechtssicherheit für Verbraucher, der sich als wesentlicher Hemmfaktor für ihr Vertrauen in grenzüberschreitende Transaktionen auswirke,[45] obwohl ein funktionierender Binnenmarkt für Verbraucher Zugang zu einem größeren Angebot und günstigeren Preisen eröffne[46].

Neben der Öffnung des Binnenmarktes für die Verbraucher sollte sich dieser Prozess gleichsam für die im Binnenmarkt (noch) nicht grenzübergreifend tätigen Unternehmen vollziehen. Als weitere Zielsetzung der Kommission sollte die Schaffung eines einheitlichen Regelungsrahmens die Wirtschaft und insbesondere kleine und mittlere Unternehmen dazu ermutigen, im grenzüberschreitenden Handel aktiv zu werden[47]. Durch die divergierenden nationalen Rechtsvorschriften über Geschäftspraktiken im b2c-Verhältnis sah die Kommission die transnationalen Handelsmöglichkeiten im Binnenmarkt beeinträchtigt[48]. De facto werde

---

41 KOM (2001) 531 endg., S. 3.

42 KOM (2001) 531 endg., S. 4.

43 KOM (2001) 531 endg., S. 7 f.

44 Dazu auch der Befund bei Weatherill/Bernitz/*Abbamonte*, S. 11, 12: „There was strong evidence that the Internal Market was more a reality for business-to-business-transactions. By contrast, a European business-to-consumer market was far from achieved."

45 KOM (2001) 531 endg., S. 11.

46 KOM (2001) 531 endg., S. 11.

47 KOM (2001) 531 endg., S. 3.

48 KOM (2001) 531 endg., S. 3.

Unternehmen dadurch die Option versperrt, EU-ausländische Märkte auf ebenso einfache Weise wie heimische Märkte zu erschließen[49]. Ein gemeinsamer Rechtsrahmen für Geschäftspraktiken im b2c-Verkehr solle zu einer Reduktion der hiermit verbundenen, unverhältnismäßig hohen Belastungen der Wirtschaft führen[50].

Innerhalb des Grünbuchs Verbraucherschutz lassen sich damit zwei wesentliche Zielrichtungen identifizieren: Das Grünbuch ist gekennzeichnet durch eine verbraucherschutzorientierte sowie eine binnenmarktintegrationspolitische Komponente, wobei letztere sowohl aus der Verbraucher- als auch Unternehmerperspektive heraus zu verstehen ist. Hinsichtlich der verbraucherschützenden Komponente steht der Schutz der wirtschaftlichen Interessen der Verbraucher im Fokus, namentlich der Schutz vor durch unlautere Geschäftspraktiken bedingten ungünstigen Kaufentscheidungen. Binnenmarktintegrationspolitisch bildet auf der einen Seite die Verwirklichung des Binnenmarktes für Verbraucher das Kernanliegen des Grünbuchs. Diese sollten aus dem Binnenmarkt einen konkreten wirtschaftlichen Nutzen ziehen, welcher in wirtschaftlich vorteilhaften Entscheidungen zum Ausdruck kommt. Auf der anderen Seite dieses binnenmarktpolitischen Konzepts steht der Abbau von Handelshemmnissen aus Sicht der Unternehmer mittels der Entschärfung divergierender Rechtsvorschriften im grenzüberschreitenden Marketing und somit die Erschließung neuer Abnehmerkreise im gesamten Wirtschafts- und Rechtsraum des Binnenmarktes. Der Fokus richtet sich damit auf das unternehmerische Interesse am freien Marktzugang innerhalb des Binnenmarkts. Anderweitige lauterkeitsrechtlich relevante Mitbewerberinteressen finden im Grünbuch Verbraucherschutz hingegen keine Berücksichtigung.

2. Kritik von deutscher Seite

Genau diese Ausklammerung lauterkeitsrechtlicher Mitbewerberinteressen unter gleichzeitiger Zentrierung des Regelungskonzepts auf die Verbraucherperspektive führte auf deutscher Seite zu erheblicher Kritik am Grünbuch Verbraucherschutz[51]. Beispielhaft stehen hierfür die Stellungnahmen der GRUR,[52] des MPI[53]

---

49 KOM (2001) 531 endg., S. 11; dazu auch Weatherill/Bernitz/*Abbamonte*, S. 11, 12.

50 KOM (2001) 531 endg., S. 11.

51 Kritisch zu diesem Aspekt des Grünbuchs Verbraucherschutz u. a. *Göhre* WRP 2002, 36, 47; *Wiebe* WRP 2002, 283, 292; *Micklitz/Keßler* GRUR Int. 2002, 885, 895; *Henning-Bodewig* GRUR Int. 2002, 389, 396; *dies.* FS Tilmann S. 149, 157 f.

52 *Kunz-Halstein/Loschelder* GRUR 2002, 408.

53 *Henning-Bodewig/Schricker* GRUR Int. 2002, 319.

sowie der Bundesregierung[54]. Hiernach sei es unverzichtbar, an einem umfassenden lauterkeitsrechtlichen Ansatz festzuhalten, dessen „Schutzzwecktrias" im Sinne einer gleichzeitigen Berücksichtigung von Verbraucher-, Wettbewerber- und Allgemeininteressen unter keinen Umständen aufgegeben werden dürfe[55]. In den Anwendungsbereich der anstehenden Richtlinie müsse jedenfalls auch der b2b-Bereich im Sinne einer grundsätzlichen Anwendbarkeit des Lauterkeitsrechts in allen Handelsstufen einbezogen werden[56]. Mit dem Festhalten an der Schutzzwecktrias dürfe der Grundsatz des „fair play" im Wirtschaftsleben nicht in einen für Wettbewerber und einen für Verbraucher geltenden Standard aufgespalten werden. Beides seien lediglich Facetten ein- und desselben Sachverhalts, gekennzeichnet durch die mittelbare Betroffenheit des einen bei unmittelbarer Betroffenheit eines anderen Interesses[57]. Der reine b2c-Ansatz des Grünbuchs reiße einheitliche Sachverhalte künstlich auseinander und führe zu einer Aufspaltung und weiteren Fragmentierung des Lauterkeitsrechts[58]. Anzustreben sei daher eine umfassende Regelung des Lauterkeitsrechts im übergreifenden Sinne[59].

II. Folgemaßnahmen zum Grünbuch über Verbraucherschutz

Eine Auswertung der insgesamt 169 Reaktionen auf das Grünbuch Verbraucherschutz erfolgte in der Mitteilung der Kommission vom 11.06.2012[60]. Hierin zeichnete sich eine deutliche Mehrheit der eingegangenen Stellungnahmen für eine Rahmenrichtlinie und folglich dem bereits zuvor favorisierten kombinierten Ansatz ab[61]. Außerdem wurden schon zu diesem Zeitpunkt die Grundzüge der späteren Richtlinie – Kombination einer Generalklausel bestehend aus zwei Kernelementen inklusive einer „Verbraucher-Benachteiligungsprüfung" sowie

54 Stellungnahme der Bundesregierung zum Grünbuch der Europäischen Kommission zum Verbraucherschutz v. 28.01.2002, BMJ III B 5/BMVEL 213.

55 Stellungnahme BReg, BMJ III B 5/BMVEL 213, S. 5; *Kunz-Hallstein/Loschelder* GRUR 2002, 408; *Henning-Bodewig/Schricker* GRUR Int. 2002, 319, 320.

56 *Kunz-Hallstein/Loschelder* GRUR 2002, 408, 410; *Henning-Bodewig/Schricker* GRUR Int. 2002, 319, 320.

57 *Henning-Bodewig/Schricker* GRUR Int. 2002, 319, 320; ähnlich Stellungnahme BReg, BMJ III B 5/BMVEL 213, S. 5.

58 *Henning-Bodewig/Schricker* GRUR Int. 2002, 319, 320.

59 *Henning-Bodewig/Schricker* GRUR Int. 2002, 319, 320.

60 KOM (2002) 289 endg.

61 KOM (2002) 289 endg., S. 1.

speziellen Bestimmungen – erkennbar[62]. Konzeptionell blieb die Kommission ihren im Grünbuch Verbraucherschutz festgelegten verbraucherspezifischen und binnenmarktintegrationspolitischen Ansätzen treu. Neben der Stärkung des Vertrauens der Verbraucher in grenzübergreifende Kaufabschlüsse und den damit verbundenen Vorteilen bildete die Förderung grenzübergreifender unternehmerischer Vertriebsmöglichkeiten die schwerpunktmäßige Zielsetzung[63]. Ein hohes Maß an Verbraucherschutz sowie das Funktionieren des Binnenmarktes im Sinne eines schrankenlosen Marktzugangs sowohl auf Nachfrager- als auch auf Anbieterseite dominierten weiterhin die von der Kommission verfolgte Strategie[64]. Auf die von deutscher Seite geäußerte Kritik zugunsten einer umfassenden Harmonisierung unlauterer Geschäftspraktiken unter Beibehaltung der Schutzzwecktrias ging die Kommission hingegen kaum ein[65]. Mangels vergleichbarer Forderungen anderer Mitgliedstaaten zur Ausdehnung der geplanten Richtlinie auf b2b-Verhältnisse sah sie keinen Grund, ihre ursprüngliche Position zu überdenken, nur Geschäfte im b2c-Verhältnis abzudecken[66].

III. Vorschlag für eine Richtlinie über unlautere Geschäftspraktiken und erweiterte Folgenabschätzung

Am 18.06.2003 legte die Kommission ihren Vorschlag für eine Richtlinie über unlautere Geschäftspraktiken[67] vor. Zur weitergehenden Erläuterung veröffentlichte sie zeitgleich eine erweiterte Folgenabschätzung zum Richtlinienvorschlag[68].

1. Rechtspolitische Kontinuität

Die Kommission griff ihre bisherigen Überlegungen abermals auf: Ziel der Richtlinie sei die Förderung des Verbrauchervertrauens in grenzüberschreitende Transaktionen sowie die Reduzierung von Hemmnissen für Unternehmer bei

62 KOM (2002) 289 endg., S. 10, 20. Das damals noch auf S. 24 vorgesehene Herkunftslandprinzip fand hingegen keinen Einzug in die UGP-RL; dazu auch MüKo-UWG/*Micklitz*[1], EG E Rn. 17.
63 KOM (2002) 289 endg., S. 3.
64 KOM (2002) 289 endg., S. 10, 19.
65 KOM (2002) 289 endg., S. 5.
66 KOM (2002) 289 endg., S. 11.
67 KOM (2003) 356 endg.
68 SEK (2003) 724.

grenzüberschreitenden Verkaufsaktivitäten[69]. Konzeptionell rückte sie den mit erweiterten Rechten ausgestatteten Verbraucher in den Mittelpunkt eines wettbewerbsorientierten Binnenmarktes,[70] dessen Verbraucherdimension es zu verwirklichen gelte[71]. Darüber hinaus ging die Kommission in ihrem Vorschlag neben den bekannten binnenmarktintegrationspolitischen und verbraucherschützenden Aspekten auch auf etwaige, durch unlautere Geschäftspraktiken verursachten Marktstörungen ein. So führe die Beeinflussung der Verbraucherentscheidung auch zu Wettbewerbsverzerrungen, da unlauter handelnde Gewerbetreibende denjenigen Unternehmen, die sich an Regeln halten, Marktanteile entzögen[72]. Sowohl Hindernisse für den Binnenmarkt (i.S.d. Beeinträchtigung grenzüberschreitender Transaktionen) als auch Wettbewerbsverzerrungen seien auf unlautere Geschäftspraktiken zurückzuführen[73]. Erstmals bezog die Kommission Interessen der Unternehmer in ihrer wettbewerblichen Stellung als Konkurrenten sowie den institutionellen Wettbewerbsschutz in ihre Erwägungen mit ein. Damit näherte sie sich der von deutscher Seite vorgetragenen Kritik zwar an. Gleichwohl wurde diese punktuell getroffene Feststellung im weiteren Verlauf des Richtlinienvorschlags nicht neben die maßgeblichen Kernziele des Richtlinienvorschlags gestellt. Im Ergebnis blieben die Kernziele weiterhin allein auf den Schutz der Verbraucher vor unlauterer Beeinträchtigung ihrer Entscheidungsfreiheit sowie auf binnenmarktweites, grenzüberschreitendes Marketing seriöser Unternehmen beschränkt[74].

2. Explizite Abweisung der Kritik am begrenzten Harmonisierungsumfang

In der gesamten Diskussion um die verbraucherspezifische Ausrichtung der UGP-RL, wie sie sich bereits in ihrer Entstehungsgeschichte abzeichnete, findet die erweiterte Folgenabschätzung zum Richtlinienvorschlag kaum Beachtung. Dabei liefert sie wesentliche Anhaltspunkte zum Verständnis für die von der Kommission verfolgte Politik, insbesondere der Begrenzung der lauterkeitsrechtlichen Harmonisierungsmaßnahme auf das b2c-Verhältnis.

Neben einer nochmaligen Erläuterung der rechtspolitischen Zielsetzungen sowie einer Gegenüberstellung der Auswirkungen möglicher Regelungsalternativen setzte sich die Kommission bei der Begründung der gewählten Strategie

---

69 SEK (2003) 724, S. 11.
70 KOM (2003) 356 endg., Rn. 4.
71 SEK (2003) 724, S. 4.
72 KOM (2003) 356 endg., Rn. 16.
73 KOM (2003) 356 endg., Rn. 25.
74 SEK (2003) 724, S. 11.

gesondert mit der von deutscher Seite geäußerten Kritik an der Beschränkung auf die lauterkeitsrechtliche Verbraucherperspektive auseinander[75]. Sie wies die Kritik ausdrücklich zurück und begründete, weshalb diese „noch ehrgeizigeren Varianten“[76] verworfen wurden. Zum einen lehnte es die Kommission ausdrücklich ab, Unternehmer in ihrer Rolle als Käufer in den Anwendungsbereich einzubeziehen[77]. Als Begründung führte die Kommission an, der (EG-)Vertrag nenne nur den Verbraucherschutz, nicht hingegen den Schutz der Unternehmen[78]. Sie ergänzte diesen Einwand mit dem Argument, Geschäftsbeziehungen zwischen Unternehmen seien „naturgemäß ausgewogener als solche mit Verbrauchern“, so dass Unternehmen daher generell weniger schutzbedürftig seien[79]. Außerdem sei es noch nicht möglich, die schutzbedürftigeren Fälle sehr kleiner Unternehmen zufriedenstellend zu definieren[80]. Zum anderen erteilte die Kommission denjenigen Forderungen eine klare Absage, die für eine Regulierung jeglichen „unlauteren Wettbewerbs“ nach dem Beispiel einiger Mitgliedstaaten plädiert hatten. Nach Ansicht der Kommission hätten damit Geschäftspraktiken einbezogen werden müssen, die für Verbraucher keine Nachteile mit sich brächten, wobei sie beispielhaft Fälle der sklavischen Nachahmung oder der Herabwürdigung von Konkurrenten bezeichnete[81]. Hierzu wird ausgeführt: „Nach eingehender Prüfung dieser Vorschriften zeigt sich, dass diese keine wesentlichen Binnenmarkthemmnisse verursachen, die eine Harmonisierung erforderlich machen und statistisch nicht von Bedeutung sind.“ [82] Schließlich dürfe die Einbeziehung von Unternehmen nicht die eindeutige Ausrichtung des Richtlinienvorschlags auf den Verbraucherschutz verwässern und verdunkeln[83].

Im Kern hegte die Kommission damit harmonisierungspolitische Bedenken gegenüber einer allumfassenden Vereinheitlichung des Lauterkeitsrechts in der Form, wie es traditionell in zahlreichen Mitgliedstaaten existierte. Hierfür sah sie keine empirischen Anhaltspunkte, die auf Binnenmarkthemmnisse, verursacht durch divergierende Lauterkeitstatbestände im b2b-Verhältnis, hinwiesen. Eine

---

75 SEK (2003) 724, S. 34 f. Diese Ausführungen der Kommission werden häufig übersehen. So beklagen etwa *Glöckner/Henning-Bodewig* WRP 2005, 1311, 1315 f., dass die hierzu geäußerte Kritik – angeblich – von der Kommission nicht thematisiert worden sei.

76 So die Bezeichnung der Kommission, SEK (2003) 724, S. 34.

77 SEK (2003) 724, S. 34.

78 SEK (2003) 724, S. 34.

79 SEK (2003) 724, S. 34.

80 SEK (2003) 724, S. 34.

81 SEK (2003) 724, S. 34.

82 SEK (2003) 724, S. 34 f.

83 SEK (2003) 724, S. 35.

allumfassende Vollharmonisierung des Lauterkeitsrechts auf europäischer Ebene schien ihr hiernach schlichtweg nicht erforderlich[84].

3. Rechtspolitischen Zielrichtungen der UGP-RL

Bis zum endgültigen Erlass der UGP-RL hat der sowohl binnenmarktintegrative als auch verbraucherschutzorientierte Ansatz der Kommission an seiner Kontinuität nicht eingebüßt. In den einleitenden Erwägungsgründen der UGP-RL selbst wird erneut die Divergenz der gemeinschaftsweit geltenden nationalen Rechtsvorschriften in Bezug auf unlautere Geschäftspraktiken betont und als Resultat erhebliche Verzerrungen des Wettbewerbs für Unternehmen aus unterschiedlichen Mitgliedstaaten und Hemmnisse für ein ordnungsgemäßes Funktionieren des Binnenmarktes diagnostiziert[85]. Unternehmen sähen sich von der Ausübung der Freiheiten des Binnenmarktes abgehalten, das Vertrauen der Verbraucher in selbigen würde untergraben[86].

Gleichsam verfestigt sich in der UGP-RL die von der Kommission letztlich präferierte Harmonisierungspolitik zu unlauteren Geschäftspraktiken. Hemmnisse für den grenzüberschreitenden Dienstleistungs- und Warenverkehr oder die Niederlassungsfreiheit seien durch einheitliche Regelungen auf Gemeinschaftsebene, die ein hohes Verbraucherschutzniveau gewährleisten, nur in dem Maße zu beseitigen, wie es für das ordnungsgemäße Funktionieren des Binnenmarktes *notwendig* sei[87]. Im Einklang mit dem *Subsidiaritätsprinzip* ginge die Richtlinie nicht über das für die Beseitigung der Handelshemmnisse und Gewährleistung eines hohen gemeinsamen Verbraucherschutzes *erforderliche Maß* hinaus[88]. Seine Konturen erhält dieser Erwägungsgrund v.a. in der Zusammenschau mit den kommissionsinternen Überlegungen gegen eine allumfassende Harmonisierung, wie sie in der erweiterten Folgenabschätzung zum Richtlinienvorschlag zutage traten. Absicht der Kommission ist es demnach, Umfang und Reichweite der lauterkeitsrechtlichen Harmonisierung in ein äquivalentes Verhältnis zu den nach ihrer Einschätzung bestehenden regulatorischen Notwendigkeiten der Binnenmarktintegration zu stellen, wobei sie konzeptionell die Rolle der Verbraucher im

---

84 Darauf auch abstellend Hilty/Henning-Bodewig/*Beater*, S. 207, 209, 212; Hilty/Henning-Bodewig/*Peukert*, S. 27, 33: Rechtsangleichung nur im Rahmen der Ziele der Gemeinschaft, nicht um ihrer selbst willen.

85 ErwGr 3.

86 ErwGr 4.

87 ErwGr 5.

88 ErwGr 23.

Binnenmarkt in den Vordergrund rückt[89]. Dieser Umstand findet in der kritischen Auseinandersetzung mit der UGP-RL, wie sie sich in Deutschland in überwiegendem Maße auszeichnet, selten Beachtung[90].

IV. Scheitern des Vorschlags für eine Verordnung über Verkaufsförderung im Binnenmarkt

Zur genaueren harmonisierungspolitischen Einordnung der UGP-RL ist es hilfreich, die gescheiterte Verordnung über Verkaufsförderung im Binnenmarkt[91] näher zu beleuchten, die als Harmonisierungsprojekt parallel zur UGP-RL verfolgt wurde. Ein erster Vorschlag zur VO Verkaufsförderung wurde von der Kommission zeitgleich mit dem Grünbuch Verbraucherschutz am 02.10.2001 veröffentlicht. Unter Federführung der GD Binnenmarkt zielte die VO Verkaufsförderung punktuell auf eine Harmonisierung der Regelungen bezüglich verkaufsfördernder Maßnahmen ab. Kennzeichnend für die Harmonisierungsbemühungen der GD Binnenmarkt war eine liberalisierende Grundausrichtung für Verkaufsförderaktionen,[92] flankiert mit wenigen gezielten Verboten und Beschränkungen der unternehmerischen Kommunikation hinsichtlich Transparenz und Informationspflichten[93]. Zudem sollte die VO Verkaufsförderung mit dem Herkunftslandprinzip unterfüttert werden[94]. Im Gegensatz zur UGP-RL ist der Gesetzgebungsprozess zur VO Verkaufsförderung zu keinem erfolgreichen Abschluss gelangt. Der Vorschlag wurde von der Kommission in ihrer Mitteilung vom 27.09.2005 zurückgezogen[95].

---

89 In diese Richtung geht auch Götting/Meyer/Vormbrock/*Weiler*, § 25 Rn. 119, der die binnenmarktbezogene Funktion der UGP-RL besonders hervorhebt; ebenso Weatherill/Bernitz/*Bernitz*, S. 33, 35: „In addition, by using a new systematic approach, the Commission was able to adapt its model to the particular need of removing barriers to cross-border advertising and marketing, thus furthering European Integration."

90 Darauf eingehend hingegen Hilty/Henning-Bodewig/*Beater*, S. 207, 209, 212; Hilty/Henning-Bodewig/*Peukert*, S. 27, 33.

91 Ursprünglicher Vorschlag: KOM (2001) 546 endg.; geänderter Vorschlag: KOM (2002) 585 endg.

92 Hierzu zählte die Kommission gem. Art. 2 lit. b VO Verkaufsförderung das Anbieten von Rabatten, unentgeltlichen Zuwendungen, Zugaben oder die Möglichkeit zur Teilnahme an einem Preisausschreiben oder einem Gewinnspiel, KOM (2001) 546 endg., S. 36 bzw. KOM (2002) 585 endg., S. 10.

93 Dazu der Anhang der vorgeschlagenen VO Verkaufsförderung: KOM (2001) 546 endg., S. 40 – 42 bzw. KOM (2002) 585 endg., S. 15 – 17.

94 *Henning-Bodewig* FS Tilmann, S. 149, 156.

95 KOM (2005) 462 endg., S. 10.

Zu Fragen bleibt allerdings, in welchem Verhältnis die rechtspolitischen Zielsetzungen der ursprünglich geplanten VO Verkaufsförderung zu denen der UGP-RL stehen und welche Schlussfolgerungen angesichts der tatsächlichen Entwicklung im Lauterkeitsrecht auf unionsrechtlicher Ebene zu ziehen sind. Konkret geht es um die Frage, weshalb sich die UGP-RL in ihrer endgültigen Gestalt hat durchsetzen können, während die VO Verkaufsförderung gescheitert ist.

1. Rechtspolitische Zielsetzungen

Ausgangspunkt der Überlegungen zu einer Harmonisierung der Verkaufsförderung bildete die Annahme, verkaufsfördernde Maßnahmen seien eine Grundvoraussetzung für die Entwicklung grenzübergreifenden Handels mit Waren und Dienstleistungen im Binnenmarkt[96]. Grenzüberschreitende Verkaufsförderung komme sehr selten vor, da große Unterschiede zwischen den einschlägigen nationalen Vorschriften und eine damit verbundene Rechtsunsicherheit bestünden[97]. Der Verordnungsvorschlag diene zur Beseitigung der ermittelten Hemmnisse im Binnenmarkt und zur Verbesserung des Verbraucherschutzes, des Jugendschutzes und der öffentlichen Gesundheit[98]. Davon ausgehend argumentierte die Kommission in einer Weise, die sich nahezu exakt im Grünbuch Verbraucherschutz wiederfindet: Ohne kommerzielle Kommunikation über nationale Grenzen hinweg könnten Unternehmen die Vorteile des Binnenmarktes nicht nutzen[99]. Die gleichsam daraus resultierenden beschränkten Einkaufsmöglichkeiten der Verbraucher auf die Angebote nationaler Marktakteure verhindern, dass diese vom Angebot und Wettbewerb im Binnenmarkt profitierten[100]. Zurückzuführen sei dies wiederum auf unterschiedliche Regulierungen verkaufsfördernder Maßnahmen in den Mitgliedstaaten besonders im Hinblick auf Verbraucherschutz und den Schutz gegen unlauteren Wettbewerb. Diese schränkten die Nutzung und Bekanntmachung verkaufsfördernder Maßnahmen über die binnenmarktlichen Grenzen hinweg ein[101].

Als erstes explizites Ziel der VO Verkaufsförderung postulierte die Kommission das reibungslose Funktionieren des Binnenmarktes[102]. Dies wurde in der Erläuterung zu Art. 1 VO Verkaufsförderung im ersten Vorschlag näher darge-

96 KOM (2001) 546 endg., S. 3.
97 KOM (2001) 546 endg., S. 3.
98 KOM (2001) 546 endg., S. 3 f.
99 KOM (2001) 546 endg., S. 5, 32.
100 KOM (2001) 546 endg., S. 5, 32.
101 KOM (2001) 546 endg., S. 5, 7 f., 32.
102 KOM (2002) 585 endg., S. 2.

legt[103]: „Zu diesem Zweck sollen Hindernisse für den freien Warenverkehr beseitigt, die Niederlassungsfreiheit gewährleistet und spürbare Verzerrungen im Wettbewerb zwischen den Mitgliedstaaten beseitigt werden." Offensichtlich war es der GD Binnenmarkt – und hierin unterscheidet sie sich in ihrem Grundansatz nicht von der GD SANCO – an der Offenhaltung nationaler Märkte gelegen, wodurch sich Verbraucher und Unternehmer die Vorzüge des gemeinsamen Marktes ohne Binnengrenzen zunutze machen sollten. Es handelte sich letztlich um denselben, zweiseitigen binnenmarktintegrationspolitischen Ansatz, wie er dem Grünbuch Verbraucherschutz und allen auf ihm basierenden Folgemaßnahmen zugrundelag.

Neben dem Ziel der Marktintegration legte auch die GD Binnenmarkt besonderes Augenmerk auf den Schutz der Verbraucher und die Verbesserung ihrer Wahlmöglichkeiten,[104] wobei diese Schutzrichtung noch durch spezielle Belange des Jugend- und Gesundheitsschutzes (insbesondere die Abgabe alkoholischer Getränke als unentgeltliche Zuwendung) erweitert wurde[105]. An prominenter Stelle wurde der Verbraucherschutzaspekt in den Erwägungsgründen zur VO Verkaufsförderung verankert[106] und fand in der geänderten Fassung gar Einzug in die Zielbestimmung in Art. 1[107]. Auch hier zeichnete sich dasselbe Muster wie im Grünbuch Verbraucherschutz ab: Etwaige unternehmerische Interessen – insbesondere in ihrer wettbewerblichen Stellung als Konkurrenten – blieben von der VO Verkaufsförderung mit Ausnahme des Interesses an der Offenhaltung von Märkten unberücksichtigt bzw. spielten für die Ausgestaltung der konkreten rechtlichen Maßstäbe keine wesentliche Rolle. Vielmehr konzipierte die GD Binnenmarkt ihren Verordnungsvorschlag ebenfalls maßgeblich aus der Verbraucherperspektive. Lediglich im Hinblick auf Harmonisierungsumfang und -technik – gegenseitige Anerkennung oder Herkunftslandprinzip – standen sich die Vorschläge zur UGP-RL und VO Verkaufsförderung diametral gegenüber[108].

---

103 KOM (2001) 546 endg., S. 25; dazu auch KOM (2002) 585 endg., S. 2.
104 KOM (2001) 546 endg., S. 9.
105 KOM (2001) 546 endg., S. 11.
106 KOM (2001) 546 endg., S. 34; KOM (2002) 585 endg., ErwGr 1, 3, 6, 11, 14.
107 KOM (2002) 585 endg., S. 10.
108 So der Befund bei *Henning-Bodewig* FS Tilmann, S. 149, 156; *dies.* GRUR Int. 2002, 389, 398; *dies.* GRUR Int. 2004, 183, 186; *Lehne/Haak* FS Tilmann, S. 179, 192; *Göhre* WRP 2002, 36, 46; *Micklitz/Keßler* GRUR Int. 2002, 885, 892; *Apostolopoulos* WRP 2004, 841, 842.

2. Maßgeblichkeit der Kompetenzstreitigkeiten zwischen GD Binnenmarkt und GD SANCO?

Das Projekt VO Verkaufsförderung ist im Jahre 2005 endgültig gescheitert. Zur Erklärung wird von nahezu allen Seiten auf die unterschiedlich gelagerten Kompetenzen der GD Binnenmarkt und der GD SANCO sowie deren rivalisierenden Ansichten im Rahmen des 2001 eingeleiteten Harmonisierungsprozesses abgestellt[109]. Insbesondere wird der in Bezug auf das b2c-Verhältnis eingeengte Anwendungsbereich des Grünbuchs Verbraucherschutz mit dem Kompetenzstreit beider Generaldirektionen begründet[110]. Gerade dieser Erklärungsversuch begegnet jedoch angesichts des soeben dargestellten Vergleichs zwischen den jeweiligen Zielsetzungen beider Regelungsvorhaben erheblichen Bedenken.

So lässt sich die beschriebene Schwerpunktsetzung auf den Verbraucherschutz nicht allein auf zuständigkeitsbedingte Besonderheiten der GD SANCO zurückführen. Dieser Ansatz tritt zusammen mit dem Ziel der Marktintegration in nahezu identischer Weise sowohl in den Erwägungen zur VO Verkaufsförderung als auch zum Grünbuch Verbraucherschutz zutage und spiegelt die offenkundig direktionsübergreifende rechtspolitische Marschrichtung der Kommission wider. Sofern von einem von der GD SANCO gewonnen Kompetenzstreit die Rede sein kann, betrifft dieser zuvorderst Fragen der Regelungstechnik und des Harmonisierungsumfangs, nicht jedoch die grundsätzliche rechtspolitische Ausrichtung beider Regelungsvorhaben in der Sache. Bezüglich des Harmonisierungsumfangs ist vielmehr hervorzuheben, dass die GD Binnenmarkt – verglichen mit der Beschränkung des Anwendungsbereichs auf b2c-Verhältnisse im Grünbuch Verbraucherschutz – gar einen noch restriktiveren Weg der Harmonisierung verfolgte, der sich allein auf einen punktuellen Bereich bestimmter Geschäftspraktiken konzentriert und in der Praxis fast ausschließlich im massenweisen b2c-Verkehr Bedeutung erlangt hätte. De facto handelte es sich um eine nochmalige Eingrenzung des Anwendungsbereichs im b2c-Verhältnis, so dass sich die Frage nach einer umfassenden Angleichung auch im b2b-Verhältnis bzw. einer Akzentuierung des Mitbewerberschutzes erst gar nicht stellte[111]. Weshalb die Beschränkung auf

---

109 So etwa *Henning-Bodewig* FS Tilmann, S. 149, 156 f.; *dies.* GRUR Int. 2002, 389, 396; *Lehne/Haak* FS Tilmann, S. 179, 192; *Apostolopoulos* WRP 2004, 841, 842; *Glöckner/Henning-Bodewig* WRP 2005, 1311, 1314. – Anders Hilty/Henning-Bodewig/*Peukert*, S. 27, 32, nach dessen Ansicht die „herrschende Meinung" zu kurz greife; ebenso Götting/Meyer/Vormbrock/*Weiler*, § 25 Rn. 119.
110 So ausdrücklich *Henning-Bodewig* GRUR Int. 2002, 389, 396; dazu auch *Leistner* Jb.J.ZivR-Wiss. 2004, 185, 200.
111 Anders hingegen *Leistner* JbJZivRWiss 2004, 185, 202, der den Kompetenzkonflikt für die bewusste Ausklammerung des Mitberwerberschutzes in der Genese der UGP-RL verantwortlich macht; so auch *Henning-Bodewig* GRUR Int. 2005, 629, 630.

das b2c-Verhältnis in der schließlich erfolgten Harmonisierung einem kommissionsinternen Machtkampf (mit der GD SANCO als „Gewinnerin") angelastet wird, mag wenig einleuchten[112].

Nach hier vertretener Auffassung lässt sich das Scheitern der VO Verkaufsförderung aus dem Umstand erklären, dass sich diese im Verlauf der politischen Willensbildung, verglichen mit der angestrebten umfassenden Richtlinie, nicht als sachgerechtere Lösung zur Beseitigung der beschriebenen Hemmnisse im Binnenmarkt erwiesen hat. Beredtes Zeugnis liefern hierfür die nahezu einhelligen kritischen Äußerungen zur VO Verkaufsförderung, in denen die Befürwortung eines lediglich punktuell erforderlichen Regelungsansatzes nicht geteilt wird[113]. Eine Möglichkeit hätte darin bestanden, die Vorschriften der VO Verkaufsförderung nicht alternativ zur geplanten Richtlinie zu behandeln, sondern diese in selbige einzugliedern[114]. Dies hätte eine inhaltliche Abstimmung der Regeln zu Verkaufsförderaktionen zu dem normativen Unlauterkeitskonzept der Richtlinie erforderlich gemacht. Aus heutiger Sicht bleibt letzten Endes zu fragen, ob mit dem Scheitern der VO Verkaufsförderung eine materiell-rechtliche Lücke in diesem Bereich des Lauterkeitsrechts auf europäischer Ebene entstanden ist. Dass dem nicht so ist, hat bereits die frühe Rechtsprechung des EuGH zur UGP-RL gezeigt, da der Generalklauseltatbestand des Art. 5 Abs. 2 das geeignete Instrumentarium zur Verfügung stellt[115].

V. Zusammenfassung

Die wesentlichen rechtspolitischen Hintergründe zur Entstehungsgeschichte der UGP-RL lassen sich wie folgt zusammenfassen:

Aufgrund divergierender Rechtsvorschriften bezüglich unlauterer Geschäftspraktiken verfolgt der Richtliniengeber und speziell die Kommission als Initiator der Harmonisierung sowohl einen verbraucherschutzorientierten als auch zweiseitig binnenmarktintegrationspolitischen Regelungsansatz. Verbraucherschutz-

112 So auch Hilty/Henning-Bodewig/*Peukert*, S. 27, 32f., der zutreffend auf die der Organisationsstruktur vorgelagerten primärrechtlichen Kompetenzen und Ziele des europäischen Gesetzgebers verweist.

113 Dazu etwa *Kunz-Hallstein/Loschelder* GRUR 2002, 410, 411; *Lehne/Haak* FS Tilmann, S. 179, 192; *Göhre* WRP 2002, 36, 46, bezeichnet diesen punktuellen Regelungsansatz als „laues Lüftchen".

114 Dafür etwa *Henning-Bodewig* GRUR Int. 2002, 389, 398; *Lehne/Haak* FS Tilmann, S. 179, 191.

115 Zur Beurteilung verkaufsfördernder Maßnahmen über die UGP-RL EuGH GRUR 2009, 599 – *VTB-VAB/Total Belgium*; GRUR 2010, 244 – *Plus Warenhandelsgesellschaft*; GRUR 2011, 76 – *Mediaprint*.

politisch geht es um den Schutz wirtschaftlicher Verbraucherinteressen vor ungünstigen Kaufentscheidungen, bedingt durch unlautere Geschäftspraktiken. Die Zielsetzung einer verstärkten Marktintegration erklärt sich aus zwei Perspektiven: Zugunsten der Verbraucher soll das ihnen zur Verfügung stehende Angebot an Waren und Dienstleistungen über den nationalen Markt hinaus auf den gesamten Binnenmarkt erweitert werden, um somit von einer größtmöglichen Auswahl zu profitieren und günstige Kaufentscheidungen zu treffen. Aus Sicht der Unternehmen soll der Eintritt in fremde Märkte und die Erschließung der dortigen Verbraucherschaft durch einheitliche Marketingkonzepte im Binnenmarkt ermöglicht werden. Anderweitige mitbewerberspezifische Interessen finden in den harmonisierungspolitischen Überlegungen nur marginal Berücksichtigung. An diesem Konzept zu Verbraucherschutz und Binnenmarktintegration hält die Kommission bis heute fest[116].

Der von deutscher und österreichischer Seite geäußerten Kritik an der Ausklammerung von b2b-Verhältnissen begegnet die Kommission mit mehreren Einwänden. Zum einen hält sie Unternehmen im geschäftlichen Verkehr für weniger schutzbedürftig als Verbraucher. Zum anderen erblickt sie in den divergierenden lauterkeitsrechtlichen Vorschriften, die weiter gehende Belange des Mitbewerberschutzes berühren, keine wesentlichen Binnenmarkthemmnisse, die eine Harmonisierung notwendig erscheinen lassen. Die UGP-RL bezieht sich demgemäß auf das zum Erreichen eines ordnungsgemäß funktionierenden Binnenmarktes erforderliche Maß an Rechtsangleichung. Auch dieser Ansatz wird von der Kommission bis heute vertreten[117].

Das Scheitern der VO Verkaufsförderung gegenüber der UGP-RL und deren Beschränkung auf b2c-Verhältnisse lässt sich nicht aus rein kommissionsinternen Kompetenzkonflikten zwischen der GD SANCO und der GD Binnenmarkt begründen, da beide Maßnahmen in der Sache einen nahezu identischen harmonisierungspolitischen Ansatz verfolgen. Vielmehr erklärt sich die Rücknahme der VO Verkaufsförderung aus dem politischen Willensakt, wonach Regelungsumfang und -technik der UGP-RL als sachgerechtere Lösung zur Beseitigung der ermittelten Binnenmarkthemmnisse gewertet werden.

116 Hierzu KOM (2013) 138 endg., S. 2f., 5f., 9f.; KOM (2013) 139 endg., S. 3.
117 KOM (2013) 138 endg., S. 10 und insbesondere KOM (2013) 139 endg., S. 11f.

B. Schutzzweckkonzeption der UGP-RL

I. Methodische Bedeutung von Schutzzwecken

Für die Rechtsanwendung ist das präzise Herausarbeiten des bzw. der Normzwecke einer Regelung oder eines Gesetzes von fundamentaler Bedeutung. Rechtsnormen verkörpern den auf bestimmte Zwecke und Ziele gerichteten rechtspolitischen Gestaltungswillen des Normgebers, seine in der Norm getroffene Interessenbewertung[118]. Methodisch bildet der Norm- bzw. Gesetzeszweck das Ziel der Auslegung, um der gesetzgeberischen Wertentscheidung Geltung zu verleihen[119]. Er ist Maßstab und Orientierungspunkt für die Rechtsanwendung, um diejenigen Wertungen offenzulegen, die zu der konkreten Beurteilung eines Sachverhalts führen[120]. Im Zuge der Auslegung können dabei nur diejenigen Wertungen zum Vorschein gebracht werden, die als Wertentscheidung der Gesetzgebung in den Normtext eingegangen bzw. „eingelegt" worden ist[121]. Der Normtext dient insofern der Zweckverwirklichung[122]. Dies folgt aus der rechtsstaatlich gebotenen Gesetzesbindung, wonach der Rechtsanwender zur Berücksichtigung gesetzgeberischer Interessenbewertungen verpflichtet ist[123]. Darüber hinaus gehende oder einen obsolet gewordenen Zweck ersetzende Wertungen sind solche des Rechtsanwenders selbst und als solche offenzulegen[124]. Vor diesem Hintergrund ist auch die eingangs vorgenommene Analyse der rechtspolitischen Hintergründe der UGP-RL bei der nachfolgenden Untersuchung der Zweckkonzeption einzubeziehen.

---

118 Grundlegend *Heck*, Gesetzesauslegung, S. 17; *Rüthers/Fischer/Birk*, Rn. 718; *Fischer*, S. 112f., 488. – Methodische Ansätze, die dem Gesetz eine „eigene Wirksamkeit", gar ein „eigenes Leben" zusprechen, etwa *Larenz*, Methodenlehre, S. 317, werden dieser Untersuchung nicht zugrunde gelegt. Sie bergen die Gefahr, über die vermeintlich bestehende reine Objektivität des einzelnen Rechtsanwenders dessen rechtsstaatlich gebotene Bindung an das Gesetz zu lockern.

119 *Rüthers/Fischer/Birk*, Rn. 725; *Höpfner*, S. 145, 147.

120 Für den Bereich des Lauterkeitsrechts *Köhler*/Bornkamm[33], § 1 Rn. 6; *Beater*, Unlauterer Wettbewerb, Rn. 812.

121 *Rüthers/Fischer/Birk*, Rn. 722.

122 *Höpfner*, S. 145.

123 *Rüthers/Fischer/Birk*, Rn. 720; *Fischer*, S. 489; *Höpfner*, S. 148.

124 Zutreffend *Rüthers/Fischer/Birk*, Rn. 723f.; *Höpfner*, S. 149; *Rüthers* NJW 2011, 434.

II. Zwecke der UGP-RL

Gem. Art. 1 ist es Zweck der UGP-RL, „durch Angleichung der Rechts- und Verwaltungsvorschriften der Mitgliedstaaten über unlautere Geschäftspraktiken, die die wirtschaftlichen Interessen der Verbraucher beeinträchtigen, zu einem reibungslosen Funktionieren des Binnenmarktes und zum Erreichen eines hohen Verbraucherschutzniveaus beizutragen."

Der zentralen Zweckbestimmung der UGP-RL sind damit zwei Elemente zu entnehmen: das Erreichen eines hohen Verbraucherschutzniveaus gegenüber unlauteren Geschäftspraktiken, die die wirtschaftlichen Interessen der Verbraucher beeinträchtigen sowie das „reibungslose Funktionieren des Binnenmarktes".

1. Schutz wirtschaftlicher Verbraucherinteressen vor unlauteren Geschäftspraktiken

Die am Verbraucherschutz orientierte Dimension der UGP-RL wird in ErwGr 8 S. 1 deutlich: „Diese Richtlinie schützt unmittelbar die wirtschaftlichen Interessen der Verbraucher vor unlauteren Geschäftspraktiken im Geschäftsverkehr zwischen Unternehmen und Verbrauchern." Nach ErwGr 6 S. 2 geht es um den „Schutz der Verbraucher vor den Auswirkungen solcher unlauteren Geschäftspraktiken". ErwGr 7 S. 1 zufolge bezieht sich die UGP-RL „auf Geschäftspraktiken, die in unmittelbarem Zusammenhang mit der Beeinflussung der geschäftlichen Entscheidungen des Verbrauchers in Bezug auf Produkte stehen."

Der durch die UGP-RL bezweckte Verbraucherschutz konstituiert sich seinerseits aus zwei Aspekten. Zunächst sind die wirtschaftlichen Verbraucherinteressen angesprochen, deren Schutz als primärrechtliches Vertragsziel in Art. 169 Abs. 1 AEUV verankert ist. Dieser Schutz umfasst diejenigen Maßnahmen, die den Verbrauchern im Verhältnis zu den Lieferanten von Waren bzw. Erbringern von Dienstleistungen bestimmte wirtschaftlich bedeutsame Rechte verschaffen oder sichern[125]. Hierzu zählt der Bereich des zivilrechtlichen Verbraucherschutzes, so dass auch Interessen erfasst sind, die vornehmlich für andere Gebiete als das Lauterkeitsrecht relevant sind, bspw. das Verbrauchervertragsrecht[126]. Eine Einschränkung erfolgt in der UGP-RL durch den spezifischen Schutz dieser Interessen vor unlauteren Geschäftspraktiken im Geschäftsverkehr mit Unternehmern. Der konkrete verbraucherbezogene Schutzgegenstand der UGP-RL ergibt sich

---

125 Grabitz/Hilf/Nettesheim/*Pfeiffer*, Art. 169 AEUV Rn. 14; Callies/Ruffert/*Krebber*[5], Art. 169 Rn. 9; Schwarze/*Berg*, Art. 169 Rn. 11.

126 *Beater* ZEuP 2003, 11, 28; dazu auch die Auflistung der für diesen Bereich relevanten Rechtsakte bei Grabitz/Hilf/Nettesheim/*Pfeiffer*, Art. 169 AEUV Rn. 14.

schließlich aus dem Zusammenhang der Elemente des Art. 5 Abs. 2 lit. b i.V.m. Art. 2 lit. e. Art. 5 Abs. 2 lit. b fordert eine wesentliche Beeinflussung des wirtschaftlichen Verhaltens des Verbrauchers. Hierzu muss der Verbraucher gem. Art. 2 lit. e in seiner Fähigkeit, eine informierte Entscheidung zu treffen, spürbar beeinträchtigt sein und zu einer geschäftlichen Entscheidung veranlasst sein, die er andernfalls nicht getroffen hätte. Gegenstand des verbraucherbezogenen Schutzzwecks der UGP-RL ist somit der Schutz der geschäftlichen Entscheidungsfähigkeit und -freiheit des Verbrauchers, seiner Entscheidungsautonomie[127].

a) Wirtschaftstheoretische Grundlagen

Zum präziseren Verständnis des rechtlichen Schutzes der Entscheidungsautonomie des Verbrauchers richtet sich der Blick zunächst auf dessen wirtschaftstheoretische Grundlagen. Die UGP-RL stellt den mit erweiterten Rechten ausgestatteten Verbraucher in den Mittelpunkt eines wettbewerbsorientierten Binnenmarktes[128] und konzipiert ihre Regelungen im Wesentlichen aus Sicht der Verbraucher[129]. Sie orientiert sich damit in ihrer normativen Ausgestaltung an den ökonomischen Postulaten der Konsumentensouveränität und der Konsumfreiheit[130]. In gebotener Kürze werden im Folgenden diese beiden Aspekte näher beleuchtet.

aa) Konsumentensouveränität

Als Erfinder des Terminus technicus „Konsumentensouveränität" gilt der englische Ökonom *William H. Hutt*, der ihn nach eigenen Angaben erstmals in einem Aufsatz im Jahre 1931 verwendete[131]. Die konkrete gesamtwirtschaftliche Funktion der Konsumentensouveränität ist nicht unumstritten und wird je nach wirtschaftstheoretischem Grundansatz unterschiedlich beurteilt[132]. In ihrem Kern besagt die Idee der Konsumentensouveränität, dass in einem marktwirtschaftlich organisierten Wirtschaftssystem die Produktion in letzter Instanz von den Kon-

---

127 GK-UWG/*Heinze*, Einl C. Rn. 229; *Beater*, Unlauterer Wettbewerb, Rn. 679; *Schork*, S. 46.

128 KOM (2003) 356 endg., Rn. 4.

129 EuGH GRUR 2013, 1157 Tz. 43 – *CHS/Team4 Travel*; GRUR 2013, 1159 Tz. 36 – *BKK/Wettbewerbszentrale*; GRUR 2015, 600 Tz. 52 – *Ungarische Verbraucherschutzbehörde/UPC*.

130 Dazu *Fezer* WRP 2006, 781, 784: „Schutzziele sind der informierte Verbraucher, Konsumentensouveränität und Markttransparenz."; allgemein zur Konsumentensouveränität im Lauterkeitsrecht *Keßler* WRP 2005, 264, 268 f.; *Lehmann* GRUR 1974, 689 f.

131 *William H. Hutt*, The Concept of Consumer's Sovereignty, in: The Economic Journal Vol. 50 (1940), S. 66 Fn. 2.

132 Darstellung der jeweiligen Beurteilungsansätze bei *Binder*, S. 146–149.

sumenten im Wege der Nachfrage gesteuert wird[133]. Sie bildet ein konstituierendes Element der Marktwirtschaft,[134] in welcher der Wettbewerb die Steuerungsfunktion im Rahmen des Austauschs von Gütern und Dienstleistungen zwischen Anbietern und Nachfragern übernimmt[135]. Über seine Kaufentscheidungen bestimmt der Konsument, welche Güter seinen Präferenzen entsprechen und sich daher im marktwirtschaftlichen Wettbewerb durchsetzen und welche nicht. Analog zum politischen System der Demokratie wird dieses Wirtschaftssystem auch als „Demokratie des Marktes" bezeichnet, in der der Konsument mit seiner Kaufentscheidung als „Stimmzettel" die Richtung der Produktion determiniert[136]. Der Konsument wird zum „Herrscher über die Produktion"[137]. Eine der Konsumentensouveränität folgende Wirtschaftsordnung ist verfassungsökonomisch legitim, da für eine solche Wirtschaftsverfassung ein allgemein zustimmungsfähiges Interesse besteht[138].

Ihren wirtschaftshistorischen Ausgangspunkt findet die Idee der Konsumentensouveränität in der Antithese von *Adam Smith* zum Merkantilismus, der zufolge die Verbraucherinteressen zum Primat im Wirtschaftsliberalismus erhoben werden[139]. Ihre Bedeutung wird trefflich an die ökonomische Zeitenwende geknüpft, welche durch die Abkehr vom Erwirtschaften des Überlebensnotwendigen hin zum freien Konsum als eine qualifizierte Chance der Selbstverwirklichung in Freiheit und einer Lebensführung nach eigenem Entwurf gekennzeichnet ist[140]. Sie korrespondiert mit der verfassungsrechtlich verbürgten allgemeinen Handlungsfreiheit nach Art. 2 Abs. 1 GG.

bb) Funktion des Konsumenten im Wettbewerb

Bevor auf die Funktion des Konsumenten im Wettbewerb eingegangen werden kann, stellt sich zunächst die grundsätzliche Frage: Was ist wirtschaftlicher „Wettbewerb"? Im allgemeinen Sprachgebrauch wird der Begriff „Wettbewerb" als das Streben mehrerer Subjekte nach einem Ziel, das nicht alle gleichzeitig errei-

---

133 *Meyer-Dohm*, S. 41; *Tamm*, Verbraucherschutzrecht, S. 145; *Steiner*, S. 70; *Feld/Köhler*, S. 8; *Kruse*, S. 46.

134 *Nieschlag/Dichtl/Hörschgen*, S. 33.

135 *Nieschlag/Dichtl/Hörschgen*, S. 26.

136 *Steiner*, S. 71; *Binder*, S. 146.

137 *Steiner*, S. 70.

138 *Feld/Köhler*, S. 8.

139 Grundlegend *Adam Smith*, An Inquiry into the Nature and Causes oft he Wealth of Nations, 1776. Zur historischen Adaption und Weiterentwicklung der Idee der Konsumentensouveränität *Meyer-Dohm*, S. 43–56; *Binder*, S. 141–146.

140 *Steiner*, S. 64 f.

chen können, bezeichnet[141]. Der *wirtschaftliche* Wettbewerb besteht in einem Wetteifern nach Geschäftsabschlüssen[142]. Es handelt sich um ein zweiseitiges Phänomen, welches in tatsächlicher Hinsicht in einem Koordinationsprozess zwischen Anbietern und Nachfragern wirtschaftlicher Leistungen besteht[143].

Über dieses noch recht grob formulierte Grundverständnis hinaus, gestaltet sich eine allgemeingültige Bestimmung des wirtschaftlichen Wettbewerbs als äußerst problematisch. Es existieren zahlreiche Versuche, den Wettbewerb als solchen abschließend zu definieren[144]. All diese Definitionen leiden jedoch an dem Manko, dass sie entweder die Voraussetzungen für Wettbewerb in den Begriff desselben einbeziehen oder an besondere wettbewerbliche Erscheinungsformen anknüpfen, die nicht unbedingt vorliegen müssen[145]. Ebenso bilden wettbewerbstheoretische Modelle und Regeln zwar typische Zusammenhänge im Wettbewerbsprozess ab und bemühen sich um eine Beschreibung der Realität, können aber für sich naturgemäß nicht den Anspruch naturwissenschaftlicher Gesetzmäßigkeiten erheben[146]. Angesichts der Tatsache, dass es sich beim wirtschaftlichen Wettbewerb um ein sich permanent veränderndes Realphänomen handelt, wird heute in weitgehender Übereinstimmung anerkannt, dass eine griffige Definition des wirtschaftlichen Wettbewerbs kaum möglich ist[147]. Wettbewerb ist unendlich vielschichtig[148]. Der Komplexität des Phänomens Wettbewerb geschuldet, müsste eine derartige Definition eine solche Abstraktionshöhe aufweisen, dass sie letztlich keinerlei Aussagekraft besäße[149]. Stattdessen kann man sich dem Wettbewerbsbegriff unter Berücksichtigung seiner unterschiedlichen Verwendungsweisen nur umschreibend angenähern.

Wirtschaftlicher Wettbewerb setzt vor diesem Hintergrund jedenfalls als grundlegendes Fundament die Freiheit der Marktteilnehmer in ihrem Verhalten am Markt – verstanden als die Gesamtheit der wirtschaftlichen Beziehungen

---

141 Zu dieser Bezeichnung *Köhler*/Bornkamm[33], Einl. Rn. 1.1; *Ohly*/Sosnitza[6], Einf A Rn. 17; Götting/Nordemann/*Götting*[2], Einl. Rn. 1.

142 *Köhler*/Bornkamm[33], Einl. Rn. 1.5.

143 *Rittner/Dreher/Kulka*, Rn. 4.

144 Dazu die Übersicht bei *Köhler*/Bornkamm[33], Einl. Rn. 1.6; ausführlich GK-UWG/*Schünemann*, Einl. A Rn. 37–104; MüKo-UWG/*Sosnitza*, Grundl Rn. 1–13; Fezer/Büscher/Obergfell/*Fezer*, Einl. Rn. 393–424.

145 *Köhler*/Bornkamm[33], Einl. Rn. 1.6.

146 Zutreffend *Beater*, Unlauterer Wettbewerb, Rn. 125; *Ohly*/Sosnitza[6], Einf A Rn. 18.

147 *Köhler*/Bornkamm[33], Einl. Rn. 1.1, 1.6; GK-UWG/*Schünemann*, Einl. A Rn. 105. Den Versuch, wirtschaftlichen Wettbewerb exakt erfassen zu wollen, bezeichnet *von Hayek*, ORDO 26 (1975), 12–21, zu Recht als „Anmaßung von Wissen."

148 *Beater*, Unlauterer Wettbewerb, Rn. 125.

149 GK-UWG/*Schünemann*, Einl. A Rn. 41; Götting/Nordemann/*Götting*[2], Einleitung Rn. 2.

zwischen Anbietern und Nachfragern in Bezug auf ein bestimmtes (Substitutions-) Gut – voraus[150]. Die sich gegenübertretenden Markteilnehmer definieren ihre Wettbewerbsbeziehungen selbst und entscheiden, welche Wirtschaftsgüter angeboten oder nachgefragt werden[151]. Auf Basis dieser Grundbedingungen wird der wirtschaftliche Wettbewerb zunehmend im Sinne eines *Verhaltensprozesses* als dynamischer, offener und sich stets verändernder Such-, Lern- und Informationsgewinnungsprozess unter ständiger produktiver Auseinandersetzung zwischen agierenden und reagierenden Marktteilnehmern verstanden[152]. Die Ausübung dieser Freiheiten im Marktprozess ist jedoch nicht vorhersehbar. Aufgrund seiner Komplexität sind zwingende Kausalbeziehungen weitestgehend ausgeschlossen[153]. Darüber hinaus erwächst der freie Wettbewerb zum *Ordnungsprinzip* für die gesamte Volkswirtschaft[154]. Zum einen reguliert er den wirtschaftlichen Gesamtprozess und die Verteilung des gesamtwirtschaftlichen Produktionsergebnisses,[155] zum anderen übt er als „Entmachtungsinstrument" eine soziale Kontrolle über die Wettbewerber als Inhaber von Machtpositionen aus[156]. Über diese grundlegenden Funktionsbedingungen des Wettbewerbs besteht weithin Konsens, obwohl auch sie lediglich eine stark vereinfache Interpretation von Wirkungszusammenhängen aus unterschiedlichen Blickwinkeln darstellen[157].

Innerhalb des – wenn auch definitorisch nicht vollends fassbaren – wettbewerblichen Koordinationsprozesses nimmt der Verbraucher die Rolle eines Schiedsrichters ein,[158] wobei angesichts dieser Beschreibung nicht zu verkennen ist, dass der Verbraucher nicht nur über das Angebot am Markt richtet, sondern als eigenständiger Akteur in den Marktprozess eingebunden ist. Indem er seine Kaufentscheidung in Bezug auf ein konkretes Produkt trifft, bestimmt er über Erfolg und Misserfolg des Angebots bzw. des Unternehmers am Markt[159]. Dem-

---

150 *Köhler*/Bornkamm[33], Einl. Rn. 1.8; Fezer/*ders.*, Einl. E Rn. 245; *Scherer* WRP 2008, 708, 711 f.

151 MüKo-UWG/*Sosnitza*, Grundl Rn. 15.

152 *Nieschlag/Dichtl/Hörschgen*, S. 31; *Köhler*/Bornkamm[33], Einl. Rn. 1.6; Gloy/Loschelder/Erdmann/*Leistner*, § 4 Rn. 31, sieht in dem Wettbewerbsverständnis als Verhaltensprozess zu Recht einen zielführenden Ausgangspunkt für das Lauterkeitsrecht.

153 *Köhler*/Bornkamm[33], Einl. Rn. 1.6; *Beater*, Unlauterer Wettbewerb, Rn. 125.

154 Gloy/Loschelder/Erdmann/*Leistner*, § 4 Rn. 18.

155 *Schork*, S. 25.

156 *Köhler*/Bornkamm[33], Einl. Rn. 1.25.

157 So zu Recht Götting/Nordemann/*Götting*[2], Einl. Rn. 28.

158 So die gängige Bezeichnung, *Köhler*/Bornkamm[33], § 1 Rn. 17; Ohly/*Sosnitza*[6], § 1 Rn. 20; *Beater*, Unlauterer Wettbewerb, Rn. 112; *ders.* FS Tilmann, S. 87 f.; *Schork*, S. 26; *Scherer* WRP 2008, 708, 712.

159 Ohly/*Sosnitza*[6], § 1 Rn. 20; *Beater*, Unlauterer Wettbewerb, Rn. 112; *Scherer* WRP 2008, 708, 712.

gemäß hat das Angebot Erfolg, das den Bedürfnissen der Nachfrager am besten entspricht. Der Verbraucher urteilt darüber, ob sich das Angebot am Markt durchsetzen kann oder nicht[160]. Dies zwingt die Anbieter dieser Produkte zu einer permanenten, dezentral organisierten Angleichung des Angebots an die Nachfrage[161]. Ineffizientes Verhalten des Unternehmers wird vom Verbraucher mit den Mitteln der Abwanderung und des Widerspruchs sanktioniert[162]. Selbst bei Annahme einer angebotsgesteuerten Wirtschaftsordnung trifft der Verbraucher zumindest die Wahl zwischen den unterschiedlichen angebotenen Produkten und Herstellern[163].

Die Ergebnisse des Wettbewerbsprozesses sind somit abhängig von den Konsumentenentscheidungen. Eine optimale Bedürfnisbefriedigung der Konsumenten gilt als Indikator für einen funktionierenden Wettbewerb. Das marktwirtschaftliche System ist insgesamt strukturell auf die Steuerung des Angebots durch die Nachfrage angelegt[164].

cc) Wahlfreiheit – formale Konsumfreiheit

Grundvoraussetzung aller Souveränität auf Seiten der Konsumenten ist deren Wahlfreiheit am Markt. Unter der Wahlfreiheit – auch bezeichnet als *formale* Konsumfreiheit – wird das Recht der Konsumenten definiert, die ihnen zur Verfügung stehenden Einkommen für Markttransaktionen zu verwenden und nach Belieben zwischen den angebotenen Gütern und Dienstleistungen durch Kauf zu entscheiden[165]. Die Freiheit, zwischen verschiedenen Gütern verschiedener Anbietern zu wählen, ist denknotwendige Bedingung der Marktwirtschaft – ohne Wahlfreiheit wäre das gesamte Konkurrenzsystem absurd[166] – und seitens der Verbraucher Grundvoraussetzung für die Erfüllung ihrer Rolle als Schiedsrichter[167]. Dementsprechend hat der am Markt als Anbieter auftretende Unternehmer sein Angebot nicht nur ständig an die Bedürfnisse der Konsumenten anzupassen, sondern er muss zu einem erheblichen Teil die künftige Nachfrage antizipieren[168]. Die Wahlfreiheit der Nachfrager wird damit zum Marktrisiko der Anbieter und

---

160 *Beater*, Unlauterer Wettbewerb, Rn. 1093.
161 *Beater*, Unlauterer Wettbewerb, Rn. 112; *Meyer-Dohm*, S. 58.
162 *Binder*, S. 163.
163 *Schork*, S. 26.
164 *Schork*, S. 25; *Binder*, S. 188.
165 *Binder*, S 149; *Steiner*, S. 69.
166 *Steiner*, S. 69.
167 *Schork*, S. 28.
168 *Meyer-Dohm*, S. 206 f.

erfordert eine unternehmerische Risikopolitik, die sich mit dem Verhalten der Konsumenten auseinandersetzt und Ungewissheiten über deren Bedürfnisse beseitigt[169]. Diese Risikoverteilung illustriert die dominante Rolle der Konsumenten, die der Idee der Konsumentensouveränität zugrunde liegt.

Zur Verwirklichung der Wahlfreiheit ist zum einen die Sachkenntnis der Konsumenten über das Angebot der am Markt verfügbaren Güter essentiell. Hierin spiegelt sich das Bedürfnis der Konsumenten nach sowohl qualitativer als auch quantitativer Markttransparenz wider,[170] womit die Übersicht und Informiertheit der Marktteilnehmer über die marktrelevanten Daten bezeichnet wird[171]. Die Existenz von Produktalternativen ist für den Konsumenten nutzlos, solange er diese nicht identifizieren und das Wissen darüber seiner Kaufentscheidung zugrunde legen kann[172]. Die Offenlegung von Informationen über das bestehende Güterangebot wird damit zu einem Grundfaktor für das Funktionieren eines als Such- und Informationsprozess verstandenen Wettbewerbs[173]. Zum anderen kann Wahlfreiheit nur dort existieren, wo dem Konsumenten das Ergebnis seiner Entscheidung für ein bestimmtes Produkt nicht diktiert wird[174]. Die Gewährleistung formaler Konsumfreiheit bedingt somit die Unterbindung jeglichen Konsumzwangs, der den Konsum von konkreten Gütern vorschreibt und damit das Gegenstück zur Wahlfreiheit darstellt[175]. Der konkrete Wert der Wahlfreiheit hängt letztlich von den vorhandenen Entscheidungsalternativen ab[176].

dd) Entscheidungsautonomie – materielle Konsumfreiheit

Allein die Möglichkeit, zwischen verschiedenen Angeboten auswählen zu können, verwirklicht noch nicht das marktwirtschaftliche Konzept der Konsumfreiheit. Hinzukommen muss ein materielles bzw. effektives Element, das den Konsumenten als autonomen Entscheidungsträger respektiert. *Materielle* Konsumfreiheit bedeutet, dass der Verbraucher die Fähigkeit und Macht besitzt, die Chancen, die ihm die formale Konsumfreiheit bietet, für seine persönlichen Ziele nutzen zu

169 *Meyer-Dohm*, S. 208.
170 Dazu *Keßler* WRP 2005, 264, 269.
171 *Schork*, S. 29.
172 *Schork*, S. 28.
173 Als besonders anschauliches Beispiel dienen hierfür Suchportale im Internet, die dem Verbraucher gemäß seiner Eingabe eine Reihe ähnlicher Produkte vor Augen führt und zu jedem Produkt die jeweiligen Anbieter mit ihren Produktpreisen auflistet.
174 Der Verbraucher muss die Freiheit haben, einen Geschäftsabschluss tätigen oder unterlassen zu können, *Köhler*/Bornkamm[33], Einl. Rn. 1.17; *Scherer* WRP 2008, 708, 711 f.
175 *Binder*, S. 149.
176 *Steiner*, S. 69.

können[177]. Konsumfreiheit erweist sich dann als effektiv, wenn alle Bedingungen erfüllt sind, die es dem Konsumenten erlauben, eine gute, d. h. nutzenmaximierende Kaufentscheidung zu treffen[178]. Die grundsätzliche Gewährleistung eines rationalen Entscheidungsaktes bedingt allerdings nicht notwendig die Annahme, dass der Konsument ausschließlich rational bestimmt und frei von emotionalen Faktoren handelt. Die Erlangung eines emotionalen Zusatznutzens kann gerade den subjektiven Präferenzen des Konsumenten entsprechen, auch wenn diese bei rein objektiver wirtschaftlicher Betrachtung sich nicht als rational darstellt[179]. Dementsprechend wird dem Konsumenten die *Nutzeneinschätzungssouveränität* über sein wirtschaftliches Handeln zugesprochen, wonach er frei von paternalistischer Bevormundung die Dringlichkeit seiner Bedürfnisse einschätzen und geeignete Mittel zu deren Befriedigung wählen kann[180]. Ihm ist dabei die Möglichkeit zu eröffnen, zumindest in grundsätzlicher Weise zwischen objektivem Gebrauchswert und emotionalem Zusatznutzen eines Produkts zu unterscheiden[181].

Die Anerkennung der Entscheidungsautonomie auf Seiten der Konsumenten wurzelt zu einem wesentlichen Teil in dem Grundverständnis der Marktwirtschaft, welches den Konsum als deren Endzweck begreift[182]. So unterscheidet sich der Konsum insofern von anderen Zwecken im wirtschaftlichen Kreislaufmodell, als er nicht als Mittel zu weiteren Zwecken dient, sondern seine Gültigkeit als Endzweck kraft autonomer Setzung durch den Konsumenten erhält. Die Entscheidung des Konsumenten über seine Konsumziele erwächst aus ihrem subjektiven Eigenwert für den Konsumenten, dem auf diese Weise eine freiheitsgewährleistende und eigenen Lebensentwürfen entsprechende Selbstverwirklichung eröffnet wird. Der Endkonsum wird zum Selbstzweck und bedarf keiner anderen Begründung als der durch den eigenen Wunsch und Willen des Konsumenten selbst. Eine verbesserte Verwirklichung der Autonomie des Konsumenten ist daher ein systemimmanentes Postulat der Marktwirtschaft und ein gesellschafts- wie wirtschaftspolitischer Auftrag[183].

Abschließend ist festzuhalten, dass die hier beschriebenen Ziele der Konsumfreiheit und der Konsumentensouveränität auf unterschiedlichen Ebenen anzusiedeln sind, denn die Steuerung der Produktion wird letztlich über die Ge-

---

177 *Binder*, S. 149.
178 *Binder*, S. 154.
179 *Koppensteiner* FS Fezer, S. 285, 292 f.; *Keßler* WRP 2005, 264, 268.
180 *Binder*, S. 187; dazu auch *Micklitz/Keßler* WRP 2003, 919, 921.
181 *Keßler* WRP 2005, 264, 268.
182 *Steiner*, S. 74 f.
183 So insgesamt *Steiner*, S. 75.

samtheit aller Nachfrageentscheidungen vermittelt[184]. Effektive Konsumfreiheit stellt damit eine notwendige Vorbedingung für die Verwirklichung der Konsumentensouveränität dar[185]. Zwischen beiden Zielen besteht kein Gegensatz, sondern vielmehr eine komplementäre Zielbeziehung[186].

ee) Grenzen der Konsumentensouveränität und daraus resultierende Erkenntnisse

Der Grundsatz der Konsumentensouveränität ist unter verschiedenen Gesichtspunkten Kritik ausgesetzt. Diese reicht von einer kategorischen Ablehnung ihres Grundgedankens bis hin zur Aufdeckung spezifischer Schwachstellen. Hervorgehoben seien die Einwände, die den Verbraucher lediglich als Spielball unternehmerischer Interessen qualifizieren. Dessen Bedürfnisse würden von der Produktionsseite geschaffen und kontrolliert, so dass von einem angebotsbestimmten Marktprozess auszugehen sei[187]. Hinzu kämen mitunter die Konsumentensouveränität untergrabende staatliche Interventionen in den Wirtschaftsprozess sowie psychologische und rationale Defizite der Konsumenten[188].

Diese Kritik weist zwar auf tatsächlich vorhandene Schwachstellen der Idee der Konsumentensouveränität hin, sie verkennt jedoch deren heutiges Verständnis als *normatives Postulat*, welches keine Beschreibung der Realität vermittelt, sondern einen anzustrebenden Zustand festlegt[189]. Sie bildet ein Leitbild der marktwirtschaftlichen Wettbewerbsordnung[190]. Schließlich behält der Verbraucher stets das letzte Wort, indem er seine Entscheidung über das angebotene Produkt trifft[191]. Im Rahmen einer kritischen Auseinandersetzung mit dem Ideal der Konsumentensouveränität und der Konsumfreiheit muss es letztlich darum gehen, deren nicht aufzuhebenden Grenzen aufzuzeigen, um den Sinn der Konsumentenfreiheit nicht falsch verstandenen irrealen Ansprüchen preiszugeben. Absolute Konsumentenfreiheit gibt es nicht. Dies begründet aber keinen Einwand grundsätzlicher Art gegen das Postulat der Konsumentensouveränität als nor-

---

184 *Binder*, S. 154.
185 *Kruse*, S. 49.
186 *Binder*, S. 155.
187 Prominent hierfür steht *Gailbraith*, The Affluent Society, S. 119 – 125; *ders.*, The New Industrial State, S. 198 – 210; dahingehend auch Götting/Nordemann/*Götting*², Einl. Rn. 33.
188 Weitergehende Darstellungen der Kritik an der Konsumentensouveränität finden sich bei *Drexl*, S. 126 f.; *Steiner*, S. 72, 82 f.; *Schork*, S. 21 f.; ausführlich *Binder*, S. 145, 155 – 160; *Meyer-Dohm*, S. 62 – 75.
189 *Tamm*, Verbraucherschutzrecht, S. 146.
190 Fezer/*ders.*, Einl. E Rn. 214; *Nieschlag*/*Dichtl*/*Hörschgen*, S. 35.
191 *Schork*, S. 22.

mative Grundlage der Marktwirtschaft[192]. Um diesem gerecht zu werden, muss es gerade darum gehen, die Voraussetzungen zu ihrer Verwirklichung zu schaffen[193]. Eine entsprechende Wettbewerbs- und Verbraucherpolitik muss bestrebt sein, zumindest Anreize zur Annäherung an das Ideal der Konsumentensouveränität zu setzen[194].

b) Rechtliche Ausprägung in der UGP-RL

Vor diesem ökonomischen Hintergrund ist die rechtliche Normierung der UGP-RL zu verstehen. Dem Unionsgesetzgeber ist es mit dem Erlass der UGP-RL daran gelegen, den mit erweiterten Rechten ausgestatteten Verbraucher in den Mittelpunkt eines wettbewerbsorientierten Binnenmarktes zu stellen[195]. Die Richtlinienvorschriften orientieren sich zuvorderst an der wesentlichen Beeinflussung des wirtschaftlichen Verhaltens der Verbraucher und sind grundsätzlich aus dessen Sicht konzipiert[196]. Die Stellung des Verbrauchers als „Souverän" des wettbewerblichen Geschehens gilt es über den Schutz der an den eigenen Bedürfnissen orientieren Konsumentscheidung normativ abzusichern[197]. Damit folgt die UGP-RL einem regulatorischen Ansatz, der die Konsumfreiheit der Verbraucher zum normativem Dreh- und Angelpunkt im Wettbewerbsgeschehen erklärt, und verschreibt sich im Kern einer wirtschaftspolitischen Zielsetzung, welche die Verwirklichung der Konsumentensouveränität zum Hauptgegenstand hat[198].

Besonders anschaulich lässt sich der von der UGP-RL bezweckte Schutz der Verbraucher in ihrer Entscheidungsautonomie anhand der Differenzierung von *Beater* zwischen der Entscheidungsgrundlage und dem Entscheidungsprozess beschreiben[199]. Diese Zuordnung der verschiedenen Ausprägungen des Schutzes der Entscheidungsfähigkeit und -freiheit ist auch in der UGP-RL in Art. 5 Abs. 4, Art. 6–9 angelegt[200].

---

192 So insgesamt *Steiner*, S. 82f.; dazu auch *Nieschlag/Dichtl/Hörschgen*, S. 35.
193 *Schork*, S. 22.
194 *Binder*, S. 155.
195 KOM (2003) 356 endg., Rn. 4.
196 EuGH GRUR 2013, 1157, 1158 Tz. 43 – *CHS/Team4 Travel.*
197 *Keßler/Micklitz* BB 2003, 2073, 2074.
198 So auch *Keßler* WRP 2007, 714, 717; für eine derartige normative Orientierung des Lauterkeitsrechts auf europäischer Ebene bereits *Micklitz/Keßler* GRUR Int. 2002, 885, 890.
199 *Beater*, Unlauterer Wettbewerb, Rn. 471f.; ausdrücklich befürwortend auch *Götting*, § 7 Rn. 1–3; GK-UWG/*Peukert*, § 1 Rn. 239; MüKo-UWG/*Micklitz*[1], EG D Rn. 7.
200 *Götting*, § 7 Rn. 3.

aa) Schutz der Entscheidungsgrundlage

Der Schutz der Entscheidungsgrundlage betrifft die informationelle Sachkenntnis des Verbrauchers, die es ihm zumindest ermöglicht, eine seinen Präferenzen entsprechende Kaufentscheidung nach rationalen Kriterien zu treffen. Im Kern geht es darum, dass der Verbraucher frei von Täuschung und auf Grundlage ausreichender Informationen vor nachteiligen – jedenfalls nicht selbst zu verantwortenden[201] – Entscheidungen beim Erwerb von Waren oder der Inanspruchnahme einer Dienstleistung bewahrt werden soll[202]. Dies erfordert u. a. das Bereitstellen von Informationen, deren Transparenz, Verständlichkeit und Täuschungsfreiheit, die Kenntlichmachung von Werbung sowie die Möglichkeit zum Produkt- und Preisvergleich[203]. Beeinträchtigungen der Entscheidungsgrundlage können die dem Verbraucher gewährte Konsumfreiheit unter mehreren Gesichtspunkten beschneiden. In den meisten Fällen wird die Fähigkeit zur präferenzgerechten Entscheidung aufgrund unzutreffender oder unzureichender Informationen in derartiger Weise beeinträchtigt sein, dass der Verbraucher zwar seine Wahlfreiheit behält, die konkrete Wahlentscheidung jedoch seinen subjektiven Bedürfnissen nicht gerecht wird und sich für ihn als ungünstig darstellt. Demgegenüber kann durch Verfälschung der Entscheidungsgrundlage die Wahlfreiheit als solche auch gänzlich eliminiert werden, wenn der Verbraucher etwa über das Bestehen von Produktalternativen getäuscht wird, er (subjektiv) das Angebot des täuschenden Unternehmers als einzige Erwerbsmöglichkeit betrachtet und Angebote anderer Unternehmen von vornherein nicht wahrnimmt.

bb) Schutz des Entscheidungsprozesses

Der Schutz des Entscheidungsprozesses zielt darauf ab, dem Verbraucher eine selbstverantwortliche, d. h. autonome Entscheidungsfindung und -ausübung zu gewährleisten[204]. Gegenstand dieser Schutzrichtung ist die Art und Weise, wie der Verbraucher seine Entscheidung treffen kann[205]. Hierunter fallen insbesondere die Ausübung von Druck, unangemessene Beeinflussungen, die Ausnutzung von Angst oder Zwangslagen sowie unzumutbare Belästigungen,[206] die den Verbraucher im Ergebnis nicht mehr zum „Herr“ seiner Entscheidungen machen. Durch

---

201 *Beater*, Unlauterer Wettbewerb, Rn. 1176.
202 *Beater*, Unlauterer Wettbewerb, Rn. 471; *Götting*, § 7 Rn. 2.
203 *Beater*, Unlauterer Wettbewerb, Rn. 471.
204 *Beater*, Unlauterer Wettbewerb, Rn. 472; *ders.*, Verbraucherschutz und Schutzzweckdenken, S. 191.
205 *Götting*, § 7 Rn. 3.
206 Dazu die beispielhafte Aufzählung bei *Götting*, § 7 Rn. 3.

Eingriffe in den Prozess der Entscheidungsfindung wird die Fähigkeit des Verbrauchers zu einer informationsbasierten und damit zumindest potentiell rationalen Entscheidung, die auch Produktalternativen anderer Anbieter in die Erwägung aufnehmen kann, von vornherein unterbunden. Indem sich der Verbraucher der Durchführung der konkreten Transaktion zumindest subjektiv nicht mehr entziehen kann, führen derartige Praktiken zu einem situationsgebundenen Konsumzwang und hebeln damit zumindest subjektiv die Wahlfreiheit des Verbrauchers aus. Ohne die Gewährleistung einer autonomen Entscheidungsfindung liefe der umfassende Schutz der Entscheidungsgrundlage leer[207].

c) Beitrag zum Erreichen eines hohen Verbraucherschutzniveaus

Gem. Art. 1 bezweckt die UGP-RL, mit Hilfe der von ihr angestrebten Rechtsangleichung zum Erreichen eines „hohen Verbraucherschutzniveaus" beizutragen. Der EuGH rekurriert in seinen bislang ergangenen Entscheidungen zur UGP-RL wiederholt auf das „hohe Verbraucherschutzniveau" und zieht die Schutzzweckbestimmung – ganz im Sinne ihrer methodischen Funktion – als Auslegungsziel bei der Anwendung einzelner Richtlinientatbestände heran, so etwa bei der Auslegung der Begriffe „Aufforderung zum Kauf" gem. Art. 2 lit. i[208], „irreführende Geschäftspraktik" nach Art. 6 Abs. 1[209] oder zur Auslegung von Nr. 31 Anhang I[210]. In all diesen Fällen tendiert der EuGH zu einer extensiven bzw. strengen Auslegung der Richtlinienbegriffe, um der Zielsetzung des Erreichens eines „hohen Verbraucherschutzniveaus" gerecht zu werden[211]. Weitergehende inhaltliche Festlegungen über die Schutzintensität des „hohen Verbraucherschutzniveaus" werden vom EuGH jedoch nicht getroffen. Daher stellt sich auch angesichts der genannten EuGH-Entscheidungen die Frage, welche Schutzintensität sich hinter der Zweckbestimmung des „hohen Verbraucherschutzniveaus" verbergen soll.

Die Frage, wie mit dieser Formulierung umzugehen ist, wird ihrer begrifflichen Unschärfe entsprechend kontrovers diskutiert. Teilweise wird der Begriff des „hohen Verbraucherschutzniveaus" für eine Leerformel gehalten[212]. So lasse sich die konkrete Schutzbedürftigkeit des Verbrauchers nur anhand des fiktiven

---

207 *Beater*, Unlauterer Wettbewerb, Rn. 1568.

208 EuGH WRP 2012, 189, 192 Tz. 29 – *Ving Sverige AB.*

209 EuGH GRUR 2014, 196, 197 Tz. 31 – *Trento Sviluppo/AGCM*; ebenso bei Fragen zur Rechtssystematik der UGP-RL EuGH GRUR 2013, 1157, 1159 Tz. 47 – *CHS/Team4 Travel.*

210 EuGH GRUR 2012, 1269 Tz. 48 – *Purely Creative.*

211 Hierzu bereits *Peukert* ZHR 173 (2009), 536, 563; dazu auch *Helm* WRP 2013, 710, 711.

212 *Beater*, Unlauterer Wettbewerb, Rn. 466; *Scherer* WRP 2013, 977.

Durchschnittsverbrauchers feststellen, der als normative Größe gem. ErwGr 18 der UGP-RL zugrunde liege[213]. Die Frage der Schutzhöhe sei im Ergebnis vom jeweils anzuwendenden Verbrauchermaßstab abhängig, eine selbstreferenzielle Ausfüllung des Begriffs verbiete sich[214]. Verbraucherschutz sei als Materie zu komplex und mehrdimensional, als dass man ihn mit einer einzigen Maßeinheit bzw. mit den Kategorien „tiefer" und „höher" messen könne[215]. Demgegenüber wird z.T. mit Nachdruck auf die zentrale Bedeutung der Zweckbestimmung „hohes Verbraucherschutzniveau" für die Auslegung der einzelnen Richtlinientatbestände verwiesen[216]. In der vom EuGH für „richtig" befundenen Interpretation der Richtlinienvorschriften lasse sich eine stringente Auslegungstendenz zugunsten der Verbraucher erkennen[217].

Die qualitative Höhe des von der UGP-RL anvisierten Schutzniveaus kann nicht aus dem Begriff selbst heraus bestimmt werden. Insofern ist dem Einwand zuzustimmen, wonach sich eine selbstreferenzielle Auslegung des Begriffs „hohes Verbraucherschutzniveau" verbiete. Eine Annäherung an das „hohe Verbraucherschutzniveau" hat zunächst auf primärrechtlicher Ebene zu erfolgen. Gem. Art. 169 Abs. 1 AEUV hat die Union als zentrales Ziel ihrer Politik einen Beitrag zum Erreichen eines hohen Verbraucherschutzniveaus zu leisten. Dies insbesondere durch und bei Maßnahmen, die das Errichten und Funktionieren des Binnenmarktes zum Gegenstand haben, Art. 169 Abs. 2 lit. a, 114 Abs. 3 S. 1 AEUV. Es handelt sich hierbei um eine echte Rechtspflicht für den Unionsgesetzgeber[218]. Die Verpflichtung auf ein „hohes" Schutzniveau impliziert, dass es weder das höchste Schutzniveau eines Mitgliedstaates, noch den kleinsten gemeinsamen Nenner an Verbraucherschutz zu erreichen gilt[219]. Gleichsam kann der Verpflichtung auch kein Verschlechterungsverbot bei Regelungsmaßnahmen der Union in Bezug auf einzelne Mitgliedstaaten unterstellt werden, würde dies im Ergebnis doch eine starre Fortschreibung der Verbraucherschutzpolitik zementieren, obwohl der Unionsgesetzgeber gerade zur Berücksichtigung neuerer wissenschaftlicher Erkenntnisse bei der Festlegung des Schutzniveaus nach Art. 114 Abs. 3 S. 1 AEUV

---

213 *Scherer* WRP 2013, 977, 978.

214 *Scherer* WRP 2013, 977, 979.

215 *Beater*, Unlauterer Wettbewerb, Rn. 466.

216 Gloy/Loschelder/Erdmann/*Helm*, § 59 Rn. 74; *ders.* WRP 2013, 710; GK-UWG/*Peukert*, § 1 Rn. 128; *ders.* ZHR 173 (2009), 536, 563.

217 *Helm* WRP 2013, 710, 711; dazu auch *Peukert* ZHR 173 (2009), 536, 563.

218 Schwarze/*Herrnfeld*, Art. 114 AEUV Rn. 49; Callies/Ruffert/*Korte*[5], Art. 114 AEUV Rn. 52; Dauses/*Micklitz*/*Rott*, H. V. Rn. 22.

219 Schwarze/*Herrnfeld*, Art. 114 AEUV Rn. 51; Callies/Ruffert/*Korte*[5], Art. 114 AEUV Rn. 55; Callies/Ruffert/*Krebber*[5], Art. 169 AEUV Rn. 14; Dauses/*Micklitz*/*Rott*, H. V. Rn 25; *Wunderle*, S. 134; *Mittwoch*, S. 140; *Haberkamm*, S. 61.

verpflichtet ist[220]. Vielmehr ist die nicht per se qualifizierbare Höhe des Verbraucherschutzniveaus bei Rechtsangleichungen gem. Art. 114 Abs. 1 AEUV im Zusammenspiel mit dem Angleichungszweck „reibungsloses Funktionieren des Binnenmarktes" mit den übrigen Erfordernissen der Errichtung bzw. Sicherung des Binnenmarktes und der wirtschaftlichen Zumutbarkeit der Maßnahme im Sinne praktischer Konkordanz in Einklang zu bringen[221]. Da die Verpflichtung auf ein „hohes" Schutzniveau den Unionsgesetzgeber allerdings rechtlich bindet, hat dieser im Rahmen von (zugleich) binnenmarktfunktionalen Rechtsangleichungen den Schutz der in Art. 114 Abs. 3 S. 1 AEUV genannten und von der Harmonisierungsmaßnahme betroffenen Schutzgüter in Relation zur marktintegrativen Zwecksetzung möglichst zu *optimieren*[222]. Dem Unionsgesetzgeber ist in diesem Rahmen eine nicht unerhebliche und vom EuGH nur beschränkt überprüfbare Einschätzungsprärogative zuzugestehen[223].

Die Schutzintensität des „hohen Verbraucherschutzniveaus" ist in Anbetracht dessen im Wesentlichen unter Zugrundelegung zwei entscheidender Kriterien zu beantworten: dem maßgeblichen Verbraucherleitbild[224] sowie dem konkreten Bezugspunkt des zu schützenden Verbraucherinteresses, dem materiellen Regelungsgegenstand[225]. Im Hinblick auf die UGP-RL liegt der Regelungsgehalt des dort verfolgten Verbraucherschutzes im Schutz der Entscheidungsautonomie der Verbraucher. Dieser ist der normative Ausgangspunkt zur Konkretisierung des Schutzniveaus. Pauschal auf den Begriff des „hohen Verbraucherschutzniveaus" abzustellen, ohne seinen materiellen Gehalt anhand der Vorgaben des Richtliniengebers zu präzisieren, verschleiert die eigentlichen Wertungen bei der Beurteilung. Anhand der oben herausgearbeiteten ökonomischen wie rechtlichen Inhalte des Schutzes wirtschaftlicher Verbraucherinteressen in der UGP-RL müssen die Fragen lauten: Wie kann im Rahmen der Rechtsanwendung das Ziel des Schutzes der Entscheidungsautonomie des Durchschnittsverbrauchers auch in komplexen Fällen möglichst optimal erreicht werden, wo entstünden bei restrik-

---

220 *Wunderle*, S. 134; gegen eine zwingende Perpetuierung des einmal auf Unionsebene erreichten Verbraucherschutzniveaus auch *Herresthal* EuZW 2011, 328, 329.

221 Streinz/*Leible*/*Schröder*, Art. 114 AEUV Rn. 76; Schwarze/*Herrnfeld*, Art. 114 AEUV Rn. 51; Callies/Ruffert/*Krebber*[5], Art. 169 AEUV Rn. 15; *Schroeder*/*Müller*, in: Wagner/Wedl, S. 87, 103 f.; *Herresthal* EuZW 2011, 328, 329.

222 Im Sinne eines Optimierungsgebots auch Grabitz/Hilf/Nettesheim/*Tietje*, Art. 114 AEUV Rn. 138; von der Groeben/Schwarze/*Zuleeg*[6], Art. 3 EG Rn. 10; *Mittwoch*, S. 142; ähnlich *Drexl*, S. 440 und *Wunderle*, S. 135, die allerdings von einem politischen Auftrag ausgehen.

223 Streinz/*Leible*/*Schröder*, Art. 114 AEUV Rn. 78; Schwarze/*Herrnfeld*, Art. 114 AEUV Rn. 5; Callies/Ruffert/*Korte*[5], Art. 114 AEUV Rn. 55; Dauses/*Micklitz*/*Rott*, H. V. Rn. 14.

224 Hierauf bezieht sich *Scherer* WRP 2013, 977, 978 – 980.

225 Dauses/*Micklitz*/*Rott*, H. V. Rn. 102 a.E.; *Schroeder*/*Müller*, in: Wagner/Wedl, S. 87, 103 f.

tiver Auslegung Schutzlücken, die dem Verbraucher eine an seinen Präferenzen orientierte autonome Entscheidung nicht mehr ermöglichen und welche gegenläufigen Verbraucher- und/oder Unternehmerinteressen (Offenhalten von Märkten zwecks größerer Produktauswahl) sind im binnenmarktfunktionalen Kontext ggf. zu berücksichtigen[226]? Das „hohe Verbraucherschutzniveau" entspricht dann letztlich derjenigen Wertentscheidung, die sich als Ergebnis der soeben beschriebenen Fragestellung im Rahmen einer Interessenabwägung herauskristallisiert, wobei die *Verbraucherinteressen als normativer Ausgangspunkt* in möglichst optimaler Weise zu verwirklichen sind[227]. Bei einer solchen methodischen Vorgehensweise ist der Auffassung uneingeschränkt zuzustimmen, dass die Zweckbestimmung des hohen Verbraucherschutzniveaus für die sachgemäße Anwendung der Richtlinienvorschriften maßgebliche Bedeutung hat.

2. „Reibungsloses Funktionieren des Binnenmarktes"

Schwierigkeiten bereitet die Zweckbestimmung zum „reibungslosen Funktionieren des Binnenmarktes". Ihr Bedeutungsgehalt erscheint doppeldeutig. Grund hierfür ist der Bezugspunkt „Binnenmarkt", der sich aus mehreren Elementen konstitutiv zusammensetzt.

a) Kernelemente des Binnenmarktes

aa) Freiverkehr

Nach der Legaldefinition des Binnenmarktes in Art. 26 Abs. 2 AEUV umfasst der Binnenmarkt einen Raum ohne Binnengrenzen, in dem der freie Verkehr von Waren, Personen, Dienstleistungen und Kapital gemäß den Bestimmungen der Verträge gewährleistet ist. Zentrales Anliegen des Binnenmarktkonzepts ist demzufolge die Verwirklichung der Grundfreiheiten,[228] deren Ausübung in einem nicht durch Binnengrenzen fragmentierten Markt gewährleistet sein soll[229]. Ungeachtet ihrer nationalen Herkunft sollen alle Marktteilnehmer Zugang zu den Märkten der anderen Mitgliedstaaten haben und dort im Vergleich zu inländischen Marktteilnehmern keine schlechtere Behandlung erfahren[230]. Zur Verwirklichung dieser Zielsetzung gilt es, Abschottungen und Hemmnisse der Integration

---

226 Zum binnenmarktfunktionalen wirtschaftlichen Schutz der Verbraucher durch erhöhte Produktauswahl S. 39.

227 Dazu Grabitz/Hilf/Nettesheim/*Tietje*, Art. 114 AEUV Rn. 139.

228 Schwarze/*Hatje*, Art. 26 AEUV Rn. 10.

229 Grabitz/Hilf/Nettesheim/*Bast*, Art. 26 AEUV Rn. 12.

230 Streinz/*Schröder*, Art. 26 AEUV Rn. 23.

– sei es aus rechtlichen, technischen oder steuerrechtlichen Gründen – hin zu einem einheitlichen Markt zu beseitigen bzw. zu verhindern[231]. Der EuGH spricht besonders anschaulich von einer „Verschmelzung der nationalen Märkte zu einem einheitlichen Markt“[232]. Als angestrebter Idealzustand soll der Wirtschaftsraum der EU keine Unterschiede zu einem innerstaatlichen Wirtschaftsraum aufweisen[233].

bb) Unverfälschter Wettbewerb

Ein weiteres, den Binnenmarkt konstituierendes Element bildet das System unverfälschten Wettbewerbs[234]. Vormals noch als Vertragsziel in Art. 3 Abs. 1 lit. g EGV proklamiert, wird das System unverfälschten Wettbewerbs nunmehr im Protokoll Nr. 27 zum Vertrag von Lissabon als Teil des Binnenmarktes definiert[235]. Eine normative Ausgestaltung dieses Systems vollzieht das Primärrecht in den drei Säulen der Wettbewerbsbestimmungen des AEUV: dem Kartellverbot (Art. 101 AEUV), dem Verbot des Missbrauchs einer marktbeherrschenden Stellung (Art. 102 AEUV) sowie den Vorschriften zu verbotenen Beihilfen (Art. 107 ff. AEUV)[236]. Diese – nach klassischem Verständnis dem Kartellrecht zuzuordnenden – Vorschriften werden durch die Präambel des AEUV ergänzt, wonach sich die Vertragsstaaten zur Gewährleistung eines redlichen Wettbewerbs verpflichten. Damit wird das System des unverfälschten Wettbewerbs um den Schutz vor unlauteren Praktiken im Wettbewerb erweitert, zu dessen Verwirklichung der Gemeinschaftsgesetzgeber seine Rechtsangleichungskompetenz zu einem reibungslosen Funktionieren des Binnenmarktes gem. Art. 114 AEUV heranziehen kann[237].

b) Bezugspunkte zur UGP-RL

Unter diesen Prämissen ist nun zu klären, inwiefern sich die einzelnen konstitutiven Elemente des Binnenmarktes in der Zwecksetzung der UGP-RL, zu einem reibungslosen Funktionieren des Binnenmarktes beizutragen, wiederfinden.

---

231 Dazu Callies/Ruffert/*Kahl*[4], Art. 26 AEUV Rn. 21–26.
232 EuGH Slg. 1982, 1409 Rn. 33 – *Gaston Schul.*
233 Streinz/*Schröder*, Art. 26 AEUV Rn. 20.
234 Schwarze/*Hatje*, Art. 26 AEUV Rn. 13; Streinz/*Schröder*, Art. 26 AEUV Rn. 24.
235 Streinz/*Schröder*, Art. 26 AEUV Rn. 24.
236 Callies/Ruffert/*Korte*[5], Art. 26 AEUV Rn. 32.
237 Noch zum EGV von der Groeben/Schwarze/*Zuleeg*, Art. 3 EG Rn. 8.

aa) Marktintegration als zweiter Hauptzweck der UGP-RL

Neben dem Schutz der Entscheidungsfähigkeit und -freiheit der Verbraucher bildet jedenfalls die marktintegrative Ausrichtung der UGP-RL ihren zweiten normativen Hauptzweck. Im Ergebnis haben die für die UGP-RL ausschlaggebenden binnenmarktintegrationspolitischen Motive des Richtliniengebers im Kontext ihrer Entstehung Eingang in den schließlich erlassenen Rechtsakt gefunden[238]. An dieser Stelle sind jedoch die elementaren Feststellungen zur legislatorischen Motivation des Richtliniengebers erneut und kurz zusammengefasst in Erinnerung zu rufen.

Angesichts der Divergenz mitgliedstaatlicher Rechtsvorschriften in Bezug auf unlautere Geschäftspraktiken im b2c-Verhältnis verfolgt der Richtliniengeber und insbesondere die Kommission als Initiator der Harmonisierung neben dem verbraucherschutzorientierten auch einen zweiseitigen binnenmarktintegrationspolitischen Regelungsansatz. Das Ziel einer verstärkten Marktintegration wird aus einer doppelten Perspektive begründet: Aus Sicht der Verbraucher soll das ihnen zur Verfügung stehende Angebot an Waren und Dienstleistungen über den nationalen Markt hinaus auf den gesamten Binnenmarkt erweitert werden, um somit von einer größtmöglichen Auswahl zu profitieren und die günstigste Kaufentscheidung zu treffen. Der wirtschaftliche Verbraucherschutz wird damit um den Aspekt einer Optimierung der Wahlfreiheit im Binnenmarkt erweitert und steht mit dem Ziel der Binnenmarktintegration in einem wechselseitigen Zusammenhang. Aus unternehmerischer Perspektive soll der freie Marktzugang innerhalb des Binnenmarktes und die Erschließung der Verbraucherschaft in anderen Mitgliedstaaten durch binnenmarktweite, einheitliche Marketingkonzepte ermöglicht werden.

Diese zweiseitige marktintegrative Ausrichtung der UGP-RL tritt zuvorderst in ihren Erwägungsgründen zutage. ErwGr 3 und 4 stellen jeweils auf die wirtschaftlichen Hemmnisse sowohl für Verbraucher als auch für Unternehmer ab, die sich aufgrund divergierender Rechtsvorschriften der Mitgliedstaaten zu unlauteren Geschäftspraktiken ergeben. Gem. ErwGr 6 S. 1 gleicht die UGP-RL *deshalb* die betreffenden Rechtsvorschriften an, um nach ErwGr 5 ein ordnungsgemäßes Funktionieren des Binnenmarktes und ein hohes Verbraucherschutzniveau zu gewährleisten. Das „reibungslose Funktionieren des Binnenmarktes" in Art. 1 ist somit als Zwecksetzung im Sinne einer Förderung des binnenmarktweiten Waren- und Dienstleistungsverkehrs für Verbraucher und Unternehmer zu verstehen.

---

238 Für eine ausführliche Behandlung der Entstehungsgeschichte der UGP-RL und ihrer rechtspolitischen Hintergründe wird auf die diesem Abschnitt vorangestellten Ausführungen verwiesen, S. 8 – 21.

bb) Unverfälschter Wettbewerb als konzeptionell primärer Schutzzweck der UGP-RL?

Vom konstitutiven Binnenmarktelement des Systems unverfälschten Wettbewerbs ausgehend, wird der unverfälschte bzw. lautere Wettbewerb der UGP-RL von einigen Autoren als weiterer, übergreifender Schutzzweck zugrunde gelegt[239]. So wird zunächst angeführt, dass vom Anwendungsbereich der UGP-RL nicht auf ihre Zwecksetzung geschlossen werden könne, vielmehr seien beide Aspekte zu unterscheiden. In einem zweiten Schritt habe eine Auslegung des Ziels „reibungsloses Funktionieren des Binnenmarktes" im Lichte der primärrechtlichen Rahmenvorgaben zu erfolgen. Da nach dem Binnenmarktkonzept Binnenmarkt und unverfälschter Wettbewerb untrennbar miteinander verbunden seien, weise die Zielsetzung „reibungsloses Funktionieren des Binnenmarktes" eine institutionelle, marktordnungspolitische Dimension auf, die in der Auslegung und Anwendung sekundären Gemeinschaftsrechts zu berücksichtigen sei[240]. Dieses Ergebnis folge aus der Pflicht zur primärrechtskonformen Auslegung sekundären Gemeinschaftsrechts. Das Ziel des „reibungslosen Funktionierens des Binnenmarktes" umfasse daher stets den institutionellen Schutz des Wettbewerbs im Binnenmarkt[241]. Im Ergebnis sei die Schutzzweckkonzeption der UGP-RL sowohl auf den Verbraucher- als auch auf den Wettbewerbsschutz gerichtet[242].

Der Auffassung ist insofern zuzustimmen, als aus dem Anwendungsbereich eines Rechtsaktes nicht automatisch auf eine gleichlaufende Schutzzweckbestimmung geschlossen werden kann. Beide Facetten sind nicht zwingend deckungsgleich. Allerdings ist der Kernaussauge dieser Auffassung, wonach der institutionelle Schutz des lauteren Wettbewerbs die Auslegung der Richtlinienvorschriften unmittelbar bestimmender Schutzzweck der UGP-RL sei, zu widersprechen. Aus dem „reibungslosen Funktionieren des Binnenmarktes" eine primärrechtlich scheinbar zwingend gebotene Schutzzwecksetzung zum unverfälschten Wettbewerb abzuleiten, findet eine Stütze weder im Primärrecht selbst, noch entspricht sie der Regelungsintention des Richtliniengebers und wird letztlich nicht von der Schutzzweckkonzeption der UGP-RL, wie sie in deren Bestimmungen zum Ausdruck gebracht wird, getragen.

---

239 So etwa *Veelken* WRP 2004, 1, 5; *Brömmelmeyer* GRUR 2007, 295, 297; *Leistner* ZEuP 2009, 56, 59; *Wunderle*, S. 204.

240 *Wunderle*, S. 203; *Brömmelmeyer* GRUR 2007, 295, 297.

241 *Wunderle*, S. 204; dahingehend auch *Brömmelmeyer* GRUR 2007, 295, 297.

242 *Brömmelmeyer* GRUR 2007, 295, 297; *Wunderle*, S. 204; *Leistner* ZEuP 2009, 56, 59 betrachtet den institutionellen Wettbewerbsschutz gar als alleinigen Schutzzweck der UGP-RL, da die Verbraucherinteressen in den Wettbewerbsschutz „institutionell rückgebunden" seien.

(1) Rückschluss aus der Binnenmarktkompetenz gem. Art. 114 AEUV

Gegen die bezeichnete Auffassung sprechen zunächst primärrechtliche Erwägungen. Diese gründen auf einem Rückschluss aus der Rechtsangleichungskompetenz nach Art. 114 AEUV (ex-Art. 95 EGV), welche auch der UGP-RL zugrunde liegt[243].

Gem. Art. 114 Abs. 1 AEUV erlassen das Europäische Parlament und der Rat die Maßnahmen zur Angleichung der Rechts- und Verwaltungsvorschriften der Mitgliedstaaten, welche die Errichtung und das Funktionieren des Binnenmarktes zum Gegenstand haben. Harmonisierungsmaßnahmen, die auf der Binnenmarktkompetenz ergehen, müssen demgemäß mit den materiellen Zielen des primärrechtlichen Binnenmarktkonzepts, d.h. der Verwirklichung der Grundfreiheiten bzw. dem System unverfälschten Wettbewerbs korrespondieren[244]. Die Verwirklichung der Ziele des Art. 26 AEUV sind somit Voraussetzung für ein legitimes Tätigwerden des Unionsgesetzgebers auf Grundlage des Art. 114 Abs. 1 AEUV. Ob diese Voraussetzung im konkreten Fall tatsächlich erfüllt ist, und wie dabei das Verhältnis der einzelnen Binnenmarktziele zueinander beschaffen sein muss, wurde bereits in diversen Entscheidungen vom EuGH erörtert. In seinem Urteil zur Tabakwerbe-RL prüfte der EuGH, „[...] ob die Richtlinie tatsächlich zur Beseitigung von Hemmnissen des freien Warenverkehrs und der Dienstleistungsfreiheit *sowie* von Wettbewerbsverzerrungen beiträgt [Hervorhebung durch Verf.].“[245] Hiernach scheint erforderlich, dass zur Begründung der Binnenmarktkompetenz die Verwirklichung beider Binnenmarktziele kumulativ Zweck der Angleichungsmaßnahme sein muss. Allerdings hatte der Richtliniengeber in den Erwägungsgründen zur Tabakwerbe-RL beide Binnenmarktziele angeführt, so dass der EuGH diese auch vollumfänglich zu prüfen hatte. Eine zwingende Schlussfolgerung, beide Binnenmarktziele müssten nunmehr stets kumulativ Gegenstand der Rechtsangleichung nach Art. 114 AEUV sein, lässt sich daraus nicht ziehen[246]. Eine gegenteilige Annahme wird vom EuGH dahingehend in jüngeren Entscheidungen präsentiert. In der Rechtssache *British American Tobacco* stellte der EuGH nunmehr darauf ab, ob Harmonisierungsmaßnahmen im Einklang mit Art. 114 AEUV (bzw. Art. 95 EGV) tatsächlich die Binnenmarktziele verfolgen, „[...] indem sie zur Beseitigung von Hemmnissen für den freien Waren- oder Dienstleistungsverkehr *oder* aber von Wettbewerbsverzerrungen beitra-

---

243 ErwGr 1. Zur Eignung des ex-Art. 95 Abs. 1 als rechtmäßige Kompetenzgrundlage der UGP-RL *Ackermann*, in: Gsell/Herresthal, S. 289, 303–305; *Haberkamm*, S. 50–60.

244 Streinz/*Leible*/*Schröder*, Art. 114 Rn. 39.

245 EuGH EuR 2001, 69 Tz. 95 – *Deutschland/Parlament und Rat.*

246 Streinz/*Leible*/*Schröder*, Art. 114 AEUV Rn. 44.

gen".[247] Noch deutlicher wurde der EuGH in der Rechtssache *Deutschland/Parlament und Rat* mit der Feststellung, es wäre zur rechtmäßigen Heranziehung von Art. 95 EGV (jetzt Art. 114 AEUV) „nicht erforderlich, Wettbewerbsverzerrungen darzutun, wenn das Bestehen von Handelshemmnissen festgestellt wurde."[248] Somit zeigt sich im Kontext der primärrechtlichen Vorgaben zur binnenmarktfördernden Rechtsangleichung, dass Freiverkehr und unverfälschter Wettbewerb dem Binnenmarkt zwar inhärent sind, beide Aspekte jedoch *eigenständige Teilelemente* desselben bilden. Als Voraussetzung zum Erlass von Harmonisierungsmaßnahmen stehen beide Teilelemente nicht in einem Kumulativ-, sondern vielmehr in einem Alternativverhältnis[249]. Das bedeutet: Angleichungsmaßnahmen müssen nicht zusätzlich zum Abbau von Hemmnissen für die Grundfreiheiten auch dem Abbau von Wettbewerbsverfälschungen dienen. Eine Harmonisierungsmaßnahme hat bereits dann „die Errichtung oder das Funktionieren des Binnenmarktes zum Gegenstand", wenn ein Teilbereich des Binnenmarktes (Grundfreiheiten *oder* unverfälschter Wettbewerb) verbessert wird[250].

Übertragen auf die UGP-RL haben diese primärrechtlichen Rahmenbedingungen zur Folge, dass der Zweckbestimmung für ein „reibungsloses Funktionieren des Binnenmarktes" in Art. 1 nicht ohne Weiteres ein auslegungsbestimmender, institutioneller Schutzcharakter zugunsten des unverfälschten bzw. lauteren Wettbewerbs entnommen werden kann. Die gegenteilige Ansicht basiert auf einem methodischen Fehlgriff: Hier wird das Gebot, dass europäisches Sekundärrecht nicht gegen europäisches Primärrecht verstoßen darf und damit die Frage der Systemkonformität, mit unionsgesetzgeberischer Zwecksetzung gleichgestellt, obwohl es nach den primärrechtlichen Rahmenvorgaben für diese angeblich zwingende Schlussfolgerung keine Anhaltspunkte gibt. Vielmehr können auch nur einzelne Teilelemente des Binnenmarktkonzepts in alternativer Weise Grund und Zweck von Rechtsangleichungen sein. Selbstverständlich dürfen solche Maßnahmen zur Verbesserung oder zum reibungslosen Funktionieren des Binnenmarktes dem Binnenmarktelement eines Systems unverfälschten Wettbe-

247 So etwa EuGH EuR 2003, 80, 83 Tz. 60 – *British American Tobacco* und EuGH EuZW 2010, 539 Tz. 32 – *Vodafone*; dazu im Kontext der UGP-RL auch *Stuyck/Terryn/van Dyck* CML Rev. 2006, 107, 113 f.

248 EuGH EuZW 2007, 46, 49 Tz. 67 – *Deutschland/Parlament und Rat.*

249 Callies/Ruffert/*Korte*[5], Art. 114 AEUV Rn. 45; Streinz/*Leible/Schröder*, Art. 114 Rn. 44; Schwarze/*Herrnfeld*, Art. 114 AEUV Rn. 12; Grabitz/Hilf/Nettesheim/*Tietje*, Art. 114 AEUV Rn. 106; *Mittwoch*, S. 119; *Möstl* EuR 2002, 318, 324. Auf die nicht unumstrittene Frage, ob bei durch Wettbewerbsverfälschungen begründeten Rechtsangleichungen zusätzlich der Aspekt der Verwirklichung der Grundfreiheiten gegeben sein müsse, kommt es hier nicht an, da die hier behandelte Frage die genau umgekehrte Variante betrifft.

250 Ausdrücklich Callies/Ruffert/*Korte*[5], Art. 114 AEUV Rn. 45.

werbs – wie auch dem gesamten übrigen primären Unionsrecht – nicht zuwiderlaufen. Ob dieses Teilelement gleichwohl den Zweck einer Harmonisierungsmaßnahme bildet, ist eine andere Frage. Hierfür kommt es in erster Linie auf die den Zweck bestimmende Entscheidung des Unionsgesetzgebers an. Die Auffassung, das „reibungslose Funktionieren des Binnenmarktes" umfasse zwangsläufig den institutionellen Schutz des Wettbewerbs im Binnenmarkt und sei somit für die UGP-RL auslegungsbestimmend, ist daher bereits in ihrer theoretischen Grundlage aus primärrechtlichen Gründen unzutreffend.

(2) Inkonsequenz angesichts bestehender Richtlinien im wirtschaftlichen Verbraucherschutzrecht

Die gegenteilige Ansicht hält auch einem Vergleich mit bestehenden Richtlinien nicht stand. Angesichts der vorliegenden Thematik sind solche Richtlinien hervorzuheben, die den Schutz der wirtschaftlichen Interessen der Verbraucher zum Gegenstand haben: die Verbraucherrechte-RL, die Dienstleistungs-RL sowie die Verbrauchsgüterkauf-RL. Jede der genannten Richtlinien enthält Zweckbestimmungen oder Erwägungsgründe im Hinblick auf ein „besseres Funktionieren des Binnenmarktes",[251] ein „reibungsloses Funktionieren des Binnenmarktes"[252] oder die „Vollendung des Binnenmarktes"[253]. Regelungsgegenstand dieser Richtlinien ist die vertragliche Beziehung zwischen Verbrauchern und Unternehmern. Sie gehören zum europäischen Verbrauchervertragsrecht. Obwohl nun diese Richtlinien in ihren Bestimmungen auf die Förderung des Binnenmarkts rekurrieren, bezwecken sie jedoch nicht allein deshalb den institutionellen Schutz des lauteren Wettbewerbs im Binnenmarkt. Als Harmonisierungsmaßnahmen, welche die vertragliche Beziehung zwischen Verbrauchern und Unternehmern regulieren, schaffen sie rechtseinheitliche Rahmenbedingungen, um europaweit grenzüberschreitende Vertragsschlüsse im b2c-Geschäftsverkehr zu fördern. Ihnen liegen jedoch keine lauterkeitsrechtlichen Gesichtspunkte zugrunde, auf welche der Unionsgesetzgeber seine Harmonisierungsaktivitäten in diesem Bereich stützt. Es zeigt sich nochmals: Bei Harmonisierungsmaßnahmen, die auf der Binnenmarktkompetenz gründen, kommt es entscheidend auf die Zwecksetzung des Richtliniengebers an. Dieser kann, muss aber nicht sämtliche Elemente des Binnenmarktes (Freiverkehr *und* unverfälschter Wettbewerb) zum auslegungsbestimmenden Schutzzweck seiner rechtsangleichenden Maßnahmen erheben. Die

251 Art. 1 sowie ErwGr 5 Verbraucherrechte-RL.
252 ErwGr 105 Dienstleistungs-RL.
253 ErwGr 4 Verbrauchsgüterkauf-RL.

gegenteilige Auffassung ist somit auch im Lichte bestehender Richtlinien, welche die wirtschaftlichen Interessen der Verbraucher schützen und zum „reibungslosen Funktionieren des Binnenmarktes" beitragen, inkonsequent.

(3) Rechtspolitische Intention des Richtliniengebers

Des Weiteren spricht die maßgebliche rechtspolitische Intention des Richtliniengebers gegen eine Auslegung des „reibungslosen Funktionierens des Binnenmarktes" im Sinne eines konzeptionell bezweckten Institutionsschutzes lauteren Wettbewerbs.

Ausgehend vom Grünbuch Verbraucherschutz bis hin zum endgültigen Erlass der UGP-RL durchzog deren Entwicklungsprozess ein zweiseitiges binnenmarktintegrationspolitisches Leitmotiv. Grundanliegen der Harmonisierung bildet die Zielsetzung, den grenzübergreifenden Handel im Binnenmarkt sowohl aus Sicht und zugunsten der Verbraucher als auch der Unternehmer zu fördern. Die Kommission als legislatorische Initiatorin der UGP-RL war sich dabei durchaus bewusst, dass in den einzelnen Mitgliedstaaten z.T. weit entwickelte Vorschriften zum Schutz der wirtschaftlichen Verbraucherinteressen vor unlauteren Geschäftspraktiken existierten[254]. Motivation für eine Rechtsangleichung war demgemäß nicht ein materielles Defizit im lauterkeitsrechtlichen b2c-Verhältnis auf Ebene der Mitgliedstaaten bzw. die Befürchtung, den lauteren Wettbewerb als solchen in nicht angemessener Weise zu schützen. Vielmehr gründete der Anstoß zur Harmonisierung in den divergierenden Ausgestaltungen und Grundkonzeptionen der mitgliedstaatlichen Vorschriften. Diese Divergenzen galt es zu beseitigen, um grenzüberschreitende Handelsaktivitäten sowohl aus Verbraucher- als auch aus Unternehmerperspektive zu stimulieren. Obwohl im Richtlinienvorschlag zwar vereinzelt darauf hingewiesen wurde, dass die Beeinflussung der Verbraucherentscheidung auch zu Wettbewerbsverzerrungen führe,[255] wurde jedoch dieser Umstand in der weiteren Genese der UGP-RL nicht in die zentralen Erwägungen für ihren Erlass aufgenommen. Die punktuell getroffene Feststellung erwuchs nicht zum Regelungsziel. Dieses konzentrierte sich weiterhin auf die Verwirklichung des Binnenmarktes durch die Beseitigung von Hemmnissen für den Freiverkehr und die Gewährleistung eines hohen Verbraucherschutzniveaus[256].

---

254 KOM (2001) 531 endg., S. 7.
255 KOM (2003) 356 endg., Rn. 16.
256 SEK (2003) 724, S. 10 f.

Im Ergebnis kann der rechtspolitischen Intention des Richtliniengebers zum Erlass der UGP-RL ein primäres, auslegungsbestimmendes Ziel zum institutionellen Schutz des lauteren Wettbewerbs nicht entnommen werden. Dessen Harmonisierungsmotivation gründet in Bezug auf ein „reibungsloses Funktionieren des Binnenmarktes“ vielmehr in der marktintegrativen Dimension des Binnenmarktkonzepts.

(4) Bestimmungen der UGP-RL

Für die hier vertretene Auffassung sprechen nicht zuletzt die binnenmarktbezogenen Ausführungen in der UGP-RL selbst. Die Zweckbestimmung in Art. 1 ist ihrem Wortlaut nach nicht ganz eindeutig. Anders verhält es sich hingegen bei den der UGP-RL zugrunde liegenden Erwägungsgründen, denen eine institutionell wettbewerbsschützende Zweckbestimmung nicht entnommen werden kann.

So rekurrieren die ErwGr 2–5 ausschließlich auf die Hemmnisse sowohl der Verbraucher als auch der Unternehmer vor grenzüberschreitenden Transaktionen. Diese lägen in der Unterschiedlichkeit der mitgliedstaatlichen Lauterkeitsvorschriften begründet, welche die wirtschaftlichen Interessen der Verbraucher betreffen, so dass eine Rechtsangleichung in diesem Bereich zur Förderung grenzüberschreitenden Handels erforderlich sei[257]. Gem. ErwGr 6 S. 1 erfolge *deshalb* die Angleichung der jeweiligen mitgliedstaatlichen Vorschriften. Für eine auf das Binnenmarktelement des Freiverkehrs zugeschnittene Zwecksetzung der UGP-RL sprechen zudem in eindeutiger Weise die ErwGr 12, 13, 23 und 24. Nach ErwGr 23 S. 1 bestünden die Ziele der UGP-RL ausdrücklich darin, die durch die bislang divergierenden Vorschriften der Mitgliedstaaten verursachten *Handelshemmnisse* zu beseitigen und ein hohes Verbraucherschutzniveau zu gewährleisten. ErwGr 24 S. 1 knüpft an diese Zielsetzung an und gibt der Kommission eine Überprüfung der UGP-RL dahingehend auf, ob die *Handelshemmnisse* für den Binnenmarkt beseitigt und ein hohes Verbraucherschutzniveau erreicht würden. Der institutionelle Schutz des lauteren Wettbewerbs findet in der Umschreibung zu den Zielsetzungen der UGP-RL hingegen keinerlei Erwähnung.

Ein anderes Bild ergibt sich auch nicht aus ErwGr 8 S. 2. Unter Bezugnahme auf den Schutz der Verbraucher vor unlauteren Geschäftspraktiken heißt es dort: „Sie [die UGP-RL] schützt somit auch mittelbar rechtmäßig handelnde Unternehmer vor Mitbewerbern, die sich nicht an die Regeln dieser Richtlinie halten, und gewährleistet damit einen lauteren Wettbewerb in dem durch sie koordinierten Bereich.“ Das bedeutet: Nach dem methodischen Schutzkonzept der UGP-

---

257 Dazu bereits S. 15 f.

RL wird innerhalb ihres Anwendungsbereichs der lautere Wettbewerb über den Schutz der wirtschaftlichen Verbraucherinteressen vor unlauteren Geschäftspraktiken *kausal vermittelt.* Lauterer Wettbewerb i.S.d. UGP-RL stellt sich demnach als faktisches Ergebnis der Einhaltung ihrer Regelungen dar[258]. Dieses *faktische Bewirken* lauterer Wettbewerbsverhältnisse bildet methodisch jedoch keine gesetzgeberische und auslegungsdominierende Schutzzweckbestimmung[259]. Bezeichnenderweise müssen selbst Vertreter der gegenteiligen Auffassung einräumen, dass Art. 1 und die (angeblich unklaren) Formulierungen der Erwägungsgründe gegen die Annahme eines durch die UGP-RL bezweckten institutionellen Wettbewerbsschutzes sprechen[260].

cc) Fazit

Damit lässt sich festhalten: Ein institutioneller Schutz des unverfälschten bzw. lauteren Wettbewerbs liegt der UGP-RL als auslegungsbestimmender Zweck nicht zugrunde. Das „reibungslose Funktionieren des Binnenmarktes“ ist vielmehr vor dem binnenmarktintegrationspolitischen Hintergrund ihrer Entstehungsgeschichte zu verstehen und bezieht sich als gesetzgeberischer Zweck der UGP-RL allein auf die Verwirklichung der Grundfreiheiten sowohl aus Sicht und zum Wohle der Verbraucher als auch der Unternehmer[261]. Der Richtliniengeber ist sich zwar durchaus bewusst, dass die UGP-RL in dem von ihr koordinierten Bereich einen lauteren Wettbewerb gewährleistet. Dieser Schutz wird von der UGP-RL konzeptionell und methodisch jedoch nur bewirkt und nicht bezweckt. Die gegenteilige Ansicht ist abzulehnen, da sie die UGP-RL im Hinblick auf ihre Zweckbestimmung nicht *auslegt*, sondern mittels eines übergreifend verstandenen Schutzzwecks der Richtlinie einen anderweitigen Schutzzweckgehalt *hineinlegt*.

---

258 So zutreffend *Wunderle*, S. 203; dazu auch Weatherill/Bernitz/*Abbamonte*, S. 11, 16: „In doing so, it also [...] ensures the integrity of the market and facilitates lawful competition.“

259 Abzulehnen daher *Glöckner*, Europäisches Lauterkeitsrecht, S. 501, der rechtliche Zwecksetzung und rein faktische Wirkung weitestgehend einebnet.

260 *Wunderle*, S. 203.

261 Allein auf diesen Aspekt abstellend auch *Stuyck*/*Terryn*/*van Dyck* CML Rev. 2006, 107 f.; nach *Ackermann*, in: Gsell/Herresthal, S. 289, 303–305, ließe sich in Bezug auf die UGP-RL eine Harmonisierungskompetenz auf „spürbare Wettbewerbsverzerrungen“ i.S.d. Art. 114 AEUV nicht gründen.

c) Verhältnis zwischen Binnenmarktförderung und Verbraucherschutz in der UGP-RL

Das Verhältnis zwischen der binnenmarkt- und der verbraucherschutzbezogenen Schutzzwecksetzung der UGP-RL wird z.T. als Instrumentalisierung des Verbraucherschutzes für den Binnenmarkt charakterisiert. So diene der Schutz wirtschaftlicher Verbraucherinteressen lediglich als Mittel zum Zweck der Binnenmarktförderung[262]. In der Binnenmarktförderung liege der Hauptzweck der UGP-RL[263].

M. E. kann jedoch nicht von einer einseitigen bzw. untergeordneten Vereinnahmung des Verbraucherschutzes als Mittel zur Binnenmarktförderung ausgegangen werden. Die eingangs geschilderte Sichtweise ist zwar insofern zutreffend, als durch einheitliche Verbraucherschutzvorschriften die Hemmnisse für grenzüberschreitende Transaktionen minimiert und transnationalen Geschäften seitens Verbrauchern und Unternehmern mehr Vertrauen entgegengebracht wird. In diesem Sinne dient der vereinheitlichte Verbraucherschutz der Verwirklichung des Binnenmarktes und ist zu diesem komplementär[264].

Andererseits kann als Kehrseite dieser Zusammenhänge ebenso auf die verbraucherschützende Funktion der UGP-RL *durch* Marktintegration und ihren Beitrag zur formalen Konsumfreiheit abgestellt werden. Die Verwirklichung des Binnenmarktes ermöglicht es dem Verbraucher, günstigere Kaufentscheidungen zu treffen, da er von einer möglichst großen, binnenmarktweiten Auswahl an Waren und Dienstleistungen profitiert[265]. Der Schutz der Verbraucher vor überhöhten Preisen durch Wettbewerb findet in der UGP-RL eine binnenmarktbezogene Verankerung[266]. Daher lässt sich die Binnenmarktförderung unter diesem Blickwinkel gleichermaßen zugunsten des Schutzes wirtschaftlicher Verbraucherinteressen heranziehen.

Im Ergebnis kann damit nicht von einer einseitigen Instrumentalisierung weder des einen, noch des anderen Schutzzwecks zugunsten eines einseitigen Hauptzwecks der UGP-RL gesprochen werden. Beide Zweckbestimmungen stehen vielmehr in einem Verhältnis wechselseitiger Verknüpfung und Ergänzung zu-

---

262 Götting/Meyer/Vombrock/*Weiler*, § 25 Rn. 119, 220; *Haberkamm*, S. 49; *Scherer* WRP 2013, 977 f.

263 *Apetz*, S. 83; *Schmidt*, S. 130; *Brömmelmeyer* GRUR 2007, 295, 296; *Jungheim/Haberkamm* VuR 2009, 250, 252.

264 Allgemein Callies/Ruffert/*Krebber*[5], Art. 169 AEUV Rn. 6; *Heiss* ZEuP 1996, 625, 627.

265 *Beater*, Verbraucherschutz und Schutzzweckdenken, S. 122.

266 Allgemein dazu *Beater*, Verbraucherschutz und Schutzzweckdenken, S. 123 – 125.

einander und laufen parallel[267]. So ist der vereinheitlichte Verbraucherschutz integraler Bestandteil der Binnenmarktverwirklichung und die Binnenmarktverwirklichung integraler Bestandteil des wirtschaftlichen Verbraucherschutzes. Unter rechtspolitischen Gesichtspunkten ist allerdings anzumerken, dass die derzeitige und künftige Grundausrichtung der europäischen Binnenmarktpolitik eher der letztgenannten Konstellation (Binnenmarktförderung zugunsten des Verbraucherschutzes) einen höheren Stellenwert einräumt, indem der Binnenmarkt in den Dienst des Verbraucherwohls gestellt wird. Hierfür wird der Binnenmarkt lediglich als Mittel zum Zweck betrachtet, um den Verbraucher in die Lage zu versetzen, einen größtmöglichen Nutzen aus einer offenen, stärker integrierten Europäischen Union zu ziehen („ein Binnenmarkt für die Bürger")[268].

d) Konsequenzen für die Anwendung und Auslegung der UGP-RL

Diesem Verhältnis wechselseitiger Verknüpfung beider Schutzzwecke entsprechend, lassen sich bei teleologisch sachgemäßer Anwendung der UGP-RL entgegen teilweise anderweitig geäußerter Befürchtungen[269] etwaige Kollisionen beider Zweckbestimmungen in der Rechtsanwendung und Normauslegung entschärfen.

So weist *Brömmelmeyer* darauf hin, dass der Konsumentenschutz aus der binnenmarktbezogenen, am Marktzugang orientierten Perspektive der Unternehmer relativiert werde[270]. Dabei beruft er sich auf die *Gourmet*-Entscheidung des EuGH und dessen Feststellung, dass restriktive Marketingregeln den Marktzugang für Erzeugnisse aus anderen Mitgliedstaaten stärker behinderten als den Marktzugang für inländische Erzeugnisse, mit denen der Verbraucher unwillkürlich besser vertraut sei[271]. Insofern seien Konsumentenschutz und Kommunikationsfreiheit im Interesse der Unternehmer gegeneinander abzuwägen, damit diese künftig imstande seien, inländische Kundenbeziehungen offensiv anzugreifen[272]. Diesen Befürchtungen kann jedoch aus diversen Gründen begegnet werden.

---

267 Ebenfalls von einem Gleichgewicht beider Schutzzwecke ausgehend GK-UWG/*Heinze*, Einl. C Rn. 230; MüKo-UWG/*Micklitz*[1], EG D Rn. 12; MüKo-UWG/*Ruess*, § 5 Rn. 109; i.S.d. wechselseitigen Verknüpfung im Allgemeinen auch Streinz/*Lurger*, Art. 169 AEUV Rn. 31; *Beater*, Verbraucherschutz und Schutzzweckdenken, S. 122; *Mittwoch*, S. 115; *Heiss* ZEuP 1996, 625, 626.

268 KOM (2007) 60 endg., S. 5, 14

269 *Köhler/Lettl* WRP 2003, 1019, 1031 f.; *Brömmelmeyer* GRUR 2007, 295, 297.

270 *Brömmelmeyer* GRUR 2007, 295, 297.

271 EuGH EuZW 2001, 251 Tz. 21 – *Gourmet*.

272 *Brömmelmeyer* GRUR 2007, 295, 297.

Zum einen bezweckt die UGP-RL keinen Schutz der Verbraucher dergestalt, dass Konsumgewohnheiten geschützt werden. Geschützt werden die Verbraucher allein in ihrer Entscheidungsfähigkeit und -freiheit. Diese Schutzrichtung ist mit dem Konzept der Marktöffnung vereinbar, da der Verbraucher nicht vor der Konfrontation mit für ihn fremden, seinen bisherigen Gewohnheiten gar gegenläufigen Angeboten, sondern vor der Art und Weise der Kontaktaufnahme zu neuen Angeboten geschützt werden soll.

Zum anderen – und das ist der weitaus gewichtigere Aspekt – bilden nach dem binnenmarktbezogenen Schutzkonzept der UGP-RL Konsumentenschutz und Kommunikationsfreiheit aus verbraucherschützenden Gesichtspunkten keinen krassen Gegensatz[273]. Denn bereits die verbraucherschutzorientierte marktintegrative Ausrichtung des binnenmarktbezogenen Schutzzwecks der UGP-RL gebietet eine Normauslegung, die es dem Verbraucher ermöglichen soll, mit bislang unbekannten Produkten oder Anbietern in Berührung zu kommen, um von einem erweiterten, im Idealfall binnenmarktübergreifenden Angebot zu profitieren. Mithin intendiert der Unionsgesetzgeber eine binnenmarktweite Förderung der Wahlfreiheit. Marktöffnende Kommunikationsfreiheit im Interesse der im Binnenmarkt agierenden Unternehmen ist daher kein Widerspruch zum wirtschaftlichen Konsumentenschutz im Sinne optimaler Wahlfreiheit, sondern vielmehr eine Grundbedingung zu dessen Verwirklichung. Etwaige Konflikte dieser mehrschichtigen Verbraucher- und Unternehmerinteressen sind im Sinne praktischer Konkordanz aufzulösen, wobei der angestrebte wirtschaftliche Verbraucherschutz in möglichst optimaler Weise zu verwirklichen ist. Ihrer Normstruktur nach sind die Tatbestände der UGP-RL auf den Schutz der Entscheidungsautonomie der Verbraucher ausgerichtet. Dieser verbraucherschützende Aspekt bildet die primäre Auslegungsdirektive der UGP-RL. Methodisch sind gegenläufige Interessen als Verbotsgegengründe zu berücksichtigen[274]. Damit ergibt sich durch die wechselseitige Verbindung beider Schutzzwecke ein insgesamt stimmiges Schutzkonzept der UGP-RL[275].

---

273 So auch *Apetz*, S. 389 f.

274 Dies spiegelt sich insbesondere im Tatbestand des Art. 5 Abs. 2 wider. Dazu S. 112–116.

275 Ebenso *Keßler* WRP 2007, 714, 716, der zwischen der Orientierung der UGP-RL an den Funktionsbedingungen des Binnenmarktes und der normativen Schutzzweckorientierung an den Verbraucherbelangen keinen methodischen Widerspruch erblickt. – Anders noch *Köhler/Lettl* WRP 2003, 1019, 1032.

3. Schutz von Mitbewerberinteressen

Zur Frage der methodischen Einbindung des Schutzes von Mitbewerbern in das Schutzkonzept der UGP-RL sind zwei Aspekte voneinander zu trennen: zum einen die mit dem Schutzinteresse der Verbraucher gegenüber unlauteren Geschäftspraktiken gleichlaufenden Mitbewerberinteressen und zum anderen die mit dem wirtschaftlichen Verbraucherschutz gleichlaufenden binnenmarktintegrationsbezogenen Mitbewerberinteressen an der Offenhaltung von Märkten.

a) Gleichlaufendes Interesse am Schutz vor der Anwendung unlauterer Geschäftspraktiken gegenüber Verbrauchern

Die lauterkeitsrechtlich zu beanstandende Beeinträchtigung des wirtschaftlichen Verbraucherverhaltens hat aus *verbraucherspezifischer* Perspektive zumindest potentiell zur Folge, dass der Verbraucher eine nach seinen Präferenzen ungünstige Entscheidung trifft. Aus *mitbewerberspezifischer* Perspektive führt die unter solchen Umständen getroffene Verbraucherentscheidung zumindest potentiell dazu, dass dem betroffenen Mitbewerber der in unlauterer Weise beeinflusste Verbraucher als Kunde vorenthalten wird. Der unlauter handelnde Mitbewerber entzieht damit seinem Konkurrenten Marktanteile und beeinträchtigt dessen Wettbewerbschancen auf eine nicht wettbewerbsinhärente Weise. Der Schutz dieses *mitbewerberspezifischen* Interesses vollzieht sich im konzeptionellen Gefüge der UGP-RL allerdings in gleicher Weise wie der institutionelle Schutz des unverfälschten Wettbewerbs: Er wird lediglich faktisch bewirkt.

So findet der Schutz dieses Mitbewerberinteresses in die zentrale Zweckbestimmung des Art. 1 keinen Eingang. Gem. ErwGr 6 S. 1 gleicht die UGP-RL lediglich diejenigen Rechtsvorschriften an, „die die wirtschaftlichen Interessen der Verbraucher unmittelbar und *dadurch* die wirtschaftlichen Interessen rechtmäßig handelnder Mitbewerber mittelbar schädigen [Hervorhebung durch Verf.]." ErwGr 8 zufolge schützt die UGP-RL „unmittelbar die wirtschaftlichen Interessen der Verbraucher vor unlauteren Geschäftspraktiken im Geschäftsverkehr zwischen Unternehmern und Verbrauchern. Sie schützt *somit* auch mittelbar rechtmäßig handelnde Unternehmer vor Mitbewerbern, die sich nicht an die Regeln dieser Richtlinie halten, und gewährleistet damit einen lauteren Wettbewerb in dem durch sie koordinierten Bereich [Hervorhebung durch Verf.]." Es zeichnet sich konzeptionell dasselbe Bild ab, wie es sich bereits zur Frage des institutionellen Schutzes des unverfälschten Wettbewerbs herauskristallisiert hat. Die Gesetzessprache mit ihrer Wortwahl „dadurch" – gleichbedeutend mit den Formulierungen

„auf diese Weise“ oder „durch diesen Umstand“[276] – und „somit“ als Folgerungswort[277] offenbaren, dass der Schutz der oben beschriebenen *mitbewerberspezifischen* Interessen über den vom Schutzzweck der UGP-RL erfassten Schutz der insofern *gleichlaufenden verbraucherspezifischen* Interessen ebenfalls *faktisch-kausal* vermittelt wird. Dieser Mitbewerberschutz stellt nach dem Richtlinienkonzept lediglich eine tatsächliche Konsequenz des durch die UGP-RL bezweckten Verbraucherschutzes dar. Vor diesem Hintergrund ist die gesetzessprachliche Unterscheidung zwischen „unmittelbarem“ Verbraucherschutz und „mittelbarem“ Mitbewerberschutz zu verstehen.

Man mag nun diesen mittelbaren mitbewerberbezogenen Schutzmechanismus der UGP-RL als „objektiven Reflex“[278] oder als „indirekten Effekt“[279] bezeichnen. Beiden Umschreibungen liegt jedenfalls dasselbe und auch an dieser Stelle postulierte Verständnis zugrunde: Der Schutz gleichlaufender Mitbewerberinteressen vor den Auswirkungen unlauterer Geschäftspraktiken auf die Entscheidungsfreiheit des Verbrauchers stellt eine *faktisch-kausale* Folge dar. Der hierdurch erreichte Mitbewerberschutz wird von der UGP-RL in bewusster Weise lediglich bewirkt, nicht aber auslegungsbestimmend bezweckt[280]. Hierfür spricht auch die Entstehungsgeschichte der UGP-RL, in deren Verlauf die oben beschriebenen Wirkungen unlauterer Geschäftspraktiken auf redliche Mitbewerber zwar erkannt,[281] in die endgültige Ziel- und Zwecksetzung des Uniongsgesetzgebers jedoch nicht einbezogen wurden[282]. Voraussetzung für den *faktischen* Mitbewerberschutz ist in jedem Falle die Verletzung der zweckgerichtet geschützten Verbraucherinteressen[283]. In Bezug auf die Auswirkungen unlauterer Geschäftspraktiken gegenüber Verbrauchern auf deren Entscheidungsautonomie sind die insofern gleichlaufenden mitbewerberspezifischen Schutzinteressen vor dem Verlust von Marktanteilen für die Auslegung der Vorschriften der UGP-RL nicht

---

276 Dazu http://www.duden.de/rechtschreibung/dadurch.

277 *Rüthers/Fischer/Birk*, Rn. 686; klarstellend auch die englische und spanische Sprachfassungen „thereby“ bzw. „por lo tanto“.

278 So insbesondere Fezer/*ders.*, Einl. E Rn. 124; *ders.* WRP 2009, 1163, 1165; *ders.* WRP 2010, 677, 680; Gloy/Loschelder/Erdmann/*Lubberger*, § 44 Rn. 43; *Haase*, S. 63.

279 Weatherill/Bernitz/*Abbamonte*, S. 11, 17.

280 Insofern ist der verbraucherschützende Zweck der UGP-RL nicht mit Konkurrenteninteressen abzuwägen, Tamm/Tonner/*Tonner*/*A. Reich*, § 10 Rn. 29 f. Lediglich unternehmerische – nicht spezifisch konkurrentenbezogene – Interessen können als Verbotsgegengründe in ihrem binnenmarktfunktionalen Zusammenhang Berücksichtigung finden. Dazu S. 48 f.

281 KOM (2003) 356 endg., Rn. 16.

282 SEK (2003) 724, S. 11.

283 Weatherill/Bernitz/*Abbamonte*, S. 11, 17; dazu auch *Beater*, Unlauterer Wettbewerb, Rn. 664; GK-UWG/*Peukert*, § 1 Rn. 130.

heranzuziehen, da diese Interessen in dem von der UGP-RL koordinierten Bereich bereits im Schutz der gleichlaufenden Verbraucherinteressen verwirklicht werden[284].

b) Gleichlaufendes Interesse am binnenmarktweiten Marktzugang

Einen durch die UGP-RL *bezweckten* Schutz erfährt das unternehmerische Interesse am binnenmarktweiten Marktzugang. Dieses Interesse ist integraler Bestandteil der mit der UGP-RL verfolgten binnenmarktintegrationspolitischen Zielsetzung und findet seine Verankerung in der Zweckbestimmung zum „reibungslosen Funktionieren des Binnenmarktes" in Art. 1. Daher sei an dieser Stelle auf die Ausführungen zum marktintegrativen Schutzinhalt des „reibungslosen Funktionieren des Binnenmarktes" verwiesen[285]. Das Marktzugangsinteresse ist mithin das einzige von der UGP-RL bezweckt geschützte unternehmerische Interesse[286]. Als unmittelbarer Schutzzweck ist das Marktzugangsinteresse als Verbotsgegengrund bei der Anwendung und Auslegung der Richtlinienvorschriften zu berücksichtigen, insbesondere bei der Bestimmung des Durchschnittsverbrauchers als methodisches Scharnier zur Gewichtung gegenläufiger Unternehmerinteressen[287]. Hierbei sei zudem auf die Ausführungen bezüglich der Verknüpfung von Verbraucherschutz und Marktintegration im beiderseitigen Interesse der Verbraucher und Unternehmer sowie die daraus resultierenden Konsequenzen für die Auslegung verwiesen[288].

4. Zusammenfassung

Die UGP-RL schützt die wirtschaftlichen Interessen der Verbraucher vor unlauteren Geschäftspraktiken. In wirtschaftstheoretischer Sicht dient dieser Schutz der Gewährleistung und Verbesserung formaler und materieller Konsumfreiheit im Binnenmarkt, in dessen Mittelpunkt der Verbraucher als Souverän des Marktgeschehens steht (Konsumentensouveränität). Seine rechtliche Ausprägung findet der Richtlinienzweck im Schutz der wirtschaftlichen Entscheidungsautonomie

---

284 In Bezug auf die gleichlaufenden Mitbewerberinteressen zutreffend *Fezer* WRP 2009, 1163, 1166: Verbraucherinteressen als Auslegungsdirektive; so allgemein am Beispiel der Irreführung auch *Beater*, Verbraucherschutz und Schutzzweckdenken, S. 182f.

285 S. 39.

286 Allgemein zum Schutz des Konkurrenteninteresses am Marktzugang *Beater*, Unlauterer Wettbewerb, Rn. 1827–1835; Hilty/Henning-Bodewig/*Beater*, S. 207, 213f.

287 Dazu S. 159–166.

288 S. 47–49.

des Verbrauchers, die sowohl den Schutz der Entscheidungsgrundlage als auch des Entscheidungsprozesses umfasst. Der damit zu erreichende Beitrag zu einem hohen Verbraucherschutzniveau gebietet es, den Schutz der Entscheidungsautonomie möglichst zu optimieren und findet bei der Auslegung der UGP-RL maßgebliche Berücksichtigung. Das hohe Schutzniveau als normativer Ausgangspunkt ist jedoch kein eindimensionales Postulat, sondern hat entgegenstehende Interessen zu berücksichtigen und ist mit diesen in Einklang zu bringen.

Die Zweckbestimmung zur Gewährleistung des reibungslosen Funktionierens des Binnenmarktes hat den Abbau von Handelshemmnissen bzw. die Förderung des Freiverkehrs als Teilelement des Binnenmarktkonzepts zum Gegenstand. Eine institutionelle Schutzrichtung zugunsten des unverfälschten Wettbewerbs als weiteres, davon unabhängiges Teilelement des Binnenmarktkonzepts wird von der UGP-RL hingegen in systemkonformer Weise faktisch-kausal bewirkt, ist jedoch nicht auslegungsbestimmender Zweck der UGP-RL. Binnenmarktförderung und Verbraucherschutz fungieren als gleichrangige Schutzzwecke und lassen sich nicht einseitig zugunsten des einen oder anderen Zwecks instrumentalisieren. Beide Zwecke laufen parallel und ergänzen sich.

Der Schutz von Konkurrenteninteressen wird im Anwendungsbereich der UGP-RL ebenfalls faktisch-kausel bewirkt („objektiver Reflex"). Das insofern gleichlaufende Schutzinteresse vor der Umlenkung der Verbraucher durch unlauter handelnde Konkurrenten gilt im Schutz der wirtschaftlichen Entscheidungsautonomie des Verbrauchers als mitverwirklicht. Lediglich das binnenmarktfunktionale Interesse am freien Marktzugang wird von Art. 1 umfasst und bei der Auslegung der Richtlinienvorschriften und Bestimmung des Durchschnittsverbrauchers als Verbotsgegengrund berücksichtigt.

C. Anwendungsbereich der UGP-RL

Im Gegensatz zur Harmonisierungskonzeption einer Richtlinie, welche die „Tiefe" der Rechtsangleichung (Mindest- oder Vollharmonisierung) betrifft, bemisst der Anwendungsbereich der Richtlinie die „Breite" der Harmonisierung und damit zusammenhängend den Umfang der Verpflichtung zu Umsetzung bzw. richtlinienkonformen Auslegung durch die mitgliedstaatlichen Stellen[289]. Für die hiesige Untersuchung spielt die genaue Bestimmung des Anwendungsbereichs der UGP-RL daher für die Reichweite der in Frage stehenden Umsetzungsverpflichtung

289 *Glöckner* WRP 2009, 1175, 1177.

bezüglich ihrer teleologischen und innersystematischen Vorgaben an das mitgliedstaatliche Recht eine zentrale Rolle.

Art. 3 Abs. 1 definiert den Anwendungsbereich der UGP-RL für „unlautere Geschäftspraktiken im Sinne des Artikels 5 zwischen Unternehmern und Verbrauchern vor, während und nach Abschluss eines auf ein Produkt bezogenes Handelsgeschäfts." Problematisch erscheint hierbei, dass Art. 3 Abs. 1 auf die Unlauterkeit der Geschäftpraktik nach Art. 5 abstellt. Die Bezugnahme auf den materiellen Regelungsgehalt ist für die Bestimmung des vorgelagerten Anwendungsbereichs jedoch kein taugliches Kriterium[290]. Ungeachtet dessen lassen sich dem definierten Anwendungsbereich als Voraussetzungen jedenfalls das Vorliegen einer Geschäftspraktik sowie deren Einbettung in das Verhältnis zwischen Unternehmer und Verbraucher entnehmen. Unklar bleibt jedoch das Zusammenspiel der Anwendungsbereichsbestimmung mit der Zweckklausel in Art. 1 und der Beschränkung der UGP-RL auf den Schutz der Verbraucher[291]. Auf diesen für die Abgrenzung des Anwendungsbereichs vom autonomen nationalen Lauterkeitsrecht entscheidenden Aspekt wird im Rahmen der folgenden Ausführungen besonderes Augenmerk gelegt[292].

I. Geschäftspraktiken

Gem. Art. 2 lit. d ist eine Geschäftspraktik jede Handlung, Unterlassung, Verhaltensweise oder Erklärung, kommerzielle Kommunikation einschließlich Werbung und Marketing eines Gewerbetreibenden, die unmittelbar mit der Absatzförderung, dem Verkauf oder der Lieferung eines Produkts an Verbraucher zusammenhängt. Der Begriff der Geschäftspraktik ist auf europäischer Ebene ein definitorisches Novum[293]. Er wird zur Bestimmung des Anwendungsbereichs in Art. 3 Abs. 1 durch den systematisch „vor die Klammer gezogenen" Art. 2 lit. d vorausgesetzt[294].

290 GK-UWG/*Heinze*, Einl. C Rn. 244; Harte/Henning/*Glöckner*, Einl. B. Rn. 240; *ders.* WRP 2009, 1175, 1177.
291 Dies bemängelt Harte/Henning/*Glöckner*, Einl. B Rn. 240.
292 Dazu S. 76 – 80.
293 MüKo-UWG/*Micklitz*, EG D Art. 3 Rn. 20.
294 *Dohrn*, Rn. 36.

1. Einbezogene Verhaltensweisen

Eine Geschäftspraktik kann zunächst in einer Handlung, Unterlassung, Verhaltensweise oder Erklärung, kommerziellen Mitteilung einschließlich Werbung und Marketing bestehen. Die Gegenüberstellung von Verhaltensweisen und Erklärungen zeigt, dass auch Praktiken, die keine Inhalte formulieren wie bspw. rein tatsächliches Unternehmerverhalten, der UGP-RL unterfallen[295]. Zudem kann als Verhaltensweise auch eine Mehrzahl von Handlungen als Gesamtheit beurteilt werden[296]. Über die ausdrückliche Einbeziehung von kommerziellen Mitteilungen, die mit dem Begriff der kommerziellen Kommunikation aus der E-Commerce-RL gleichzusetzen sind,[297] sowie Werbung und Marketing als deren Untergruppen soll möglichst jede Form des werbemäßigen Handelns von der UGP-RL erfasst werden[298]. Aufgrund der umfassenden Reichweite des Begriffs der kommerziellen Mitteilung sind auf den ersten Blick folglich auch indirekte Formen der Werbung mit einbezogen[299].

Weiterhin muss die Verhaltensweise im Zusammenhang mit der Absatzförderung, dem Verkauf oder der Lieferung eines Produktes an Verbraucher stehen[300]. Hierin spiegelt sich die Ausdehnung des Anwendungsbereichs in Art. 3 Abs. 1 auf die vorvertragliche, die vertragliche und die nachvertragliche Phase wider[301]. Als Absatzförderung ist jede Erhöhung des akquisitorischen Potentials von Unternehmen anzusehen[302]. Wie die weite Definition des „Produkts" gem. Art. 2 lit. c als „jede Ware oder Dienstleistung, einschließlich Immobilien, Rechte und Verpflichtungen" zeigt, beinhaltet der Begriff des Verkaufs alle Arten von Absatzgeschäften, einschließlich Dienst- oder Werkverträgen, Gebrauchsüberlassungen sowie unentgeltlichen Geschäften wie Schenkungen oder Zugaben[303]. Auf die zivilrechtliche Wirksamkeit des Rechtsgeschäfts kommt es für die lau-

---

295 MüKo-UWG/*Micklitz*, EG D Art. 3 Rn. 20; GK-UWG/*Heinze*, Einl. C Rn. 245; *Dohrn*, Rn. 39.

296 *Dohrn*, Rn. 40, mit dem Hinweis auf die englische Begriffsfassung „course of conduct".

297 Art. 2 lit. f E-Commerce-RL; die abweichenden Begrifflichkeiten sind der ungenauen deutschen Übersetzung (im Englischen einheitlich „commercial communication") geschuldet, *Glöckner/Henning-Bodewig* WRP 2005, 1311, 1325 f.

298 MüKo-UWG/*Micklitz*, EG D Art. 3 Rn. 20.

299 *Dohrn*, Rn. 37. Wie sich dies mit dem erforderlichen unmittelbaren Zusammenhang in Bezug auf Produkte verträgt, wird sogleich im Rahmen des Unmittelbarkeitszusammenhangs erläutert.

300 Zur Frage der Unmittelbarkeit des Zusammenhangs S. 56 – 62.

301 MüKo-UWG/*Micklitz*, EG D Art. 3 Rn. 22. – Anders GK-UWG/*Heinze*, Einl. C Rn. 246, der die Absatzförderung als sich mit dem Verkauf z. T. überlappenden Oberbegriff versteht. Die jeweilige Zuordnung hat jedoch im Ergebnis keine unterschiedlichen Auswirkungen.

302 GK-UWG/*Heinze*, Einl. C Rn. 246, unter Verweis auf die Schlussanträge der GA *Trstenjak* v. 21. 10. 2008, verbundene Rechtssachen C-261/07 und C-299/07 Tz. 69.

303 GK-UWG/*Heinze*, Einl. C Rn. 246; *Köhler* WRP 2009, 898, 900; *Omsels* WRP 2016, 553, 559.

terkeitsrechtliche Beurteilung nicht an[304]. Der Begriff der Lieferung bezieht sich auf Handlungen im Zusammenhang mit der Vertragsdurchführung,[305] ist dabei aber angesichts der Einbeziehung auch nachvertraglicher Geschäftspraktiken etwas zu eng gefasst[306]. Zudem ist zur Bestimmung der Reichweite potentieller Geschäftspraktiken, die im Zusammenhang mit der Lieferung bzw. der Vertragsdurchführung stehen, die Definition der geschäftlichen Entscheidung in Art. 2 lit. k heranzuziehen[307].

Angesichts der definitorischen Weite des Begriffs der Geschäftspraktiken, insbesondere unter Berücksichtigung der in den Anwendungsbereich einbezogenen kommerziellen Mitteilung sowie dem Bezug zur Absatzförderung, unterfallen der UGP-RL auch solche verkaufsfördernden Maßnahmen, die ursprünglich den Gegenstand der VO Verkaufsförderung bildeten[308]. Dazu zählen u. a. Kopplungsangebote sowie unentgeltliche Zuwendungen und Zugaben[309].

2. Unmittelbarkeitszusammenhang

Gem. Art. 2 lit. d muss das Verhalten des Unternehmens *unmittelbar* mit der Absatzförderung, dem Verkauf oder der Lieferung eines Produktes an Verbraucher zusammenhängen. Dieser Unmittelbarkeitszusammenhang, der nicht an subjektive Kriterien wie etwa eine entsprechende Absicht beim Unternehmer anknüpft,[310] ist wesentliches Merkmal zur Abgrenzung derjenigen Verhaltensweisen, die nicht in den Anwendungsbereich der UGP-RL fallen. Seine Bedeutung erschließt sich in der Zusammenschau mit ErwGr 7, der seinerseits das Erfordernis des unmittelbaren Zusammenhangs ausdrücklich aufgreift[311]. Nach ErwGr 7 S. 1 bezieht sich die UGP-RL auf „Geschäftspraktiken, die in unmittelbarem Zusam-

---

304 *Köhler* WRP 2009, 898, 900.

305 GK-UWG/*Heinze*, Einl. C Rn. 246.

306 *Apetz*, S. 143.

307 *Köhler* WRP 2009, 898, 901.

308 EuGH GRUR 2009, 599 Tz. 48 – *VTB-VAB/Total Belgium*; GRUR 2010, 244 Tz. 35 – *Plus Warenhandelsgesellschaft*; GRUR 2011, 76 Tz. 17 – *Mediaprint*; GK-UWG/*Heinze*, Einl. C. Rn. 247; MüKo-UWG/*Micklitz*, EG D Art. 3 Rn. 20.

309 GK-UWG/*Heinze*, Einl. C Rn. 247, mit weiteren Beispielen verkaufsfördernder Maßnahmen.

310 GK-UWG/*Heinze*, Einl. C Rn. 250; *Dohrn*, Rn. 46, 62 f. Gleichwohl spricht nichts dagegen, subjektive Gesichtspunkte des Handelnden in die objektivierte Bewertung aller Umstände einfließen zu lassen, GK-UWG/*Peukert*, § 2 Rn. 166; Harte/Henning/*Keller*, § 2 Rn. 18.

311 GK-UWG/*Heinze*, Einl. C Rn. 249; *Köhler*/Bornkamm[33], § 2 Rn. 43, 45; Fezer/*ders.*, § 2 Nr. 1 B Rn. 135; Gloy/Loschelder/Erdmann/*Erdmann*, § 31 Rn. 55; *Dohrn*, Rn. 47; *Büllesbach*, S. 18; *Haberkamm*, S. 74; *Köhler* WRP 2007, 1393, 1394; *Isele* GRUR 2009, 727, 729; *Stuyck*/*Terryn*/*van Dyck* CML Rev. 2006, 107, 122 f. – Dies verkennt *Alexander* WRP 2013, 1577, 1578.

menhang mit der Beeinflussung der geschäftlichen Entscheidung des Verbrauchers in Bezug auf Produkte stehen." Der Begriff der geschäftlichen Entscheidung selbst wird in Art. 2 lit. k als „jede Entscheidung eines Verbraucher[s] darüber, ob, wie und unter welchen Bedingungen er einen Kauf tätigen, eine Zahlung insgesamt oder teilweise leisten, ein Produkt behalten oder abgeben oder ein vertragliches Recht im Zusammenhang mit dem Produkt ausüben will, unabhängig davon, ob der Verbraucher beschließt, tätig zu werden oder ein Tätigwerden zu unterlassen" definiert[312] und muss zur Bestimmung des Anwendungsbereichs nach Art. 3 Abs. 1 hinzugezogen werden[313]. Damit hängt die Reichweite des Anwendungsbereichs der UGP-RL mit der begrifflichen Reichweite der geschäftlichen Entscheidung zusammen[314]. In Bezug auf die Beeinflussung der geschäftlichen Entscheidung gebietet ErwGr 7 S. 1 eine funktionale Auslegung des Unmittelbarkeitskriteriums,[315] die sich am verbraucherbezogenen Zweck der UGP-RL – dem Schutz der Entscheidungsautonomie des Verbrauchers – orientiert[316]. Bezugspunkt des Unmittelbarkeitszusammenhangs ist die Beeinflussung der geschäftlichen Entscheidung des Verbrauchers. Die Beeinflussung nach ErwGr 7 S. 1 ist dabei wertneutral zu verstehen und nicht mit der „wesentlichen Beeinflussung" gem. Art. 2 lit. e zu verwechseln[317]. Letztere ist Teil der Unlauterkeitsprüfung gem. Art. 5 Abs. 2. Sofern eine Geschäftspraktik gegenüber einem Verbraucher dessen geschäftliche Entscheidung unmittelbar tangiert, fällt sie in den Anwendungsbereich der UGP-RL, unabhängig davon, ob sie sich letztlich als nicht unlauter erweisen mag[318].

Sofern nun der Bezugspunkt des Unmittelbarkeitskriteriums feststeht, bleibt zu fragen: Wann ist dieser unmittelbare Zusammenhang mit der Beeinflussung der

---

312 Unter Berücksichtigung des Produktbegriffs gem. Art. 2 lit. c umfasst der Begriff des Kaufs alle Arten von Angeboten von Waren und Dienstleistungen, EuGH GRUR 2011, 930 Tz. 43 – *Ving Sverige*; *Omsels* WRP 2016, 553, 554.

313 GK-UWG/*Heinze*, Einl. C. Rn. 249 Fn. 1130: Eine vom Parlament geforderte ausdrückliche Integrierung der „geschäftlichen Entscheidung" in Art. 3 Abs. 1 wurde mit dem Hinweis verworfen, dass diese bereits in Art. 2 lit. k erfasst sei.

314 *Omsels* WRP 2016, 553, 556.

315 Ebenso GK-UWG/*Peukert*, § 2 Rn. 145, 150 f.; *Apetz*, S. 151; *Köhler* WRP 2007, 1393, 1395.

316 So auch *Omsels* WRP 2016, 553, 556.

317 *Dohrn*, Rn. 47 Fn. 32; gegen eine „*Beeinträchtigung* der wirtschaftlichen Enscheidungsfreiheit" im Anwendungsbereich der UGP-RL im Ergebnis auch *Haberkamm*, S. 84; ähnlich BGH GRUR 2013, 945 Tz. 20 – *Standardisierte Mandatsbearbeitung.*

318 Dementsprechend geht die Kritik von *Glöckner* WRP 2009, 1175, 1177 f., fehl, da es für den Anwendungsbereich nicht darauf ankommen kann, ob die Verbraucherinteressen durch eine Geschäftspraktik negativ, d. h. in verbotswürdiger Weise betroffen sind. Dies stellt sich erst im Rahmen der Unlauterkeitsprüfung heraus. – Wie hier GK-UWG/*Peukert*, § 2 Rn. 156; *Köhler* WRP 2009, 898, 899.

geschäftlichen Entscheidung gegeben? Hinzu kommt der Umstand, dass gem. ErwGr 7 S. 1 der unmittelbare Zusammenhang mit der Entscheidungsbeeinflussung in Bezug auf Produkte stehen muss. Gem. Art. 2 lit. c fällt unter Produkt „jede Ware oder Dienstleistung, einschließlich Immobilien, Rechte und Verpflichtungen". Auch in den Definitionen gem. Art. 2 lit. d und k tritt der Produktbezug der Geschäftspraktik zutage. Sind demnach indirekt absatzfördernde Praktiken – man denke nur an Image- oder Aufmerksamkeitswerbung – aus dem Anwendungsbereich der UGP-RL herauszunehmen?

Um eine Antwort auf letztere Frage zu finden, gebietet sich zunächst eine präzise Betrachtung der Satzstruktur des ErwGr 7 S. 1. Streng genommen wird dort das Erfordernis der Unmittelbarkeit allein im Hinblick auf den Zusammenhang mit der Beeinflussung der geschäftlichen Entscheidung des Verbrauchers aufgestellt. Die geschäftliche Entscheidung selbst muss zwar in Bezug zu Produkten stehen. Allerdings verbirgt sich dahinter nicht die Aussage, dass gleichwohl auch der Produktbezug im Rahmen der Beeinflussung an sich unmittelbar sein muss. So heißt es in ErwGr 7 S. 1 nicht: „[...] unmittelbar in Bezug auf Produkte." Wie eng der erforderliche Produktbezug tatsächlich sein muss, wird nicht definiert. Gegen einen direkten Bezug auf Produkte sprechen jedenfalls die in Art. 2 lit. d aufgezählten Unterkategorien von Geschäftspraktiken „kommerzielle Mitteilung"[319] und „Werbung",[320] die ihrerseits keinen konkreten Produktbezug voraussetzen[321]. Zudem verbietet Art. 6 Abs. 1 lit. c und f die Irreführung über „Aussagen oder Symbole jeder Art, die im Zusammenhang mit direktem oder indirektem Sponsoring stehen" bzw. über „die Person, die Eigenschaften oder die Rechte des Gewerbetreibenden oder seines Vertreters, wie Identität und Vermögen, seine Befähigungen, seinen Status, seine Zulassung, Mitgliedschaften oder Beziehungen sowie gewerbliche oder kommerzielle Eigentumsreche oder Rechte an geistigem Eigentum oder seine Auszeichnungen und Ehrungen". Auch hier schreibt die UGP-RL keine direkte Verbindung zu konkreten Produkten vor[322]. Umgekehrt verhält es sich bei der „Aufforderung zum Kauf" in Art. 7 Abs. 4 i.V.m. Art. 2 lit. i, die einen engeren Produktbezug verlangt. Als spezielle Geschäftspraktik statuiert die „Aufforderung zum Kauf" jedoch zusätzliche Bedingungen, welche die Geschäftspraktik allgemein nicht voraussetzt[323]. Des Weiteren kann auf die Wir-

---

319 Art. 2 lit. f E-Commerce-RL: „alle Formen der Kommunikation, die der unmittelbaren oder mittelbaren Förderung des Absatzes von Waren und Dienstleistungen oder des Erscheinungsbildes eines Unternehmens [...] dienen".

320 Art. 2 lit. a Irreführungs-RL: „jede Äußerung [...] mit dem Ziel, den Absatz [...] zu fördern".

321 GK-UWG/*Heinze*, Einl. C Rn. 251; *Dohrn*, Rn. 48 f.

322 GK-UWG/*Heinze*, Einl. C Rn. 251 Fn. 1136; *Dohrn*, Rn. 51; *Haberkamm*, S. 76.

323 *Dohrn*, Rn. 55.

kungsweise von Imagewerbung abgestellt werden. Diese kann geeignet sein, weitreichende – und ggf. irreführende – Suggestionen beim Verbraucher hinsichtlich des Angebots des Unternehmers hervorzurufen[324]. Die Einwirkung erfolgt dabei mittels der Imagewerbung auf die Motive und Vorstellungen des Verbrauchers selbst. Sie enthält zwar keinen direkten Aufforderungscharakter, führt jedoch vorbereitend zu einer Erhöhung der Wertschätzung des Verbrauchers gegenüber dem Werbenden, die letztlich auf die Verbraucherentscheidungen, insbesondere den Produkterwerb, ausstrahlt[325]. Das Image selbst ist für den Unternehmer wertlos, es dient vielmehr als Mittel zum Zweck des Produktabsatzes[326]. Schließlich lässt sich einwenden, dass eine enge Auslegung des Produktbezugs die praktische Wirksamkeit der UGP-RL unterminieren würde[327]. Der Schutzzweck der UGP-RL gebietet ein hohes Verbraucherschutzniveau, welches über den Schutz der Entscheidungsautonomie des Verbrauchers gewährleistet wird. Die Verbraucherentscheidung wird auch und gerade durch irreführende Imagewerbung und Unternehmensdarstellungen gefährdet. Zur Vermeidung von Schutzlücken verlangt eine schutzzweckorientierte Auslegung, das Erfordernis des Produktbezugs nicht im Sinne eines konkreten Zusammenhangs zu interpretieren. Auch Geschäftspraktiken mit einem indirekten Produktbezug – dieser muss allerdings stets vorhanden sein – sind vom Anwendungsbereich der UGP-RL umfasst und damit insbesondere Fälle der Imagewerbung[328].

Diese Erkenntnisse lassen sich auch zur Beantwortung der Ausgangsfrage, wann der Unmittelbarkeitszusammenhang im Einzelfall vorliegt, fruchtbar machen. Wie bereits festgestellt, ist Bezugspunkt des Unmittelbarkeitskriteriums gem. Art. 2 lit. d die Absatzförderung, der Verkauf oder die Lieferung eines Produktes und abstrahiert nach ErwGr 7 S. 1 die Beeinflussung der geschäftlichen Entscheidung des Verbrauchers. Im Umkehrschluss ist der Unmittelbarkeitszusammenhang bei solchen Verhaltensweisen zu verneinen, die eindeutig vorrangig anderen Zielen als der Beeinflussung der geschäftlichen Entscheidung des Verbrauchers in Bezug auf Produkte dienen[329]. Dahingehend regelt ErwGr 7 S. 2, Praktiken vom Anwendungsbereich der UGP-RL auszunehmen, „die vorrangig

---

324 *Dohrn*, Rn. 50.
325 *Dohrn*, Rn. 52.
326 *Dohrn*, Rn. 56.
327 So GK-UWG/*Heinze*, Einl. C Rn. 251; *Dohrn*, Rn. 50.
328 So auch u. a. *Büllesbach*, S. 18; *Haberkamm*, S. 74–76; gegen die Einbeziehung von Imagewerbung in den Anwendungsbereich der UGP-RL mangels Marktkommunikation MüKo-UWG/*Micklitz*, EG D Art. 3 Rn. 15; zur Kritik daran *Dohrn*, Rn. 49 Fn. 35.
329 GK-UWG/*Heinze*, Einl. C Rn. 252; Fezer/*ders.*, § 1 Rn. 136; Gloy/Loschelder/Erdmann/*Erdmann*, § 31 Rn. 55; *Schlagelambers*, S. 46; *Isele* GRUR 2009, 727, 729.

anderen Zielen dienen". Aufgrund des weitreichenden Begriffs der Geschäftspraktik sind derartige Praktiken in erster Linie mittels einer Negativabgrenzung vom Anwendungsbereich der UGP-RL auszuschließen. Die Feststellung, ob eine Praktik vorrangig anderen Zielen dient, hat dabei anhand einer Gesamtwürdigung aller Umstände des Einzelfalls zu erfolgen und hängt nicht von den subjektiven Motiven des Handelnden ab[330]. Als Beispiel für vom Anwendungsbereich auszuschließende Praktiken nennt ErwGr 7 S. 2 für Investoren gedachte Mitteilungen, wie Jahresberichte und Unternehmensprospekte. Diese sind nicht konsumtiver, sondern vielmehr investiver Natur[331]. In gleicher Weise sind durch Gesamtbewertung aller Umstände des Einzelfalls solche Verhaltensweisen auszunehmen, die in erster Linie der Unterrichtung der Öffentlichkeit oder weltanschaulichen, religiösen, sozialen, erzieherischen, wissenschaftlichen oder künstlerischen Zielen dienen[332]. Die Frage stellt sich insbesondere bei redaktioneller Berichterstattung. Diese muss – um nicht unter die UGP-RL zu fallen – eindeutig und vorrangig die nichtkommerzielle Information und Meinungsbildung der Rezipienten zum Gegenstand haben[333]. Prüfstein dieser Gesamtwürdigung ist die Frage: Dient die fragliche Verhaltensweise unter Berücksichtigung aller Umstände des Einzelfalls primär der Beeinflussung der geschäftlichen Entscheidung des Verbrauchers in Bezug auf das dem Sachverhalt zugrunde liegende Produkt oder dient sie eindeutig und vorrangig einem anderen Zweck?

Vor diesem Hintergrund erscheint beispielhaft die kontrovers diskutierte EuGH-Entscheidung *RLvS Verlagsgesellschaft/Stuttgarter Wochenblatt*[334] konsistent, auch wenn ihre Begründung unter Schwächen leidet. In dem ihr zugrunde liegenden Sachverhalt stellte sich die Frage, ob § 10 LPresseG-BW, wonach ent-

330 Gleichwohl spricht nichts dagegen, derartige Motive als ein Umstand von vielen in die Gesamtwürdigung als Indiz einfließen zu lassen. Die Bewertung darf letztlich nicht durch subjektive Voraussetzungen beim Handelnden bedingt sein. Dazu GK-UWG/*Heinze*, Einl. C Rn. 250; *Köhler*/Bornkamm[33], § 2 Rn. 51, stellt u. a. auf ein wirtschaftliches Interesse des Handelnden als Indiz ab; *Haberkamm*, S. 76; *Isele* GRUR 2009, 727, 729. – Generell gegen eine Heranziehung subjektiver Kriterien u. a. *Keßler* WRP 2007, 714, 719; *Leistner/Stang* WRP 2008, 533, 540.

331 *Glöckner* WRP 2009, 1175, 1180; anders jedoch, wenn derartige Mitteilungen zur Beeinflussung der geschäftlichen Entscheidung des Verbrauchers in Bezug auf Finanzprodukte eingesetzt werden, GK-UWG/*Heinze*, Einl. C Rn. 252 Fn. 1141, unter zutreffendem Hinweis auf Art. 3 Abs. 9 und ErwGr 10 S. 3–6.

332 *Köhler*/Bornkamm[33], § 2 Rn. 51: generell ist nicht auszuschließen, dass eine solche Handlung aber gleichzeitig auch dem Ziel der Entscheidungsbeeinflussung dient; *ders.* WRP 2007, 1393, 1396.

333 GK-UWG/*Heinze*, Einl. C Rn. 252; ausführlich zur Abgrenzung *Köhler*/Bornkamm[33], § 2 Rn. 51; Harte/Henning/*Glöckner*, Einl. B Rn. 266; *ders.* WRP 2009, 1175, 1182–1187; *Fritzsche*, in: Roth, S. 27, 37.

334 EuGH GRUR 2013, 1245 – *RLvS Verlagsgesellschaft/Stuttgarter Wochenblatt*; dazu die Folgeentscheidung BGH GRUR 2014, 879 – *GOOD NEWS II*.

geltliche Veröffentlichungen mit dem Hinweis „Anzeige" zu versehen sind, gegen die UGP-RL verstößt. Das Stuttgarter Wochenblatt hatte es unterlassen, einen von Germanwings gesponserten Artikel als „Anzeige" zu kennzeichnen und wurde von einem Mitbewerber über § 4 Nr. 11 angegriffen. Gegenstand des Verfahrens war die Frage, ob die Bestimmungen der UGP-RL, namentlich Art. 7 Abs. 2 und Nr. 11 Anhang I, der Regelung des § 10 LPresseG-BW entgegenstehen[335]. Dies verneinte der EuGH, da er den Anwendungsbereich der UGP-RL im Hinblick auf § 10 LPresseG-BW als nicht eröffnet ansah. Um als Geschäftspraktik des Unternehmers nach Art. 2 lit. d zu gelten, müsse hierfür u. a. der Unmittelbarkeitszusammenhang hinsichtlich seiner Produkte erfüllt sein[336]. Dies sei im vorliegenden Fall nicht gegeben, da solche Veröffentlichungen des Presseverlegers nicht geeignet seien, das wirtschaftliche Verhalten in Bezug auf sein Produkt – das Medium – wesentlich zu beeinflussen[337]. Ein unmittelbarer Zusammenhang bestünde stattdessen hinsichtlich der Produkte der – am Ausgangsverfahren nicht beteiligten – Unternehmen, welche die entgeltliche Anzeige finanziert hätten[338]. Weiteres Argument hierfür sei Nr. 11 Anhang I, wonach es unter allen Umständen als unlauter gelte, wenn ein Gewerbetreibender redaktionelle Inhalte in Medien zu Zwecken der Verkaufsförderung eines Produkts einsetzt, ohne dass aus dem Inhalt oder aus für den Verbraucher klar erkennbaren Bildern und Tönen eindeutig hervorgeht, dass er diesen redaktionellen Inhalt bezahlt hat[339].

Der EuGH wählt in seiner Begründung z. T. unscharfe Formulierungen, die einen falschen Eindruck vom Erfordernis der Unmittelbarkeit vermitteln. Insbesondere das Abstellen auf den Zusammenhang zwischen dem Verhalten des Gewerbetreibenden und *seinen* Produkten wird dem Regelungsgehalt der UPG-RL nicht vollends gerecht, da als Gewerbetreibender i.S.d. Art. 2 lit. b auch Personen gelten, die im Namen oder Auftrag eines Gewerbetreibenden handeln. Die Förderung des Absatzes fremder Produkte fällt – wie bereits festgestellt – nicht per se aus dem Anwendungsbereich der UGP-RL. An deren Vorschriften muss sich die im Auftrag handelnde Person, die dann qua Gesetz als Gewerbetreibender gilt, messen lassen[340]. Vielmehr muss es im Rahmen des Unmittelbarkeitskriteriums darum gehen, ob die Verhaltensweise des Presseverlegers nach allen Umständen

335 Dazu die Vorlagefrage BGH GRUR 2012, 1056 – *GOOD NEWS.*
336 EuGH GRUR 2013, 1245 Tz. 36 – *RLvS Verlagsgesellschaft/Stuttgarter Wochenblatt.*
337 EuGH GRUR 2013, 1245 Tz. 41 – *RLvS Verlagsgesellschaft/Stuttgarter Wochenblatt.*
338 EuGH GRUR 2013, 1245 Tz. 40 – *RLvS Verlagsgesellschaft/Stuttgarter Wochenblatt.*
339 EuGH GRUR 2013, 1245 Tz. 43 – *RLvS Verlagsgesellschaft/Stuttgarter Wochenblatt.*
340 Unzutreffend insofern EuGH GRUR 2013, 1245 Tz. 38 – *RLvS Verlagsgesellschaft/Stuttgarter Wochenblatt*, wonach auch die handelnde Mittelsperson der Definition des Gewerbetreibenden entsprechen muss; dies bemängelt auch *Scherer* WRP 2014, 517, 518.

des Einzelfalls in erster Linie der Beeinflussung der geschäftlichen Entscheidung des Verbrauchers in Bezug auf das in Rede stehende Produkt – im vorliegenden Sachverhalt das des Anzeigekunden – dient[341]. Dies ist jedoch gerade nicht der Fall. Das Abdrucken des entgeltlichen Artikels dient dem Presseverleger primär zur Generierung von Werbeeinnahmen zwecks Finanzierung seiner Pressetätigkeit im Allgemeinen[342] und nicht zur Absatzförderung der Produkte des Anzeigekunden. Es dient insofern einem „vorrangig anderen Ziel". Auf dieser Linie bewegt sich auch Nr. 11 Anhang I, die das Verhalten des Anzeigekunden zum Gegenstand hat, dem das Abdrucken des gesponserten Artikels zur Absatzförderung des beworbenen Produkts allein dient. Anders verhält es sich u. U., wenn etwa ein von einem Gewerbetreibenden finanziertes Gewinnspiel oder Preisausschreiben in dem Presseprodukt nicht als solches gekennzeichnet wird[343]. Aus Sicht des Presseverlegers dient der Abdruck eines Gewinnspiels in erster Linie – neben den Werbeeinnahmen – auch der Erhöhung des Anreizes beim Verbraucher, das Presseprodukt zu kaufen und beeinflusst damit dessen geschäftliche Entscheidung in Bezug auf das Presseprodukt[344]. Aus Sicht des Anzeigekunden soll die Gewinnspielteilnahme primär die Aufmerksamkeit des Verbrauchers auf seine Produkte lenken und insofern dessen geschäftliche Entscheidung beeinflussen.

Trotz ihrer Begründungsdefizite wird die Entscheidung des EuGH im Ergebnis der Konzeption des Unmittelbarkeitszusammenhangs nach Art. 2 lit. d, ErwGr 7 S. 1 gerecht. Das Unmittelbarkeitskriterium im Rahmen der Geschäftspraktik hat zur Folge, dass sich die lauterkeitsrechtliche Haftung nach der UGP-RL auf den eigentlichen „Absender" der Geschäftspraktik fokussiert. Es ist damit enger gefasst als das Kriterium des objektiven Zusammenhangs gem. § 2 Abs. 1 Nr. 1[345].

3. Vor, während und nach Abschluss eines Handelsgeschäfts

Gem. Art. 3 Abs. 1 findet die UGP-RL auch auf Geschäftspraktiken vor, während und nach Abschluss eines Handelsgeschäfts Anwendung. Damit unterfallen der UGP-

---

341 Entgegen EuGH GRUR 2013, 1245 Tz. 41 – *RLvS Verlagsgesellschaft/Stuttgarter Wochenblatt* bedarf es dabei keiner wesentlichen Beeinflussung. Der Begriff der Beeinflussung nach ErwGr 7 S. 1 ist wertneutral zu verstehen; ähnlich *Alexander* WRP 2013, 1578, 1579.

342 Das Abdrucken der Werbung dient nicht vorrangig der Beeinflussung der geschäftlichen Entscheidung des Verbrauchers hinsichtlich des Erwerbs des Presseprodukts. In diese Richtung gehend auch BGH GRUR 2014, 879 Tz. 20 – *GOOD NEWS II.*

343 Dazu auch der Hinweis von *Alexander* WRP 2013, 1578.

344 EuGH GRUR 2013, 1245 Tz. 44 – *RLvS Verlagsgesellschaft/Stuttgarter Wochenblatt.* Ob die Praktik tatsächlich unlauter ist, stellt sich erst im Rahmen der materiellen Prüfung heraus.

345 Zutreffend GK-UWG/*Heinze*, Einl. C. Rn. 247; *Köhler*/Bornkamm[33], § 2 Rn. 8. – A.A. *Scherer* WRP 2014, 517, 519. Dazu ausführlich S. 222–228.

RL nicht nur Geschäftspraktiken im Vorfeld des Vertragsschlusses, sondern auch der Vertragsschluss selbst, die Vertragsdurchführung sowie der nachvertragliche Bereich[346]. Insbesondere umfasst die UGP-RL auch reine Maßnahmen des After-Sales-Management[347] und Praktiken in fortwährenden Beziehungen zum Gewerbetreibenden nach Vertragsschluss[348]. Die dem Lauterkeits- und Vertragsrecht unterfallenden Sachverhalte werden auf europäischer Ebene demnach nicht formalistisch getrennt, sondern vielmehr als ein beide Regelungsbereiche integrierendes Kontinuum aufgefasst[349]. Mit der Verknüpfung der Geschäftspraktik mit einem Handelsgeschäft[350] wird deutlich, dass der Gewerbetreibende gerade in dieser Eigenschaft nach Art. 2 lit. b tätig sein muss,[351] so dass private Handlungen des Gewerbetreibenden auszunehmen sind[352].

Angesichts der Überlappungen, die sich aus der parallelen Anwendbarkeit von Vertrags- und Lauterkeitsrecht auf einen einheitlichen Sachverhalt ergeben können, stellt sich die Frage, inwiefern bei vertragsrechtlichen Verstößen von einer unlauteren Geschäftspraktik ausgegangen werden kann. Dem Vertragsrecht, im weiten Sinne verstanden als Gesamtheit der allgemein zivilrechtlichen Regelungen, die die vorvertraglichen und vertraglichen Sonderbeziehungen der Parteien eines schuldrechtlichen Austauschverhältnisses regeln,[353] liegt die Normierung der just in diesem Austauschverhältnis gegenüberstehenden Interessen der Vertragspartner zugrunde. Die lauterkeitsrechtlichen Vorschriften der UGP-RL zielen demgegenüber auf den Schutz der geschäftlichen Entscheidung des Verbrauchers, mithin auf dessen Entscheidungsautonomie ab. Von dieser schutzzweckorientierten Unterscheidung und vom Erfordernis des Unmittelbarkeitszusammenhangs einer Geschäftspraktik ausgehend, muss der Vertragsverstoß stets in einem unmittelbaren Zusammenhang mit der Beeinflussung der geschäftlichen Entscheidung des Verbrauchers stehen. Im Rahmen einer Gesamtwürdigung muss die Praktik nach allen Umständen des Einzelfalls in erster Linie der Beeinflussung

---

346 ErwGr 13 S. 3; SEK (2009) 1666, S. 8 f.; KOM (2003) 356 endg., Rn. 59; GK-UWG/*Heinze*, Einl. C Rn. 255; MüKo-UWG/*Micklitz*, EG D Art. 3 Rn. 19.

347 MüKo-UWG/*Micklitz*, EG D Art. 3 Rn. 21; Harte/Henning/*Glöckner*, Einl. B Rn. 267.

348 Weatherill/Bernitz/*Abbamonte*, S. 11, 15. Nach EuGH GRUR 2015, 600 Tz. 37 – *Ungarische Verbraucherschutzbehörde/UPC*, zählen hierzu etwa Aussagen im Rahmen eines Kundendienstes für ein Abonnement einer Privatperson.

349 So die treffliche Formulierung von MüKo-UWG/*Micklitz*, EG D Art. 3 Rn. 21.

350 Hiermit wird lediglich die erste Variante in Art. 2 lit. k „einen Kauf zu tätigen" bezeichnet, wobei hierzu nach Art. 2 lit. c und d auch Einigungen über die Überlassung von Rechten und Immobilien sowie die Erbringung von Dienstleistungen zählen, *Dohrn*, Rn. 145.

351 *Dohrn*, Rn. 145.

352 *Fritzsche*, in: Roth, S. 27, 34.

353 *Leistner*, S. 1.

der geschäftlichen Entscheidung des Verbrauchers dienen[354]. Unter diesen Voraussetzungen ist es grundsätzlich möglich, auch vertragliche Verstöße aus dem Blickwinkel der UGP-RL als unlautere Geschäftspraktiken einzuordnen. Freilich ist dies nicht bei jeglichen vertragsrechtlichen Leistungsstörungen wie etwa der bloßen Mangellieferung oder Schlechtleistung der Fall; diese dienen als solche nicht vorrangig der Entscheidungsbeeinflussung, wobei auch dies im Einzelfall nicht ausgeschlossen ist. Anders verhält es sich bei Handlungen, die nach Würdigung der Gesamtumstände in erster Linie die Beeinflussung der Verbraucherentscheidung zum Gegenstand haben. Gem. Art. 2 lit. k betrifft dies generell Entscheidungen über das gesamte oder teilweise Leisten einer Zahlung, das Behalten oder Abgeben eines Produktes oder die Ausübung eines vertraglichen Rechts im Zusammenhang mit dem Produkt[355]. Die Praktik muss dann primär die Beeinflussung dieser Entscheidungen zum Ziel haben. Hierzu reicht es bereits aus, wenn ein einzelner Verbraucher in seiner geschäftlichen Entscheidung beeinflusst wird[356].

Als weiteres Eingrenzungskriterium wird vermehrt auf das Erfordernis einer „Geschäftsstrategie" abgestellt[357]. Zwar sollen auch einzelne vertragsrechtliche Verstöße zur Bejahung einer Geschäftspraktik genügen[358]. Ausgenommen sollen aber solche Praktiken sein, die einen individuellen, dem Einzelfall nach nicht wiederholbaren Verstoß begründen[359]. Der Unternehmer soll sich über den Nachweis der fehlenden Einbindung des Einzelverstoßes in eine Geschäftsstrategie[360] oder über das Vorliegen eines lediglich einzelnen Versehens[361] entlasten können mit der Folge, dass mangels Geschäftspraktik die UGP-RL nicht zur Anwendung gelangt.

---

354 Entgegen *Fritzsche*, in: Roth, S. 27, 36, kann es dabei nicht darauf ankommen, ob der Vertragsverstoß dazu geeignet ist, eine geschäftliche Entscheidung wesentlich zu beeinflussen. Die Frage der Eignung zur wesentlichen Beeinflussung stellt sich erst auf Tatbestandsebene; zutreffend GK-UWG/*Heinze*, Einl. C Rn. 256 Fn. 1155.

355 Weitere Konkretisierungen derartiger Entscheidungsbeeinflussungen im vertragsrechtlichen Kontext finden sich in Art. 9 lit. d, e und Nr. 27 Anhang I.

356 EuGH GRUR 2015, 600 Tz. 41–46 – *Ungarische Verbraucherschutzbehörde/UPC*; GK-UWG/*Heinze*, Einl. C Rn. 256; *Micklitz/Reich* EuZW 2012, 126, 127; *Köhler* WRP 2009, 898, 902.

357 EuGH GRUR 2009, 599 Tz. 50 – *VTB-VAB/Total Belgium*; GRUR 2010, 244 Tz. 37 – *Plus Warenhandelsgesellschaft*; GRUR 2011, 76 Tz. 18 – *Mediaprint*; GRUR 2013, 1245 Tz. 36 – *RLvS Verlagsgesellschaft/Stuttgarter Wochenblatt*; GRUR Int. 2015, 1140 Tz. 32 – *Cdiscount*; GK-UWG/*Heinze*, Einl. C Rn. 258.

358 Einer von *Glöckner* WRP 2009, 1175, 1181, geforderten Breitenwirkung bedarf es dabei nicht. – Wie hier GK-UWG/*Heinze*, Einl. C Rn. 256; *Köhler*/Bornkamm[33], § 2 Rn. 74; *ders.* WRP 2009, 898, 902.

359 GK-UWG/*Heinze*, Einl. C Rn. 258; *Köhler* WRP 2009, 898, 903.

360 GK-UWG/*Heinze*, Einl. C Rn. 258.

361 *Isele* GRUR 2009, 727, 729 f.

Derartige Erwägungen sind ersichtlich von dem Bestreben geprägt, die Vorschriften der UGP-RL nicht in extensivem Maße in zugleich vertragsrechtliche Konstellationen hineinwirken zu lassen. Aus der traditionell deutschen Perspektive auf das Lauterkeitsrecht ist dies bis zu einem gewissen Grad noch nachvollziehbar, da bis zur Umsetzung der UGP-RL nachvertragliche Lauterkeitsverstöße die Ausnahme bildeten und die deutsche Lauterkeitsrechtsdogmatik um eine klare Trennung zwischen Vertragsrecht und Lauterkeitsrecht bemüht war. Im Hinblick auf die Konzeption der UGP-RL begegnet dieses Vorgehen jedoch erheblichen Bedenken und wird jüngst auch vom EuGH ausdrücklich abgelehnt[362]. Die Forderung nach zusätzlichen Eingrenzungskriterien im vertraglichen bzw. nachvertraglichen Bereich birgt auf der einen Seite die Gefahr einer Versubjektivierung der Anwendungsbereichsprüfung. Ob eine Geschäftspraktik bewusst oder nur versehentlich ausgeübt wird, spielt nach der UGP-RL keine Rolle[363]. Auf der anderen Seite kann es aber auch nicht auf die – wenn auch ggf. nach den Gesamtumständen zu beurteilende – Einbindung in eine Geschäftsstrategie oder theoretische Wiederholbarkeit der Geschäftspraktik ankommen. Anhaltspunkte für zusätzliche Kriterien des Anwendungsbereichs in vertraglichen oder nachvertraglichen Konstellationen finden sich weder in der Entstehungsgeschichte, noch in der UGP-RL selbst[364]. Vielmehr wird ausdrücklich klargestellt, dass die Vorschriften der UGP-RL hier gleichermaßen zur Anwendung gelangen sollen[365]. Dementsprechend wird eine eindeutig irreführende Geschäftspraktik im vorvertraglichen Bereich nicht etwa deshalb vom Anwendungsbereich ausgeklammert, da die Irreführung nach ihrer Art und Weise theoretisch nur im konkreten Fall denkbar wäre. Zudem ist es hilfreich, sich den Hintergrund für die Einbeziehung des Begriffs der „Geschäftsstrategie“ durch den EuGH zu vergegenwärtigen. Dieser wurde erstmals in der EuGH-Entscheidung *VTB-VAB/Total Belgium* im Rahmen der Beschreibung des Anwendungsbereichs unter Verweis auf Tz. 69 f. der Schlussanträge der Generalanwältin *Trstenjak* in diesem Verfahren verwendet[366]. Dort ist allerdings von einer „Geschäftsstrategie“ als Kriterium des Anwendungsbereichs keine Rede. Vielmehr erläutert *Trstenjak* lediglich die betriebswirtschaftlichen

362 Ausdrücklich EuGH GRUR 2015, 600 Tz. 41–46 – *Ungarische Verbraucherschutzbehörde/UPC*; zustimmend dazu *Micklitz* FS Fezer, S. 835, 838.

363 *Köhler*/Bornkamm[33], § 2 Rn. 81a; *ders.* WRP 2009, 898, 903: kein Aufbauschen mit Verschuldenselementen; *Fritzsche*, in: Roth, S. 27, 36.

364 So auch EuGH GRUR 2015, 600 Tz. 42 f. – *Ungarische Verbraucherschutzbehörde/UPC.*

365 ErwGr 13 S. 3; SEK (2009) 1666, S. 8 f.; KOM (2003) 356 endg., Rn. 59 S. 2: „Vielmehr gelten die Bestimmungen der Richtlinie für sämtliche Geschäftspraktiken unabhängig davon, ob sie vor oder nach Abschluss des Geschäfts angewandt werden.“

366 EuGH GRUR 2009, 599 Tz. 50 – *VTB-VAB/Total Belgium*, unter Verweis auf Schlussanträge der GA *Trstenjak* v. 21.10.2008, verbundene Rechtssachen C-261/07 und C-299/07 Tz. 69 f.

Funktionen von Kopplungsangeboten im Bereich des Marketings. Das Wort „Geschäftsstrategie" fällt überhaupt nicht. Die Erwähnung der Einbindung der Geschäftspraktik in die Geschäftsstrategie des Gewerbetreibenden als scheinbar kumulativ erforderliches Merkmal des Anwendungsbereichs (Geschäftsstrategie *und* unmittelbarer Zusammenhang) in *VTB-VAB/Total Belgium* und den nachfolgenden Entscheidungen des EuGH findet rechtlich keine Stütze und erzeugt stattdessen unnötige Missverständnisse.

Im Ergebnis dürfen an das Vorliegen einer Geschäftspraktik auch in vertragsrechtlich bzw. nachvertragsrechtlich relevanten Fällen keine zusätzlichen Anforderungen gestellt werden. Maßgeblich ist jedenfalls das Vorliegen eines unmittelbaren Zusammenhangs mit der Beeinflussung der geschäftlichen Entscheidung des Verbrauchers. In der Tat ist damit eine erhebliche Ausweitung des Anwendungsbereichs der lauterkeitsrechtlichen Vorgaben der UGP-RL in den – nach traditionellem Verständnis – rein vertragsrechtlich relevanten Bereich verbunden. Konzeptionell ist dies nur konsequent, da das Lauterkeitsrecht der UGP-RL sich nicht primär als Recht des unlauteren Wettbewerbs, sondern gerade als Recht zum Schutz der Verbraucher gegen unlautere Geschäftspraktiken versteht,[367] dessen Befolgung lediglich mittelbar auf die Gewährleistung eines redlichen Wettbewerbs ausstrahlt.

Im Hinblick auf die rechtspraktischen Auswirkungen dieser dogmatischen Umstellung durch den erheblich ausgeweiteten Anwendungsbereich ist eine zunehmende Ahndung lauterkeitsrechtlicher Verstöße in vertraglichen bzw. nachvertraglichen Konstellationen nicht zu erwarten. Zum einen müssen neben der Anwendbarkeit der UGP-RL bzw. ihrer Umsetzungsvorschriften auch deren Tatbestände verwirklicht sein. Bei der Verletzung bloßer Vertragspflichten wird – sofern man hier überhaupt einen unmittelbaren Zusammenhang mit der Entscheidungsbeeinflussung annehmen kann[368] – der Durchschnittsverbraucher gem. Art. 2 lit. e in seiner Fähigkeit zu einer informierten Entscheidung kaum spürbar beeinträchtigt sein, so dass er eine andere Entscheidung treffen würde, z. B. die, von der Durchsetzung seiner Ansprüche abzusehen. Dass neben der bloßen Pflichtverletzung als weiteres Element auch die Hürde der Unlauterkeit überwunden werden muss, veranschaulichen insbesondere die für den vertraglichen Bereich relevanten Konkretisierungen der Unlauterkeit gem. Art. 9 lit. d und e[369] sowie Nr. 27 Anhang I, die sich gleichfalls nicht auf die bloße Schlechter-

---

367 *Köhler*/Bornkamm[33], § 2 Rn. 74.

368 Ebenso *Apetz*, S. 173 Fn. 523.

369 Hier ist die Rede von „belastende[n] oder unverhältnismäßige[n] Hindernisse[n] nichtvertraglicher Art" bzw. von „Drohungen mit rechtlich unzulässigen Handlungen".

füllung beschränken[370]. Zum anderen ist fraglich, wie solche Lauterkeitsverstöße effektiv geahndet werden können, wenn dem einzelnen Verbraucher keine individuellen lauterkeitsrechtlichen Rechtsbehelfe zur Verfügung stehen. Anders als bei öffentlichkeitswirksamen Werbemaßnahmen dürften Mitbewerber von Lauterkeitsverstößen im vertraglichen bzw. nachvertraglichen Bereich selten Notiz nehmen. In Deutschland bleibt dem Verbraucher nur der Weg über die klagebefugten Verbände gem. § 8 Abs. 3. Werden Lauterkeitsverstöße im vertraglichen Bereich jedoch verfolgt, sorgt dies zumindest für einen präventiven kollektiven Verbraucherschutz[371].

II. b2c-Verhältnis

Gem. Art. 3 Abs. 1 gilt die UGP-RL für Geschäftspraktiken von Unternehmen gegenüber Verbrauchern. Dementsprechend muss für ihre Anwendbarkeit ein b2c-Verhältnis vorliegen[372].

1. Gewerbetreibender gem. Art. 2 lit. b

Gem. Art. 2 lit. b ist ein Gewerbetreibender „jede natürliche oder juristische Person, die im Geschäftsverkehr im Sinne dieser Richtlinie im Rahmen ihrer gewerblichen, handwerklichen oder beruflichen Tätigkeit handelt, und jede Person, die im Namen oder Auftrag des Gewerbetreibenden handelt". Von entscheidender Bedeutung ist somit der Bezug des Handelns zur selbstständigen unternehmerischen Tätigkeit im Geschäftsverkehr[373]. Als Gegenbegriff zum Verbraucher wird

---

370 Nr. 27 Anhang I erfordert eine systematische Nichtbeantwortung von Schreiben des Verbrauchers, um ihn von der Ausübung seiner vertraglichen Rechte abzuhalten. Ob die Nichtbeantwortung systematisch erfolgt, ist anhand der Gesamtumstände des Einzelfalls zu ermitteln, *Köhler*/Bornkamm[33], Anh. zu § 3 III Rn. 27.3. Zur Einordnung systematischer Schlechterfüllungen eingehend *Dohrn*, Rn. 173–197; dazu auch Götting/Nordemann/*Götting*[2], § 2 Rn. 30. Zu weiteren lauterkeitsrechtlich relevanten Konstellationen im vertraglichen und nachvertraglichen Bereich *Köhler*/Bornkamm[33], § 2 Rn. 81–85a.

371 *Köhler*/Bornkamm[33], § 2 Rn. 88.

372 Dazu nur die englische Fassung: „This Directive shall apply to unfair business-to-consumer commercial practices, [...]."

373 Anhaltspunkte für eine selbstständige unternehmerische Tätigkeit bilden u. a. das Handeln im eigenen Namen und auf eigene Rechnung, die Dauerhaftigkeit, Umfang und Häufigkeit sowie die Entgeltlichkeit bzw. Zielgerichtetheit auf einen wirtschaftlichen Vorteil. Die unternehmerische Zwecksetzung des Handelns ist anhand der Gesamtumstände des Einzelfalls zu ermitteln. Dazu SEK (2009) 1666, S. 18; GK-UWG/*Heinze*, Einl. C Rn. 260; *Apetz*, S. 105 f., der zutreffend auf die enge

der Gewerbetreibende funktionsbezogen definiert[374]. Im Einklang mit der Zielsetzung eines hohen Verbraucherschutzes über den Schutz der geschäftlichen Entscheidung ist der Begriff des Gewerbetreibenden weit und aus der Perspektive des Verbrauchers auszulegen[375]. Abzustellen ist allein auf das Auftreten am Markt durch das Anbieten entgeltlicher Leistungen[376]. Soweit ein Verhalten diesem Konzept eines rollen- sowie situationsbezogenen Gewerbetreibendenbegriffs[377] entspricht, werden hiervon potentiell auch juristische Personen des öffentlichen Rechts im Rahmen erwerbswirtschaftlicher Betätigungen, Verbände, Non-Profit-Organisationen, Existenzgründer und Freiberufler umfasst[378].

Als Gewerbetreibende und damit Adressaten der UGP-RL gelten auch Personen, die im Namen oder im Auftrag eines Gewerbetreibenden handeln. Diese Erweiterung der lauterkeitsrechtlichen Verantwortlichkeit sowie die Formulierung in Art. 2 lit. d, die auf die Absatzförderung „eines Produkts" abstellt, verdeutlichen, dass die UGP-RL auch auf die Förderung fremden Wettbewerbs Anwendung finden kann[379]. Unerheblich ist dabei, ob es sich bei den in Art. 2 lit. b 2. Hs. genannten Personen um selbstständige oder unselbstständige Vertreter oder Hilfspersonen handelt[380]. Auch muss die Hilfsperson nach dem Wortlaut und der Ratio des Art. 2 lit. b 2. Hs. selbst nicht der Definition des Gewerbetreibenden entsprechen; ihre Eigenschaft als Gewerbetreibender wird allein über das Handeln im Namen oder im Auftrag eines Gewerbetreibenden fingiert[381].

Umstritten ist, ob in Art. 2 lit. b 2. Hs. eine haftungsrechtliche Zurechnungsnorm[382] oder einzig eine Erweiterung des Anwendungsbereichs auch auf unselbstständige Gewerbetreibende[383] gesehen werden kann. Für letztere Ansicht

---

wechselseitige Verknüpfung des Gewerbetreibendenbegriffs mit der unternehmerischen Zielsetzung der Beeinflussung der geschäftlichen Entscheidung des Verbrauchers nach dem Begriff der Geschäftspraktik hinweist.

374 MüKo-UWG/*Micklitz*, EG D Art. 3 Rn. 7; *Apetz*, S. 105.

375 EuGH GRUR 2013, 1159 Tz. 32, 36 – *BKK/Wettbewerbszentrale*.

376 MüKo-UWG/*Micklitz*, EG D Art. 3 Rn. 8. Hierunter fällt auch das Handeln eines Monopolisten.

377 *Apetz*, S. 104 f.

378 Dazu EuGH GRUR Int. 2014, 964 Tz. 26–48 – *Kommission/Belgien*; SEK (2009) 1666, S. 18; GK-UWG/*Heinze*, Einl. C Rn. 260; MüKo-UWG/*Micklitz*, EG D Art. 3 Rn. 8; *Apetz*, S. 104 f.

379 GK-UWG/*Heinze*, Einl. C Rn. 261.

380 GK-UWG/*Heinze*, Einl. C Rn. 262; *Apetz*, S. 109 f.

381 Dazu die Ausführungen in SEK (2009) 1666, S. 9, über von Unternehmen bezahlte Blogger; m. E. unzutreffend daher EuGH GRUR 2013, 1245 Tz. 38 a.E. – *RLvS Verlagsgesellschaft/Stuttgarter Wochenblatt*, wonach auch Personen nach Art. 2 lit. b 2. Hs. der Definition des Gewerbetreibenden entsprechen müssen. Zur berechtigten Kritik daran *Scherer* WRP 2014, 517, 518 f.

382 In diesem Sinne *Koch*, S. 214; *Leistner*, S. 626 Fn. 31; *Busch* GPR 2008, 158, 161 f.: „ungeschriebene Zurechnungsregel".

383 So *Apetz*, S. 110 f.

spricht entscheidend der Wortlaut des Art. 2 lit. b, der lediglich eine Definition des Gewerbetreibenden enthält, die Struktur der UGP-RL (Haftungsfragen wären bei Art. 11–13 anzusiedeln) und die Intention des Richtliniengebers. Dieser wollte auch bei der Abänderung der Definition des Gewerbetreibenden die Frage der Haftung unberührt zu lassen[384]. Obwohl angesichts dieser überzeugenden Argumente eine Haftungszurechnung allein aus Art. 2 lit. b nicht abzuleiten wäre, deutet die EuGH-Entscheidung *RLvS Verlagsgesellschaft/Stuttgarter Wochenblatt* in eine andere Richtung. Dort heißt es zu diesen Konstellationen: „in der die Geschäftspraktiken eines Wirtschaftsteilnehmer von einem anderen Unternehmen ausgeübt werden, das im Namen und/oder Auftrag dieses Wirtschaftsteilnehmers tätig wird, so dass die Bestimmungen dieser Richtlinie in bestimmten Situationen sowohl diesem Wirtschaftsteilnehmer als auch diesem Unternehmen entgegengehalten werden können, [...].“ Der EuGH scheint mit dieser Formulierung nicht nur eine Haftungs*zurechnung*, sondern darüber hinaus auch eine Haftungs*kumulation* anzunehmen[385]. Nähere Ausführungen des EuGH fehlen allerdings. Eine ausdrückliche Klärung zur Auslegung des Art. 2 lit. b 2. Hs. bleibt abzuwarten.

Ebenfalls unklar ist, ob ein Handeln „im Namen“[386] des Gewerbetreibenden unter der Voraussetzung einer tatsächlichen Berechtigung der handelnden Person steht[387]. Die überzeugenderen Gründe sprechen gegen ein solches Erfordernis. Weder erscheint es sinnvoll, die europarechtlich autonom auszulegende Formulierung „im Namen“ mit Assoziationen zu mitgliedstaatlichen Konzeptionen des Stellvertretungsrechts aufzuladen, noch wäre damit dem Ziel eines hohen Verbraucherschutzniveaus gem. Art. 1 genüge getan[388]. Für ein Handeln „im Auftrag“ des Gewerbetreibenden sollte hingegen zumindest eine rechtsgeschäftsähnliche Verbindung bestehen[389]. Dafür reicht es aus, wenn die konkrete Geschäftspraktik innerhalb eines allgemeinen Auftragsverhältnisses eigenverantwortlich ausgeübt wird, ohne dass es hierzu detaillierter Anweisungen des Gewerbetreibenden be-

384 Begründung des Rates zum Gemeinsamen Standpunkt v. 15.11.2004, (EG) Nr. 6/2005, ABl. C 38 E v. 15.02.2005, S. 17; zur Argumentation *Apetz*, S. 111 Fn. 350.

385 Zu dieser Schlussfolgerung gelangt auch *Köhler*/Bornkamm[33], § 2 Rn. 7 a.E.

386 Verstanden als ausdrückliches oder konkludentes Verhalten des Handelnden, aus dem erkennbar wird, dass mit der Geschäftspraktik im Interesse und mit Billigung eines Gewerbetreibenden eine geschäftliche Verbraucherentscheidung beeinflusst werden soll, *Apetz*, S. 113.

387 Dafür *Koch*, S. 25 f.; dagegen *Apetz*, S. 113 f.

388 *Apetz*, S. 113 Fn. 354, unter nochmaliger Betonung, dass Art. 2 lit. b 2. Hs. keine Haftungsfragen klärt; ähnlich auch MüKo-UWG/*Micklitz*, EG D Art. 3 Rn. 7, wonach es auf die Art und Weise der rechtlichen Beziehungen zum Gewerbetreibenden nicht ankommen kann.

389 *Dohrn*, Rn. 13.

darf[390]. Auch hier kommt es – im Sinne eines umfassenden Verbraucherschutzes – allein auf das äußere Auftreten am Markt an; die zivilrechtliche Wirksamkeit des Auftragsverhältnisses spielt keine Rolle[391].

2. Verbraucher gem. Art. 2 lit. a

Art. 2 lit. a definiert Verbraucher als „jede natürliche Person, die im Geschäftsverkehr im Sinne dieser Richtlinie zu Zwecken handelt, die nicht ihrer gewerblichen, handwerklichen oder beruflichen Tätigkeit zugerechnet werden können". Die Bestimmung der Verbrauchereigenschaft erfolgt damit über eine zum Begriff des Gewerbetreibenden komplementäre Negativabgrenzung[392]. Anknüpfungspunkt ist dabei der Zweck des Handelns. Sofern dieses im Rahmen einer Gesamtwürdigung nicht zu gewerblichen, handwerklichen oder beruflichen Zwecken, sondern zu privaten Zwecken des Konsums bzw. der Bedürfnisbefriedigung erfolgt, gilt die handelnde Person als Verbraucher[393]. Unabhängig davon fallen juristische Personen von vornherein nicht unter Art. 2 lit. a[394].

Insbesondere im Kontext der Beurteilung von Geschäftspraktiken im nachvertraglichen Bereich stellt sich das Problem gemischter Verträge, bei denen die Nutzung des vertragsgegenständlichen Produkts sowohl privat als auch gewerblich erfolgen kann. Zur Lösung der Problematik wird z.T. auf die in der EuGH-Entscheidung *Gruber* entwickelten Kriterien abgestellt und eine enge Auslegung favorisiert, wonach der beruflich-gewerbliche Zweck nur eine „nebensächliche" oder „ganz untergeordnete Rolle" spielen dürfe[395]. Z.T. wird in Anlehnung an ErwGr 17 Verbraucherrechte-RL auch eine weite Auslegung befürwortet, wonach die Verbrauchereigenschaft bereits vorliege, wenn der gewerbliche Zweck im Gesamtzusammenhang des Vertrags nicht überwiegt[396]. Die letztgenannte Auffassung verdient den Vorzug. Zum einen steht die Verbraucherrechte-RL der UGP-RL im Kontext des sich entwickelnden europäischen Verbraucherrechts konzep-

390 GK-UWG/*Heinze*, Einl. C Rn. 262; ausführlich *Apetz*, S. 115 f.

391 So m.E. zu Recht *Köhler*/Bornkamm[33], § 2 Rn. 121. Es wäre aus Sicht der geschützten Verbraucher wertungsmäßig inkonsequent, ein Handeln „im Namen" des Gewerbetreibenden nicht von der Wirksamkeit der Stellvertretung abhängig zu machen, gleichzeitig aber beim äußerlich erkennbaren Handeln „im Auftrag" ein tatsächliches Vertragsverhältnis zu fordern.

392 MüKo-UWG/*Micklitz*, EG D Art. 3 Rn. 3; *Apetz*, S. 119.

393 GK-UWG/*Heinze*, Einl. C Rn. 264; *Apetz*, S. 121.

394 GK-UWG/*Heinze*, Einl. C Rn. 263.

395 EuGH EuZW 2005, 241 Tz. 39 – *Gruber*; in diesem Sinne auch MüKo-UWG/*Micklitz*, EG D Art. 3 Rn. 5; *Apetz*, S. 122.

396 GK-UWG/*Heinze*, Einl. C Rn. 265; *Köhler*/Bornkamm[33], § 2 Rn. 138; jurisPK-UWG/*Ernst*, § 2 Rn. 55.

tionell näher, als die auf die EuGVO bezogene *Gruber*-Entscheidung. Zum anderen besteht bei einer nicht überwiegenden gewerblichen Nutzung generell die Möglichkeit einer privaten Nutzung mit der Folge, dass sich die Geschäftspraktik letztlich an einen Privatnutzer und damit Verbraucher richtet[397].

Bei einer unselbstständigen beruflichen Tätigkeit muss differenziert werden: Erfolgt das Handeln im direkten Zusammenhang mit der beruflichen Tätigkeit als Arbeitnehmer, dient es nicht überwiegend privaten (konsumtiven) Zwecken. Das betrifft v.a. Handlungen im Rahmen der Sonderbeziehung zum Arbeitnehmer (Abschluss, Änderung oder Aufhebung eines Arbeitsvertrags) und solchen, die den Gegenstand der unselbstständigen Tätigkeit selbst bilden, zumal hierbei regelmäßig von einem Handeln im Namen oder Auftrag des Gewerbetreibenden gem. Art. 2 lit. b ausgegangen werden kann[398]. Anders verhält es sich, wenn das Handeln zu Zwecken der Bedarfsdeckung erfolgt und sich dabei mittelbar auf die unselbstständige Tätigkeit bezieht (Erwerb von Arbeitskleidung oder eines Autos für den Arbeitsweg)[399].

3. „Gegenüber einem Verbraucher"

Gem. Art. 3 Abs. 1 und Art. 2 lit. d muss die Geschäftspraktik von einem Gewerbetreibenden *gegenüber* einem Verbraucher ausgeübt werden. Die ursprüngliche Fassung der deutschen Übersetzung, die von „Geschäftspraktiken im Geschäftsverkehr zwischen Unternehmen und Verbrauchern" ausging, wurde zwischenzeitlich berichtigt[400]. Im Umkehrschluss zu der Formulierung wird deutlich, dass Verhaltensweisen im Verhältnis von Verbrauchern gegenüber Unternehmen (c2b) oder gegenüber anderen Verbrauchern (c2c) vom Anwendungsbereich der UGP-RL ausgeschlossen sind. Ebenso fallen unternehmerische Verhaltensweisen zur Bezugsförderung nicht unter die UGP-RL, sofern sich diese nicht einer Absatzstrategie für andere Waren zuordnen lassen oder eine eigenständige entgeltliche Dienstleistung darstellen[401].

Aus dem Erfordernis, dass die Geschäftspraktik gegenüber einem Verbraucher erfolgen muss, kann nicht der Schluss gezogen werden, dass es hierfür einer unmittelbaren Beziehung bzw. eines unmittelbaren Kontakts zwischen dem Un-

---

397 Überzeugend GK-UWG/*Heinze*, Einl. C Rn. 265.

398 *Apetz*, S. 123.

399 Dazu nur GK-UWG/*Heinze*, Einl. C Rn. 264; *Köhler*/Bornkamm[33], § 2 Rn. 140; Götting/Nordemann/*Götting*[2], § 2 Rn. 60.

400 ABl. L 253 v. 25.09.2009, S. 18 f.

401 GK-UWG/*Heinze*, Einl. C Rn. 254 Fn. 1146; SEK (2009) 1666, S. 10, nennt als Beispiel die Inzahlungnahme eines Gebrauchtwagens bei Kauf eines Neuwagens.

ternehmen und dem Verbraucher bedarf[402]. Bereits die weite, neutrale Formulierung „gegenüber" suggeriert nicht zwingend eine direkte Beziehung zu dem Verbraucher, da hiermit letztlich die Stellung des Gewerbetreibenden als „Ursprung" der Geschäftspraktik und des Verbrauchers als „Empfänger" derselben abgesteckt werden[403]. Ebenfalls spricht gegen eine unmittelbare b2c-Beziehung der Wortlaut in Art. 5 Abs. 2 lit. b zum Unlauterkeitsmerkmal der wesentlichen Beeinflussung. Dort ist von einer unlauteren Geschäftspraktik dann die Rede, wenn sie zumindest geeignet ist, das wirtschaftliche Verhalten des Durchschnittsverbrauchers, „den sie erreicht oder an den sie sich richtet", wesentlich zu beeinflussen. Hiernach kann eine Geschäftspraktik gezielt an einen Verbraucher gerichtet sein. Gleichermaßen liegt aber auch dann eine Geschäftspraktik vor, wenn sie den Verbraucher lediglich erreicht, also von diesem wahrgenommen wird[404].

Die dadurch eröffnete Reichweite potentieller Geschäftspraktiken gegenüber Verbrauchern wirft die Frage zum Umgang mit solchen Praktiken auf, die auch klassische Bereiche der Unlauterkeit im horizontalen b2b-Verhältnis betreffen, insbesondere Anschwärzungen, Mitbewerberherabsetzungen oder Boykottaufrufe[405]. Solange jedenfalls eine Geschäftspraktik nur Gewerbetreibende erreicht, erfolgt sie nicht „gegenüber einem Verbraucher"[406]. Sobald jedoch derartige Praktiken bzw. Äußerungen auch in einer Weise vorgenommen werden, dass sie zugleich einen Verbraucher erreichen, erfolgen sie – entsprechend der weiten und neutralen Formulierungen in Art. 2 lit. d und Art. 5 Abs. 2 lit. b – auch ihm gegenüber. Insofern kann dann nicht mehr von einer reinen Geschäftspraktik im b2b-Verhältnis bzw. „in Bezug auf ein Rechtsgeschäft zwischen Gewerbetreibenden" i.S.d. ErwGr 6 S. 3 gesprochen werden. Vielmehr haben solche Handlungen sowohl im b2b- als auch im b2c-Verhältnis mehrere rechtliche Anknüpfungspunkte.

Auf den ersten Blick mutet diese Feststellung in Anbetracht der Bemühungen des Richtliniengebers, b2b-Verhältnisse vom Anwendungsbereich auszunehmen und des Zuschnitts der UGP-RL auf Geschäftspraktiken „gegenüber Verbrauchern"

---

402 Gegen eine unmittelbare Beziehung auch MüKo-UWG/*Micklitz*, EG D Art. 3 Rn. 15; davon jedoch ausgehend *Glöckner* WRP 2009, 1175, 1177.

403 MüKo-UWG/*Micklitz*, EG D Art. 3 Rn. 7: Gewerbetreibender als „Träger der Marktkommunikation."

404 Dazu Ohly/*Sosnitza*[7], § 3 Rn. 71–73; in diese Richtung gehend auch MüKo-UWG/*Micklitz*, EG D Art. 3 Rn. 15, der auf eine „unmittelbare Kommunikationsbeziehung" abstellt, die dann gegeben sein soll, wenn der europäische Referenzverbraucher sich legitimerweise angesprochen fühlen kann. Dazu bereits *Micklitz*/*Keßler* GRUR Int. 2002, 885.

405 Dazu *Apetz*, S. 160–167; *Dohrn*, Rn. 24–33.

406 Dazu auch GK-UWG/*Heinze*, Einl. C Rn. 277; *Apetz*, S. 167 Fn. 506.

befremdlich an[407]. Die Kommission ging davon aus, Handlungen wie sklavische Nachahmungen oder das Herabsetzen eines Mitbewerbers, welche die wirtschaftlichen Interessen der Verbraucher nicht beeinträchtigen, nicht dem Geltungsbereich der UGP-RL zuzuordnen[408]. Gleichzeitig sollten aber solche Handlungen von der UGP-RL umfasst werden, die *tatsächlich* die wirtschaftlichen Interessen der Verbraucher beeinträchtigen[409]. Der hierin bestehende Widerspruch[410] lässt sich dahingehend auflösen, dass die Kommission die genannten Beispiele nur deshalb anführte, damit die genannten Handlungen auf nationaler Ebene auch ohne eine Beeinflussung der Verbraucherentscheidung durch nationales Recht verboten werden können[411]. Sobald jedoch durch die Handlung auch eine Beeinträchtigung der wirtschaftlichen Verbraucherinteressen im Raum steht – bspw. durch eine entscheidungsbezogene Verwechslungsgefahr[412] – kann sie potentiell in den Anwendungsbereich der Richtlinie fallen[413]. Entscheidendes Merkmal zur Feststellung, ob eine auch im b2b-Bereich anzusiedelnde Praktik von der UGP-RL umfasst wird, bildet insofern der Unmittelbarkeitszusammenhang[414]. Nur wenn dieser gegeben ist, liegt eine Geschäftspraktik nach Art. 2 lit. d vor, unabhängig davon, ob sie auch Unternehmer erreicht. Im Rahmen einer Gesamtwürdigung muss unter Berücksichtigung aller Umstände des Einzelfalls ermittelt werden, ob die Handlung – neben der Schädigung des Konkurrenten – auch in erster Linie der Beeinflussung der geschäftlichen Entscheidung des Verbrauchers dient. Dies wäre nicht der Fall, wenn das Verhalten nach einer Gesamtwürdigung vorrangig darauf abzielt, die Wettbewerbsposition der Konkurrenten mittels einer in erster Linie nur diesen gegenüber wirksam werdenden Beeinträchtigung wirtschaftlicher Entfaltungsfreiheit zu beeinträchtigen[415]. Lässt

407 *Apetz*, S. 162.

408 KOM (2003) 356 endg., Rn. 40.

409 KOM (2003) 356 endg., Rn. 40.

410 Hierauf zutreffend hinweisend *Dohrn*, Rn. 31.

411 So etwa bei Nachahmungen ohne eine Verwechslungsgefahr oder Herabsetzungen, die zwar gewerbliche Geschäftspartner, nicht jedoch Verbraucher erreichen.

412 So auch KOM (2003) 356 endg. Rn. 40; dazu auch der Hinweis bei *Apetz*, S. 160 f., auf Art. 6 Abs. 2 lit. a (Verwechslungsgefahr), Art. 9 lit. d (nichtvertragliche Hindernisse bei Wechsel zu einem Konkurrenzprodukt), Nr. 13 Anhang I (absichtliches Hervorrufen einer Verwechslung) und Nr. 18 Anhang I (Falschinformation über Marktbedingungen).

413 *Haberkamm*, S. 71, weist hierbei zutreffend darauf hin, dass das Verunglimpfen eines Mitbewerbers regelmäßig eine (vollharmonisierte) vergleichende Werbung im Sinne des Art. 2 lit. c Irreführungs-RL darstellen dürfte und die Zulässigkeit sich allein nach Art. 4 lit. d Irreführungs-RL bemessen ließe.

414 So auch *Dohrn*, Rn. 29; *Apetz*, S. 164; *Glöckner/Henning-Bodewig* WRP 2005, 1311, 1334.

415 *Apetz*, S. 165 – 167.

sich der Unmittelbarkeitszusammenhang mit der Beeinflussung der geschäftlichen Entscheidung des Verbrauchers hingegen bejahen, so hat sich die materielle Unlauterkeitsprüfung voll und ganz im Einklang mit der verbraucherschützenden Zielrichtung der UGP-RL allein am Konzept des Schutzes der geschäftlichen Entscheidung des Verbrauchers, insbesondere über das Merkmal der wesentlichen Beeinflussung nach Art. 5 Abs. 2 lit. b, Art. 2 lit. e, zu orientieren[416]. Erwägungen zum Mitbewerberschutz finden auch bei der Beurteilung sowohl b2b- als auch b2c-relevanter Sachverhalte im Kontext der UGP-RL keinen Platz. Vielmehr kämen sie allein über mitbewerberschützende Vorschriften des nationalen Rechts zur Geltung.

III. Beschränkung auf Verbraucherschutz

Die bereits ausführlich untersuchte Einschränkung des Zwecks der UGP-RL auf den Schutz der wirtschaftlichen Verbraucherinteressen vor unlauteren Geschäftspraktiken und die damit verbundene Ausklammerung nicht gleichlaufender Mitbewerberinteressen scheint zumindest auf den ersten Blick im Rahmen des Anwendungsbereichs Probleme zu bereiten. Grund hierfür ist eine (scheinbare) Diskrepanz zwischen der adressatenorientierten Bestimmung in Art. 3 Abs. 1 „unlautere Geschäftspraktiken im Sinne des Art. 5 von Unternehmen gegenüber Verbrauchern" und den auf den Anwendungsbereich rekurrierenden ErwGr 6 und 8, die zur Frage der Anwendbarkeit der UGP-RL deren Zweck zum „Schutz der wirtschaftlichen Interessen der Verbraucher" heranziehen. ErwGr 6 S. 3 führt hierzu aus: „Sie [die UGP-RL] erfasst und berührt nicht die nationalen Rechtsvorschriften in Bezug auf unlautere Geschäftspraktiken, die lediglich die wirtschaftlichen Interessen von Mitbewerbern schädigen oder sich auf ein Rechtsgeschäft zwischen Gewerbetreibenden beziehen". Diese können die nationalen Gesetzgeber weiterhin autonom regeln. Demgegenüber könnten nach Art. 3 Abs. 1 jedoch auch Geschäftspraktiken von der UGP-RL umfasst werden, bei denen der primäre Schutzzweck der UGP-RL gar nicht betroffen sei[417]. Die hier aufgeworfenen Fragen sind insbesondere dann von enormer Bedeutung, wenn es zu klären gilt, ob eine nationale Vorschrift in den Anwendungsbereich der UGP-RL fällt und daher mit deren Regelungen im Einklang stehen muss.

---

416 Völlig zutreffend *Apetz*, S. 165 Fn. 505; dazu auch MüKo-UWG/*Micklitz*, EG D Art. 3 Rn. 17: kein Konkurrentenschutz durch die Hintertür durch erweiternde Auslegung des Verbraucherschutzes.
417 So Harte/Henning/*Glöckner*, Einl. B Rn. 240; *ders.* WRP 2009, 1175, 1178: Anwendungsbereich und Schutzzweck der UGP-RL unzureichend aufeinander abgestimmt.

1. Ausklammerung von Geschäftspraktiken, die sich auf ein Geschäft zwischen Gewerbetreibenden beziehen

Der zweite Ausschlussgrund nach ErwGr 6 S. 3 formuliert zunächst eine situationsgebundene Ausnahme, die sich auf den Adressaten der Geschäftspraktik bezieht[418]. Sofern sich die Praktik auf ein Rechtsgeschäft zwischen Gewerbetreibenden richtet, bleibt sie von der UGP-RL unberührt. Dies stimmt auch mit der Anwendungsbereichsbestimmung des Art. 3 Abs. 1 überein, der ebenfalls eine adressatenbezogene Eingrenzung vornimmt. Darüber hinaus wird die Orientierung des Anwendungsbereichs der UGP-RL an den Adressaten der Praktik ebenfalls in Art. 2 lit. d deutlich, der sich per Definition auf „Geschäftspraktiken von Unternehmen gegenüber Verbrauchern" bezieht und zwecks sprachlicher Vereinfachung fortan mit „Geschäftspraktiken" abgekürzt wird. Steht demnach fest, dass sich eine Praktik allein innerhalb einer Geschäftsbeziehung zwischen Gewerbetreibenden auswirkt oder im vorvertraglichen Bereich ausschließlich an Gewerbetreibende richtet, kommt die UGP-RL nicht zur Anwendung. Es handelt sich dann nicht um eine „Geschäftspraktik von Unternehmen gegenüber Verbrauchern", auch wenn sich diese durch die Folge veränderter Marktbedingungen mittelbar auf die Verbraucher auswirken mag[419].

In Fällen des gemischten Vertriebs, in dessen Rahmen Geschäftspraktiken des Gewerbetreibenden sich sowohl an Verbraucher als auch an Unternehmer richten, ist zu differenzieren. Die UGP-RL kommt stets zur Anwendung, wenn eine private Nutzung des vertriebsgegenständlichen Produkts nicht ausgeschlossen ist[420]. Hierbei profitieren die Unternehmer in ihrer Mitbewerbereigenschaft indirekt als „Nutznießer" von der verbraucherschützenden Zielrichtung der UGP-RL, da ihnen über Art. 11 Abs. 1 die Möglichkeit des gerichtlichen oder behördlichen Vorgehens gegen unlautere Geschäftspraktiken eröffnet wird. Sofern es sich bei der Geschäftspraktik um eine Irreführung handelt, gelangen die UGP-RL und die Irreführungs-RL (insbesondere Art. 3, 2 lit. b Irreführungs-RL) parallel zur Anwendung[421]. Der Forderung, in solchen Fällen ausschließlich die UGP-RL anzuwenden und ein Rückgriff auf die Irreführungs-RL zu unterbinden,[422] kann nicht gefolgt werden. Grund hierfür sind die unterschiedlichen Perspektiven, die in Bezug auf die fragliche Geschäftspraktik eingenommen werden können. Die UGP-RL ist ih-

---

418 GK-UWG/*Heinze*, Einl. C Rn. 277.

419 GK-UWG/*Heinze*, Einl. C Rn. 277 f., mit beispielhafter Erwähnung von Werbemaßnahmen, die allein an gewerbliche Abnehmer gerichtet sind oder Boykotten und Liefersperren innerhalb der Geschäftsbeziehungen von Gewerbetreibenden; dazu auch SEK (2009) 1666, S. 16.

420 GK-UWG/*Heinze*, Einl. C Rn. 279.

421 So auch *Glöckner* WRP 2014, 1399, 1403.

422 So aber GK-UWG/*Heinze*, Einl. C Rn. 279.

rem Zweck nach auf den Schutz der wirtschaftlichen Interessen der Verbraucher zugeschnitten und normiert hierfür einen spezifischen Unlauterkeitsmaßstab. Demgegenüber schützt die Irreführungs-RL nach ihrem Art. 1 ausdrücklich Gewerbetreibende vor irreführender Werbung und deren unlauteren Auswirkungen. Doppelrelevante Geschäftspraktiken, die sich sowohl an Verbraucher als auch an Gewerbetreibende richten, unterfallen demnach zwei Rechtsakten, die jeweils für sich genommen eine gesonderte Beurteilung des Sachverhalts erfordern. Dass von einem generellen Vorrang der UGP-RL unter Ausschluss der Irreführungs-RL nicht ausgegangen werden kann, zeigt bereits die Möglichkeit, dass etwa eine Falschangabe des Werbenden für eine informierte geschäftliche Entscheidung des Verbrauchers irrelevant sein kann, während sie für die Unternehmer und deren geschäftliche Entscheidung hohe Bedeutung hat, bspw. Angaben über bestimmte Eigenschaften oder Verwendungsmöglichkeiten eines Produkts, die für den Privatgebrauch nicht von Interesse sind, für den professionellen Verwender jedoch ein entscheidungserhebliches Produktmerkmal ausmachen. Solcher Konstellationen war sich auch der Richtliniengeber bewusst, da er in ErwGr 6 S. 4 klarstellt, dass die UGP-RL die Bestimmungen der Richtlinie 84/450/EG über Werbung nicht erfasst und berührt, „die für Unternehmen, nicht aber für Verbraucher irreführend ist". Wird eine Geschäftspraktik aus diesen spezifisch an den Unternehmensinteressen orientierten Gründen untersagt, wird gleichsam die von der UGP-RL bezweckte Vollharmonisierung nicht unterlaufen. Die Gefahr, dass über die Mindestharmonisierung der Irreführungs-RL strengere Regeln zum Schutz der Gewerbetreibenden etabliert werden und die Harmonisierungsbestrebungen der UGP-RL aushebeln, ergibt sich nur in den Fällen, in denen durch die Täuschung ein spezifisches Unternehmensinteresse nicht tangiert wird. Es ist nicht davon auszugehen, dass in diesen Fällen ein Verbot der Praktik nach der Irreführungs-RL verhältnismäßig und vor dem Hintergrund der Binnenmarktfreiheiten unionsrechtlich haltbar wäre, da ein Gewerbetreibender, dem im geschäftlichen Verkehr ohnehin ein höheres Maß an Eigenverantwortung abverlangt wird, nicht schutzwürdiger ist als ein Verbraucher[423].

2. Schutzzweckschranke für die Anwendbarkeit auf nationale Regelungen

Zu klären bleibt, welche Konsequenzen sich aus dem ersten Ausschlussgrund des ErwGr 6 S. 3 ergeben, demzufolge die UGP-RL sich nicht auf nationale Rechtsvorschriften in Bezug auf Geschäftspraktiken erstreckt, die „lediglich die wirtschaftlichen Interessen von Mitbewerbern schädigen". Hiernach lässt die UGP-RL

423 Hierzu auch die Einschätzung in SEK (2003) 724, S. 34.

nationale Vorschriften unberührt, die allein („lediglich") den Schutz der wirtschaftlichen Interessen von Mitbewerbern zum Gegenstand haben. Das ist solange unproblematisch, bis eine Geschäftspraktik nicht gegenüber einem Verbraucher erfolgt[424]. Schwieriger wird es jedoch in Konstellationen, in denen eine Geschäftspraktik zwar an Verbraucher gerichtet ist, sich allerdings nur auf die Interessen von Mitbewerbern auswirkt[425]. Unterstehen in solchen Fällen die einschlägigen nationalen Vorschriften zum Mitbewerberschutz der UGP-RL?

Heinze und *Peukert* schlagen hierzu vor, den Anwendungsbereich der UGP-RL neben Art. 3 Abs. 1 und 2 lit. d auch nach der Zweckklausel des Art. 1 sowie den ErwGr 6 und 8 zu bestimmen und leiten daraus eine Schutzzweckschranke ab. Unabhängig davon, ob sich eine Geschäftspraktik (auch) an Verbraucher oder nur an Mitbewerber richtet, fallen diejenigen nationalen Rechtsvorschriften nicht in den Anwendungsbereich der UGP-RL, die allein dem Mitbewerberschutz bzw. nicht dem wirtschaftlichen Verbraucherschutz i.S.d. UGP-RL dienen[426]. Dieser Lesart der UGP-RL ist zuzustimmen.

Hierfür spricht zunächst der präzise Wortlaut des ErwGr 6 S. 3. Während der zweite Ausschlussgrund auf die Geschäftsbeziehungen zwischen Gewerbetreibenden und damit auf einen geschäftlichen Kontakt abstellt, kommt es dem ersten Ausschlussgrund allein auf die Schutzrichtung der nationalen Rechtsvorschrift an. Es wird dabei kein Unterschied gemacht, ob die fragliche Geschäftspraktik gegenüber Verbrauchern oder nur Gewerbetreibenden ausgeübt wird. Die Abgrenzung des Anwendungsbereichs über den Schutzzweck wurzelt auch in der Entstehungsgeschichte der UGP-RL[427]. Im Richtlinienvorschlag wird der Schutzzweck zur Ermittlung des Anwendungsbereichs ausdrücklich mit einbezogen[428]. Zudem sollen Regelungen zu Geschäftspraktiken, welche die wirtschaftlichen Interessen der Verbraucher nicht beeinträchtigen, nicht in den Regelungsbereich der UGP-RL fallen[429]. Für eine Schutzzweckschranke spricht ebenfalls der normative Zuschnitt der in der UGP-RL enthaltenen Regelungen (Art. 5–9, Anhang I)[430]. Allen Vorschriften ist gemein, dass sie den Schutz der geschäftlichen

---

424 GK-UWG/*Heinze*, Einl. C Rn. 267: z.B. Abwerben von Angestellten oder Anstiftung zum Vertragsbruch im gewerblichen Verkehr; dazu bereits S. 75f.

425 Z.B. Mitbewerberbehinderungen, die gegenüber Verbrauchern ausgeübt werden.

426 GK-UWG/*Heinze*, Einl. C Rn. 269–276; GK-UWG/*Peukert*, § 3 Rn. 179–195; ähnlich auch Weatherill/Bernitz/*Abbamonte*, S. 11, 17: „The precondition for applying the Directive is the economic harm to the consumer."; *Handig*, S. 73.

427 GK-UWG/*Heinze*, Einl. C Rn. 270.

428 KOM (2003) 356 endg., Rn. 39, 43.

429 KOM (2003) 356 endg., Rn. 40.

430 GK-UWG/*Heinze*, Einl. C Rn. 271.

Entscheidung des Verbrauchers in den Mittelpunkt rücken[431]. Darüber hinaus gehende, spezifische Interessen von Mitbewerbern finden hingegen keine normative Ausgestaltung. Lediglich die dem Verbraucherschutz gleichlaufenden Schutzinteressen der Mitbewerber, bspw. die Schmälerung von Wettbewerbschancen durch eine Irreführung der Verbraucherschaft, werden von der UGP-RL indirekt umfasst, ohne allerdings als Induktionsmaterial für die Auslegung zu fungieren. Gem. ErwGr 8 S. 2 gelten sie bereits über den Verbraucherschutz als mitgeschützt[432]. Auch die Formulierung „unlautere Geschäftspraktiken im Sinne des Artikels 5" in Art. 3 Abs. 1 legt ein schutzzweckorientiertes Verständnis des Geltungsbereichs der UGP-RL nahe. Die Formulierung ist zwar wenig geglückt, da sie im Rahmen des Anwendungsbereichs bereits auf die Verwirklichung der materiellen Tatbestände abstellt. Allerdings beinhaltet sie ein Indiz für eine Schutzzweckschranke: Art. 5 ist *die* Vorschrift im Regelungsgefüge der UGP-RL, die dessen Schutzzweck – Schutz der geschäftlichen Entscheidung des Verbrauchers – verwirklicht. Deutlich wird dies an dem Unlauterkeitsmerkmal des Art. 5 Abs. 2 lit. b. Werden von der UGP-RL nur Geschäftspraktiken umfasst, die der Schutzverwirklichung von Art. 1 dienen, so folgt daraus, dass sich der Anwendungsbereich der UGP-RL ebenfalls nur auf solche nationalen Vorschriften erstreckt, die der gleichen Zweckverwirklichung – Schutz der geschäftlichen Entscheidung des Verbrauchers – dienen.

Eine derartige Schutzzweckschranke wird jedenfalls vom EuGH im Rahmen der Anwendungsbereichsprüfung zur UGP-RL praktiziert[433]. Zur Frage, ob eine nationale Vorschrift der UGP-RL unterfällt, führt der EuGH – neben dem Vorliegen einer Geschäftspraktik – regelmäßig aus, dass nur solche Vorschriften vom Anwendungsbereich ausgenommen sind, die unlautere Geschäftspraktiken betreffen, die „lediglich" die wirtschaftlichen Interessen von Mitbewerbern schädigen und rekurriert dabei auf ErwGr 6[434]. Insbesondere heißt es im Beschluss in der Rechtssache *Wamo*[435]: „Um auf die Vorlagefrage zu antworten, muss vorab festgestellt werden, ob Art. 53 § 1 WHCP [...] dem Verbraucherschutz dienen soll und daher dem Anwendungsbereich der Richtlinie unterfällt." Noch deutlicher – gerade im Hinblick auf den Konkurrentenschutz – schließt der EuGH in der

431 Art. 1, ErwGr 7 S. 1.

432 Dazu S. 50 – 52.

433 Dazu GK-UWG/*Heinze*, Einl. C Rn. 272 – 275.

434 Etwa EuGH GRUR 2010, 244 Tz. 39 – *Plus Warenhandelsgesellschaft*; GRUR 2011, 76 Tz. 21 – *Mediaprint*; Beschluss v. 30.06.2011 – C-288/10 Tz. 22 – *Wamo*; GRUR 2013, 267 Tz. 29 f. – *Köck*; GRUR 2013, 1245 Tz. 35 – *RLvS/Stuttgarter Wochenblatt*.

435 EuGH Beschluss v. 30.06.2011 – C-288/10 Tz. 20 – *Wamo*; so auch EuGH GRUR Int. 2015, 1140 Tz. 24 – *Cdiscount*.

Rechtssache *INNO* die Anwendbarkeit der UGP-RL auf eine nationale Bestimmung aus, „wenn sie [...] ausschließlich darauf gerichtet ist, die Wettbewerbsverhältnisse zwischen Gewerbetreibenden zu regeln, und nicht auf den Schutz der Verbraucher abzielt.“[436]

Folge dieser Schutzzweckschranke zur Bestimmung des Anwendungsbereichs ist das Erfordernis einer Doppelprüfung[437]: Die von der nationalen Bestimmung betroffene Verhaltensweise muss eine Geschäftspraktik i.S.d. Art. 2 lit. d, ErwGr 7 S. 1 darstellen und die fragliche nationale Vorschrift muss ebenfalls dem von der UGP-RL bezweckten Schutz der wirtschaftlichen Interessen der Verbraucher dienen. Dazu zählen Vorschriften, die neben dem Verbraucherschutz auch andere Zwecke wie z.B. den Mitbewerberschutz oder die Aufrechterhaltung der Medienvielfalt verfolgen[438]. Sowohl Geschäftspraktik als auch Schutzzweck sind kumulative Voraussetzungen dafür, dass eine nationale Vorschrift der UGP-RL unterfällt[439]. Sofern eine nationale Vorschrift allein dem Mitbewerberschutz dient, ist sie nicht an den Maßstäben der UGP-RL zu messen. Gleiches gilt für die Ausnahmen vom Anwendungsbereich der UGP-RL[440]. Allerdings kann die in Frage stehende Handlung, sofern sie *gegenüber* einem Verbraucher erfolgt, dennoch in den Anwendungsbereich der UGP-RL fallen, wenn sie eine Geschäftspraktik i.S.d. Art. 2 lit. d darstellt und die Umstände des Einzelfalls die Subsumtion unter eine Vorschrift ermöglichen, die dem durch die UGP-RL bezweckten Verbraucherschutz entspricht[441]. Insbesondere träfe dies, sofern kein Konkretisierungstatbestand eingreift, auf die nationale Umsetzungsvorschrift zu Art. 5 Abs. 1, 2 zu. Hieran wird erneut deutlich, dass ein und dieselbe Geschäftspraktik sowohl aus der jeweils spezifischen Perspektive des Verbraucherschutzes als auch des Mitbewerberschutzes zu beurteilen ist[442].

---

436 EuGH Beschluss v. 15.12.2011 – C-162/11 Tz. 29 – *INNO*; *Sack* WRP 2015, 663, 666, verkennt, dass es in diesen Fällen nicht lediglich um eine Beurteilung der beanstandeten Verhaltensweisen, sondern um die Frage der Richtlinienkonformität der jeweiligen nationalen Vorschriften ging.

437 GK-UWG/*Heinze*, Einl. C Rn. 273.

438 EuGH GRUR 2010, 244 Tz. 40 – *Plus Warenhandelsgesellschaft*; GRUR 2011, 76 Tz. 23 – *Mediaprint*; SEK (2009) 1666, S. 16; GK-UWG/*Peukert*, § 3 Rn. 185; *Alexander* WRP 2013, 17, 19.

439 Dazu EuGH GRUR 2013, 1245 Tz. 35 – *RLvS/Stuttgarter Wochenblatt*, in Abweichung zu den Schlussanträgen des GA *Wathelet* v. 11.07.2013, Rs. C-391/12 Tz. 29.

440 GK-UWG/*Peukert*, § 3 Rn. 180.

441 Zutreffend GK-UWG/*Heinze*, Einl. C Rn. 269; zum Merkmal „gegenüber einem Verbraucher“ bereits S. 71–74.

442 Ähnlich Weatherill/Bernitz/*Bernitz*, S. 33, 41: „Many marketing practices are unfair both from the viewpoint of the competitors or other business firms and from a consumer protection perspective, albeit often with a somewhat different emphasis in the assessment of the character of the

Die Schutzzweckschranke birgt gewisse Risiken. Denkbar wäre es, dass ein nationaler Gesetzgeber sich der Vollharmonisierung der UGP-RL dadurch entzieht, dass er den Schutzzweck einer nationalen Vorschrift allein mit dem Konkurrentenschutz begründet und dadurch einen von der UGP-RL abweichenden Unlauterkeitsmaßstab für ein und denselben Sachverhalt etabliert[443]. Der Harmonisierungseffekt würde jedenfalls dann nicht ausgehebelt werden, wenn der nationale Gesetzgeber den Schutzzweck und den materiellen Gehalt der mit ihm verknüpften Regelungen der UGP-RL in das nationale Recht umsetzt, da die Praktik zumindest über die verbraucherschützenden Umsetzungsnormen – v. a. zu Art. 5 Abs. 1, 2 – aufzufangen wären. Das Risiko kommt jedoch zum Tragen, wenn eine Geschäftspraktik unter der UGP-RL erlaubt wäre, im nationalen Recht hingegen aus (angeblichen) Gründen des Mitbewerberschutzes untersagt wird, wobei die Verbotsbegründung kein spezifisches, schützenswertes Mitbewerberinteresse zum Gegenstand hat, sondern sich tatsächlich auf ein zum Verbraucherschutz der UGP-RL gleichlaufendes Mitbewerberinteresse beschränkt[444]. Daher erfordert die UGP-RL eine äußerst präzise Abschichtung der verbraucher- und konkurrentenspezifischen Interessen im Lauterkeitsrecht. Dies lässt sich nicht allein als Risiko, sondern vielmehr als Chance zur Präzisierung der rechtlichen Maßstäbe im autonomen nationalen Lauterkeitsrecht begreifen[445].

IV. Abgrenzungen und Ausnahmen vom Anwendungsbereich

1. Nichtwirtschaftliche Interessen

Die UGP-RL bezweckt den Schutz der *wirtschaftlichen Interessen der Verbraucher* (Art. 1). Dieser wiederum verengt sich auf den *Schutz vor unlauteren Geschäftspraktiken* im Geschäftsverkehr zwischen Unternehmen und Verbrauchern (ErwGr 8 S. 1) und ist materiell auf den Schutz vor *Beeinflussungen der geschäftlichen Entscheidung* zugeschnitten (ErwGr 7 S. 1). Indem sich die UGP-RL auf die soeben beschriebene Schutzkonzeption konzentriert, lässt sie unionsrechtliche oder nationale Vorschriften, die Geschäftspraktiken aus anderen Gründen als den wirtschaftlichen Verbraucherschutz vor unlauteren Geschäftspraktiken regeln, unberührt.

---

unfairness."; zutreffend auch *Schork*, S. 243–245, zum Anwendungsverhältnis zwischen dem verbraucherschützenden § 5 Abs. 2 und dem mitbewerberschützenden § 4 Nr. 9.

443 Auf diese Gefahr verweist GK-UWG/*Heinze*, Einl. C Rn. 276.

444 Insbesondere geht es dabei um die Schmälerung der Wettbewerbschancen durch die Irreführung eines Konkurrenten.

445 So insbesondere Hilty/Henning-Bodewig/*Beater*, S. 207, 210 f.; ausführlich dazu S. 300–303.

Hierzu finden sich zahlreiche Bestimmungen in der UGP-RL selbst, die dies ausdrücklich vorsehen. Gem. Art. 3 Abs. 3 bleiben Rechtsvorschriften der Union oder der Mitgliedstaaten in Bezug auf Gesundheits- und Sicherheitsaspekte von Produkten unberührt. Dementsprechend können auch die Mitgliedstaaten gem. ErwGr 9 S. 3 aus Gründen des Gesundheits- oder Sicherheitsschutzes (z. B. bei Spirituosen oder Tabakwaren) Geschäftspraktiken – im Einklang mit dem Unionsrecht – regeln bzw. gänzlich verbieten. Entscheidend wird dabei auf den Regelungszweck derartiger Maßnahmen abgestellt. Gleichermaßen tangiert die UGP-RL nicht Vorschriften zum Schutz der Privatsphäre oder des Datenschutzes[446].

ErwGr 7 S. 3 formuliert einen nationalen Regelungsvorbehalt in Bezug auf „die gesetzlichen Anforderungen in Fragen der guten Sitten und des Anstands, die in den Mitgliedstaaten sehr unterschiedlich sind" (im Englischen „taste and decency"). Die Mitgliedstaaten können nach ErwGr 7 S. 5 im Einklang mit dem Unionsrecht Geschäftspraktiken aus Gründen der guten Sitten und des Anstands verbieten, auch wenn diese Praktiken die Wahlfreiheit des Verbrauchers nicht beeinträchtigen[447]. Letztlich handelt es sich dabei um nichts anderes als eine Klarstellung des auf den Schutz wirtschaftlicher Verbraucherinteressen begrenzten Anwendungsbereichs, der von vornherein Regelungen zu Fragen der guten Sitten und des Anstands sowie zur Abwehr von Belästigungen, zum Schutz der Privatsphäre und zum Schutz des Pietätsgefühls nicht berührt, sofern sie für die Entscheidungsfähigkeit des Verbrauchers keine Relevanz haben[448]. Der nationale Gesetzgeber kann in solchen Fällen zum Schutz legitimer nichtwirtschaftlicher Interessen wie dem Schutz der Menschenwürde oder vor Diskriminierungen tätig werden[449]. Fraglich ist aber, welche Reichweite der Regelungsvorbehalt in Bezug auf kulturelle und moralische Besonderheiten der einzelnen Mitgliedstaaten hat. Eine weite Auslegung, die den Mitgliedstaaten erlauben würde, Geschäftspraktiken uferlos in Bezug auf sonstige, kulturell besonders geprägte Allgemeininteressen „durch den Vorwand beliebiger und kaum nachprüfbarer, volkstypischer Besonderheiten"[450] zu regeln, würde der angestrebten

---

446 GK-UWG/*Heinze*, Einl. C Rn. 285, mit Hinweis auf ErwGr 14 S. 8, wonach Art. 13 Abs. 3 RL 2002/29/EG (Datenschutzrichtlinie, jetzt Datenschutz-Grundverordnung, VO (EU) 2016/679), der den Schutz der Privatsphäre sicherstellt (ErwGr 40 S. 1 RL 2002/29/EG), unberührt bleibt.

447 Allerdings fallen hierunter potentiell auch Geschäftspraktiken, die die Entscheidungsfähigkeit des Verbrauchers beeinträchtigen können, Harte/Henning/*Glöckner*, Einl. B Rn. 257; *Sosnitza* WRP 2006, 1, 4.

448 Ebenso KOM (2003) 356 endg. Rn. 39; GK-UWG/*Heinze*, Einl. C Rn. 287; *Ackermann*, in: Gsell/Herresthal, S. 289, 295 f.; *Apetz*, S. 212; *Ohly* WRP 2006, 1401, 1410 f. – Für ein Verständnis als versteckte Öffnungsklausel *Haberkamm*, S. 93; *Sosnitza* WRP 2006, 1, 6.

449 SEK (2009) 1666, S. 15.

450 *Sosnitza* WRP 2006, 1, 3 f.

Vollharmonisierung zuwider laufen[451]. Zu befürworten ist eine enge Auslegung des Regelungsvorbehalts[452]. Dieser sollte lediglich die Fälle mitgliedstaatlicher „Alleingänge" betreffen, in denen kulturelle Unterschiede angesichts des weitgehenden grundrechtlichen und diskriminierungsrechtlichen Konsenses der Mitgliedstaaten überhaupt möglich sind[453]. In Anbetracht der in der Grundrechtscharta der EU niedergelegten und vom Konsens der Mitgliedstaaten getragenen Rechte (Art. 6 Abs. 1 EUV) dürften divergierende Maßstäbe im Bereich des Würde- und Antidiskriminierungsschutzes unter moralischen Gesichtspunkten äußerst selten vorkommen. Dies erklärt auch, weshalb der Richtliniengeber den Zusatz lediglich in die Erwägungsgründe und nicht in den Richtlinientext selbst aufgenommen hat[454]. Sofern ein Mitgliedstaat eine Geschäftspraktik aus nichtwirtschaftlichen Schutzerwägungen verbietet und sich dabei im Rahmen der (grundrechtlichen) Schutzstandards des Unionsrechts bewegt, kann von einer mitgliedstaatlichen Besonderheit schon gar nicht mehr die Rede sein. Derartige Regelungen unterfallen aufgrund ihrer Schutzzweckverschiedenheit auch dann nicht dem Anwendungsbereich der UGP-RL, wenn die durch sie geregelten Geschäftspraktiken die Entscheidungsfreiheit der Verbraucher tatsächlich beeinträchtigen. Es kommt entscheidend auf den Schutzzweck der Regelung an, die sich wiederum an den sonstigen Vorgaben des sekundären und primären Unionsrechts messen lassen muss[455].

Abgesehen von den in der UGP-RL ausdrücklich festgelegten oder implizierten Abgrenzungen zu nichtwirtschaftlichen Sachbereichen ist fraglich, ob darüber hinaus generell Geschäftspraktiken betreffende Regelungen, die diese jedoch aus anderen Gründen regeln bzw. verbieten, von der UGP-RL unberührt bleiben. Eine solche generelle Abgrenzung wäre nicht unproblematisch, böte sich den Mitgliedstaaten dadurch die Gelegenheit, die Vollharmonisierungsbestrebungen der UGP-RL durch anderweitige Vorschriften unter Berufung auf nichtwirtschaftliche Zielsetzungen zu untergraben[456]. Es stellt sich damit dasselbe Problem wie bei der Abgrenzung zu Vorschriften, die dem Schutz der wirtschaftlichen Interessen von Mitbewerbern dienen. Sofern man in diesem Kontext – wie hier – die Abgrenzung

---

451 *Dohrn*, Rn. 87; *Koch*, S. 7; *Glöckner/Henning-Bodewig* WRP 2005, 1311, 1320; *Sosnitza* WRP 2006, 1, 4f.

452 In diesem Sinne auch SEK (2009) 1666, S. 15; GK-UWG/*Heinze*, Einl. C Rn. 287; *Dohrn*, Rn. 87; *Apetz*, S. 213; *Koch*, S. 78; *Haberkamm*, S. 93f.; *Sosnitza* WRP 2006, 1, 4f.; *Brömmelmeyer* GRUR 2007, 295, 299; *Jungheim/Haberkamm* VuR 2009, 250, 253.

453 *Dohrn*, Rn. 87; *Stuyck/Terryn/van Dyck* CML Rev. 2006, 107, 122f.

454 *Dohrn*, Rn. 87.

455 GK-UWG/*Heinze*, Einl. C Rn. 289.

456 Hierauf hinweisend GK-UWG/*Heinze*, Einl. C Rn. 293.

anhand einer auf den von der UGP-RL bezweckten Verbraucherschutz zugeschnittenen Schutzzweckschranke vornimmt, so ist diese Gangart konsequenterweise auch auf die Abgrenzung zu sonstigen Sachgebieten zu übertragen. Hierfür spricht zudem die Auslegung des Art. 4, der in der deutschen Fassung zwar auf einen – wie auch immer zu bestimmenden flexiblen – Zusammenhang mit dem angeglichenen Bereich hindeutet, in anderen Sprachfassungen jedoch sehr präzise nur solche abweichenden mitgliedstaatlichen Regelungen untersagt, die in den durch die UGP-RL angeglichenen Bereich fallen[457]. Grenze dieses Regelungsvorbehaltes der Mitgliedstaaten bilden letztlich die unionsrechtlichen Vorgaben im ggf. einschlägigen Sekundär- bzw. Primärrecht, v. a. die Grundfreiheiten.

Auch wenn die UGP-RL im Ergebnis solche unionsrechtliche und nationale Vorschriften unberührt lässt, die Geschäftspraktiken aus anderen Gründen als denen des Schutzes der wirtschaftlichen Interessen der Verbraucher vor unlauteren Geschäftspraktiken regeln, so sind die mittelbaren Bezugspunkte nichtwirtschaftlicher Verbraucherinteressen zur geschäftlichen Entscheidung des Verbrauchers unverkennbar und im Rahmen der Schutzzweckkonzeption der UGP-RL zu beachten. Sobald nichtwirtschaftliche, für eine präferenzgerechte Entscheidung aber relevante Aspekte zum Gegenstand der Verbraucherentscheidung gemacht werden, sei es bspw. durch (irreführende) Angaben des Unternehmers, werden sie mittelbar in die Unlauterkeitsprüfung der UGP-RL – aber auch nur im Hinblick auf deren Schutzzweck – integriert[458]. Insbesondere lassen sich hierfür die Regelungen in Art. 6 Abs. 1 lit. b, c und f, Abs. 2 lit. b anführen, die das Verbot von Irreführungen über nichtwirtschaftliche Gesichtspunkte gebieten, sofern der Verbraucher dadurch zumindest potentiell eine andere Entscheidung trifft, die er sonst nicht getroffen hätte. Dies ist auch vor dem ökonomischen Verständnis der Konsumfreiheit konsequent, wonach dem Verbraucher die autonome Zwecksetzung seines Konsumverhaltens im Sinne einer Nutzeneinschätzungsprärogative zuzubilligen ist, die sich nicht zwingendermaßen ausschließlich an rein wirtschaftlich-rationalen Erwägungen orientieren muss[459]. Der Schutz der geschäftlichen Entscheidung des Verbrauchers gestaltet sich dadurch zukunftsoffen, dass er sich dynamisch ändernden Präferenzen der Verbraucherschaft – sei

---

457 Dazu die englische Fassung: „Member States shall neither restrict the freedom to provide services nor restrict the free movement of goods for reasons falling within the field approximated by this Directive." bzw. die spanische Fassung: „Los Estados miembros no restringirán la libre prestación de servicios ni la libre circulación de mercancías por razones pertinentes al ámbito objeto de la aproximación que lleva a cabo esta Directiva." Hierauf zu Recht hinweisend *Koch*, S. 71 f.; *Apetz*, S. 208 f.; *Ohly* WRP 2006, 1401, 1409.

458 KOM (2003) 356 endg., Rn. 43; GK-UWG/*Heinze*, Einl. C Rn. 283.

459 Dazu S. 29 – 31.

es in Bezug auf umweltschützende, soziale oder ethische Aspekte, etwa im Rahmen der Corporate Social Responsibility – problemlos stellen und für die Unlauterkeitsprüfung fruchtbar machen kann.

2. Vertragsrecht

Art. 3 Abs. 2 zufolge lässt die UGP-RL „das Vertragsrecht und insbesondere die Bestimmungen über die Wirksamkeit, das Zustandekommen oder die Wirkungen eines Vertrages unberührt." Dem steht allerdings die Ausweitung des Anwendungsbereichs der UGP-RL auch auf Geschäftspraktiken während und nach Vertragsschluss gegenüber. Als Konsequenz dessen ist es unter dem Anwendungsbereich der UGP-RL möglich, dass ein einheitlicher Sachverhalt sowohl vertragsrechtlichen Regelungen als auch solchen der UGP-RL unterfallen kann. Beide Rechtsgebiete lassen sich damit nicht mehr primär anhand äußerer Umstände des zu beurteilenden Einzelfalls abgrenzen. Insbesondere auf eine zeitliche Komponente mit dem Vertragsschluss als „zeitliche Zäsur" kann nicht mehr abgestellt werden[460]. Stattdessen bedingt die gleichzeitige Anwendbarkeit beider Regelungsbereiche eine Abgrenzung derselben nach schutzzweckorientierten Kriterien. Das Vertragsrecht hat im weitesten Sinne die Sonderbeziehung der Vertragsparteien zum Gegenstand und regelt die sich in dem vertraglichen Austauschverhältnis gegenüberstehenden Interessen[461]. Verwiesen sei hier v. a. auf die vom jeweiligen Vertragspartner zu schützenden Äquivalenz- und von der vertraglichen Sonderbeziehung tangierten Integritätsinteressen[462]. Die UGP-RL zielt hingegen gem. Art. 1, ErwGr 8 S. 1 und 7 S. 1 auf den Schutz der geschäftlichen Entscheidungsautonomie der Verbraucher vor unlauteren Geschäftspraktiken ab.

Diese Schutzzweckverschiedenheit beider Regelungsbereiche hat zur Folge, dass das Vertragsrecht und die UGP-RL grundsätzlich eigenen Wertungen zur Verwirklichung ihrer jeweiligen Zwecke folgen. Nicht ausgeschlossen ist, dass die Wertungen beider Bereiche Schnittmengen aufweisen bzw. Wertungen des einen Bereichs sich für den anderen fruchtbar machen lassen können, sofern sie den jeweiligen Schutzzweck berühren. Hieraus lässt sich jedoch kein zwingendes Gebot einer umfassenden materiellen Kohärenz zwischen Vertragsrecht und

460 Dazu Stürner/*Obergfell*, S. 159, 170; *Apetz*, S. 128 f.

461 *Leistner*, S. 1; *Lettl*, Irreführende Werbung, S. 37.

462 So zielt bspw. die Klausel-RL auf die Wiederherstellung materieller Ausgewogenheit zwischen den vertraglichen Rechten und Pflichten der Vertragsparteien, vgl. Schlussanträge der GA *Trstenjak* v. 29.11.2011 Rs. C-453/10 Tz. 62 – *Pereničová/SOS*.

Lauterkeitsrecht im Sinne eines Wertungsautomatismus ableiten[463]. Eigene Schutzzwecke haben ihre eigenen Wertungen. Insbesondere kann eine vertragliche Pflichtverletzung, sei es eine Schlechterfüllung oder das Verwenden einer missbräuchlichen AGB-Klausel, nicht per se unter die Generalklausel des Art. 5 Abs. 2 subsumiert werden[464]. Ebenso führt in umgekehrter Weise ein Verstoß gegen die lauterkeitsrechtlichen Vorschriften der UGP-RL nicht zwingend zu vertragsrechtlichen Konsequenzen. Vielmehr stellt ein lauterkeitsrechtlicher Verstoß ein Aspekt unter vielen dar, der in die vertragsrechtliche Wertung einfließt, ohne jedoch automatisch das Ergebnis derselben vorwegzunehmen[465]. Die Wertungen und Folgerungen beider Rechtsgebiete tangieren sich auf mittelbare Weise[466]. Materielle Kohärenz zwischen Lauterkeits- und Vertragsrecht muss letztlich dort hergestellt werden, wo sie rechtlich geboten ist. Ein wichtiges Beispiel liefern hierfür die auf Unionsebene etablierten Informationsanforderungen im Lauterkeits- und Vertragsrecht[467]. Gem. Art. 7 Abs. 5 gelten die im Anhang II aufgelisteten Informationsanforderungen aus diversen Richtlinien als wesentlich i.S.d. Art. 7 Abs. 1[468]. Insbesondere bei Fernabsatzverträgen[469] ist ein wertungsmäßiger Gleichlauf zwischen beiden Regelungsbereichen naheliegend. Lauterkeitsrechtlich soll der Verbraucher in der Lage sein, durch ausreichende Information eine seinen Präferenzen entsprechende (Kauf-)Entscheidung zu treffen. Vertragsrechtlich benötigt der Verbraucher Informationen, um die Gleichwertigkeit zwischen den vertragsrechtlichen Verpflichtungen einschätzen zu können. Das In-

---

463 So auch GK-UWG/*Heinze*, Einl. C Rn. 297; *Köhler*/Bornkamm[33], Einl. Rn. 7.13a; *Ackermann*, in: Gsell/Herresthal, S. 289, 316; *Alexander* WRP 2013, 17, 20 f.; *Janal* ZEuP 2014, 740, 751, in Bezug auf das AGB-Recht. – Anders offenbar die Schlussanträge der GA *Trstenjak* v. 29.11.2011 Rs. C-453/10 Tz. 90 – *Pereničová/SOS*.

464 So auch *Apetz*, S. 173; einschränkend *Janal* ZEuP 2014, 740, 747 f.: Sorgfaltsverstoß nur bei evidenter Missbräuchlichkeit der Vertragsklausel – Anders offenbar *Hennings* GRUR 2012, 641, 642; *Micklitz/Reich* EuZW 2012, 126, 127.

465 Ausdrücklich EuGH GRUR 2012, 639 Tz. 44 – *Pereničová/SOS*, zu den Auswirkungen einer irreführenden Vertragsklausel in Bezug auf deren Missbräuchlichkeit; *Alexander* WRP 2012, 515, 518.

466 Dazu EuGH GRUR 2012, 639 Tz. 46 – *Pereničová/SOS*, wonach ein Verstoß gegen Art. 6 Abs. 1 keine unmittelbaren Auswirkungen auf das Klauselverbot hat.

467 Beispielhaft *Busch*, S. 182–185, zum wertungsmäßigen Überschneiden des Irreführungsverbots in § 5 und des § 434 Abs. 1 S. 3 BGB.

468 Hierzu zählen auch Informationsanforderungen aus dem Vertragsrecht oder mit vertragsrechtlichen Wirkungen, ErwGr 15 S. 2. Gem. ErwGr 15 S. 3 ist die Auflistung in der Black List nicht abschließend. ErwGr 15 S. 4 und 5 stellen klar, dass der Wertungstransfer sich nur auf die Informationsanforderungen beschränkt, die unmittelbar im Unionsrecht verankert sind.

469 Die Black List verweist auf die Fernabsatz-RL. Die Vorschriften finden sich nunmehr in Art. 6 ff. Verbraucherrechte-RL.

teresse an einer wohlinformierten Entscheidungsgrundlage ist damit eng mit dem Interesse an einem äquivalenten Leistungsaustausch verknüpft, so dass ein Wertungstransfer gerade in diesem Bereich sinnvoll und geboten ist.

Gem. Art. 3 Abs. 2 bleiben insbesondere die Wirksamkeit und die Wirkungen eines Vertrags von der UGP-RL unberührt. Dem entspricht auch die grundsätzlich unterschiedliche Ausgestaltung des Rechtsfolgenregimes in der UGP-RL und im Vertragsrecht[470]. Zwingend von der UGP-RL vorgeschrieben werden allein kollektivrechtliche Sanktionsinstrumente, vgl. Art. 11 ff. und v. a. Art. 11 Abs. 1 S. 1 und 2. Demgegenüber sollen individuelle Rechtsbehelfe des einzelnen Verbrauchers nach ErwGr 9 S. 1 von der UGP-RL nicht geregelt werden. Solche individuellen Rechtsbehelfe sind jedoch gerade im Vertragsrecht verankert, um den Äquivalenzinteressen des Verbrauchers im Rahmen des vertraglichen Austauschverhältnisses Rechnung zu tragen[471]. Die UGP-RL hingegen belässt die Möglichkeit zur Einräumung derartiger Rechtsbehelfe im lauterkeitsrechtlichen Kontext dem Ermessen der Mitgliedstaaten[472].

3. Besondere Aspekte unlauterer Geschäftspraktiken

Gem. Art. 3 Abs. 4 gehen andere Vorschriften auf Unionsebene, die besondere Aspekte unlauterer Geschäftspraktiken regeln, der UGP-RL vor. Es handelt sich hiernach um eine echte Regelung des Konkurrenzverhältnisses,[473] deren Spezialitätsanordnung sich allein auf Verordnungen und Richtlinien des Unionsrechts bezieht[474]. ErwGr 10 S. 2 listet hierzu eine Reihe von Richtlinien auf, wobei diese Aufzählung als nicht abschließend zu verstehen ist[475]. Der konkurrenzrechtliche Vorrang der Bestimmungen nach Art. 3 Abs. 4 besteht allein für die jeweils besonderen Aspekte unlauterer Geschäftspraktiken („und sind für diese besonderen Aspekte maßgebend.“). Wenn und soweit in den betreffenden Rechtsakten keine besonderen Regeln enthalten sind, verbleibt es bei der Anwendbarkeit der UGP-

---

470 Hierauf auch hinweisend *Haberkamm*, S. 87; zum Folgenden ausführlich *Apetz*, S. 169 – 177.

471 Derartige Rechtsbehelfe sieht im Verbrauchervertragsrecht insbesondere Art. 3 Verbrauchsgüterkauf-RL vor.

472 Weatherill/Bernitz/*Abbamonte*, S. 11, 16; *Apetz*, S. 170. Umfangreiche Individualrechtsbehelfe des Verbrauchers gewährt bspw. das belgische Lauterkeitsrecht. Für die Etablierung individueller Verbraucherrechte im deutschen Lauterkeitsrecht u. a. Fezer/*ders.*, Einl. E Rn. 383 – 393; *ders.* WRP 2003, 127; *ders.* GRUR-Prax 2011, 361, 363; GK-UWG/*Heinze*, Einl. C Rn. 296; *Augenhofer* WRP 2006, 169, 172 f.

473 Harte/Henning/*Glöckner*, Einl. B Rn. 248.

474 GK-UWG/*Heinze*, Einl. C Rn. 307.

475 GK-UWG/*Heinze*, Einl. C Rn. 314 f.; MüKo-UWG/*Micklitz*, EG D Art. 3 Rn. 34.

RL[476]. Diese fungiert gegenüber den besonderen Bestimmungen zu unlauteren Geschäftspraktiken als ergänzende *lex generalis*[477]. Begrenzt wird diese Funktion insoweit, als die besonderen Bestimmungen gleich der UGP-RL zumindest auch dem Schutz der wirtschaftlichen Verbraucherinteressen dienen, da anderweitige Regelungen zum Schutz nicht wirtschaftlicher Interessen von der UGP-RL von vornherein unberührt bleiben[478]. Die UGP-RL lässt sich daher auch nicht als Regelungsergänzung zu besonderen Vorschriften des Unionsrechts instrumentalisieren, die Geschäftspraktiken aus anderen Gründen als zum Schutz der wirtschaftlichen Interessen der Verbraucher regeln[479].

Gem. Art. 3 Abs. 5 konnten die Mitgliedstaaten innerhalb von sechs Jahren ab dem 12. Juni 2007 unter engen Voraussetzungen restriktivere oder strengere Maßnahmen zum Schutz der Verbraucher vor unlauteren Geschäftspraktiken aufrecht erhalten, die zur Umsetzung von Richtlinien erlassen wurden und lediglich eine Mindestharmonisierung anstrebten. Mit Ablauf dieser Frist sind diese strengeren Regeln mit der von der UGP-RL bezweckten Vollharmonisierung nicht mehr vereinbar. In diesem Zusammenhang sind auch ErwGr 15 S. 2, 5 und 6 zu lesen. Hiernach können die Mitgliedstaaten Informationsanforderungen „in Bezug auf das Vertragsrecht oder mit vertragsrechtlichen Auswirkungen" aufrechterhalten oder erweitern, wenn die jeweiligen Mindestklauseln der Richtlinien dies zulassen (S. 2). Derartige, über die Mindestklauseln hinausgehende Anforderungen kommen dann aber beim Vorenthalten der betreffenden Informationen einem irreführenden Unterlassen nach dieser Richtlinie nicht gleich (S. 5). Sofern nach den Mindestklauseln zulässig, können die Mitgliedstaaten strengere Bestimmung nur aufrechterhalten oder einführen, „um ein höheres Schutzniveau für die individuellen vertraglichen Rechte der Verbraucher zu gewährleisten" (S. 6). Zusammenfassend lässt sich konstatieren: Gehen die Mitgliedstaaten über die sektorspezifischen Mindestanforderungen im Unionsrecht hinaus, hat dies mit Ablauf der sechsjährigen Frist nur noch vertragsrechtliche, nicht aber lauterkeitsrechtliche Auswirkungen. Die UGP-RL bewirkt damit de facto eine lauterkeitsrechtliche Vollharmonisierung der unionsrechtlichen Mindestinformationsanforderungen im sektorspezifischen Bereich[480].

---

476 ErwGr 10 S. 4; nach GK-UWG/*Heinze*, Einl. C Rn. 309, kommt es insofern zu einer Verzahnung der UGP-RL mit den spezielleren Regeln.

477 MüKo-UWG/*Micklitz*, EG D Art. 3 Rn. 33; *Apetz*, S. 179 f.

478 ErwGr 10 S. 6: „[...] ergänzt somit den gemeinschaftlichen Besitzstand in Bezug auf Geschäftspraktiken, die den wirtschaftlichen Interessen der Verbraucher schaden"; GK-UWG/*Heinze*, Einl. C Rn. 311; *Apetz*, S. 181 f.

479 Zu dieser Problematik GK-UWG/*Heinze*, Einl. C Rn. 312 f.

480 Dazu die zutreffende Analyse bei GK-UWG/*Heinze*, Einl. C Rn. 308, 317.

4. Sonstige Ausnahmen und Abgrenzungen

Nach ErwGr 9 S. 2 bleiben die unionsrechtlichen Wettbewerbsregeln und deren nationale Umsetzungsvorschriften von der UGP-RL unberührt[481]. Ebenfalls nach ErwGr 9 S. 2 tangiert die UGP-RL nicht die unionsrechtlichen und nationalen Vorschriften zum Schutz des geistigen Eigentums. Dies gebietet grundsätzlich eine parallele Anwendung bspw. markenrechtlicher Ansprüche neben der UGP-RL. Die Problematik, ob ggf. speziellere Vorschriften zu gewerblichen Schutzrechten gegenüber denen der UGP-RL vorrangig sind (sog. „Vorrangthese“, insbesondere im Verhältnis zum Markenrecht), sei an dieser Stelle nur erwähnt[482]. Angesichts der von Art. 6 Abs. 2 lit. a verbotenen Irreführung durch die Begründung einer Verwechslungsgefahr mit „Kennzeichen eines Mitbewerbers“, der grundsätzlich unterschiedlichen Schutzzweckkonzeption gewerblicher Schutzrechte zum Schutz des Inhabers solcher Rechte sowie des von der UGP-RL bezweckten Schutzes der Verbraucher vor Beeinträchtigungen in ihrer Entscheidungsfähigkeit und -freiheit kann ein derartiger Vorrang aber nicht (mehr) angenommen werden[483]. Auch hier gilt: Unterschiedliche Schutzzwecke bedingen ihre eigenen Wertungen. Darüber hinaus berührt ErwGr 9 S. 2 nicht die unionsrechtskonformen Regeln der Mitgliedstaaten im Glücksspielrecht. Sie bleibt zwar auf derartige Konstellationen anwendbar, grenzt aber ihren Anspruch auf Vollharmonisierung in diesem Bereich ein, da weitergehende mitgliedstaatliche Regelungen (z. B. Werbeverbote) zulässig bleiben[484]. ErwGr 6 S. 4 lässt schließlich die vollharmonisierenden Vorschriften der Irreführungs-RL zur vergleichenden Werbung unberührt.

Gem. Art. 3 Abs. 7 hat die UGP-RL keinen Einfluss auf die Bestimmungen über die gerichtliche Zuständigkeit[485]. Art. 3 Abs. 8 lässt alle Niederlassungs- oder Genehmigungsbedingungen, berufsständische Verhaltenskodizes oder andere spezifische Regeln für reglementierte Berufe unberührt[486]. Die mitgliedstaatlichen

481 Dazu auch KOM (2003) 356 endg. Rn. 41.

482 Gegen den alleinigen Vorrang des Markenrechts (mittlerweile überwiegende Ansicht) u. a. *Köhler*/Bornkamm[33], § 4 Rn. 7.9b; Köhler/*Bornkamm*[33], § 5 Rn. 1.77, 4.212; Fezer/*ders.*, Einl. E Rn. 332–335, 343; *ders.* WRP 2008, 1, 8; Harte/Henning/*Dreyer*, § 5 Rn. 10 und nunmehr auch BGH GRUR 2013, 1161 Tz. 60 – *Hard Rock Cafe*. – An der Vorrangthese festhaltend Ohly/*Sosnitza*[6], § 5 Rn. 707–711.

483 GK-UWG/*Heinze*, Einl. C Rn. 305.

484 Harte/Henning/*Glöckner*, Einl. B Rn. 256.

485 Siehe die EuGVO und die sie ergänzenden nationalen Vorschriften.

486 Dazu die Definition des reglementierten Berufs in Art. 2 lit. l, wonach die Aufnahme oder Ausübung der beruflichen Tätigkeit direkt oder indirekt durch Vorschriften an das Vorhandensein bestimmter Qualifikationen gebunden ist.

Integritätsstandards für Personen in reglementierten Berufen sollen dadurch weiterhin gewährleistet werden. Unter die Reglementierungen fallen nicht nur staatlich verordnete Bedingungen, sondern auch berufsständische Verhaltensregeln. Noch offen ist, ob der Vorbehalt in Art. 3 Abs. 8 sich auch auf Regeln der Berufsausübung, insbesondere auf Werbemaßnahmen erstreckt[487]. Dies dürfte zu verneinen sein, da der diesbezügliche ErwGr 9 S. 2 sich nur auf Niederlassungs- und Genehmigungsbedingungen bezieht, Art. 2 lit. l auf das Vorhandensein bestimmter Qualifikationen und damit auf das „Ob" der Berufsausübung abstellt und Verhaltenskodizes nach Art. 6 Abs. 2 ausdrücklich Gegenstand des Irreführungsverbots der UGP-RL selbst sein sollen[488]. Nach Art. 3 Abs. 9 bewirkt die UGP-RL nur eine Mindestharmonisierung im Bereich der Finanzdienstleistungen (Art. 2 lit. b RL 2002/65/EG) und bei Immobilien, so dass die Mitgliedstaaten hier restriktivere Regelungen statuieren können. Im Umkehrschluss ergibt sich daraus, dass die UGP-RL auch auf Finanzdienstleistungen anwendbar ist[489]. Neben der Beschränkung auf eine Mindestharmonisierung bleibt zu beachten, dass bereits auf Unionsebene sektorielle Standards im Bereich der Finanzdienstleistungen als besondere Aspekte unlauterer Geschäftspraktiken der UGP-RL gem. Art. 3 Abs. 4 vorgehen bzw. als besondere Informationsanforderungen über Art. 7 Abs. 5 i.V.m. Anhang II in deren Unlauterkeitskonzept integriert werden[490]. Die nicht begründete Ausnahme, gem. Art. 3 Abs. 10 die UGP-RL nicht auf nationale Vorschriften zur Zertifizierung und Angabe des Feingehalts von Artikeln aus Edelmetall anzuwenden, ist zumindest verwunderlich, da auch gerade in dieser grenzübergreifend agierenden Branche des Schmuckhandels Irreführungen der Verbraucher zu befürchten sind[491].

V. Zusammenfassung

Zur Bestimmung des Anwendungsbereichs der UGP-RL sind die Art. 3 Abs. 1, Art. 2 lit. b, d und k, Art. 1 sowie die ErwGr 7, 6 S. 1 und 8 S. 2 zu beachten.

Die UGP-RL zeichnet sich durch einen extensiven Anwendungsbereich aus. Dies beruht zum einen auf den weit auszulegenden Begriffen der Geschäftspraktik

---

487 Dafür GK-UWG/*Heinze*, Einl. C Rn. 322, unter Berufung auf die Formulierung „andere spezifische Regeln".

488 Ebenso MüKo-UWG/*Micklitz*, EG D Art. 3 Rn. 42.

489 SEK (2009) 1666, S. 12.

490 Dazu GK-UWG/*Heinze*, Einl. C Rn. 324, mit der Nennung weiterer, nicht in Anhang II aufgeführter Richtlinien.

491 MüKo-UWG/*Micklitz*, EG D Art. 3 Rn. 44.

gem. Art. 2 lit. d sowie der mit ihr zusammenhängenden geschäftlichen Entscheidung gem. Art. 2 lit. k. Zum anderen bezieht Art. 2 lit. b Personen in den Anwendungsbereich mit ein, deren unternehmerische Eigenschaft aufgrund Handelns im Namen oder im Auftrag eines Unternehmers gesetzlich fingiert wird. In nachvertraglichen Konstellationen unterliegt der Anwendungsbereich der UGP-RL im Hinblick auf Überschneidungen mit vertragsrechtlichen Aspekten keinen gesonderten Einschränkungen. Insbesondere bedarf es keiner „Geschäftsstrategie“ des handelnden Unternehmers.

Eine wesentliche Einschränkung des Anwendungsbereichs bildet der Unmittelbarkeitszusammenhang gem. Art. 2 lit. d, ErwGr 7 S. 1. Das unternehmerische Verhalten muss nach allen Umständen des Einzelfalls (zumindest auch) in erster Linie der Beeinflussung der geschäftlichen Entscheidung des Verbrauchers dienen. Die Beeinflussung im Rahmen der Anwendungsbereichsprüfung ist nicht gleichzusetzen mit der wesentlichen Beeinflussung gem. Art. 5 Abs. 2 lit. b, Art. 2 lit. e, die ein Tatbestandsmerkmal der Unlauterkeitsprüfung darstellt.

Als weitere wesentliche Einschränkung des Anwendungsbereichs fungiert die in der UGP-RL angelegte Schutzzweckschranke, die insbesondere zur Abgrenzung des von der UGP-RL nicht betroffenen nationalen Lauterkeitsrechts entscheidend ist. In den Anwendungsbereich fallen danach nur solche Vorschriften, die zumindest auch dem von der UGP-RL bezweckten lauterkeitsrechtlichen Schutz der Verbraucherinteressen dienen. Nationale Vorschriften, die allein anderen Zwecken dienen – etwa dem Schutz der gewerblichen Abnehmer oder der Unternehmer in ihrer spezifischen Funktion als Konkurrenten – bleiben von der UGP-RL unberührt.

D. Systematik der UGP-RL

Die folgenden Ausführungen bilden den Kern zur Untersuchung der dogmatischen Grundlagen der UGP-RL. Sie beleuchten das von der UGP-RL geschaffene äußere und innere Regelungssystem und bringen die zwischen den einzelnen Unlauterkeitstatbeständen bestehenden Wertungszusammenhänge zum Vorschein. Nach einer Einführung zu den dogmatischen Grundlagen rechtlicher Systematik und den Besonderheiten einer Systematisierungstechnik mit Generalklauseln und Konkretisierungen richtet sich der Blick auf das materiell-rechtliche Verhältnis zwischen dem generellen Unlauterkeitstatbestand in Art. 5 Abs. 2 und den Tatbeständen der Art. 6 – 9. Es wird der Frage nachzugehen sein, ob diese auf ein und derselben normativen Ebene angesiedelt sind. Einer gesonderten Betrachtung wird schließlich die Black List in Anhang I der UGP-RL unterworfen, die eine Reihe von unter allen Umständen als unlauter geltenden Per-se-Verboten aufstellt. Auch hier lässt sich fragen, ob und wie sich diese Tatbestände in dogmatischer Hinsicht in das innere Wertungssystem der UGP-RL einbetten. Um Fehlinterpretationen vorzubeugen, wird im Rahmen der Untersuchung die Frage nach dem Anwendungsverhältnis zwischen Art. 5 Abs. 2 und Art. 6–9 bzw. der Black List streng von der Frage nach den normativen Verbindungslinien zwischen diesen Vorschriften getrennt.

I. Begriff und Bedeutung der Systematik in der Rechtswissenschaft

1. System und Recht

Der Begriff des Systems stammt aus der Antike und bedeutet in seiner Übersetzung aus dem Altgriechischen (*tò systema*) wörtlich das Zusammengestellte oder das Zusammengesetzte[492]. Er steht allgemein für ein aus einzelnen Teilen zusammengesetztes Ganzes. Ein System hat mehrere Elemente, die in einer bestimmten Beziehung zueinander stehen[493]. In Übertragung des Systembegriffs auf das Recht und davon ausgehend, das Recht in einem deskriptiven Sinne als die Summe der geltenden, d. h. der gesetzgeberisch erlassenen und/oder von den Gerichten angewendeten Normen zu begreifen,[494] beschreibt der Begriff des Rechtssystems den Zusammenhang der rechtlichen Einzelnormen mit den anderen Normen eines Gesetzes und der Gesamtrechtsordnung[495]. Dabei wird zwischen dem „äußeren" und „inneren" System des Rechts unterschieden[496].

2. Äußeres und inneres System des Rechts

Die Einteilung in ein äußeres System des Rechts ist in einem deskriptiven Sinne zu verstehen und bezeichnet die Ordnung der Rechtsnormen nach formalen Gesichtspunkten[497]. Das äußere System betrifft die Darstellung der Rechtsmaterie nach bestimmten erkennbaren Einteilungskriterien[498]. Es ist in seinem Aufbau durch das Bestreben nach einer möglichst klaren und übersichtlichen Darstellung

492 *Vesting*, Rn. 75.
493 *Rüthers/Fischer/Birk*, Rn. 139.
494 *Rüthers/Fischer/Birk*, Rn. 53.
495 *Rüthers/Fischer/Birk*, Rn. 139.
496 Grundlegend *Heck*, Begriffsbildung, S. 142 f., 151 f.
497 *Rüthers/Fischer/Birk*, Rn. 140; *Kramer*, S. 93.
498 *Heck*, Begriffsbildung, S. 142 f.; *Canaris*, Systemdenken, S. 19; *Bydlinski* FS Canaris II, S. 1017, 1019; *Pawlowski*, Rn. 226.

und Gliederung des Stoffes bestimmt[499]. Diese Einordnung kann etwa nach bestimmten Sachthemen oder der Art der Rechtssätze (Anspruchsgrundlagen, Hilfsnormen etc.) erfolgen[500].

Einen anderen Aspekt betrifft das innere System des Rechts, welches sowohl für Einzelgesetze als auch für die gesamte Rechtsordnung fruchtbar gemacht werden kann. Rechtliche Normen und Zwecke spiegeln die Interessenbewertung des Gesetzgebers zu dem jeweils tatbestandlich umschriebenen Lebenssachverhalt wider[501]. Das innere System des Rechts beschreibt die normativen Zusammenhänge der hinter den Gesetzesvorschriften und die aus diesen induktiv ableitbaren Prinzipien stehenden Wertentscheidungen des Gesetzgebers[502]. Es dient der Herausarbeitung und Darstellung der Wertungszusammenhänge der Rechtsmaterie[503]. Die einzelne Norm erscheint dabei als Elementarteilchen einer insgesamt einheitlich und planvoll zu denkenden, wertungsmäßig folgerichtigen Rechtsordnung[504]. Ihr Wertungsmaßstab weist auf einen übergreifenden Wertungsplan des Gesetzgebers hin[505]. Im Idealfall bilden die Normen in ihrer Gesamtheit ein folgerichtiges, d. h. kohärentes und abgestuftes Wertungssystem[506]. Der Wert dieser Folgerichtigkeit liegt insbesondere in der mit ihrer Hilfe zu gewährleistenden Rechtsgleichheit und Rechtssicherheit[507].

Aus dem Postulat eines normativ geordneten Wertungssystems folgt das Ideal der Wertungseinheit, d. h. der Widerspruchsfreiheit der Rechtsnormen untereinander. Es verlangt nach einer möglichst widerspruchsfreien Deutung aller den Entscheidungsgegenstand betreffenden Normen der Rechtsordnung[508] und bietet damit Maßstäbe für die Entscheidung[509]. Die Vorstellung der Wertungseinheit der Rechtsordnung ist dabei ihrem Charakter nach ein Ideal, welches bei tatsächlicher

---

499 *Canaris*, Systemdenken, S. 19; *Höpfner*, S. 73.

500 *Rüthers/Fischer/Birk*, Rn. 141 f.; kritischer Überblick zu verschiedenen Methoden der äußeren Systematisierung bei *Bydlinski* FS Canaris II, S. 1017, 1019 – 1025.

501 Dazu *Heck*, Begriffsbildung, S. 148 f.; *Rüthers/Fischer/Birk*, Rn. 136.

502 *Rüthers/Fischer/Birk*, Rn. 142; *Höpfner*, S. 91, 94. *Canaris*, Systemdenken, S. 46 – 60, 69 f., begreift das innere System als Ordnung „allgemeiner Rechtsprinzipien" und deren Unterprinzipien und leitet diese aus der „Rechtsidee" oder der „Gerechtigkeit" ab. Zur berechtigten methodischen Kritik an diesem Ansatz *Rüthers/Fischer/Birk*, Rn. 913 – 934, *Höpfner*, S. 38 – 40, 95 f.

503 Dazu *Heck*, Begriffsbildung, S. 149 f.; *Bydlinski* FS Canaris II, S. 1017, 1018; *Mittwoch*, S. 150.

504 *Canaris*, Systemdenken, S. 12; *Riesenhuber*, System und Prinzipien, S. 5 f.

505 *Rüthers/Fischer/Birk*, Rn. 143.

506 *Canaris*, Systemdenken, S. 16; *Rüthers/Fischer/Birk*, Rn. 144a; *Kramer*, S. 89, 93. Zum Kohärenzbegriff Einl. B.

507 *Riesenhuber*, System und Prinzipien, S. 6 f.; *Mittwoch*, S. 151.

508 *Rüthers/Fischer/Birk*, Rn. 145.

509 *Pawlowski*, Rn. 226.

Betrachtung des Rechts nicht gegeben ist[510]. Auf das Verhältnis zwischen äußerem und innerem System wird im Rahmen der Frage nach der Verpflichtung zur Umsetzung des Systems einer vollharmonisierenden Richtlinie näher eingegangen[511].

3. System und Auslegung

Eine wertungsmäßig widersprüchliche Rechtsordnung verletzt die Forderung nach einheitlichen Rechtsmaßstäben für alle Rechtsunterworfenen und damit die Rechtsgleichheit und Rechtssicherheit[512]. Die normative Einheit der Rechtsordnung bestimmt die Gesetzmäßigkeit der Entscheidung[513]. Auftretende Wertungswidersprüche verlangen nach einer harmonisierenden Interpretation der betroffenen Rechtsnormen[514]. Eine *systemkonforme* Auslegung ist daher um ein widerspruchsfreies Gefüge der einzelnen Wertentscheidungen und damit um die Gewährleistung einer umfassenden Wertungsharmonie bemüht[515]. Da die wertungsmäßige „Einheit" der Rechtsordnung nur ein Ideal und keine tatsächliche Größe darstellt, müssen wertungsmäßige Ungereimtheiten aufeinander abgestimmt und durch eine harmonisierende, d.h. auflösende Interpretation durch den Rechtsanwender beseitigt werden[516]. Wertungen höherrangiger Normen ist dabei der Vorzug einzuräumen. Nicht zu verkennen ist in diesem Zusammenhang, dass die durch den jeweiligen Rechtsanwender mittels Auslegung herzustellende „Einheit" der Rechtsordnung selbst nicht ohne Wertung desselben auskommt. Die „Einheit" ist letztlich das Interpretationsprodukt des Rechtsanwenders, oder mit anderen Worten gewendet: Das Gericht entscheidet, was die „Einheit" der Rechtsordnung ist. Folglich darf die beschworene „Einheit" nicht als rein objektiver Maßstab betrachtet werden, sondern vielmehr als Auflösung der vorhandenen Wertungswidersprüche nach dem jeweiligen Verständnishorizonts des einzelnen Rechtsanwenders[517]. Von der systemkonformen Rechtsanwendung ist die *systematische* Auslegung zu unterscheiden, die in der Ermittlung des gesetz-

510 *Rüthers/Fischer/Birk*, Rn. 145.
511 Dazu 2. Kap C. I. 2. a).
512 *Canaris*, Systemdenken, S. 16f.
513 *Pawlowski*, Rn. 234.
514 *Rüthers/Fischer/Birk*, Rn. 744.
515 *Rüthers/Fischer/Birk*, Rn. 752.
516 *Rüthers/Fischer/Birk*, Rn. 775.
517 Zutreffend *Rüthers/Fischer/Birk*, Rn. 776; *Höpfner*, S. 71f.

geberischen Normzwecks aus den gesamten Rechtssätzen eines Gesetzes oder mehrerer Gesetze besteht[518].

4. System von Generalklauseln und Konkretisierungstatbeständen

Eine besondere Form der Systematisierung stellt die Verwendung von Generalklauseln und ihr Zusammenspiel mit Beispiel- bzw. Konkretisierungstatbeständen dar. Das Postulat wertungsmäßiger Folgerichtigkeit erreicht bei der Analyse der normativen Beziehungen zwischen Generalklausel und Konkretisierungstatbeständen einen kaum zu überschätzenden Stellenwert für die Rechtsanwendung. Erst unter Kenntnis und Zugrundelegung ihrer Wertungszusammenhänge können mithilfe der Generalklausel und ihrer Konkretisierungen sachgemäße Entscheidungen für die ihnen unterfallenden Sachverhalte getroffen werden.

Generalklauseln sind Normen, die sich durch eine besonders qualifizierte Vagheit auszeichnen und den zentralen Gehalt einer gesetzlichen Regelung ausmachen[519]. Ihre vielfache Verwendung durch die Gesetzgebung gründet auf der nicht überschaubaren Vielfalt regelungsbedürftiger Lebenssachverhalte, die generell-abstrakt formulierte Tatbestände erforderlich machen[520]. Bedingt durch ihre nur schwach ausgeprägte normative Dichte, wird seitens des Gesetzgebers die Aufgabe ihrer inhaltlichen Konkretisierung an die Rechtsanwendung delegiert,[521] so dass Generalklauseln als Verweisungsnormen an den Richter zu verstehen sind[522].

Nicht selten ergänzt der Gesetzgeber eine Generalklausel mit Konkretisierungstatbeständen. Diese sind als präzisere Umschreibungen von Sachverhalten zu verstehen, die an sich unter die Generalklausel fallen[523]. Mit ihrer Hilfe soll dem Rechtsanwender die Anwendung der Generalklausel erleichtert und insbesondere dem Richter eine Richtschnur für seine Entscheidungsfindung gegeben werden[524]. Als Präzisierungen der Generalklausel haben derartige Tatbestände keinen abschließenden Charakter, sondern führen nur eine Reihe von Beispielen für die

---

518 Zu dieser Unterscheidung *Rüthers/Fischer/Birk*, Rn. 762a.

519 *Kramer*, S. 70; *Schünemann* JZ 2005, 271, 273; zu den Definitionsansätzen in der deutschen Rechtswissenschaft *Schmidt*, S. 17 f.

520 *Rüthers/Fischer/Birk*, Rn. 836; *Schmidt*, S. 20.

521 *Kramer*, S. 72, unter Hinweis auf das daraus resultierende Spannungsverhältnis zum Grundsatz der Gewaltenteilung.

522 *Bydlinski*, Präzisierung aktueller Generalklauseln, S. 189, 199; zu Recht hinsichtlich der gesetzgeberischen Prärogative zurückhaltend *Schünemann* JZ 2005, 271, 274.

523 *Bydlinski*, Methodenlehre, S. 446; *Schünemann* JZ 2005, 271, 273.

524 Fezer/Büscher/Obergfell/*Fezer*, § 3 Rn. 305.

Anwendung der Generalklausel an[525]. Konkretisierungstatbestände verkörpern die Tatbestandsmerkmale der Generalklausel in Bezug auf eine bestimmte und – nach Einschätzung des Gesetzgebers – typischerweise auftretende Regelungssituation. Sie stellen demnach ein *normatives Abbild der Generalklausel* hinsichtlich eines typischen Lebenssachverhalts dar, welcher sonst in den weitergehenden Anwendungsbereich der Generalklausel fällt[526]. Unter diesen Prämissen rückt die Frage nach der wertungsmäßigen Folgerichtigkeit zwischen der Generalklausel und ihren Konkretisierungstatbeständen verstärkt in den Fokus. Da letztere die Generalklausel in einer ihr typischerweise unterfallenden Regelungssituation gesetzessprachlich präzisiert verkörpern, besteht zwischen der Generalklausel und den Konkretisierungen nach ihrer systematischen Struktur normative Äquivalenz. Mit anderen Worten: Generalklausel und Konkretisierungstatbestände liegen auf ein und derselben normativen Ebene. Sie bilden wertungsmäßig eine Einheit. Da die Konkretisierungstatbestände lediglich einen spezifischen Teil der potentiell unter die Generalklausel fallenden Anwendungsfelder ausmachen, stellen sie in materieller Hinsicht eine Schnittmenge des gesamten materiellen Gehalts der Generalklausel dar.

Diese theoretischen Grundsätze zum normativen Verhältnis zwischen Generalklausel und Konkretisierungstatbeständen ziehen weitreichende praktische Folgen nach sich. Auf der einen Seite hat der Gesetzgeber bei der Auswahl der im Gesetz festgeschriebenen Konkretisierungstatbestände dafür Sorge zu tragen, dass diese sowohl im Verhältnis zur Generalklausel als auch untereinander auf derselben normativen Ebene angesiedelt, d. h. materiell von „gleichem Gewicht" sind[527]. Auf der anderen Seite hat die Rechtsanwendung eine harmonisierende Interpretation und Anwendung der Konkretisierungstatbestände insbesondere beim Rückgriff auf die Generalklausel zu gewährleisten. Ihre wertungsmäßige Verbundenheit zwingt zu einem eng verwobenen Interpretationsverhältnis zwischen Generalklausel und Konkretisierungstatbestand[528]. Des Weiteren bedingen die Wertungszusammenhänge zwischen der Generalklausel und ihren Konkretisierungstatbeständen die konkrete Anwendbarkeit dieser Vorschriften. Insbe-

525 *Klang* JBl 1946, 63 f.

526 Trefflich *Schünemann* JZ 2005, 271, 273, 274 f.: „Den Gedankengang zusammenfassend lässt sich somit festhalten, dass eine Generalklausel als Inbegriff der ihr zugeordneten Regelbeispiele eine Art gedanklicher und axiologischer Klammer liefert, die den Wesensgehalt der Regelbeispiele dialektisch in sich aufhebt. [...] Umgekehrt stellen sich die gesetzlichen Regelbeispiele aber auch als ins Konkretere gewendete Ausprägungen der Generalklausel dar."

527 *Klang* JBl 1946, 63, 64.

528 *Bydlinski*, Methodenlehre, S. 446; *Schünemann* JZ 2005, 271, 274: „stimmiges theoretisches Gesamtkonzept".

sondere stellt sich die Frage, ob bei Fehlen eines einzelnen Konkretisierungstatbestandsmerkmals auf die Generalklausel zurückgegriffen werden kann und darf. Nach den oben beschriebenen Grundsätzen muss dies grundsätzlich zu bejahen sein, solange dabei die zwischen Generalklausel und Konkretisierungstatbestand einheitliche Wertungsebene nicht verlassen und damit deren normative Äquivalenz gewahrt wird. Es wäre verfehlt, im Sinne eines Umkehrschlusses zu folgern, die Nichterfüllung eines Konkretisierungstatbestands sperre prinzipiell die Anwendbarkeit der Generalklausel[529]. Der normativen Interpretation des Rechtsanwenders darf nicht von vornherein eine rein formelle Schranke aufgezwungen werden[530]. Es müssen jedoch im konkreten Sachverhalt Umstände vorliegen, die trotz des fehlenden Tatbestandsmerkmals in der Konkretisierung die Anwendung der Generalklausel als „gleich gewichtig" erscheinen lassen[531]. Bei normativ sorgfältiger Festlegung der Konkretisierungstatbestände durch den Gesetzgeber dürfte dies selten gegeben sein. *Bydlinski* weist jedoch zutreffend darauf hin, dass – in denkbaren, äußerst seltenen Fällen – andererseits die Generalklausel präziser sein kann, wenn ihre „ratio legis" eine restriktive Interpretation oder sogar teleologische Reduktion der einzelnen Konkretisierung gebietet[532]. Die Generalklausel bildet den Rahmen für die einzelnen Konkretisierungstatbestände, der unter besonderen Umständen überschritten sein kann, auch wenn formal-wörtlich ein Einzeltatbestand verwirklicht ist[533]. *Bydlinski* verdeutlicht damit den zentralen normativen Stellenwert der Generalklausel. Diese bildet den Grundsatz der gesetzgeberisch intendierten Wertung und bietet den Wertungsrahmen für ihre Konkretisierungstatbestände[534]. Sie ist die „idée directrice"[535] bzw. der „Wegweiser zum benötigten Normenmaterial",[536] an dem sich die Einzeltatbestände und die Rechtsanwendung zu orientieren und zu halten haben.

---

529 So auch *Schünemann* JZ 2005, 271, 276.

530 Zutreffend *Klang* JBl 1946, 63, 67.

531 *Bydlinski*, Methodenlehre, S. 447; *Schünemann* JZ 2005, 271, 276, 278: „Ausschöpfungs- und Zurückhaltungsgebot".

532 *Bydlinski*, Methodenlehre, S. 446. Dieses Problem tritt insbesondere dann auf, wenn der vom Gesetzgeber als Konkretisierung angesehene Tatbestand in seinem Anwendungsbereich die Wertung der Generalklausel nicht bzw. nicht in typischer Weise widerspiegelt. Ein Paradebeispiel bildet hierfür § 4 Nr. 6 im Verhältnis zu den normativen Wertungen der UGP-RL. Dazu S. 262–266.

533 *Bydlinski*, Methodenlehre, S. 447.

534 *Schünemann* JZ 2005, 271, 272: „Konkretisierung der ihnen gedanklich vorgeordneten Generalklausel"; *Henning-Bodewig* GRUR Int. 2015, 529: „Grundgedanken des jeweiligen Gesetzes oder Regelungskomplexes".

535 *Kramer*, S. 78.

536 *Bydlinski*, Präzisierung aktueller Generalklauseln, S. 189, 199.

Insgesamt bietet die Verknüpfung von Generalklauseln mit Konkretisierungstatbeständen – auch bezeichnet als „demonstrative Kasuistik“[537] – einen besonders empfehlenswerten Kompromiss zwischen den Vorzügen und Schwächen der isolierten Verwendung von Generalklauseln oder enumerativen Einzeltatbeständen. Einerseits ermöglicht sie über die Generalklausel die Berücksichtigung sich dynamisch entwickelnder tatsächlicher Verhältnisse und kann damit auch neuartige Lebenssachverhalte bzw. Gefährdungslagen erfassen, die unter die gesetzgeberisch intendierte Wertung der Generalklausel fallen[538]. Andererseits wird mit Hilfe der Konkretisierungen den Forderungen nach Transparenz und Rechtssicherheit in Bezug auf die hinter der Generalklausel stehenden Wertungen Rechnung getragen[539].

II. Normatives Verhältnis zwischen Art. 5 Abs. 2 und Art. 6 – 9

Zum Verständnis des inneren Systems der UGP-RL richtet sich der Blick auf die normativen Zusammenhänge zwischen den Richtlinienvorschriften. Zu fragen ist, ob und wie sich die Wertungen des Art. 5 Abs. 2 in Art. 6 – 9 wiederfinden. Anknüpfungspunkte liefern hierfür die Normstruktur des Art. 5, die Ausführungen der Kommission zum Richtlinienvorschlag sowie die bisherige Rechtsprechung des EuGH zur UGP-RL. Schließlich gilt es, die normative Konvergenz zwischen Art. 5 Abs. 2 und Art. 6 – 9 durch eine summarische Gegenüberstellung der jeweiligen Tatbestände herauszuarbeiten. Hierzu wird die These aufgestellt: Der Generalklauseltatbestand in Art. 5 Abs. 2 und die Tatbestände der irreführenden und aggressiven Geschäftspraktiken in Art. 6 – 9 bilden eine umfassende Wertungseinheit, die sich auf Art. 5 Abs. 2 normativ zurückführen lässt.

1. Normstruktur des Art. 5

Zunächst stellt sich die Frage, ob bereits aus der Normstruktur des Art. 5 verbindliche Aussagen zur These der materiellen Konvergenz bzw. normativen Äquivalenz zwischen Art. 5 Abs. 2 und Art. 6 – 9 gewonnen werden können. Art. 5 beginnt mit dem schlichten Abs. 1: „Unlautere Geschäftspraktiken sind verboten.“ Dieser statuiert ein Verbot für Geschäftspraktiken, die unlauter sind. Im gesamten Regelungsgefüge der UGP-RL bildet Art. 5 Abs. 1 die einzige Verbotsanordnung. Um

---

537 *Kramer*, S. 76; *Schünemann* JZ 2005, 271, 274.

538 *Schünemann* JZ 2005, 271, 273.

539 *Kramer*, S. 77; *Klang* JBl 1946, 63; *Schünemann* JZ 2005, 271, 272; im Kontext der UGP-RL *Stuyck/Terryn/van Dyck* CML Rev. 2006, 107, 138.

zum Verbot einer Geschäftspraktik zu gelangen, muss daher stets eine rechtstechnische Rückkoppelung an Art. 5 Abs. 1 erfolgen.

Abs. 2 wird mit der Formulierung „Eine Geschäftspraktik ist unlauter, wenn..." eingeleitet. Damit wird der Unlauterkeitsbegriff des Abs. 1 aufgegriffen und inhaltlich ausgefüllt. Die Unlauterkeit einer Geschäftspraktik liegt vor, wenn sie den Erfordernissen der beruflichen Sorgfaltspflicht widerspricht (lit. a) und zumindest geeignet ist, das wirtschaftliche Verhalten des (Durchschnitts-)Verbrauchers in Bezug auf das jeweilige Produkt wesentlich zu beeinflussen (lit. b). Art. 5 Abs. 2 enthält keine eigene Verbotsanordnung. Stattdessen stellt er einen unvollständigen Rechtssatz dar, der erst im Zusammenhang mit der Verbotsanordnung des Abs. 1 die vollständige Regelung des generellen Verbots ergibt[540]. Unbedingt ist zu beachten, dass Art. 5 Abs. 2 die *einzige* Vorschrift im Regelungsgefüge der UGP-RL darstellt, die den Begriff der Unlauterkeit *als solchen* ausdrücklich definiert („... *ist* unlauter, wenn..."). Abs. 2 enthält nicht lediglich eine von mehreren möglichen Konkretisierungen der Unlauterkeit, sondern definiert als *einzige* Vorschrift die materiellen Elemente der Unlauterkeit *als solche*[541]. Er bildet damit die tatbestandliche Generalklausel und statuiert i.V.m. Art. 5 Abs. 1 das generelle Verbot der UGP-RL.

Die Art. 6–9 regeln für sich genommen nicht die Unlauterkeit einer Geschäftspraktik. Stattdessen bestimmen sie, unter welchen Voraussetzungen eine Geschäftspraktik als irreführend oder aggressiv gilt. Ihre regelungstechnische Verknüpfung zur Unlauterkeit und damit zur Verbotsanordnung des Art. 5 Abs. 1 erhalten sie über die Umschaltnorm des Art. 5 Abs. 4. Hiernach sind unlautere Geschäftspraktiken „insbesondere" solche, die irreführend i.S.d. Art. 6 und 7 oder aggressiv i.S.d. Art. 8 und 9 sind. Eine ausdrückliche Anknüpfung an Art. 5 Abs. 2 und dessen Tatbestandsmerkmale erfolgt hingegen nicht. Die Art. 6–9 begründen über die Umschaltnorm des Art. 5 Abs. 4 die Unlauterkeit einer irreführenden oder aggressiven Geschäftspraktik eigenständig, ohne die Tatbestandsmerkmale des Art. 5 Abs. 2 ausdrücklich (z. B. „unlauter im Sinne des Abs. 2") oder rechtstechnisch heranzuziehen. Dies spräche zunächst gegen die Annahme eines inneren Zusammenhangs bzw. materieller Konvergenz zwischen Art. 5 Abs. 2 und den Art. 6–9.

Allerdings handelt es sich nach dem Wortlaut des Art. 5 Abs. 4 bei den irreführenden und aggressiven Geschäftspraktiken nur um bestimmte, nicht ab-

---

540 Götting/Nordemann/*Wirtz*², § 3 Rn. 14.

541 So auch Fezer/*ders.*, Einl. E Rn. 127; *ders.* FS 50 Jahre Schutzverband, S. 29, 35, 37; *ders.* WRP 2009, 1163, 1167; ähnlich *Fritzsche* FS Köhler, S. 145: „Der eigentliche Tatbestand der Unlauterkeit ist in Art. 5 Abs. 2 UGP-RL zu finden."

schließende Gruppen unlauterer Geschäftspraktiken. Diese werden nämlich „insbesondere“ als unlautere Geschäftspraktiken beurteilt, so dass darüber hinausgehende Spielarten unlauterer Geschäftspraktiken nicht ausgeschlossen sind[542]. Irreführende und aggressive Geschäftspraktiken werden nicht als *die* Unlauterkeit schlechthin qualifiziert, sondern bilden lediglich bestimmte „insbesondere“-Ausprägungen derselben. Die Unlauterkeit *als solche* wird demgegenüber ausschließlich und ohne Einschränkung in Art. 5 Abs. 2 definiert. In der Normstruktur des Art. 5 werden in Abs. 2 die Elemente der Unlauterkeit *als solche* den weiteren Absätzen (Abs. 4: „insbesondere“ unlauter; Abs. 5: „unter allen Umständen“ unlauter) rechtstechnisch vorangestellt. Sofern der materielle Gehalt der Unlauterkeit *als solche* abschließend feststeht und Abs. 4 lediglich einzelne Spielarten der Unlauterkeit benennt, müssten diese der Normstruktur nach materiell auf Abs. 2 zurückzuführen sein, da allein dieser den Regelungsgehalt der Unlauterkeit allgemein und ohne Einschränkung statuiert. Die nicht abschließenden Beispiele unlauterer Geschäftspraktiken sind dem abschließenden Tatbestand einer unlauteren Geschäftspraktik normtechnisch untergeordnet. Besonders anschaulich kann die Normstruktur des Art. 5 bzw. der UPG-RL insgesamt als umgekehrte Pyramide beschrieben werden[543]. Hiernach bildet der Generalklauseltatbestand die Spitze, darunter folgen die irreführenden und aggressiven Geschäftspraktiken und nochmals darunter schließflich die Tatbestände der Black List. Es bleibt damit festzuhalten, dass die äußere Normstruktur des Art. 5 für die Annahme materieller Konvergenz zwischen Art. 5 Abs. 2 und den Art. 6–9 spricht[544].

2. Begründung der Kommission zum Richtlinienvorschlag

Wichtige Anhaltspunkte für das materielle Verhältnis zwischen Art. 5 Abs. 2 und Art. 6–9 lassen sich der unionsgesetzgeberischen Intention zur Richtliniensystematik entnehmen, wie sie sich in der Begründung des Kommissionsvorschlags zur UGP-RL wiederfindet. Einen ersten Hinweis zum Zusammenspiel der Generalklausel und der Konkretisierungstatbestände enthält die einleitende Erläuterung. In deren 6. Unterpunkt werden zwei grundsätzliche Arten unlauterer Geschäftspraktiken unterschieden, nämlich die „irreführenden“ und „aggressiven“

542 Fezer/Büscher/Obergfell/*Fezer*, § 3 Rn. 265; *ders.* WRP 2009, 1163, 1169; *ders.* WRP 2010, 677, 681; zu der Formulierung „insbesondere“ bei nicht abschließenden Konkretisierungstatbeständen bereits *Klang* JBl 1946, 63.

543 Weatherill/Bernitz/*Abbamonte*, S. 11, 20 f.

544 So auch, unter Heranziehung der Normstruktur, *Bergmann* FS Krämer, S. 163, 171; *Fezer* WRP 2009, 1163, 1169; *ders.* WRP 2010, 677, 681; *Scherer* WRP 2008, 708 f.; *Hetmank* GRUR 2015, 323, 325.

Geschäftspraktiken. Zu diesen führt die Kommission aus: „Die entsprechenden Bestimmungen enthalten *dieselben Tatbestandsmerkmale wie das generelle Verbot*, [...] [Hervorhebung durch Verf.].“[545] Die Kommission geht damit offensichtlich von gleichen materiellen Voraussetzungen bei der Generalklausel und den Art. 6–9 aus, ohne dies jedoch näher zu spezifizieren[546].

Weitergehende Anhaltspunkte für die intendierte materielle Konvergenz zwischen Art. 5 Abs. 2 und den Art. 6–9 enthalten die Erläuterungen zum generellen Verbot des Art. 5. Darin wird eingangs die Notwendigkeit beschrieben, die nationalen Generalklauseln und Rechtsgrundsätze durch das generelle Verbot der UGP-RL zu ersetzen. Ins Auge fällt der Hinweis, dass andererseits die Mitgliedstaaten weiterhin ihre bestehenden Generalklauseln anwenden könnten, „was den Harmonisierungseffekt der Richtlinie untergraben würde *und zwar auch im Hinblick auf die irreführenden und aggressiven Geschäftspraktiken*, die spezifisch geregelt sind [Hervorhebung durch Verf.].“[547] Hiernach wird deutlich, dass ein anderweitiger Regelungsgehalt der Generalklausel auch Rückwirkungen auf die Tatbestände der irreführenden und aggressiven Geschäftspraktiken haben würde. Dies ist aber nur denkbar, wenn ein materieller Zusammenhang zwischen der Generalklausel und den Konkretisierungen in Art. 6–9 dergestalt besteht, dass etwaige Abweichungen im Tatbestand der Generalklausel auch auf ihre Konkretisierungstatbestände durchschlagen. Auch dies spricht für eine unionsgesetzgeberisch intendierte materielle Rückkoppelung der Art. 6–9 an Art. 5 Abs. 2.

Nichts anderes ergibt sich aus folgender Überlegung der Kommission: „Einige Praktiken, die in bestimmten Mitgliedstaaten derzeit als unlauter beurteilt werden, könnten *von der Generalklausel auch dann erfasst* werden, wenn sie nicht irreführend oder aggressiv sind [...] [Hervorhebung durch Verf.].“[548] Hieraus lässt sich der Umkehrschluss ziehen, dass irreführende oder aggressive Geschäftspraktiken materiell jedenfalls auch unter die Generalklausel subsumierbar sind, da diese – so indirekt die Kommission – auch von der Generalklausel umfasst sind[549].

Unmissverständlich sprechen zudem die Erläuterungen zu den irreführenden und aggressiven Geschäftspraktiken eindeutig für eine von der Kommission in-

545 KOM (2003) 356 endg., Rn. 30.
546 Hierauf auch abstellend *Zabel* VuR 2011, 403, 404.
547 KOM (2003) 356 endg., Rn. 48.
548 KOM (2003) 356 endg., Rn. 50.
549 Dazu bereits *Dröge*, S. 61. Allerdings ist dessen Kritik, wonach diese Formulierung die sonstigen Ausführungen der Kommission absurd erscheinen lasse, unberechtigt, da er nicht zwischen der Frage des materiellen Verhältnisses und des Anwendungsverhältnisses zwischen der Generalklausel und den Art. 6–9 differenziert.

tendierte materielle Konvergenz zwischen Art. 5 Abs. 2 und Art. 6–9. Dazu heißt es: „Die überwiegende Mehrheit der Praktiken, *die man nach der Generalklausel als unlauter bezeichnen würde*, können in zwei Kategorien, die irreführenden und die aggressiven Praktiken unterteilt werden. Zur Erhöhung der Rechtssicherheit werden diese zwei Kategorien in den Artikeln 6 bis 9 weiter ausgearbeitet. *Diese Artikel wenden die drei Bedingungen des generellen Verbots in diesen beiden Schlüsselbereichen an* [Hervorhebung durch Verf.]."[550] Der Kommission zufolge sind die irreführenden und aggressiven Geschäftspraktiken auch nach der Generalklausel für unlauter zu erklären. Daraus lässt sich schlussfolgern, dass im Umkehrschluss sämtliche ihrer Voraussetzungen mit denen der Generalklausel in Art. 5 Abs. 2 übereinstimmen, d. h. die Art. 6–9 verkörpern Art. 5 Abs. 2 in den von ihnen erfassten, jeweils spezifischen Regelungssituationen[551]. In der Begründung zum Richtlinienvorschlag spiegelt sich die Systematisierungsmethode der demonstrativen Kasuistik – wie sie zur generellen Methodik von Generalklauseln mit Konkretisierungstatbeständen bereits dargelegt wurde[552] – in aller Deutlichkeit wider. Ihre Implementierung in das System der UGP-RL wird im Richtlinienvorschlag noch genauer erläutert. Hiernach seien Irreführung und aggressives Auftreten für sich allein als wesentliche Beeinflussung des Verbraucherverhaltens zu werten und verstießen in Form der Täuschung, Belästigung oder unzulässigen Beeinflussung gegen das Gebot der beruflichen Sorgfalt. Dadurch werde auch stets die Fähigkeit des Verbrauchers, eine informierte Entscheidung zu treffen, erheblich beeinträchtigt. Aus diesen Gründen werde laut Richtlinienvorschlag in den Art. 6–9 auf die berufliche Sorgfalt sowie das „Beeinflussungs"-Element der Definition der „wesentlichen Beeinflussung" nicht erneut Bezug genommen[553]. Nach dieser Konzeption sind bei Irreführung oder Aggressivität die in Frage stehenden Geschäftspraktiken per se unlauter[554]. Dies ist angesichts des methodischen Grundverständnisses der demonstrativen Kasuistik von Generalklauseln mit Konkretisierungstatbeständen auch einleuchtend, da letztere schließlich die Generalklausel in ihrer jeweiligen Regelungssituation materiell verkörpern und deren Wertung bereits vollständig in sich tragen.

Als Ergebnis der Analyse des Richtlinienvorschlags bleibt festzuhalten: Nach dem systematischen Verständnis der Kommission als Initiator der UGP-RL besteht zwischen der Generalklausel in Art. 5 Abs. 2 und den Konkretisierungstatbeständen zu den irreführenden (Art. 6 und 7) und aggressiven (Art. 8 und 9) Ge-

---

550 KOM (2003) 356 endg., Rn. 56.

551 So auch der Befund bei *Zabel* VuR 2011, 403, 405.

552 Dazu S. 94–97.

553 KOM (2003) endg., Rn. 57; so auch Weatherill/Bernitz/*Abbamonte*, S. 11, 28.

554 MüKo-UWG/*Micklitz*[1], EG D Rn. 69.

schäftspraktiken materielle Konvergenz und damit normative Wertungseinheit. Mangels systematischer Abweichungen der erlassenen UGP-RL zum Richtlinienvorschlag von 2003 kann die diesbezügliche Regelungsintention vollumfänglich berücksichtigt werden.

3. Rechtsprechung des EuGH

Der EuGH hebt seit den ersten Entscheidungen zur UGP-RL stets hervor, dass das nationale Recht „im Licht des Inhalts und der allgemeinen Systematik" ihrer Bestimmungen zu prüfen sei[555]. In der anfänglichen Rechtsprechung zur UGP-RL lässt der EuGH jedoch eindeutige Festlegungen bezüglich der Richtliniensystematik bzw. dem materiellen Verhältnis zwischen Art. 5 Abs. 2 und den Art. 6–9 vermissen. Zur Frage der Unlauterkeit einer Geschäftspraktik zieht er zunächst die Kriterien des Art. 5 heran, nach denen die Unlauterkeit einer Geschäftspraktik zu bestimmen ist. So sei nach Art. 5 Abs. 2 eine Geschäftspraktik unlauter, wenn sie den Erfordernissen der beruflichen Sorgfaltspflicht widerspricht und in Bezug auf das jeweilige Produkt das wirtschaftliche Verhalten des Durchschnittsverbrauchers wesentlich beeinflusst oder dazu geeignet ist, es wesentlich zu beeinflussen[556]. Im Hinblick auf die Art. 6–9 erläutert der EuGH, dass Art. 5 Abs. 4 zwei präzise Kategorien von unlauteren Geschäftspraktiken definiere, nämlich die „irreführenden Geschäftspraktiken" und die „aggressiven Geschäftspraktiken", die den in den Art. 6 und 7 bzw. Art. 8 und 9 angeführten Kriterien entsprächen. Nach diesen Bestimmungen seien solche Praktiken verboten, wenn sie unter Berücksichtigung ihrer Merkmale und des konkreten Falls einen Durchschnittsverbraucher zu einer geschäftlichen Entscheidung veranlassen oder zu veranlassen geeignet sind, die er sonst nicht getroffen hätte[557].

Der EuGH erblickt in den irreführenden und aggressiven Geschäftspraktiken zwei „präzise Kategorien unlauterer Geschäftspraktiken". Eine Kategorie ist ihrem Bedeutungsgehalt nach eine Gruppe, in die etwas eingeordnet wird[558]. Das Ad-

555 EuGH GRUR 2009, 599 Tz. 58 – *VTB-VAB/Total Belgium*; GRUR 2010, 244 Tz. 46 – *Plus Warenhandelsgesellschaft*; GRUR 2014, 196 Tz. 26 – *Trento Sviluppo/AGCM*, führt daneben auch den Zweck der Regelung als auslegungsentscheidendes Merkmal an.

556 EuGH GRUR 2009, 599 Tz. 54 – *VTB-VAB/Total Belgium*; GRUR 2010, 244 Tz. 43 – *Plus Warenhandelsgesellschaft*; GRUR 2011, 76 Tz. 32 – *Mediaprint*; GRUR 2013, 1157 Tz. 36 – *CHS/Team4 Travel*; GRUR 2014, 196 Tz. 28 – *Trento Sviluppo/AGCM*.

557 EuGH GRUR 2009, 599 Tz. 55 – *VTB-VAB/Total Belgium*; GRUR 2010, 244 Tz. 44 – *Plus Warenhandelsgesellschaft*; GRUR 2011, 76 Tz. 33 – *Mediaprint*; GRUR 2013, 1157 Tz. 37 – *CHS/Team4 Travel*.

558 http://www.duden.de/rechtschreibung/Kategorie, zuletzt abgerufen am 18.11.2015.

jektiv „präzise“ bedeutet „bis ins Einzelne gehend genau“[559]. Der EuGH nimmt somit zunächst eine Einteilung von unlauteren Geschäftspraktiken vor, indem er irreführende und aggressive Geschäftspraktiken als Untergruppen definiert, die der übergeordneten Gruppe „unlautere Geschäftspraktiken“ zuzuordnen sind. Für sich genommen besitzen diese Ausführungen im Hinblick auf das materielle Wertungssystem der UGP-RL nur begrenzte Aussagekraft, da es sich hierbei auch um eine rein äußerliche Einteilung der in den Vorschriften der UGP-RL geregelten unlauteren Geschäftspraktiken handeln könnte. Interessanterweise stellt der EuGH jedoch seinen Ausführungen zu Art. 5 Abs. 4 und den Art. 6–9 stets die Unlauterkeitsdefinition des Art. 5 Abs. 2 voran[560]. Strukturell geht der EuGH in seinen Erläuterungen zu den Unlauterkeitskriterien der UGP-RL vom allgemeinen Tatbestand der Generalklausel über zu den genaueren Bestimmungen der Art. 6–9. Er ordnet diesen die Tatbestandsmerkmale des Art. 5 Abs. 2 in seiner Argumentationsstruktur über. Dies weist tendenziell auf die Annahme materieller Konvergenz hin.

Wenig ergiebig sind in dieser Hinsicht auch die Ausführungen des EuGH in der Rechtssache *Köck*. Darin spricht der EuGH von dem „durch die Richtlinie geschaffene[n] System“, gegen welches die in Frage stehende nationale Regelung nicht verstoßen dürfe bzw. von der Unvereinbarkeit der nationalen Regelung mit dem „durch die Richtlinie geschaffenen System“[561]. Darüber hinaus dürfe das „mit den nationalen Maßnahmen geschaffene System zur Umsetzung der Richtlinie“ nicht dazu führen, dass eine Geschäftspraxis entgegen der Vorgaben der Richtlinie verboten wird[562]. Der EuGH erhebt damit das „durch die Richtlinie geschaffene System“ explizit zum Prüfstein sowohl für nationale Einzelregelungen als auch für das nationale System der die UGP-RL umsetzenden Vorschriften insgesamt. Allerdings fehlen auch hier konkrete Aussagen zum materiellen Verhältnis zwischen Art. 5 Abs. 2 und den Art. 6–9.

Die bislang ausführlichste Entscheidung des EuGH zur Frage der Richtliniensystematik bildet die Rechtssache *CHS/Team4 Travel*. Hierbei ging es konkret um die Frage, ob im Rahmen der Anwendung des Art. 6 Abs. 1 über dessen Tatbestandsmerkmale hinaus noch zusätzlich das Unlauterkeitsmerkmal der Verletzung der beruflichen Sorgfaltspflicht gem. Art. 5 Abs. 2 lit. a zu prüfen sei. Dies verneint der EuGH unter Hinweis auf die Struktur des Art. 5 Abs. 4, wonach eine Geschäftspraktik unlauter ist, wenn sie sich als irreführend oder aggressiv „im

559 http://www.duden.de/rechtschreibung/praezise, zuletzt abgerufen am 18.11.2015.
560 EuGH GRUR 2009, 599 Tz. 54f. – *VTB-VAB/Total Belgium*; GRUR 2010, 244 Tz. 43f. – *Plus Warenhandelsgesellschaft*; GRUR 2013, 1157 Tz. 36f. – *CHS/Team4 Travel.*
561 EuGH GRUR 2013, 297 Tz. 43, 48 – *Köck.*
562 EuGH GRUR 2013, 297 Tz. 46 – *Köck.*

Sinne der“ Art. 6 und 7 bzw. 8 und 9 erweist, wobei dieser Ausdruck deutlich macht, dass eine Beurteilung der Unlauterkeit allein von den Kriterien in den genannten Artikeln abhängt und Art 5 Abs. 4 keinen Bezug auf die Kriterien des Art. 5 Abs. 2 nimmt[563]. Dafür sprechen auch die Formulierungen „insbesondere“ in Art. 5 Abs. 4 und in ErwGr 13, demgemäß das generelle Verbot, „die Grundregel in Art. 5 Abs. 1“, über die beiden am meisten verbreiteten Arten von Geschäftspraktiken in spezielleren Bestimmungen konkretisiert wird[564]. Liegen die Voraussetzungen der Art. 6 Abs. 1 vor, „gilt“ die Praxis als irreführend und mithin nach Art. 5 Abs. 4 als unlauter und ist nach Art. 5 Abs. 1 verboten[565]. Somit ist festzustellen, dass die in Art. 6 Abs. 1 aufgeführten Tatbestandsmerkmale im Wesentlichen der zweiten, eine derartige Praxis charakterisierenden Voraussetzung entsprechen, wie sie in Art. 5 Abs. 2 lit. b genannt ist, wohingegen in Art. 6 Abs. 1 die in Art. 5 Abs. 2 lit. a enthaltene Voraussetzung der Verletzung einer beruflichen Sorgfaltspflicht keine Erwähnung findet; diese ist der Sphäre des Unternehmers zuzurechnen[566]. Seine Argumentationslinie bekräftigt der EuGH mit dem Einwand, dass allein diese Auslegung geeignet ist, die „praktische Wirksamkeit der spezielleren Regeln in den Art. 6 bis 9 UGP-RL zu wahren. Stimmten nämlich die Voraussetzungen für ihre Anwendung mit den in Art. 5 Abs. 2 der Richtlinie genannten überein, wären diese Artikel praktisch bedeutungslos, obwohl sie dazu dienen, den Verbraucher vor den am häufigsten anzutreffenden unlauteren Geschäftspraktiken zu schützen.“[567]

Zunächst fällt auf, dass der EuGH eine klare Trennung zwischen den Unlauterkeitskriterien des Art. 5 Abs. 2 und denen der Art. 6–9 vornimmt. Letztere qualifiziert er als speziellere Regeln zu Art. 5 Abs. 2, die selbstständig die Unlauterkeit einer Geschäftspraktik begründen, ohne die Voraussetzungen der Generalklausel erfüllen zu müssen. Eine rechtstechnische Verbindung sieht der EuGH zudem allein mit dem Begriff der Unlauterkeit in Abs. 1 gegeben. Dies entspricht auch den bereits gewonnenen Erkenntnissen aus der Analyse der Normstruktur des Art. 5 sowie des Richtlinienvorschlags. Zusätzlich verwendet der EuGH jedoch die recht drastische Formulierung, dass die Kriterien des Art. 6 Abs. 1 überflüssig wären, wenn sie denen des Art. 5 Abs. 2 entsprächen. Vor diesem Hintergrund könnte anzunehmen sein, dass die Tatbestandsmerkmale des Art. 6 Abs. 1 gerade nicht mit denen des Art. 5 Abs. 2 übereinstimmten. Dies liegt aber

---

563 EuGH GRUR 2013, 1157 Tz. 39 – *CHS/Team4 Travel*; im Anschluss daran ebenso EuGH GRUR 2015, 600 Tz. 63 – *Ungarische Verbraucherschutzbehörde/UPC.*
564 EuGH GRUR 2013, 1157 Tz. 40 – *CHS/Team4 Travel.*
565 EuGH GRUR 2013, 1157 Tz. 42 – *CHS/Team4 Travel.*
566 EuGH GRUR 2013, 1157 Tz. 43 – *CHS/Team4 Travel.*
567 EuGH GRUR 2013, 1157 Tz. 46 – *CHS/Team4 Travel.*

nicht zwingendermaßen auf der Hand. Die Frage, mit der sich der EuGH zu beschäftigen hatte, betraf allein die der kumulativen Anwendbarkeit von Art. 6 Abs. 1 und Art. 5 Abs. 2. Dem EuGH zufolge werde die „praktische Anwendbarkeit" des Art. 6 Abs. 1 unterminiert, sofern neben ihm stets auf Art. 5 Abs. 2 zurückzugreifen sei. Dies ist vor dem methodischen Hintergrund der Regelungssystematik von Generalklausel und Konkretisierungstatbestand auch nachvollziehbar. Letzterer wäre in der Tat überflüssig, wenn er keinen höheren Grad an normativer und gesetzessprachlicher Präzision in Bezug auf eine bestimmte Regelungssituation mit sich brächte. Ein Konkretisierungstatbestand, der regelmäßig nicht ohne einen Rückgriff auf die Kriterien der Generalklausel auskäme, würde seiner systematischen Funktion nicht gerecht werden und sich als gesetzgeberischer Fehlgriff entpuppen. Diese Trennung in Bezug auf die Anwendbarkeit schließt jedoch nicht automatisch die Annahme materieller Unterschiedlichkeit mit ein. Anwendbarkeit und materielle Übereinstimmung betreffen zwei unterschiedliche Aspekte. Daher kann aus der strikten Trennung des EuGH im Anwendungsverhältnis von Art. 6 Abs. 1 und Art. 5 Abs. 2 kein zwingender Rückschluss auf eine Trennung im materiellen Sinne getroffen werden.

Einzig in der Entscheidung zur Rechtssache *Trento Sviluppo/AGCM*, die nur wenige Monate nach *CHS/Team4 Travel* ergangen ist, finden sich bislang eindeutige Aussagen des EuGH zum materiellen Verhältnis zwischen Art. 5 Abs. 2 und den Art. 6–9. Auch diese Entscheidung beschäftigt sich mit der Auslegung des Irreführungsverbots in Art. 6 Abs. 1. Zunächst betont der EuGH im Hinblick auf „die allgemeine Systematik von Art. 6 Abs. 1", dass die irreführenden Geschäftspraktiken i.S.v. Art. 6 der UGP-RL „eine präzise Kategorie von nach ihrem Art. 5 verbotenen unlauteren Geschäftspraktiken" darstellten[568]. Er beschränkt Art. 6 als Konkretisierung der Unlauterkeit nicht allein auf Art. 5 Abs. 1, wie noch in *CHS/Team4 Travel* geschehen, sondern lässt zunächst durch den Verweis auf den gesamten Art. 5 eine genaue Zuordnung der eigentlichen Konkretisierung offen. Dann heißt es jedoch: „Da die irreführenden Geschäftspraktiken nach *Art. 6 Richtlinie 2005/29 eine besondere Kategorie der unlauteren Geschäftspraktiken nach Art. 5 Abs. 2 dieser Richtlinie darstellen, müssen sie zwangsläufig sämtliche Voraussetzungen dieser Unlauterkeit erfüllen* und infolgedessen auch die Voraussetzung der Eignung der Praxis zur wesentlichen Beeinflussung des wirtschaftlichen Verhaltens des Verbrauchers, indem er zu einer geschäftlichen Entscheidung veranlasst wird, die er ansonsten nicht getroffen hätte [Hervorhebung durch Verf.]."[569]

---

568 EuGH GRUR 2014, 196 Tz. 27 – *Trento Sviluppo/AGCM.*
569 EuGH GRUR 2014, 196 Tz. 30 – *Trento Sviluppo/AGCM.*

Zum einen stellt der EuGH damit klar, dass die Kriterien des Art. 6 nach seiner Auffassung eine Konkretisierung der beiden allgemeinen Kriterien des Art. 5 Abs. 2 lit. a und b in Regelungssituationen der Irreführung darstellen[570]. Die eigentliche in Art. 6 enthaltene materielle Konkretisierung der Unlauterkeit hat danach Art. 5 Abs. 2 als Bezugspunkt und nicht etwa Art. 5 Abs. 1. Dies erscheint nach dem bislang entwickelten Verständnis der Struktur des Art. 5 konsequent, da Art. 5 Abs. 1 die Rechtsfolge für sämtliche unlautere Geschäftspraktiken i.S.d. UGP-RL statuiert und Art. 5 Abs. 2 als Grundtatbestand insofern in Verbindung mit Art. 5 Abs. 1 als Gesamtverbotsnorm steht. Zum anderen trifft der EuGH eine Aussage zur materiellen Konvergenz zwischen Art. 5 Abs. 2 und Art. 6, da letzterer zwangsläufig sämtliche Voraussetzungen der Unlauterkeit des Art. 5 Abs. 2 erfüllen müsse. Dies bedeutet nichts anderes, als dass die generellen materiellen Anforderungen der Unlauterkeit nach Art. 5 Abs. 2 sich in Art. 6 Abs. 1 wiederfinden müssten, da sie dort zwingendermaßen zu verwirklichen seien. Der EuGH geht demnach von einer materiellen Konvergenz zwischen Art. 5 Abs. 2 und Art. 6 und somit von einer normativen Wertungseinheit beider Tatbestände aus. Da die daneben bestehenden Tatbestände der Art. 7–9 dem Art. 6 als Konkretisierungstatbestand strukturell gleichen, kann diese Grundwertung auch auf die anderen Konkretisierungstatbestände der UGP-RL übertragen werden.

Die Analyse der EuGH-Rechtsprechung zur UGP-RL zeigt, dass der EuGH den generellen Tatbestand des Art. 5 Abs. 2 als normativen Bezugspunkt der Konkretisierungstatbestände in Art. 6–9 bewertet. Diese sind gemäß den Ausführungen des EuGH mit ihm materiell deckungsgleich.

4. Abgleich der normativen Konvergenz zwischen Art. 5 Abs. 2 und Art. 6–9

a) Normativer Kerngehalt des generellen Tatbestands nach Art. 5 Abs. 2

Ausgangspunkt für die normative Gegenüberstellung von Art. 5 Abs. 2 und Art. 6–9 bilden die Wertungen des Generalklauseltatbestands. Im Folgenden wird dementsprechend der normative Kerngehalt des Art. 5 Abs. 2 ermittelt. Erst dann ist es möglich, Art. 6–9 mit diesen Grundwertungen zu vergleichen.

570 Zu diesem Schluss kommen auch Fezer/Büscher/Obergfell/*Fezer*, § 3 Rn. 277–279; *Fritzsche* FS Köhler, S. 145, 151.

aa) Verletzung beruflicher Sorgfaltspflichten, Art. 5 Abs. 2 lit. a

(1) „Unternehmerische" Sorgfalt

Die berufliche Sorgfalt gem. Art. 5 Abs. 2 lit. a, Art. 2 lit. h ist eine begriffliche Neuschöpfung im Lauterkeitsrecht[571]. Dies gilt sowohl für die europäische als auch für die mitgliedstaatliche Ebene. Als unionsrechtlicher Begriff ist er autonom und damit unabhängig von anderweitigen sprachlichen Bedeutungen der Mitgliedstaaten nach den Grundsätzen des Unionsrechts auszulegen[572].

Auf den ersten Blick scheinen die durch die Begrifflichkeit der *beruflichen* Sorgfalt begründeten Sorgfaltsanforderungen in eine *berufsspezifische* Richtung der anzusetzenden Lauterkeitsmaßstäbe zu deuten. Ein Vergleich mit anderen Sprachfassungen der UGP-RL lässt jedoch anderes vermuten. Dort ist von „professional dilligence", „diligence professionelle", „diligencia profesional" oder „diligenza professionale" die Rede. Gemeinsames Hauptmerkmal dieser Übersetzungen bildet die *Professionalität* des Handelnden,[573] die hiernach den zentralen Grund für die Statuierung der besonderen Verhaltensanforderungen i.S.d. Art. 2 lit. h markiert. Diese Verhaltensanforderungen werden an den Unternehmer gerade im Hinblick auf seine unternehmerische Eigenschaft und seiner zum Verbraucher antinomischen Funktion im Regelungskonzept der UGP-RL gestellt. Die Bezeichnung „berufliche Sorgfalt" sollte daher nicht von vornherein in einem konkret berufsspezifischen, sondern vielmehr in einem *allgemeineren* Sinn in Bezug auf die funktionale Stellung des Unternehmers i.S.d. Art. 2 lit. b betrachtet werden. Einem Verständnis des Begriffs als „unternehmerische" Sorgfalt ist voll und ganz zuzustimmen[574].

(2) Schutzzweckorientiertes Verständnis der „Fachkenntnisse und Sorgfalt"

Gem. Art. 2 lit. h werden die an den Unternehmer zu stellenden Verhaltensanforderungen als „Standard an Fachkenntnissen und Sorgfalt" bezeichnet. Die Formulierung der „Fachkenntnisse" deutet dabei – ähnlich wie der Begriff der *beruflichen* Sorgfalt – auf ein fachspezifisches Know-how hin. Solch ein spezifisches *Fach*wissen ist jedoch unter dem Schutzregime der UGP-RL nur bedingt

---

571 GK-UWG/*Fritzsche*, § 2 Rn. 670; *Köhler* WRP 2012, 22, 24; *Gamerith* WRP 2005, 391, 416.

572 MüKo-UWG/*Micklitz*, EG D Art. 5 Rn. 29; *Köhler* WRP 2012, 22, 23.

573 GK-UWG/*Fritzsche*, § 2 Rn. 675; *Köhler*/Bornkamm[33], § 2 Rn. 127; Harte/Henning/*Keller*, § 2 Rn. 177.

574 So auch GK-UWG/*Fritzsche*, § 2 Rn. 665, 670; *Köhler*/Bornkamm[33], § 2 Rn. 127, § 3 Rn. 39; *ders.* FS Fezer, S. 969, 973 f.; *ders.* WRP 2012, 22, 23; *ders.* WRP 2012, 251, 252; dieser Terminologie folgen nunmehr §§ 2 Abs. 1 Nr. 7, 3 Abs. 2 UWG 2015. – Gegen die Verwendung des Begriffs der „unternehmerischen Sorgfalt" Harte/Henning/*Keller*, § 2 Rn. 177 Fn. 531.

Gegenstand der einzuhaltenden unternehmerischen Verhaltenspflichten[575]. Deutlich wird dies an den anderen Sprachfassungen der UGP-RL, die allgemein von „special skill", „compétence spécialisée" oder „competencia especial" sprechen. Der vom Wortlaut im Deutschen unpassende Begriff der „Fachkenntnisse"[576] stellt einen Verhaltensmaßstab auf, der sich – entsprechend den Bezeichnungen „skill" oder „competencia" – in allgemeiner Weise auf das Wissen und Können des Unternehmers bezieht[577]. Es geht im Rahmen der „Fachkenntnisse" daher nicht um besondere Fähigkeiten rein *fachlicher* Art,[578] sondern vielmehr um solche speziellen *Kompetenzen*, die nach dem Konzept der UGP-RL dem Unternehmer gerade in seiner Funktion als Anbieter von Produkten und als „Initiator" von Geschäftspraktiken gegenüber Verbrauchern abzuverlangen sind[579]. Bei ihm wird das Vorhandensein spezieller Kompetenzen und Fähigkeiten als „Standard" vorausgesetzt und damit unabhängig davon, ob der Unternehmer diesen Anforderungen nach seinen subjektiven Fähigkeiten gerecht wird bzw. werden kann[580].

Welchen Bezugspunkt und Inhalt haben nun diese standardmäßig erforderlichen Kompetenzen des Unternehmers? Unternehmerisches Wissen und Können kann in vielfältiger Hinsicht den Gegenstand rechtlicher Verhaltensanforderungen bilden[581]. Um zu einer inhaltlichen Konturierung und Fokussierung des Begriffs der Fachkenntnisse zu gelangen, wird ein streng *schutzzweckorientiertes* Verständnis der lauterkeitsrechtlich relevanten Fachkenntnisse bzw. „special skills"/ „competencias especiales" im Einklang mit dem Schutzkonzept der UGP-RL dem weiteren Gedankengang als maßgebliches Auslegungskriterium zugrunde gelegt[582]. Der primäre verbraucherbezogene Schutzzweck der UGP-RL betrifft den Schutz der geschäftlichen Entscheidung des Verbrauchers, mithin dessen Entscheidungsautonomie. Der Standard bzw. das Maß an lauterkeitsrechtlich relevanten unternehmerischen Kompetenzen und deren Inhalt ist genau an diesem

---

575 Fach- bzw. branchenspezifische Besonderheiten können beim Merkmal des Tätigkeitsbereichs Beachtung finden. Dazu S. 112.

576 Darauf auch hinweisend Harte/Henning/*Glöckner*, Einl. B Rn. 277.

577 GK-UWG/*Fritzsche*, § 2 Rn. 693; *Köhler*/Bornkamm[33], § 2 Rn. 130, § 3 Rn. 41; Götting/Nordemann/*Wirtz*[2], § 3 Rn. 74; *Keller* FS Bornkamm, S. 381, 383.

578 So auch *Köhler* WRP 2012, 22, 24.

579 Hiervon spricht auch Weatherill/Bernitz/*Abbamonte*, S. 11, 22: „It is a measure of diligence above that of an ordinary person or non-specialist." – Den Begriff der Kompetenz nunmehr auch favorisierend *Köhler*/Bornkamm[34], § 2 Rn. 133; *ders.* WRP 2015, 1311, 1312.

580 Dazu auch *Köhler*/Bornkamm[33], § 3 Rn. 41; *Keller* FS Bornkamm, S. 381, 383.

581 Nach Gloy/Loschelder/Erdmann/*Erdmann*, § 38 Rn. 3, sei der Begriff der „Fachkenntnisse" hingegen aus sich heraus verständlich und bedürfe keiner Klärung.

582 Dahingehend auch *Wiebe* JBl 2007, 69, 73.

Bezugspunkt zum Schutz der geschäftlichen Entscheidung des Verbrauchers i.S.v. Art. 2 lit. k, ErwGr 7 S. 1 auszurichten[583]. Als Ausgangspunkt einer Geschäftspraktik gegenüber einem Verbraucher muss der Unternehmer das Maß an Fähigkeiten und Kompetenzen aufbringen, um dem Verbraucher eine autonome, an seinen Präferenzen orientierte Entscheidung zu ermöglichen. Bedeutung erlangen diese unternehmerischen Kompetenzen sowohl hinsichtlich der Entscheidungsgrundlage als auch hinsichtlich des Entscheidungsprozesses.

Vor dem Hintergrund eines schutzzweckorientierten Verständnisses der nach der UGP-RL vorauszusetzenden unternehmerischen Kompetenzen ist auch der Frage nachzugehen, inwiefern auf bereits normierte Verhaltensmaßstäbe (außerhalb der UGP-RL) zum Ausfüllen des Begriffs der „Fachkenntnisse" zurückgegriffen werden kann. Diese können sich zunächst aus der Rechtsordnung ergeben, insbesondere aus verbraucherschützenden Regelungen des Unionsrechts und ihren Umsetzungsvorschriften[584]. Ebenfalls ist es denkbar, unternehmerische Verhaltensanforderungen aus Kodifizierungen (bspw. Werbereglungen) für die Berufsausübung oder dem Recht der freien Berufe abzuleiten[585]. Auch verhaltensregulierende Richtlinien von Branchenverbänden und insbesondere Verhaltenskodizes[586] nach Art. 2 lit. f bis hin zu bloßen Empfehlungen von Fachverbänden können den Begriff der Fachkenntnisse inhaltlich ausfüllen. Ein schutzzweckorientiertes Verständnis der „Fachkenntnisse" gebietet allerdings eine präzise Handhabung all dieser in Frage kommenden Verhaltensregelungen. Diese müssen – um überhaupt nach dem lauterkeitsrechtlichen Konzept der UGP-RL von Bedeutung zu sein – die Beeinflussung der geschäftlichen Entscheidung des Verbrauchers zum Gegenstand haben[587]. Vorschub leistet hierfür bereits der Unmittelbarkeitszusammenhang einer Geschäftspraktik im Rahmen der Anwen-

583 In diese Richtung gehend auch BGH GRUR 2014, 686 Tz. 23 – *Goldbärenbarren*; Ohly/*Sosnitza*[7], § 2 Rn. 94; *Köhler*/Bornkamm[34], § 2 Rn. 133; *ders.* WRP 2014, 259, 261: „Die Verletzung der ‚fachlichen Sorgfalt' (§ 2 Abs. 1 Nr. 7 UWG) ist kein abstraktes Kriterium, sonder auf den Verbraucher und seine Interessen bezogen."; *ders.* GRUR 2010, 767, 774: „Vieles spricht dafür, dass die Verletzung der beruflichen Sorgfalt einen Bezug zur Fähigkeit des Verbrauchers, eine informierte Entscheidung zu treffen, haben muss und dementsprechend dann anzunehmen ist, wenn die Handlung ihrer *Art* nach geeignet ist, diese Fähigkeit spürbar zu beeinträchtigen."

584 GK-UWG/*Fritzsche*, § 2 Rn. 685, unter Hinweis auf die Regelungen der Verbrauchsgüterkaufs-RL und der Klausel-RL; juris-PK/*Ullmann*, § 3 Rn. 20.

585 GK-UWG/*Fritzsche*, § 2 Rn. 687 f.

586 Dazu ausführlich *Alexander* GRUR Int. 2012, 965.

587 Die Beeinflussung ist hier wie in ErwGr 7 S. 1 wertneutral zu verstehen und stellt keinen Vorgriff auf das Unlauterkeitsmerkmal in Art. 5 Abs. 2 lit. b dar.

dungsbereichsprüfung[588]. Sofern der Bezugspunkt zur Verbraucherentscheidung von vornherein nicht gegeben ist, mag der Verstoß gegen derartige Verhaltensanforderungen bzw. die Nichterfüllung der unternehmerisch vorausgesetzten Kompetenzen ggf. aus anderweitigen Gründen rechtlich zu missbilligen sein, nicht jedoch aus Gründen des Verbotskonzepts der UGP-RL. Nur weil eine unternehmerische Verhaltensregel gesetzlich normiert ist, lässt sie sich nicht zwangsläufig als standardmäßige Sorgfaltspflicht i.S.v. Art. 2 lit. h qualifizieren[589]. Dementsprechend formuliert auch ErwGr 20 S. 2, dass es bei Vorhandensein branchenspezifischer zwingender Vorschriften, die das Verhalten von Gewerbetreibenden regeln, lediglich „zweckmäßig" sei, in diesen auch die Anforderungen an die berufliche Sorgfalt in dieser Branche zu erblicken. Vielmehr muss die Verhaltensregel stets dem schutzzweckorientierten Verständnis des Begriffs der Fachkenntnisse entsprechen und im Zusammenhang mit der Beeinflussung der Verbraucherentscheidung stehen. Daher kann auch bei Verstoß gegen einen Verhaltenskodex nicht bereits von einer lauterkeitsrechtlichen Indizwirkung die Rede sein[590]. Die in dem Verhaltenskodex aufgestellten Verhaltensanforderungen und der Verstoß hiergegen sind lediglich ein Umstand unter vielen, der in die Prüfung der konkret zu beurteilenden Geschäftspraktik einzubeziehen ist[591].

Im Lichte dieses schutzzweckorientierten Verständnisses ist auch die zweite Form von Verhaltensanforderungen nach Art. 2 lit. h – die „Sorgfalt" – zu lesen, zumal der Sorgfaltsbegriff im deutschen Zivilrecht eher dem Haftungs- und Leistungsstörungsrecht entstammt[592]. Der Begriff der „Sorgfalt" muss im Kontext der UGP-RL unter dem Blickwinkel der ihr zugrunde liegenden Wertungen

588 Danach muss eine Geschäftspraktik im Rahmen einer Gesamtwürdigung in erster Linie auf die Beeinflussung der geschäftlichen Entscheidung des Verbrauchers abzielen. Dazu S. 56 – 62.

589 Ähnlich *Handig*, S. 74; *Schlagelambers*, S. 149; *Janal* ZEuP 2014, 740, 747 f., in Bezug auf die Verwendung rechtswidriger AGB. – Zu weit gehend etwa GK-UWG/*Fritzsche*, § 2 Rn. 682, 687; Harte/Henning/*Keller*, § 2 Rn. 182; *Alexander* WRP 2012, 515, 520. – Zurückhaltender wiederum *Keller* FS Bornkamm, S. 381, 383.

590 Ebenso *Beater*, Unlauterer Wettbewerb, Rn. 1048; *Haberkamm*, S. 128 f.; *Alexander* GRUR Int. 2012, 965, 971 f. – Anders hingegen BGH GRUR 2011, 431 Tz. 14 – *FSA-Kodex I*; BGH GRUR 2006, 773 Tz. 19 – *Probeabonnement*; *Köhler*/Bornkamm[33], § 2 Rn. 126; Fezer/*ders.*, § 2 Abs. 1 Nr. 7 Rn. 9; Gloy/Loschelder/Erdmann/*Erdmann*, § 37 Rn. 8.

591 So auch *Dohrn*, Rn. 560; *Stuyck*/*Terryn*/*van Dyck* CML Rev. 2006, 107, 137 f.

592 GK-UWG/*Fritzsche*, § 2 Rn. 674, 695; *Köhler*/Bornkamm[33], § 3 Rn. 36; Götting/Nordemann/*Wirtz*[2], § 3 Rn. 70; Gloy/Loschelder/Erdmann/*Erdmann*, § 38 Rn. 4; *Koppensteiner* FS Fezer, S. 285, 286; *Scherer* WRP 2009, 761, 765; *Gamerith* WRP 2005, 391, 417 hält den Begriff daher zur Beurteilung der Unlauterkeit für ungeeignet; kritisch auch *Ohly*/Sosnitza[7], Einf. C Rn. 51; *Köhler*/*Lettl* WRP 2003, 1019, 1036.

fruchtbar gemacht werden[593]. Auch hier erscheint die deutsche Wortwahl nicht frei von Ungenauigkeiten. So sorgt bereits die zirkuläre Verwendung des Sorgfaltsbegriffs im zu definierenden Begriff der „beruflichen Sorgfalt“ selbst und innerhalb der Definition desselben Begriffs (berufliche Sorgfalt = Sorgfalt?) für Verwirrung[594]. Zudem bringt die Formulierung die inhaltliche Ausrichtung dieser weiteren Form von Verhaltensanforderungen nicht klar und präzise zum Vorschein. Im Gegensatz dazu ist in anderen Sprachfassungen der UGP-RL die Rede von „care“, „soins“ bzw. „cuidado“. All diese Begriffe beziehen sich auf Fragen der Umsicht und Rücksichtnahme, so dass es unabhängig von der deutschen Richtlinienübersetzung vorzugswürdig ist, die vom Unternehmer einzuhaltende Sorgfalt als *Rücksichtnahmepflicht* zu begreifen[595]. Bezugspunkt dieser Rücksichtnahmepflichten bildet auch hier – im Einklang mit dem Schutzkonzept der UGP-RL – die Entscheidungsautonomie des Verbrauchers. Dem Unternehmer wird ein umsichtiges und rücksichtsvolles Handeln gegenüber dem Verbraucher auferlegt, um dessen geschütztes Interesse an einer autonomen und an seinen Präferenzen orientierten Entscheidung nicht zu beeinträchtigen. Als „Standard“ sind diese Rücksichtnahmepflichten ebenfalls unabhängig von subjektiven Eigenheiten des Unternehmers[596].

Im Ergebnis stellt die UGP-RL damit Verhaltensanforderungen an Unternehmer in zweierlei Richtungen auf: Zum einen wird beim Unternehmer ein objektives Maß an Kompetenzen vorausgesetzt, zum anderen steht er in der Pflicht zum umsichtigen, rücksichtsvollen Handeln. Es handelt sich deshalb um unterschiedliche Formen von Verhaltensanforderungen, die jedoch ihren gemeinsamen Bezugspunkt in dem von der UGP-RL gewährten Schutz des Verbraucherinteresses an einer autonomen, an den eigenen Präferenzen orientierten geschäftlichen Entscheidung finden. Insofern dient der Standard an Fachkenntnissen und Sorgfalt letztlich zur Beurteilung der konkreten Einflussnahme des Unternehmers auf die Entscheidungsfähigkeit und -freiheit des Verbrauchers[597]. Der Unternehmer hat gerade dieses Interesse gegenüber den Verbrauchern zu wahren. Tut er

---

593 GK-UWG/*Fritzsche*, § 2 Rn. 695; Fezer/*ders.* § 2 Abs. 1 Nr. 7 Rn. 2, weist auch zutreffend darauf hin, dass normspezifische Begriffsbildungen innerhalb der Rechtsordnung die Regel seien.

594 *Köhler* WRP 2012, 22, 24 erblickt hierin zutreffend eine unzulängliche Übersetzung der Begriffe „care“ bzw. „soins“.

595 GK-UWG/*Fritzsche*, § 2 Rn. 696; *Köhler*/Bornkamm[33], § 2 Rn. 130, § 3 Rn. 41; *ders.* FS Fezer, S. 969, 974; *ders.* WRP 2012, 22, 24; *ders.* WRP 2012, 251, 253; Götting/Nordemann/*Wirtz*[2], § 3 Rn. 74.

596 GK-UWG/*Fritzsche*, § 2 Rn. 698.

597 Dazu ErwGr 6 S. 5; GK-UWG/*Fritzsche*, § 2 Rn. 681, § 3 Rn. 612; *Köhler*/Bornkamm[33], § 3 Rn. 41; in diese Richtung gehend auch Fezer/*ders.*, § 2 Abs. 1 Nr. 7 Rn. 14.

dies nicht, verhält er sich aus dem spezifisch lauterkeitsrechtlichen Blickwinkel der UGP-RL inkompetent und/oder rücksichtslos.

(3) Berücksichtigung branchenverschiedener Verhaltensmaßstäbe

Art. 2 lit. h zufolge bezieht sich die berufliche Sorgfalt auf Kompetenzen und Rücksichtnahmepflichten, die der Unternehmer gegenüber dem Verbraucher „in seinem Tätigkeitsbereich anwendet". Diese Beschränkung auf den Tätigkeitsbereich („field of activity"; „ámbito de actividad") des Unternehmers bringt auf der einen Seite den beschränkten Anwendungsbereich der UGP-RL zum Ausdruck, der allein die Bewertung von Geschäftspraktiken im Vertikalverhältnis gegenüber dem Verbraucher zum Gegenstand hat. Auf der anderen Seite ermöglicht die Bezugnahme auf den Tätigkeitsbereich eine differenzierte Bestimmung der unternehmerischen Kompetenzen und Rücksichtnahmepflichten nach spezifischen Branchen und Vertragstypen, sofern dies geboten ist[598]. Insbesondere in komplexen Bereichen wie etwa der Finanz- oder Immobilienwirtschaft sind erhöhte Verhaltensanforderungen gegenüber einem Verbraucher zur Wahrung seiner von der UGP-RL geschützten Interessen zu beachten.

Allerdings hat die Möglichkeit branchenspezifischer Differenzierungen in Anbetracht eines schutzzweckorientierten Verständnisses der Fachkenntnisse und Sorgfalt lediglich zur Folge, dass sich die jeweiligen Verhaltensanforderungen an den in solchen Fällen besonders sensiblen Verbraucherinteressen gerade und nur in dem Umfang ausrichten, wie es aufgrund der branchenbedingten Besonderheiten erforderlich ist. Nach dem Schutzkonzept der UGP-RL sind daher branchenspezifische Verhaltensanforderungen solange irrelevant, wie sie nicht im Zusammenhang mit der Beeinflussung der geschäftlichen Entscheidung des Verbrauchers stehen. Ist dies nicht der Fall, sind sie unter dem Regelungsregime der UGP-RL unbeachtlich.

(4) Begrenzung auf ein zweckwahrendes Maß sowie Berücksichtigung binnenmarktfunktionaler Gegeninteressen

Die von der UGP-RL geforderten Kompetenzen und Rücksichtnahmepflichten sind auf ein Maß zu begrenzen, welches sich auf die Wahrung des Schutzes der geschäftlichen Entscheidung des Verbrauchers konzentriert und beschränkt. Das ergibt sich bereits aus einem schutzzweckorientierten Verständnis des Begriffspaars „Fachkenntnisse und Sorgfalt" als spezifisch lauterkeitsrechtliche Kompe-

---

598 *Köhler*/Bornkamm[33], § 3 Rn. 42; Götting/Nordemann/*Wirtz*[2], § 3 Rn. 74.

tenzen und Rücksichtnahmepflichten, die der Unternehmer gerade in seiner Person und Funktion gegenüber dem Verbraucher zu erfüllen hat. Soweit sich diese auf die Wahrung der Verbraucherinteressen an einer autonomen Entscheidung konzentrieren, sind darüber hinausgehende, überobligationsmäßige Verhaltensmaßstäbe, die der Wahrung der Interessen der Verbraucher nicht weiter dienlich sind, nicht geboten bzw. unverhältnismäßig[599].

Deutlicher tritt die zweckorientierte Begrenzung der Verhaltensmaßstäbe durch die in der Definition des Art. 2 lit. h enthaltenen Einschränkungen „billigerweise", „anständige" Marktgepflogenheiten sowie dem „Grundsatz von Treu und Glauben" zutage. Von der Anwendung der standardmäßigen Verhaltensanforderungen des Unternehmers gegenüber dem Verbraucher muss billigerweise ausgegangen werden können. In Anlehnung an andere Sprachfassungen („reasonably"; „razonablemente") muss das jeweilige Verhalten gegenüber dem Verbraucher „vernünftigerweise" zu erwarten sein,[600] wobei sich der maßgebliche Erwartungshorizont nach der Perspektive des Verbrauchers richtet[601]. Vor diesem Hintergrund kann der Verbraucher vernünftigerweise vom Unternehmer kein höheres Maß an Kompetenzen und Rücksichtnahme verlangen, als es die Wahrung seines Interesses an einer autonomen Entscheidung gebietet[602].

Gleichsam begrenzend wirkt die Einbeziehung der anständigen Marktgepflogenheit und/oder des Grundsatzes von Treu und Glauben. Marktgepflogenheiten bezeichnen zunächst eine nicht gesetzlich normierte Marktverhaltensregelung für einen bestimmten Beruf oder Geschäftszweig, die ein bestimmtes Marktverhalten gebietet, verbietet oder erlaubt, wobei die Regelung in dem betreffenden Beruf anerkannt sein und auch angewendet werden muss[603]. Das bloße Bestehen einer Marktgepflogenheit besagt jedoch noch nichts über deren lauterkeitsrechtliche Beurteilung, da in einer Branche schließlich auch unlautere Verhaltensweisen üblich sein können[604]. Als normatives Korrektiv fungiert dies-

599 Die Begrenzung auf ein verhältnismäßiges Maß bekräftigt ErwGr 6 S. 2. Dazu auch SEK (2009) 1666, S. 29; GK-UWG/*Fritzsche*, § 2 Rn. 711 f.; *Köhler* WRP 2012, 22, 25; allgemein dazu *Beater*, Verbraucherschutz und Schutzzweckdenken, S. 109 f., 139 f.

600 GK-UWG/*Fritzsche*, § 2 Rn. 711; *Köhler*/Bornkamm[33], § 2 Rn. 132, § 3 Rn. 47.

601 Die UGP-RL ist im Wesentlichen aus der Sicht der Verbraucher konzipiert, EuGH GRUR 2013, 1157 Tz. 43 – *CHS/Team4 Travel*; GRUR 2013, 1159 Tz. 36 – *BKK/Wettbewerbszentrale*; GK-UWG/*Fritzsche*, § 2 Rn. 701; *Köhler* WRP 2014, 259, 261.

602 GK-UWG/*Fritzsche*, § 2 Rn. 711; *Emmerich*, Unlauterer Wettbewerb[9], § 5 Rn. 30.

603 *Köhler*/Bornkamm[33], § 3 Rn. 45, unter Einbeziehung von Übungen, Verkehrssitten, Handelsbräuchen, Traditionen oder Verhaltenskodizes; Harte/Henning/*Keller*, § 2 Rn. 183.

604 BGH GRUR 2006, 773 Tz. 18 – *Probeabonnement*; *Köhler*/Bornkamm[33], § 3 Rn. 44; Harte/Henning/*Keller*, § 2 Rn. 183; *Ohly*/Sosnitza[7], Einf. C Rn. 51; *Schmidt*, S. 138; *Henning-Bodewig* WRP 2011, 1014, 1019.

bezüglich das Erfordernis der *Anständigkeit* der Marktgepflogenheit[605]. Der Begriff mutet sprachlich antiquiert an,[606] insbesondere vor seinem historischen Hintergrund in Art. 10bis Abs. 2 PVÜ, wonach eine geschäftliche Handlung unlauter sei, wenn sie den anständigen Gepflogenheiten in Gewerbe und Handel zuwiderlaufe. Entsprechend eines schutzzweckorientierten Verständnisses darf die Anständigkeit jedoch nicht im Sinne allgemeiner Fragen von Moral, Geschmack oder Ethik verstanden werden[607]. Maßgeblich für die Frage der Anständigkeit einer Marktgepflogenheit ist das Interesse des Verbrauchers an einer autonomen Entscheidung. Eine Marktgepflogenheit kann unter dem Schutzkonzept der UGP-RL deshalb nur dann als anständig angesehen werden, wenn sie dem Verbraucher eine an seinen Präferenzen orientierte Entscheidung ermöglicht. Anständigkeit i.S.d. UGP-RL bedeutet daher nichts anderes als kompetentes und rücksichtsvolles Verhalten gegenüber den geschützten Interessen des Verbrauchers.

Das weitere normative Korrektiv, der Grundsatz von Treu und Glauben, erlangt neben der Anknüpfung an die anständigen Marktgepflogenheiten Bedeutung, wenn noch keine als Maßstab geeignete Marktgepflogenheit existiert, so etwa bei völlig neuartigen Geschäftszweigen, Produkten oder Absatzstrategien oder wenn die bestehende Marktgepflogenheit nicht als anständig i.S.d. UGP-RL zu qualifizieren ist[608]. Da der Grundsatz von Treu und Glauben auch kumulativ neben den anständigen Marktgepflogenheiten berücksichtigt werden kann („und/oder"), ist er bei der Beurteilung der Anständigkeit einer Marktgepflogenheit gleichfalls zu beachten[609]. Im Gegensatz zu dem Merkmal der anständigen Marktgepflogenheiten kann das Kriterium von Treu und Glauben in den meisten nationalen Lauterkeitsrechten keine rechtshistorische Verwurzelung aufweisen. Stattdessen sind die Merkmale von Treu und Glauben zuvorderst im Vertragsrecht und im Recht der Vertragsanbahnung anzusiedeln. Gleichwohl lässt sich der grundlegende normative Kerngehalt von Treu und Glauben auch für die lauterkeitsrechtlichen Wertungen der UGP-RL fruchtbar machen. „Treue" verweist auf Verlässlichkeit, Worthalten und Loyalität. „Glauben" bildet das Vertrauen auf die Treue des anderen Teils. „Treu und Glauben" gebietet damit den Grundsatz des *anständigen und rücksichtsvollen Verhaltens*, das Gebot der billigen *Rücksicht-*

---

605 Die anständigen Marktgepflogenheiten verknüpfen insofern Tatsachen und Normen, MüKo-UWG/*Micklitz*, EG D Art. 5 Rn. 26; *Haberkamm*, S. 103; *Veelken* WRP 2004, 1, 16.

606 *Boesche* WRP 2011, 1345, 1353.

607 Ebenso GK-UWG/*Fritzsche*, § 2 Rn. 676, 702; *Henning-Bodewig* WRP 2011, 1014, 1018 f.; für eine an Art. 1 orientierte Auslegung auch *Haberkamm*, S. 103.

608 GK-UWG/*Fritzsche*, § 2 Rn. 705, 708; *Köhler*/Bornkamm[33], § 2 Rn. 131, § 3 Rn. 43; Götting/Nordemann/*Wirtz*[2], § 3 Rn. 76.

609 GK-UWG/*Fritzsche*, § 2 Rn. 705; *Gamerith* WRP 2005, 391, 417.

nahme auf die berechtigten, schutzwürdigen Belange des anderen Teils[610]. Genau darum geht es auch – wie bereits festgestellt – bei den Merkmalen der „Fachkenntnisse und Sorgfalt" bzw. der „special skill and care" oder „competencia y cuidado especiales". Dem Unternehmer werden Verhaltensanforderungen auferlegt, die ihn zur Berücksichtigung und Wahrung der von der UGP-RL geschützten Interessen des Verbrauchers verpflichten[611]. Die Orientierung am Schutzzweck der UGP-RL stellt dabei klar, dass es sich hierbei um das Verbraucherinteresse an einer an seinen Präferenzen orientierten Entscheidung handelt. Entspricht das unternehmerische Verhalten diesen Kriterien, so steht es nach dem Konzept der UGP-RL im Einklang mit Treu und Glauben.

Abgesehen von ihrer Begrenzungsfunktion auf ein zweckwahrendes und verhältnismäßiges Maß an Verhaltenspflichten bieten die Kriterien der Billigkeit, Anständigkeit und v. a. der Grundsatz von Treu und Glauben weitere Anknüpfungspunkte. Über die genannten Merkmale lässt sich der binnenmarktfunktionale Zweck der Marktintegration neben dem Schutz der autonomen Verbraucherentscheidung gleichberechtigt in die Beurteilung einer Geschäftspraktik einbeziehen. Die marktintegrative Zwecksetzung der UGP-RL erklärt sich dabei aus zwei Perspektiven: Zum einen aus Sicht der Unternehmer und deren Interessen an einem freien Marktzugang, zum anderen aus Sicht der Verbraucher und deren Interesse an einem möglichst umfangreichen, binnenmarktübergreifenden Angebot an Produkten[612]. Eine Berücksichtigung auch der hierdurch geschützten unternehmerischen Interessen ist v. a. dann erforderlich, wenn das Maß an Verhaltenspflichten gegenüber dem Verbraucher zu einer faktischen Marktzutrittsbarriere mutiert. In derartigen Konfliktsituationen gilt es, die beiden gleichberechtigten Schutzzwecke der UGP-RL auf eine Weise in Einklang zu bringen, die beiden Zielrichtungen Geltung verschafft, dabei aber in optimaler Weise den Schutz der Entscheidungsautonomie der Verbraucher verwirklicht[613]. Aus diesen Gründen fließen auch unternehmerische Interessen in die Beurteilung des Maßstabs der Verhaltensanforderungen ein[614]. Die Berücksichtigung eventuell gegenläufiger Unternehmerinteressen ist daher im Regelungskonzept der UGP-RL und ihrer Generalklausel unter dem unternehmerbezogenen Blickwinkel der Marktintegration angelegt. Binnenmarktfunktionale Entfaltungsfreiheit der Un-

---

610 MüKo-BGB/*Roth*/*Schubert*, § 242 Rn. 11; Soergel/*Teichmann*, § 242 Rn. 4; Erman/*Böttcher*/*Hohloch*, § 242 Rn. 3; Jauernig/*Mansel*, § 242 Rn. 3; GK-UWG/*Fritzsche*, § 2 Rn. 708.

611 Harte/Henning/*Keller*, § 2 Rn. 184.

612 Dazu S. 39.

613 Zu den Konsequenzen der beiden Richtlinienzwecke im Rahmen der Auslegung bereits S. 48 f.

614 So auch *Koch*, S. 35; *Haberkamm*, S. 103.

ternehmer und Schutz der Verbraucherentscheidung sind in Kollisionsfällen miteinander abzuwägen[615]. Es bleibt allerdings daran zu erinnern, dass diese vielschichtige Interessenkonstellation keinen krassen Gegensatz im Sinne eines diametralen Verhältnisses zwischen Unternehmer- und Verbraucherinteressen im binnenmarktfunktionalen Kontext darstellt. Aus Sicht der Verbraucher schützt und optimiert der marktintegrative Zweck der UGP-RL ebenfalls deren Interessen an einer möglichst umfangreichen Auswahl zwischen verschiedenen Produkten und Anbietern im gesamten Binnenmarkt. Daher ist es auch aus Gründen der vielfältigen und von der UGP-RL umfassten Verbraucherinteressen geboten, einen optimalen Ausgleich zwischen dem Interesse an einer autonomen Entscheidung und dem Interesse an größtmöglicher Wahlfreiheit zu finden. Da die Tatbestandsstruktur des Art. 5 Abs. 2 und der übrigen Konkretisierungstatbestände auf den Schutz der Verbraucherentscheidung ausgelegt sind, wären gegenläufige Interessen methodisch als Verbotsgegengründe zu berücksichtigen.

bb) Wesentliche Beeinflussung des wirtschaftlichen Verhaltens, Art. 5 Abs. 2 lit. b

Gem. Art. 5 Abs. 2 lit. b muss die Geschäftspraktik – kumulativ neben der Verletzung beruflicher Sorgfaltspflichten – in Bezug auf das jeweilige Produkt das wirtschaftliche Verhalten des Durchschnittsverbrauchers wesentlich beeinflussen oder zumindest dazu geeignet sein. Art. 2 lit. e definiert die wesentliche Beeinflussung als „Anwendung einer Geschäftspraxis, um die Fähigkeit des Verbrauchers, eine informierte Entscheidung zu treffen, spürbar zu beeinträchtigen und damit den Verbraucher zu einer geschäftlichen Entscheidung zu veranlassen, die er andernfalls nicht getroffen hätte". Das Unlauterkeitselement der wesentlichen Beeinflussung des wirtschaftlichen Verhaltens weist somit zwei Komponenten auf: zum einen die Eignung zu einer spürbaren Beeinträchtigung der Fähigkeit, eine informierte Entscheidung zu treffen („Einwirkungserfordernis"[616]), zum anderen die Eignung zur Veranlassung zu einer andernfalls nicht getroffenen geschäftlichen Entscheidung („Auswirkungserfordernis"[617]). Das Treffen einer geschäftlichen Entscheidung konkretisiert das Merkmal „wirtschaftliches Verhalten", die „wesentliche Beeinflussung" desselben ist in der spürbaren Beeinträchtigung der Fähigkeit, eine informierte Entscheidung zu treffen, zu erbli-

615 Dazu auch GK-UWG/*Fritzsche*, § 2 Rn. 710; *Köhler*/Bornkamm[33], § 2 Rn. 131, § 3 Rn. 46; Götting/Nordemann/*Wirtz*[2], § 3 Rn. 75; *Keller* FS Bornkamm, S. 381, 384; *Schmidt*, S. 140. Aus diesen Gründen trägt die Kritik von *Beater*, Unlauterer Wettbewerb, Rn. 666, 828, nicht vollends.
616 *Köhler*/Bornkamm[34], § 3 Rn. 3.23.
617 *Köhler*/Bornkamm[34], § 3 Rn. 3.23.

cken[618]. Insofern bildet die geschäftliche Entscheidung den Gegenstand des wirtschaftlichen Verhaltens und die Beeinträchtigung der Entscheidungsfähigkeit bezeichnet das für die Unlauterkeitsprüfung ausschlaggebende Merkmal der wesentlichen Beeinflussung[619]. Der Beeinflussungsbegriff in Art. 5 Abs. 2 lit. b ist deshalb im Gegensatz zur Beeinflussung gem. ErwGr 7 S. 1 bei der Anwendungsbereichsprüfung nicht wertneutral zu verstehen[620].

(1) Eignung zur spürbaren Beeinträchtigung der Fähigkeit, eine informierte Entscheidung zu treffen

Die Fähigkeit zur informierten Entscheidung („ability to make an informed decision") mutet sprachlich zunächst seltsam an. Informiert kann schließlich nicht die Entscheidung als solche sein, sondern vielmehr der Verbraucher, der sie trifft[621]. Etwas präziser erweist sich demgegenüber die spanische Sprachfassung, die von der „capacidad del consumidor de adoptar una decisión *con pleno conocimiento de causa* [Hervorhebung durch Verf.]" spricht. Die Informiertheit der Entscheidung bzw. des Verbrauchers wäre demnach als Entscheidung in voller Sachkenntnis zu verstehen[622]. Allerdings ist die „volle Sachkenntnis" unter teleologischem Blickwinkel nur als „erforderliches Maß an Sachkenntnis" zu werten, welches der Verbraucher für eine an seinen Präferenzen orientierte Entscheidung benötigt (Stichwort: „information overload"; ähnlich Art. 7 Abs. 1:

618 Anders *Stuyck/Terryn/van Dyck* CML Rev. 2006, 107, 125, die „wirtschaftliches Verhalten" mit „Fähigkeit, eine informierte Entscheidung zu treffen" gleichsetzen. Dies ist jedoch unzutreffend, da die Fähigkeit zur informierten Entscheidung kein Verhalten (Synonyme: Auftreten, Gebaren, Handeln; dazu http://www.duden.de/rechtschreibung/Verhalten), sondern eine Eigenschaft betrifft.

619 Ähnlich Harte/Henning/*Glöckner*, Einl. B Rn. 331; unzutreffend MüKo-UWG/*Micklitz*, EG D Art. 5 Rn. 35, der die Unterschiede der verwendeten Begriffe mittels ihres Konkretisierungsgrades anhand einer Skala veranschaulicht, bei der das wirtschaftliche Verhalten am weitesten, die geschäftliche Entscheidung am engsten und in der Mitte die informierte Entscheidung anzusiedeln sei. Die Informiertheit ist jedoch keine Frage der Konkretheit, sondern der Beschaffenheit der geschäftlichen Entscheidung, deren Treffen ihrerseits das Merkmal „wirtschaftliches Verhalten" definiert.

620 Dazu auch *Dohrn*, Rn. 699–703, unter Hinweis auf die in anderen Sprachfassungen verwendeten wertenden Formulierungen „distort", „altérer" oder „distorsionar".

621 Ähnlich *Stuyck/Terryn/van Dyck* CML Rev. 2006, 107, 125.

622 So auch die Formulierung in EuGH GRUR 2015, 600 Tz. 40 – *Ungarische Verbraucherschutzbehörde/UPC*; wie hier unter Berücksichtigung der französischen Sprachfassung *Köhler*/Bornkamm[34], § 2 Rn. 145; *ders.* NJW 2016, 593, 597 f.

„wesentliche Informationen“)[623]. Dementsprechend meint „Beeinträchtigung“ auch nicht eine gänzliche Aufhebung der Entscheidungsfähigkeit, sondern liegt bereits dann vor, wenn diese in ihrer Funktion für den Verbraucher gestört wird[624]. Zudem darf die Entscheidung in voller Sachkenntnis bzw. aufgrund von Informationen nicht dahingehend interpretiert werden, dass es auf die tatsächliche Aufnahme und Berücksichtigung der bereitgestellten Informationen durch den Verbraucher ankäme[625]. Der Verbraucher muss über die Anknüpfung an die *Fähigkeit* potentiell imstande sein, eine rationale und informationsgeleitete Entscheidung zu treffen. Ob er in diesem Sinne tatsächlich handelt, liegt letztlich in seinem Verantwortungsbereich. Zu erinnern sei an die dem Verbraucher zuzugestehende Nutzeneinschätzungssouveränität[626].

In Anbetracht der Formulierungen „informierte Entscheidung“ bzw. „Entscheidung in voller Sachkenntnis“ scheint die Definition der wesentlichen Beeinflussung allein auf den Schutz der Entscheidungsgrundlage hinzudeuten. Dennoch werden von der wesentlichen Beeinflussung auch Beeinträchtigungen des Verbrauchers in Bezug auf den Entscheidungsprozess umfasst[627]. Die wesentliche Beeinflussung hat die Beeinträchtigung der *Fähigkeit*, eine informierte Entscheidung zu treffen, zum Gegenstand[628]. Fähigkeit bedeutet, imstande sein, etwas zu tun[629]. Umfasst ist dementsprechend auch das generelle Vermögen des Verbrauchers, überhaupt eine informationsbasierte Entscheidung zu treffen[630]. Hierzu muss er in der Lage sein, seine Entscheidung *frei* zu treffen. Ein selbstbestimmtes Entscheidungsverhalten durch eine unbeeinträchtigte Wahrnehmung seiner Wahlfreiheit[631] bildet die vorgelagerte Grundvoraussetzung für eine rationale Entscheidung. Über die Beeinträchtigungseignung bzgl. der *Fähigkeit*, eine informierte Entscheidung zu treffen, fallen daher auch Beeinträchtigungen des Entscheidungsprozesses unter die wesentliche Beeinflussung gem. Art. 5 Abs. 2 lit. b, Art. 2 lit. e. Diese bezieht sich zusammengefasst auf die Fähigkeit zu einer

623 GK-UWG/*Fritzsche*, § 3 Rn. 627; *Köhler* WRP 2013, 403, 406 Fn. 18. Hierzu auch die Begrenzung der Sorgfaltspflichten auf ein verhältnismäßiges, zweckwahrendes Maß S. 112–116.

624 *Dohrn*, Rn. 775 f.

625 So zu Recht *Helm* WRP 2013, 710, 713.

626 Dazu S. 29–31.

627 Ohly/*Sosnitza*[7], § 2 Rn. 100.

628 Ebenso *Apetz*, S. 339, zur gleichgelagerten Frage bei Art. 2 lit. j („Fähigkeit des Verbrauchers zu einer informierten Entscheidung“); *Scherer* WRP 2008, 708, 713. Dies übersehen *Haberkamm*, S. 105; *Wunderle*, S. 211; *Schmidt*, S. 142.

629 http://www.duden.de/rechtschreibung/Faehigkeit, zuletzt abgerufen am 07.12.2015.

630 Dazu auch die Definition der unzulässigen Beeinflussung in Art. 2 lit. j: „Fähigkeit des Verbrauchers zu einer informierten Entscheidung“.

631 ErwGr 16 S. 1.

autonomen, rational-kritischen und effektiven geschäftlichen Entscheidung auf der Grundlage der dazu erforderlichen Informationen[632]. Die geschäftliche Entscheidung i.S.v. Art. 2 lit. k muss dabei nicht zwangsläufig in einer rechtsgeschäftlichen Entscheidung bestehen[633]. Auch rein tatsächliche Entscheidungen, die mit den in Art. 2 lit. k genannten Entscheidungsvarianten unmittelbar zusammenhängen, sind als geschäftliche Entscheidungen zu behandeln[634].

Das Erfordernis der spürbaren Beeinträchtigung der Entscheidungsfähigkeit stellt klar, dass die Eignung zur Beeinträchtigung nicht lediglich theoretisch, sondern auch tatsächlich möglich sein muss („likely"), wobei hieran normative Maßstäbe anzulegen sind[635]. Ob eine Beeinträchtigungseignung vorliegt, ist im Wege einer wertenden Prognoseentscheidung des jeweiligen Rechtsanwenders im Hinblick auf die tatsächlich denkbaren und drohenden Auswirkungen auf die Entscheidungsfähigkeit des Verbrauchers zu ermitteln[636]. Eines konkreten Nachweises (Beweisaufnahme) in jedem Einzelfall bedarf es nicht[637].

Angesichts der in Art. 2 lit. e enthaltenen Formulierung „*um* die Fähigkeit des Verbrauchers, eine informierte Entscheidung zu treffen, spürbar *zu* beeinträchtigen" könnte der Schluss nahe liegen, seitens des handelnden Unternehmers eine subjektive Finalität im Sinne einer entsprechenden Absicht oder zumindest vorsätzliches Verhalten zu fordern[638]. Gegen eine damit einhergehende Subjektivierung des Lauterkeitskonzepts der UGP-RL lassen sich jedoch diverse Einwände erheben. Zum einen zeigt ein Vergleich mit Art. 6–9, dass diese auf ein subjektives Kriterium verzichten[639]. Ebenso wird in der Black List zwischen Tatbeständen differenziert, die allein an objektivierte Kriterien anknüpfen und solchen, bei denen eine Absicht des Unternehmers gesondert verlangt wird[640]. Dies spricht

---

632 *Köhler*/Bornkamm[33], § 3 Rn. 50; MüKo-UWG/*Micklitz*, EG D Art. 5 Rn. 36: „Erhaltung und Bewahrung seiner Autonomie".

633 GK-UWG/*Fritzsche*, § 3 Rn. 635 f.; MüKo-UWG/*Micklitz*, EG D Art. 5 Rn. 35.

634 Z.B. EuGH GRUR 2014, 196 Tz. 36 – *Trento Sviluppo/AGCM:* durch Irreführung über Vorhandensein des beworbenen Produkts veranlasste Entscheidung, ein Geschäft zu betreten; BGH WRP 2016, 459 Tz. 16 – *MeinPaket.de:* durch Printwerbung veranlasste Entscheidung, den Online-Shop des Werbenden aufzurufen; weitere Beispiele bei *Köhler*/Bornkamm[34], § 2 Rn. 159.

635 GK-UWG/*Fritzsche*, § 3 Rn. 630; *Köhler*/Bornkamm[33], § 3 Rn. 51: keine bloße Kausalitätsbetrachtung; Götting/Nordemann/*Wirtz*[2], § 3 Rn. 80; *Dohrn*, Rn. 706 f.; *Schmidt*, S. 144.

636 GK-UWG/*Fritzsche*, § 3 Rn. 630 f.; MüKo-UWG/*Micklitz*, EG D Art. 5 Rn. 48; Fezer/*ders.*, § 3 Rn. 108; *Köhler*/Bornkamm[33], § 3 Rn. 51; Götting/Nordemann/*Wirtz*[2], § 3 Rn. 80.

637 Götting/Nordemann/*Wirtz*[2], § 3 Rn. 79.

638 So *etwa* Koch, S. 36–38.; *Haberkamm*, S. 104; *Gamerith* WRP 2005, 391, 417.

639 *Seichter* WRP 2005, 1087, 1090; *Drews*, S. 68; Ohly/*Sosnitza*[7], § 2 Rn. 99: „objektives Verhaltensunrecht".

640 MüKo-UWG/*Micklitz*, EG D Art. 5 Rn. 41.

gegen die Annahme einer generell zu fordernden Beeinflussungsabsicht. Zum anderen bestünde ein Widerspruch zum Unlauterkeitsmerkmal der beruflichen Sorgfaltspflichtverletzung, welches unabhängig von subjektiven Merkmalen beim handelnden Unternehmer zu beurteilen ist[641]. Es wäre widersprüchlich, wenn ein gegenüber dem geschützten Interesse des Verbrauchers an einer unbeeinträchtigten Entscheidung inkompetentes bzw. rücksichtsloses Verhalten des Unternehmers unvorsätzlich erfolgen könnte, dann aber im nächsten Schritt die tatsächliche oder zumindest potentielle Beeinflussung der Verbraucherentscheidung vom Vorsatz des Unternehmers abhinge. Zudem widerspräche ein subjektiv-finales Element der Beeinflussung dem von Art. 5 Abs. 2 umfassten Fall, dass eine Geschäftspraktik einen Verbraucher lediglich erreicht, nicht jedoch an diesen gerichtet ist[642]. Im Übrigen spricht gegen ein subjektives Erfordernis im Kontext des Art. 2 lit. e das in der französischen Sprachfassung verwendete Partizip „l'utilisation d'une practique commerciale *compromettant*...", welches kein voluntatives Element beinhaltet[643]. Schließlich gebietet ein schutzzweckorientiertes Verständnis der „Um... zu"-Formulierung eine Auslegung, die dem Richtlinienzweck der Gewährleistung eines hohen Verbraucherschutzniveaus zur praktischen Wirksamkeit verhilft[644]. Hinge die Gewährung des Verbraucherschutzes von den Absichten des Unternehmers ab, entstünde ein mit der Zielsetzung der UGP-RL nicht zu vereinbarendes Schutzdefizit.

(2) Eignung zur Veranlassung zu einer andernfalls nicht getroffenen geschäftlichen Entscheidung

Vermittels der Beeinträchtigung seiner Entscheidungsfähigkeit („und damit") muss die Geschäftspraktik ferner zumindest dazu geeignet sein, den Verbraucher zu einer geschäftlichen Entscheidung i.S.v. Art. 2 lit. k zu veranlassen bzw. ihn zu „aktivieren",[645] die er andernfalls nicht getroffen hätte. Auch die zweite Komponente der wesentlichen Beeinflussung des wirtschaftlichen Verhaltens erachtet bereits die Eignung zur Veranlassung für ausreichend. Sie stellt den Bezugspunkt der spürbaren Beeinträchtigung der Entscheidungsfähigkeit als Ursache der ab-

---

641 *Dohrn*, Rn. 759.
642 *Veelken* WRP 2004, 1, 8 f.
643 Zutreffender Hinweis von *Dohrn*, Rn. 760.
644 Ebenso *Dröge*, S. 101; *Drews*, S. 68; *Schmidt*, S. 141; *Glöckner/Henning-Bodewig* WRP 2005, 1311, 1328.
645 *Dohrn*, Rn. 787.

weichenden Entscheidung klar[646]. Die UPG-RL verkennt daher gerade nicht, dass jede unternehmerische Kommunikation mit der Marktgegenseite letztlich auf eine Beeinflussung der Nachfrageentscheidung gerichtet ist[647]. Entsprechend der Eignung zur Beeinflussung der Entscheidungsfähigkeit bedarf es im Rahmen der an dieser Stelle vorzunehmenden Eignungsprüfung keines Nachweises über eine tatsächlich abweichende Entscheidung des Verbrauchers. Stattdessen hat der Rechtsanwender über die Eignung im Wege einer wertenden Prognose zu entscheiden[648]. Da die normativ zu ermittelnde Eignung nicht von tatsächlichen Anknüpfungspunkten abhängt, ist die erforderliche Ursächlichkeit zwischen Entscheidungsbeeinträchtigung und Entscheidungsergebnis auch nicht anhand einer Kausalitätsprüfung im rechtstechnischen, nachweisbaren Sinne zu bestimmen. Vielmehr bedarf es für den Ursächlichkeitszusammenhang einer normativ-fiktiven Bewertung durch den Rechtsanwender[649]. Entscheidend kommt es darauf an, ob die vom Unternehmer gewählte *Methode* geeignet ist, den Verbraucher zu beeinflussen[650]. Dieser generalisierend-abstrakte Wirkungszusammenhang[651] erfordert die Beurteilung der Frage, wie der Verbraucher im konkreten Fall typischerweise reagieren würde[652]. Normativ betrachtet müsste die Entscheidung ohne die Beeinträchtigung der Entscheidungsfähigkeit anders ausgefallen sein[653]. Die Fokussierung auf das Entscheidungsverhalten des Verbrauchers spiegelt letztlich die am Schutz der Verbraucherentscheidung ausgerichtete Schutzzweckkonzeption der UGP-RL wider. Dementsprechend wird eine Beeinträchtigung des Wettbewerbs im Rahmen der Art. 5 Abs. 2 lit. b, Art. 2 lit. e nicht gefordert[654]. Konzeptionell wird die Verfälschung des Wettbewerbs durch die abweichende Verbraucherentscheidung *faktisch-kausal* bewirkt[655].

---

646 Dazu auch KOM (2003) 356 endg., Rn. 54: „[...] dass sie diese Wirkung dadurch entfalten muss, dass die die Fähigkeit des Verbrauchers, eine informierte Entscheidung zu treffen, beeinträchtigt.“; *Köhler*/Bornkamm[33], § 3 Rn. 52; *Dohrn*, Rn. 801; *Scherer* GRUR 2016, 233, 237.

647 Bedenken hierzu etwa bei *Scherer* WRP 2008, 708, 711; *Glöckner*/*Henning-Bodewig* WRP 2005, 1311, 1328, erachten die Veranlassung zur anderweitig nicht getroffenen Entscheidung für „haltlos überschießend“, blenden dabei aber den notwendigen Kausalzusammenhang mit der Beeinträchtigung der Fähigkeit zur informierten Entscheidung aus.

648 GK-UWG/*Fritzsche*, § 3 Rn. 633; Fezer/*ders.*, § 3 Rn. 108; Weatherill/Bernitz/*Abbamonte*, S. 11, 23.

649 MüKo-UWG/*Micklitz*, EG D Art. 5 Rn. 50 f.; Fezer/*ders.*, § 3 Rn. 107 f.

650 MüKo-UWG/*Micklitz*, EG D Art. 5 Rn. 51.

651 So Fezer/*ders.*, § 3 Rn. 107.

652 ErwGr 18 S. 6; EuGH GRUR 2012, 1269 Tz. 53 – *Purely Creative*; *Köhler*/Bornkamm[33], § 3 Rn. 52.

653 *Köhler* WRP 2014, 259, 262; Weatherill/Bernitz/*Abbamonte*, S. 11, 23; *Dohrn*, Rn. 787; *Omsels* WRP 2016, 553, 558.

654 Dazu auch *Köhler* WRP 2014, 259, 262.

cc) Normative Untrennbarkeit beider Unlauterkeitselemente

Die Untersuchung zum normativen Kerngehalt der Verletzung beruflicher Sorgfaltspflichten i.S.v. Art. 5 Abs. 2 lit. a, Art. 2 lit. h hat gezeigt, dass es sich um inkompetentes und/oder rücksichtsloses Verhalten des Unternehmers gegenüber dem Verbraucher handelt. Allerdings fallen hierunter nicht irgendwelche Verhaltensweisen des Unternehmers, sondern nur solche, die im Einklang mit dem Schutzkonzept der UGP-RL eine *spezifisch lauterkeitsrechtliche* Inkompetenz und/oder Rücksichtslosigkeit an den Tag legen, indem sie dem Schutz der geschäftlichen Entscheidung des Verbrauchers dergestalt zuwiderlaufen, dass dieser nicht imstande ist, eine an seinen Präferenzen orientierte Entscheidung zu treffen. Hierbei wird offenkundig, dass die Verletzung beruflicher Sorgfaltspflichten einen engen Bezug zum Merkmal der wesentlichen Beeinflussung des wirtschaftlichen Verhaltens i.S.v. Art. 2 lit. e aufweist. Bei genauerer Betrachtung intensiviert sich diese Verknüpfung beider Tatbestandsmerkmale des Art. 5 Abs. 2. Sie sind normativ aufs engste miteinander verzahnt und gehen in ihren Wertungen fließend ineinander über, so dass das Vorliegen des einen Kriteriums gleichzeitig und zwangsläufig das Vorliegen des anderen nach sich zieht. Eine Beurteilung des einen Kriteriums lässt sich nur unter Berücksichtigung des anderen bewerkstelligen. Beide Kriterien bedingen sich gegenseitig[656].

In Art. 5 Abs. 2 lit. a und b werden die beiden Tatbestandsmerkmale der Unlauterkeit normiert. Art. 5 Abs. 2 lit. a legt den Fokus auf die *Verhaltensweise des Unternehmers*[657]. Ein Sorgfaltspflichtverstoß liegt vor, sobald der Unternehmer in seinem Verhalten gegenüber dem Verbraucher dessen Interesse an einer an seinen Präferenzen orientierten geschäftlichen Entscheidung nicht achtet – sei es aus Inkompetenz und/oder aus Rücksichtslosigkeit. Ein nach hiesiger Auffassung gebotenes streng schutzzweckorientiertes Verständnis verlangt eine Auslegung der Verletzung beruflicher Sorgfaltspflichten dergestalt, dass diese eine spezifisch lauterkeitsrechtliche Inkompetenz bzw. Rücksichtslosigkeit zum Gegenstand ha-

---

655 Zum Zusammenhang zwischen der umgelenkten Verbraucherentscheidung und den Marktauswirkungen *Drews*, S. 71 f.

656 Ansatzweise *Scherer* WRP 2010, 586, 592; explizit auch *Köhler*/Bornkamm[34], § 3 Rn. 3.29: Beeinträchtigung der Fähigkeit zur informierten Entscheidung als Indiz für Sorgfaltspflichtverstoß; *ders.* WRP 2014, 259, 260 f.: „innerer Zusammenhang"; *ders.* GRUR 2010, 767, 773; sinngemäß zu § 3 Abs. 1 *Beater*, Unlauterer Wettbewerb, Rn. 1058: „Die Beeinträchtigungseignung und die Spürbarkeit sind jedoch schon im Rahmen der Generalklausel keine eigenständigen Tatbestandsmerkmale, sondern Teilkriterien der Unlauterkeitsprüfung." – Von einer getrennten Beurteilung beider Kriterien wohl ausgehend EuGH GRUR 2011, 76 Tz. 46 f. – *Mediaprint*; BGH GRUR 2011, 532 Tz. 24 – *Millionen-Chance II*; Götting/Nordemann/*Wirtz*[3], § 3 Rn. 76.

657 Auch *Köhler*/Bornkamm[34], § 2 Rn. 132, bezieht den Begriff der unternehmerischen Sorgfalt auf die Verhaltensanforderungen des Unternehmers.

ben, die jeweils erst dann vorliegt, wenn die geschützten Verbraucherinteressen nicht gewahrt werden. Dies zieht jedoch zwingend eine gleichzeitige Berücksichtigung des Art. 5 Abs. 2 lit. b in der Bewertung des Art. 5 Abs. 2 lit. a nach sich[658]. Solange das Interesse des Verbrauchers an dem Schutz seiner geschäftlichen Entscheidung gewahrt ist, kann nicht von einer lauterkeitsrechtlich zu verstehenden Inkompetenz bzw. Rücksichtslosigkeit gegenüber dem Verbraucher seitens des Unternehmers die Rede sein. Umgekehrt bewirkt ein spezifisch lauterkeitsrechtlicher Sorgfaltspflichtverstoß aber *zwangsläufig* eine wesentliche Beeinflussung des wirtschaftlichen Verhaltens i.S.v. Art. 2 lit. e. Selbst wenn ein Unternehmer mit seinem Verhalten die Entscheidungsfähigkeit des Verbrauchers beeinflusst und dieser daraufhin eine geschäftliche Entscheidung trifft, ist dieses Verhalten nach dem Konzept der UGP-RL nicht als sorgfaltswidrig zu werten, solange dem Verbraucher die Möglichkeit, eine informierte und damit potentiell rationale Entscheidung zu treffen, nicht in dem Maße genommen bzw. gestört wird, dass seine Entscheidung im Widerspruch zu seinen Präferenzen umgelenkt wird. Dies erkennt die UGP-RL ausdrücklich an, indem etwa Falschangaben, die für die Verbraucherentscheidung keine Bedeutung haben, nicht zu verbieten sind[659]. Auch das Vorenthalten von unwesentlichen Informationen oder das Erzeugen von Druck, dem sich der Verbraucher (gerade noch) widersetzen kann, werden von der UGP-RL nicht sanktioniert. Da der Unternehmer die geschützten Verbraucherinteressen in den genannten Konstellationen (ggf. gerade noch) beachtet und der Schutz der geschäftlichen Entscheidung gewahrt bleibt, kann dieses Verhalten aus spezifisch lauterkeitsrechtlichen Gründen nicht als inkompetent und/oder rücksichtslos gewertet werden.

Bestätigen lässt sich dieser Befund eines normativen Zusammenhangs auch aus dem Blickwinkel des zweiten Unlauterkeitsmerkmals in Art. 5 Abs. 2 lit. b. Dieses ist dann verwirklicht, wenn gem. Art. 2 lit. e die Entscheidungsfähigkeit des Verbrauchers spürbar beeinträchtigt ist und der Verbraucher dadurch eine anderweitige Entscheidung trifft. Für die Beeinträchtigung und die damit einhergehende „umgelenkte" Verbraucherentscheidung muss – um von einer unlauteren Geschäftspraktik sprechen zu können – das Verhalten eines Unternehmers ursächlich sein[660]. Wenn jedoch feststeht, dass eine wesentliche Beeinflussung

---

658 So offenbar auch BGH GRUR 2014, 686 Tz. 23 – *Goldbärenbarren:* „Eine Gewinnspielkopplung kann daher im Einzelfall gegen die berufliche Sorgfalt verstoßen, wenn die Fähigkeit des Verbrauchers, eine solche geschäftliche Entscheidung treffen zu können, spürbar beeinträchtigt wird."

659 ErwGr 6 S. 2 und 5, Art. 5 Abs. 3 S. 2.

660 Hierzu auch *Fritzsche* FS Köhler, S. 145, 149: Verhältnis von Ursache und Wirkung; Ohly/*Sosnitza*[7], § 2 Rn. 101. Zur normativen Kausalität S. 119.

des wirtschaftlichen Verhaltens i.S.v. Art. 2 lit. e gegeben ist, so stellt das hierfür ursächliche Unternehmerverhalten *zwangsläufig* eine spezifisch lauterkeitsrechtliche Inkompetenz und/oder Rücksichtslosigkeit dar, da es die von der UGP-RL geschützten Verbraucherinteressen nicht achtet.

Das hier dargelegte und vertretene Verständnis des Zusammenhangs zwischen den Unlauterkeitsmerkmalen des Art. 5 Abs. 2 dergestalt, dass diese bei der Bewertung einer Geschäftspraktik fließend ineinander übergehen und daher stets gleichzeitig und gemeinsam zu beurteilen sind, zieht Konsequenzen grundsätzlicher Art nach sich, die einen modifizierten Umgang mit dem generellen Tatbestand des Art. 5 Abs. 2 erforderlich machen.

So ist die Annahme einer Wechselwirkung zwischen den Tatbestandsmerkmalen in der Weise, dass die Anforderungen an die wesentliche Beeinflussung desto geringer sind, je gröber der Sorgfaltsverstoß wiegt,[661] mit dem hiesigen Verständnis nicht vereinbar. Es verhält sich genau umgekehrt: Je stärker der *spezifisch lauterkeitsrechtliche* Sorgfaltspflichtverstoß ausfällt, desto intensiver bzw. wesentlicher ist die Beeinflussung des wirtschaftlichen Verhaltens i.S.v. Art. 2 lit. e bzw. je unwesentlicher die Beeinflussung des wirtschaftlichen Verhaltens ist, desto weniger lässt sich von einem inkompetenten bzw. rücksichtslosen Verhalten des Unternehmers gegenüber dem Verbraucher und seinen von der UGP-RL geschützten Interessen sprechen. Die hier vertretene Auffassung hätte die auf den ersten Blick zwar merkwürdig anmutende Folge, dass gegenüber dem Verbraucher erzeugte Drucksituationen erheblichen Ausmaßes, die einen Widerwillen gegen die vom Unternehmer angestrebte Entscheidung hervorrufen, nach dem Lauterkeitskonzept der UGP-RL nicht zu untersagen wären[662]. Ein solches Verhalten würde die Fähigkeit des Verbrauchers zu einer präferenzorientierten Entscheidung nicht spürbar beeinträchtigen, denn diese bleibt dem Verbraucher in ihrer Funktion erhalten. Als Erklärungsmuster für dieses Verständnis dient die Konzentration des durch die UGP-RL bezweckten Verbraucherschutzes auf den Schutz der geschäftlichen Entscheidung, nicht jedoch auf dessen Privatsphäre oder physische bzw. psychische Integrität. Ein Verhalten des Unternehmers, wie oben geschildert, wäre sicherlich aus anderen Gründen zu sanktionieren (ggf. als versuchte Nötigung gem. § 240 Abs. 3 StGB), nicht jedoch aus spezifischen Gründen des Lauterkeitsrechts unter dem Regelungsregime der UGP-RL. Dafür spricht auch, dass die im Konzept der UGP-RL implizierten automatischen, faktischen Negativauswirkungen einer unlauteren Geschäftspraktik auf die insofern gleichlaufenden Interessen der Mitbewerber oder den unverfälschten Wettbewerb nicht

---

661 *Köhler*/Bornkamm[33], § 3 Rn. 48; ähnlich *Dohrn*, Rn. 724–726.
662 *Dohrn*, Rn. 726, möchte dieses Verhalten von der UGP-RL erfasst sehen.

eintreten können. Sofern Widerwille beim Verbraucher gegenüber dem Angebot des handelnden Unternehmers erzeugt wird, kann dies für dessen Konkurrenten nur von Vorteil sein und ein „verzerrtes" Entscheidungsergebnis am Markt tritt nicht ein[663].

Darüber hinaus ist auch eine terminologische Anpassung in der Beschreibung der ineinander verwobenen Tatbestandsmerkmale des Art. 5 Abs. 2 geboten. In Literatur[664] und Rechtsprechung[665] haben sich die Bezeichnungen „Unwertkriterium" bzw. „Bewertungskriterium" (für Art. 5 Abs. 2 lit. a) sowie „Relevanzkriterium" (für Art. 5 Abs. 2 lit. b) durchgesetzt. Diese geben jedoch den normativen Zusammenhang der Tatbestandsmerkmale nach hiesigem Verständnis unzutreffend wieder.

Die berufliche Sorgfaltspflichtverletzung als „Unwertkriterium" der unlauteren Geschäftspraktik zu bezeichnen, ist inkorrekt. Das Merkmal des Art. 5 Abs. 2 lit. a trägt den Unwert der Geschäftspraktik nicht isoliert in sich. Dieser ergibt sich erst aus der Beurteilung des Sorgfaltspflichtverstoßes unter Einbeziehung des Art. 5 Abs. 2 lit. b, Art. 2 lit. e. Der Unwert einer Geschäftspraktik resultiert gerade aus dem gesamten Tatbestand des Art. 5 Abs. 2. Diesen Unwert bezeichnet die UGP-RL als Unlauterkeit, die gem. Art. 5 Abs. 1 zu verbieten ist. Stattdessen umschreibt die berufliche Sorgfaltspflichtverletzung das die unlautere Geschäftspraktik konstituierende Verhalten des Unternehmers. Eine erlaubte Beeinflussung kann jedoch nicht Gegenstand eines Verhaltensunwerts sein. Vorzugswürdig wäre daher, Art. 5 Abs. 2 lit. a als *Verhaltenselement* zu bezeichnen.

Art. 5 Abs. 2 lit. b bildet nach gängiger Lesart die „Relevanzklausel" der unlauteren Geschäftspraktik. Die Bezeichnung ist schon insofern nicht überzeugend, als die wesentliche Beeinflussung des wirtschaftlichen Verhaltens sich nicht allein in der Hervorhebung ihrer Bedeutsamkeit für die geschäftliche Verbraucherentscheidung erschöpft (im Sinne einer Bagatellklausel), sondern ein materiellrechtliches Tatbestandselement der Unlauterkeit bildet[666]. Abgesehen davon suggeriert die schematische Trennung zwischen „Unwertkriterium" bzw. unternehmerischer Sorgfaltspflichtverletzung und „Relevanz" die Möglichkeit eines

---

663 Dahingehend auch *Fritzsche* WRP 2016, 1, 6.

664 Etwa *Köhler*/Bornkamm[33], § 3 Rn. 10; *ders.* GRUR 2009, 626, 628; *ders.* GRUR 2010, 177, 179; *ders.* WRP 2012, 22, 25; *ders.* WRP 2012, 638, 639; *ders.* GRUR 2012, 1073, 1074 f.; *ders.* WRP 2014, 259; Harte/Henning/*Podszun*, § 3 Rn. 53: „geschäftliche Relevanz"; *Fezer* WRP 2010, 577, 579: „Verbraucherrelevanzkriterium"; *ders.* WRP 2010, 677, 681; *Henning-Bodewig* WRP 2010, 1094, 1099; *Scherer* WRP 2014, 771, 773; *Alexander* WRP 2016, 411, 412, zu § 3 UWG 2015.

665 BGH GRUR 2011, 532 Tz. 23 – *Millionen-Chance II* spricht von „Unlauterkeitskriterium und Relevanzkriterium".

666 Zutreffend *Helm* WRP 2013, 710, 713; ähnlich zu Art. 6 Abs. 2 lit. a *Goldmann* GRUR 2012, 857, 860.

„irrelevanten Unwerts“ bzw. einer „irrelevanten Sorgfaltspflichtverletzung“. Eine solche Lesart ist aber nach hiesigem Verständnis abzulehnen. Die teleologisch im Lichte der Entscheidungsautonomie des Verbrauchers zu interpretierende Sorgfaltspflichtverletzung trägt die Frage der „Relevanz“ bereits in sich und bedingt die gleichzeitige Berücksichtigung von Art. 5 Abs. 2 lit. b bei der Prüfung des Art. 5 Abs. 2 lit. a. Die Frage nach der lauterkeitsrechtlichen Relevanz einer Geschäftspraktik i.S.v. Art. 5 Abs. 2 lit. b kann daher von Art. 5 Abs. 2 lit. a nicht getrennt und isoliert werden. Diese stellt sich erst im Zusammenhang beider Tatbestandselemente heraus. Steht der Sorgfaltspflichtverstoß unter *gleichzeitiger* Berücksichtigung des Merkmals der wesentlichen Beeinflussung fest, kann Art. 5 Abs. 2 lit. b nicht noch zusätzlich zum „Unwertkriterium“ die „Relevanz“ des Unternehmerverhaltens begründen. Diese ist bei spezifisch lauterkeitsrechtlicher Inkompetenz und/oder Rücksichtslosigkeit des Unternehmers *zwangsläufig* erfüllt. Stattdessen beschreibt Art. 5 Abs. 2 lit. b, Art. 2 lit. e vielmehr die auf Seiten des Verbrauchers erforderlichen inneren und äußeren Auswirkungen des Verhaltens, um von einer unlauteren Geschäftspraktik ausgehen zu können. Dieser „Erfolg“ einer unlauteren Geschäftspraktik kann bereits in der Eignung zur wesentlichen Beeinflussung des wirtschaftlichen Verhaltens bestehen. Dementsprechend sollte Art. 5 Abs. 2 lit. b künftig als das *Erfolgselement* einer unlauteren Geschäftspraktik aufgefasst werden.

dd) Zur Kritik an der Generalklausel

Die Generalklausel der UGP-RL, insbesondere der Begriff und die Definition der beruflichen Sorgfalt sehen sich z. T. heftiger Kritk ausgesetzt. Letztere sei inhaltlich wenig aussagekräftig, umständlich und vage, der Sorgfaltsbegriff unglücklich gewählt, da er die Existenz außerlauterkeitsrechtlicher Pflichten impliziere und über die Tatbestandsmerkmale der „anständigen Marktgepflogenheiten“ und dem Grundsatz von Treu und Glauben von einem erheblichen Maß an Offenheit zeuge[667]. V. a. der Grundsatz von Treu und Glauben sei vertragsrechtlich aufgeladen bzw. als „catch all“-Formel für unlauteres Marktverhalten in mehreren europäischen Staaten unterschiedlichen Interpretationsansätzen unterworfen[668]. Auch das Element der wesentlichen Beeinflussung zeichne sich durch eine bemerkenswerte Unklarheit aus. Die „informierte Entscheidung“ scheine auf eine Gleichsetzung mit isolierten Informationspflichten hinzudeuten und die Veranlassung zu einer Entscheidung, die der Verbraucher sonst nicht getroffen hätte, sei

---

667 *Glöckner/Henning-Bodewig* WRP 2005, 1311, 1327 f.; *Henning-Bodewig* WRP 2010, 1094, 1099.
668 *Henning-Bodewig* WRP 2010, 1094, 1099.

„haltlos überschießend“, da auch rechtmäßige Werbung zu geschäftlichen Entscheidungen motivieren solle[669]. Insgesamt führten die gewählten Begrifflichkeiten am Zweck der UGP-RL vorbei[670] und seien im Ergebnis nicht operationabel[671].

Diese äußerst kritische Haltung ist jedoch aus verschiedenen Gründen abzulehnen. Zum einen ist das Bemühen um eine sprachliche Präzisierung im Lauterkeitsrecht grundsätzlich zu begrüßen. Rechtliche Wertungen werden allein über das Mittel der Sprache transportiert[672]. Ein in Sprache gegossener Rechtssatz dient der Zweckverwirklichung im materiellen Recht. Ist es möglich, einen rechtlichen Zweck in Worte zu fassen, so lässt sich entsprechend des Präzisionsgrades der Zwecksetzung auch ein materieller Tatbestand formulieren. Der fundamentale Zusammenhang zwischen Recht und Sprache wird von denen verkannt, die Begrifflichkeiten für austauschbar halten und allein den Zweck als maßgebend betrachten[673]. Zwar haben sich Begriffe und ihre Interpretation stets nach dem Zweck zu richten, unter dessen Vorzeichen der Gesetzgeber den Rechtssatz verabschiedet hat. Dies darf jedoch nicht zu begrifflicher Beliebigkeit führen. Vielmehr sollte ein Rechtssatz die hinter ihm stehende Rechtsnorm möglichst genau wiedergeben[674]. Gerade im traditionell richterrechtlich geprägten Lauterkeitsrecht ist die sprachliche Offenlegung von Wertungen von zentraler Bedeutung für eine sachgerechte und der Kritik zugängliche Entscheidungsfindung[675]. Die sprachliche Ausformulierung einer Generalklausel gewinnt vor diesem Hintergrund an Brisanz. Angesichts ihrer Funktion muss eine Generalklausel die Gratwanderung zwischen Flexibilität und Rechtssicherheit und -klarheit meistern. Es handelt sich um einen besonders sensiblen Balanceakt der Gesetzgebung. Sofern nun gegenüber der Generalklausel in Art. 5 Abs. 2 und ihren Unterdefinitionen ein Mangel an Konkretisierung gerügt wird, ist gleichsam darauf hinzuweisen, dass die Generalklausel ihrer Funktion nach notwendigerweise ein Maß an Offenheit aufweisen muss. Die sprachliche Umschreibung der Unlauterkeit in Art. 5 Abs. 2, Art. 2 lit. h und e, insbesondere der Bezug der beruflichen Sorgfalt zur geschäftlichen Entscheidung des Verbrauchers, bietet eine Richtschnur für die bei der Beurteilung einer Geschäftspraktik zu berücksichtigenden

---

669 *Glöckner/Henning-Bodewig* WRP 2005, 1311, 1328.
670 Harte/Henning/*Glöckner*, Einl. B Rn. 277.
671 So Harte/Henning/*Schünemann*[2], § 3 Rn. 190; Ohly/*Sosnitza*[7], § 3 Rn. 15.
672 *Rüthers/Fischer/Birk*, Rn. 150.
673 So aber *Henning-Bodewig/Schricker* GRUR Int. 2002, 319, 322 – Wie hier kritisch dazu MüKo-UWG/*Micklitz*, EG D Art. 5 Rn. 8.
674 *Rüthers/Fischer/Birk*, Rn. 169.
675 *Beater*, Unlauterer Wettbewerb, Rn. 812–815, 964.

Wertungen und kann deshalb nicht ernsthaft als „nicht operationabel" bezeichnet werden[676]. Vielmehr ist die Einführung einer definitorisch präzisierten Generalklausel als methodischer Fortschritt im Lauterkeitsrecht zu würdigen[677]. Rechtspolitisch kann sie gar als Sternstunde des lauterkeitsrechtlichen Verbraucherschutzes im Unionsrecht bezeichnet werden[678].

Nachvollziehbar ist die Kritik insoweit, als sich in ihr die Übersetzungsproblematik auf Unionsebene wiederspiegelt[679]. Wiederholt wurde im Rahmen dieser Untersuchung auf die z.T. missliche Qualität der deutschen Sprachfassung der UGP-RL eingegangen. Missverständnisse ergeben sich aus der Wortwahl der „Fachkenntnisse", die auf ein fachliches bzw. berufsspezifisches Know how hinzudeuten scheinen und der zirkulären Wiederholung der „Sorgfalt" innerhalb der Sorgfaltsdefinition[680]. Erst der Vergleich zu anderen, präziseren Sprachfassungen zeigt, dass es um spezifisch lauterkeitsrechtliche Kompetenzen und Rücksichtnahmepflichten des Unterneherms geht, die sich wiederum im Kontext der Zwecksetzung und der strukturellen, methodischen Verbundenheit mit dem Erfolgselement des Art. 2 lit. e mit Leben füllen lassen. Der Kritik ist insofern vorzuwerfen, dass sie voreilig an der deutschen Sprachfassung halt macht. Ebenfalls vermag die Kritik an der Einbeziehung des Grundsatzes von Treu und Glauben nicht zu überzeugen, der – über das Vertragsrecht hinaus – nach seinen Grundwertungen die Rücksichtnahme auf schützenswerte Belange anderer postuliert und innerhalb der Sorgfaltsdefinition die Begrenzung auf eine zweckwahrende sowie binnenmarktfunktionale Gegeninteressen berücksichtigende Auslegung gewährleistet[681]. Schließlich ist der vorbezeichneten Kritik auch aus rechtspolitischen Erwägungen zu begegnen. Die Einführung einer neuen, am Schutzzweck der UGP-RL auszurichtenden Begrifflichkeit wirkt etwaigen Ten-

---

676 So auch GK-UWG/*Fritzsche*, § 2 Rn. 675, mit dem Hinweis, dass die Kritik gleichermaßen auch für den Begriff der Unlauterkeit an sich gelten könne.

677 So etwa *Fezer* WRP 2009, 1163, 1167; auch GK-UWG/*Fritzsche*, § 2 Rn. 673, konstatiert die „moderner wirkende Umschreibung" der Unlauterkeit durch den europäischen Gesetzgeber als Fortschritt.

678 So Fezer/Büscher/Obergfell/*Fezer*, Einl. Rn. 289, § 1 Rn. 56; ähnlich zur UGP-RL insgesamt *Micklitz* FS Fezer, S. 835, 836: „Das EU Recht fand eine eigene Sprache, mehr noch eine eigene Konzeption."

679 Eingehend zur Übersetzungsproblematik und der deutschen Sprachfassung *Köhler* FS Fezer, S. 969–976, der den Übersetzern zugespitzt eine Rolle als Gesetzgeber bescheinigt.

680 Dazu S. 107–112.

681 Gegen die Kritik am Grundsatz von Treu und Glauben im Lauterkeitsrecht auch Fezer/*ders.*, § 2 Rn. 18.

denzen entgegen, durch ein bestehendes nationales Vorverständnis die Intention des Richtliniengebers und den Regelungsgehalt der Richtlinie zu untergraben[682].

ee) Zusammenfassung

Das erste Tatbestandselement des Art. 5 Abs. 2 bildet der Verstoß gegen die berufliche Sorgfaltspflicht (lit. a). Dahinter verbergen sich besondere Verhaltensanforderungen an unternehmerische Anbieter in ihrer marktbezogenen Funktion. Berufliche Sorgfalt ist daher nicht als speziell berufsspezifisch einzuordnen, sondern trefflicher und allgemeiner als „unternehmerische" Sorgfalt zu verstehen. Der „Standard an Fachkenntnissen und Sorgfalt" ist streng schutzzweckorientiert und aus Sicht des Verbrauchers zu interpretieren. Es geht dabei nicht um besonderes Fachwissen, sondern um ein verobjektiviertes Maß an spezifisch lauterkeitsrechtlichen Verhaltenspflichten, die sich am Telos der UGP-RL, dem Schutz der Entscheidungsautonomie des Verbrauchers als normativen Ausgangspunkt, auszurichten haben. Im Hinblick auf andere Sprachfassungen der UGP-RL sind sie als unternehmerische Kompetenzen und Rücksichtnahmepflichten gegenüber dem Verbraucher aufzufassen. Branchenspezifische Besonderheiten können berücksichtigt werden. Ebenfalls sind die Verhaltenspflichten auf ein zweckwahrendes Maß zu begrenzen. Die intendierte Verhältnismäßigkeit der Anforderungen ist in der Definition der beruflichen Sorgfalt angelegt („billigerweise", „anständig", „Treu und Glauben").

Als zweites Teilelement des Art. 5 Abs. 2 fungiert die wesentliche Beeinflussung des wirtschaftlichen Verhaltens des Verbrauchers. Die Eignung zur spürbaren Beeinträchtigung der Fähigkeit, eine informierte Entscheidung zu treffen, betrifft zum einen die informationelle Sachkenntnis des Verbrauchers. Dieser muss eine präferenzgerechte Entscheidung auf unverfälschter und ausreichender Informationsgrundlage treffen können. Zum anderen werden über das Abstellen auf die Fähigkeit zur informierten Entscheidung Beeinträchtigungen des Entscheidungsprozesses umfasst. Die Eignung zur Veranlassung zu einer andernfalls nicht getroffenen geschäftlichen Entscheidung korrespondiert mit der Beeinträchtigung der Entscheidungsfähigkeit. Die potentiell andere geschäftliche Entscheidung muss gerade aufgrund des Sorgfaltspflichtverstoßes und der damit einhergehenden beeinträchtigten Entscheidungsfähigkeit getroffen worden sein. Dabei ist die Kausalität normativ durch eine wertende Prognose zu bestimmen.

Beide Teilelemente des Art. 5 Abs. 2 sind normativ miteinander verbunden und gehen fließend ineinander über. Ein schutzzweckorientiert verstandener

---

682 GK-UWG/*Fritzsche*, § 2 Rn. 673.

Sorgfaltspflichtverstoß kann nicht ohne die Auswirkungen des Verhaltens auf die Entscheidungsautonomie des Verbrauchers ermittelt werden. Gedanklich sind die spürbare Beeinträchtigung der Entscheidungsfähigkeit und die potentielle, präferenzwidrige Umlenkung der geschäftlichen Entscheidung bei der Prüfung miteinzubeziehen. Aus diesem Grund kann auch Art. 5 Abs. 2 lit. b neben dem Sorgfaltspflichtverstoß als „Unwertkriterium" die „Relevanz" der Geschäftspraktik nicht gesondert und isoliert bestimmen. Steht die wesentliche Beeinflussung des wirtschaftlichen Verhaltens des Durchschnittsverbrauchers fest, ist das dafür ursächliche unternehmerische Verhalten zwangsläufig als Verstoß gegen die berufliche Sorgfalt zu werten. Begrifflich ist in Art. 5 Abs. 2 lit. a von „Verhaltenselement" und in Art. 5 Abs. 2 lit. b von „Erfolgselement" der Unlauterkeit auszugehen, die erst zusammenhängend den „Unwert" der Geschäftspraktik, namentlich: die Unlauterkeit, begründen.

b) Irreführung als Abbild der Generalklausel

Das lauterkeitsrechtliche Irreführungsverbot schützt die Entscheidungsgrundlage der Marktgegenseite vor Verfälschungen. Es gründet zwar im Wahrheitsgebot,[683] geht aber über bloße Unwahrheiten hinaus. Art. 6 Abs. 1 stellt ausdrücklich auf Täuschungen des Verbrauchers „in irgendeiner Weise" ab.

aa) Art. 6 Abs. 1

(1) Verhaltenselement

Art. 6 Abs. 1 nennt zwei Arten von Verhaltensweisen, die eine Irreführung begründen können. Zum einen falsche und damit unwahre Angaben, zum anderen Verhaltensweisen, die in irgendeiner Weise geeignet sind, den Verbraucher zu täuschen. Bezugspunkt letztgenannter Variante ist die Liste in Art. 6 Abs. 1 lit. a–g[684]. Zu fragen ist, inwiefern diese Verhaltensweisen als Verletzung der gebotenen Sorgfalt gem. Art. 5 Abs. 2 lit. a, Art. 2 lit. h, also als ein inkompetentes und/oder

---

683 Fezer/Büscher/Obergfell/*Peifer*/*Obergfell*, § 5 Rn. 1.

684 *Becker* WRP 2015, 139, 140; *Stillner* WRP 2015, 438, 441. – Umstritten ist, ob dieser abschließenden Charakter hat. Dafür u. a. Harte/Henning/*Dreyer*, § 5 Rn. 95; Götting/Nordemann/*Axel Nordemann*², § 5 Rn. 0.8; Gloy/Loschelder/Erdmann/*Helm*, § 59 Rn. 4; *Koch*, S. 47. – Dagegen u. a. GK-UWG/*Lindacher*, § 5 Rn. 306; MüKo-UWG/*Micklitz*, EG D Art. 6 Rn. 68; Köhler/*Bornkamm*³³, § 5 Rn. 1.25b; Fezer/Büscher/Obergfell/*Peifer*/*Obergfell*, § 5 Rn. 270; Ohly/*Sosnitza*⁶, § 5 Rn. 228; *Wiring* NJW 2010, 580, 581 f. Praktisch dürfte der Streit unerheblich sein, zumal kaum Konstellationen denkbar wären, die nicht von Art. 6 Abs. 1 erfasst wären und selbst bei Nichteingreifen des Art. 6 Abs. 1 der Weg über Art. 5 Abs. 2 offen stünde. So auch *Haberkamm*, S. 108; *Koch*, S. 47.

rücksichtsloses Verhalten gegenüber dem Verbraucher und seinem geschützten Interesse an einer autonomen Entscheidung zu werten sind.

In Bezug auf die zweite Irreführungsvariante, die in *irgendeiner Weise* erfolgen kann, scheint dies problematisch, zumal hierzu auch sachlich richtige Angaben zählen können[685]. Zusätzlich heißt es im Tabestand des Art. 6 Abs. 1, dass dieses Verhalten in irgendeiner Weise den Verbraucher täuschen oder zu täuschen geeignet sein muss. Unter einer Täuschung ist eine Fehlvorstellung über Tatsachen zu verstehen, infolge dessen der Verbraucher seiner Entscheidung ein falsches Verständnis der Sachlage zugrunde legt[686]. Die Täuschungseignung, die zwingend in die Beurteilung des irgendwie gearteten Verhaltens einbezogen werden muss, um dieses als irreführend einzustufen, stellt nichts anderes als die Beeinträchtigung der Fähigkeit des Verbrauchers, eine informierte Entscheidung zu treffen i.S.v. Art. 2 lit. e dar. Um eine an seinen Präferenzen orientierte geschäftliche Entscheidung treffen zu können, muss der Verbraucher über eine hinreichende und inhaltlich zutreffende Sachkenntnis verfügen[687]. Sobald sein Vorstellungsbild jedoch eine inkorrekte Sachlage in Bezug auf einen entscheidungserheblichen Punkt widerspiegelt, geht die vom Verbraucher getroffene geschäftliche Entscheidung potentiell an seinen Präferenzen vorbei. Die Täuschung bzw. Täuschungseignung reflektiert daher das Merkmal der Beeinträchtigung der Fähigkeit, eine informierte Entscheidung zu treffen, wie sie sich in Sachverhaltskonstellationen irreführender Geschäftspraktiken wiederfindet. Damit erfolgt im Kontext der Täuschung „auf irgendeine Weise“ eine zwingende Verknüpfung des Verhaltenselements mit dem Erfolgselement der Beeinträchtigung der Fähigkeit zur informierten Entscheidung, um die Verhaltensweise als spezifisch lauterkeitsrechtlich inkompetent bzw. rücksichtslos gegenüber den geschützten Verbraucherinteressen zu werten. Das hiesige Verständnis der methodischen Struktur der Generalklausel schlägt auch hier durch.

Aufgrund der Beurteilung der irgendwie irreführenden Verhaltensweise über das Merkmal der Täuschungseignung kommt es entscheidend darauf an, wie der Verbraucher die Verhaltensweise versteht. Über die Berücksichtigung „aller Umstände ihrer Präsentation“ wird dabei eine weitreichende und auch nötige Flexibilität gewährleistet. Besonders deutlich wird dies vor dem Hintergrund, dass ausdrücklich auch sachlich richtige Angaben eine irreführende Geschäftspraktik darstellen können, so z. B. durch Werbung mit Selbstverständlichkeiten, die beim Verbraucher die Vorstellung einer Besonderheit des Angebots des Werbenden

685 Allerdings bedarf es für diese Irreführungsvariante keiner Angabe. Es genügt bereits eine Täuschung in irgendeiner Weise; siehe *Becker* WRP 2015, 139, 140; *Stillner* WRP 2015, 438, 441.
686 Dazu Fezer/Büscher/Obergfell/*Peifer*/*Obergfell*, § 5 Rn. 233.
687 Dazu S. 117–120.

erzeugen, die jedoch auch bei Konkurrenzprodukten oder anderen Anbietern gleichermaßen vorliegen. Die UGP-RL umfasst derartige Fälle in Bezug auf gesetzliche Verbraucherrechte in Nr. 10 Anhang I. Im Lichte des Art. 34 AEUV ist bei wahren Werbeangaben nicht zuletzt eine restriktive Handhabung des Irreführungsverbots geboten[688]. Sie dürften vom Durchschnittsverbraucher regelmäßig schon gar nicht falsch verstanden werden[689]. Diese Annahme trägt auch Art. 5 Abs. 3 S. 2, der die Sonderbehandlung besonders gefährdeter Verbrauchergruppen von üblichen und rechtmäßigen Werbepraktiken, übertriebenen oder nicht wörtlich zu nehmenden Behauptungen unberührt lässt[690]. In entsprechendem Maße kann auch erwartet werden, dass der Durchschnittsverbraucher wahre Werbeangaben überwiegend zutreffend einordnet.

Die erste Variante irreführenden Verhaltens bezeichnet Art. 6 Abs. 1 als die falsche und damit unwahre Angabe. Eine zumindest bestehende Eignung zur Täuschung des Verbrauchers, wie bei der Irreführung „auf irgendeine Weise", wird hingegen nicht gefordert. Rein vom Wortlaut her entsteht der Eindruck, dass allein die Falschangabe als Verhaltenselement dieser Irreführungsmodalität ausreicht[691]. In der deutschen Literatur wird hingegen im Hinblick auf die Umsetzung des Art. 6 Abs. 1 in § 5 Abs. 1 S. 2 z.T. die Auffassung befürwortet, dass auch bei Falschangaben die Eignung zur Täuschung entscheidend ist[692]. Diese Streitfrage ist für die hiesige Untersuchung nicht unbedeutend, da hier die These vertreten wird, dass sich der gesamte materielle Gehalt des Art. 5 Abs. 2 in den Art. 6–9 niederschlägt. Dementsprechend müsste die Täuschungseignung – und deshalb die Beeinträchtigung der Fähigkeit des Verbrauchers, eine informierte Entscheidung zu treffen – auch bei reinen Falschangaben verwirklicht sein. Zur Auflösung der Fragestellung ist das Verhaltenselement der Falschangabe mit den weiteren Kriterien des Art. 6 Abs. 1, der Veranlassung des Verbrauchers zu einer geschäftlichen Entscheidung, die er sonst nicht getroffen hätte sowie dem Durchschnittsverbrauchermodell unter Berücksichtigung des Art. 5 Abs. 3 S. 2 zu verknüpfen.

---

688 MüKo-UWG/*Micklitz*, EG D Art. 6 Rn. 67.

689 GK-UWG/*Lindacher*, § 5 Rn. 135; Köhler/*Bornkamm*[33], § 5 Rn. 2.116; *Apostolopoulos* GRUR Int. 2005, 292, 294.

690 Hierauf hinweisend MüKo-UWG/*Micklitz*, EG D Art. 6 Rn 67.

691 So denn auch Fezer/Büscher/Obergfell/*Peifer*/*Obergfell*, § 5 Rn. 234; *Glöckner*/*Henning-Bodewig* WRP 2005, 1311, 1330.

692 jurisPK-UWG/*Link*, § 5 Rn. 154: unwahre Angabe nur eine der möglichen zur Täuschung geeigneten Angaben; Gloy/Loschelder/Erdmann/*Helm*, § 59 Rn. 98; *Sosnitza* WRP 2008, 1014, 1028.

Insbesondere die Eignung zur Entscheidungsbeeinflussung spielt eine gewichtige Rolle. Gerade aufgrund der Falschangabe muss der Verbraucher eine Entscheidung treffen, die er sonst nicht getroffen hätte. Nach hiesigem Verständnis der normativen Zusammenhänge von Verhaltens- und Erfolgselement lassen sich daraus zwei Erkenntnisse ableiten. Die Falschangabe ist erst dann als sorgfaltswidrig und damit inkompetent und/oder rücksichtslos zu werten, wenn der Verbraucher gemessen an seinen Präferenzen potentiell eine geschäftliche Fehlentscheidung trifft. Ist dies nicht der Fall, kann die Falschangabe auch nicht als sorgfaltswidrig gewertet werden, da das geschützte Verbraucherinteresse an einer autonomen Entscheidung nicht tangiert wird. Dies ermöglicht einen Rückschluss auf die in Frage stehende Täuschung bzw. Täuschungseignung beim Verbraucher. Trifft dieser aufgrund der Falschangabe, die nun seine Entscheidungsgrundlage (auch) mitbestimmt, eine geschäftliche Entscheidung an seinen Präferenzen vorbei, so ist dessen Fähigkeit zu einer *informierten*, d.h. auf ausreichender und *zutreffender* Sachkenntnis basierenden Entscheidung *zwangsläufig* beeinträchtigt. Die Fehlentscheidung aufgrund der Falschangabe schließt die Täuschung bzw. Täuschungseignung denknotwendig mit ein. Im Umkehrschluss ist es kaum denkbar, dass eine unwahre Angabe, die nicht täuschungsgeeignet ist, den Verbraucher zu einer Fehlentscheidung veranlassen kann[693]. Dies reflektiert auch die UGP-RL unter Zugrundelegung des Durchschnittsverbraucherleitbilds und dem damit zusammenhängenden Hinweis in Art. 5 Abs. 3 S. 2, dass übertriebene oder nicht wörtlich zu nehmende Behauptungen als rechtmäßige Werbepraxis gelten. Sind demnach Falschangaben für den Verbraucher *erkennbar* unwahr, wird er dadurch auch zu keiner anderweitigen Entscheidung veranlasst werden können.

Es bleibt festzuhalten: Die Täuschungseignung ergibt sich im normativen Zusammenhang der Tatbestandsmerkmale des Art. 6 Abs. 1 im Kontext von Falschangaben zwangsläufig bzw. ist dem Art. 6 Abs. 1 inhärent[694]. Insofern ist die Nichterwähnung der Täuschungseignung bzw. der Beeinträchtigung der Fähigkeit, eine informierte Entscheidung zu treffen, unschädlich. Der Streit, ob das Merkmal der Täuschungseignung im Rahmen des Art. 6 Abs. 1 bei unwahren Angaben zusätzlich zu prüfen ist oder nicht, verliert angesichts der dargestellten normativen Interdependenzen zwischen Falschangabe, anders getroffener Entscheidung und Durchschnittsverbrauchermodell an Bedeutung. Materiell ist die Täuschung bzw. Täuschungseignung bei Vorliegen sämtlicher Tatbestandsmerkmale von Art. 6 Abs. 1 zwangsläufig erfüllt. Im Ergebnis findet sich die General-

693 So auch *Wiring* NJW 2010, 580, 581.
694 Nach *Drews*, S. 67, ist der gesamte Art. 2 lit. e dem Art. 6 Abs. 1 „einverleibt“.

klausel des Art. 5 Abs. 2 auch bei der Irreführungsvariante durch Falschangaben materiell vollständig in Art. 6 Abs. 1 wieder.

(2) Erfolgselement

Das in Art. 6 Abs. 1 genannte Erfolgselement der zumindest voraussichtlichen Veranlassung zu einer geschäftlichen Entscheidung, die der Verbraucher ansonsten nicht getroffen hätte, entspricht Art. 5 Abs. 2 lit. b, Art. 2 lit. e[695]. Zwar fehlt eine gesonderte Erwähnung der Beeinträchtigung der Fähigkeit, eine informierte Entscheidung zu treffen. Allerdings hat die Analyse der Verhaltenselemente des Art. 6 Abs. 1 und ihrer normativen Zusammenhänge gezeigt, dass das Beeinflussungskriterium des Art. 2 lit. e in der Täuschungseignung bei Irreführungen „in irgendeiner Weise“ abgebildet wird. Diese Täuschungseignung ist darüber hinaus bei unwahren Angaben und der darauf gründenden Veranlassung zu einer an den eigenen Präferenzen vorbeigehenden Entscheidung unter Zugrundelegung des Durchschnittsverbrauchermodells dem Tatbestand des Art. 6 Abs. 1 inhärent. Art. 5 Abs. 2 lit. b, Art. 2 lit. e sind in materieller Hinsicht vollständig in Art. 6 Abs. 1 enthalten.

bb) Art. 6 Abs. 2

Art. 6 Abs. 2 führt über Abs. 1 hinaus zwei weitere Ausprägungen irreführender Geschäftspraktiken an. Beide Varianten haben gemein, dass sie zumindest geeignet sein müssen, den Durchschnittsverbraucher unter Berücksichtigung aller tatsächlichen Umstände zu einer geschäftlichen Entscheidung zu veranlassen, die er ansonsten nicht getroffen hätte. Abs. 2 fordert daher ebenfalls, dass die von ihm genannten Verhaltensweisen das Potential aufweisen müssen, den Verbraucher zu einer Entscheidung, die an seinen Präferenzen vorbei geht, zu aktivieren. Eine Täuschung bzw. Täuschungseignung wird vom Wortlaut hingegen nicht gefordert[696]. Es ist daher zu untersuchen, ob sich Art. 5 Abs. 2 inhaltlich und strukturell auch in Art. 6 Abs. 2 niederschlägt.

---

695 So auch Harte/Henning/*Dreyer*, § 5 B Rn. 158; *Koch*, S. 46; *Haberkamm*, S. 108; *Omsels* WRP 2016, 553, 555.

696 MüKo-UWG/*Micklitz*, EG D Art. 6 Rn. 79.

(1) lit. a: Begründen einer Verwechslungsgefahr

Art. 6 Abs. 2 lit. a erfasst jegliche Arten irreführender Produktvermarktungen einschließlich vergleichender Werbung, die eine Verwechslungsgefahr mit einem anderen Produkt, Warenzeichen, Warennamen oder anderen Kennzeichen eines Mitbewerbers begründet. Die Vorschrift zieht der Imitationswerbung Grenzen, die sich aus dem Lauterkeitskonzept der UGP-RL und dem Schutz der Verbraucher an einer autonomen Entscheidung ergeben, stellt jedoch gleichzeitig die Rechtmäßigkeit der Imitationswerbung als solcher klar[697]. Als Verhaltenselement steht zunächst die Produktvermarktung des Unternehmers, einschließlich vergleichender Werbung im Fokus. Für sich genommen kann ein solches Verhalten keinen Verstoß gegen die berufliche Sorgfalt, also eine Nichtbeachtung der geschützten Verbraucherinteressen, darstellen. Entscheidendes Merkmal ist die im Zusammenhang mit dem unternehmerischen Verhalten zu betrachtende Verwechslungsgefahr der Marketingmaßnahme. Eine Verwechslungsgefahr ist dann anzunehmen, wenn die Öffentlichkeit bzw. der Verbraucher glauben könnte, dass die betreffenden Waren oder Dienstleistungen aus demselben Unternehmen oder jedenfalls aus wirtschaftlich verbundenen Unternehmen stammen[698]. Damit einhergehend ist bei der Prüfung einer Verwechslungsgefahr zu fragen, ob die durch das Produkt oder die Kennzeichnung symbolisierte Qualitäts- oder Ruferwartung für die Marktentscheidung des angesprochenen Verbrauchers relevant ist, so dass diesbezügliche Verwechslungen die Gefahr einer auf *fehlerhafter Grundlage* getroffenen Marktentscheidung nach sich ziehen können[699].

Stellt man die inhaltlichen Anforderungen der Verwechslungsgefahr denen des Art. 2 lit. e gegenüber, so werden die Parallelen deutlich: Fehlvorstellungen über die kommerzielle Herkunft des Produkts berühren die informationelle Basis der Verbraucherentscheidung. Ordnet der Verbraucher das beworbene Produkt fälschlicherweise einem anderen Unternehmer als dem tatsächlich Werbenden zu, bildet diese Fehlvorstellung seine Entscheidungsgrundlage. Er trifft die Entscheidung auf Grundlage *unzutreffender* Sachkenntnis. Genau damit wird aber die Fähigkeit des Verbrauchers, eine informierte Entscheidung i.S.v. Art. 2 lit. e (ausreichende und korrekte Information) zu treffen, beeinträchtigt. Insofern reflektiert das Merkmal der Verwechslungsgefahr die Beeinträchtigung der Fähig-

---

697 So MüKo-UWG/*Micklitz*, EG D Art. 6 Rn. 80. Dazu auch ErwGr 14 S. 5: „Mit dieser Richtlinie wird nicht beabsichtigt, die Wahl für die Verbraucher einzuschränken, indem die Werbung für Produkte, die anderen Produkten ähneln, untersagt wird, es sei denn, dass diese Ähnlichkeit eine Verwechslungsgefahr für die Verbraucher hinsichtlich der kommerziellen Herkunft des Produkts begründet und daher irreführend ist."

698 EuGH GRUR 2008, 698 Tz. 59 – *O2 Holdings/Hutchinson.*

699 Fezer/Büscher/Obergfell/*Peifer*/*Obergfell*, § 5 Rn. 430.

keit, eine informierte Entscheidung zu treffen i.S.v. Art. 2 lit. e in der speziellen Konstellation der Imitationswerbung. Und auch strukturell passt sich lit. a in das hiesige Verständnis der normativen Zusammenhänge zwischen Verhaltens- und Erfolgselement einer unlauteren Geschäftspraktik ein, da die Sorgfaltswidrigkeit des Verhaltens zwingendermaßen nur über die gleichzeitige Einbeziehung des Erfolgselements – Beeinträchtigung der Fähigkeit zur informierten Entscheidung und Veranlassung zu anderweitiger Entscheidung – festgestellt werden kann. Im Ergebnis fügt sich Art. 6 Abs. 2 lit. a sowohl materiell als auch strukturell in Art. 5 Abs. 2 ein.

(2) lit. b: Nichteinhaltung von Verhaltenskodizes bei ausdrücklichem Hinweis

Als Verhaltenselement hat lit. b die Nichteinhaltung von Verpflichtungen zum Gegenstand, die sich der Unternehmer im Rahmen von Verhaltenskodizes auferlegt hat, wenn der Unternehmer im Rahmen der Geschäftspraktik darauf hinweist, dass er durch den Kodex gebunden ist. Es darf sich dabei nicht um Absichtserklärungen, sondern muss sich um eindeutige Verpflichtungen handeln, deren Einhaltung nachprüfbar ist. Der im Zusammenhang mit der Geschäftspraktik erfolgende Hinweis, durch den Kodex gebunden zu sein, mutiert durch die Nichteinhaltung der Verpflichtung zur indirekten Falschangabe: Über den Hinweis auf die Bindung an den Kodex wird beim Verbraucher das Vertrauen auf die Beachtung von Verhaltenskodexpflichten geweckt, welches sich durch die Nichteinhaltung als unwahr herausstellt[700].

Auch hier scheint die Frage nach der Täuschung bzw. Täuschungseignung offen. Strukturell ergibt sich diese jedoch implizit aus dem normativen Zusammenhang des Verhaltenselements in lit. b mit dem Erfolgselement in Abs. 2. Als indirekte Falschangabe ist der Hinweis auf in Wirklichkeit nicht eingehaltene Verpflichtungen aus einem Verhaltenskodex mit unwahren Angaben i.S.v. Abs. 1 vergleichbar. Der Verbraucher muss *durch* den Hinweis potentiell veranlasst sein, eine geschäftliche Entscheidung zu treffen, die er sonst nicht getroffen hätte. Informationelle Grundlage für diese Entscheidung bildet (auch) zwangsläufig die Fehlvorstellung des Verbrauchers über die Einhaltung des Kodex durch den Unternehmer, da die Entscheidung schließlich auf dem indirekt unwahren Hinweis basieren muss[701]. Eine verpflichtende Bindung an einen Kodex suggeriert eine gewisse Seriösität des Unternehmers und/oder der Produktqualität[702] und ist

700 GK-UWG/*Lindacher*, § 5 Rn. 1055.
701 Zur normativen Kausalität zwischen Verhaltens- und Erfolgselement S. 116 – 121.
702 GK-UWG/*Lindacher*, § 5 Rn. 1066; *Beater*, Unlauterer Wettbewerb, Rn. 1274.

daher für die Entscheidung des Verbrauchers potentiell von besonderem Gewicht. Diese vom Unternehmer verursachte implizite Fehlvorstellung ist jedoch nichts anderes als eine *Täuschung* und damit eine Beeinträchtigung der Fähigkeit, eine informierte, d. h. insbesondere auf zutreffender Sachkenntnis beruhende geschäftliche Entscheidung zu treffen. Ebenso wie bei Falschangaben nach Art. 6 Abs. 1 ist die Täuschung bzw. Täuschungseignung dem Tatbestand des Art. 6 Abs. 2 lit. b inhärent. Art. 6 Abs. 2 lit. b bringt sämtliche Merkmale des Art. 5 Abs. 2 zur Anwendung.

Im Ergebnis verkörpert Art. 6 die Wertungen des Art. 5 Abs. 2 und dessen Tatbestandselemente hinsichtlich der Unverfälschtheit der Entscheidungsgrundlage des Verbrauchers. Beide Vorschriften sind normativ konvergent.

c) Vorenthalten von wesentlichen Informationen als Abbild der Generalklausel

aa) Dogmatische Abgrenzung zur Irreführung

Die Irreführung gem. Art. 6 und das Vorenthalten von Informationen nach Art. 7 haben einen gemeinsamen Bezugspunkt: Beide Vorschriften schützen die Entscheidungsgrundlage des Verbrauchers. Dieser soll eine „informierte" geschäftliche Entscheidung treffen können.

Im deutschen Lauterkeitsrecht war aufgrund der historischen, deliktsrechtlichen Konzeption des Irreführungsverbots dessen Verwirklichung sowohl durch positives Tun als auch durch Unterlassen seit jeher anerkannt. Bloßes Schweigen war nicht ausreichend. Vielmehr bedurfte es für ein mit positivem Tun gleichwertiges Unterlassen einer haftungsbegründenden Rechtspflicht zum Handeln, namentlich eine Aufklärungspflicht des Werbenden[703]. Aufklärungspflichten entsprachen nicht einer allgemeinen Offenlegungspflicht über das konkrete Angebot, sondern ergaben sich generell aus einer etwaigen besonderen Bedeutung einer Tatsache für die Verbraucherentscheidung, wenn das Verschweigen geeignet war, eine lauterkeitsrechtliche *Irreführung* hervorzurufen[704]. Methodisch blieben die restriktiv gehandhabten Irreführungen durch Unterlassen dem Wahrheitsgrundsatz verhaftet und waren dementsprechend stets durch eine zu beseitigende Fehlvorstellung des Verbrauchers bedingt[705]. Allgemeine Informationspflichten waren jedoch mit dem als Desinformationsverbot konzipierten Irreführen durch Unterlassen nicht verbunden bzw. konnten keine Rechtsgrundlage hierfür bil-

---

703 BGH GRUR 1964, 269, 271 – *Grobdesin*; GRUR 1985, 450, 451 – *Benzinverbrauch*; MüKo-UWG/*Alexander*, § 5a Rn. 6; Harte/Henning/*Dreyer*, § 5a Rn. 9; *Fezer* WRP 2007, 1021, 1024.

704 MüKo-UWG/*Alexander*, § 5a Rn. 7; Fezer/Büscher/Obergfell/*Obergfell*, § 5a Rn. 3; Köhler/*Bornkamm*[33], § 5a Rn. 1; *Fezer* WRP 2007, 1021, 1024.

705 Harte/Henning/*Dreyer*, § 5a Rn. 9; *Fezer* WRP 2007, 1021, 1024.

den[706]. Gleiches galt auch für § 5 Abs. 2 S. 2 UWG 2004. Grundvoraussetzung bildete und bildet stets eine Gefahr der Irreführung.

Art. 7 geht konzeptionell einen anderen Weg, indem die Vorschrift ein konditioniertes Informationsgebot statuiert, welches *unabhängig von Fehlvorstellungen* des Verbrauchers besteht[707]. In methodischer Hinsicht ist nicht maßgeblich, ob das Vorstellungsbild des Verbrauchers tatsächlich unzutreffend ist, sondern dass dieser *unzureichend* informiert ist[708]. Das Informationsgebot gründet in der Bekämpfung auf Informationsasymmetrie beruhender Marktintransparenz[709]. Der Verbraucher soll seine geschäftliche Entscheidung nicht nur auf zutreffender, sondern auch auf ausreichender Sachkenntnis treffen können. Vorliegend soll die Unterschiedlichkeit beider Ansätze in Bezug auf den Schutz der Entscheidungsgrundlage kurz veranschaulicht werden. Die Irreführung durch positives Tun oder gleichwertiges Unterlassen wirkt gewissermaßen „manipulierend" auf das Vorstellungsbild des Verbrauchers ein. Sie erzeugt eine Fehlvorstellung beim Verbraucher bzw. erhält diese aufrecht, so dass dessen informationelle Entscheidungsbasis unzutreffend ist. Irreführungsschutz lässt sich daher als am Wahrheitsgebot ausgerichteter *qualitativer* Schutz der Entscheidungsgrundlage charakterisieren. Demgegenüber beruht das lauterkeitsrechtliche Vorenthalten von Informationen auf einer anderen Perspektive. Hier wird – entgegen der Irreführung – gerade nicht auf das Vorstellungsbild des Verbrauchers eingewirkt. Dieses wird überhaupt nicht tangiert. Die Beeinträchtigung der Entscheidungsgrundlage besteht vielmehr darin, dass diese ohne die gebotene Information verkürzt ist, so dass der Verbraucher seine Entscheidung nicht auf Grundlage aller Informationen treffen kann, die er für eine präferenzgerechte Entscheidung benötigt. Als reines Informationsgebot greift Art. 7 auch dann, wenn der Verbraucher sich über den fraglichen Umstand gar keine Gedanken macht[710]. Der Verstoß gegen das Informationsgebot ist die Verletzung eines Handlungsgebots und damit ein Handlungsdelikt[711]. Zwar weist das Informationsgebot auch qualitative Elemente auf, da die vorenthaltene Information wesentlich sein muss und damit eine Wertung nach sich zieht. Vordergründig hat es aber eine *quantitative* Dimension,

---

706 BGH GRUR 1985, 450, 451 – *Benzinverbrauch*; *Lindacher* FS Spellenberg, S. 43; *Fezer* WRP 2007, 1021, 1024; *ders.* WRP 2006, 781, 787; *Ahrens* GRUR 1991, 500, 504.

707 GK-UWG/*Lindacher*, Vor §§ 5, 5a Rn. 115; MüKo-UWG/*Alexander*, § 5a Rn. 30; *ders.* GRUR Int. 2012, 1, 4; Köhler/*Bornkamm*[33], § 5a Rn. 6a; Harte/Henning/*Dreyer*, § 5a Rn. 21; *Haberkamm*, S. 109; *Fezer* VuR 2015, 289, 292.

708 MüKo-UWG/*Alexander*, § 5a Rn. 36; *ders.* GRUR Int. 2012, 1, 3 f.

709 GK-UWG/*Lindacher*, Vor §§ 5, 5a Rn. 115; *ders.* FS Spellenberg, S. 43, 44; Fezer/Büscher/Obergfell/*Obergfell*, § 5a Rn. 5.

710 GK-UWG/*Lindacher*, Vor §§ 5, 5a Rn. 128.

711 GK-UWG/*Lindacher*, § 5a Rn. 10; Fezer/*Peifer*, § 5a Rn. 4; *ders.* ZLR 2011, 161, 162 f.

da es auf den Umfang der benötigten Informationen fokussiert. Die Einführung eines solchen Schutzes der Entscheidungsgrundlage stellt ein lauterkeitsrechtliches Novum dar und wird zu Recht als Paradigmenwechsel bezeichnet[712].

Unabhängig vom Informationsgebot des Art. 7 bleibt die Möglichkeit von Irreführungen durch Unterlassen methodisch weiterhin bestehen. Insbesondere gilt dies in den Fällen, in denen eine zunächst zutreffende positive Angabe durch Veränderung der tatsächlichen Umstände nachträglich unrichtig wird und nachwirkend irreführt, oder Reden und Schweigen gerade in ihrer Verknüpfung irreführende Wirkung entfalten (der Werbende preist die Vorzüge seines Produkts an, verschweigt aber gleichzeitig eventuelle Nachteile)[713]. Letztgenannte Konstellation wird zwar auch unter Berücksichtigung des Gesamtgeschehens (zu Recht) mit dem Setzen einer lückenhaften Angabe als Irreführung durch positives Tun aufgefasst[714]. Vom Ergebnis her macht das Abstellen auf ein Tun oder Unterlassen jedoch keine Unterschiede, solange auf das Kriterium der „konkreten Irreführungsgefahr“ und damit auf die Fehlvorstellung des Verbrauchers rekurriert wird[715]. Jedenfalls ist der Ansicht zuzustimmen, wonach Art. 7 als reines Informationsgebot zu behandeln ist und die Irreführung durch Tun *und* Unterlassen allein von Art. 6 umfasst werden soll, um den *Aliud-Charakter* beider Schutzansätze als Informationsgebot einerseits und Desinformationsverbot andererseits zu wahren[716]. Die Vorschriften lassen diese Einordnung – entgegen der hinsichtlich ihres methodischen Ansatzes ihrerseits irreführenden Überschriften als „Irreführende Handlungen“ und „Irreführende Unterlassungen“ – uneingeschränkt zu, da zum einen Geschäftspraktiken auch ein Unterlassen bzw. jegliche Verhaltensweisen umfassen, zum anderen Art. 6 in seiner zweiten Irreführungsvariante auf eine Täuschung „in irgendeiner Weise“ abstellt, die auch durch Verschweigen herbeigeführt bzw. aufrecht erhalten werden kann. Zu erklären ist die in der UGP-RL gewählte Zuordnung dahingehend, dass das europäische Lauterkeitsrecht

---

712 So etwa *Fezer* WRP 2006, 781, 787; *ders.* WRP 2007, 1021, 1027; *ders.* WRP 2010, 577, 581; *Keßler/Micklitz* VuR 2009, 88, 92; ähnlich Köhler/*Bornkamm*[33], § 5a Rn. 2. – Anders MüKo-UWG/*Alexander*, § 5a Rn. 39 f., der auch im alten Recht den Zugang zu Informationen vom UWG abgedeckt sieht, dabei allerdings den entscheidenden Unterschied des Informationsgebots – die Unabhängigkeit von Fehlvorstellungen des Verbrauchers – ausblendet.

713 GK-UWG/*Lindacher*, Vor §§ 5, 5a Rn. 116 f.

714 Insbesondere GK-UWG/*Lindacher*, Vor §§ 5, 5a Rn. 119 f.; *ders.* FS Spellenberg, S. 43, 44 f.; Fezer/Büscher/Obergfell/*Obergfell*, § 5a Rn. 4; ähnlich *Bergmann* FS Krämer, S. 163, 168; *Bornkamm* WRP 2012, 1, 2 f.

715 MüKo-UWG/*Micklitz*, EG D Art. 7 Rn. 11; Harte/Henning/*Glöckner*, Einl. B Rn. 318 und denn auch GK-UWG/*Lindacher*, Vor §§ 5, 5a Rn. 119.

716 GK-UWG/*Lindacher*, Vor §§ 5, 5a Rn. 124; *ders.* FS Spellenberg, S. 43, 46 f.; *Fezer* WRP 2007, 1021, 1026, 1028 f.

bislang keine „Verletzung von Marktverhaltensregelungen" kennt und das Informationsgebot als Schutz der Entscheidungsgrundlage naheliegenderweise der Irreführung zugeschlagen wird, wobei die Verletzung des Informationsgebots auf der Rechtsfolgenseite wie eine positive Irreführung behandelt wird. Eine Irreführung wird daher lediglich fingiert[717].

Irreführungsverbot und Informationsgebot können sich in ihren Anwendungsbereichen überschneiden. Denkbar sind Fälle, in denen der Verbraucher durch das Verschweigen eines Umstands tatsächlich einer Fehlvorstellung unterliegt und dieser Umstand gleichzeitig – unabhängig von der tatsächlichen Fehlvorstellung – als wesentliche Information vorenthalten wird[718]. Art. 6 und Art. 7 treten dann in Konkurrenz, wobei zur Bejahung der Unlauterkeit nur eine der beiden Normen verwirklicht sein muss[719]. Die Gegenansicht, die darauf abstellt, dass hinsichtlich ein und derselben Information nicht gleichzeitig ein Tun und Unterlassen verwirklicht sein kann,[720] verkennt, dass eine Verletzung des Informationsgebots methodisch gerade kein Unterlassen, sondern ein Handlungsdelikt darstellt. Zudem richtet sie sich in ihrer Argumentation zu sehr nach dem deutschen Gesetzestext, der jedoch die Regelungen der UGP-RL unzutreffend wiedergibt[721]. Entscheidendes Merkmal für eine Abgrenzung zwischen Irreführung und Vorenthalten von Informationen sollte hingegen die Frage nach der konkreten Fehlvorstellung des Verbrauchers bilden (dann ist ggf. – unbeschadet des Art. 7 – Art. 6 einschlägig).

bb) Vorenthalten von Informationen nach Art. 7 Abs. 1–3

Gem. Art. 7 Abs. 1 gilt eine Geschäftspraktik als irreführend, wenn sie im konkreten Fall unter Berücksichtigung aller tatsächlichen Umstände und der Beschränkungen des Kommunikationsmediums wesentliche Informationen vorenthält, die

---

717 GK-UWG/*Lindacher*, Vor §§ 5, 5a Rn. 125; *ders.* FS Spellenberg, S. 43, 46 f.; Fezer/Büscher/Obergfell/*Obergfell*, § 5a Rn. 13; *Peifer* WRP 2008, 556, 559; *Fezer* WRP 2007, 1021, 1029.

718 Köhler/*Bornkamm*[33], § 5a Rn. 7d; *ders.* WRP 2012, 1, 3; jurisPK-UWG/*Seichter*, § 5a Rn. 26.

719 GK-UWG/*Lindacher*, Vor §§ 5, 5a Rn. 128, § 5a Rn. 11; *ders.* FS Spellenberg, S. 43, 48 f.

720 Dazu etwa Harte/Henning/*Dreyer*, § 5a Rn. 2–29; Gloy/Loschelder/Erdmann/*Helm*, § 59 Rn. 122.

721 Insbesondere Harte/Henning/*Dreyer*, § 5 Rn. 60–64, stellt zu eng auf den Begriff der „Angabe" ab, der über ein bloßes Schweigen nicht verwirklicht werden könne und fordert hierfür ein „sprechendes" Verschweigen. Maßgeblicher Unterschied zwischen Art. 6 und 7 ist jedoch die nicht erforderliche Fehlvorstellung des Verbrauchers bei Art. 7. Zudem kommt es nach Art. 6 für eine Irreführung auch nicht strikt auf eine „Angabe" an, sondern – denkbar weit gefasst – auf eine Geschäftspraktik, die den Verbraucher „in irgendeiner Weise" täuscht oder zu täuschen geeignet ist. – Darauf explizit hinweisend *Becker* WRP 2015, 139, 140; *Stillner* WRP 2015, 438, 441.

der durchschnittliche Verbraucher je nach den Umständen benötigt, um eine informierte geschäftliche Entscheidung zu treffen, und die somit einen Durchschnittsverbraucher zu einer geschäftlichen Entscheidung veranlasst oder zu veranlassen geeignet ist, die er sonst nicht getroffen hätte.

(1) Verhaltenselement

Das Verhaltenselement des Art. 7 Abs. 1 ist generalklauselartig gekennzeichnet als das Vorenthalten wesentlicher Informationen, die der Verbraucher je nach den Umständen unter Berücksichtigung des Kommunikationsmediums benötigt, um eine informierte Entscheidung zu treffen. Zur Bestimmung der Sorgfaltswidrigkeit bzw. Inkompetenz und/oder Rücksichtslosigkeit des Vorenthaltens[722] kommt es entscheidend auf die *Wesentlichkeit* der Information an. Diese ist schutzzweckfunktional in Bezug zur Verbraucherentscheidung zu stellen: Eine Information ist gem. Art. 7 Abs. 1 dann wesentlich, wenn der Verbraucher sie für eine informierte geschäftliche Entscheidung benötigt[723]. Eine Trennung zwischen dem Merkmal der Wesentlichkeit, welches stets einzelfallbezogen festzustellen ist, und dem Bedürfnis des Verbrauchers nach dieser Information, um eine informierte Entscheidung treffen zu können, wäre ein Widerspruch in sich[724]. Ein Verbraucher ist nur dann ausreichend informiert, wenn er alle Umstände kennt, die für die geschäftliche Entscheidung wesentlich sind[725]. Vor diesem Hintergrund verwischen auch im Rahmen des Art. 7 die Grenzen zwischen Verhaltens- und Erfolgselement; letzteres ist bereits in die Prüfung des Verhaltenselements integriert[726]. Die Wesentlichkeit der vorenthaltenen Information und damit des Sorgfaltsverstoßes

---

722 „Vorenthalten" heißt, dass der Durchschnittsverbraucher die betreffende Information nicht oder nicht so erhält, dass er sie bei seiner Entscheidung gebührend berücksichtigen kann, GK-UWG/*Lindacher*, § 5a Rn. 34.

723 KOM (2003) 356 endg., Rn. 64; Fezer/Büscher/Obergfell/*Obergfell*, § 5a Rn. 75; Harte/Henning/*Dreyer*, § 5a Rn. 60; *Bergmann* FS Krämer, S. 163, 170; *Fezer* WRP 2007, 1021, 1027, 1029; *ders.* VuR 2015, 289, 291; *Omsels* WRP 2016, 553, 558.

724 Zutreffend Köhler/*Bornkamm*[33], § 5a Rn. 56; Harte/Henning/*Dreyer*, § 5a Rn. 60; jurisPK-UWG/*Seichter*, § 5a Rn. 70; Fezer/Büscher/Obergfell/*Obergfell*, § 5a Rn. 83. – Zwischen der Wesentlichkeit und dem Informationsbedürfnis des Verbrauchers im konkreten Fall trennend *Köhler*/Bornkamm[34], § 5a Rn. 3.38; *ders.*, 100 Jahre Wettbewerbszentrale, S. 147, 151 f.; *ders.* NJW 2016, 593, 597; *ders.* WRP 2014, 1410, 1411 f.; *ders.* GRUR 2012, 1073, 1077; MüKo-UWG/*Alexander*, § 5a Rn. 176; *ders.* WRP 2013, 716, 719 f.; *Ohly* GRUR 2016, 3, 5 f.; *Steinbeck* WRP 2006, 632, 636; Ohly/*Sosnitza*[7], § 5a Rn. 66, der jedoch einschränkend eine Vermutung für die Wesentlichkeit der Information annimmt, wenn diese für eine informierte geschäftliche Entscheidung benötigt wird.

725 MüKo-UWG/*Micklitz*, EG D Art. 7 Rn. 5; *Köhler*/*Lettl* WRP 2003, 1019, 1041.

726 So auch *Bergmann* FS Krämer, S. 163, 171 f.; *Peifer* ZLR 2011, 161, 165 f.

hängen von der Fähigkeit des Verbrauchers ab, ob dieser ohne die Information (noch) eine informierte Entscheidung treffen kann. Eine Beurteilung der Wesentlichkeit ist daher ohne gleichzeitige Berücksichtigung des Erfolgselements nicht möglich. Im Vergleich zu dem materiellen Kerngehalt des Art. 5 Abs. 2, Art. 2 lit. h weist das Verhaltenselement des Vorenthaltens wesentlicher Informationen in die gleiche Richtung: Die spezifisch lauterkeitsrechtliche Inkompetenz und/ oder Rücksichtslosigkeit des unternehmerischen Verhaltens wird im generellen Tatbestand des Art. 5 Abs. 2 durch die Nichtbeachtung des von der UGP-RL geschützten Verbraucherinteresses – dem Interesse an einer präferenzorientierten Entscheidung – begründet. Wertungsmäßig steht das Vorenthalten wesentlicher Informationen diesen unternehmerischen Verhaltensanforderungen gleich[727]. Indem der Verbraucher vom Unternehmer im Hinblick auf seine Fähigkeit zur autonomen Entscheidung nur unzureichend informiert wird, kann er aufgrund einer *unvollständigen* informationellen Entscheidungsbasis nicht (umfänglich) nach seinen Präferenzen entscheiden. Sofern der Unternehmer dem Gebot einer ausreichenden Information des Verbrauchers nicht nachkommt – sei es auch nur aus Unkenntnis –, ist dieses Verhalten als inkompetent bzw. rücksichtslos gegenüber den geschützten Verbraucherinteressen zu werten.

Darüber hinaus spiegeln sich in Art. 7 Abs. 1 auch die in Art. 2 lit. h postulierten Einschränkungen an die Verhaltensanforderungen des Unternehmers auf ein zweckwahrendes Maß wider. Das ergibt sich einerseits bereits aus dem Kriterium der Wesentlichkeit. Wesentlich sind nur solche Informationen, die der Verbraucher für eine informierte Entscheidung benötigt. Dies hat zur Konsequenz, dass Informationen, die für eine präferenzgerechte Entscheidung des Verbrauchers keine Bedeutung haben, vom Informationsgebot nicht umfasst sind. Andererseits gebietet das Merkmal der Wesentlichkeit keine weitergehende Informationsversorgung des Verbrauchers, die über das Maß hinausgeht, welches eine informierte Entscheidung (noch) gewährleistet bzw. diese gar beeinträchtigt (sog. „information overload"[728]). Abgesehen davon hat die Beurteilung des Vorenthaltens wesentlicher Informationen unter Berücksichtigung aller Umstände des Einzelfalls und der Beschränkungen des jeweils verwendeten Kommunikationsmittels – dieser Aspekt gehört letztlich zu den tatsächlichen Umständen – zu erfolgen. Nach der Medienklausel des Art. 7 Abs. 3 werden bei räumlichen und zeitlichen Beschränkungen des jeweiligen Kommunikationsmediums diese Beschränkungen

727 So auch *Köhler* NJW 2008, 3032, 3034.

728 Diese Befürchtung äußernd etwa *Leistner* ZEuP 2009, 56, gleichzeitig aber wiederum anhand des Kriteriums der Wesentlichkeit einschränkend; wie hier gegen die Befürchtung eines information overload auch KOM (2003) 356 endg., Rn. 65; GK-UWG/*Lindacher*, § 5a Rn. 36; *Fezer* WRP 2007, 1021, 1027.

und alle vom Gewerbetreibenden getroffenen Maßnahmen, um den Verbrauchern die Informationen anderweitig zur Verfügung zu stellen, bei der Entscheidung darüber, ob Informationen *vorenthalten* wurden, berücksichtigt. Insbesondere im Kontext von Werbemaßnahmen in Rundfunk und über Mobilgeräte dürften ergänzende Hinweise auf anderweitige, grundsätzlich kostenlose Möglichkeiten der Informationsbeschaffung (z. B. Websites, Verlinkungen oder Telefonhotlines) ausreichen[729]. Durch den Einsatz eines anderen Kommunikationsmediums kann der Unternehmer die dem verwendeten Medium inhärenten Beschränkungen ausgleichen, so dass ein kombinierter und variabler Einsatz verschiedener Medien zur Informationsgewährleistung legalisiert wird[730]. Die dem Unternehmer obliegenden Informationspflichten und deren Ausgestaltung, insbesondere zur Frage, wie die Informationen bereitzustellen sind, realisieren sich demnach situationsabhängig und variabel. Grundsätzlicher Richtwert aller Informationspflichten ist jedoch stets – und das verdeutlicht die Satzstruktur des Art. 7 Abs. 1 –, dass der Verbraucher in der Lage sein muss, anhand der zu gewährenden Informationen eine geschäftliche Entscheidung in ausreichender Sachkenntnis zu treffen.

Als „irreführende Unterlassung“ gilt nach Art. 7 Abs. 2 auch das Verheimlichen, das unklare, unverständliche, zweideutige oder nicht rechtzeitige Bereitstellen wesentlicher Informationen i.S.v. Abs. 1 sowie die Nichtkenntlichmachung des kommerziellen Zwecks der Geschäftspraktik, sofern er sich nicht unmittelbar aus den Umständen ergibt und dies zumindest dazu geeignet ist, den Verbraucher zu einer geschäftlichen Entscheidung zu veranlassen, die er sonst nicht getroffen hätte. Die genannten Handlungsformen werden der schlichten Nichtinformation gleichgestellt[731]. Das von Art. 7 statuierte Informationsgebot, welches unabhängig von einer tatsächlichen oder potentiellen Täuschung des Verbrauchers bleibt, umfasst damit auch die Art und Weise der Bereitstellung wesentlicher Informationen dergestalt, dass der Verbraucher sie seiner geschäftlichen Entscheidung auch tatsächlich zugrunde legen kann. Die wesentlichen Informationen dürfen nicht zwischen oder durch unwesentliche Textpassagen versteckt werden und müssen vollständig sein,[732] wobei sich Letzteres bereits aus dem grundsätzlichen Erfordernis der Bereitstellung aller zur informierten Entscheidung benötigten Informationen ergibt. Über die Rechtzeitigkeit der wesentlichen Verbraucherinformationen soll gewährleistet sein, dass diesem die Informationen gerade zur Entscheidungsfindung für eine potentiell rationale Entscheidung zur Verfügung stehen. Das letztgenannte Verhaltensmerkmal der Kenntlichmachung des kom-

729 GK-UWG/*Lindacher*, § 5a Rn. 35; *Peifer* WRP 2008, 556, 559.
730 MüKo-UWG/*Micklitz*, EG D Art. 7 Rn. 17.
731 GK-UWG/*Lindacher*, § 5a Rn. 34; Fezer/Büscher/Obergfell/*Obergfell*, § 5a Rn. 103.
732 GK-UWG/*Lindacher*, § 5a Rn. 34.

merziellen Zwecks stellt lediglich klar, dass der geschäftliche Charakter der Geschäftspraktik eine wesentliche Information nach Abs. 1 darstellt[733].

(2) Erfolgselement

Als Erfolgselement des Vorenthaltens wesentlicher Informationen nennt Art. 7 Abs. 1 die Eignung zur Veranlassung zu einer geschäftlichen Entscheidung, die der Verbraucher sonst nicht getroffen hätte. Das Kriterium zur potentiellen Veranlassung zu einer Entscheidung, wie es sich im generellen Tatbestand des Art. 2 lit. e wiederfindet, ist in identischer Weise auch in Art. 7 Abs. 1 enthalten. Wenn die vorenthaltene Information wesentlich für die Entscheidung ist, steht zugleich fest, dass der Verbraucher die Entscheidung bei vollständiger Information nicht getroffen hätte[734]. Gesetzessprachlich wird dies durch das Folgerungswort „somit" klargestellt[735].

Davon abgesehen scheint das Element der Beeinträchtigung der Fähigkeit des Verbrauchers, eine informierte Entscheidung zu treffen, zunächst zu fehlen. Diese Annahme trifft jedoch nicht zu. Wie oben erörtert, wird das Kriterium der Beeinträchtigung der Fähigkeit, eine informierte Entscheidung zu treffen, bereits im Rahmen des Verhaltenselements zur Beurteilung der Frage, wann eine Information als *wesentlich* einzustufen ist, herangezogen („die der durchschnittliche Verbraucher je nach den Umständen benötigt, um eine informierte geschäftliche Entscheidung zu treffen")[736]. Eine nochmalige Prüfung dieses Kriteriums im Rahmen des Erfolgselements erübrigt sich damit[737]. Vielmehr werden die Merkmale des Art. 2 lit. e dem Tatbestand des Art. 7 direkt einverleibt[738] und in ihrer Formulierung angepasst[739]. Materiell geht das Erfolgselement des Art. 2 lit. e in Art. 7 Abs. 1 vollständig auf.

---

733 So auch *John* WRP 2011, 1357, 1359; *Glöckner* GRUR 2013, 224, 233. In dieselbe Richtung geht Art. 7 Abs. 4 lit. b, wonach bei einer Aufforderung zum Kauf die Anschrift und Identität des Gewerbetreibenden bzw. seines Prinzipals als wesentliche Information gelten und v. a. Black List Nr. 11 (Verbot der als Information getarnten Werbung).

734 *Bergmann* FS Krämer, S. 163, 171; *Haberkamm*, S. 112; *Bornkamm* WRP 2012, 1, 5; *Peifer* WRP 2008, 556, 559; *ders.* ZLR 2011, 161 164.

735 *Bergmann* FS Krämer, S. 163, 171; *Peifer* ZLR 2011, 161 165 f.

736 Ebenfalls den Zusammenhang zwischen der „Wesentlichkeit" gem. Art. 7 Abs. 1 und der „spürbaren Beeinträchtigung" nach Art. 2 lit. e hervorhebend *Schmidt*, S. 153; *Fezer* WRP 2007, 1021, 1027.

737 Sinngemäß GK-UWG/*Lindacher*, § 5a Rn. 40.

738 So *Drews*, S. 67.

739 KOM (2003) 356 endg., Rn. 57.

cc) Informationsgebote bei einer Aufforderung zum Kauf

Eine methodische Besonderheit im Rahmen des Art. 7 stellt dessen Abs. 4 dar. Hiernach gelten im Falle der Aufforderung zum Kauf die in Art. 7 Abs. 4 lit. a–e aufgelisteten Informationen als wesentlich, sofern sie sich nicht unmittelbar aus den Umständen ergeben. Die Formulierung ist angesichts des Regelungsgehalts jedoch nicht ganz passend. Die in Art. 7 Abs. 4 genannten Informationen sind schließlich auch dann wesentlich, wenn sie sich bereits unmittelbar aus den Umständen ergeben[740]. Der Wortlaut des Art. 7 Abs. 4 scheint hier Gegensätzliches zu meinen – Wesentlichkeit erst dann, wenn sie sich nicht aus den Umständen ergeben. Dies ist allerdings unzutreffend. Vielmehr soll die Regelung zum Ausdruck bringen, dass das Vorenthalten der in Art. 7 Abs. 4 aufgelisteten Informationen ein Vorenthalten *wesentlicher* Informationen darstellt. Die Wesentlichkeit der vorenthaltenen Informationen nach Art. 7 Abs. 4 wird damit gesetzlich fingiert[741].

Nach hiesigem Verständnis des Zusammenhangs zwischen dem Verhaltens- und dem Erfolgselement einer unlauteren Geschäftspraktik hat die Fiktion der Wesentlichkeit der vorenthaltenen Information als Verhaltenselement zwingende Auswirkungen auf die Beurteilung des Erfolgselements. Die Wesentlichkeit einer vorenthaltenen Information orientiert sich schutzzweckfunktional an der Fähigkeit des Verbrauchers, eine informierte Entscheidung zu treffen, ist also durch die gleichzeitige Berücksichtigung des Erfolgselements bedingt. Sofern nun den Informationsanforderungen des Art. 7 Abs. 4 lit. a–e nicht nachgekommen und damit eine wesentliche Information vorenthalten wird, ist zugleich – qua gesetzlicher Fiktion – das Erfolgselement erfüllt. Dies ist bei Verwirklichung des Tatbestands in Art. 7 Abs. 4 stets der Fall, da das Vorliegen des Verhaltenselements – Nichtbeachtung der spezifisch lauterkeitsrechtlich geschützten Verbraucherinteressen durch unzureichende Information – zwangsläufig impliziert, dass der Verbraucher in seiner Fähigkeit zur informierten Entscheidung beeinträchtigt und potentiell zu einer Entscheidung veranlasst wird, die er sonst nicht getroffen hätte[742]. Sofern nun aber vom Gesetzgeber das Verhaltenselement scheinbar unabhängig vom Erfolgselement definiert wird – wie in Art. 7 Abs. 4 geschehen –, ist

---

740 Ebenso Harte/Henning/*Dreyer*, § 5a Rn. 52.

741 *Fezer* WRP 207, 1021, 1027.

742 So auch im Ergebnis OLG München GRUR-RR 2014, 35, 37 – *Firmenlogo* und LG Stuttgart GRUR-RR 2013, 343, 344 – *Berliner Filiale*, jeweils zu § 5a Abs. 3 Nr. 2; *Busch*, S. 67 f.; *Peifer* WRP 2008, 556, 559, der den Klägervortrag auf die Vorenthaltung einer wesentlichen Information reduziert, da bei einer für die Entscheidung wesentlichen Information auch zu vermuten sei, dass der Verbraucher die Entscheidung bei vollständiger Information nicht getroffen hätte.

bei dessen Verwirklichung auch das Erfolgselement erfüllt[743]. Tatsächlich ist methodisch davon auszugehen, dass der Richtliniengeber über die Festsetzung der Wesentlichkeit das Erfolgselement im Kontext des Art. 7 Abs. 4 als gegeben antizipiert[744]. Da Art. 7 Abs. 4 allein das Verhaltenselement regelt, sind zwar formal noch die weiteren Voraussetzungen des Erfolgselements in Art. 7 Abs. 1 zu prüfen. De facto führt die Fiktion der Wesentlichkeit der vorenthaltenen Information unter Berücksichtigung der in Art. 7 Abs. 4 lit. a–e genannten Tatbestandsmerkmale aber zu einem Charakter des Art. 7 Abs. 4 als Per-se-Verbot.

Anwendung findet die Fiktion des Art. 7 Abs. 4 nur in Fällen der Aufforderung zum Kauf. Gem. Art. 2 lit. i fällt darunter jede kommerzielle Kommunikation, die die Merkmale des Produkts und den Preis in einer Weise angibt, die den Mitteln der verwendeten kommerziellen Kommunikation angemessen ist und den Verbraucher dadurch in die Lage versetzt, einen Kauf zu tätigen. Grund für die Verschärfung der damit einhergehenden Informationspflichten ist der Übergang von der allgemeinen Aufmerksamkeits- und Publikumswerbung hin zu einer sich auf ein konkretes Angebot bzw. Produkt verengenden Werbemaßnahme[745]. Der Kommission zufolge handelt es sich um die Informationen, die der Verbraucher benötigt, wenn er über den Abschluss eines Vertrags nachdenkt[746]. Von Art. 7 Abs. 4 sind nur solche Formen der Werbung erfasst, bei denen die Werbebotschaft hinreichend konkretisiert ist[747]. In der *Ving Sverige*-Entscheidung hat der EuGH hinsichtlich des Merkmals „[...] und den Verbraucher in die Lage versetzt, einen Kauf zu tätigen" klargestellt, dass eine Aufforderung zum Kauf vorliegt, wenn der Verbraucher hinreichend über das beworbene Produkt und dessen Preis informiert ist, um eine geschäftliche Entscheidung treffen zu können, ohne dass die kommerzielle Kommunikation auch eine tatsächliche Möglichkeit bieten muss, das Produkt zu kaufen, oder dass sie im Zusammenhang mit einer solchen Möglichkeit steht[748].

---

743 So auch EuGH GRUR 2011, 930 Tz. 24 – *Ving Sverige:* „Ohne diese Informationen, die in der letztgenannten Bestimmung [Art. 7 Abs. 4] als wesentlich eingestuft werden, gilt eine Aufforderung zum Kauf als irreführend und ist damit unlauter, wie aus den Art. 5 IV und 7 der Richtlinie 2005/29 hervorgeht."

744 So auch *Bergmann* FS Krämer, S. 163, 173 f.

745 *Peifer* WRP 2008, 556, 560.

746 KOM (2003) 356 endg. Rn. 54.

747 MüKo-UWG/*Micklitz*, EG D Art. 7 Rn. 20.

748 EuGH GRUR 2011, 930 Tz. 33 – *Ving Sverige*, der u. a. unter Hinweis auf die verbraucherschützende Zielsetzung in Art. 1 eine restriktive Auslegung der Aufforderung zum Kauf ablehnt (Tz. 29).

dd) Informationsgebote des sekundären Unionsrechts

Gem. Art. 7 Abs. 5 gelten die im Gemeinschaftsrecht festgelegten Informationsanforderungen in Bezug auf kommerzielle Kommunikation einschließlich Werbung oder Marketing, auf die in der nicht erschöpfenden Liste des Anhangs II verwiesen wird, als wesentlich. Strukturell steht Abs. 5 dem Abs. 4 gleich. Er qualifiziert spezialgesetzliche Informationsanforderungen des Unionsrechts per se als wesentlich. Ein Vorenthalten derartiger Informationen bildet zugleich ein Vorenthalten wesentlicher Informationen i.S.v. Art. 7 Abs. 1. Die damit einhergehende gesetzliche Fiktion der Wesentlichkeit solcher Informationsanforderungen impliziert nach hiesigem Verständnis automatisch, dass diese Informationen die Fähigkeit des Verbraucher zur informierten Entscheidung beeinträchtigen und geeignet sind, den Verbraucher zu einer anderweitigen geschäftlichen Entscheidung zu veranlassen, die er sonst nicht getroffen hätte[749]. Formal bleibt zwar noch das Erfolgselement in Art. 7 Abs. 1 zu prüfen, dessen Verwirklichung wird jedoch vom Richtliniengeber, indem er die Informationsanforderungen automatisch als wesentlich einstuft, antizipiert[750]. Damit enthält Art. 7 neben Abs. 4 auch in Abs. 5 de facto ein Per-se-Verbot bei Nichtbeachtung von speziellen Informationsanforderungen des Unionsrechts[751].

Über die Einbeziehung spezieller Informationsanforderungen und deren Geltung als wesentlich, begründet Art. 7 Abs. 5 eine Art unionsrechtlichen Rechtsbruchtatbestand[752]. Gleichzeitig dokumentiert die Vorschrift die Verzahnung des Vertragsrechts und des Lauterkeitsrechts auf Unionsebene[753]. Dem Charakter als reinem Informationsgebot entsprechend, verlangt Art. 7 Abs. 5 keine Täuschungseignung. Der Begriff der kommerziellen Kommunikation, auf die sich

---

749 So auch im Ergebnis BGH GRUR 2010, 852 Tz. 21 – *Gallardo Spyder*; GRUR 2012, 842 Tz. 25 – *Neue Personenkraftwagen*; OLG Celle GRUR-RR 2014, 73, 74 – *Ladenhüter*; OLG Frankfurt a.M. GRUR-RR 2014, 156, 158 – *Fahrzeugbörse*; *Bergmann* FS Krämer, S. 163, 173 f.; *Stuyck/Terryn/van Dyck* CML Rev. 2006, 107, 129: „Recital 15 implies that only omission of the information in this – wide-ranging – list will *automatically* constitute a misleading omission."

750 Unzutreffend MüKo-UWG/*Micklitz*, EG D Art. 7 Rn. 33, der Art. 7 Abs. 5 als abstraktes Gefährdungsdelikt einstuft, das auch dann verletzt wird, wenn die unterlassene Information den Verbraucher zu keiner geschäftlichen Entscheidung hätte veranlassen können. Diese Ansicht verkennt, dass Art. 7 Abs. 5 nur das Merkmal der Wesentlichkeit fingiert und der übrige Tatbestand des Art. 7 Abs. 1 formal noch zu prüfen bleibt, wobei dieser nach hiesigem Verständnis zwangsläufig durch die Wesentlichkeitsgeltung erfüllt ist.

751 Ähnlich GK-UWG/*Lindacher*, § 5a Rn. 67, zu § 5a Abs. 4: „Der Verstoß gegen die unionsrechtliche Verordnung bzw. die in Umsetzung einer Richtlinie erlassene Regelung nationalen Rechts löst über die Wesentlichkeitsvermutung des § 5a Abs. 4 den lauterkeitsrechtlichen Abwehranspruch aus."; dazu auch Fezer/Büscher/Obergfell/*Obergfell*, § 5a Rn. 171.

752 MüKo-UWG/*Alexander*, § 5a Rn. 33.

753 Dazu MüKo-UWG/*Micklitz*, EG D Art. 7 Rn. 32, 34.

die Informationsanforderungen beziehen, ist bereits aus der Anwendungsbereichsprüfung zum Vorliegen einer Geschäftspraktik bekannt. Auch bei Art. 7 Abs. 5 ist ein Rückgriff auf die Definition in Art. 2 lit. f E-Commerce-RL geboten. Nicht umfasst sind unionsrechtliche Informationsgebote, die nicht im Zusammenhang mit dem Produktabsatz oder dem Erscheinungsbild des Unternehmers stehen[754]. Allerdings dürfte dies bereits die Anwendung der UGP-RL bzw. des Art. 7 mangels Vorliegen einer Geschäftspraktik ausschließen, da in solchen Fällen der Unmittelbarkeitszusammenhang nicht gegeben ist.

Im Ergebnis nimmt Art. 7 insgesamt die Wertungen des Art. 5 Abs. 2 im Hinblick auf die Frage nach der zureichenden Entscheidungsgrundlage des Durchschnittsverbrauchers auf. Beide Unlauterkeitstatbestände sind normativ deckungsgleich.

d) Aggressivität als Abbild der Generalklausel

Gem. Art. 8 gilt eine Geschäftspraktik als aggressiv und über Art. 5 Abs. 4 als unlauter, wenn sie im konkreten Fall unter Berücksichtigung aller tatsächlichen Umstände die Entscheidungs- oder Verhaltensfreiheit des Durchschnittsverbrauchers in Bezug auf das Produkt durch Belästigung, Nötigung, einschließlich der Anwendung körperlicher Gewalt, oder durch unzulässige Beeinflussung tatsächlich oder voraussichtlich erheblich beeinträchtigt und dieser dadurch tatsächlich oder voraussichtlich dazu veranlasst wird, eine geschäftliche Entscheidung zu treffen, die er andernfalls nicht getroffen hätte. Ergänzend beinhaltet Art. 9 eine Reihe von Kriterien, auf die bei der Feststellung einer aggressiven Verhaltensweise nach Art. 8 abzustellen ist. Allen drei Mitteln aggressiver Geschäftspraktiken (Belästigung, Nötigung, unzulässige Beeinflussung) ist gemein, dass sie zumindest potentiell zu einer erheblichen Beeinträchtigung der Entscheidungs-[755] oder Verhaltensfreiheit[756] des Verbrauchers führen müssen. ErwGr 16 S. 1 fasst die Begriffe Entscheidungs- und Verhaltensfreiheit mit dem Oberbegriff der Wahlfreiheit zusammen[757].

Der Schutz vor Beeinträchtigungen der Wahlfreiheit dient vornehmlich der Verwirklichung ungestörter Entscheidungsprozesse mit dem Ziel, dem Verbraucher nicht nur eine informierte, sondern auch eine freie Entscheidung zu ge-

---

754 GK-UWG/*Lindacher*, § 5a Rn. 70.

755 Entscheidungsfreiheit meint die Freiheit, eine andere als die vom Handelnden angestrebte geschäftliche Entscheidung zu treffen, *Köhler* GRUR 2010, 767, 772.

756 Verhaltensfreiheit ist die Freiheit, sich anders zu verhalten, als es der Unternehmer mit seiner Geschäftspraktik anstrebt, *Köhler*/Bornkamm[33], § 4 Rn. 1.16.

757 *Köhler*/Bornkamm[33], § 4 Rn. 1.16.

währleisten[758]. Dieser soll in der Lage sein, seine geschäftlichen Entscheidungen in korrekter Weise zu treffen, und vor wirtschaftlichen Nachteilen bewahrt werden[759]. Dem Verbraucher ist seine Wahlfreiheit als Grundvoraussetzung zu gewähren, damit dieser überhaupt eine an seinen Präferenzen orientierte Entscheidung treffen kann. Über den Schutz des Entscheidungsprozesses wird ein anderes Verbraucherinteresse als das an der Informiertheit seiner Entscheidung tangiert. Dieses wird schließlich durch Beeinträchtigungen des Entscheidungsprozesses gar nicht berührt[760]. Vielmehr geht es darum, dass eine gemessen an den vorliegenden Informationen an sich zu treffende Entscheidung durch die aggressive Geschäftspraktik beeinträchtigt wird[761]. Der Verbraucher soll „in Kenntnis der Sache sinnvolle Entscheidungen treffen können“[762].

Als *Verhaltenselement* aggressiver Geschäftspraktiken nennt Art. 8 die Mittel der Belästigung, der Nötigung einschließlich der Anwendung körperlicher Gewalt sowie die in Art. 2 lit. j legaldefinierte unzulässige Beeinflussung. Um diese als Abbild des Verhaltenselements des generellen Tatbestands – der Verletzung beruflicher Sorgfaltspflichten – einzuordnen, muss es sich bei allen drei Mitteln um Ausprägungen von unternehmerischen Verhaltensweisen handeln, die in inkompetenter bzw. rücksichtsloser Weise das Interesse des Verbrauchers an einer an seinen Präferenzen orientierten geschäftlichen Entscheidung nicht achten. Im Rahmen von aggressiven Geschäftspraktiken dürfte der Aspekt der Rücksichtslosigkeit im Vordergrund stehen.

aa) Belästigung

Der Belästigungsbegriff ist in der UGP-RL nicht definiert. Seine Auslegung hat autonom vor dem Hintergrund des Schutzzwecks der UGP-RL zu erfolgen[763]. Kennzeichnend für eine Belästigung ist zunächst das Eindringen in die Privatsphäre des Verbrauchers aufgrund Form oder Inhalt[764]. Angesichts der Schutzzweckkonzeption der UGP-RL kann der Belästigungsbegriff i.S.v. Art. 8 bei der

---

758 *Apetz*, S. 218.

759 *Beater*, Unlauterer Wettbewerb, Rn. 1568.

760 Besonders anschaulich *Beater*, Unlauterer Wettbewerb, Rn. 1568, wonach eine umfassende Informationsversorgung des Verbrauchers nutzlos ist, wenn der Unternehmer dem Verbraucher „ein Messer an den Hals halten dürfte, um ihn nunmehr zum Geschäftsabschluss zu motivieren.“

761 Harte/Henning/*Glöckner*, Einl. B Rn. 395.

762 SEK (2009) 1666, S. 7.

763 MüKo-UWG/*Micklitz*, EG D Art. 8–9, Rn. 17.

764 *Köhler*/Bornkamm[33], § 4 Rn. 1.10; *Apetz*, S. 225, 230–233; anders *Koch*, S. 84, der nur die Form der Kontaktaufnahme erfasst sieht.

reinen Beeinträchtigung der Privatsphäre nicht stehenbleiben[765]. Jeder Werbung ist ein offensiver Charakter zur Kundenakquise und damit eine gewisse Aggressivität immanent[766]. Um eine spezifisch lauterkeitsrechtliche Rücksichtslosigkeit gegenüber den geschützten Verbraucherinteressen darzustellen, muss die Belästigung nach Art. 8 die Entscheidungs- oder Verhaltensfreiheit des Verbrauchers erheblich beeinträchtigen[767]. Die normative Verzahnung von Verhaltens- und Erfolgselement setzt sich somit auch im Tatbestand des Art. 8 fort. Das Eindringen in die Privatsphäre bildet das Mittel zum Zweck der Absatzförderung. Ist dieser Zusammenhang nicht gegeben, mag die Belästigung aus Gründen des Privatsphärenschutzes,[768] nicht jedoch aus Gründen des Schutzes vor unlauteren Geschäftspraktiken i.S.d. UGP-RL zu verbieten sein. Eine spezifisch lauterkeitsrechtliche Belästigung liegt daher erst dann vor, wenn der Verbraucher eine geschäftliche Entscheidung nur deshalb trifft, um sich dem Eindringen in seine Privatsphäre zu entziehen[769]. Insbesondere ist dies der Fall, wenn dem Verbraucher eine ruhige Prüfung des Angebots und dessen Vergleich mit denen anderer Anbieter unmöglich gemacht wird[770]. Einmalige Beeinträchtigungen der Privatsphäre, denen sich der Verbraucher leicht entziehen kann, wie z. B. das Ansprechen auf der Straße, vermögen diese Hürde nicht zu überwinden[771]. Für die Beurteilung einer Belästigung kommt es unter Berücksichtigung von Art. 9 lit. a entscheidend auf „Zeitpunkt, Ort, Art und Dauer des Einsatzes" an[772]. Trifft der Verbraucher aus diesem Grund eine Entscheidung, die sich nicht an seinen Präferenzen orientiert, stellt die Belästigung i.S.v. Art. 8 ein gegenüber den ge-

---

765 Hierin sieht jedoch *Haberkamm*, S. 120, den primären Schutzgegenstand der „Belästigung" gem. Art. 8.

766 Dauses/*Micklitz*, H. V. Rn. 642.

767 Ebenso GK-UWG/*Pahlow*, § 4 Nr. 1 Rn. 10; MüKo-UWG/*Micklitz*[1], EG H Rn. 21; *Köhler*/Bornkamm[33], § 4 Rn. 1.10; Harte/Henning/*Glöckner*, Einl. B Rn. 402; *Handig*, S. 83 f.; *Glöckner*/*Henning-Bodewig* WRP 2005, 1311, 1333; *Fritzsche* WRP 2016, 1, 3, in Abgrenzung zur Belästigung nach § 7 Abs. 1; *Scherer* GRUR 2016, 233, 238. – Anders *Apetz*, S. 225 f., der einen weiten Belästigungsbegriff ohne weitere Eingrenzungen favorisiert. Dies widerspricht jedoch der hier vertretenen streng schutzzweckorientierten Auslegung der Richtlinienbegriffe sowie der normativen Verzahnung der lauterkeitsrechtlichen Verhaltens- und Erfolgselemente. Zudem muss die Belästigung überhaupt eine Geschäftspraktik darstellen, insbesondere dem Unmittelbarkeitszusammenhang Genüge tun und damit in erster Linie die Beeinflussung der geschäftlichen Entscheidung des Verbrauchers zum Gegenstand haben.

768 Diesen anerkennt das Unionsrecht primär in Art. 7 Grundrechtscharta.

769 MüKo-UWG/*Micklitz*, EG D Art. 8–9 Rn. 17; *Köhler*/Bornkamm[33], § 4 Rn. 1.10; *Koch*, S. 84.

770 *Gamerith* WRP 2005, 391, 424.

771 Dazu ErwGr 7 S. 4; MüKo-UWG/*Micklitz*, EG D Art. 8–9 Rn. 18; *Köhler*/*Lettl* WRP 2003, 1019, 1045; *Scherer* GRUR 2016, 233, 238.

772 GK-UWG/*Pahlow*, § 4 Nr. 1 Rn. 10; *Köhler*/Bornkamm[33], § 4 Rn. 1.10.

schützten Verbraucherinteressen rücksichtloses Verhalten des Unternehmers dar und liegt wertungsmäßig auf einer Ebene mit der schutzzweckorientiert verstandenen Verletzung beruflicher Sorgfaltspflichten.

bb) Nötigung

In Anbetracht der Relevanz für das Strafrecht erscheint die Verwendung des Nötigungsbegriffs in einem privatrechtlichen bzw. lauterkeitsrechtlichen Kontext nicht unproblematisch[773]. Als unionsrechtlicher Begriff ist er jedenfalls autonom am Schutzzweck der UGP-RL auszulegen[774]. Über den Zusatz „Nötigung, einschließlich der Anwendung körperlicher Gewalt" wird indiziert, dass nicht nur physischer, sondern auch psychischer Zwang unter die Nötigung i.S.v. Art. 8 fällt[775]. Dafür sprechen nicht zuletzt die in Art. 9 genannten Beurteilungskriterien der „Verwendung drohender oder beleidigender Formulierungen oder Verhaltensweisen" (lit. b) sowie der „Drohungen mit rechtlich unzulässigen Handlungen" (lit. e). Das nötigende Verhalten des Unternehmers muss – um eine spezifisch lauterkeitsrechtliche Nötigung nach Art. 8 darzustellen – stets im Zusammenhang mit der Beeinträchtigung der Wahlfreiheit des Verbrauchers stehen. Vorschub leistet hierfür bereits der Unmittelbarkeitszusammenhang im Rahmen der Anwendungsbereichsprüfung dahingehend, dass zu fragen ist, ob das nötigende Verhalten überhaupt als Geschäftspraktik einzuordnen ist[776]. Die Ausübung von physischem oder psychischem Zwang gegenüber dem Verbraucher bildet nach dem Schutzkonzept der UGP-RL nur dann eine Nötigung gem. Art. 8, wenn dieser zur einer seinen Präferenzen zuwiderlaufenden geschäftlichen Entscheidung gezwungen wird[777]. Kann der Verbraucher aufgrund der Nötigung nicht mehr eine an seinen Präferenzen orientierte Entscheidung treffen und ist er zumindest potentiell zu einer anderweitigen Entscheidung veranlasst, so ist dieses Verhalten gleichfalls als rücksichtlos im Sinne einer schutzzweckorientiert verstandenen Verletzung beruflicher Sorgfaltsanforderungen zu werten, da das Interesse des Verbrauchers an einer autonomen Entscheidung nicht geachtet wird.

---

773 Dazu auch kritisch *Apetz*, S. 343–345.

774 So auch *Köhler*/Bornkamm[33], § 4 Rn. 1.11; *Apetz*, S. 344; *Scherer* GRUR 2016, 233, 238; anders *Steinbeck* WRP 2008, 865, 866, die auf den strafrechtlichen Nötigungsbegriff in § 240 StGB rekurriert.

775 GK-UWG/*Pahlow*, § 4 Nr. 1 Rn. 11; *Köhler*/Bornkamm[33], § 4 Rn. 1.11; *Apetz*, S. 345. – Anders *Veelken* WRP 2004, 1, 23, der allein physische Gewalt unter die Nötigung fasst.

776 Zum Unmittelbarkeitszusammenhang S. 56–62.

777 Dazu auch die Nötigungsdefinition von *Apetz*, S. 346: „[...] und den Verbraucher insoweit zu einer eigentlich ungewollten geschäftlichen Entscheidung zu zwingen, [...]".

cc) Unzulässige Beeinflussung

Nach der Legaldefinition in Art. 2 lit. j besteht die unzulässige Beeinflussung in der „Ausnutzung einer Machtposition gegenüber dem Verbraucher zur Ausübung von Druck, auch ohne die Anwendung oder Androhung körperlicher Gewalt, in einer Weise, die die Fähigkeit des Verbrauchers zu einer informierten Entscheidung wesentlich einschränkt". An dieser Legaldefinition des *Verhaltenselements* zeigt sich in aller Deutlichkeit die normative Verzahnung mit dem lauterkeitsrechtlichen *Erfolgselement*, da die Ausnutzung einer Machtposition erst dann als rücksichtslos gewertet werden kann, wenn gleichzeitig die Entscheidungsfähigkeit des Verbrauchers beeinträchtigt wird und dies bereits auf der Ebene des *Verhaltenselements* Berücksichtigung findet. Die Prüfung des Erfolgselements ist nach hiesigem Verständnis folgerichtig in die Prüfung des Verhaltenselements zu inkorporieren. Aufgrund ihrer definitorischen Weite fungiert die unzulässige Beeinflussung als Auffangtatbestandsmerkmal gegenüber Belästigung und Nötigung, wobei insbesondere die Grenzen im Verhältnis zur Nötigung verwischen („auch ohne die Anwendung oder Androhung von körperlicher Gewalt")[778]. Sprachlich präziser wäre im Hinblick auf andere Sprachfassungen („undue influence") die Bezeichnung als „unangemessene Beeinflussung"[779]. Dies ist auch insofern sinnvoll, als Werbemaßnahmen durchaus die Entscheidung des Verbrauchers beeinflussen dürfen und auch sollen, solange dieser nach seinen Präferenzen entscheiden kann.

Die gegenüber dem Verbraucher erforderliche Machtposition des Unternehmers ist als jede Form der Überlegenheit aufzufassen, wobei sich diese strukturell (rechtlich, wirtschaftlich, sozial, beruflich, religiös, psychisch) oder situationsbedingt (Art. 9 lit. c) äußern kann[780]. Eine Begrenzung auf eine rein wirtschaftliche Machtposition, wie sie von *Micklitz* gefordert wird,[781] ist abzulehnen[782]. Insbesondere spricht dagegen, dass Unternehmer auch durch die Ausnutzung nichtwirtschaftlicher Machtpositionen massiven Einfluss auf die geschäftliche Entscheidungsfreiheit des Verbrauchers nehmen können und somit mittelbar der von der UGP-RL bezweckte Schutz der autonomen Verbraucherentscheidung tangiert wird. Nichtwirtschaftliche Macht mutiert insofern zu wirtschaftlicher. Zudem ließe

778 MüKo-UWG/*Micklitz*, EG D Art. 8–9 Rn. 22; *Köhler/Lettl* WRP 2003, 1019, 1046; *Hecker* WRP 2006, 640, 642.

779 Zutreffend MüKo-UWG/*Heermann*, § 4 Nr. 1 Rn. 22; *Köhler*/Bornkamm[33], § 4 Rn. 1.12.

780 GK-UWG/*Pahlow*, § 4 Nr. 1 Rn. 13; MüKo-UWG/*Heermann*, § 4 Nr. 1 Rn. 23; *Köhler*/Bornkamm[34], § 4a Rn. 1.58; *Koch*, S. 88; *Glöckner/Henning-Bodewig* WRP 2005, 1311, 1333; *Scherer* GRUR 2016, 233, 238.

781 MüKo-UWG/*Micklitz*, EG D Art. 8–9 Rn. 24.

782 Wie hier Ohly/*Sosnitza*[7], § 4a Rn. 36.

sich die ebenfalls von Art. 2 lit. j erfasste Druckausübung mittels „Anwendung oder Androhung von körperlicher Gewalt“ kaum mit einem auf rein wirtschaftliche Macht beschränkten Verständnis vereinbaren[783]. Entscheidend ist die Chance des Unternehmers, seinen Willen gegenüber dem Verbraucher durchzusetzen[784]. Dies muss bewusst unter Ausnutzung seiner Machtposition zur Ausübung von Druck in einer Weise erfolgen, die beim Verbraucher den Eindruck erweckt, er müsse mit irgendwelchen Nachteilen rechnen (z. B. körperlicher, rechtlicher wirtschaftlicher, sozialer, emotionaler oder sonstiger Art, nicht hingegen Vorteile wie insbesondere bei Verkaufsförderungsmaßnahmen), falls er die von ihm erwartete geschäftliche Entscheidung nicht trifft[785].

Problematisch erscheint die Frage nach der materiellen Konvergenz des in Art. 2 lit. j integrierten Erfolgselements im Vergleich zu Art. 5 Abs. 2 lit. b, Art. 2 lit. e bzw. zur erheblichen Beeinträchtigung der Entscheidungs- oder Verhaltensfreiheit nach Art. 8.

Art. 8 hat die Entscheidungs- oder Verhaltensfreiheit zum Gegenstand. Beide Aspekte werden in ErwGr 16 S. 1 unter dem Begriff der Wahlfreiheit zusammengefasst, der formal betrachtet die Möglichkeit des Verbrauchers bezeichnet, zwischen den Angeboten unterschiedlicher Anbieter wählen zu können[786]. In diese Richtung geht auch Art. 2 lit. j, der von der Einschränkung der „Fähigkeit“, eine informierte Entscheidung zu treffen, spricht. Nicht die Informiertheit der Entscheidung, sondern die Beeinträchtigung des Vermögens des Verbrauchers, zur Verwirklichung ungestörter Entscheidungsprozesse eine solche überhaupt treffen zu können, steht im Vordergrund des Art. 2 lit. j[787]. Von ihren Schutzrichtungen her sind die Erfolgselemente im Rahmen des Art. 2 lit. j und des Art. 8 daher gleichlaufend.

Darüber hinaus stellt sich jedoch die Frage der materiellen Konvergenz beider Merkmale. Unabhängig von der ausschließlich in Art. 2 lit. j erwähnten, tatsächlichen wesentlichen Einschränkung der Fähigkeit zu einer informierten Entscheidung, sollte auch die voraussichtliche Eignung einer druckausübenden Geschäftspraktik zur wesentlichen Einschränkung der Entscheidungsfreiheit den Tatbestand der unzulässigen Beeinflussung erfüllen[788]. Ein materielles Gleichlaufen der Wendungen „wesentliche Einschränkung“ und „erhebliche Beein-

---

783 Zum Ganzen *Apetz*, S. 298–301, auch unter Hinweis auf die Tatbestände der Black List Nr. 24–29, die regelmäßig nicht auf der Ausnutzung wirtschaftlicher Macht beruhen.

784 *Hecker* WRP 2006, 640, 642; *Apetz*, S. 304–306; *Haberkamm*, S. 125.

785 *Köhler*/Bornkamm[33], § 4 Rn. 1.14.

786 Zur formalen Wahlfreiheit unter ökonomischen Gesichtspunkten S. 28 f.

787 *Apetz*, S. 339 f.

788 *Apetz*, S. 340.

trächtigung" scheint trotz ihrer unterschiedlichen Terminologie aufgrund des Durchschnittsverbrauchermodells und einer schutzzweckorientierten bzw. schutzzweckwahrenden Auslegung zwingend geboten. Zunächst hat die Beurteilung beider Tatbestandsmerkmale am Maßstab des Durchschnittsverbrauchers zu erfolgen. Den europäischen Verhältnismäßigkeitsgrundsatz gilt es über das Durchschnittsverbraucherleitbild gerade auch in der UGP-RL zu verwirklichen[789]. Dieses Leitbild ist sowohl bei der „wesentlichen Einschränkung" als auch bei der „erheblichen Beeinträchtigung" zu berücksichtigen. Entscheidend für *beide* Termini ist somit das gleiche Maß an Beeinträchtigung der Entscheidungsfreiheit, bei welchem der Durchschnittsverbraucher potentiell in seinen geschützten Interessen verletzt wird[790]. Gleiches lässt sich auch aus einem schutzzweckorientierten bzw. schutzzweckwahrenden Verständnis der unterschiedlichen Formulierungen herleiten. Von der UGP-RL wird der Schutz des Verbrauchers hinsichtlich einer autonomen Entscheidung bezweckt. Auf diesen Schutz ist die UGP-RL beschränkt. Solange der Verbraucher eine autonome Entscheidung treffen kann, ist der Schutzzweck der UGP-RL nicht verletzt bzw. liegt keine unlautere Geschäftspraktik vor. An diesem einheitlichen zweckwahrenden Maß haben sich auch die Begrifflichkeiten „wesentliche Einschränkung" und „erhebliche Beeinträchtigung" zu orientieren und sich letztlich auf einer einheitlichen Ebene einzupendeln. Im Ergebnis hat dies einen materiellen Gleichlauf beider Merkmale zur Folge mit der Konsequenz, dass bei Vorliegen einer unzulässigen Beeinflussung mit dem Erfordernis einer „wesentlichen Einschränkung" automatisch auch das in Art. 8 enthaltene Erfolgselement der „erheblichen Beeinträchtigung" verwirklicht ist und umgekehrt[791].

Weiterhin sind die Erfolgselemente nach Art. 2 lit. j und Art. 5 Abs. 2 lit. b, Art. 2 lit. e zur Frage ihrer materiellen Konvergenz vergleichend zu betrachten. Z.T. wird hierbei ein inhaltlicher Unterschied zwischen beiden Erfolgselementen vermutet. So müsse die Einschränkung im Rahmen der unzulässigen Beeinflussung „wesentlich" sein. Demgegenüber sei in Art. 2 lit. e nur von einer „spürbaren" Beeinträchtigung die Rede. „Wesentlich" sei aber mehr als „spürbar"[792]. Dieses Verständnis impliziert, dass die „Wesentlichkeit" in Art. 2 lit. j schärfere Anforderungen aufstellt als die „Spürbarkeit" in Art. 5 Abs. 2 lit. b, Art. 2 lit. e. Dem kann jedoch nicht gefolgt werden. Stattdessen ist auch hier von einer materiellen Konvergenz beider Erfolgselemente auszugehen.

789 ErwGr 18 S. 2; dazu S. 160 f.

790 *Apetz*, S. 340.

791 So bereits *Apetz*, S. 340 f.; in diese Richtung auch MüKo-UWG/*Heermann*, § 4 Nr. 1 Rn. 27 a.E. – Anders wohl *Köhler*/Bornkamm[33], § 4 Rn. 1.15.

792 So GK-UWG/*Pahlow*, § 4 Nr. 1 Rn. 16; *Köhler*/Bornkamm[34], § 4a Rn. 1.66.

Zum einen erklärt sich dies aus der Verwendung der Begrifflichkeiten „wesentlich" und „spürbar" im systematischen Regelungsgefüge der UGP-RL, wo sie nicht als Unterschied oder Gegensatz angesehen werden. Die wesentliche Beeinflussung des wirtschaftlichen Verhaltens bildet das in Art. 2 lit. e zu definierende Tatbestandsmerkmal aus Art. 5 Abs. 2 lit. b. In Art. 2 lit. e wird die wesentliche Beeinflussung als „spürbare Beeinträchtigung" der Fähigkeit des Verbrauchers, eine informierte Entscheidung zu treffen, konkretisiert. Demnach sind Wesentlichkeit und Spürbarkeit keine Gegensätze, sondern werden inhaltlich gleichgesetzt: Eine wesentliche Beeinflussung stellt per Definition automatisch eine spürbare Beeinträchtigung dar[793]. Vor diesem Hintergrund erklärt sich, weshalb zur Bestimmung der „wesentlichen Einschränkung" gem. Art. 2 lit. j z.T. auf die Definition der „wesentlichen Beeinflussung" gem. Art. 2 lit. e zurückgegriffen wird[794].

Zum anderen lässt sich auch der weitere, in Art. 2 lit. j enthaltene Begriff der „Einschränkung" der Fähigkeit zu einer informierten Entscheidung unter die „Beeinträchtigung" der Fähigkeit, eine informierte Entscheidung zu treffen, in Art. 2 lit. e fassen. Beeinträchtigungen der *Fähigkeit*, eine informierte Entscheidung zu treffen, können auch in Form von Beeinträchtigungen des Entscheidungsprozesses erfolgen[795]. Kennzeichnend für diese Art der Beeinträchtigung ist eine Schmälerung bzw. Verkürzung oder gar vollständige Aufhebung der dem Verbraucher zu gewährleistenden formellen Wahlfreiheit, d.h. zwischen den Angeboten verschiedener Anbieter wählen zu können. Eine *Verkürzung* dieser Wahlmöglichkeit ist im Ergebnis jedoch nichts anderes als eine *Einschränkung* derselben. Von daher ist der Begriff der „Einschränkung" gem. Art. 2 lit. j mit dem der „Beeinträchtigung" nach Art. 2 lit. e inhaltlich gleichlaufend.

dd) Erhebliche Beeinträchtigung der Entscheidungs- oder Verhaltensfreiheit und Veranlassung zu anderweitiger geschäftlicher Entscheidung

Schließlich bleibt zu fragen, ob das Erfolgselement des Art. 8, die erhebliche Beeinträchtigung der Entscheidungs- oder Verhaltensfreiheit sowie die damit einhergehende Veranlassung zu einer geschäftlichen Entscheidung, die der Verbraucher sonst nicht getroffen hätte, und das generelle Erfolgselement in Art. 5 Abs. 2 lit. b, Art. 2 lit. e materiell deckungsgleich sind. Hierzu ließe sich lapidar auf

---

793 So auch MüKo-UWG/*Heermann*, § 4 Rn. 27. Zudem spricht auch ErwGr 16 S. 1 von solchen aggressiven Geschäftspraktiken, „[...], die die Wahlfreiheit des Verbrauchers wesentlich beeinträchtigen."

794 So etwa Harte/Henning/*Stuckel*, § 4 Nr. 1 Rn. 23; *Apetz*, S. 341; *Hecker* WRP 2006, 640, 642.

795 Dazu S. 118.

die bereits gewonnenen Erkenntnisse rekurrieren und festhalten, dass – unter der Prämisse, dass das in Art. 2 lit. j inkorporierte Erfolgselement sowohl dem des Art. 8 als auch dem des Art. 2 lit. e entspricht – zwangsläufig das Erfolgselement des Art. 8 auch mit dem des Art. 2 lit. e deckungsgleich sein muss. Alles andere wäre widersprüchlich. Dennoch verdient der Abgleich zwischen der erheblichen Beeinträchtigung in Art. 8 und der spürbaren Beeinträchtigung in Art. 2 lit. e eine genauere Betrachtung.

Jedenfalls lässt sich zunächst eine gleichlaufende Schutzrichtung beider Erfolgselemente konstatieren. Über den Schutz der *Fähigkeit*, eine informierte Entscheidung zu treffen, wird von Art. 2 lit. e auch der Schutz der Wahlfreiheit des Verbrauchers umfasst. Gleiches trifft auf den in Art. 8 bezweckten Schutz der Entscheidungs- oder Verhaltensfreiheit des Verbrauchers, zusammengefasst unter dem Oberbegriff der „Wahlfreiheit" in ErwGr 16 S. 1 zu. Allein fraglich scheint, ob materiell ein gradueller Unterschied zwischen der „erheblichen" Beeinträchtigung in Art. 8 und der „spürbaren" Beeinträchtigung in Art. 2 lit. e besteht. Dazu gilt es, sich nochmals die Funktion des Spürbarkeitserfordernisses innerhalb des Erfolgselements nach Art. 2 lit. e zu vergegenwärtigen. Anhand einer wertenden Prognoseentscheidung muss eine Beeinträchtigung der Fähigkeit, eine informierte Entscheidung zu treffen, tatsächlich möglich sein. Zudem ist eine Rückbesinnung auf die methodische Funktion eines Konkretisierungstatbestands geboten, welcher eine Anwendung der Generalklausel auf einen ihr typischerweise unterfallenden Lebenssachverhalt verkörpert. Dementsprechend ist die im Rahmen der Spürbarkeit erforderliche tatsächliche Möglichkeit der Beeinträchtigung vor dem Hintergrund der besonderen Konstellation in Bezug auf Beeinträchtigungen des Entscheidungsprozesses durch aggressive Verhaltensweisen zu bewerten. Bloß geringfügige Drucksituationen vermögen die Wahlfreiheit des Durchschnittsverbrauchers nicht zu verletzen. Dreh- und Angelpunkt für die hier erforderliche Bewertung sind die Widerstandsfähigkeit und Empfindlichkeit des Durchschnittsverbrauchers[796]. Der Richtliniengeber geht jedenfalls davon aus, dass der Durchschnittsverbraucher – das zeigt die Formulierung „erheblich" – offensivem Verhalten des Werbenden weitgehend standhalten kann. Um die Wahlfreiheit in ihrer Funktion für den Verbraucher zu stören, muss die willensbeugende Aggressivität, welche der Unternehmer an den Tag legt, ein gewichtiges Potential aufweisen[797]. Eine tatsächliche Möglichkeit der Beeinträchtigung der dem Verbraucher zustehenden Wahlfreiheit kann nach wertender Prognose unter

---

796 Dazu *Scherer* GRUR 2016, 233, 237; S. 163 f.

797 GK-UWG/*Pahlow*, § 4 Nr. 1 Rn. 17; *Köhler*/Bornkamm[33], § 4 Rn. 1.16: „gewisse Intensität und Nachhaltigkeit".

Zugrundelegung des Durchschnittsverbrauchermodells daher nur bei Geschäftspraktiken mit einem gewichtigen bzw. „erheblichen" Aggressionspotenzial bestehen. „Erheblichkeit" ist damit gleichzusetzen mit „Spürbarkeit" der Beeinträchtigung in Konstellationen aggressiver Geschäftspraktiken[798]. Die modifizierte Formulierung drückt letztlich nur die sprachliche Anpassung des Spürbarkeitskriteriums auf Lebenssachverhalte aus, die aggressive Geschäftspraktiken i.S.v. Art. 8 zum Gegenstand haben. Man kann dies auch als eine vom Richtliniengeber vorab vorgenommene Auslegung des Spürbarkeitskriteriums der Generalklausel im Hinblick auf aggressive Geschäftspraktiken verstehen: Würde der Konkretisierungstatbestand des Art. 8 nicht existieren, hätte der Rechtsanwender im Rahmen einer schutzzweckorientierten und verhältnismäßigen Auslegung der Spürbarkeit bei der Bewertung einer aggressiven Geschäftspraktik dieselbe Anpassung vorzunehmen. Eine inhaltliche Divergenz im Hinblick auf den übergeordneten Bezugspunkt von Art. 8 und Art. 5 Abs. 2, Art. 2 lit. e – den Schutz der autonomen geschäftlichen Entscheidung des Verbrauchers – ist damit jedenfalls nicht verbunden.

Die Art. 8 und 9 übertragen im Ergebnis die Wertungen des Art. 5 Abs. 2 auf Konstellationen der Beeinträchtigung des Entscheidungsprozesses durch aggressives Verhalten. Normative Abweichungen sind trotz unterschiedlicher Formulierungen der jeweiligen Tatbestände damit nicht verbunden, sondern vielmehr durch eine sachgerechte Adaption der Unlauterkeitselemente von Art. 5 Abs. 2 im Kontext aggressiver Geschäftspraktiken bedingt.

e) Zusammenfassung

Die Tatbestandselemente des Art. 5 Abs. 2 sind in Art. 6 Abs. 1 vollständig integriert. Unwahre Angaben sowie Täuschungen in irgendeiner Weise bilden Varianten des Sorgfaltspflichtverstoßes. Als Erfolgselement nennt Art. 6 Abs. 1 lediglich die Eignung zur Veranlassung zu einer ansonsten nicht getroffenen geschäftlichen Entscheidung. Die spürbare Beeinträchtigung der Fähigkeit zur informierten Entscheidung wird allerdings bei der zweiten Irreführungsvariante des Art. 6 Abs. 1 durch die Täuschung bzw. Täuschungseignung verkörpert. Bei einer sonst nicht getroffenen geschäftlichen Entscheidung aufgrund einer Falschangabe wird die Beeinträchtigung der Entscheidungsfähigkeit zwangsläufig mitverwirklicht, da die Entscheidungsgrundlage des Verbrauchers durch die Falschangabe mitbestimmt und entgegen den realen Gegebenheiten verfälscht

---

798 Ebenso *Apetz*, S. 355; dazu auch *Köhler* WRP 2008, 10, 12: „Für die „Spürbarkeit" ist demnach eine erhebliche Beeinträchtigung der Entscheidungs- oder Verhaltensfreiheit erforderlich."

wird. Auch die Verhaltens- und Erfolgselemente des Art. 6 Abs. 1 sind somit nach Vorbild des Art. 5 Abs. 2 normativ untrennbar miteinander verbunden. Art. 6 Abs. 2 greift für beide dort geregelten Irreführungsvarianten die Eignung zur Veranlassung einer sonst nicht getroffenen geschäftlichen Entscheidung auf. Als Sorgfaltspflichtverstoß verkörpert Art. 6 Abs. 2 lit. a das Vorliegen einer Verwechslungsgefahr, wobei die entscheidungsbezogene Verwechslungsgefahr die Beeinträchtigung der Entscheidungsfähigkeit nach Art. 2 lit. e darstellt. Art. 6 Abs. 2 lit. b hat als Sorgfaltsverstoß den ausdrücklichen Hinweis auf verpflichtende Verhaltenskodizes zum Gegenstand, die der Unternehmer in Wahrheit nicht einhält. Als indirekte Falschangabe impliziert dies zwangsläufig eine Verfälschung der Entscheidungsgrundlage und damit eine spürbare Beeinträchtigung der Entscheidungsfähigkeit, wenn der Verbraucher gerade aufgrund der Angabe eine sonst nicht getroffene Entscheidung trifft. Auch in Art. 6 Abs. 2 setzt sich das normative Verhältnis zwischen Verhaltens- und Erfolgselement nach Art. 5 Abs. 2 fort.

Das Informationsgebot in Art. 7 ist dogmatisch streng vom Irreführungsverbot des Art. 6 zu unterscheiden. Als Sorgfaltspflichtverstoß nennt Art. 7 Abs. 1 das Vorenthalten wesentlicher Informationen. Die Wesentlichkeit der Information ist dadurch bedingt, dass der durchschnittliche Verbraucher die Information je nach den Umständen benötigt, um eine informierte Entscheidung zu treffen. Wird ihm eine solche Information vorenthalten, deckt sich dies mit der spürbaren Beeinträchtigung der Fähigkeit, eine informierte Entscheidung zu treffen nach Art. 2 lit. e und ist bereits im Rahmen des Sorgfaltspflichtverstoßes zu berücksichtigen. Gleichzeitig steht dann fest, dass der Verbraucher in Kenntnis der entscheidungserheblichen Information die abweichende geschäftliche Entscheidung nicht getroffen hätte. Insofern gehen auch in Art. 7 Abs. 1 Verhaltens- und Erfolgselement des Unlauterkeitstatbestands fließend ineinander über. Einen Sonderfall bilden Art. 7 Abs. 4 und 5, die mit gesetzlichen Fiktionen operieren. Gem. Art. 7 Abs. 4 und 5 gelten bestimmte Informationen im Falle der Aufforderung zum Kauf bzw. in Form sekundärrechtlicher Informationspflichten als wesentlich. Methodisch im Einklang mit dem allgemeinen Tatbestand zum Vorenthalten wesentlicher Informationen nach Art. 7 Abs. 1 fingiert der Richtliniengeber, dass der Verbraucher diese Informationen für eine informierte Entscheidung benötigt. Zuwiderhandlungen gegen diese Informationsgebote verstoßen gegen die unternehmerische Sorgfalt und beinhalten gleichzeitig die spürbare Beeinträchtigung der Fähigkeit zur informierten Entscheidung. Zwangsläufig wird damit vom Richtliniengeber fingiert, dass der Verbraucher in Kenntnis der Informationen die potentiell anderweitige geschäftliche Entscheidung nicht getroffen hätte. Insgesamt spiegeln sich die Wertungen des Art. 5 Abs. 2 und dessen methodische Struktur auch in Art. 7 wider.

Die in Art. 8 und 9 geregelten aggressiven Geschäftspraktiken stellen materiell ein Abbild des generellen Tatbestands gem. Art. 5 Abs. 2 dar. Als Verhaltenselemente aggressiver Geschäftspraktiken bilden Belästigung, Nötigung und unzulässige Beeinflussung Typisierungen beruflicher Sorgfaltspflichtverletzungen (Art. 2 lit. h) i.S.v. rücksichtslosen Verhaltensweisen des Unternehmers gegenüber den geschützten Verbraucherinteressen. Um die genannten Verhaltenselemente in einem spezifisch lauterkeitsrechtlichen Sinne zu werten, ist auch im Rahmen des Art. 8 das Erfolgselement der unlauteren Geschäftspraktik in die Prüfung des Verhaltenselements fließend zu integrieren. Besonders deutlich wird dies anhand der unzulässigen Beeinflussung und ihrer Definition in Art. 2 lit. j. Hinter den unterschiedlichen Formulierungen der Erfolgselemente in Art. 8 bzw. Art. 2 lit. j verbergen sich lediglich sprachliche Adaptionen des Spürbarkeitskriteriums von Art. 2 lit. e, welches in Anwendung auf die Besonderheiten aggressiver Geschäftspraktiken diesen entsprechend sprachlich angepasst wird.

Die mitunter von Art. 5 Abs. 2 und insbesondere Art. 2 lit. e abweichenden Formulierungen in Art. 6–9 sowie die Nichterwähnung der spürbaren Beeinträchtigung der Fähigkeit, eine informierte Entscheidung zu treffen, ziehen im Ergebnis keine materiellen Unterschiede nach sich, sondern sind durch die sprachliche Anpassung des Generalklauseltatbestands an die dem jeweiligen Konkretisierungstatbestand zugrunde liegende Sachverhaltskonstellation bedingt. Art. 5 Abs. 2 und Art. 6–9 sind normativ deckungsgleich.

5. Durchschnittsverbrauchermodell als Beurteilungsmaßstab

Gem. ErwGr 18 S. 2, Art. 5 Abs. 2 lit. b liegt der UGP-RL als Beurteilungsmaßstab das europäische Durchschnittsverbrauchermodell zugrunde. Ursprünglich in der Rechtsprechung des EuGH entwickelt,[799] ist das Durchschnittsverbrauchermodell nunmehr ausdrücklich in der UGP-RL normativ verankert[800]. Der Durchschnittsverbraucher wird definiert als Verbraucher, der „angemessen gut unterrichtet und angemessen aufmerksam und kritisch“ ist.

---

799 EuGH GRUR Int. 1995, 804 Tz. 24 – *Mars*; GRUR Int. 1998, 795 Tz. 31 – *Gut Springenheide*; GRUR Int. 1999, 345 Tz. 36 – *Sektkellerei Kessler*; GRUR 1999, 723 Tz. 29 – *Chiemsee*; GRUR Int. 2000, 354 Tz. 27, 30 – *Lifting*; GRUR Int. 2000, 756 Tz. 22 – *D'Arbo naturrein*; GRUR 2003, 533 Tz. 55 – *Pippig Augenoptik/Hartlauer*; dazu *Rott* VuR 2015, 163 f.

800 Siehe ErwGr 18 S. 2; Ohly/*Sosnitza*[6], § 2 Rn. 108.

a) Dogmatischer Hintergrund

Das Leitbild des Durchschnittsverbrauchers hat zunächst die Funktion, einen Beurteilungsmaßstab bei der Anwendung der Unlauterkeitstatbestände bereitzustellen[801]. Es geht i.S.d. Art. 5 Abs. 2 um das konkrete Maß an Kompetenzen und Rücksichtnahme in Bezug auf die spezifisch lauterkeitsrechtlichen Interessen der Verbraucher[802]. Das einschlägige Verbraucherleitbild hat den Zweck, einheitliche Maßstäbe und Aussagen über die Schutzwürdigkeit der Verbraucher im Marktgeschehen zu statuieren[803]. Dies impliziert den dogmatischen Kern des Durchschnittsverbrauchermodells, welches als rechtsmethodisches Scharnier eine Abwägung ggf. entgegenstehender Interessen der Marktteilnehmer ermöglicht[804]. Indem es dabei auf den *durchschnittlichen* Verbraucher abstellt, ist das geltende Leitbild des Durchschnittsverbrauchers Ausfluss des Verhältnismäßigkeitsprinzips, worauf auch ErwGr 18 S. 2 ausdrücklich hinweist[805]. Zwischen Verbraucherinteressen, Anbieterinteressen und der Binnenmarktzielsetzung gilt es, einen angemessenen Ausgleich zu finden[806].

Die Funktion als Abwägungsmodell bringt den normativen Charakter des Verbraucherleitbildes mit sich[807]. Es kann dementsprechend nicht darauf ankommen, wie der oder die Verbraucher tatsächlich reagieren oder reagieren würden, sondern es ist das Leitbild „des“ Durchschnittsverbrauchers maßgebend[808]. Dieser Durchschnittsadressat ist nicht statistisch, sondern wertend zu bestimmen[809]. So erklärt auch ErwGr 18 S. 1, es seien die Auswirkungen auf einen „fiktiven typischen Verbraucher“ zu prüfen. Nach ErwGr 18 S. 5 beruht der Begriff des Durchschnittsverbrauchers nicht auf statistischer Grundlage. Das Verbraucherleitbild ist daher normativ geprägt und als methodisches Konzept wertung-

---

801 GK-UWG/*Fritzsche*, § 2 Rn. 773; Ohly/*Sosnitza*[6], § 2 Rn. 104; *Beater*, Unlauterer Wettbewerb, Rn. 1106.

802 *Köhler*/Bornkamm[33], § 1 Rn. 21.

803 *Köhler*/Bornkamm[33], § 1 Rn. 21; *Beater*, Unlauterer Wettbewerb, Rn. 1106.

804 *Köhler*/Bornkamm[33], § 1 Rn. 21; *Rott* VuR 2015, 163, 165 f.

805 *Köhler*/Bornkamm[33], § 1 Rn. 22; Fezer/*ders.*, Einl. E Rn. 130; Gloy/Loschelder/Erdmann/*Lubberger*, § 40 Rn. 17; *Apetz*, S. 389; *Dohrn*, Rn. 810.

806 *Apetz*, S. 389; zum primärrechtlichen Hintergrund eines „hohen Verbraucherschutzes“ S. 34–37.

807 GK-UWG/*Fritzsche*, § 2 Rn. 774; MüKo-UWG/*Micklitz*, EG D Art. 5 Rn. 54; Fezer/*ders.*, Einl. E Rn. 130; Harte/Henning/*Podszun*, § 3 Rn. 71; Ohly/*Sosnitza*[6], § 2 Rn. 109; Götting/Nordemann/*Götting*[2], § 1 Rn. 19; Götting/Meyer/Vormbrock/*Weiler*, § 25 Rn. 225; *Apetz*, S. 391 f.; *Micklitz*/*Keßler* WRP 2003, 919, 924.

808 Götting/Meyer/Vormbrock/*Weiler*, § 25 Rn. 226.

809 Harte/Henning/*Dreyer*, § 5 B. Rn. 10; Götting/Meyer/Vormbrock/*Meyer*, § 27 Rn. 90.

soffen, flexibel und Differenzierungen zugänglich[810]. Allerdings schließt die Normativität des Verbraucherleitbildes nicht den unterstützenden Rückgriff auf empirische Untersuchungen aus. Zwar sind die Gerichte gem. ErwGr 18 S. 6 dazu berufen, sich bei der Beurteilung des Einzelfalls auf ihre eigene Urteilskraft zu verlassen. ErwGr 18 S. 2 knüpft jedoch an das Verbraucherleitbild in der Auslegung des EuGH an, der den nationalen Gerichten die Einholung demoskopischer Ergebnisse offenlässt[811]. Diese können aber letztlich nur unterstützenden Charakter haben und die eigentliche, auf Grundlage einer umfassenden Abwägung beruhende Beurteilung des Gerichts nicht ersetzen[812].

b) Verbraucherleitbild und Schutz der Entscheidungsgrundlage

ErwGr 18 S. 2 bezieht sich auf das vom EuGH entwickelte europäische Verbraucherleitbild („in der Auslegung des Gerichtshofs") und definiert den Durchschnittsverbraucher als angemessen gut unterrichtet, angemessen aufmerksam und kritisch unter Berücksichtigung sozialer, kultureller und sprachlicher Faktoren. Die Beurteilungsparameter Informiertheit, Aufmerksamkeit und Kritikfähigkeit orientieren sich am Informationsmodell des mündigen Marktbürgers[813] und sind damit in erster Linie auf den Schutz der Entscheidungsgrundlage zugeschnitten. Für den Schutz des Entscheidungsprozesses sind sie nur bedingt brauchbar[814]. Im Fokus stehen die kognitiven Fähigkeiten und Möglichkeiten des Verbrauchers[815].

Informiertheit i.S.v. „angemessen gut unterrichtet" betrifft den beim Verbraucher vorauszusetzenden Informationsstand[816]. Es handelt sich dabei objektiviert um allgemein vorhandenes und im Einzelfall ohne weitere Zusatzsschritte abrufbares Wissen[817]. Dem Durchschnittsverbraucher ist ein Wissensstand zu unterstellen, der dem Üblichen entspricht und in Bezug zur Art des Produkts bzw. der Dienstleistung im konkreten Einzelfall zu stellen ist (Erfahrungs-, Such- bzw. Vertrauensgüter)[818]. Ebenfalls kann es dem Verbraucher im Rahmen der fraglichen

---

810 *Möstl* WRP 2014, 906, 909.
811 EuGH GRUR Int. 1998, 795 Tz. 35 – *Gut Springenheide*; GRUR Int. 2000, 354 Tz. 31 – *Lifting*.
812 Harte/Henning/*Dreyer*, § 5 B. Rn. 12.
813 Fezer/*ders.*, § 2 Abs. 1 Nr. 1 Rn. 36.
814 Dazu S. 163f.
815 *Lettl*, Irreführende Werbung, S. 93.
816 *Köhler*/Bornkamm[33], § 1 Rn. 26, 34; Harte/Henning/*Dreyer*, § 5 B. Rn. 33; Ohly/*Sosnitza*[6], § 2 Rn. 112; *Lettl*, Irreführende Werbung, S. 93.
817 Gloy/Loschelder/Erdmann/*Lubberger*, § 40 Rn. 42.
818 GK-UWG/*Fritzsche*, § 2 Rn. 803; *Köhler*/Bornkamm[33], § 1 Rn. 34; Harte/Henning/*Dreyer*, § 5 B. Rn. 33; Ohly/*Sosnitza*[6], § 2 Rn. 112; Götting/Meyer/Vormbrock/*Weiler*, § 25 Rn. 229.

Geschäftspraktik zuzumuten sein, sich selbst mit den notwendigen Informationen zu versorgen, deren Kenntnis die Anbieterseite voraussetzen darf[819]. Insofern ist dem Verbraucher auch eine gewisse Lernfähigkeit abzuverlangen[820].

Das Attribut „angemessen aufmerksam" bezieht sich auf die Frage, inwieweit vom Verbraucher erwartet werden darf, dass dieser die ihm zur Verfügung gestellten Produktinformationen auch wahrnimmt, d.h. sie verarbeitet und sie in seine geschäftliche Entscheidung einfließen lässt[821]. Hier sind Kosten und Aufwand für die Bereitstellung und Verschaffung der Informationen zu berücksichtigen[822]. Darf von der Wahrnehmung der Informationen ausgegangen werden, fällt es in den Veranwortungsbereich des Verbrauchers, ob er dies auch tatsächlich tut[823]. Die Einschränkung auf ein angemessenes Maß an Aufmerksamkeit steht in engem Zusammenhang mit den jeweiligen situativen Umständen der Geschäftspraktik („situationsadäquat")[824]. Insbesondere die Art des Produkts und des verwendeten Werbemediums zwingen zu einer differenzierten Beurteilung des Aufmerksamkeitsgrades, der daher vielfach variieren kann[825].

Mit dem Element „angemessen kritisch" geht es um die Fähigkeit des Verbrauchers, ob er die Vor- und Nachteile eines Angebots sachgerecht würdigen kann[826]. Zu fragen ist nach einer gewissen Skepsis und der Bereitschaft, Angebote und Werbebotschaften zu hinterfragen[827]. Auch dieses Element ist stark situationsbezogen und im Kontext mit der wirtschaftlichen Bedeutung zu beurteilen, welche die betreffende geschäftliche Entscheidung für den Verbraucher hat[828]. Der EuGH verlangt in diesem Zusammenhang vom Verbraucher, dass dieser nicht auf

819 GK-UWG/*Fritzsche*, § 2 Rn. 804.

820 GK-UWG/*Fritzsche*, § 2 Rn. 804.

821 GK-UWG/*Fritzsche*, § 2 Rn. 805; *Köhler*/Bornkamm[33], § 1 Rn. 27, 35; Harte/Henning/*Dreyer*, § 5 B. Rn. 31; *Lettl*, Irreführende Werbung, S. 93.

822 Harte/Henning/*Dreyer*, § 5 B. Rn. 31. Dies berücksichtigt bspw. auch Art. 7 Abs. 3 beim Vorenthalten wesentlicher Informationen.

823 GK-UWG/*Fritzsche*, § 2 Rn. 805; *Köhler*/Bornkamm[33], § 1 Rn. 27; *ders.* GRUR 2001, 1067, 1069.

824 GK-UWG/*Fritzsche*, § 2 Rn. 806; *Köhler*/Bornkamm[33], § 1 Rn. 35; Fezer/*ders.*, § 3 Rn. 238; Ohly/*Sosnitza*[6], § 2 Rn. 113; Gloy/Loschelder/Erdmann/*Lubberger*, § 40 Rn. 44; Götting/Meyer/Vormbrock/*Weiler*, § 25 Rn. 228.

825 Fezer/*ders.*, § 2 I Rn. 32; Harte/Henning/*Dreyer*, § 5 B. Rn. 32.

826 GK-UWG/*Fritzsche*, § 2 Rn. 808; *Köhler*/Bornkamm[33], § 1 Rn. 28, 36; Harte/Henning/*Dreyer*, § 5 B. Rn. 34; Ohly/*Sosnitza*[6], § 2 Rn. 115; *Lettl*, Irreführende Werbung, S. 93.

827 Gloy/Loschelder/Erdmann/*Lubberger*, § 40 Rn. 45.

828 GK-UWG/*Fritzsche*, § 2 Rn. 808; *Köhler*/Bornkamm[33], § 1 Rn. 36; Götting/Meyer/Vormbrock/*Weiler*, § 25 Rn. 230.

unveränderlichen Gewohnheiten beharrt, sondern bei neu auf dem Markt erscheinenden Produkten die Fähigkeit zum Lernen und Umdenken besitzt[829].

c) Verbraucherleitbild und Schutz des Entscheidungsprozesses

Die dem Verbraucherleitbild zugrundeliegenden Elemente der angemessen Informiertheit, Aufmerksamkeit und Kritikfähigkeit beziehen sich auf kognitive Eigenschaften. Zurückführen lässt sich dieser Umstand darauf, dass der EuGH im Rahmen seiner Rechtsprechung zur Warenverkehrsfreiheit und zur alten Irreführungs-RL das Verbraucherleitbild regelmäßig im Irreführungskontext verwendete und die inhaltliche Konzeption des Verbrauchermodells danach ausrichtete. Demgegenüber fehlte bis zum Erlass der UGP-RL eine umfassende Regelung zum Schutz des Entscheidungsprozesses vor aggressiven unternehmerischen Verhaltensweisen auf unionsrechtlicher Ebene[830]. Für Beeinträchtigungen des Entscheidungsprozesses taugt die sichtlich auf den Schutz der Entscheidungsgrundlage zugeschnittene Definition des Durchschnittsverbrauchers nur bedingt, da die Wirkungsweise einer aggressiven Geschäftspraktik eine andere ist. Optimale Informiertheit und eindeutige Kenntnis über Vor- und Nachteile des betreffenden Geschäfts helfen nicht weiter, wenn der Verbraucher seine Entscheidung nicht autonom treffen kann[831]. In solchen Drucksituationen kommt es vielmehr auf psychische wie physische Belastbarkeit, Willensstärke, Empfindlichkeit, Widerstandsfähigkeit und Beeinflussbarkeit an[832]. Das Element der Kritikfähigkeit im Sinne eines Abwägens der Vor- und Nachteile eines Geschäfts mag der Beurteilung einer aggressiven Beeinflussung ggf. noch zugänglich sein, allerdings bezieht es sich in erster Linie auf die Fähigkeit, die dargebotenen Informationen richtig einzuordnen und zu verarbeiten[833]. Zu Recht wird daher auf einen Anpassungsbedarf des Verbraucherleitbildes gem. ErwGr 18 S. 2 im Hinblick auf aggressive Geschäftspraktiken hingewiesen[834]. Abzustellen ist auf einen *an-*

---

829 EuGH GRUR 1987, 245 Tz. 32 – *Reinheitsgebot*; GRUR 2007, 511 Tz. 37 – *de Landtsheer*; GK-UWG/*Fritzsche*, § 2 Rn. 808; *Köhler*/Bornkamm[33], § 1 Rn. 28; Gloy/Loschelder/Erdmann/*Lubberger*, § 40 Rn. 45.

830 Dazu ausführlich *Apetz*, S. 9 – 19.

831 *Beater*, Unlauterer Wettbewerb, Rn. 1568.

832 Derartige Kriterien aufgreifend etwa GK-UWG/*Fritzsche*, § 2 Rn. 811; *Beater*, Unlauterer Wettbewerb, Rn. 1571; *Apetz*, S. 383; *Dohrn*, Rn. 770; *Gamerith* WRP 2005, 391, 424 Fn. 401.

833 *Apetz*, S. 384.

834 *Apetz*, S. 381 f.; *Dohrn*, Rn. 824.

gemessen empfindlichen, angemessen beeinflussbaren und angemessen rationalen Durchschnittsverbraucher[835].

Der EuGH hat das Verbraucherleitbild zu Art. 8 bislang nicht näher konkretisiert. Es finden sich allerdings Andeutungen in der *Purely Creative*-Entscheidung zu Nr. 31 Anhang I, die als per se verbotene aggressive Geschäftspraktik kategorisiert wird[836]. In dieser Entscheidung hält der EuGH fest, dass eine Mitteilung über den Gewinn eines Preises eine psychologische Wirkung entfalten könne, um den Verbraucher zu einer Entscheidung zu veranlassen, die *nicht immer rational* sei[837]. Damit wird jedenfalls der Aspekt der Rationalität der Entscheidung hervorgehoben. Dies mag gerade für psychisch vermittelte Drucksituationen einen Anhaltspunkt bieten. Jedoch kann die Rationalität nicht alleiniger Beurteilungsmaßstab einer differenzierten Betrachtung sein. Die Frage, ob der Verbraucher trotz der aggressiven Geschäftspraktik rational handeln könne, setzt gleichsam eine Bewertung darüber voraus, inwieweit er dieser überhaupt standhalten kann. Für eine weitergehende Präzisierung des Verbraucherleitbildes bleibt die Judikatur des EuGH, der hierüber das letzte Wort hat, abzuwarten.

d) Besonders schutzbedürftige Verbrauchergruppen, Art. 5 Abs. 3 S. 1

Gem. Art. 5 Abs. 3 S. 1 erhält das Leitbild des Durchschnittsverbrauchers neben Art. 5 Abs. 2 lit. b eine weitere, verschärfende Modifizierung: „Geschäftspraktiken, die voraussichtlich in einer für den Gewerbetreibenden vernünftigerweise vorhersehbaren Art und Weise das wirtschaftliche Verhalten nur einer eindeutig identifizierbaren Gruppe von Verbrauchern wesentlich beeinflussen, die aufgrund von geistigen oder körperlichen Gebrechen, Alter oder Leichtgläubigkeit im Hinblick auf diese Praktiken oder die ihnen zugrunde liegenden Produkte besonders schutzbedürftig sind, werden aus der Perspektive eines durchschnittlichen Mitglieds dieser Gruppe beurteilt." Art. 5 Abs. 3 S. 1 gilt für alle Tatbestände der UGP-RL[838].

Art. 5 Abs. 3 S. 1 hat auch solche Geschäftspraktiken zum Gegenstand, die sich zwar an die Allgemeinheit der Verbraucher richten, aber eben nicht den Durchschnittsverbraucher, sondern nur eine bestimmte Gruppe schutzbedürftiger Ver-

---

835 *Apetz*, S. 385 sowie S. 388 – 487, zur inhaltlichen Präzisierung des Maßstabs, insbesondere anhand ergangener EuGH-Entscheidungen.

836 EuGH GRUR 2012, 1269 Tz. 37 – *Purely Creative*; kritisch dazu *Köhler* GRUR 2012, 1211, 1212 und S. 174 f.

837 EuGH GRUR 2012, 1269 Tz. 38 – *Purely Creative*; kritisch dazu *Köhler* GRUR 2012, 1211, 1212 f.; *Scherer* WRP 2013, 143, 145 f.; *dies.* WRP 2013, 705, 706 f.

838 MüKo-UWG/*Micklitz*, EG D Art. 5 Rn. 59, 65; *Köhler*/Bornkamm[33], § 3 Rn. 12;

braucher in ihrem wirtschaftlichen Verhalten wesentlich beeinflussen. Daher muss sich die Geschäftspraktik im Gegensatz zu Art. 5 Abs. 2 lit. b nicht gezielt an diese Verbrauchergruppe wenden, sondern es ist erforderlich und ausreichend, wenn sie voraussichtlich und vorhersebhar diese in ihrem wirtschaftlichen Verhalten wesentlich beeinflusst[839]. Ausnahmsweise ist damit – im Gegensatz zu Art. 5 Abs. 2 lit. b – ein gespaltenes Verkehrsverständnis maßgeblich[840].

Der Verbraucherschutz wird über Art. 5 Abs. 3 S. 1 zunächst zwar deutlich verschärft, unterliegt aber gleichzeitig vielfältigen, verhältnismäßigkeitswahrenden und damit wiederum relativierenden Einschränkungen,[841] um insbesondere Werbung in Massenmedien für den werbenden Unternehmer nicht zu einem unkalkulierbaren Risiko mutieren zu lassen[842]. In jedem Fall muss eine besondere Schutzbedürftigkeit bestehen. Art. 5 Abs. 3 S. 1 nennt – dem Wortlaut nach abschließend – geistige oder körperliche Gebrechen, Alter und Leichtgläubigkeit. Allerdings zeigt ErwGr 19 S. 1 („aufgrund bestimmter Eigenschaften, wie Alter"), dass die Aufzählung nicht abschließend gemeint sein dürfte, sofern etwaige Defizite den explizit genannten Defiziten normativ gleichstehen[843]. V.a. der Schutz von Kindern und Jugendlichen steht im Fokus des Art. 5 Abs. 3 S. 1. Die besonders schutzbedürftige Verbrauchergruppe muss eindeutig identifizierbar sein. Aus einer objektivierten Perspektive muss sie prägend und klar umrissen sein und bestimmte strukturelle Defizite in der Informationsaufnahme und/oder -verarbeitung bzw. in der Aufmerksamkeit oder Kritikfähigkeit aufweisen[844].

Schwierigstes Eingrenzungsmerkmal bildet das Element der Vorhersehbarkeit. Auch dabei ist ein verobjektivierter Maßstab dergestalt anzulegen, dass die Geschäftspraktik nur die schutzbedürftige Verbrauchergruppe wesentlich beeinflusst[845]. Nicht jede objektive Vorhersehbarkeit kann hierfür genügen[846]. Die UGP-RL begrenzt das Merkmal und spricht von „vernünftigerweise vorhersehbar". In den unverbindlichen Leitlinien der Kommission zur UGP-RL wird das Vorhersehbarkeitskriterium als Element der Verhältnismäßigkeit dahingehend erläutert, dass vom Gewerbetreibenden lediglich angemessenes Handeln – auch im Hin-

---

839 GK-UWG/*Fritzsche*, § 3 Rn. 673; MüKo-UWG/*Micklitz*, EG D Art. 5 Rn. 64; *Köhler*/Bornkamm[33], § 3 Rn. 14, 16; Fezer/*ders.*, § 3 Rn. 120; jurisPK-UWG/*Ullmann*, § 3 Rn. 94; *Apetz*, S. 369 f. – Eine obkjektive Zielgerichtetheit fordern hingegen MüKo-UWG/*Sosnitza*, § 3 Rn. 119; Ohly/*Sosnitza*[6], § 3 Rn. 79; Gloy/Loschelder/Erdmann/*Lubberger*, § 40 Rn. 39.
840 Harte/Henning/*Dreyer*, § 5 B. Rn. 16.
841 MüKo-UWG/*Micklitz*, EG D Art. 5 Rn. 57.
842 Dies befürchtet MüKo-UWG/*Sosnitza*, § 3 Rn. 119; Ohly/*Sosnitza*[6], § 3 Rn. 79.
843 GK-UWG/*Fritzsche*, § 3 Rn. 664; Harte/Henning/*Dreyer*, § 5 B. Rn. 19.
844 GK-UWG/*Fritzsche*, § 3 Rn. 671; *Köhler*/Bornkamm[33], § 3 Rn. 18;
845 *Köhler*/Bornkamm[33], § 3 Rn. 19; Harte/Henning/*Podszun*, § 3 Rn. 72.
846 GK-UWG/*Fritzsche*, § 3 Rn. 675;

blick auf etwaige Abhilfemaßnahmen – erwartet werde[847]. Extreme Naivität oder Unkenntnis müssten allerdings außer Acht bleiben. Gewerbetreibene könnten nicht für jede erdenkliche Auslegung ihrer Geschäftspraktik durch bestimmte Verbraucher verantwortlich gemacht werden[848]. In diese Richtung weist auch Art. 5 Abs. 3 S. 2, wonach die übliche und rechtmäßige Werbepraxis, übertriebene oder nicht wörtlich zu nehmende Behauptungen aufzustellen, von S. 1 unberührt bleiben. Vor dem Hintergrund der erforderlichen eindeutigen Identifizierbarkeit der Verbrauchergruppe muss die Vorhersehbarkeit der wesentlichen Beeinflussung daher eng mit dem bestimmten strukturellen Defizit dieser Gruppe in Anbetracht der Geschäftspraktik oder des Produkts zusammenhängen[849]. ErwGr 19 S. 1 spricht insofern von der besonderen „Anfälligkeit“ der Verbrauchergruppe. Bloße Spekulationen, ein Teil der angesprochenen Verbraucher werde auf eine bewusst unwahre Angabe hereinfallen, kann hierfür nicht genügen, da die Beurteilungskriterien rein objektiviert gefasst sind[850].

III. Anwendungsverhältnis zwischen Art. 5 Abs. 2 und Art. 6–9

1. Anwendungsspezialität

Zwischen Art. 5 Abs. 2 und den Art. 6–9 besteht ein Verhältnis der Anwendungsspezialität. Spezialität bedeutet Inklusion. Alle Sachverhalte, die den speziellen (untergeordneten) Tatbestand erfüllen, lassen sich auch unter den (übergeordneten) Grundtatbestand subsumieren, ohne dass umgekehrt sämtliche Sachverhalte, die den Grundtatbestand erfüllen, sich auch unter den speziellen Tatbestand subsumieren lassen[851]. Für die Sachverhaltskonstellationen der Art. 6–9 und ihr Verhältnis zu Art. 5 Abs. 2 wurde dies bereits nachgewiesen[852]. Irreführende und aggressive Geschäftspraktiken i.S.d. Art. 6–9 greifen die Tatbestandsmerkmale des Art. 5 Abs. 2 auf und wenden sie der von ihr umfassten spezifischen Regelungssituation entsprechend an. Ihre jeweiligen Anwendungsbereiche bilden eine Teilmenge des Anwendungsbereichs von Art. 5 Abs. 2, der sich sowohl für Beeinträchtigungen der Entscheidungsgrundlage i.S.d. Art. 6 und 7 als auch des Entscheidungsprozesses i.S.d. Art. 8 und 9 fruchtbar machen ließe.

847 SEK (2009) 1666, S. 35.
848 SEK (2009) 1666, S. 35.
849 Dahingehend MüKo-UWG/*Micklitz*, EG D Art. 5 Rn. 56; Fezer/*ders.*, § 3 Rn. 123.
850 GK-UWG/*Fritzsche*, § 3 Rn. 680; Götting/Meyer/Vormbrock/*Weiler*, § 25 Rn. 227. – So aber *Köhler*/Bornkamm[33], § 1 Rn. 33.
851 MüKo-StGB/*v. Heintschel-Heinegg*, Vor §§ 52ff. Rn. 35.
852 Dazu S. 130–159.

Auf der anderen Seite können die Art. 6–9 für sich genommen nicht sämtliche Anwendungsfälle des Art. 5 Abs. 2 umfassen. Sie sind gegenüber Art. 5 Abs. 2 lex specialis[853].

Anwendungstechnisch hat dieses Spezialitätsverhältnis zur Konsequenz, dass bei Vorliegen der Art. 6–9 kein gleichzeitiger Rückgriff auf den Generalklauseltatbestand des Art. 5 Abs. 2 erfolgt bzw. erfolgen darf[854]. *Wirtz* hält hingegen eine kumulative Anwendung jedenfalls des Art. 5 Abs. 2 lit. a im Rahmen der Art. 6–9 für erforderlich[855]. Diese Ansicht ist zwar hinsichtlich ihres Bestrebens, den einheitlichen normativen Unlauterkeitsmaßstab des Art. 5 Abs. 2 und der Art. 6–9 zu wahren, nachvollziehbar und begrüßenswert. Sie verkennt jedoch, dass sich Art. 5 Abs. 2 materiell vollständig in den Art. 6–9 wiederspiegelt, so dass eine zusätliche Anwendung des Art. 5 Abs. 2 lit. a ohnehin keinen Sinn ergeben würde und das Spezialitätsverhältnis eine gleichzeitige Anwendbarkeit in Bezug auf den gleichen Sachverhalt verbietet. Eine gleichzeitige Anwendung des Art. 5 Abs. 2 neben den Art. 6–9 ist lediglich dann denkbar, sofern sich der volle Unlauterkeitsgehalt einer Geschäftspraktik nicht nur in einem der Konkretisierungstatbestände erschöpft, sondern darüber hinaus weitere unlauterkeitsbegründende Umstände vorliegen, die für den Ausspruch der Unlauterkeit offenzulegen sind. Verschiedene Unlauterkeitsgründe müssen also kumuliert auftreten und in ihrer Gesamtheit beurteilt werden[856].

Sind die Tatbestände der Art. 6–9 nicht erfüllt, verbleibt es bei der Anwendbarkeit des Art. 5 Abs. 2 als Auffangtatbestand bzw. „Sicherheitsnetz“[857]. Die teilweise geäußerte Vermutung, dass Art. 5 Abs. 2 in seiner praktischen Bedeutung weitgehend bedeutungslos sei,[858] hat sich mit dem Scheitern der VO Verkaufsförderung als trügerisch erwiesen. Tatsächlich ist Art. 5 Abs. 2 die maßgebliche Vorschrift für die Beurteilung von Verkaufsförderungsmaßnahmen im harmonisierten Anwendungsbereich der UGP-RL und damit Prüfstein der diesbezüglichen nationalen Vorschriften im Hinblick auf ihre Richtlinienkonformität[859]. Beredtes

---

853 *Ohly*/Sosnitza[6], Einf. C Rn. 50; *Schlagelambers*, S. 116; *Köhler* WRP 2010, 1293, 1297; *Scherer* WRP 2010, 586, 589; *dies.* NJW 2010, 1849.

854 KOM (2003) 356 endg., Rn. 30, 56; EuGH GRUR 2013, 1157 Tz. 45 – *CHS/Team4 Travel*, in Bezug auf das Unlauterkeitsmerkmal des Art. 5 Abs. 2 lit. a; *Köhler*/Bornkamm[33], § 3 Rn. 8; *Büllesbach*, S. 24; *Schlagelambers*, S. 81, in Bezug auf Irreführungen nach Art. 6; offenlassend *Stuyck/Terryn/van Dyck* CML Rev. 2006, 107, 133 f.

855 Götting/Nordemann/*Wirtz*[2], § 3 Rn. 25; unklar *Fezer* WRP 2010, 677, 682.

856 *Dohrn*, Rn. 224 f.

857 KOM (2003) 356 endg., Rn. 58; MüKo-UWG/*Micklitz*, EG D Art. 5 Rn. 73; *Köhler*/Bornkamm[33], § 3 Rn. 8.

858 So etwa KOM (2003) 356 endg., Rn. 52; MüKo-UWG/*Micklitz*, EG D Art. 5 Rn. 71.

859 Vorausschauend bereits *Stuyck/Terryn/van Dyck* CML Rev. 2006, 107, 149 f.

Zeugnis liefert hierfür die EuGH-Rechtsprechung zur UGP-RL, der nicht wenige mitgliedstaatliche Kopplungs- oder Zugabeverbote zum Opfer gefallen sind[860]. Von diesen Fällen abgesehen, lassen sich nationale Werbebeschränkungen generell nicht einfach dadurch aufrechterhalten bzw. Geschäftspraktiken als unlauter einstufen, indem sie Art. 5 Abs. 2 als eine Art Ersatztatbestand zugeordnet werden[861]. Zwar ist die Generalklausel unter Wahrung strikter *normativer Äquivalenz* zu den Konkretisierungen – sofern diese nicht eingreifen – stets anwendbar. Sind jedoch die Tatbestände der Art. 6–9 nicht erfüllt, wird in aller Regel auch Art. 5 Abs. 2 nicht verwirklicht sein, sofern nicht zusätzliche, über die bereits von den Art. 6–9 in den Blick genommenen Umstände vorliegen. Dies verkennt die Gegenansicht, welche die Regelungen der Art. 6–9 formalistisch als strikt abschließend einstuft[862]. Ein Mitgliedstaat, der ein Verbot originär auf Art. 5 Abs. 2 gründet, steht jedenfalls unter erheblichem Rechtfertigungsdruck[863].

2. Unterscheidung zur normativen Konvergenz

In der Diskussion um die Systematik des Art. 5 Abs. 2 und der Art. 6–9 stellt sich das Problem, dass Fragen des normativen Zusammenhangs zwischen den Vorschriften mit denen des Anwendungsverhältnisses vermengt werden bzw. diesbezügliche Ausführungen unklar bleiben[864]. Hierzu einige Beispiele: Nach *Köhler* erstrecke sich Art. 5 Abs. 2 nicht auf Geschäftspraktiken, die zu den irreführenden oder aggressiven Geschäftspraktiken nach Art. 5 Abs. 4, 6–9 gehören[865]. Der Richtliniengeber habe in den Art. 6–9 besonders ausgestaltete Kriterien der Unlauterkeit geschaffen, die völlig eigenständig gegenüber dem Tatbestand des Art. 5 Abs. 2 seien. Von einem einheitlichen Rechtsbegriff der Unlauterkeit sei mithin nicht auszugehen[866]. Auch *Scherer* attestiert den Spezialtatbeständen eine von der Generalklausel völlig unabhängige Existenz, Art. 5 Abs. 2 spiele für diese keine

---

860 Etwa EuGH GRUR 2009, 599 – *VTB-VAB/Total Belgium*; GRUR 2010, 244 – *Plus Warenhandelsgesellschaft*; GRUR 2011, 76 – *Mediaprint.*

861 Zutreffend MüKo-UWG/*Micklitz*, EG D Art. 5 Rn. 72f.; *Schmidt*, S. 150.

862 Insbesondere *Keßler*/*Micklitz* BB-Special 2005 Nr. 13, S. 8; *Veelken* WRP 2004, 1, 18. – Wie hier *Dohrn*, Rn. 217–223. Zur Frage der dogmatischen Grundlagen im Anwendungsverhältnis zwischen Generalklausel und Konkretisierungstatbestand bereits S. 94–97.

863 MüKo-UWG/*Micklitz*, EG D Art. 5 Rn. 74. Ein prominentes Beispiel mitgliedstaatlicher Fehleinschätzung zur Konformität einer nationalen Vorschrift mit dem Unlauterkeitsmaßstab der UGP-RL bildet § 4 Nr. 6.

864 Eine präzise Abschichtung vornehmend hingegen *Zabel* VuR 2011, 403, 404f.

865 *Köhler*/Bornkamm[33], § 3 Rn. 8.

866 *Köhler* WRP 2010, 1293, 1297.

Rolle[867]. Demgegenüber mahnt *Fezer*, die Systematik und der Geltungsanspruch des Art. 5 würden verkannt, wenn die Sachverhalte der Art. 6–9 nicht unter den Anwendungsbereich der Generalklausel subsumiert würden[868]. Der Begriff der Unlauterkeit i.S.d. Art. 5 Abs. 2 lit. a und b gelte auch für die irreführenden und aggressiven Geschäftspraktiken[869].

Den jeweiligen Aussagen haften gleichermaßen zutreffende sowie – aufgrund ihrer Mehrdeutigkeit – unzutreffende Aspekte an. Sofern von einer Eigenständigkeit der Konkretisierungstatbestände gegenüber Art. 5 Abs. 2 ausgegangen wird, ist dies in anwendungstechnischer Hinsicht korrekt. Um das Unlauterkeitsurteil zu begründen, bedarf es keines Rückgriffs auf den Tatbestand der Generalklausel. Der originäre Anwendungsbereich des Art. 5 Abs. 2 bezieht sich nicht auf die von Art. 6–9 erschöpfend umfassten Sachverhalte. *Fezer* bleibt in dieser Hinsicht uneindeutig. Allerdings darf die unabhängige Anwendbarkeit der Art. 6–9 nicht zu der Annahme verleiten, ihre Tatbestände seien ein materielles Aliud gegenüber dem Generalklauseltatbestand des Art. 5 Abs. 2[870]. Dass dies nicht der Fall ist, hat die vorhergehende Untersuchung gezeigt. Sofern man die von *Fezer* postulierte Maßgeblichkeit des Art. 5 Abs. 2 für die Konkretisierungstatbestände aus einer normativen Perspektive deutet und damit von einem materiell einheitlichen Unlauterkeitsbegriff der jeweiligen Vorschriften ausgeht, ist der Ansicht von *Fezer* voll und ganz zuzustimmen. Art. 5 Abs. 2 bildet den normativen Grundstein für sämtliche Unlauterkeitswertungen der Konkretisierungstatbestände. Jegliches Unlauterkeitsurteil der Art. 6–9 ist materiell – nicht anwendungstechnisch (!) – auf Art. 5 Abs. 2 rückführbar. Für ein präzises Verständnis der UGP-RL und ihrer Systematik, ist eine klare Differenzierung zwischen diesen beiden Ebenen unerlässlich.

3. Zusammenfassung

Die Art. 6–9 sind gegenüber Art. 5 Abs. 2 in anwendungstechnischer Hinsicht leges speciales. Art. 5 Abs. 2 ist neben ihnen nicht kumulativ anwendbar. Sofern keiner der Konkretisierungstatbestände erfüllt ist, ist ein Rückgriff auf Art. 5 Abs. 2 unter Wahrung normativer Äquivalenz ohne Weiteres möglich. Nicht zu ver-

867 *Scherer* WRP 2010, 586, 589; *dies.* NJW 2010, 1849, 1850.

868 *Fezer* WRP 2009, 1163, 1171.

869 Fezer/Büscher/Obergfell/*Fezer*, § 3 Rn. 22, 272; *ders.* WRP 2010, 677, 682; offenbar auch Götting/Nordemann/*Wirtz*[2], § 3 Rn. 25.

870 So aber offenbar *Köhler*/Bornkamm[33], § 3 Rn. 8; *ders.* WRP 2010, 1293, 1297 f., der aus den unterschiedlichen Formulierungen der Erfolgselemente in Art. 6–9 eine materielle Divergenz ableitet; ähnlich *Stuyck*/*Terryn*/*van Dyck* CML Rev. 2006, 107, 133.

wechseln ist die anwendungstechnische Trennung zwischen Art. 5 Abs. 2 und Art. 6–9 mit deren materieller Einheitlichkeit.

IV. Verhältnis zwischen Art. 5 Abs. 2 und Art. 5 Abs. 5 i.V.m. der Black List

Einer gesonderten Betrachtung bedarf das Verhältnis zwischen Art. 5 Abs. 2 und der sog. Black List in Anhang I. Geschuldet ist dies der methodischen Eigenart der Black-List-Tatbestände. Im Folgenden soll – entsprechend dem vorhergehenden Abschnitt bzgl. Art. 6–9 – die Frage der materiellen Wertungszusammenhänge zwischen der Generalklausel und den Black-List-Tatbeständen in den Blick genommen und das Anwendungsverhältnis beschrieben werden. Eine direkte Gegenüberstellung jedes einzelnen Tatbestands kann aufgrund des damit verbundenen Umfangs im Rahmen dieser Untersuchung nicht erfolgen. Stattdessen werden einzelne Black-List-Tatbestände bei kritischen Fragen gesondert hervorgehoben.

1. Grundlagen

Die Black List soll nach Vorstellung des Richtliniengebers Rechtssicherheit und Transparenz sowohl für die Marktteilnehmer als auch für den Rechtsanwender schaffen[871]. Sie ist zugleich Ausdruck des Konsenses auf Unionsebene über diejenigen Verhaltensweisen, die in jedem Falle als unlautere Geschäftspraktiken einzustufen und zu verbieten sind[872]. Da die Black List im Verlauf des Entstehungsprozesses stetig angewachsen ist, ist ihr ein hohes rechtspolitisches Gewicht beizumessen[873].

Art. 5 Abs. 5 S. 1 bezeichnet den Anhang I als eine Liste „jener Geschäftspraktiken, die unter allen Umständen als unlauter anzusehen sind.“ Hierzu erläutert ErwGr 17 S. 3, dass es sich dabei um Geschäftspraktiken handelt, „die ohne eine Beurteilung des Einzelfalls anhand der Bestimmungen der Artikel 5 bis 9 als unlauter gelten können.“ Die methodische Besonderheit der Black-List-Tatbestände liegt darin, dass es für das Unlauterkeitsurteil allein auf die Tatbe-

871 ErwGr 17 S. 1; KOM (2003) 356 endg., Rn. 30 a.E.

872 GK-UWG/*Peifer*, § 3 Rn. 687, 694; MüKo-UWG/*Alexander*, Vor Anh. § 3 Abs. 3 Rn. 17; *Büllesbach*, S. 31.

873 Mit der Black List sollten gleichfalls die Hemmnisse vor der Generalklausel für diejenigen Mitgliedstaaten abgebaut werden, die über keinerlei Erfahrung in Bezug auf eine lauterkeitsrechtliche Generalklausel verfügen, so GK-UWG/*Peifer*, § 3 Rn. 687; *Büllesbach*, S. 31; *Alexander* GRUR Int. 2010, 1025, 1026.

standsmäßigkeit der fraglichen Geschäftspraktik ankommt und die wesentliche Beeinflussung des wirtschaftlichen Verhaltens des Verbrauchers – also nach hiesigem Verständnis das Erfolgselement der Unlauterkeit – nicht geprüft werden darf[874]. Die Black List statuiert eine Reihe von Per-se-Verboten. Aufgrund des Vollharmonisierungscharakters der UGP-RL hat der EuGH bereits zahlreiche nationale Per-se-Verbote, die nicht unmittelbar der Black List entstammen, für richtlinienwidrig erklärt[875]. Gegenüber den nationalen Rechtsordnungen kommt der Black List somit eine abschließende Begrenzungsfunktion zu[876].

2. Systematik der Black List im Regelungsgefüge der UGP-RL

a) Normative Verknüpfung mit Art. 5 Abs. 2

Die Antwort des Richtliniengebers zur Frage des normativen Zusammenhangs zwischen der Black List und dem Generalklauseltatbestand des Art. 5 Abs. 2 fällt eindeutig aus. Hiernach handele es sich um gerechtfertigte „Ex-ante-Verbote [...], denn solche Praktiken werden die Entscheidung eines Durchschnittsverbrauchers stets wesentlich beeinflussen und verstoßen gegen das Gebot der beruflichen Sorgfalt."[877] Nach der Intention des Richtliniengebers finden sich somit die Unlauterkeitsmerkmale des Art. 5 Abs. 2 unter Berücksichtigung des Durchschnittsverbrauchermodells auch in den Tatbeständen der Black List wieder. Dessen Folge ist eine gesetzgeberisch intendierte normative Konvergenz zwischen Art. 5 Abs. 2 und der Black List. Letztere stautiert eine Reihe materieller Abbilder der Generalklausel. Ihre Tatbestände sind hiernach Konkretisierungen derselben. Dieser materielle Gleichlauf ist darüber hinaus auch in der Normstruktur von Art. 5 angelegt[878]. Abs. 1 normiert mit dem Verbotsausspruch die Rechtsfolge einer unlauteren Geschäftspraktik, Abs. 2 den einzigen und abschließenden generellen Tatbestand der Unlauterkeit als solcher. Irreführende und aggressive Geschäfts-

874 GK-UWG/*Peifer*, § 3 Rn. 684; MüKo-UWG/*Sosnitza*, § 3 Rn. 155; MüKo-UWG/*Alexander*, Vor Anh. § 3 Abs. 3 Rn. 8; *Köhler/Bornkamm*[33], § 3 Rn. 25, Anh. zu § 3 III Rn. 0.4; Harte/Henning/*Henning-Bodewig*, Vor Anh. § 3 Abs. 3 Rn. 1; Ohly/*Sosnitza*[6], § 3 Rn. 99; *Beater*, Unlauterer Wettbewerb, Rn. 1222; *Büllesbach*, S. 32; *Alexander* GRUR Int. 2010, 1025, 1027; *Scherer* NJW 2009, 324, 325.

875 EuGH GRUR 2009, 599 – *VTB-VAB/Total Belgium*; GRUR 2010, 244 – *Plus Warenhandelsgesellschaft*; GRUR 2011, 76 – *Mediaprint*; hierzu MüKo-UWG/*Alexander*, Vor Anh. § 3 Abs. 3 Rn. 19: „Sprengkraft für die nationalen Lauterkeitsrechtsordnungen"; *Namysłowska* GRUR Int. 2010, 1033, 1037.

876 Hierzu GK-UWG/*Peifer*, § 3 Rn. 692; MüKo-UWG/*Alexander*, Vor Anh. § 3 Abs. 3 Rn. 31; *ders.* GRUR Int. 2010, 1025, 1028.

877 KOM (2003) 356 endg., Rn. 30 a.E.

878 Dazu auch *Fezer* WRP 2009, 1163, 1173.

praktiken ordnen sich in Abs. 4 diesem generellen Tatbestand strukturell als Ausprägungen („insbesondere") der abschließend definierten Unlauterkeit unter. Gleiches gilt strukturell auch für die Tatbestände der Black List, die gem. Abs. 5 S. 1 „unter allen Umständen" als unlauter anzusehen sind. Der Unlauterkeitsmaßstab als solcher, der im Rahmen der Black List als stets erfüllt gilt, bleibt jedoch unverändert in Abs. 2 abschließend normiert und wird dem Abs. 5 i.V.m. der Black List vorangestellt.

Die dogmatische Struktur der Black-List-Tatbestände lässt sich zudem anhand des hier postulierten normativen Zusammenhangs zwischen Verhaltens- und Erfolgselement einer unlauteren Geschäftspraktik nachvollziehen[879]. Nach hiesigem Verständnis bedingen sich das Verhaltenselement (Verstoß gegen die gebotene unternehmerische Sorgfalt, Art. 5 Abs. 2 lit. a) und das Erfolgselement (wesentliche Beeinflussung des wirtschaftlichen Verhaltens, Art. 5 Abs. 2 lit. b) einer unlauteren Geschäftspraktik und müssen bei der Beurteilung der Unlauterkeit gleichzeitig berücksichtigt werden. Liegt eines der Unlauterkeitselemente im Rahmen dieser wechselseitigen Tatbestandsprüfung vor, so ist das andere Element zwangsläufig erfüllt. Insbesondere kann ein Verhalten, welches den Verbraucher nicht in seiner Fähigkeit zur informierten Entscheidung beeinträchtigt und ihn nicht zu einer anderweitigen geschäftlichen Entscheidung zu veranlassen geeignet ist, nicht als *spezifisch lauterkeitsrechtlich* inkompetent oder rücksichtslos bewertet werden, da die geschützten Interessen des Verbrauchers gewahrt bleiben.

Die Tatbestände der Black List beinhalten allein das Verhaltenselement der gegenständlichen Geschäftspraktik. Bereits die Verwirklichung des Verhaltenselements reicht hier für den Ausspruch der Unlauterkeit aus. Es handelt sich insofern um klar definierte Verstöße gegen die unternehmerische Sorgfaltspflicht. Die damit verbundene Qualifizierung der Verhaltensweise als Sorgfaltspflichtverstoß ist aber nur deshalb möglich, weil der Richtliniengeber die Verwirklichung des Erfolgselements bei den jeweiligen Tatbeständen stets antizipiert[880]. Die wesentliche Beeinflussung des wirtschaftlichen Verhaltens des Verbrauchers wird bei jedem Black-List-Tatbestand unwiderleglich vermutet[881] bzw. – so die treffendere Bezeichnung – gesetzlich fingiert[882]. Allein wegen dieser Fiktion des Erfolgselements ist es möglich, die in der Black List formulierten Tatbestände auf das

879 Dazu S. 122–126.
880 So im Ergebnis auch Fezer/*ders.*, § 3 Rn. 133; *ders.* FS 50 Jahre Schutzverband, S. 29, 41; *ders.* WRP 2010, 677, 685; Harte/Henning/*Glöckner*, Einl. B Rn. 433; *Hetmank* GRUR 2015, 323, 328.
881 So etwa MüKo-UWG/*Alexander*, Vor Anh. § 3 Abs. 3 Rn. 10; *Köhler/Bornkamm*[33], § 3 Rn. 25, Anh. zu § 3 III Rn. 0.4; *Köhler* FS Bornkamm, S. 393, 395; *Glöckner* GRUR 2013, 224, 232.
882 *Büllesbach*, S. 32.

Verhaltenselement der unlauteren Geschäftspraktik zu reduzieren. Denn liegt das Erfolgselement vor, so ist zwingendermaßen zugleich auch das hierfür ursächliche Verhalten des Unternehmers als Verstoß gegen die unternehmerische Sorgfaltspflicht, d. h. als gegenüber den geschützten Verbraucherinteressen inkompetentes bzw. rücksichtsloses Verhalten zu bewerten.

In der Konsequenz ist von einem für die *gesamte* UGP-RL *einheitlichen* und in Art. 5 Abs. 2 lit. a und b *rechtsverbindlich und abschließend* normierten Unlauterkeitsbegriff auszugehen[883]. Zwischen den Art. 5–9 und den Black-List-Tatbeständen variiert lediglich die Art und Weise, wie die Unlauterkeit methodisch festgestellt wird[884]. All diesen Tatbeständen liegt jedoch ein und derselbe Unlauterkeitsbegriff und -maßstab des Art. 5 Abs. 2 zugrunde.

b) Kategorisierung in Irreführung und Aggressivität

Innerhalb der Black List erfolgt eine Kategorisierung nach irreführenden (Nr. 1–23) und aggressiven (Nr. 24–31) Geschäftspraktiken. Ihnen liegt dieselbe inhaltliche Einteilung wie den Art. 6–9 zugrunde,[885] denen sie materiell zu- und untergeordnet werden[886]. Allerdings ist die vorgenommene Einteilung nicht unproblematisch. *Köhler* weist darauf hin, dass einige dieser Tatbestände neben dem Element der Irreführung auch ein Aggressionspotential enthielten (Nr. 6, 7, 12 und 21) und umgekehrt (Nr. 24, 29 und 30)[887]. Das dürfte bei den genannten Tatbeständen teilweise zutreffen, jedoch steht dem nicht entgegen, die jeweilige Geschäftspraktik ihrem vordergründigen Unlauterkeitscharakter entsprechend der Irreführung oder Aggressivität zuzuordnen. Dies hat der Richtliniengeber offenbar

---

883 So auch Fezer/Büscher/Obergfell/*Fezer*, § 3 Rn. 271 f.; *ders.* FS 50 Jahre Schutzverband, S. 29, 35 f., 39 f.; *ders.* WRP 2009, 1163, 1171, 1173; *ders.* WRP 2010, 677, 682, 685; *Zabel* VuR 2011, 403, 404 f.; offenbar auch *Büllesbach*, S. 33; *Namysłowska* GRUR Int. 2010, 1033, 1034.

884 So auch Fezer/*ders.*, § 3 Rn. 128; *ders.* FS 50 Jahre Schutzverband, S. 29, 38; *ders.* WRP 2010, 677, 682; *Zabel* VuR 2011, 403, 405.

885 *Köhler/Bornkamm*[33], Anh. zu § 3 III Rn. 0.4; Harte/Henning/*Henning-Bodewig*, Vor Anh. § 3 Abs. 3 Rn. 1, 5; *Koch*, S. 94; *Alexander* GRUR Int. 2010, 1025, 1028.

886 So auch *Köhler/Bornkamm*[33], Anh. zu § 3 III Rn. 0.7: wechselseitige Berücksichtigung von Art. 6–9 und Anhang I bei der Auslegung; Harte/Henning/*Henning-Bodewig*, Vor Anh. § 3 Abs. 3 Rn. 8; *Büllesbach*, S. 31, 33; *Stuyck/Terryn/van Dyck* CML Rev. 2006, 107, 125. – Anders nunmehr *Köhler* FS Bornkamm, S. 393, 404 f.

887 *Köhler* FS Bornkamm, S. 393, 397 f.

auch vorgenommen. Jedenfalls ließe sich eine Subsumtion unter die Kategorien Irreführung oder Aggressivität überwiegend bewerkstelligen[888].

Deutlich schwerwiegender und berechtigter ist der Einwand, dass einige der Black-List-Tatbestände ihrem materiellen Gepräge nach gar nicht zu den Kategorien Irreführung oder Aggressivität passten[889]. Beispielhaft seien Nr. 16 und 31 Anhang I zu erwähnen. Nr. 16 Anhang I erklärt die Behauptung, Produkte könnten die Gewinnchancen bei Glücksspielen erhöhen, für per se unlauter und kategorisiert dies als Irreführung. Auf eine irreführungstypische Fehlvorstellung des Verbrauchers – sofern die Behauptung (regelmäßig) tatsächlich nicht zutrifft – kommt es hingegen nicht an, so dass auch zutreffende Angaben des Werbenden unberücksichtigt bleiben[890]. Zweck des Verbots ist es, den Verbraucher davor zu bewahren, nur oder jedenfalls auch deshalb ein Produkt zu kaufen, weil dessen Gebrauch seine Gewinnchancen bei Glücksspielen angeblich erhöhe[891]. Die gesetzgeberische Zielrichtung der Nr. 16 Anhang I nimmt demgemäß den aleatorischen Anreiz des Glücksspiels in den Fokus, der auf die in Frage stehenden Produkte transferriert wird[892]. Mit einer Irreführung i.S.v. Art. 6, der ein Verbot von Desinformation und die damit verbundene Beeinträchtigung der Entscheidungsgrundlage zum Gegenstand hat, hat dies in der Tat wenig zu tun. Als Gegenbeispiel für eine fehlerhaft kategorisierte aggressive Geschäftspraktik dient Nr. 31 Anhang I. Diese verbietet per se das Erwecken des fälschlichen Eindrucks, der Verbraucher habe bereits einen Preis gewonnen bzw. werde einen Preis oder durch eine bestimmte Handlung einen Preis gewinnen, obwohl es diesen tatsächlich nicht gibt oder die Möglichkeit der Inanspruchnahme des Preises in Wirklichkeit von einer Zahlung oder Übernahme von Kosten durch den Verbraucher abhängt. Im Vordergrund der Regelung stehen falsche Gewinnversprechen oder die fälschliche Suggestion eines Preises, der jedoch nicht „umsonst" ist[893]. Materiell betrifft Nr. 31 damit in erster Linie die Entscheidungsgrundlage des Verbrauchers, der über den Preis bzw. die Umstände des „Preises" (dieser ist bei

---

888 Verwiesen sei auf die Darstellung bei *Scherer* NJW 2009, 324, 326–331, und die dort vorgenommene Herausarbeitung des irreführenden bzw. aggressiven Charakters des jeweiligen Tatbestands.

889 *Köhler* FS Bornkamm, S. 393, 399 f.

890 Denkbar wären lediglich solche Fälle, in denen das Produkt (z.b. Software) die Wahrscheinlichkeit eines Gewinns erhöht, das Ergebnis aber nach wie vor dem Zufall überlassen bleibt. Dies verkennt MüKo-UWG/*Alexander*, § 3 Abs. 3 Nr. 16 Rn. 4.

891 *Köhler/Bornkamm*[33], Anh. zu § 3 III Rn. 16.1; Harte/Henning/*Bruhn*, Anh. § 3 Abs. 3 Nr. 16 Rn. 4.

892 GK-UWG/*Obergfell*, § 3 (E) Anh. Nr. 16 Rn. 2.

893 GK-UWG/*Obergfell*, § 3 (E) Anh. Nr. 17 Rn. 1.

einer Zahlungsverpflichtung kein Preis mehr[894]) getäuscht wird. Überwiegend wird Nr. 31 Anhang I als irreführendes Per-se-Verbot qualifiziert[895].

Die fehlerhafte Einordnung einzelner Black-List-Tatbestände birgt die Gefahr, dass die in der UGP-RL einheitlich verwendeten Begriffe der Irreführung und der Aggressivität inhaltlich überdehnt werden, da augenscheinlich auch die jeweiligen Black-List-Tatbestände diesen Kategorien zugeordnet werden, obwohl sie materiell in eine andere Schutzrichtung weisen[896]. Diese Befürchtung ist nicht allein theoretischer Natur, sondern nährt sich aus den damit verbundenen praktischen Konsequenzen. Denn nicht wenige Mitgliedstaaten haben die von der UGP-RL vorgegebene Zuordnung schlicht übernommen. Und auch der EuGH folgt in der *Purely Creative*-Entscheidung der vom Richtliniengeber vorgenommenen Einstufung von Nr. 31 Anhang I als aggressiv[897]. Ob dieser Tatbestand mit Art. 8 und 9, insbesondere im Hinblick auf das fingierte Erfolgselement, materiell konvergent ist, scheint angesichts der formalen Einteilung irrelevant.

Jedenfalls ist in *normativer* Hinsicht die unpassende formale Kategorisierung unschädlich, sofern letztlich der Unlauterkeitsmaßstab des nach Normstruktur und Regelungsintention für die gesamte UGP-RL verbindlichen Art. 5 Abs. 2 auch in der Black List eingehalten wird. Insofern kann bei den Black-List-Tatbeständen auch nicht von „sui generis"-Tatbeständen die Rede sein,[898] denn diese basieren – wie jegliches Unlauterkeitsurteil der UGP-RL – normativ auf Art. 5 Abs. 2. Dies führt jedoch zum nächsten, weitaus gewichtigeren systematischen Problem der Black List.

894 EuGH GRUR 2012, 1269 Tz. 49 – *Purely Creative*, allerdings mit falschen Schlussfolgerungen.

895 GK-UWG/*Obergfell*, § 3 (E) Anh. Nr. 17 Rn. 1; *Köhler/Bornkamm*[33], Anh. zu § 3 III Rn. 17.1; *Köhler* FS Bornkamm, S. 393, 402; *ders.* GRUR 2012, 1211, 1212; *Scherer* WRP 2013, 143, 145. – Differenzierend Fezer/*Hecker*, Anh. UWG Nr. 17 Rn. 15 f.; Harte/Henning/*Bruhn*, Anh. § 3 Abs. 3 Rn. 2.

896 In diese Richtung gehend auch MüKo-UWG/*Micklitz*, EG D Art. 5 Rn. 75; *Köhler* FS Bornkamm, S. 393, 404, hält die Black-List-Tatbestände deswegen nicht notwendig für Konkretisierungen der Art. 6–9; offenbar auch *Alexander* GRUR Int. 2010, 1025, 1028.

897 EuGH GRUR 2012, 1269 Tz. 37 – *Purely Creative*; kritisch zur Entscheidung *Köhler* FS Bornkamm, S. 393, 402–404; *ders.* GRUR 2012, 1211; *Scherer* WRP 2013, 143 und 705; *Glöckler* WRP 2014, 1167.

898 So neuerdings *Köhler* FS Bornkamm, S. 393, 400, mit dem Argument, die Black List-Tatbestände ließen sich nicht eindeutig den Art. 6 und 7 bzw. 8 und 9 zuordnen. Normativ ist das irrelevant, denn die Art. 6–9 fußen wiederum selbst auf Art. 5 Abs. 2.

c) Kritik: Durchbrechung des einheitlichen Unlauterkeitsmaßstabs im Einzelfall

Als Konsequenz des fingierten Erfolgselements ist eine Geschäftspraktik stets unlauter i.S.v. Art. 5 Abs. 2, sofern nur ein Tatbestand der Black List erfüllt ist. De facto wäre dies auch in Einzelfällen denkbar, in denen sich zwar eine Geschäftspraktik unter einen Black-List-Tatbestand subsumieren lässt, das Erfolgselement der Art. 5 Abs. 2 lit. b, Art. 2 lit. e jedoch bei einer „gedachten" Prüfung nicht erfüllt wäre[899]. Hier liegt der zentrale normative Kritikpunkt an der Black List[900]. Es sei daran erinnert, dass die Konkretisierung einer Generalklausel mittels eines gesetzlichen Tatbestands einer besonders sorgfältigen und präzisen Einschätzung des Gesetzgebers dahingehend bedarf, ob der von ihm speziell geregelte Lebenssachverhalt tatsächlich auf einer normativ äquivalenten Ebene mit der Generalklausel liegt[901]. Im Rahmen der Art. 6–9 besteht hierfür über das Zusammenspiel zwischen Verhaltens- und Erfolgselement weitgehende Flexibilität. Diese ist jedoch bei der Black List abgeschnitten. Zwar kann die Auslegung einiger unbestimmter Rechtsbegriffe in einzelnen Black-List-Tatbeständen einen materiellen Gleichlauf mit dem zentralen Unlauterkeitsmaßstab des Art. 5 Abs. 2 ermöglichen[902]. Insofern ist die gesetzgeberische Formulierung, die Black List verbiete unlautere Geschäftspraktiken stets, ohne die Umstände des Einzelfalls zu berücksichtigen („Verbotstatbestände ohne Wertungsvorbehalt"[903]), unzutreffend[904]. Ist dies jedoch nicht möglich, zeitigt die schlichte Anwendung des betreffenden Black-List-Tatbestands Unlauterkeitsurteile unterhalb des für die gesamte UGP-RL einheitlichen und verbindlichen Maßstabs des Art. 5 Abs. 2. Die

---

899 *Büllesbach*, S. 33, nennt als Beispiel ein „transparent gestaltetes" Schneeballsystem im Rahmen von Anhang I Nr. 14 sowie Nr. 1 und 3; *Stuyck/Terryn/van Dyck* CML Rev. 2006, 107, 133, bezweifeln das Vorliegen der wesentlichen Beeinflussung bei Nr. 23 und 27. Darüber hinaus ist eine zutreffende Behauptung bei Nr. 16 irrelevant. Hierzu auch GK-UWG/*Peifer*, § 3 Rn. 684, 698; *Köhler*/Bornkamm[33], § 3 Rn. 30; *ders.* FS Bornkamm, S. 393, 394; Harte/Henning/*Henning-Bodewig*, Vor Anh. § 3 Abs. 3 Rn. 4; Ohly/*Sosnitza*[6], Anh. zu § 3 Abs. 3 Rn. 3; *Beater*, Unlauterer Wettbewerb, Rn. 1226; *Büllesbach*, S. 32; *Namysłowska* GRUR Int. 2010, 1033, 1037 f.; *Hetmank* GRUR 2015, 323, 328. – Nach Harte/Henning/*Glöckner*, Einl. B Rn. 435, seien solche Fälle kaum denkbar.

900 So auch *Ohly*/Sosnitza[6], Einf. C Rn. 53.

901 Dazu S. 95.

902 Bsp.: „hinreichende Gründe" (Nr. 5), „klar erkennbar" (Nr. 11), „angemessen" (Nr. 19), „hartnäckiges Ansprechen" (Nr. 26), „vernünftigerweise" und „systematische Nichtbeantwortung (beide Nr. 27). Hierzu GK-UWG/*Peifer*, § 3 Rn. 699; MüKo-UWG/*Alexander*, Vor Anh. § 3 Abs. 3 Rn. 9, 15, 80; *Köhler*/Bornkamm[33], § 3 Rn. 25; *ders.* FS Bornkamm, S. 393, 396 f.; Fezer/Büscher/Obergfell/*Fezer*, § 3 Rn. 319; Harte/Henning/*Glöckner*, Einl. B Rn. 434; Harte/Henning/*Henning-Bodewig*, Vor Anh. § 3 Abs. 3 Rn. 21; *Büllesbach*, S. 34 f.

903 RegE UWG 2008 BT-Drucks. 16/10145, S. 22.

904 MüKo-UWG/*Alexander*, Vor Anh. § 3 Abs. 3 Rn. 8, 58; *Köhler*/Bornkamm[33], § 3 Rn. 25.

Kodifizierung des jeweiligen Tatbestands entpuppt sich dann als gesetzgeberischer Fehlgriff, denn ein Abweichen vom einheitlichen Unlauterkeitsmaßstab hatte der Richtliniengeber gerade nicht intendiert[905]. Ein solches Abweichen ist nunmehr de facto nicht ausgeschlossen, zumal eine Einschränkung über den Verhältnismäßigkeitsgrundsatz ausscheidet,[906] da der Richtliniengeber eine derartige Abwägung bei der Erstellung der Black List bereits vorgenommen hat[907].

Im Rahmen der Black List ist die Durchbrechung des für die gesamte UGP-RL rechtsverbindlichen und einheitlich intendierten Unlauterkeitsmaßstabs nach Art. 5 Abs. 2 in hohem Maße zu bedauern. Die konzeptionelle und normative Geschlossenheit der UPG-RL wird über punktuelle Fehleinschätzungen des Richtliniengebers aufgeweicht[908]. Diese dürfen jedoch nicht zu fehlerhaften Rückschlüssen auf den normativen Gehalt der Art. 6 – 9 und Art. 5 Abs. 2 führen[909]. Eine Korrektur ließe sich allein über den Gesetzgeber auf Unionsebene bewerkstelligen, Art. 5 Abs. 5 S. 2. In greifbarer Zunkunft ist dies kaum zu erwarten.

3. Anwendungsverhältnis

Anwendungstechnisch sind die Black-List-Tatbestände *leges speciales* zu Art. 6 – 9, die wiederum spezieller im Verhältnis zu Art. 5 Abs. 2 sind. Entsprechend verläuft die Prüfungsreihenfolge der Unlauterkeit. Ist kein Black-List-Tatbestand einschlägig, kann auf Art. 6 – 9 zurückgegriffen werden. Sollten auch diese Tatbestände nicht erfüllt sein, verbleibt es bei der Anwendung des Generalklauseltatbestands in Art. 5 Abs. 2[910]. Aus diesem Grund besteht auch keine Vermutung der Lauterkeit einer Geschäftspraktik, sofern sie nicht unter die Black List fällt[911]. Denn diese steht lediglich am Anfang einer dreistufigen Unlauterkeitsprüfung und beinhaltet nach Ansicht des Richtliniengebers besonders evidente Fälle unlau-

---

905 Dies verkennen *Stuyck/Terryn/van Dyck* CML Rev. 2006, 107, 133.

906 So aber RegE BT-Drucks. 16/10145, S. 30; *Schöttle* WRP 2009, 673, 674.

907 So auch GK-UWG/*Peifer*, § 3 Rn. 700; MüKo-UWG/*Alexander*, Vor Anh. § 3 Abs. 3 Rn. 78; Harte/Henning/*Glöckner*, Einl. B Rn. 436; Harte/Henning/*Henning-Bodewig*, Vor Anh. § 3 Abs. 3 Rn. 20; *Beater*, Unlauterer Wettbewerb, Rn. 1223; *Scherer* WRP 2011, 393, 399.

908 Zu bedenken ist, dass der ursprüngliche Richtlinienvorschlag noch auf 19 Black List-Tatbestände begrenzt war.

909 Die Gefahr unerwünschter Rückwirkungen auf die Generalklausel betont auch *Scherer* NJW 2009, 324, 325.

910 MüKo-UWG/*Alexander*, Vor Anh. § 3 Abs. 3 Rn. 12; *Köhler/Bornkamm*[33], Anh. zu § 3 III Rn. 0.5; Harte/Henning/*Henning-Bodewig*, Vor Anh. § 3 Abs. 3 Rn. 4; *Zabel* VuR 2011, 403, 404.

911 Die Gefahr einer „faktische[n] Begründung einer Lauterkeitsvermutung" sieht *Scherer* NJW 2009, 324, 325.

terer Geschäftspraktiken[912]. Sie schließt aber eine weitergehende Prüfung der Unlauterkeit unter Wahrung normativer Äquivalenz zwischen Art. 6–9 und Art. 5 Abs. 2 nicht aus.

4. Zusammenfassung

Nach der Intention des Richtliniengebers und der Regelungsstruktur des Art. 5 verkörpern die Black-List-Tatbestände Fälle der Unlauterkeit gemäß den Maßstäben des Art. 5 Abs. 2 lit. a und b. Für die gesamte UGP-RL statuiert Art. 5 Abs. 2 einen einheitlichen Unlauterkeitsbegriff und –maßstab. Die Kategorisierung in irreführende und aggressive Geschäftspraktiken innerhalb der Black List ist nicht durchweg zutreffend. Eine materielle Überdehnung der Begriffe Irreführung und Aggressivität i.S.d. UGP-RL gilt es zu vermeiden. Vehemente Kritik verdient die Black List im Hinblick auf die faktische Möglichkeit von Unlauterkeitsurteilen, welche nicht dem einheitlichen Unlauterkeitsmaßstab des Art. 5 Abs. 2 entsprechen. Eine Begrenzung über den Verhältnismäßigkeitsgrundsatz scheidet aufgrund der abschließenden, in den einschlägigen Fällen jedoch fehlerhaften Wertung des Richtliniengebers aus. Anwendungstechnisch ist die Black List *lex specialis* zu Art. 6–9, die wiederum vorrangig gegenüber Art. 5 Abs. 2 anzuwenden sind.

E. Zusammenfassung des 1. Kapitels

Die UGP-RL etabliert in ihrem Anwendungsbereich eine originäre Unlauterkeitsdogmatik zum Schutz der Entscheidungsautonomie des Verbrauchers. In ihrer Detailliertheit und systematischen Komplexität geht sie weit über zuvor realisierte Harmonisierungsmaßnahmen hinaus und eröffnet ein neues Kapitel im europäischen Lauterkeitsrecht. Ihr auf das b2c-Verhältnis beschränktes Vollharmonisierungskonzept spiegelt zum einen die den Regelungskompetenzen vorgelagerten Zielrichtungen der Union wider, zum anderen den von der Kommission verfolgten verbraucher- wie binnenmarktpolitischen Grundansatz zu Beginn des 21. Jahrhunderts. Dieser stellt die Öffnung des Binnenmarktes neben den daraus erwachsenden Vorteilen für Unternehmer primär in den Dienst des Verbrauchers als Souverän des Marktgeschehens zugunsten verbesserter Wahlfreiheit und hat

---

912 MüKo-UWG/*Alexander*, Vor Anh. § 3 Abs. 3 Rn. 16, 60; ebenso *Köhler*/Bornkamm[33], § 3 Rn. 27; Harte/Henning/*Henning-Bodewig*, Vor Anh. § 3 Abs. 3 Rn. 17; *Büllesbach*, S. 35; *Koch*, S. 96; *Scherer* NJW 2009, 324, 325.

darüber hinaus speziell in der UGP-RL den Schutz der Verbraucher vor unlauteren Geschäftspraktiken zum Gegenstand. In diese rechtspolitische Grundrichtung zielte auch der von der GD Binnenmarkt stammende Vorschlag für eine VO Verkaufsförderung. Die Beschränkung der UGP-RL auf das b2c-Verhältnis mit kommissionsinternen Kompetenzrivalitäten erklären zu wollen, greift daher zu kurz. Vielmehr wurde eine Erstreckung der Vollharmonisierung auf das b2b-Verhältnis binnenmarktpolitisch ausdrücklich für nicht erforderlich gehalten.

Diesen rechtspolitischen Grundansatz reflektiert die Zweckbestimmung in Art. 1. Ihre auf den Verbraucherschutz bezogene Komponente betrifft den Schutz der wirtschaftlichen Entscheidungsautonomie des Verbrauchers, die sowohl die Entscheidungsgrundlage als auch den Entscheidungsprozess umfasst. Die Zwecksetzung zur Gewährleistung des reibungslosen Funktionierens des Binnenmarktes verfolgt die Öffnung der mitgliedstaatlichen Märkte für Verbraucher und Unternehmen in ihrer Funktion als Anbieter und ist bei der Auslegung der UGP-RL zu berücksichtigen. Sonstige unternehmerische Interessen, insbesondere hinsichtlich der konkurrentenspezifischen Rolle, werden von der UGP-RL dogmatisch nicht bezweckt, sondern lediglich faktisch-kausal bewirkt. Der Konkurrentenschutz gilt als mitverwirklicht. In gleicher Weise liegt der UGP-RL keine institutionelle Zwecksetzung zugunsten des unverfälschten Wettbewerbs zugrunde, der ebenfalls über die verbraucherschutzbezogene Anwendung der UGP-RL gleichsam gewährleistet wird.

Trotz ihrer Beschränkung auf das b2c-Verhältnis zeichnet sich die UGP-RL durch einen weiten Anwendungsbereich aus und reicht über die Einbeziehung auch der vertraglichen und nachvertraglichen Phase tief in das Regelungsgefüge der mitgliedstaatlichen Lauterkeitsrechtsordnungen hinein. Ihr extensives Anwendungskriterium der Geschäftspraktik nach Art. 2 lit. d wird im Wesentlichen begrenzt durch den erforderlichen Unmittelbarkeitszusammenhang mit der Entscheidungsbeeinflussung und die in der Zweckkonzeption der UGP-RL angelegte Schutzzweckschranke. Letztere dient insbesondere zur Abgrenzung von mitgliedstaatlichen Regelungen, die nicht (auch) den von der UGP-RL verfolgten Schutz der Entscheidungsautonomie der Verbraucher zum Gegenstand haben. Sie birgt für eine sachgerechte Beurteilung lauterkeitsrechtlicher Fallkonstellationen zwar Umgehungsrisiken durch den nationalen Gesetzgeber, eröffnet aber gleichzeitig Chancen für eine spezifischere Ausgestaltung des nationalen Lauterkeitsrechts.

Die dogmatische Konsistenz der UGP-RL zeigt sich an ihrem ausgefeilten inneren Wertungssystem und den vielschichtigen normativen Zusammenhängen zwischen den Unlauterkeitstatbeständen. Ihr Generalklauseltatbestand in Art. 5 Abs. 2 statuiert im Harmonisierungsbereich einen einheitlichen, übergreifenden Unlauterkeitsbegriff. Dessen Tatbestandselemente des Verstoßes gegen die berufliche Sorgfalt sowie der wesentlichen Beeinflussung des wirtschaftlichen Verhaltens bilden jeweils keinen isoliert bestehenden „Unwert“ bzw. „Relevanz“, sondern sind als Verhaltens- und Erfolgselement der in Frage stehenden Unlauterkeit einer Geschäftspraktik normativ ineinander verwoben und in der Beurteilung nicht zu trennen. Die Grundwertungen und die tatbestandliche Methodik der Generalklausel setzen sich im Irreführungsverbot, im Informationsgebot und im Verbot aggressiver Geschäftspraktiken fort. Diese adaptieren die Tatbestandselemente der Generalklausel und passen sie den ihr zugrundeliegenden Regelungskonstellationen entsprechend an. Mit den damit verbundenen gesetzessprachlichen und tatbestandsstrukturellen Modifizierungen sind jedoch keine materiellen Abweichungen vom Unlauterkeitsmaßstab des Generalklauseltatbestands verbunden. Die Generalklausel und die Tatbestände der Art. 6–9 liegen wertungsmäßig auf ein und derselben Ebene. Darüber darf die anwendungstechnische Spezialität der Art. 6–9 gegenüber Art. 5 Abs. 2 nicht hinwegtäuschen.

Auch die Tatbestände der Black List im Anhang I der UGP-RL entspringen den Grundwertungen des Art. 5 Abs. 2. Sie sind zwar als Per-se-Verbote konzipiert, offenbaren aber ihren dogmatischen Gleichlauf zur Generalklausel dadurch, dass sie das Erfolgselement der Unlauterkeit unwiderleglich fingieren und sich deshalb allein auf die textliche Fixierung des Verhaltenselements begrenzen können, welches methodisch über das fingierte Erfolgselement zwangsläufig zur Bestimmung der Unlauterkeit ausreicht. Zu kritisieren ist an der Black List, dass die in ihr vom Richtliniengeber vorgenommene Kategorisierung in irreführende und aggressive Per-se-Verbote inhaltlich teilweise nicht mit den jeweiligen Wertungen der Art. 6, 7 oder 8 übereinstimmt. Weitaus schwerwiegender ist die Kritik hinsichtlich der Fälle, in denen die Fiktion des Erfolgselements sich mit einer gedachten Prüfung desselben im Rahmen der Art. 5–9 nicht deckt und somit der einheitlich intendierte Unlauterkeitsmaßstab des Art. 5 Abs. 2 verlassen wird. Von diesen punktuellen, legistischen Fehlgriffen abgesehen, begründet die UGP-RL insgesamt eine in sich geschlossene Unlauterkeitsdogmatik.

2. Kapitel: Richtliniendogmatik und Umsetzungsverpflichtung

Wurden im vorigen Kapitel die dogmatischen Grundlagen der UGP-RL herausgearbeitet, so soll nunmehr der weiterführenden Frage nachgegangen werden, welche Konsequenzen hieraus für den zur Umsetzung verpflichteten nationalen Normgeber hinsichtlich System und Zweck der Richtlinie erwachsen. Diese Problematik hat im deutschen Umsetzungsprozess zur UGP-RL nicht die tiefgehende Beachtung erlangt, die ihr angesichts der primärrechtlichen Vorgaben des Unionsrechts hätte zukommen müssen. Dabei gehört die unzureichende Umsetzung von Richtlinien zu den gravierendsten Fällen fehlerhafter Anwendung des Unionsrechts in den Mitgliedstaaten[913].

Unter dem Eindruck des erst im Jahre 2004 grundlegend novellierten UWG stellte der Bundesgesetzgeber pauschal auf seine nach Art. 288 Abs. 3 AEUV bestehende Wahlfreiheit in Form und Mittel der Richtlinienumsetzung ab und hielt an seiner Einschätzung fest, mit der UWG-Novelle 2004 die UGP-RL bereits weitestgehend umgesetzt zu haben[914]. Getreu der Maxime einer „schlanken" Umsetzung sollte das gerade erst geänderte Recht so wenig wie möglich angetastet werden[915]. Nur wenige Stimmen mahnten schon frühzeitig die Risiken dieser rechtspolitischen Haltung an und drängten auf eine stärkere Ausrichtung des nationalen Rechts an Telos und Systematik der UGP-RL[916].

Im Folgenden werden zur zentralen Frage des Umfangs der mitgliedstaatlichen Umsetzungsverpflichtung zunächst die primärrechtlichen Grundlagen dargestellt und die insbesondere im Kontext einer Vollharmonisierung auftretenden Schwierigkeiten erörtert. Schließlich wird sich die Untersuchung im Hinblick auf die Thematik der Untersuchung darauf konzentrieren, ob und wie System und Schutzzweck einer vollharmonisierenden Richtlinie vom mitgliedstaatlichen Normgeber zwingend umzusetzen sind.

---

913 Callies/Ruffert/*Ruffert*[5], Art. 288 AEUV Rn. 46.

914 BT-Drucks. 16/10145 S. 11; so auch noch *Timm-Wagner* GRUR 2013, 245.

915 *Köhler* WRP 2012, 638; *ders.* GRUR 2012, 1073; *Alexander* WRP 2013, 716, 718; dafür insbesondere auch *Henning-Bodewig* GRUR 2013, 238, 243 f.

916 Insbesondere *Fezer* WRP 2006, 781, 782 f.; *ders.* WRP 2009, 1163, 1171 Fn. 36; an einer korrekten und transparenten Umsetzung der UGP-RL zweifelnd auch *Alexander* GRUR Int. 2013, 636, 640.

DOI 10.1515/9783110524369-003

A. Grundlegende Vorgaben des Primärrechts – Art. 288 Abs. 3 AEUV

Gem. Art. 288 Abs. 3 AEUV ist die Richtlinie für jeden Mitgliedstaat, an den sie sich richtet, hinsichtlich des zu erreichenden Ziels verbindlich, überlässt jedoch den innerstaatlichen Stellen die Wahl der Form und Mittel. Anhand dieser Struktur, die neben dem Rechtsakt auf Unionsebene die Notwendigkeit einer mitgliedstaatlichen Umsetzungsmaßnahme nach sich zieht, lässt sich die Richtlinie als zweistufiges, indirektes Instrument der Rechtsangleichung charakterisieren[917]. Ihre Verbindlichkeit erstreckt sich grundsätzlich allein auf das zu erreichende normative Ziel, nicht aber auf die Wahl von Form und Mittel der Umsetzung[918]. Mit dem Instrument der Richtlinie ist die Vorstellung verbunden, Rechtsangleichungen der Union im Vergleich zur Verordnung nach Art. 288 Abs. 2 AEUV auf souveränitätsschonendere Weise zu erreichen und den jeweiligen Besonderheiten der mitgliedstaatlichen Rechtsordnungen Rechnung zu tragen[919].

I. Verbindlichkeit des Ziels

Das verbindliche Ziel der Richtlinie besteht in der Etablierung eines materiellen Rechtszustands, der in Anlehnung an andere Sprachfassungen des AEUV (result, résultat, resultado) auch als verbindliches Ergebnis bezeichnet wird[920]. Bezugspunkt des Ziels ist der materielle Inhalt der Richtlinie und dessen Rechtswirkungen,[921] wonach den Mitgliedstaaten die Zuordnung bestimmter Rechtsfolgen zu dem jeweils von der Richtlinie umfassten Sachverhalt vorgegeben wird

---

917 Grabitz/Hilf/Nettesheim/*Nettesheim*, Art. 288 AEUV Rn. 104; Streinz/*Schroeder*, Art. 288 AEUV Rn. 68; Callies/Ruffert/*Ruffert*[5], Art. 288 AEUV Rn. 23; Schwarze/*Biervert*, Art. 288 AEUV Rn. 23; Dauses/*von Danwitz*, B. II. Rn. 38; Niedobitek/*Magiera*, § 7 Rn. 24; *Nicolaysen*, Europarecht I, S. 161: Richtlinie soll mitgliedstaatliches Verhalten herbeiführen.

918 Streinz/*Schroeder*, Art. 288 AEUV Rn. 68; Niedobitek/*Magiera*, § 7 Rn. 24.

919 Grabitz/Hilf/Nettesheim/*Nettesheim*, Art. 288 AEUV Rn. 104; Streinz/*Schroeder*, Art. 288 AEUV Rn. 69; Callies/Ruffert/*Ruffert*[5], Art. 288 AEUV Rn. 23; Schwarze/*Biervert*, Art. 288 AEUV Rn. 23.

920 Streinz/*Schroeder*, Art. 288 AEUV Rn. 76; Schwarze/*Biervert*, Art. 288 AEUV Rn. 25; von der Groeben/Schwarze/Hatje/*Geismann*, Art. 288 AEUV Rn. 41, setzt „Ziel“ mit „Zweck“ gleich; Niedobitek/*Magiera*, § 7 Rn. 25; *Sonntag*, S. 43.

921 Schwarze/*Biervert*, Art. 288 AEUV Rn. 25; Vedder/Heintschel von Heinegg/*Vedder*, Art. 288 AEUV Rn. 22.

(Sachverhalt-Rechtsfolge-Relation)[922]. Regelmäßig lassen sich die Ziele den einleitenden Richtlinienbestimmungen sowie den Erwägungsgründen entnehmen[923]. Insofern ist der Wortlaut des Art. 288 Abs. 3 AEUV missverständlich, da die Richtlinie nicht nur Ziele festlegt, sondern über das Gebot der Herstellung eines definierten Rechtszustands auch Einfluss auf die zu ergreifenden „Mittel" hat – Spielräume bestehen nur innerhalb der von der Richtlinie gezogenen Grenzen[924]. Diese können sehr eng sein. Denn der Richtliniengeber kann in Relation zum Regelungsgegenstand die Regelungsintensität der Richtlinie frei bestimmen, so dass eine Richtlinie zulässigerweise sehr detaillierte Regelungen enthalten und damit eine hohe normative Dichte aufweisen kann[925]. Ebenso widerspricht es nicht Art. 288 AEUV, wenn eine Richtlinie qualitative Anforderungen an den mitgliedstaatlichen Rechtszustand stellt, mit der Konsequenz, dass Handlungsspielräume der Mitgliedstaaten i.E. kaum mehr vorhanden sind[926]. Über das Merkmal der Verbindlichkeit des Richtlinienziels wird der normative Charakter der Richtlinie betont[927]. Aus Art. 288 Abs. 3 AEUV und der Richtlinie selbst fließt die unbedingte Verpflichtung der Mitgliedstaaten, die Richtlinie vollständig umzusetzen und zielkonform durchzuführen[928]. Diese sind verpflichtet, „alle erforderlichen Maßnahmen zu ergreifen, um die vollständige Wirksamkeit der Richtlinie entsprechend ihrer Zielsetzung zu gewährleisten"[929]. Demgemäß sind die Richtlinienbestimmungen in zwingendes und verbindliches staatliches Recht umzusetzen[930].

---

922 *Riehm*, in: Gsell/Herresthal, S. 83, 88; *ders.* JZ 2006, 1035, 1037; *Sonntag*, S. 43; *Gsell/Schellhase* JZ 2009, 20, 22; *Grundmann* JZ 1996, 274, 283. Dazu näher S. 186–188.

923 Oppermann/Classen/*Nettesheim*, § 9 Rn. 90.

924 Grabitz/Hilf/Nettesheim/*Nettesheim*, Art. 288 AEUV Rn. 112; Oppermann/Classen/*Nettesheim*, § 9 Rn. 83.

925 Grabitz/Hilf/Nettesheim/*Nettesheim*, Art. 288 AEUV Rn. 113; Streinz/*Schroeder*, Art. 288 AEUV Rn. 69, spricht im Zusammenhang mit einer Vollharmonisierung von Rechtsvereinheitlichung statt Rechtsangleichung; Callies/Ruffert/*Ruffert*[5], Art. 288 AEUV Rn. 25; Schwarze/*Biervert*, Art. 288 AEUV Rn. 26; von der Groeben/Schwarze/Hatje/*Geismann*, Art. 288 AEUV Rn. 41; Dauses/*von Danwitz*, B. II. Rn. 39; Oppermann/Classen/*Nettesheim*, § 9 Rn. 85.

926 Grabtiz/Hilf/Nettesheim/*Nettesheim*, Art. 288 AEUV Rn. 113; Callies/Ruffert/*Ruffert*[5], Art. 288 AEUV Rn. 25.

927 Streinz/*Schroeder*, Art. 288 AEUV Rn. 71; *Nicolaysen*, Europarecht I, S. 162: keine verminderte Pflichtigkeit.

928 Grabitz/Hilf/Nettesheim/*Nettesheim*, Art. 288 AEUV Rn. 114; Streinz/*Schroeder*, Art. 288 AEUV Rn. 77 f.; Callies/Ruffert/*Ruffert*[5], Art. 288 AEUV Rn. 27; Vedder/Heintschel von Heinegg/*Vedder*, Art. 288 AEUV Rn. 23.

929 EuGH Rs. 14/83, Slg. 1984, 1891 Tz. 15 – *von Colson und Kamann*.

930 EuGH Rs. C-207/96, Slg. 1997 I-6869 Tz. 26 – *Kommission/Italien*; Grabitz/Hilf/Nettesheim/*Nettesheim*, Art. 288 AEUV Rn. 121.

Eine Umsetzung durch eine bloße Praxis kann dem nicht genügen[931]. Aus Gründen der Transparenz wird der Erlass eines verbindlichen Rechtssatzes jedenfalls in Fällen von richtlinienbedingten Individualrechten gefordert,[932] wobei dieser nicht stets ein förmliches Parlamentsgesetz darstellen muss und sich bei hinreichender Klarheit und Präzision auch in einer dynamischen Verweisung auf die Richtlinie erschöpfen kann[933]. Ist die Richtlinie einmal umgesetzt, sind dem Mitgliedstaat nachträglich materielle Änderungen der Umsetzungsvorschriften verwehrt, solange diese nicht auf Änderungen der Richtlinie auf Unionsebene selbst zurückzuführen sind („Sperrwirkung")[934].

II. Wahlfreiheit in Form und Mittel

Der Grund für die mitgliedstaatliche Wahlfreiheit in Form und Mittel der Umsetzung besteht darin, es dem umsetzenden Normgeber zu ermöglichen, nationale Besonderheiten berücksichtigen zu können, etwa in Bezug auf Kompetenzfragen, „Rechtstechnik" oder die Entscheidung zwischen Gesetz und Verordnung[935]. Allerdings darf die grundsätzlich gewährte Wahlfreiheit nicht überschätzt werden[936]. Angesichts zulässiger Detailliertheit der Richtlinienbestimmungen und den gebotenen qualitativen Anforderungen an den zu erreichenden Rechtszustand, kann die nationale Durchführungsautonomie auf einen rein formalen Spielraum derart schrumpfen, dass Umsetzungsspielräume für die Mitgliedstaaten praktisch nicht vorhanden sind und die Richtlinienvorgaben gleich einem „Modellgesetz" zu übernehmen sind[937]. Die Grenzen der Wahlfreiheit sind mithin

---

931 EuGH Rs. C-221/94, Slg. 1996 I-8001 Tz. 22 – *Kommission/Luxemburg.*

932 Streinz/*Schroeder*, Art. 288 AEUV Rn. 95; Callies/Ruffert/*Ruffert*[5], Art. 288 AEUV Rn. 32, 38 f. Schwarze/*Biervert*, Art. 288 AEUV Rn. 28; Vedder/Heintschel von Heinegg/*Vedder*, Art. 288 AEUV Rn. 29. – Grabitz/Hilf/Nettesheim/*Nettesheim*, Art. 288 AEUV Rn. 122 f., hält, abgesehen von richtlinienbedingten subjektiven Ansprüchen, intern wirkende, verbindliche Verwaltungsvorschriften nicht für generell unzulässig.

933 Streinz/*Schroeder*, Art. 288 AEUV Rn. 94; Callies/Ruffert/*Ruffert*[5], Art. 288 AEUV Rn. 33.

934 Grabitz/Hilf/Nettesheim/*Nettesheim*, Art. 288 AEUV Rn. 130; Streinz/*Schroeder*, Art. 288 AEUV Rn. 79; Vedder/Heintschel von Heinegg/*Vedder*, Art. 288 AEUV Rn. 30; Oppermann/Classen/*Nettesheim*, § 9 Rn. 98.

935 Grabitz/Hilf/Nettesheim/*Nettesheim*, Art. 288 AEUV Rn. 132; Streinz/*Schroeder*, Art. 288 AEUV Rn. 87; Schwarze/*Biervert*, Art. 288 AEUV Rn. 28; von der Groeben/Schwarze/Hatje/*Geismann*, Art. 288 AEUV Rn. 44.

936 Streinz/*Schroeder*, Art. 288 AEUV Rn. 87.

937 Streinz/*Schroeder*, Art. 288 AEUV Rn. 89; Schwarze/*Biervert*, Art. 288 AEUV Rn. 26; *Nicolaysen*, Europarecht I, S. 162.

von der Regelungsdichte der jeweiligen Richtlinie vorgezeichnet. In jedem Fall muss die Umsetzungsmaßnahme jedoch geeignet sein, das von der Richtlinie verbindlich vorgeschriebene Ziel zu erreichen[938]. Es bedarf einer Umsetzung, die hinreichend klar, bestimmt und transparent ist, damit der Einzelne – sollten ihm durch die Richtlinie Rechte verliehen worden sein – von diesen auch Kenntnis erlangen kann[939]. Besondere Bedeutung erlangt dieses Transparenz- und Bestimmtheitsgebot im Bereich des Verbraucherschutzes[940]. Eine rein wörtliche Übernahme der Richtlinienbestimmungen kann dabei grundsätzlich nicht zwingend gefordert werden, solange die inhaltliche Durchführung der Richtlinie nicht in Zweifel steht[941]. Inwiefern es dem nationalen Normgeber aber tatsächlich frei steht, an tradierten nationalen Begrifflichkeiten festzuhalten,[942] wird sich noch im Laufe der Untersuchung zeigen[943]. Jedenfalls gilt es, die Kongruenz zwischen den Richtlinienbestimmungen und den Umsetzungsbestimmungen zu beachten: Je offener und unbestimmter eine Richtlinienbestimmung gefasst ist, desto offener und unbestimmter kann auch die nationale Bestimmung formuliert sein. Allerdings muss die nationale Vorschrift nach dem Grundsatz der Rechtssicherheit an Spezifität mit den Vorgaben der Richtlinienbestimmungen übereinstimmen[944]. Die Bestimmtheit und Klarheit der Umsetzungsnorm darf nicht hinter dem Bestimmtheitsgrad der Richtlinie zurückfallen[945].

938 Callies/Ruffert/*Ruffert*[5], Art. 288 AEUV Rn. 27; Schwarze/*Biervert*, Art. 288 AEUV Rn. 28; von der Groeben/Schwarze/Hatje/*Geismann*, Art. 288 AEUV Rn. 44; Oppermann/Classen/*Nettesheim*, § 9 Rn. 91.

939 EuGH Rs. 29/84, Slg. 1985, 1661 Tz. 23 – *Kommission/Deutschland*; Grabitz/Hilf/Nettesheim/*Nettesheim*, Art. 288 AEUV Rn. 120; Streinz/*Schroeder*, Art. 288 AEUV Rn. 91; Schwarze/*Biervert*, Art. 288 AEUV Rn. 28; von der Groeben/Schwarze/Hatje/*Geismann*, Art. 288 AEUV Rn. 44.

940 EuGH NJW 2001, 2244 Tz. 21 – *Kommission/Niederlande.*

941 EuGH Rs. C-96/95, Slg. 1997 I-1653 Tz. 35 – *Kommission/Deutschland*; Grabitz/Hilf/Nettesheim/*Nettesheim*, Art. 288 AEUV Rn. 120; Streinz/*Schroeder*, Art. 288 AEUV Rn. 89; Schwarze/*Biervert*, Art. 288 AEUV Rn. 28.

942 So etwa Grabitz/Hilf/Nettesheim/*Nettesheim*, Art. 288 AEUV Rn. 120; zurückhaltender *Grundmann* JZ 1996, 274, 286.

943 Dazu S. 201–203.

944 Hierzu Grabitz/Hilf/Nettesheim/*Nettesheim*, Art. 288 AEUV Rn. 120; ähnlich Streinz/*Schroeder*, Art. 288 AEUV Rn. 93; Callies/Ruffert/*Ruffert*[5], Art. 288 AEUV Rn. 35.

945 *Jarass*, S. 54.

B. Besonderheiten vollharmonisierender Richtlinien

Die UGP-RL bewirkt in ihrem Anwendungsbereich eine Vollharmonisierung. Mit dem Konzept der Vollharmonisierung im Privatrecht ist eine Reihe von Problemfeldern verknüpft, die bei der Umsetzung vollharmonisierender Richtlinien zum Tragen kommen. Bevor sich die Untersuchung der Frage nach der Umsetzungsverpflichtung in Bezug auf System und Zweck einer Richtlinie widmet, gilt es zunächst, sich der Umsetzungsproblematik bei Vollharmonisierungen in gebotener Kürze zu vergegenwärtigen. Dies gilt insbesondere im Hinblick auf die Diskussion um verbleibende Gestaltungsspielräume der Mitgliedstaaten.

I. Grundsätzliche Fragen zur Vollharmonisierung

1. Ausgangspunkt: Unterscheidung zwischen Anwendungsbereich und Regelungsinhalt

Eine Annäherung an das Konzept der Vollharmonisierung hat zunächst über eine Differenzierung zwischen dem Anwendungsbereich[946] und dem Regelungsinhalt der Richtlinie zu erfolgen. Gerade in Bezug auf weitergehende Folgeprobleme einer Vollharmonisierung, insbesondere zur Frage nach verbleibenden mitgliedstaatlichen Gestaltungsspielräumen und deren Grenzen, spielt diese Abgrenzung eine fundamentale Rolle. Denn hier wird zu klären sein, welche Möglichkeiten der Kohärenzbildung jeweils innerhalb und außerhalb des Anwendungsbereichs einer Richtlinie zulässig sind.

Der Anwendungsbereich umschreibt die „Küstenlinien der europarechtlichen Regelungsinseln im Privatrecht"[947]. Er bezeichnet die Gesamtmenge derjenigen Lebenssachverhalte, für welche die Richtlinie eine positive oder negative Regelungsvorgabe enthält[948] und ist für jede Vorschrift getrennt zu bestimmen[949]. Grundlage dieser Anwendungsbereichsdefinition ist eine Bestimmung des Regelungsinhalts nach der jeweiligen Sachverhalt-Rechtsfolge-Relation[950]. Positive

---

946 Synonym hierfür Grabitz/Hilf/Nettesheim/*Tietje*, Art. 114 AEUV Rn. 36: „sachgegenständliche Reichweite"; *Wendehorst*, in: Jud/Wendehorst, S. 153, 162: „sachlich harmonisierter Bereich"; *Jäger*, S. 31; *Mittwoch*, S. 23 und *Sonntag*, S. 71: „Gegenstandsbereich".

947 *Riehm*, in: Gsell/Herresthal, S. 83, 90; *ders.* JZ 2006, 1035, 1037.

948 *Riehm*, in: Gsell/Herresthal, S. 83, 88; *ders.* JZ 2006, 1035, 1038; *Wendehorst*, in: Jud/Wendehorst, S. 153, 162; *Mittwoch*, S. 24; *Sonntag*, S. 77; *Gsell/Schellhase* JZ 2009, 20, 22.

949 *Riehm*, in: Gsell/Herresthal, S. 83, 94; *Wendehorst*, in: Jud/Wendehorst, S. 153, 163.

950 *Riehm* JZ 2006, 1035, 1037; *ders.*, in: Gsell/Herresthal, S. 83, 88; *Sonntag*, S. 43; *Grundmann* JZ 1996, 274, 283.

Regelungsvorgaben stellen unproblematisch die durch die Richtlinie ausdrücklich festgelegten Rechtsfolgen dar. Ein negativer Regelungsgehalt kann sich demgegenüber daraus ergeben, dass es dem Mitgliedstaat zugleich verboten wird, für bestimmte Sachverhalte bestimmte Rechtsfolgen vorzusehen. Letzteres ist dann der Fall, wenn ein Tatbestandsmerkmal einer Richtlinienvorschrift nicht hinreichende, sondern notwendige Voraussetzung der Rechtsfolge bildet, so dass bei Nichterfüllung des Tatbestandsmerkmals die Rechtsfolge nicht angeordnet werden darf[951]. Der Anwendungsbereich umfasst demnach mindestens alle Sachverhalte, die den Tatbestand der Richtlinienbestimmung erfüllen, kann aber auch darüber hinausgehen. So unterfallen auch nationale Tatbestände mit zusätzlichen, strengeren Voraussetzungen dem Anwendungsbereich einer Richtlinie, da diese von den weiter gefassten Richtlinientatbeständen in jedem Fall umfasst sind[952]. Dementsprechend bestimmt sich der Anwendungsbereich auch grundsätzlich unabhängig von der Rechtsfolgenseite, mit der Konsequenz, dass Umsetzungsvorschriften mit zusätzlichen Rechtsfolgen, die von der Richtlinie selbst nicht vorgesehen sind, dennoch ihrem Anwendungsbereich unterfallen, da der zugrunde liegende Sachverhalt von der Richtlinie erfasst wird[953]. Dabei lässt sich nicht immer eindeutig klären, ob ein Bestandteil einer Richtlinienvorschrift der Tatbestands- oder Rechtsfolgenseite zuzuordnen ist, wie etwa der Haftungsausschluss für gewerblich genutzte Sachen im Produkthaftungsrecht oder Schadensersatzansprüche bei mangelhafter Kaufsache wegen des zusätzlichen Verschuldenserfordernisses[954]. Deshalb ist eine Grenzziehung zwischen Anwendungsbereich und Regelungsinhalt allein über die Kategorien Tatbestand (= Anwendungsbereich) und Rechtsfolge (= Regelungsinhalt) untauglich[955].

Bestimmt sich in Abgrenzung zum Anwendungsbereich der Regelungsinhalt einer Richtlinie danach, ob für den geregelten Lebenssachverhalt eine Rechtsfolge vorgeben ist, die eintreten muss oder umgekehrt nicht eintreten darf, so ist eine Antwort hierauf z.T. nur unter erheblichen Schwierigkeiten zu finden. Denn nicht immer lässt sich eindeutig klären, ob tatsächlich die Sachverhalt-Rechtsfolge-Relation betroffen ist. Nur wenn die Richtlinie für einen bestimmten Sachverhalt

---

951 Hierzu *Riehm*, in: Gsell/Herresthal, S. 83, 89; *ders.* JZ 2006, 1035, 1038 f.; *Sonntag*, S. 78; *Gsell/Schellhase* JZ 2009, 20, 22.

952 *Sonntag*, S. 79; *Riehm* JZ 2006, 1035, 1039.

953 *Sonntag*, S. 80; *Riehm* JZ 2006, 1035, 1039 f., mit der Vermutung, dass der Anwendungsbereich sich grundsätzlich auf alle Rechtsfolgen eines Sachverhalts erstreckt, unabhängig von dem berührten Rechtsgebiet. Einschränkungen ergäben sich aus expliziten Beschränkungsklauseln oder implizit aus fehlender Regelungskompetenz der Union auf dem betroffenen Sachgebiet, etwa dem materiellen Strafrecht. Hierzu auch *ders.*, in: Gsell/Herresthal, S. 83, 94–96.

954 *Sonntag*, S. 76; *Riehm* JZ 2006, 1035, 1039.

955 So aber *Brandner*, S. 13. – Wie hier *Sonntag*, S. 76 f.; *Jäger*, S. 74; *Riehm* JZ 2006, 1035, 1038.

weder positiv noch negativ eine Rechtsfolge vorgibt, ist ihr Anwendungsbereich nicht eröffnet[956]. Dies ist durch Auslegung der jeweiligen Richtlinienvorschrift zu ermitteln, insbesondere unter dem Gesichtspunkt, ob deren Voraussetzungen hinreichender oder notwendiger Natur sind[957]. Abzustellen ist auf den Wortlaut (z.B. ausdrückliche Definitionen des Anwendungsbereichs der Richtlinie selbst), die Systematik der Richtlinie (z.B. Optionsklauseln) und deren Zweck[958].

2. Charakteristika der Vollharmonisierung

a) Harmonisierungsintensität

Die Harmonisierungsintensität einer unionsgesetzgeberischen Maßnahme betrifft die Frage nach dem relativ-graduellen „wie viel" an Harmonisierung und den damit verbleibenden Handlungsfreiräumen der Mitgliedstaaten[959]. Als höchster Intensitätsgrad an Harmonisierung erfolgt die Vollharmonisierung[960] durch Rechtsakte der Union, die es den Mitgliedstaaten untersagt, innerhalb ihres Anwendungsbereichs materiell abweichende Vorschriften zu erlassen oder beizubehalten, so dass eine inhaltlich punktgenaue Umsetzung erforderlich wird[961]. Die in der jeweiligen Richtlinie vorgegebenen Sachverhalt-Rechtsfolge-Relationen müssen sich identisch im nationalen Recht wiederfinden[962]. Zumeist wird der vollharmonisierende Charakter einer Richtlinie ausdrücklich festgelegt,[963] kann sich aber auch erst im Rahmen einer Auslegung der betroffenen Richtlinie herausstellen[964]. Das Konzept der Vollharmonisierung wird allerdings nicht derart stringent durchgehalten, wie ihr definitorisches Verständnis zunächst nahelegt[965].

Im Gegensatz zur Vollharmonisierung weist das Prinzip der unvollständigen bzw. teilweisen Harmonisierung eine geringere Harmonisierungsintensität auf.

---

956 *Riehm*, in: Gsell/Herresthal, S. 83, 91; *ders.* JZ 2006, 1035, 1038; *Sonntag*, S. 78.

957 *Riehm*, in: Gsell/Herresthal, S. 83, 91; *Wendehorst* ZEuP 2011, 263, 269.

958 Vertiefend hierzu und mit Beispielen *Riehm* JZ 2006, 1035, 1040–1045.

959 Grabitz/Hilf/Nettesheim/*Tietje*, Art. 114 AEUV Rn. 38; *Wagner*, S. 45; *Jäger*, S. 34; *Mittwoch*, S. 22; *Sonntag*, S. 54.

960 Auch bezeichnet als vollständige Harmonisierung oder totale Harmonisierung, Grabitz/Hilf/Nettesheim/*Tietje*, Art. 114 AEUV Rn. 39.

961 Grabitz/Hilf/Nettesheim/*Tietje*, Art. 114 AEUV Rn. 39; *Gebauer*, in: Gsell/Herresthal, S. 163, 165; *Wagner*, S. 45f.; *Jäger*, S. 35; *Mittwoch*, S. 29f.; *Sonntag*, S. 55f.; *Wendehorst* ZEuP 2011, 263, 267.

962 *Riehm* JZ 2006, 1035, 1037.

963 Z.B. in Art. 4 UGP-RL oder Art. 4 Verbraucherrechte-RL.

964 Beispielhaft steht hierfür die Produkthaftungs-RL (RL 85/374/EWG) und der Feststellung der mit ihr verfolgten Vollharmonisierung durch EuGH Rs. C-52/00, Slg. 2002 I-3827 – *Kommission/Frankreich*.

965 Dazu S. 191–193.

Als Oberbegriff fallen hierunter alle Rechtsangleichungsmaßnahmen, die – in negativer Abgrenzung zur Vollharmonisierung – den Mitgliedstaaten die eigenständige Beibehaltung oder Einführung von Regelungsinhalten ermöglicht, die vom Anwendungsbereich der jeweiligen Richtlinie umfasst sind[966]. Die Erscheinungsformen der unvollständigen Harmonisierung werden ihrerseits kategorisiert als optionale Harmonisierung und Mindestharmonisierung. Unter der optionalen bzw. fakultativen Harmonisierung wird eine Art der Rechtsangleichung bezeichnet, die auf die Gewährleistung des freien Warenverkehrs derjenigen Produkte, die vom Anwendungsbereich erfasst sind und ihre rechtlichen Voraussetzungen erfüllen, abzielt, den Mitgliedstaaten jedoch die Option belässt, für reine Inlandssachverhalte vom Unionsrecht abweichende Regelungen beizubehalten oder einzuführen[967]. Demnach können die Mitgliedstaaten autonom entscheiden, ob sie die Vorschriften der Richtlinie auch für den innerstaatlichen Handel in das nationale Recht transformieren wollen, dürfen dabei aber keinen geringeren Standard als den der unionsrechtlichen Vorschriften zu Grunde legen[968]. Da die Mitgliedstaaten jedenfalls verpflichtet sind, die Einfuhr von richtlinienrechtlich vorschriftsmäßigen Produkten zuzulassen, beschränkt sich die optionale Harmonisierung letztlich auf die Etablierung von Standards für den grenzüberschreitenden Verkehr[969].

Von der optionalen Harmonisierung unterscheidet sich die Mindestharmonisierung dadurch, dass sie den Mitgliedstaaten lediglich verbindliche Mindeststandards vorschreibt, es ihnen jedoch ermöglicht, im nationalen Recht im Vergleich zur Harmonisierungsmaßnahme strengere materielle Vorgaben beizubehalten oder einzuführen[970]. Damit sind regelungsinhaltliche Abweichungen des nationalen Rechts „nach oben" zulässig, solange sie den materiellen Maßstab der Richtlinie nicht unterschreiten und im Übrigen nicht gegen sonstiges Primärrecht verstoßen[971]. Unionsrechtlich bleibt es den Mitgliedstaaten aber untersagt, Im-

966 Grabitz/Hilf/Nettesheim/*Tietje*, Art. 114 AEUV Rn. 41; *Wagner*, S. 50; *Jäger*, S. 36.

967 Grabitz/Hilf/Nettesheim/*Tietje*, Art. 114 AEUV Rn. 41; *Wagner*, S. 50 f.; *Jäger*, S. 37; *Mittwoch*, S. 27; *Sonntag*, S. 57 f.

968 *Wagner*, S. 51; *Mittwoch*, S. 27 f.; *Sonntag*, S. 58.

969 *Mittwoch*, S. 28.

970 Grabitz/Hilf/Nettesheim/*Tietje*, Art. 114 AEUV Rn. 41; *Wendehorst*, in: Jud/Wendehorst, S. 153, 165; *Gebauer*, in: Gsell/Herresthal, S. 163, 165; *Wagner*, S. 53; *Jäger*, S. 37 f.; *Mittwoch*, S. 25; *Sonntag*, S. 59.

971 *Jäger*, S. 39; *Mittwoch*, S. 26.

porte aus anderen Mitgliedstaaten zu beschränken, die den Mindestanforderungen der Richtlinie entsprechen[972].

b) Kohärenzproblematik der Vollharmonisierung

Die Einpassung vollharmonisierender Richtlinien in die nationalen Rechtsordnungen bringt eine verschärfte Umsetzungsproblematik mit sich. Schließlich ist der zu erreichende materielle Rechtszustand von der Richtlinie vorgegeben und in identischer Weise im nationalen Recht zu implementieren. Abweichungen innerhalb ihres Anwendungsbereichs „nach oben" wie bei Mindestharmonisierungen, um die wertungsmäßigen Zusammenhänge zwischen dem Richtlinienrecht und dem nationalen Recht dem nationalen Schutzniveau ggf. anzupassen, sind dem mitgliedstaatlichen Normgeber gerade verwehrt. Zudem stoßen die Richtlinienbestimmungen auf Rechtsordnungen, die ihrerseits in der Regel eine gewachsene und gefestigte Konsistenz aufweisen. Um deren Erhalt wird sich der nationale Normgeber weitestgehend bemühen, kann in Folge dessen aber verstärkt in Konflikt mit den – von punktuellen Öffnungsklauseln abgesehen – inhaltlich unbedingten und ggf. vom bestehenden nationalen Recht abweichenden Vorgaben der vollharmonisierenden Richtlinie geraten. Richtlinien betreffen regelmäßig nur Teilbereiche eines Rechtsgebiets und der Richtliniengeber wird sich primär auf die Kohärenz der Wertungszusammenhänge innerhalb des jeweiligen Rechtsaktes konzentrieren[973]. Kohärenzbildung stellt sich insofern in erster Linie als Aufgabe des nationalen Gesetzgebers dar[974]. Von den bereits angesprochenen grundsätzlichen, jedoch z.T. stark eingeschränkten Umsetzungsfreiheiten in Form und Mittel abgesehen, stehen dem nationalen Gesetzgeber aber auch bei vollharmonisierenden Richtlinien Gestaltungsspielräume zur Verfügung. Diese sollen unter dem Stichwort „überschießende Richtlinienumsetzung" im Folgenden kurz dargestellt werden.

---

972 EuGH Rs. C-11/92, Slg. 1993 I-3545 Tz. 16 – *Gallaher*; Grabitz/Hilf/Nettesheim/*Tietje*, Art. 114 AEUV Rn. 41, unter Hinweis auf die damit ggf. verbundene und hingenommene Inländerdiskriminierung.

973 *Gebauer*, in: Gsell/Herresthal, S. 163, 170; *Mittwoch*, S. 153 f.

974 *Gebauer*, in: Gsell/Herresthal, S. 163, 170; *Mittwoch*, S. 154.

II. Umsetzungsspielräume bei vollharmonisierenden Richtlinien

1. Begriff der überschießenden Umsetzung

Zunächst ist eine begriffliche Festlegung zum Begriff der überschießenden Umsetzung[975] nötig, da die terminologische Verwendung der überschießenden Umsetzung nicht einheitlich ist. Im Folgenden soll die überschießende Umsetzung in einem allgemeinen Sinne als Oberbegriff für den Umstand verstanden werden, dass der mitgliedstaatliche Normgeber bei einer Richtlinienumsetzung über deren Vorgaben hinausgeht[976]. Von diesem verallgemeinernden Verständnis der überschießenden Umsetzung unberührt bleibt jedoch die Notwendigkeit, eine präzise Trennung zwischen den einzelnen Varianten mitgliedstaatlicher Gestaltungsspielräume vorzunehmen, da diese sich in ihren Voraussetzungen und Wirkungen im Rahmen einer Vollharmonisierung erheblich voneinander unterscheiden. Insbesondere kommt die eingangs vorgenommene Differenzierung zwischen Anwendungsbereich und Regelungsinhalt zum Tragen.

2. Möglichkeiten überschießender Umsetzung

a) Erweiterung des Anwendungsbereichs

Eine Gestaltungsmöglichkeit *außerhalb* des Anwendungsbereichs der Richtlinie stellt die erweiternde Umsetzung dar[977]. Hierbei geht der nationale Gesetzgeber bei der Umsetzung über den Anwendungsbereich der Richtlinie hinaus und unterstellt auch solche Sachverhalte dem Regelungsregime der Richtlinie, die diese selbst nicht umfasst[978]. Der Anwendungsbereich wird mithin auf nichtharmonisierte Bereiche „erweitert". Da der mitgliedstaatliche Gesetzgeber außerhalb des Anwendungsbereichs agiert, handelt es sich um eine von den unionsrechtlichen Richtlinienvorgaben völlig unabhängige, autonome Rechtssetzung des Gesetz-

---

975 Der Begriff geht zurück auf *Habersack/Mayer* JZ 1999, 913, 914.

976 *Riehm* JZ 2006, 1035 f. Von einer einheitlichen Verwendung der überschießenden Umsetzung als Oberbegriff ausgehend auch *Gebauer*, in: Gsell/Herresthal, S. 163, 166; *Brandner*, S. 11 f.; *Jäger*, S. 54 f.; *Mittwoch*, S. 157 f.; *Sonntag*, S. 71. Den Begriff der überschießenden Umsetzung allein für die erweiternde Umsetzung verwendend Riesenhuber/*Habersack/Mayer*, Europäische Methodenlehre, § 15 Rn. 1; *Drexl* FS Heldrich, S. 67, 68; *Habersack/Mayer* JZ 1999, 913, 914; *Mayer/Schürnbrand* JZ 2004, 545, 547.

977 *Riehm*, in: Gsell/Herresthal, S. 83, 87; *ders.* JZ 2006, 1035, 1036. Synonym hierfür – ohne sachlichen Unterschied – *Gebauer*, in: Gsell/Herresthal, S. 163, 172 f.: „Extension"; *Wendehorst*, in: Jud/Wendehorst, S. 153, 170 und *Brandner*, S. 6 f.: „Erstreckung".

978 *Riehm*, in: Gsell/Herresthal, S. 83, 87; *ders.* JZ 2006, 1035, 1036; *Gebauer*, in: Gsell/Herresthal, S. 163, 166; Riesenhuber/*Habersack/Mayer*, Europäische Methodenlehre, § 15 Rn. 1; *Brandner*, S. 6 f.; *Mittwoch*, S. 157; *Habersack/Mayer* JZ 1999, 913, 914; *Mayer/Schürnbrand* JZ 2004, 545.

gebers[979]. Diese ist aus unionsrechtlicher Sicht weitestgehend unproblematisch, wenngleich das sonstige Unionsrecht weiterhin zu beachten bleibt. Die erweiternde Umsetzung kann sowohl in sachlicher, persönlicher als auch geografischer Hinsicht erfolgen[980]. Sie ist unabhängig von der Harmonisierungsintensität der jeweiligen Richtlinie, gestaltet sich jedoch durch das Erfordernis der präzisen Anwendungsbereichsbestimmung im Rahmen vollharmonisierender Richtlinien z.T. deutlich komplizierter, zumal in Zweifelsfällen bei Mindestharmonisierungen jedenfalls die Möglichkeit des materiellen Abweichens „nach oben" besteht.

b) Regelungsinhaltliche Modifizierungen

Innerhalb des Anwendungsbereichs werden Abweichungen vom materiellen Regelungsgehalt der betreffenden Richtlinie als modifizierende Umsetzung bezeichnet[981]. *Wendehorst* differenziert nochmals zwischen der „Verstärkung" im Sinne einer Verschärfung der Richtlinienbestimmungen[982] und der „Ergänzung" von nationalem Recht in den Anwendungsbereich der Richtlinie[983]. Im Kontext vollharmonisierender Richtlinien stellt sich dabei das Problem, dass materielle Abweichungen sowohl nach unten als auch nach oben generell unzulässig sind, gilt es doch, einen einheitlichen Rechtszustand zu etablieren. Abweichungen innerhalb des Anwendungsbereichs sind daher stets rechtfertigungsbedürftig[984]. Existieren Spielräume innerhalb des Anwendungsbereichs, so ergeben sich diese in Art und Umfang aus dem vollharmonisierenden Rechtsakt selbst, d.h. sie sind lediglich derivativer Natur und müssen die Vorgaben der eingeräumten Handlungsspielräume streng einhalten[985].

Eine Variante derivativer Umsetzungsspielräume bilden Optionsklauseln. Diese ermöglichen dem mitgliedstaatlichen Normgeber in spezifisch definierten Bereichen von den Richtlinienvorgaben durch alternativ zur Verfügung stehende

---

979 *Mittwoch*, S. 159; *Riehm* JZ 2006, 1035, 1036; *ders./Schreindorfer* GPR 2008, 244, 245; *Gsell/Schellhase* JZ 2009, 20, 22; *Wendehorst* ZEuP 2011, 263, 268.

980 Hierzu ausführlich Riesenhuber/*Habersack/Mayer*, Europäische Methodenlehre, § 15 Rn. 5–12; *Drexl* FS Heldrich, S. 67, 70–73; *Wendehorst*, in: Jud/Wendehorst, S. 153, 171; *Jäger*, S. 51 f.

981 So etwa *Riehm*, in: Gsell/Herresthal, S. 83, 100; *ders.* JZ 2006, 1035, 1036; *Gebauer*, in: Gsell/Herresthal, S. 163, 166; *Wendehorst*, in: Jud/Wendehorst, S. 153, 168; *Sonntag*, S. 71 f. Von einer „inhaltlichen Übererfüllung" ausgehend Riesenhuber/*Habersack/Mayer*, Europäische Methodenlehre, § 15 Rn. 14; *Mittwoch*, S. 161.

982 *Wendehorst*, in: Jud/Wendehorst, S. 153, 169.

983 *Wendehorst*, in: Jud/Wendehorst, S. 153, 173–176; dazu auch *Gebauer*, in: Gsell/Herresthal, S. 163, 172 f.

984 *Sonntag*, S. 72; *Riehm* JZ 2006, 1035, 1036.

985 *Riehm* JZ 2006, 1035, 1036; *Mittwoch*, S. 35 f., 162 f.

Gestaltungsoptionen abzuweichen,[986] verpflichten ihn aber meistens darauf, jedenfalls das von der Richtlinie vorgesehene Schutzniveau nicht zu unterschreiten[987]. Solche Optionsklauseln finden sich mittlerweile regelmäßig in vollharmonisierenden Richtlinien. Allerdings geht dadurch der grundsätzliche Charakter der Vollharmonisierung nicht verloren, da die Optionsklauseln allenfalls punktuelle Abweichungen gestatten, im Gegensatz zu Mindestharmonisierungen jedoch keine generelle Öffnungsklausel vorsehen[988].

Als weitere Variante inhaltlicher Umsetzungsspielräume kommen Verweisungen in die mitgliedstaatlichen Rechtsordnungen in Betracht, so dass die betreffenden nationalen Vorschriften unberührt bleiben bzw. unverändert zur Anwendung gelangen können[989]. Ein häufig gewähltes Beispiel sind Verweisungen auf das nationale Recht im Bereich der Sanktionen, wobei die Mitgliedstaaten gehalten sind, „geeignete und wirksame Mittel“ zur Sanktionierung von Regelverstößen bereitzustellen, die „wirksam, verhältnismäßig und abschreckend“ sind[990].

c) Koordinierung von Unionsrecht im nationalen Recht

Eine weitere Ausprägung mitgliedstaatlicher Umsetzungsspielräume bildet die Koordinierung einzelner Rechtsakte der Union untereinander, wobei mindestens zwei unionsrechtliche Vorgaben in Beziehung zueinander gesetzt und aufeinander abgestimmt werden[991]. Hierbei stellt sich die gleiche Problematik hinsichtlich der zulässigen Gestaltungsmöglichkeiten wie bei der erweiternden und modifizierenden Umsetzung, da sich die mitgliedstaatlichen Kohärenzbemühungen nach wie vor an der Differenzierung zwischen Maßnahmen außerhalb und innerhalb des Anwendungsbereichs und den damit verbundenen unterschiedlichen Anforderungen zu orientieren haben[992].

---

986 *Riehm*, in: Gsell/Herresthal, S. 83, 103; *Mittwoch*, S. 35f.; *Sonntag*, S. 56.
987 Z.B. belässt die UGP-RL in Art. 3 Abs. 9 den Mitgliedstaaten die Option, hinsichtlich Finanzdienstleistungen und Immobilien restriktivere und strengere Anforderungen zu stellen.
988 In diesem Sinne auch *Mittwoch*, S. 37f.; *Sonntag*, S. 56f.; *Riehm* JZ 2006, 1035, 1036.
989 *Riehm*, in: Gsell/Herresthal, S. 83, 102; *Gsell/Schellhase* JZ 2009, 20, 23.
990 So verfährt auch die UGP-RL in Art. 11 und 13. Dazu *Mittwoch*, S. 39.
991 *Gebauer*, in: Gsell/Herresthal, S. 163, 172–176; *Mittwoch*, S. 163.
992 *Mittwoch*, S. 163.

3. Zwischenergebnis

Im Ergebnis ist festzuhalten, dass auch bei Vollharmonisierungen Umsetzungsspielräume bestehen. Unproblematisch verhält es sich bei Erweiterungen des Anwendungsbereichs, da der nationale Normgeber unabhängig von unionsrechtlichen Vorgaben tätig wird. Aber auch innerhalb des Anwendungsbereichs bestehen regelmäßig partielle Möglichkeiten zum Abweichen vom materiellen Regelungsinhalt. Nicht zuletzt aus diesem Grund ist der Befund zutreffend, wonach vollharmonisierende Richtlinien keinen totalen Anspruch auf Rechtsvereinheitlichung erheben können und es immer bei gewissen mitgliedstaatlichen Unterschieden bleiben wird[993].

C. Konsequenzen für die Umsetzung der Richtliniendogmatik

Die vorstehenden Ausführungen zeigen, dass der wissenschaftliche Diskurs im Rahmen der Umsetzung vollharmonisierender Richtlinien zuvorderst um die Herausarbeitung der verbleibenden Gestaltungsspielräume und den absoluten Grenzen dieser Spielräume kreist. Diese Frage soll vor dem Hintergrund der hiesigen Untersuchung dahingehend beleuchtet werden, ob und wie die Dogmatik der UGP-RL zwingend vom nationalen Gesetzgeber umzusetzen ist. Dabei soll insbesondere die Umsetzungsverpflichtung des Gesetzgebers hinsichtlich Systematik und Zwecksetzung der UGP-RL geklärt werden sowie deren Auswirkungen auf etwaige redaktionelle Freiheiten.

I. Umsetzung der Richtliniensystematik

Zunächst stellt sich die Frage nach der Umsetzungsverpflichtung des nationalen Gesetzgebers im Hinblick auf die Systematik der UGP-RL. Dabei ist zu unterscheiden zwischen der Umsetzung des inneren und des äußeren Systems der Richtlinie.

---

993 So etwa *Riehm*, in: Gsell/Herresthal, S. 83, 102 f.; *Gsell/Schellhase* JZ 2009, 20, 23 f., bemühen hierfür das Bild eines Käses mit mehr oder weniger großen Löchern; *Mittwoch*, S. 41 f., attestiert der Vollharmonisierung ein widersprüchliches Konzept.

1. Umsetzung des inneren Systems

Für den mitgliedstaatlichen Gesetzgeber besteht bei vollharmonisierenden Richtlinien die grundsätzlich unbedingte Verpflichtung zur Umsetzung des Richtlinieninhalts im Sinne der vorgegebenen Sachverhalt-Rechtsfolge-Relationen: Das nationale (Umsetzungs-)Recht muss für die von der Richtlinie erfassten Sachverhalte die vorgesehenen Rechtsfolgen anordnen bzw. die Anordnung bestimmter Rechtsfolgen verbieten. Wie ist nun der Zusammenhang dieser zwingenden Sachverhalt-Rechtsfolge-Relationen mit dem inneren System der Richtlinie beschaffen?

Riehm stellt dazu (in Abgrenzung zum äußeren System) fest: „Die systematische Freiheit gilt jedoch nicht für das innere System, die dem Gesetz zu Grunde liegende innere Ordnung: Denn diese hängt vom Inhalt und nicht von der äußeren Form der Rechtsnormen ab und unterliegt daher im Falle der Vollharmonisierung den Vorgaben des Gemeinschaftsrechts."[994] Inneres System und rechtlicher Inhalt werden damit in einen untrennbaren Zusammenhang gestellt[995]. In Bezug auf vollharmonisierende Richtlinien unterwirft *Riehm* deren innere Systeme der unbedingten Umsetzungsverpflichtung des mitgliedstaatlichen Normgebers. Dies ist im Hinblick auf die UGP-RL näher zu erläutern und veranschaulichen.

Zunächst ist sich auf die Grundlagen innerer Systematik zu besinnen[996]: Das innere System beschreibt die inneren Wertungszusammenhänge zwischen den einzelnen Normen eines Gesetzes bzw. der Rechtsordnung insgesamt. Die einzelne Norm bildet dabei ein Teilelement einer planvoll und folgerichtig zu denkenden Rechtsordnung. Hieraus folgt das Postulat der Wertungseinheit und Widerspruchsfreiheit. Anwendungstechnisch hat das widerspruchsfrei zu denkende innere System eine nach Wertungsharmonie bestrebte *systemkonforme* Auslegung der Rechtsvorschriften zum Gegenstand[997]. Im Kontext teleologisch-systematischer Auslegung werden die materiellen Inhalte der Rechtsvorschriften widerspruchsfrei aufeinander abgestimmt. Daraus folgt, dass die Regelungsgehalte der Normen sich gegenseitig beeinflussen[998]. In besonderem Maße gilt dies für die

---

994 *Riehm*, in: Gsell/Herresthal, S. 83, 102.

995 Dazu bereits *Heck*, Begriffsbildung, S. 144: „Wenn wir in der wissenschaftlichen Sprache Inhalt und System unterscheiden, dann pflegen wir vor allem an die Wirkung der Darstellungstätigkeit zu denken, denn das innere System ist eine Beschaffenheit des Inhalts und läßt sich vom Inhalte nicht trennen."

996 Dazu S. 92 f.

997 Dazu S. 93.

998 Allgemein *Höpfner*, S. 101: „Das innere System der Rechtsordnung beeinflußt über die systematisch-teleologische Auslegung maßgeblich den *Inhalt* von Rechtsnormen [Hervorhebung durch Verf.]."

Systematisierungsmethode der demonstrativen Kasuistik, die Generalklauseln mit exemplifizierenden Tatbeständen verknüpft und diese auf einer einheitlichen normativen Ebene ansiedelt[999]. Inneres System und normativer Inhalt lassen sich demnach nicht voneinander trennen.

Im Hinblick auf die von der UGP-RL vorgegebenen Sachverhalt-Rechtsfolge-Relationen finden sich diese in den Art. 5–9 und der Black List, genauer in Art. 5 Abs. 1 i.V.m. Abs. 2, Art. 5 Abs. 1 i.V.m. Abs. 4, Art. 6–9 und Art. 5 Abs. 1 i.V.m. Abs. 5 und der Black List. Die Untersuchung im vorigen Kapitel hat gezeigt, dass diese Sachverhalt-Rechtsfolge-Relationen nicht etwa eine lose Aneinanderreihung von Rechtssätzen darstellen. Vielmehr sind sie infolge ihrer regelungstechnischen Ausgestaltung als Generalklausel und Konkretisierungstatbestände wertungsmäßig dergestalt miteinander verbunden, dass sie einen einheitlichen Unlauterkeitsmaßstab statuieren, dessen normative Grundlage der Generalklauseltatbestand des Art. 5 Abs. 2 bildet. Auf diesen sind die Art. 6–9 sowie die Black List normativ bezogen und greifen jeweils besondere Sachverhaltskonstellationen auf, die an sich auch dem generellen Tatbestand des Art. 5 Abs. 2 unterfielen. Dies begründet das anwendungstechnische Spezialitätsverhältnis dieser Normen im Verhältnis zu Art. 5 Abs. 2. Ihre Relation zur Rechtsfolge in Art. 5 Abs. 1, dem Verbot unlauterer Geschäftspraktiken, ist allen Unlauterkeitstatbeständen der UGP-RL gemein.

Im Rahmen der Anwendung der Art. 5–9 und der Black List hat diese normative Verknüpfung zur Folge, dass die Vorschriften eine wertungsmäßige Wechselwirkung entfalten. Auslegungstechnisch sind im Verhältnis zwischen dem Generalklauseltatbestand und den Konkretisierungstatbeständen der materielle Gehalt des jeweils anderen Tatbestands zu berücksichtigen, so dass die konkrete Anwendung der UGP-RL stets einen einheitlichen Unlauterkeitsmaßstab, basierend auf den Grundwertungen des Art. 5 Abs. 2, gewährleistet. Diesen einheitlichen Unlauterkeitsmaßstab benennt die UGP-RL selbst als zentrales Harmonisierungsziel[1000]. Er kann aber allein durch die systematisch wechselseitig bedingte Auslegung und Anwendung der Vorschriften der UGP-RL gewährleistet werden, um damit dem Postulat der Folgerichtigkeit und Geschlossenheit rechtlicher Normen zu genügen.

Zur Verwirklichung des angestrebten Rechtszustands, der in der Etablierung eines materiell einheitlichen Unlauterkeitsmaßstabs gründet und durch sämtliche Sachverhalt-Rechtsfolge-Relationen der UGP-RL vermittelt wird, muss diese wertungsmäßige Verbundenheit innerhalb der UGP-RL daher notwendig übernom-

999 Dazu S. 95.
1000 ErwGr 11 S. 2, 13 S. 2.

men werden. Dabei ist Art. 5 Abs. 2 als normative Grundlage dieses Unlauterkeitsmaßstabs anzuerkennen[1001]. Aus diesem Grunde ist die von *Riehm* getroffene Aussage zutreffend, dass sich das innere System einer Richtlinie nach ihrem Inhalt bestimmt und deshalb der Vollharmonisierungswirkung unterliegt[1002]. Im Ergebnis ist damit das innere System der UGP-RL zwingend im nationalen (Umsetzungs-)Recht zu implementieren. Nur auf diese Weise ist es möglich, dem von der UGP-RL vorgegebenen, einheitlichen Unlauterkeitsmaßstab als zentralem Regelungsziel der Harmonisierung Geltung zu verschaffen.

2. Umsetzung des äußeren Systems

Steht nunmehr die Verpflichtung zur Umsetzung des inneren Systems einer Richtlinie – da mit deren materiellem Inhalt unmittelbar zusammenhängend – fest, kann in einem weiteren Schritt der Frage nachgegangen werden, welche Auswirkungen sich daraus für die tatsächliche Einpassung des äußeren Systems der Richtlinie in das äußere System der nationalen Rechtsordnung ergeben.

a) Grundgedanken

Bei der Umsetzung werden dem nationalen Gesetzgeber weitgehende redaktionelle Freiheiten zugesprochen. In Bezug auf die äußere Gesetzessystematik folgten diese bereits unmittelbar aus der primärrechtlichen Definition der Richtlinie als zweistufiges Rechtssetzungsinstrument, denn gerade hierin bestünden die Freiheiten in „Form“ und „Mittel“[1003]. Für die vorgegebenen Sachverhalt-Rechtsfolge-Relationen sei es gemeinschaftsrechtlich unerheblich, in welchem Gesetz dies geschehe und wie sie sich in die Systematik der nationalen Rechtsordnung einfügten[1004]. Auf eine bestimmte Form als Spezialgesetz oder innerhalb einer umfassenden Kodifizierung (z. B. BGB) komme es nicht an[1005]. Dabei hinge die systematische Freiheit mit dem integrationspolitischen Ziel der effizienten Durchsetzung der Richtlinienzwecke zusammen, beide Interessen seien insofern

---

1001 Dies verdeutlicht auch KOM (2003) 356 endg. Rn. 48: „Wäre dieses generelle Verbot nicht aufgenommen worden, so wären die Mitgliedstaaten in der Lage, weiterhin ihre unterschiedlichen Generalklauseln anzuwenden, was den Harmonisierungseffekt untergraben würde *und zwar auch im Hinblick auf die irreführenden und aggressiven Praktiken, die spezifisch geregelt sind* [Hervorhebung durch Verf.].“

1002 Weitgehend gegen verbleibende Freiräume in Bezug auf das innere System auch *Wendehorst*, in: Jud/Wendehorst, S. 153, 182.

1003 *Riehm*, in: Gsell/Herresthal, S. 83, 100.

1004 *Gebauer*, in: Gsell/Herresthal, S. 163, 173 f.

1005 *Riehm*, in: Gsell/Herresthal, S. 83, 101 f.

deckungsgleich[1006]. Gleichsam sei es jedoch unzweifelhaft, dass es Fälle gäbe, in denen eine Anpassung der nationalen Systematik und Begriffsbildung an die der umzusetzenden Richtlinie unvermeidlich sei[1007]. Dies insbesondere in Fällen, in denen die Förderung von Transparenz ein vorrangiges Ziel der Harmonisierung darstelle, so dass jede Abweichung im nationalen Gesetz von der Systematik der Richtlinie eine Einbuße bedeute[1008].

Im Hinblick auf die Wahl des Regelungsortes mag die Annahme weitgehender Systematisierungsfreiheit des nationalen Gesetzgebers, im Regelfall getragen von Zweckmäßigkeits- und Übersichtlichkeitserwägungen, zutreffen[1009]. Mit Vorsicht zu genießen wäre diese redaktionelle Freiheit jedoch, sofern sie die Umsetzung des inneren Systems, also die Wertungszusammenhänge zwischen den Richtliniennormen, betreffen könnte.

Grundsätzlich ist dabei die unterschiedliche Funktion des äußeren Systems im Vergleich zum inneren System zu berücksichtigen. Primär dient Erstgenanntes nicht dazu, die wertungsmäßigen Zusammenhänge des Rechts aufzudecken, sondern bestimmt sich durch das Bestreben nach einer möglichst klaren und übersichtlichen Darstellung und Gliederung des Rechtsstoffes[1010]. Nach formalen Kriterien (Einteilungen oder Reihenfolge von Gesetzesnormen) werden Rechtssätze zusammengefasst und strukturiert, um sie nach außen darstellbar und nachvollziehbar zu machen, so dass das äußere System grundsätzlich vom Inhalt des Rechtsstoffes zu trennen ist[1011]. Teleologische Aussagen über den zu ordnenden Rechtsstoff trifft unmittelbar nur das innere System, das äußere System kann hierfür nur erste Anhaltspunkte liefern[1012].

Andererseits darf die Bedeutung der konkreten Ausgestaltung des äußeren Systems zur Verinnerlichung des inneren Systems im Zuge der Rechtsanwendung nicht unterschätzt werden. Recht wird vermittelt durch Sprache, in erster Linie durch ausformulierte Rechtssätze in Gesetzen. Diese sind das Transportmittel für die hinter den Rechtssätzen stehenden Wertentscheidungen. Angesichts dessen hängen beide Systembegriffe grundsätzlich insoweit zusammen, als das äußere System eines Gesetzes bzw. der Rechtsordnung, um tatsächlich transparent zu

---

1006 *Jarass*, S. 56; *Mittwoch*, S. 152; *Grundmann* JZ 1996, 274, 283.
1007 *Jarass*, S. 57.
1008 *Grundmann* JZ 1996, 274, 284.
1009 So auch ausdrücklich *Gebauer*, in: Gsell/Herresthal, S. 163, 173; *Wendehorst*, in: Jud/Wendehorst, S. 153, 180 f.; *dies.* ZEuP 2011, 263, 271.
1010 *Canaris*, Systemdenken, S. 19.
1011 *Höpfner*, S. 73.
1012 *Höpfner*, S. 74.

sein, dessen innere Struktur möglichst adäquat widerspiegeln sollte[1013]. Es bildet den „Wegweiser zu den einschlägigen Wertungsgesichtspunkten" der Rechtsordnung[1014]. Die äußere Ordnung lässt sich in einem juristischen Systemdenken nur dann fruchtbar machen, wenn sie den normativen Gehalt sowie die Einheit und Folgerichtigkeit des Rechts abbildet[1015]. Dies ist oftmals der Fall und hat zur Folge, dass aus der äußeren Einordnung einer Rechtsnorm zugleich die in der systematischen Stellung zum Ausdruck kommenden Wertungen herausgearbeitet werden können und es sich dann bereits um eine Argumentation aus dem inneren System handelt[1016]. Mithin kann zwischen äußeren und innerem System nicht immer exakt bzw. rein typologisch unterschieden werden[1017].

Besonders vehement hebt *Bydlinski* die Wechselbeziehung zwischen äußerem und innerem System hervor. Als äußeres Systematisierungskriterium postuliert er neben einer rein realistischen Orientierung an Lebensbereichen und allgemeiner Zweckmäßigkeit die Berücksichtigung der „normativen Spezifität" eines Teilgebiets. Hierbei wird im Sinne eines groben Vorgriffs auf das innere System schon die äußere Systembildung mit den maßgebenden Leitzwecken und Wertprinzipien angeleitet und kontrolliert[1018]. Das Kriterium der normativen Spezifität erweist sich als Bindeglied zum inneren System und gewährleistet in den Grenzen des Möglichen, die Darstellung der inhaltlichen Begründungszusammenhänge im Recht ideal zu verwirklichen[1019]. Über den reinen Darstellungszweck hinaus wird diese Art der äußeren Systematisierung zugleich Voraussetzung für die Herausstellung des inneren Systems[1020]. Der Kritik von *Leistner* an diesem Ansatz, der zufolge das äußere System als zumeist historisch-rechtspraktische entstandene Stoffeinteilung zu Unrecht inhaltlich-wertend aufgeladen und innerlich gerechtfertigt werde sowie die Suche nach den inneren Sinnzusammenhängen in unnötiger Weise präjudiziere,[1021] ist insofern zuzustimmen, als in das faktische

1013 *Kramer*, S. 93; ähnlich zur Umsetzung der UGP-RL *Fezer* WRP 2006, 781, 783: „Es ist aber vom Gesetzgeber zu verlangen, dass er einen dem Gesetzesinhalt entsprechenden Gesetzestext verabschiedet."

1014 *Meyer*, S. 96.

1015 *Riesenhuber*, System und Prinzipien, S. 24; *Bydlinski* FS Canaris II, S. 1017, 1025.

1016 *Canaris*, Systemdenken, S. 91; dies favorisierend als „besonders ergiebige[s] rechtliche[s] System" *Bydlinski* FS Canaris II, S. 1017, 1019.

1017 *Höpfner*, S. 81; *Riesenhuber*, System und Prinzipien, S. 25.

1018 *Bydlinski*, Prinzipiell-systematische Rechtsfindung, S. 35; *ders.*, System, S. 23; *ders.* FS Canaris II, S. 1017, 1040.

1019 So *Bydlinski*, Prinzipiell-systematische Rechtsfindung, S. 35 f.

1020 *Bydlinski*, System, S. 51; *ders.* FS Canaris II, S. 1017, 1031; *Riesenhuber*, System und Prinzipien, S. 25.

1021 *Leistner*, S. 174.

„Sein" der gegebenen äußeren Stoffeinteilung kein „Sollen" der ihr zugrundeliegenden normativen Wertungszusammenhänge automatisch hineingelesen werden darf. Es ist jedoch nicht von der Hand zu weisen, dass eine wechselseitige Berücksichtigung des inneren Systems als Anleitung gerade bei äußeren Um- oder Neusystematisierungen des Rechtsstoffes für die Transparenz und Nachvollziehbarkeit normativer Wertungszusammenhänge, die wiederum den *Inhalt* von Normen wechselseitig beeinflussen können, sehr ergiebig und förderlich und – wie *Bydlinski* konstatiert – zu wenig im rechtspraktischen Bewusstsein verankert ist[1022].

b) Konsequenzen im Kontext der UGP-RL

Von diesen grundlegenden Überlegungen vom Zusammenhang zwischen innerem und äußerem System aus soll unter der Prämisse einer möglichst transparenten Richtlinienumsetzung der Brückenschlag zur Implementierung des äußeren Systems der UGP-RL in das äußere System des nationalen Rechts erfolgen.

Dem äußeren System der UGP-RL ist zu bescheinigen, dass der Richtliniengeber die soeben beschriebene Wechselwirkung zwischen innerem und äußerem System für die erfolgte Systematisierung der Richtlinie aufgreift und hinsichtlich der Wertungszusammenhänge zwischen der Generalklausel und deren Konkretisierungen in Art. 6–9 sowie der Black List um Transparenz bemüht ist. Dies spiegelt sich zuvorderst in der Normstruktur der Zentralvorschrift Art. 5 wider[1023]: Art. 5 Abs. 1 fungiert als Rechtsfolgenanordnung für sämtliche Unlauterkeitstatbestände. Allumfassender Maßstab der Unlauterkeit *als solcher* bildet einzig und allein der Generalklauseltatbestand in Art. 5 Abs. 2. Auf diesen sind die Tatbestände der irreführenden und aggressiven Geschäftspraktiken in Art. 6–9 materiell bezogen, da sie – dem Art. 5 Abs. 2 strukturell nachgeordnet – gem. Art. 5 Abs. 4 „insbesondere" als unlauter gelten, wobei die Unlauterkeit *per se* abschließend in Abs. 2 niedergelegt ist. Der wertungsmäßige Zusammenhang wird äußerlich-systematisch über die nachgeordnete „insbesondere"-Umschaltvorschrift in Abs. 4 hervorgehoben. Gleichsam werden die Tatbestände der Black List über Abs. 5 „unter allen Umständen" für unlauter erklärt, fallen dabei aber normtechnisch unter den abschließenden generellen Unlauterkeitstatbestand in Art. 5 Abs. 2 und die Rechtsfolgenanordnung in Abs. 1.

Der Richtliniengeber ist angesichts der Struktur und Sprache des Art. 5 um eine Offenlegung der Wertungszusammenhänge zwischen den Richtlinienvor-

1022 *Bydlinski* FS Canaris II, S. 1017, 1018.
1023 Vertiefend zur Normstruktur des Art. 5 S. 97–99.

schriften bemüht. An dem umsetzungsverpflichteten nationalen Normgeber darf dies nach hiesigem Verständnis vom Verhältnis zwischen innerem und äußerem System nicht spurlos vorbeigehen. Schließlich ist es gerade das Ziel der mit der UGP-RL erfolgenden Harmonisierung, die Rechtssicherheit im b2c-Verhältnis zu stärken und einen einzigen Rechtsrahmen bereitzustellen, „der auf einem klar definierten Rechtskonzept beruht“[1024]. Im Zuge dessen gilt es auch, „die in den Mitgliedstaaten existierenden unterschiedlichen Generalklauseln und *Rechtsgrundsätze* zu ersetzen [Hervorhebung durch Verf.]“[1025]. Effektiv kann dies aber nur mit Hilfe einer möglichst präzisen Darstellung im Umsetzungsrecht geschehen. Im Ergebnis ist daher eine an den Grundsätzen der Transparenz und Bestimmtheit orientierte Umsetzung des äußeren Systems der UGP-RL zu fordern, welche die in der Zentralnorm des Art. 5 vorgenommene Offenlegung der verbindlich umzusetzenden Wertungszusammenhänge auch im nationalen Recht sichtbar macht.

3. Terminologische Freiheiten?

Im Kontext der äußeren Darstellung der Richtliniennormen im nationalen Recht stellt sich über die Frage nach den Systematisierungsfreiheiten des nationalen Normgebers hinaus das Problem terminologischer Freiheiten im Umsetzungsrecht. Grundsätzlich ist anerkannt, dass eine Pflicht zur wörtlichen Übernahme des Richtlinientextes in das nationale Recht nicht gefordert werden kann[1026]. Dementsprechend wird vertreten, dass es aus Sicht des Unionsrechts unerheblich sei, mit welchem Wortlaut die von der Richtlinie vorgegebenen Sachverhalt-Rechtsfolge-Relationen bestimmt würden, und dass der nationale Gesetzgeber unionsrechtliche Konzepte mit nationalen Begriffen belegen könne[1027]. Derart weitgehenden Bestrebungen nach größtmöglicher Formulierungsfreiheit des nationalen Umsetzungsgesetzgebers ist jedoch Einhalt zu gebieten, denn sie untergraben die Bedeutung der Sprache für das Recht. Recht wird durch Sprache vermittelt und eine Richtlinie transportiert ihre Inhalte in ihren jeweiligen For-

---

1024 ErwGr 12 S. 1 und 2.

1025 ErwGr 13 S. 1.

1026 EuGH Rs. C-96/95, Slg. 1997 I-1653 Tz. 35 – *Kommission/Deutschland*; Grabitz/Hilf/Nettesheim/*Nettesheim*, Art. 288 AEUV Rn. 120; Streinz/*Schroeder*, Art. 288 AEUV Rn. 89; Schwarze/*Biervert*, Art. 288 AEUV Rn. 28; *Hetmank* GRUR 2015, 323.

1027 Grabitz/Hilf/Nettesheim/*Nettesheim*, Art. 288 AEUV Rn. 120; *Riehm*, in: Gsell/Herresthal, S. 83, 101; in diese Richtung gehend grundsätzlich auch *Gebauer*, in: Gsell/Herresthal, S. 163, 174; *Wendehorst*, in: Jud/Wendehorst, S. 153, 179; *Glöckner*/*Henning-Bodewig* WRP 2005, 1311, 1321.

mulierungen[1028]. Die Verantwortung des nationalen Gesetzgebers für die Gesetzessprache des Umsetzungsrechts, welches zwingend die identischen Rechtsinhalte der Richtlinie zu vermitteln hat, darf deshalb nicht unterschätzt werden[1029].

Zunächst hat die Sprachfassung des Umsetzungsrechts ganz praktische Konsequenzen. Steht die Interpretation einer Umsetzungsvorschrift in Frage, so muss der auszulegende Begriff, sofern er von dem der Richtlinie abweicht, erst seinem begrifflichen Pendant in der Richtlinie zugeordnet und dieser dann zuvorderst nach dem Richtlinienzweck ausgelegt werden. Zwar ist der Einwand zutreffend, dass eine zweckgebundene Auslegung auch bei rein wörtlicher Übernahme des Richtlinienbegriffs erforderlich bleibt[1030]. Bei sprachlichen Abweichungen wird der Rechtsanwender allerdings gezwungen, mit einer Vielzahl von Gesetzestexten gleichzeitig zu arbeiten[1031]. Dies ist im Hinblick auf die zu wahrende Rechtsklarheit nicht nur ein unnötiger methodischer Umweg, sondern eröffnet zudem eine Gefahrenquelle für Fehlinterpretationen[1032].

Darüber hinaus und weit schwerwiegender ist die Gefahr der inhaltlichen Umdeutung und Verschleierung der Richtlinieninhalte durch das Festhalten an traditionell geprägten nationalen Begriffen. Dem Rechtsanwender kann auf diese Weise der falsche Eindruck vermittelt werden, dass sich an der Rechtslage materiell nichts geändert habe,[1033] obwohl eine neuartige Begriffsschöpfung im Rahmen der Rechtsvereinheitlichung gerade den Sinn haben kann, nationale Vorverständnisse weitestgehend unberücksichtigt zu lassen[1034]. Auch hierbei ist der Grundsatz der formulierungstechnischen Kongruenz zwischen Richtlinienvorschriften und Umsetzungsvorschriften zu beachten[1035] mit der Folge, dass eine detaillierte Richtlinienvorschrift schwerlich durch einen einzigen (generalklauselartigen) Begriff im nationalen Recht abgekürzt werden darf[1036]. Die Umsetzung büßt damit nicht nur an gebotener Transparenz ein, sondern macht wiederum einen methodischen Umweg erforderlich, indem der nationale Begriff im Sinne

---

1028 Dies in ähnlicher Weise hervorhebend *Götz* NJW 1992, 1849, 1853.
1029 Fezer/*ders.*, Einl. E Rn. 114; *ders.* WRP 2006, 781, 783.
1030 *Glöckner* GRUR 2013, 224, 228.
1031 *Wendehorst*, in: Jud/Wendehorst, S. 153, 179; *Köhler* WRP 2012, 251, 252.
1032 GK-UWG/*Peukert*, § 3 Rn. 10 f.; *Köhler* WRP 2012, 251, 252; *Riehm/Schreindorfer* GPR 2008, 244, 245; *Wendehorst* ZEuP 2011, 263, 289 f.
1033 *Köhler* WRP 2012, 251, 252; *Grundmann* JZ 1996, 274, 285.
1034 GK-UWG/*Fritzsche*, § 2 Rn. 673, zum Begriff der beruflichen Sorgfalt in Art. 2 lit. h.
1035 Dazu S. 185.
1036 *Wendehorst*, in: Jud/Wendehorst, S. 153, 179 f. So aber *Scherer* WRP 2010, 586, 592 im Hinblick auf den Tatbestand des Art. 5 Abs. 2. Zutreffende Kritik hieran übt *Fezer* WRP 2010, 677, 678 f.

der detaillierteren Richtlinienvorschrift zu lesen ist. Ein Gewinn an Rechtssicherheit lässt sich damit nicht verzeichnen, bewirkt wird vielmehr das Gegenteil.

Letztlich verbleibt die Verantwortung für die Gesetzessprache des Umsetzungsrechts allein beim nationalen Gesetzgeber, der zwar nicht ohne Not vom Richtlinientext abweichen sollte, trotz der mit den beschriebenen Risiken abweichender Formulierungen aber dennoch seine Gesetzgebungskunst hinsichtlich einer optimalen Verwirklichung des Richtlinienzwecks beweisen kann[1037]. Dies gilt v. a. insofern, als er sich bei der Umsetzung stärker auch an den anderen Sprachfassungen der jeweiligen Richtlinie orientieren sollte[1038]. Im Rahmen richtlinienkonformer Auslegung gilt der Grundsatz des EuGH, dass es bei im Wortlaut unterschiedlichen Sprachfassungen der Richtlinie primär auf den Richtlinienzweck zur Auslegung ankommt[1039]. Die Gleichwertigkeit der Sprachfassungen sollte demgemäß schon auf der Ebene der legislativen Richtlinienumsetzung berücksichtigt werden. Im Hinblick auf den Richtlinienzweck können sich Begrifflichkeiten anderer Sprachfassungen durchaus als inhaltlich treffsicherer erweisen als die deutsche, die lediglich eine Übersetzung der englischen Ursprungsversion darstellt. Bereits die Untersuchungen im 1. Kapitel zur Dogmatik der UGP-RL haben oftmals Grenzen und Ungenauigkeiten der deutschen Sprachfassung im Vergleich zur englischen, französischen oder spanischen Sprachfassung offenbart[1040].

Im Ergebnis sollte der nationale Gesetzgeber Abweichungen vom Richtlinientext weitestgehend vermeiden. Tut er dies doch, so sollte er sich primär an den Formulierungen anderer Sprachfassungen der Richtlinie und nicht an traditionell geprägten nationalen Begrifflichkeiten orientieren, da Letzteres die Gefahr birgt, eine durch die Richtlinie zwingend vorgegebene inhaltliche Neuausrichtung zu verschleiern und unnötige methodische Auslegungsumwege zu provozieren.

1037 Fezer/*ders.*, Einl. E Rn. 116; *Grundmann* JZ 1996, 274, 285.

1038 So auch *Köhler* FS Fezer, S. 969; *ders.* WRP 2013, 403, 404 f.; *ders.* WRP 2015, 1037, 1038.

1039 Zuletzt EuGH GRUR 2014, 196 Tz. 26 – *Trento Sviluppo/AGCM.*

1040 Z. B. die inhaltliche Ungenauigkeit des Begriffspaars „Fachkenntnisse und Sorgfalt" in Art. 2 lit. h im Vergleich zu „special skill and care" bzw. „competencia y cuidado especiales", die ein deutsches Begriffsverständnis i.S.v. „besondere Kompetenzen und Rücksichtnahme" erforderlich machen. Dazu S. 108, 111.

II. Umsetzung des Richtlinienzwecks

Schließlich bleibt zu klären, welche Rolle der Regelungszweck der betreffenden Richtlinie bei der Umsetzung derselben in das nationale Recht des Mitgliedstaats spielt.

1. Richtlinienzweck, Transparenz und Bestimmtheit des Umsetzungsrechts

Mit dem jeweiligen Schutzzweck verfolgt der Richtliniengeber das Ziel, einen bestimmten materiellen Rechtszustand herbeizuführen. Dieser Rechtszustand bildet das verbindliche Ergebnis der Richtlinie, welches vom mitgliedstaatlichen Gesetzgeber bei Vollharmonisierungen in identischer Weise in das nationale Recht zu transformieren ist[1041]. Aus methodischer Sicht fungiert der Schutzzweck als Leitstern für die Rechtsanwendung, die den Zweck des anzuwendenden Gesetzes zu verwirklichen hat. Für die Umsetzung gerade von vollharmonisierenden Richtlinien nimmt der Schutzzweck daher eine äußerst bedeutsame Rolle ein. Der umsetzungsverpflichtete Gesetzgeber muss insofern, um das von der Richtlinie vorgegebene Ergebnis zu erreichen, die Zwecksetzung des Richtliniengebers im nationalen Recht bereits auf legislativer Ebene autonom nachvollziehen[1042]. Aufgrund des zweiaktigen Rechtssetzungsverfahrens bei Richtlinien kann der Richtlinienzweck keine unmittelbare Geltung im nationalen Recht haben[1043]. Dementsprechend kann auch eine rein wörtliche Übernahme der Richtlinienvorschriften für sich genommen als Umsetzungsakt nicht ausreichen,[1044] sofern diese nicht auch dem gleichen Schutzzweck folgt und damit auf den identischen materiellen Rechtszustand wie dem der Richtlinie abzielt. Zweckabweichungen, die etwa zu einer Verschärfung des materiellen Schutzes führen, widersprechen dem Konzept vollharmonisierender Richtlinien und kämen lediglich bei Mindestharmonisierungen in Betracht[1045].

1041 Dazu S. 188.

1042 Dahingehend im lauterkeitsrechtlichen Kontext auch GK-UWG/*Peukert*, § 1 Rn. 25 f., 29. Bei Rechtsakten speziell zur Richtlinienumsetzung mag man dies unterstellen, EuGH verb. Rs. C-397–403/01, Slg. 2004 I-8835 Tz. 112 – *Pfeiffer*; Langenbucher/*dies.*, § 1 Rn. 100. Zur Problematik abweichender Regelungsabsichten bei der Richtlinienumsetzung und den sich daraus ergebenden Grenzen richtlinienkonformer Auslegung ausführlich *Brechmann*, S. 267, 269 – 273.

1043 Darauf zutreffend hinweisend *Weber*, S. 167 f.; *Schürnbrand* JZ 2007, 910, 917.

1044 Schwarze/*Biervert*, Art. 288 AEUV Rn. 28.

1045 Bspw., indem im nationalen Recht ein höheres Schutzniveau bezweckt wird. Ähnlich zu Abweichungen bei Höchst- oder Mindestmaßregelungen durch Richtlinien *Müller/Christensen*, Bd.1, S. 475 f.; *Brechmann*, S. 273 – 275.

Aus dem Gebot transparenter und bestimmter Richtlinienumsetzung kann eine ausdrückliche Festschreibung des Schutzzwecks direkt in den Vorschriften des Umsetzungsrechts m. E. nicht gefordert werden. Hiermit vergleichbar ist die Situation, in der ein richtlinienkonformer nationaler Rechtszustand bereits positiv-rechtlich existiert. Eines ausdrücklichen Hinweises auf eine nunmehr vorzunehmende Interpretation der betreffenden Vorschriften im Lichte der Richtlinie bedarf es dem EuGH zufolge nicht, es sei denn, die Richtlinie sieht eine Hinweispflicht explizit vor[1046]. Für neugeschaffene oder durch die Umsetzung modifizierte Rechtsvorschriften kann im Grunde nichts anderes gelten. Abgesehen davon wäre eine stets ausdrückliche Erwähnung der richtlinienbedingten Zwecksetzung der Übersichtlichkeit des Rechtsstoffes abträglich. Die gesetzgeberische Zwecksetzung bleibt methodisch im Rahmen der Auslegung herauszuarbeiten.

Transparenz, Bestimmtheit und Publizität der Richtlinienumsetzung gebieten m. E. allerdings dann etwas anderes, wenn sich der nationale Gesetzgeber für eine ausdrückliche Festschreibung des Schutzzwecks direkt innerhalb der Vorschriften des Umsetzungsrechts entschließt bzw. in eine bereits bestehende ausdrückliche Zwecksetzung integrieren will. Schafft der Gesetzgeber aus Anlass der Umsetzung eine explizite positivrechtliche Benennung des Schutzzwecks, so muss diese der vollharmonisierenden Richtlinie hinsichtlich Inhalt, Eindeutigkeit und Spezifizität eins zu eins entsprechen. Gleiches gilt für bereits existierende Zweckbenennungen. Unterschiede in den Zwecksetzungen, und seien sie auch nur gering, verändern die Zielrichtung der Rechtsanwendung und bergen die Gefahr, Divergenzen in den materiellen Ergebnissen und damit Abweichungen vom Rechtszustand der Richtlinie zu provozieren. Im Bereich der Vollharmonisierung darf es hierzu aber gerade nicht kommen. Eine sprachlich von der Richtlinie abweichende, ja irreführende ausdrückliche Zwecksetzung in den Vorschriften des Umsetzungsrechts kann unter diesen Gesichtspunkten dem Gebot einer transparenten, bestimmten und eindeutigen Umsetzung nicht genügen. Dem kann auch langfristig, wie im Folgenden zu zeigen ist, nicht durch eine richtlinienkonforme Auslegung abgeholfen werden.

1046 EuGH Rs. C-137/96, Slg. 1997 I-6749 Tz. 8 – *Kommission/Deutschland*; Grabitz/Hilf/Nettesheim/*Nettesheim*, Art. 288 AEUV Rn. 119; Streinz/*Schroeder*, Art. 288 AEUV Rn. 92.

2. Umsetzung des Richtlinienzwecks allein mittels richtlinienkonformer Auslegung?

Die Verpflichtung der Gerichte zur richtlinienkonformen Auslegung nationalen Rechts entspringt unmittelbar dem mitgliedstaatlichen Umsetzungszwang aus Art. 288 Abs. 3 AEUV[1047]. Dieser wirkt sich nicht nur auf den Gesetzgeber aus, sondern gebietet den Gerichten gleichermaßen, alle Maßnahmen zu treffen, die für das Erreichen der richtlinienbedingten Zielvorgaben von Bedeutung sind[1048]. Demnach haben die Gerichte das nationale Recht „im Lichte des Wortlauts und des Zwecks“ der Richtlinie auszulegen[1049]. Dogmatisch betrachtet, konkretisieren die Gerichte dabei aus den abstrakt-generellen Rechtssätzen im Einzelfall konkret-individuelle Rechtssätze, die aufgrund der mitgliedstaatlichen Verpflichtung aus Art. 288 Abs. 3 AEUV den inhaltlichen Vorgaben der Richtlinie soweit wie möglich entsprechen[1050]. Die Richtlinie hat für die Auslegungspraxis Maßstabsfunktion, so dass die richtlinienkonforme Auslegung eine verbindliche Anleitung zur Erzielung eines bestimmten, von der Richtlinie vorgegebenen Ergebnisses darstellt[1051]. Betroffen ist hiervon sowohl speziell zur Umsetzung erlassenes als auch bereits existentes nationales Recht[1052]. Zeitlich beginnt die Pflicht zur richtlinienkonformen Auslegung regelmäßig nach Ablauf der Umsetzungsfrist[1053].

Scheint damit zunächst die Möglichkeit zur Verwirklichung der Richtlinienziele bzw. -zwecke gegeben zu sein, so unterliegt die richtlinienkonforme Auslegung Grenzen. Diese ergeben sich zum einen aus den allgemeinen Rechtsgrundsätzen des Unionsrechts (z. B. Rückwirkungsverbot, Vertrauensschutz,

1047 Einer weiteren Begründung über Art. 4 Abs. 3 EUV (effet utile) bedarf es nicht. Wie hier Streinz/*Schroeder*, Art. 288 AEUV Rn. 125; Callies/Ruffert/*Ruffert*[5], Art. 288 AEUV Rn. 79; *Brechmann*, S. 257 f.

1048 Grundlegend EuGH Rs. 14/83, Slg. 1984 1891 Tz. 15 – *Von Colson und Kamann*; Rs. C-129/96, Slg. 1997 I-7411 Tz. 40 – *Inter-Environment Wallonie*; Streinz/*Schroeder*, Art. 288 AEUV Rn. 125; Riesenhuber/*Roth*, Europäische Methodenlehre, § 14 Rn. 4.

1049 EuGH Rs. 14/83, Slg. 1984 1891 Tz. 26 – *Von Colson und Kamann.*

1050 *Brechmann*, S. 256.

1051 Streinz/*Schroeder*, Art. 288 AEUV Rn. 125 f.; *Weber*, S. 124 f.; *Götz* NJW 1992, 1849, 1853. – Anders Grabitz/Hilf/Nettesheim/*Nettesheim*, Art. 288 AEUV Rn. 135, der der richtlinienkonformen Auslegung entscheidungsausschließenden, nicht hingegen positiv-dirigierenden Charakter beimisst. Letztlich muss aber in beiden dogmatischen Begründungsansätzen exakt das Ergebnis der Richtlinie verwirklicht werden.

1052 EuGH Rs. C-106/89, Slg. 1990 I-4135 Tz. 8 – *Marleasing*; verb. Rs. 240 – 244/98, Slg. 2000 I-4941 Tz. 30 – *Océano*; *Weber*, S. 95.

1053 EuGH Rs. C-212/04, Slg. 2006 I-6057 Tz. 115 – *Adeneler*; Grabitz/Hilf/Nettesheim/*Nettesheim*, Art. 288 AEUV Rn. 133; Riesenhuber/*Roth*, Europäische Methodenlehre, § 14 Rn. 11.

Rechtssicherheit)[1054]. Zum anderen betont der EuGH, dass die Auslegung an Wortlaut und Zweck der Richtlinie „soweit wie möglich"[1055] und unter voller Ausschöpfung des Beurteilungsspielraums auszurichten sei, den das nationale Recht einräume[1056]. Der richtlinienkonformen Auslegung werden damit durch die nationale Auslegungsmethodik weitere Grenzen gesetzt,[1057] wobei der EuGH eine Auslegung contra legem für unzulässig hält[1058]. Der Wortlaut einer gesetzlichen Bestimmung vermag diesbezüglich an sich keine Auslegungsgrenze darstellen, da seine Bedeutung von dem ihn umrahmenden und vom Gesetzgeber vorgesehenen Kontext mitbestimmt wird[1059]. Maßgebend ist demgegenüber grundsätzlich die Regelungsabsicht des Gesetzgebers, so dass eine richtlinienkonforme Auslegung ausscheidet, wenn das richtlinienkonforme Ergebnis einem entgegenstehenden gesetzgeberischen Normzweck zuwiderläuft[1060]. Davon unberührt bleibt die Möglichkeit einer richtlinienkonformen Rechtsfortbildung,[1061] die jedoch ihrerseits ihre Grenzen im ausdrücklichen entgegenstehenden Willen des Gesetzgebers findet[1062].

Abgesehen von den Schranken, die der richtlinienkonformen Auslegung durch die nationale Auslegungsmethodik und das Unionsrecht gesetzt werden, bleibt das Gebot der Transparenz, Bestimmtheit und Publizität der Richtlinienumsetzung weiterhin und einschränkungslos zu beachten: Die richtlinienkonforme Auslegung ist kein Substitut für eine richtlinienkonforme Umsetzung[1063].

1054 Hierzu vertiefend Streinz/*Schroeder*, Art. 288 AEUV Rn. 129; *Brechmann*, S. 275–280; *Höpfner*, S. 281 f.; *Lerche*, S. 56 f.; *Weber*, S. 141–149.

1055 EuGH Rs. C-106/89, Slg. 1990 I-4135 Tz. 8 – *Marleasing*; verb. Rs. C-397–403/01, Slg. 2004 I-8835 Tz. 110 – *Pfeiffer*.

1056 EuGH Rs. 14/83, Slg. 1984 1891 Tz. 28 – *Von Colson und Kamann*; Rs. C-212/04, Slg. 2006 I-6057 Tz. 111 – *Adeneler*.

1057 Riesenhuber/*Roth*, Europäische Methodenlehre, § 14 Rn. 26.

1058 EuGH Rs. C-268/06, Slg. 2008 I-2483 Tz. 100 – *Impact*.

1059 So auch i.E. Streinz/*Schroeder*, Art. 288 AEUV Rn. 128; *Höpfner*, S. 280 f.; Langenbucher/*dies.*, § 1 Rn. 106; Riesenhuber/*Roth*, Europäische Methodenlehre, § 14 Rn. 44 f., *Brechmann*, S. 266 f. und *Neuner*, S. 96, sehen lediglich bei eindeutigem Wortlautsinn eine Auslegungsgrenze. Dagegen allgemein *Höpfner*, S. 145 f.

1060 *Höpfner*, S. 281; *Weber*, S. 172 f.; Langenbucher/*dies.*, § 1 Rn. 104; ausführlich *Brechmann*, S. 267, 269–273; im Grundsatz auch *Neuner*, S. 132.

1061 Bspw. BAG NJW 1990, 65; BGH NJW 2009, 427 – *Quelle*; vertiefend Langenbucher/*dies.*, § 1 Rn. 99–103; *Weber*, S. 132–140.

1062 Langenbucher/*dies.*, § 1 Rn. 104; Riesenhuber/*Roth*, Europäische Methodenlehre, § 14 Rn. 47, 53.

1063 Schlussanträge GA *Tizziano* v. 23.01.2001, Rs. C-144/99 Tz. 35 – *Kommission/Niederlande*; Grabitz/Hilf/Nettesheim/*Nettesheim*, Art. 288 AEUV Rn. 121, 135; Streinz/*Schroeder*, Art. 288 AEUV

Ein nationaler Richter kann nicht die erforderlichen Schritte zur Umsetzung leisten, zumal seine Entscheidungen nur inter partes wirken und den Gesetzestext selbst nicht ändern[1064]. Der EuGH fordert einen eindeutigen gesetzlichen Rahmen und lässt eine bloße Praxis, die mit dem Rechtszustand der Richtlinie übereinstimmt, nicht ausreichen[1065]. Auch Umsetzungsakte, die möglicherweise mitgliedstaatliche Regelungsstrukturen aufsprengen, können nicht durch richtlinienkonforme Auslegung ersetzt werden[1066]. Gerade im Bereich des Verbraucherschutzes räumt der EuGH dem Transparenz- und Publizitätserfordernis einen besonders hohen Stellenwert ein, indem die richtlinienkonforme Anwendung des innerstaatlichen Rechts durch Gerichte ohne entsprechende gesetzliche Umsetzung für den Verbraucher nicht hinreichend klar erkennbar sei[1067]. Zwar reicht auch die bloß wörtliche Übernahme der Richtlinienbestimmungen ohne eine tatsächliche Verwirklichung ihrer Zwecksetzung nicht aus, sie ist aber, sofern sie der Zwecksetzung der Richtlinie folgt, immer eine unbedenkliche Form der Umsetzung[1068]. Das Gebot der Transparenz, Bestimmtheit und Publizität des Umsetzungsrechts konzentriert sich daher vornehmlich darauf, möglichen Fehlinterpretationen durch Unsicherheiten und Mehrdeutigkeiten vorzubeugen, da von diesen falsche Signalwirkungen ausgehen und einen anderweitigen, vom Richtlinienrecht abweichenden Rechtszustand implizieren können[1069]. Hierin liegt das Spannungsfeld zwischen richtlinienkonformer Auslegung und eindeutiger, transparenter legislativer Umsetzung. Eine richtlinienkonforme Auslegung kann nur herangezogen werden, um kurzfristig der sich aus Art. 288 Abs. 3 AEUV ergebenden Pflicht, den von der Richtlinie vorgegebenen Rechtszustand einzuhal-

---

Rn. 95; Langenbucher/*dies.*, § 1 Rn. 82 Fn. 179; *Köhler*, 100 Jahre Wettbewerbszentrale, S. 147, 148; *Leible* EuZW 2001, 438, 439.

1064 EuGH Rs. C-207/96, Slg. 1997 I-6869 Tz. 26 – *Kommision/Italien*; Grabitz/Hilf/Nettesheim/*Nettesheim*, Art. 288 AEUV Rn. 121, 135.

1065 EuGH Rs. C-131/88, Slg. 1991 I-825 Tz. 8 – *Kommission/Deutschland*; Rs. C-339/87, Slg. 1990 I-851 Tz. 22 – *Kommission/Niederlande*; Schlussanträge GA *Tizziano* v. 23.01.2001, Rs. 144/99 Tz. 15, 19 – *Kommission/Niederlande:* „Klarheit, Offensichtlichkeit und Eindeutigkeit"; *Lerche*, S. 57.

1066 Callies/Ruffert/*Ruffert*[5], Art. 288 AEUV Rn. 82.

1067 EuGH NJW 2001, 2244 Tz. 21 – *Kommission/Niederlande*; *Lerche*, S. 57; *Leible* EuZW 2001, 438, 439; *Micklitz* EWS 2001, 486, erklärt dies nachvollziehbar damit, dass es hinsichtlich des grenzüberschreitenden Verkehrs für Art. 189 EWG (jetzt Art. 288 AEUV) nur ausreichen kann, dem Verbraucher das geschriebene Recht verfügbar zu halten.

1068 Grabitz/Hilf/Nettesheim/*Nettesheim*, Art. 288 AEUV Rn. 120.

1069 Dazu Schlussanträge GA *Tizziano* v. 23.01.2001, Rs. 144/99 Tz. 20 – *Kommission/Niederlande*. Entsprechend unterscheidet auch *Götz* NJW 1992, 1849, 1853 f., zutreffend zwischen der richtlinienkonformen Auslegung kongruenter Rechtsnormen und –begriffe und einer Auslegung, um Unzulänglichkeiten in der Umsetzung entgegenzusteuern.

ten, Genüge zu tun[1070]. Für den verbindlichen Schutzzweck der Richtlinie hat dies zur Folge, dass eine an ihn gebundene Auslegung des nationalen Rechts Mehrdeutigkeiten und Unsicherheiten im positiven Recht nicht ausgleichen kann.

D. Zusammenfassung des 2. Kapitels

EU-Richtlinien verpflichten die Mitgliedstaaten zur Herstellung eines verbindlichen, materiellen Rechtzustands, der den Vorgaben der Richtlinie qualitativ entspricht. Den von der Richtlinie umfassten Sachverhalten müssen die von der Richtlinie vorgesehenen positiven wie negativen Rechtsfolgen zugeordnet werden (Sachverhalt-Rechtsfolge-Relation). Die den Mitgliedstaaten nach Art. 288 Abs. 3 AEUV zuzugestehende Wahlfreiheit in Form und Mittel der Umsetzung darf dabei angesichts zulässiger Detailliertheit der Richtlinienbestimmungen nicht überschätzt werden. Ihre Grenzen werden durch die Regelungsdichte der Richtlinie vorgezeichnet. In jedem Fall muss die Umsetzung klar, bestimmt und transparent sein, so dass der Einzelne von seinen Rechten Kenntnis erlangen kann. Dies erfordert stets eine Umsetzung in geschriebenes Recht, die an Bestimmtheit und Präzision grundsätzlich nicht hinter der Richtlinie zurückbleiben darf (Kongruenzgrundsatz).

Vollharmonisierende Richtlinien bergen hinsichtlich ihrer Umsetzung eine besondere Brisanz. Innerhalb ihres Anwendungsbereichs muss der materielle Rechtszustand, d.h. die vorgegebenen Sachverhalt-Rechtsfolge-Relationen, eins zu eins in nationales Recht transferiert werden. Möglichkeiten zur Vermeidung von Systembrüchen mit bestehendem Recht bieten unter dem Oberbegriff der überschießenden Umsetzung die erweiternde, modifizierende (sofern ausdrücklich zugelassen) und die koordinierende Umsetzung.

In Bezug auf die Verpflichtung zur Umsetzung der Richtliniendogmatik stellt sich die Frage nach der Umsetzung von System und Regelungszweck der Richtlinie.

Das innere System einer Richtlinie, d.h. die normativen Wertungszusammenhänge zwischen den Sachverhalt-Rechtsfolge-Relationen, ist zwingend im nationalen Recht zu übernehmen. Denn diese wertungsmäßigen Verbindungen kommen im Rahmen der an innerer Folgerichtigkeit orientierten teleologisch-systematischen Auslegung zum Tragen und bestimmen damit wechselseitig den materiellen Gehalt des Richtlinienrechts. Das innere System ist Bestandteil des

1070 Schlussanträge GA *Tizziano* v. 23.01.2001, Rs. 144/99 Tz. 35 – *Kommission/Niederlande*; *Lerche*, S. 58, der sich allerdings auf den effet utile des Richtlinienrechts stützt.

qualitativen materiellen Rechtszustands einer Richtlinie, der im Rahmen einer Vollharmonisierung eins zu eins umgesetzt werden muss.

Zwar ist das äußere System einer Richtlinie grundsätzlich vom inneren zu trennen, es erlangt aber im Lichte des Gebots transparenter Umsetzung einen eigenen Stellenwert. Recht wird vermittelt durch Sprache und äußere Strukturen. Um rechtliches Systemdenken fruchtbar zu machen, verdient die Forderung Zustimmung, nach der das äußere System im Recht das innere System möglichst präzise abbilden soll.

Für die Umsetzung der UGP-RL hat dies zu Folge, dass die besonders sensiblen Wertungszusammenhänge zwischen der materiell grundlegenden Generalklausel in Art. 5 Abs. 2 und deren Konkretisierungen zwingend eins zu eins in das nationale Recht übernommen werden müssen. Gleichsam gebieten das Gebot der Transparenz und Kongruenz, die äußere Normstruktur des Art. 5, der seinerseits die der UGP-RL immanenten Wertungszusammenhänge offenzulegen sucht, im nationalen Umsetzungsrecht zu implementieren.

Ebenfalls werden aus diesen Gründen der terminologischen Freiheit des nationalen Normgebers Grenzen gesetzt. Insbesondere ein Verhaften an tradierten Begrifflichkeiten und Strukturen birgt das Risiko, an einem durch die Richtlinie überholten materiellen Rechtszustand festzuhalten. Dagegen ist es überaus positiv zu bewerten und künftig verstärkt zu fordern, wenn sich der umsetzende Gesetzgeber bei der Gesetzesformulierung auch an dem Wortlaut anderer Sprachfassungen der Richtlinie orientiert, die oftmals den Richtlinieninhalt prägnanter vermitteln als die deutsche Übersetzung.

Der von der Richtlinie vorgegebene materielle Rechtszustand wird maßgeblich von deren Regelungszweck bestimmt. Diesen Zweck gilt es durch die Rechtsanwendung zu verwirklichen. Aufgrund des zweiaktigen Rechtssetzungsverfahrens muss der nationale Gesetzgeber gerade bei Vollharmonisierungen – da ein Abweichen vom Rechtszustand der Richtlinie unzulässig ist – den Regelungszweck der Richtlinie autonom im nationalen Recht nachvollziehen. Ausdrücklich hat dies innerhalb der Vorschriften des Umsetzungsrechts nicht zu erfolgen. Sofern dies jedoch der Fall ist, muss die Zweckbenennung in Transparenz, Eindeutigkeit und Präzision mit der Richtlinie konvergieren.

Über eine richtlinienkonforme Auslegung nationalen Rechts kann und muss der Zweck der Richtlinie in den Schranken des Unionsrechts und der nationalen Methodik verwirklicht werden. Der richtlinienkonformen Auslegung steht jedoch das Gebot der transparenten, bestimmten und eindeutigen Umsetzung auf legislativer Ebene gegenüber. Eine Auslegung mehrdeutigen oder widersprüchlichen Umsetzungsrechts entbindet den Gesetzgeber nicht von seiner Pflicht zur korrekten Umsetzung bzw. kann hierfür keinen Ersatz bilden.

3. Kapitel: Kritische Analyse des UWG 2008 und des UWG 2015 hinsichtlich der Umsetzung der dogmatischen Vorgaben der UGP-RL

In den beiden vorigen Kapiteln wurden die dogmatischen Grundlagen der UGP-RL sowie die sich daraus ergebenden Vorgaben des Primärrechts für die Umsetzungsverpflichtung des nationalen Gesetzgebers herausgearbeitet. Schwerpunktmäßig wurden dabei die Besonderheiten vollharmonisierender Richtlinien im Privatrecht und deren Konsequenzen für das nationale Umsetzungsrecht beleuchtet. Unter diesen Vorzeichen stellt sich nun die bedeutsame Frage, ob der deutsche Gesetzgeber mit den UWG-Novellen von 2008 und 2015 diesen Anforderungen nachgekommen ist. Dazu wird entsprechend der Untersuchung zur UGP-RL die Schutzzweckkonzeption des UWG, dessen Anwendungsbereich sowie dessen Systematik einer kritischen Analyse hinsichtlich ihrer Richtlinienkonformität unterzogen.

In diesem Zusammenhang wird auch auf die jüngste UWG-Änderung 2015 eingegangen. Mit dem 2. Gesetz zur Änderung des Gesetzes gegen den unlauteren Wettbewerb vom 02.12.2015 wird angesichts eines unionsrechtlichen Vertragsverletzungsverfahrens wegen unzureichender Richtlinienumsetzung eine Umsetzung der UGP-RL in Wortlaut und Gesetzessystematik angestrebt, die allerdings laut Gesetzgeber lediglich aus Klarstellungsgründen geboten sei[1071]. Das Gesetz basiert auf dem Regierungsentwurf vom 23.01.2015 (RegE)[1072] und wurde in der vom Bundestagsausschuss Recht und Verbraucherschutz stark veränderten Fassung vom 04.11.2015 vom Plenum am 05.11.2015 angenommen[1073]. Damit tangieren die aktuellen gesetzgeberischen Aktivitäten unmittelbar den Gegenstand dieser Untersuchung.

1071 RegE UWG 2015 BR-Drucks. 26/15, S. 1; Beschlussempfehlung Ausschuss Recht und Verbraucherschutz zum UWG 2015 BT-Drs. 18/6571, S. 1.

1072 RegE UWG 2015 BR-Drs. 26/15.

1073 Beschlussempfehlung Ausschuss Recht und Verbraucherschutz zum UWG 2015 BT-Drs. 18/6571, vom Plenum des Bundestags angenommen am 05.11.2015, Plenarprotokoll Nr. 18/133, 13028.

DOI 10.1515/9783110524369-004

A. Schutzzweckkonzeption des UWG 2008/2015

Die Analyse der im UWG 2004 eingeführten,[1074] im UWG 2008 beibehaltenen und auch im UWG 2015 unverändert geltenden Schutzzweckklausel gem. § 1 konzentriert sich zunächst auf eine Darstellung der vom UWG geschützten Subjekte sowie deren geschützten Interessen. Anschließend stellt sich die Frage nach der dogmatischen Konzeption der Zweckbestimmung. Schließlich werden die zur Schutzzweckkonzeption des UWG erarbeiteten Ergebnisse derjenigen der UGP-RL gegenübergestellt und auf deren Vereinbarkeit überprüft.

I. Geschützte Interessen

1. Mitbewerberinteressen

Der in § 1 S. 1 festgelegte Schutzzweck zugunsten der Mitbewerber betrifft die Interessen der sich horizontal in einem Konkurrenzverhältnis gegenüberstehenden Unternehmen[1075]. Es geht dabei nicht um unternehmerische Interessen schlechthin, sondern vielmehr um die spezifischen gegenläufigen Interessen der konkurrierenden Anbieter am Markt[1076]. Charakteristisch für diese spezifische Interessenlage ist die Wechselbeziehung zwischen den Konkurrenten dergestalt, dass die Förderung des eigenen Wettbewerbs mit der Beeinträchtigung fremden Wettbewerbs typischerweise zusammenfällt[1077]. Werden unternehmerische Interessen betroffen, die nicht mit dieser besonderen Interessenlage zusammenhängen, bleibt lediglich Raum für den Schutz als sonstiger Marktteilnehmer[1078].

Vom Mitbewerberschutz umfasst wird das gesamte Verhalten des Konkurrenten am Markt in Bezug auf alle wettbewerblichen Aktionsparameter, namentlich Beschaffung, Herstellung, Vertrieb, Außendarstellung, Produktwerbung, Personal, Finanzierung und Entwicklung (wettbewerbliche Entfaltungsfrei-

---

1074 Zur Einführung einer Schutzzweckklausel im Vorfeld der UWG-Novelle 2004 insbesondere *Fezer* WRP 2001, 989, 997.

1075 MüKo-UWG/*Sosnitza*, § 1 Rn. 23; *Köhler*/Bornkamm[33], § 1 Rn. 9; Ohly/*Sosnitza*[6], § 1 Rn. 14; Götting/Nordemann/*Götting*[2], § 1 Rn. 4. Siehe zudem die Definition des Mitbewerbers in § 2 Abs. 1 Nr. 3.

1076 GK-UWG/*Peukert*, § 1 Rn. 186 f.; Götting/Meyer/Vormbrock/*Weiler*, § 25 Rn. 210; besonders anschaulich *Beater*, Unlauterer Wettbewerb, Rn. 1681 f., *ders.* WRP 2009, 768, 773 f.

1077 *Beater* WRP 2009, 768, 776.

1078 Dezidiert betont *Beater*, Unlauterer Wettbewerb, Rn. 1684 f.; *ders.*, WRP 2009, 768, 774, dass – anders als im Konkurrenzverhältnis – im unternehmerischen Vertikalverhältnis zwischen Lieferanten und Abnehmern eine gleichgerichtete Interessenlage besteht.

heit)[1079]. Konstitutiv für die Schutzgewährung ist die funktionale Wettbewerbsbezogenheit des Verhaltens und der Interessen[1080]. Hiermit verbindet sich die Problematik zum Verständnis des nicht vollends erfassbaren Realphänomens Wettbewerb, welches als Korrelat zur sachgerechten Bestimmung der schutzwürdigen Mitbewerberinteressen hinzutreten muss[1081]. Dessen Komplexität zieht es nach sich, dass sich ein dem Verbraucherleitbild vergleichbar präzisiertes Mitbewerberleitbild nicht hat entwickeln können[1082].

Von diesen grundlegenden Schwierigkeiten abgesehen, ist sachgerechter Mitbewerberschutz jedenfalls so exakt wie möglich wettbewerbskonform auszugestalten. Dabei sind im Rahmen einer Abwägung auch die gegenläufigen Interessen der Konkurrenten und der Marktgegenseite als Verbotsgegengründe zu berücksichtigen[1083]. Beeinträchtigungen des konkurrierenden Anbieters, die im Rahmen des Wettbewerbsprozesses typischerweise auftreten, sind von diesem hinzunehmen[1084]. Das Lauterkeitsrecht bietet keinen Schutz vor Wettbewerb. Dementsprechend erfährt der Mitbewerber etwa keinen Schutz vor Preisunterbietungen, dem Erhalt des Kunden- oder Mitarbeiterstamms, dem Erhalt des Unternehmens als solchem, vor sachlicher Kritik, zulässiger vergleichender Werbung und grundsätzlich vor Nachahmungen[1085]. Ebenso wenig bietet das UWG Schutz für eine bestimmte Marktstruktur[1086]. Über den Schutz der Marktgegenseite

---

1079 GK-UWG/*Peukert*, § 1 Rn. 190; MüKo-UWG/*Sosnitza*, § 1 Rn. 24; *Köhler*/Bornkamm[33], § 1 Rn. 10; Harte/Henning/*Podszun*, § 1 Rn. 37 f.; Ohly/*Sosnitza*[6], § 1 Rn. 15; Götting/Nordemann/*Götting*[2], § 1 Rn. 5; Gloy/Loschelder/Erdmann/*v. Ungern-Sternberg*, § 24 Rn. 4; Götting/Meyer/Vormbrock/*Weiler*, § 25 Rn. 210; *Nordemann*, Rn. 45; *Hetmank* GRUR 2014, 437, 440. – RegE UWG 2004 BT-Drs. 15/1487, S. 13, nennt als geschütztes Mitbewerberinteresse insbesondere die Angebotsfreiheit.

1080 *Wuttke* WRP 2007, 119, 122.

1081 Harte/Henning/*Podszun*, § 1 Rn. 38, 40; *Beater*, Unlauterer Wettbewerb, Rn. 1718, bezeichnet die Bestimmung der schutzwürdigen Konkurrenteninteressen und deren Schutzhöhe zu Recht als die vielleicht schwierigste Grundsatzfrage des Wettbewerbsrechts überhaupt.

1082 *Köhler*/Bornkamm[33], § 1 Rn. 11; Harte/Henning/*Podszun*, § 1 Rn. 39; Götting/Nordemann/*Götting*[2], § 1 Rn. 5.

1083 *Köhler*/Bornkamm[33], § 1 Rn. 11; Ohly/*Sosnitza*[6], § 1 Rn. 17; *Beater*, Unlauterer Wettbewerb, Rn. 1722.

1084 GK-UWG/*Peukert*, § 1 Rn. 191; MüKo-UWG/*Sosnitza*, § 1 Rn. 24; Götting/Nordemann/*Götting*[2], § 1 Rn. 6.

1085 GK-UWG/*Peukert*, § 1 Rn. 203; MüKo-UWG/*Sosnitza*, § 1 Rn. 24; *Köhler*/Bornkamm[33], § 1 Rn. 11.

1086 MüKo-UWG/*Sosnitza*, § 1 Rn. 24.

wahrt das Lauterkeitsrecht mittelbar die insofern gleichlaufenden Interessen der sich rechtskonform verhaltenden Mitbewerber[1087].

2. Verbraucherinteressen

Gem. § 1 S. 1 schützt das UWG die Interessen der Verbraucher vor unlauteren geschäftlichen Handlungen. Dies betrifft zum einen den Schutz der Entscheidungsautonomie der Verbraucher,[1088] die in die Lage versetzt werden sollen, eine informierte und damit möglichst rationale geschäftliche Entscheidung nach ihren Präferenzen zu treffen. Umfasst werden hiervon – wie auch durch die UGP-RL – der Schutz der Entscheidungsgrundlage und der Schutz des Entscheidungsprozesses[1089]. Dem vom UWG lauterkeitsrechtlich bezweckten Verbraucherschutz geht es mithin um den Schutz der Verbraucher in ihrer Schiedsrichterfunktion am Markt[1090]. UWG und UGP-RL weisen insoweit teleologisch die gleiche Schutzrichtung auf. Zu Einzelheiten in Bezug auf den wirtschaftlichen Schutz der Verbraucher sei daher auf die Ausführungen im Rahmen der Untersuchung zur UGP-RL verwiesen[1091].

Darüber hinaus gewährt das UWG in § 7 einen weitergehenden Verbraucherschutz in Bezug auf die Privatsphäre[1092]. § 7 verbietet Belästigungen des Verbrauchers, allerdings unabhängig von einer Beeinflussung seiner Fähigkeit, eine informierte geschäftliche Entscheidung zu treffen[1093]. Stattdessen soll der

1087 GK-UWG/*Peukert*, § 1 Rn. 194 (in Bezug auf Irreführungen); *Köhler*/Bornkamm[33], § 1 Rn. 9; Götting/Nordemann/*Götting*[2], § 1 Rn. 4; Gloy/Loschelder/Erdmann/*v. Ungern-Sternberg*, § 24 Rn. 6; *Wuttke* WRP 2007, 119, 123.

1088 RegE UWG 2004 BT-Drs. 15/1487, S. 13: Schutz der Entscheidungsfreiheit der Verbraucher; GK-UWG/*Fritzsche*, § 1 Rn. 238; MüKo-UWG/*Sosnitza*, § 1 Rn. 27; *Köhler*/Bornkamm[33], § 1 Rn. 17; Harte/Henning/*Podszun*, § 1 Rn. 51; Ohly/*Sosnitza*[6], § 1 Rn. 20; Götting/Nordemann/*Götting*[2], § 1 Rn. 9; Gloy/Loschelder/Erdmann/*v. Ungern-Sternberg*, § 25 Rn. 8; *Nordemann*, Rn. 46.

1089 GK-UWG/*Fritzsche*, § 1 Rn. 239 f.; MüKo-UWG/*Sosnitza*, § 1 Rn. 27; Götting/Nordemann/*Götting*[2], § 1 Rn. 10 – 12. Zu Einzelheiten S. 32 – 34.

1090 GK-UWG/*Fritzsche*, § 1 Rn. 239; MüKo-UWG/*Sosnitza*, § 1 Rn. 27; *Köhler*/Bornkamm[33], § 1 Rn. 17; Ohly/*Sosnitza*[6], § 1 Rn. 20; Götting/Nordemann/*Götting*[2], § 1 Rn. 9; Gloy/Loschelder/Erdmann/*v. Ungern-Sternberg*, § 25 Rn. 7.

1091 Zum ökonomischen Hintergrund des wirtschaftlichen Verbraucherschutzes durch die UGP-RL S. 24 – 32. Zum Verbraucherleitbild S. 159 – 166.

1092 GK-UWG/*Fritzsche*, § 1 Rn. 248; *Köhler*/Bornkamm[33], § 7 Rn. 2; Ohly/*Sosnitza*[6], § 1 Rn. 23; Götting/Nordemann/*Götting*[2], § 1 Rn. 14; Götting/Meyer/Vormbrock/*Weiler*, § 25 Rn. 222.

1093 GK-UWG/*Fritzsche*, § 1 Rn. 248; *Köhler*/Bornkamm[33], § 7 Rn. 3; Götting/Meyer/Vormbrock/*Weiler*, § 25 Rn. 222; *Nordemann*, Rn. 46; *Scherer* GRUR 2016, 233, 235.

Verbraucher (und ebenso der gewerbliche Marktteilnehmer[1094]) davor geschützt werden, sich ohne oder gegen seinen Willen mit dem geschäftlichen Anliegen des Handelnden, insbesondere durch unerwünschte Werbung, auseinandersetzen zu müssen[1095]. Dem steht das Vollharmonisierungskonzept der UGP-RL nicht entgegen, da sich deren Anwendungsbereich nach hiesiger Ansicht im Sinne einer Schutzzweckschranke auf den von ihr gewährten wirtschaftlichen Verbraucherschutz beschränkt. Zudem stehen Verbote von Geschäftspraktiken aufgrund anderer Zwecksetzungen dem nicht entgegen (ErwGr 7 S. 4)[1096].

Zu bemängeln ist jedoch, dass § 7 Abs. 2 Nr. 1 der Umsetzung der Nr. 26 Anhang I dienen soll und damit eine Ausnahme von dem die Privatsphäre schützenden Telos des § 7 statuiert. Zwar wird in Nr. 26 Anhang I eine Beeinträchtigung der Entscheidungsfreiheit fingiert und muss – wie in § 7 Abs. 2 Nr. 1 – nicht gesondert festgestellt werden. Dennoch untersteht der Black-List-Tatbestand dem Zweck des wirtschaftlichen Verbraucherschutzes i.S.v. Art. 1 und bildet damit innerhalb des § 7, der gerade nicht den Schutz wirtschaftlicher Interessen zum Gegenstand hat, einen teleologischen Fremdkörper[1097]. Inkonsistent erscheint § 7 auch im Hinblick auf die Zweckbestimmung in § 1 S. 1, die für das gesamte UWG Geltung beansprucht und einen Schutz vor *unlauteren geschäftlichen Handlungen* gewährt[1098]. § 7 hat mit Unlauterkeit i.S.d. §§ 1 und 3 allerdings nichts zu tun, sondern zieht nur die Unzulässigkeit der fraglichen Verhaltensweise nach sich.

3. Interessen sonstiger Marktteilnehmer

§ 2 Abs. 1 Nr. 2 bezeichnet mit dem Oberbegriff „Marktteilnehmer" alle Personen, die als Anbieter oder Nachfrager von Waren oder Dienstleistungen tätig sind. Unter die „sonstigen" Marktteilnehmer fallen primär – in Abgrenzung zu Mitbewerbern und Verbrauchern[1099] – Unternehmer, die öffentliche Hand, Kirchen und alle sonstigen privat- oder öffentlich-rechtlichen Einrichtungen, die anderen Unternehmern auf der Marktgegenseite im Vertikalverhältnis begegnen, also ohne zu diesen auf einer anderen Wirtschaftsstufe Tätigen in einem konkreten Wettbe-

---

1094 Zum Schutz des gewerblichen Marktteilnehmers in § 7 kritisch *Beater*, Unlauterer Wettbewerb, Rn. 2382–2385.

1095 RegE UWG 2004 BT-Drs. 15/1487, S. 20; *Köhler*/Bornkamm[33], § 7 Rn. 2.

1096 So auch GK-UWG/*Fritzsche*, § 1 Rn. 237; *Köhler*/Bornkamm[33], § 7 Rn. 9; *ders.* WRP 2015, 798, 800.

1097 So auch *Köhler* WRP 2015, 798, 801.

1098 Dies verkennt Ohly/*Sosnitza*[6], § 1 Rn. 23.

1099 *Beater* WRP 2009, 768, 778.

werbsverhältnis zu stehen[1100]. Der Schutz sonstiger Marktteilnehmer verläuft seiner Grundrichtung nach parallel zum Verbraucherschutz (Entscheidungsfreiheit, Informiertheit), unterscheidet sich von diesem aber durch die gewerbliche Funktion der Abnehmer[1101]. Ihm unterfällt im Wesentlichen der bedeutsame Bereich des b2b-Absatzverkehrs[1102]. Es wäre daher eine Unterminierung des Schutzes sonstiger Marktteilnehmer, würde man ihn dem des Verbraucherschutzes pauschal zuschlagen[1103].

Die unternehmerische Eigenschaft der sonstigen Marktteilnehmer im Vertikalverhältnis bringt es mit sich, dass deren Schutzbedürfnis im Vergleich zum Verbraucherschutz regelmäßig geringer ausgeprägt ist[1104]. Unternehmerischen Abnehmern sind ein höheres Maß an Marktkenntnis und beruflich bedingter geschäftlicher Erfahrung sowie ein höherer Grad an Aufmerksamkeit abzufordern[1105]. Abzustellen ist mithin auf den angesprochenen durchschnittlich informierten, situationsadäquat aufmerksamen und verständigen Durchschnittsunternehmer[1106]. Ein dem Verbraucherleitbild vergleichbar gefestigtes Unternehmerleitbild hat sich bislang nicht entwickelt.

4. Interesse der Allgemeinheit

Als viertes Schutzsubjekt nennt § 1 S. 2 die Allgemeinheit. Gegenstand des Schutzes der Allgemeinheit ist deren Interesse an einem unverfälschten Wettbewerb, welches neben dem Schutz der Mitbewerber, Verbraucher und sonstigen Mitbewerber „zugleich" geschützt wird. Gesetzestext und Regelungsintention des Gesetzgebers verfolgen damit eine klarstellende Einschränkung dahingehend, dass sonstige Interessen der Allgemeinheit nicht Gegenstand des UWG sind[1107].

1100 Dazu *Köhler*/Bornkamm[33], § 1 Rn. 14; Harte/Henning/*Podszun*, § 1 Rn. 58; Ohly/*Sosnitza*[6], § 1 Rn. 27; Götting/Nordemann/*Götting*[2], § 1 Rn. 26. Darüber hinaus können aber auch noch anderweitige Interessenlagen betroffen sein. Dazu ausführlich *Beater*, Unlauterer Wettbewerb, Rn. 2169 f.

1101 Ohly/*Sosnitza*[6], § 1 Rn. 28; Götting/Nordemann/*Götting*[2], § 1 Rn. 26; Gloy/Loschelder/Erdmann/*v. Ungern-Sternberg*, § 26 Rn. 2; *Beater*, Unlauterer Wettbewerb, Rn. 2173 f.

1102 Harte/Henning/*Podszun*, § 1 Rn. 58; Gloy/Loschelder/Erdmann/*v. Ungern-Sternberg*, § 26 Rn. 1.

1103 GK-UWG/Peukert, § 1 Rn. 43–45; *Beater*, Unlauterer Wettbewerb, Rn. 2161.

1104 Hierzu anschaulich *Beater*, Unlauterer Wettbewerb, Rn. 1068 f.

1105 Ohly/*Sosnitza*[6], § 1 Rn. 28; Gloy/Loschelder/Erdmann/*v. Ungern-Sternberg*, § 26 Rn. 2.

1106 *Nordemann*, Rn. 47.

1107 RegE UWG 2004 BT-Drs. 15/1487, S. 16; GK-UWG/*Peukert*, § 1 Rn. 62, MüKo-UWG/*Sosnitza*, § 1 Rn. 30; *Köhler*/Bornkamm[33], § 1 Rn. 41; Harte/Henning/*Podszun*, § 1 Rn. 61; Büscher/Dittmer/

Mag der Schutz dieser sonstigen Interessen noch so wünschenswert sein, so sind sie durch andere Gesetze mit anderen Zwecken zu verwirklichen[1108]. Das UWG bietet hierfür keine Plattform.

Noch ungeklärt und umstritten ist, welcher Bedeutungsgehalt dem Schutzgegenstand „unverfälschter Wettbewerb" beizumessen ist. Ebenso ist streitig, welche Rolle dem Allgemeininteresse am unverfälschten Wettbewerb neben dem Schutz der Mitbewerber, Verbraucher und sonstigen Marktteilnehmer vor unlauteren geschäftlichen Handlungen zukommen soll. Eine tiefergehende Auseinandersetzung mit dieser Problematik soll hier im Zusammenhang mit der Frage erfolgen, inwiefern die Zweckklausel des § 1 im Kontext einer künftigen Neuregelung des UWG vor dem Hintergrund der Dogmatik der UGP-RL zum Schutz des lauteren Wettbewerbs in ErwGr 8 S. 2 einer Modifizierung bedarf[1109].

II. Dogmatische Divergenz zur UGP-RL

Die Schutzzweckklausel in ihrer seit dem UWG 2004 und auch unverändert im UWG 2015 gesetzlich kodifizierten Form wird gemeinhin als „Schutzzwecktrias" des Lauterkeitsrechts bezeichnet[1110]. Nach der Intention des Gesetzgebers statuiert die Schutzzwecktrias ein integriertes Modell eines gleichberechtigten Schutzes der Mitbewerber, Verbraucher und der Allgemeinheit[1111]. Sie gilt als zentrale, auslegungsanleitende Zweckbestimmung für sämtliche Vorschriften des UWG (§ 1 S. 1: „Dieses Gesetz dient dem Schutz [...]")[1112].

Schiwy/*Lehmler*, § 1 UWG Rn. 26; Götting/Meyer/Vormbrock/*Weiler*, § 25 Rn. 236; *Nordemann*, Rn. 48.

1108 GK-UWG/*Peukert*, § 1 Rn. 63.

1109 Dazu S. 281–296.

1110 RegE UWG 2004 BT-Drs. 15/1487, S. 15; MüKo-UWG/*Sosnitza*, § 1 Rn. 10; *Köhler*/Bornkamm[33], § 1 Rn. 4; Ohly/*Sosnitza*[6], § 1 Rn. 6, 10; Götting/Nordemann/*Götting*[2], § 1 Rn. 3; Büscher/Dittmer/Schiwy/*Lehmler*, § 1 UWG Rn. 1; Gloy/Loschelder/Erdmann/*v. Ungern-Sternberg*, § 23 Rn. 1; *Nordemann*, Rn. 44. Zu Recht wird hieran kritisiert, dass dadurch die eigenständige Bedeutung des Schutzes sonstiger Marktteilnehmer unterminiert wird. So etwa GK-UWG/*Peukert*, § 1 Rn. 43–45; Götting/Meyer/Vormbrock/*Weiler*, § 25 Rn. 200: „Schutzsubjekttetrade".

1111 RegE UWG 2004 BT-Drs. 15/1487, S. 16; MüKo-UWG/*Sosnitza*, § 1 Rn. 11; Fezer/*ders.*, § 1 Rn. 26; Büscher/Dittmer/Schiwy/*Lehmler*, § 1 UWG Rn. 27.

1112 GK-UWG/*Peukert*, § 1 Rn. 14 f.; *Köhler*/Bornkamm[33], § 1 Rn. 7; Harte/Henning/*Podszun*, § 1 Rn. 1; Ohly/*Sosnitza*[6], § 1 Rn. 10; Gloy/Loschelder/Erdmann/*v. Ungern-Sternberg*, § 23 Rn. 4; Götting/Meyer/Vormbrock/*Weiler*, § 25 Rn. 199.

Zwar sollen die einzelnen geschützten Interessen grundsätzlich selbstständig und unabhängig nebeneinander stehen[1113] und im Konfliktfall eine umfassende Interessenabwägung mit den jeweils konfligierenden Interessen als Verbotsgegengründe erfolgen[1114]. Das dogmatische Verständnis des integrierten Modells äußert sich jedoch in den Regelungsabsichten des Gesetzgebers dahingehend, dass die lauterkeitsrechtlich geschützten Interessen nicht nur formell in einem Gesetz zusammengefasst sind, sondern dass diese möglichst einheitlich *durch denselben Rechtsakt* (sprich: dieselbe Vorschrift) materiell gleichermaßen geschützt werden[1115]. Hierin wurzelt die Schutzzweckdogmatik des tradierten deutschen Lauterkeitsrechts. Begründet wird dieser Ansatz mit dem Faktum, dass ein unternehmerisches Verhalten am Markt praktisch unteilbar sei und sämtliche lauterkeitsrechtliche Schutzinteressen gleichsam schädige[1116]. Als Konsequenz des integrierten Modells sind im Rahmen teleologischer Auslegung *jeder* UWG-Vorschrift (§ 1 S. 1) dem Grunde nach *sämtliche* geschützte Interessen gleichermaßen und gleichgewichtig als Auslegungsdirektiven heranzuziehen[1117]. Stellt ein unternehmerisches Verhalten eine geschäftliche Handlung dar und unterfällt es einem Tatbestand des UWG, so finden für die zweckgerichtete Auslegung nach dem gesetzgeberischen Schutzkonzept sowohl mitbewerberspezifische, unternehmerspezifische als auch verbraucherspezifische Interessen sowie das Interesse der Allgemeinheit an der Unverfälschtheit des Wettbewerbs gleichzeitig und gleichermaßen Berücksichtigung. Die *einheitlich* gedachte Auslegungsdirektive[1118] des § 1 operiert methodisch mit einem bunten Strauß von Schutzinteressen,[1119] unabhängig von der im konkreten Fall in Frage stehenden Sachverhaltskonstellation und den betroffenen Interessenverhältnissen, sei es im b2c- oder im b2b-

1113 MüKo-UWG/*Sosnitza*, § 1 Rn. 39; *Köhler*/Bornkamm[33], § 1 Rn. 46; Götting/Meyer/Vormbrock/*Weiler*, § 25 Rn. 237.

1114 *Köhler*/Bornkamm[33], § 1 Rn. 47, 51; Ohly/*Sosnitza*[6], § 1 Rn. 32; Götting/Nordemann/*Götting*[2], § 1 Rn. 29; Gloy/Loschelder/Erdmann/*v. Ungern-Sternberg*, § 23 Rn. 16, 28, § 28 Rn. 2; *Beater*, Unlauterer Wettbewerb, Rn. 820 f., 825: „Korrekturmechanismen"; *Wuttke* WRP 2007, 119, 122.

1115 RegE UWG 2008 BT-Drs. 16/10145, S. 11. Diesen Aspekt auch besonders hervorhebend Fezer/*ders.*, § 1 Rn. 24. Insofern unterscheidet Fezer/*ders.*, § 1 Rn. 22, 28; *ders.* WRP 2009, 1163, 1165, zwischen einem formal-integrierten und einem materiell-integriertem Ansatz (rechtsinhaltliche Gesetzeseinheit). Letzterer liegt dem UWG zugrunde.

1116 RegE UWG 2008 BT-Drs. 16/10145, S. 11. Dazu *Köhler*/Bornkamm[33], § 1 Rn. 45; Fezer/*ders.*, Einl. E Rn. 117, 172, § 1 Rn. 51; Götting/Nordemann/*Götting*[2], § 1 Rn. 29.

1117 Hierzu auch Fezer/*ders.*, § 1 Rn. 26.

1118 Harte/Henning/*Podszun*, § 1 Rn. 13; Gloy/Loschelder/Erdmann/*v. Ungern-Sternberg*, § 23 Rn. 1, § 28 Rn. 1; ebenso zur einheitlich gedachten Teleologie des österreichischen UWG *Koppensteiner* FS Fezer, S. 285, 286 f., der dementsprechend von einem identischen Unlauterkeitsmaßstab für alle geschützten Personengruppen ausgeht.

1119 Fezer/*ders.*, § 1 Rn. 29: „Lauterkeitsrechtsmix".

Verhältnis. Eine Änderung der Schutzzwecktrias hielt der Gesetzgeber bei der Umsetzung der UGP-RL nicht für erforderlich, da der Verbraucherschutz von der Zweckbestimmung in § 1 bereits mit umfasst werde, die binnenmarktfunktionale Zwecksetzung der UGP-RL für das nationale Recht „seiner Natur nach" keine Rolle spiele und damit insgesamt eine richtlinienkonforme Zweckklausel bestehe[1120].

Im Kontrast dazu steht die Schutzzweckkonzeption der UGP-RL. In den von ihrem Anwendungsbereich umfassten Sachverhaltskonstellationen bildet der Schutz der wirtschaftlichen Verbraucherinteressen vor unlauteren Geschäftspraktiken die alleinige Auslegungsdirektive[1121]. Teleologischer Maßstab und auslegungsanleitende Schutzrichtung der UGP-RL ist allein das verbraucherspezifische Interesse am Schutz ihrer Entscheidungsautonomie (Schutz der Entscheidungsgrundlage und des Entscheidungsprozesses). Das insoweit parallele mitbewerberspezifische Schutzinteresse an gleichen Wettbewerbsbedingungen gilt durch den bezweckten Verbraucherschutz als mitverwirklicht und entfaltet als etwaige Auslegungsdirektive keinerlei Eigenständigkeit[1122]. Dabei wird der faktische Zusammenhang zwischen Verbraucher- und Mitbewerberschädigung durch ein und dieselbe unlautere Geschäftspraktik aber gerade nicht negiert, sondern gilt über den Verbraucherschutz bereits als vollends berücksichtigt[1123]. Von einem „Vorrang der Verbraucherinteressen" im Anwendungsbereich der UGP-RL zu sprechen bedeutet nicht, den Verbrauchern in materiellen Konfliktfällen stets den Vorzug einzuräumen,[1124] sondern beschreibt vielmehr eine zweckgerichtete Abschichtung der auslegungsrelevanten Maßstäbe[1125].

Nach dem Schutzkonzept der UGP-RL ist allenfalls das unternehmerische Interesse am freien Marktzugang bei der Auslegung als *Verbotsgegengrund* über die Zwecksetzung zum reibungslosen Funktionieren des Binnenmarktes in Art. 1 heranzuziehen. Nicht zu verkennen ist dabei, dass sich dieses Interesse mit dem binnenmarktfunktionalen Interesse der Verbraucher an quantitativ möglichst umfangreicher Auswahlfreiheit trifft und daher keinen krassen Gegensatz darstellt[1126]. Mitbewerberinteressen haben in der dogmatischen Zweckkonzeption der

1120 RegE UWG 2008 BT-Drs. 16/10145, S. 11. Diese Einschätzung teilen im Ergebnis auch MüKo-UWG/*Sosnitza*, § 1 Rn. 11, 19–22; *Köhler*/Bornkamm[33], § 1 Rn. 5 a.E.; Ohly/*Sosnitza*[6], § 1 Rn. 7. Zu Recht kritisch Fezer/*ders.* Einl. E Rn. 174.

1121 So auch bereits Fezer/*ders.*, § 1 Rn. 26.

1122 So auch Tamm/Tonner/*Tonner*/*A. Reich*, § 10 Rn. 30.

1123 ErwGr 8 S. 2. Ausführlich zum dogmatischen Verhältnis zwischen Verbraucher- und Mitbewerberschutz durch die UGP-RL S. 50–53.

1124 GK-UWG/*Peukert*, § 1 Rn. 73.

1125 Hierzu Fezer/*ders.*, § 1 Rn. 28, 46, 62; *ders.* WRP 2009, 1163, 1165: „konstitutiv zur Begründung der Unlauterkeit".

1126 Dazu S. 48 f.

UGP-RL hingegen keine auslegungsanleitende Funktion. Gleiches gilt für den institutionellen Wettbewerbsschutz, der über den Schutz der wirtschaftlichen Verbraucherinteressen vor unlauteren Geschäftspraktiken ebenfalls nur faktisch-kausal bewirkt, aber nicht bezweckt wird.

Vor diesem Hintergrund ist die Dogmatik der Schutzzwecktrias des UWG als materiell *einheitlich* gedachte Schutzzweckkonzeption mit den Zweckvorgaben der UGP-RL nicht vereinbar[1127]. Aufgrund der Vollharmonisierung durch die UGP-RL kann deren Verbotsniveau nur erreicht werden, wenn auch ihre Zwecke ohne Modifikation befolgt werden[1128]. Es macht einen Unterschied, ob ein Zweck ein Auslegungsmaßstab unter vielen darstellt, oder allein maßgeblich ist und andere Schutzinteressen lediglich als Verbotsgegengründe auf einer zweiten Stufe, ggf. als verhältnismäßigkeitswahrende Einschränkungsmöglichkeit, Berücksichtigung finden[1129]. Gerade in den von der UGP-RL umfassten b2c-Konstellationen neigen mitbewerberspezifische Interessen zu einer deutlich restriktiveren Handhabung unternehmerischen Verhaltens[1130]. Werden diese nun gleichsam und gleichgewichtig als Auslegungsdirektive berücksichtigt, steht der nationale Rechtszustand, der aufgrund der Vollharmonisierung dem der UGP-RL eins zu eins entsprechen muss, unter teleologischen Vorzeichen, die von denen der UGP-RL abweichen[1131]. Die vom Gesetzgeber materiell einheitlich vorgesehene Zweckkonzeption der Schutzzwecktrias ist im Anwendungsbereich der UGP-RL richtlinienwidrig.

An dieser Stelle ist m. E. noch anzumerken, dass die Kritik an der maßgeblich auf den Verbraucherschutz ausgerichteten Zweckkonzeption der UGP-RL ihrerseits widersprüchlich erscheint. Ist nach der Regelungsintention die Schutzzweckklausel in § 1 materiell einheitlich gefasst, verwundert es andererseits, dass in Rechtsprechung und Literatur dennoch für einzelne Vorschriften des UWG nur einer der in § 1 genannten Schutzinteressen für maßgeblich erachtet wird[1132].

1127 So auch Fezer/*ders.*, § 1 Rn. 13; GK-UWG/*Peukert*, § 1 Rn. 118, 129, 135; Hilty/Henning-Bodewig/*Peukert*, S. 27, 52 f.; Harte/Henning/*Podszun*, § 1 Rn. 16, 23 – 25, der in Rn. 28 f. und 45 jedoch erneut für eine Zweckvereinheitlichung im Sinne eines rein institutionellen Wettbewerbsschutzes plädiert, aus dem der Verbraucherschutz (dann wiederum mittelbar) abzuleiten sei; Tamm/Tonner/*Tonner*/*A. Reich*, § 10 Rn. 30 a.E.; *Schork*, S. 112; jüngst auch *Henning-Bodewig* GRUR Int. 2015, 529, 531.

1128 GK-UWG/*Peukert*, § 1 Rn. 26.

1129 GK-UWG/*Peukert*, § 1 Rn. 130; Harte/Henning/*Podszun*, § 1 Rn. 23.

1130 Dazu ausführlich *Beater*, Unlauterer Wettbewerb, Rn. 818 f., 821 f.

1131 Im Ergebnis ebenso Fezer/*ders.*, § 1 Rn. 25 f.; *ders.* WRP 2009, 1163, 1167.

1132 Für eine schwerpunktmäßige Zuordnung der Schutzzwecke MüKo-UWG/*Sosnitza*, § 1 Rn. 15, 39; Ohly/*Sosnitza*[6], § 1 Rn. 16. Dem steht freilich die gesetzgeberisch intendierte Einheitlichkeit der

Insbesondere die Vorschriften in § 4 Nr. 1–4 UWG 2015 sowie einzelne Verbotsgründe des § 6 sollen ausschließlich dem Schutz mitbewerberspezifischer Interessen dienen[1133]. Dies mag im Hinblick auf die Eigenständigkeit der geschützten Interessen, wonach es für die Unlauterkeit ausreiche, dass nur ein geschütztes Interesse verletzt wird,[1134] sachlich plausibel und im Ergebnis richtig sein. Gleichzeitig bleibt aber schleierhaft, weshalb die Zweckkonzeption der UGP-RL, die allein auf die von ihr erfassten b2c-Konstellationen Anwendung findet und dort den Schutz der Entscheidungsautonomie der Verbraucher zum Gegenstand hat, als künstliche Rechtszersplitterung und Aufspaltung unternehmerischen Verhaltens kritisiert wird[1135]. Denn hält man es unter dem Schutzregime des § 1 für möglich oder gar geboten, bestimmten Sachverhalten – entgegen der gesetzgeberischen Intention, für sämtliche Fallkonstellationen möglichst alle Schutzinteressen als Auslegungsdirektive zu berücksichtigen – nur einen Schutzzweck aus § 1 zuzuordnen, so bekommt das propagierte Ideal einer materiell einheitlichen Schutzzwecktrias seinerseits Risse. Denn damit wird einer nach Schutzzwecken materiell ausdifferenzierten Handhabe der lauterkeitsrechtlichen Vorschriften das Wort geredet, die sich im Ergebnis von der methodischen Zweckkonzeption der UGP-RL im Grunde nicht unterscheidet, jedoch dem gesetzgeberischen Leitbild eines materiell-integrierten Schutzmodells zuwider läuft[1136]. Ein gefestigtes und konsistentes Verständnis der Schutzzwecktrias sieht anders aus[1137].

III. Zusammenfassung

Das dem geltenden UWG zugrunde liegende dogmatische Konzept eines materiell-integrierten Modells der Schutzzwecktrias ist richtlinienwidrig. Es widerspricht dem Telos der UGP-RL, der in ihrem Anwendungsbereich den Schutz der geschäftlichen Entscheidungsautonomie des Verbrauchers zur maßgeblichen Aus-

---

Zwecksetzung gegenüber. Konsequent daher Harte/Henning/*Podszun*, § 1 Rn. 13, der von einem als einheitlich intendierten Schutzzweck ausgeht.

1133 Dazu etwa BGH GRUR 2012, 74 Tz. 28 – *Coaching-Newsletter* (zu § 4 Nr. 7); OLG Hamm GRUR-RR 2007, 282, 283 (zu § 4 Nr. 8); BGH GRUR 2007, 984 Tz. 23 – *Gartenliege* (zu § 4 Nr. 9); BGH GRUR 2010, 80 Tz. 17 – *LIKEaBIKE* (zu § 4 Nr. 9a); BGH GRUR 2010, 346 Tz. 12 – *Rufumleitung* (zu § 4 Nr. 10); MüKo-UWG/*Sosnitza*, § 1 Rn. 23; *Köhler*/Bornkamm[33], § 1 Rn. 9; Fezer/*ders.*, § 1 Rn. 30; *Nordemann*, Rn. 45.

1134 Ohly/*Sosnitza*[6], § 1 Rn. 32.

1135 Zur Replik auf diesen Vorwurf S. 276–281.

1136 Zur Notwendigkeit einer auch gesetzestextlichen teleologischen Ausdifferenzierung im UWG S. 271–281.

1137 Kritisch auch GK-UWG/*Peukert*, § 1 Rn. 20, 39.

legungsdirektive bestimmt und die insoweit gleichlaufenden Mitbewerberinteressen sowie den institutionellen Wettbewerbsschutz als faktisch-kausale Folge des gewährten Verbraucherschutzes begreift. Unternehmerische Interessen erlangen lediglich als Verbotsgegengründe Relevanz. Da die Zweckverwirklichung als Ziel der Auslegung fungiert, weicht eine Rechtsanwendung unter den Vorzeichen des materiell-integrierten Ansatzes vom zwingend vorgegebenen Rechtszustand der UGP-RL ab.

B. Anwendungsbereich des UWG

I. Anwendungsbereichsbestimmung im UWG 2008

Zur Bestimmung des Anwendungsbereichs knüpft § 2 Abs. 1 Nr. 1 an den 2008 neu geschaffenen Begriff der geschäftlichen Handlung an. Dieser wird definiert als „jedes Verhalten einer Person zugunsten des eigenen oder eines fremden Unternehmens vor, bei oder nach einem Geschäftsabschluss, das mit der Förderung des Absatzes oder des Bezugs von Waren oder Dienstleistungen oder mit dem Abschluss oder der Durchführung eines Vertrags über Waren oder Dienstleistungen objektiv zusammenhängt". Als Waren gelten auch Grundstücke, als Dienstleistungen auch Rechte und Verpflichtungen. Inhaltlich reicht der Begriff der geschäftlichen Handlung über den der Geschäftspraktik gem. Art. 2 lit. d hinaus. Er umfasst auch Handlungen im Vertikalverhältnis zwischen Unternehmern und sonstigen Marktteilnehmern, Maßnahmen unmittelbar im horizontalen Konkurrenzverhältnis, Maßnahmen beim Bezug von Waren oder Dienstleistungen, Maßnahmen Dritter zugunsten eines fremden Unternehmens, ohne dass diese im Namen und/oder Auftrag des Unternehmers handeln oder nicht Unternehmer sind, sowie alle sonstigen Maßnahmen, die außerhalb des Anwendungsbereichs der UGP-RL liegen[1138].

Der Anwendungsbereich der UGP-RL bildet demnach nur einen Ausschnitt des Anwendungsbereichs des UWG. Gleichwohl dient § 2 Abs. 1 Nr. 1 der Umsetzung des Art. 2 lit. d[1139]. Um den Regelungsinhalt der vollharmonisierenden UGP-RL eins zu eins in das deutsche Recht zu transformieren, muss der Begriff der geschäftlichen Handlung in den einschlägigen b2c-Konstellationen daher i.S.v.

1138 Übersichtlich GK-UWG/*Peukert*, § 2 Rn. 35–37; *Köhler*/Bornkamm[33], § 2 Rn. 8.
1139 RegE UWG 2008 BT-Drs. 16/10145, S. 21.

Art. 2 lit. d verstanden werden[1140]. Der in Frage stehende Sachverhalt bedarf stets zunächst der Untersuchung, ob er dem Anwendungsbereich der UGP-RL unterfällt und deren materielle Anforderungen einzuhalten sind. Der Rechtsanwender kommt nicht umhin, sich den Anwendungsbereich der UGP-RL aus dem des UWG herauszufiltern und dabei gedanklich unmittelbar auf die Regelung des Art. 2 lit. d zurückzugreifen.

Besondere Schwierigkeiten wirft die Bestimmung des *objektiven* Zusammenhangs mit der Absatzförderung im Hinblick auf den von der UGP-RL geforderten *unmittelbaren* Zusammenhang mit der Beeinflussung der geschäftlichen Entscheidung des Verbrauchers auf. Über den objektiven Zusammenhang, der aufgrund seiner begrifflichen Bedeutungsreichweite eine extensive Auslegung ermöglicht, können auch Verhaltensweisen umfasst werden, die vornehmlich im Horizontalverhältnis anzusiedeln sind. Ein objektiver Zusammenhang soll bereits gegeben sein, wenn ein unternehmerisches Verhalten den Umständen nach darauf gerichtet ist, durch Einwirkung auf die wettbewerblichen Interessen von Mitbewerbern den eigenen Absatz oder Bezug zu fördern[1141]. Charakteristisch für derartige Verhaltensweisen (z. B. Absatz- oder Werbebehinderungen, Betriebsstörungen) ist, dass sie die geschäftliche Entscheidung der Marktgegenseite nicht direkt betreffen, sondern stattdessen den eigenen Absatz oder Bezug erst mit ggf. zeitlicher Verzögerung im Rahmen weiterer Zwischenschritte positiv beeinflussen[1142].

Davon gedanklich zu trennen sind die in den Anwendungsbereich der UGP-RL fallenden Verhaltensweisen in b2c-Konstellationen, die einen unmittelbaren Zusammenhang mit der Absatzförderung bzw. mit der Beeinflussung der geschäftlichen Entscheidung des Verbrauchers voraussetzen. Ein und dieselbe Verhaltensweise kann sowohl dem Erfordernis des objektiven als auch des unmittelbaren Zusammenhangs genügen. Die Unterscheidung beider Eingrenzungskriterien bleibt für ein zweckorientiertes Verständnis der geschäftlichen Handlung jedoch nicht überflüssig, sondern ist vielmehr geboten, um die der Vollharmonisierung unterfallenden Sachverhalte abzuschichten[1143]. Es zeigt sich, dass der Begriff der geschäftlichen Handlung gerade vor dem Hintergrund der UGP-RL kein einheit-

1140 Zutreffend GK-UWG/*Peukert*, § 2 Rn. 8; *Köhler*/Bornkamm[33], § 2 Rn. 43; Fezer/Büscher/Obergfell/*Fezer*, § 3 Rn. 95; Harte/Henning/*Keller*, § 2 Rn. 63; Gloy/Loschelder/Erdmann/*Erdmann*, § 31 Rn. 11, 59; *Beater*, Unlauterer Wettbewerb, Rn. 870.

1141 *Köhler*/Bornkamm[33], § 2 Rn. 53.

1142 RegE UWG 2008 BT-Drs. 16/10145, S. 21; GK-UWG/*Peukert*, § 2 Rn. 159; MüKo-UWG/*Bähr*, § 2 Rn. 103; *Köhler*/Bornkamm[33], § 2 Rn. 53; Fezer/*ders.*, § 2 Nr. 1 Rn. 139; Gloy/Loschelder/Erdmann/*Erdmann*, § 31 Rn. 8, 53.

1143 *Köhler*/Bornkamm[33], § 2 Rn. 42.

liches Kriterium zur Bestimmung des Anwendungsbereichs des UWG bereithält[1144]. Nichtsdestotrotz versucht der Gesetzgeber, sämtliche schutzzweckbedingten und in ihrer materiellen Bewertung unterschiedlichen Anwendungsbereiche innerhalb des UWG in den Oberbegriff der geschäftlichen Handlung zu integrieren[1145]. Damit kommen jedoch die materielle Ausdifferenzierung und insbesondere der Normbezug zur Verbraucherentscheidung im vollharmonisierten b2c-Verhältnis nicht hinreichend zum Ausdruck[1146]. Aufgrund der de facto direkt über Art. 2 lit. d gesondert vorzunehmenden Bestimmung des Anwendungsbereichs des Umsetzungsrechts darf nicht von einer rechtsinhaltlichen Einheitsbetrachtung der geschäftlichen Handlung ausgegangen werden[1147]. Der einheitlich gedachte Begriff der geschäftlichen Handlung verdeckt die notwendige Eigenständigkeit der Anwendungsbereiche der UGP-RL und der des autonomen nationalen Lauterkeitsrechts, die sich zwar überschneiden können, jedoch ihrem jeweils eigenen Telos folgen. Inhaltlich ist der Begriff der Geschäftspraktik von dem der geschäftlichen Handlung mit umfasst, jedoch mit diesem nicht identisch[1148]. Abzulehnen sind deshalb Stimmen in der Literatur, die tendenziell zu einer einheitlichen Auslegung und damit einem materiellen Gleichlauf der Kriterien des objektiven und des unmittelbaren Zusammenhangs neigen[1149].

Zum einen wird vertreten, im Interesse der Rechtssicherheit eine einheitliche, richtlinienkonforme Auslegung der geschäftlichen Handlung auch im mitbewerberbezogenen Lauterkeitsrecht anzustreben[1150]. Problematisch bleibt dann jedoch das Erfordernis, dass das unternehmerische Verhalten in erster Linie die Beeinflussung der geschäftlichen Entscheidung des Verbrauchers (bzw. der Marktgegenseite) zum Ziel haben muss. Verhaltensweisen im Horizontalverhältnis, die nicht direkt auf die Entscheidung des Verbrauchers einwirken, wären vom Anwendungsbereich des UWG ausgenommen, so dass es zu einer drastischen Verkürzung des Mitbewerberschutzes käme.

Zum anderen wird versucht, dieses Problem zu umgehen, indem das inhaltliche Verständnis der Unmittelbarkeit i.S.d. Art. 2 lit. d derart ausgeweitet wird, so

---

1144 *Beater*, Unlauterer Wettbewerb, Rn. 856.

1145 Harte/Henning/*Keller*, § 2 Rn. 63.

1146 Fezer/*ders.*, § 2 Nr. 1 Rn. 25, 29, 140.

1147 Fezer/*ders.*, § 2 Nr. 1 Rn. 30; *Beater*, Unlauterer Wettbewerb, Rn. 869: Auslegung der Anwendungsvoraussetzungen nach den jeweiligen Schutzzwecken.

1148 GK-UWG/*Peukert*, § 2 Rn. 39.

1149 So etwa Harte/Henning/*Keller*, § 2 Rn. 65; MüKo-UWG/*Bähr*, § 2 Rn. 102–110. – Wie hier *Hetmank* GRUR 2015, 323, 326.

1150 Harte/Henning/*Keller*, § 2 Rn. 65; unklar Gloy/Loschelder/Erdmann/*Erdmann*, § 31 Rn. 60, der zwar für eine einheitliche Auslegung auch im Konkurrenzverhältnis plädiert, gleichwohl aber unterschiedliche Maßstäbe zur Bestimmung des Zusammenhangskriteriums für erforderlich hält.

dass auch primär mitbewerberbezogene Verhaltensweisen vom Unmittelbarkeitszusammenhang umfasst würden und im Ergebnis ein materieller Gleichlauf zwischen „objektiv“ und „unmittelbar“ bestünde[1151]. Die für das gesamte UWG einheitliche Definition des § 2 Abs. 1 Nr. 1 gebiete es, diese auch im b2b-Verhältnis so auszulegen, wie sie im b2c-Verhältnis zu verstehen sei[1152]. Die Unmittelbarkeit sei „bildhaft“ zu verstehen. Ihr unterfielen nicht jede denkbare Auswirkungen auf die Verbraucherentscheidung, sondern nur solche, die in einem „realistischen“ Zusammenhang mit der Absatzförderung stünden, unabhängig davon, über wie viele Stufen diese Auswirkungen verwirklicht werden mögen[1153]. Auch diese Lesart wirft Bedenken auf. Richtig ist zwar, dass der Unmittelbarkeitszusammenhang kein striktes Kausalitätserfordernis aufstellt. Andererseits darf der Rechtsanwender im Rahmen des Anwendungsbereichs nicht von der gem. ErwGr 7 S. 1 notwendigen Prüfung entbunden werden, ob das unternehmerische Verhalten in erster Linie (auch) der Beeinflussung der geschäftlichen Entscheidung des Verbrauchers dient. Auswirkungen auf den Verbraucher, die sich erst über Umwege reflexhaft ergeben (z. B. infolge von Mitbewerberbehinderungen, die ohne Einschaltung der Verbraucherschaft erfolgen), betreffen nicht das teleologisch am Schutz der Entscheidungsautonomie ausgerichtete Regelungskonzept der UGP-RL. Genau hier zieht der Schutzzweck der UGP-RL eine Anwendungsschranke[1154]. Zudem wird offensichtlich, dass eine derartige Auslegung von dem Bestreben getragen ist, die Begrifflichkeit und Methodik des Unmittelbarkeitszusammenhangs nach Art. 2 lit. d aus der Warte des nationalen Rechts zu bestimmen, um die nationalen Strukturen zu erhalten. Eine Auslegung des vollharmonisierenden Richtlinienrechts am nationalen Recht verbietet sich aber.

Im Ergebnis erfordert die UGP-RL je nach Fallkonstellation ein differenziertes Verständnis vom Begriff der geschäftlichen Handlung entweder nach Richtlinienrecht oder nach nationalem Recht. Eine Übertragung des Unmittelbarkeitszusammenhangs und dessen Normbezug zur geschäftlichen Entscheidung mag auch bei Verhaltensweisen gegenüber sonstigen Marktteilnehmern Sinn machen,[1155] nicht jedoch im Konkurrenzverhältnis. Denn genau hier zieht die UGP-RL eine

1151 Dafür MüKo-UWG/*Bähr*, § 2 Rn. 102–110.

1152 MüKo-UWG/*Bähr*, § 2 Rn. 103.

1153 MüKo-UWG/*Bähr*, § 2 Rn. 105.

1154 In diesem Zusammenhang ebenso *Hetmank* GRUR 2015, 323, 326. Zur Schutzzweckschranke ausführlich S. 56–62.

1155 *Köhler*/Bornkamm[33], § 2 Rn. 43 a.E.; Gloy/Loschelder/Erdmann/*Erdmann*, § 31 Rn. 11. Davon unberührt bleibt die Bewertung derartiger Verhaltensweisen am Maßstab des Schutzzwecks zugunsten sonstiger Marktteilnehmer.

materielle Grenze, die im nationalen Recht nicht konterkariert werden darf. Aus § 2 Abs. 1 Nr. 1 geht dies nicht hervor.

II. Beibehaltung der Anwendungsbereichsbestimmung im UWG 2015

Das UWG 2015 lässt die intransparente Anwendungsbereichsbestimmung des § 2 Nr. 1 unverändert bestehen. Hingegen versuchte noch der RegE in § 3 in den jeweils vorgesehenen Generalklauseln eine Differenzierung der Anwendungsbereiche einzubauen[1156]. Die verbraucherbezogene Generalklausel des § 3 Abs. 2 S. 1 RegE war danach bei geschäftlichen Handlungen einschlägig, die sich an Verbraucher richten oder diese erreichen. Dies sollte nicht für Handlungen gelten, die sich zwar an Verbraucher richten oder erreichen, jedoch ausschließlich die wirtschaftlichen Interessen von Mitbewerbern schädigen (§ 3 Abs. 2 S. 2, Abs. 3 S. 2 RegE) sowie für Handlungen, die sich bereits gar nicht an Verbraucher richten oder diese erreichen (§ 3 Abs. 3 S. 1 RegE). In diesen Fällen war allein § 3 Abs. 3 RegE anzuwenden.

Das letztgenannte Abgrenzungskriterium ist in der Sache unproblematisch. Solange die geschäftliche Handlung gar keinen Bezug zur geschäftlichen Entscheidung des Verbrauchers aufweist, ist sie nicht nach den Bestimmungen der UGP-RL zu beurteilen[1157]. Problematischer erwies sich hingegen das Abgrenzungskriterium in § 3 Abs. 2 S. 2, Abs. 3 S. 2 RegE, das in Konstellationen doppelrelevanter Handlungen Bedeutung erlangen sollte, die sowohl Verbraucher- als auch Mitbewerberinteressen tangieren können. Nach dem Konzept des RegE waren geschäftliche Handlungen allein nach § 3 Abs. 3 S. 2 RegE und nicht nach § 3 Abs. 2 S. 1 RegE zu beurteilen, wenn sie *ausschließlich* die wirtschaftlichen Interessen von Mitbewerbern schädigen. In einem Umkehrschluss ergab sich daraus, dass in allen sonstigen Fällen – und dazu zählen auch doppelrelevante Handlungen – allein die verbraucherbezogene Generalklausel des § 3 Abs. 2 S. 1 RegE Anwendung fand[1158]. Diese Abgrenzung war im Hinblick auf die Vorgaben der UGP-RL allerdings nicht geboten und führte zu einer sachwidrigen Verkürzung des Konkurrentenschutzes. Ihr lag mithin ein fehlerhaftes Verständnis der Schutzzweckschranke zugrunde.

An der Wortwahl im RegE war zu kritisieren, dass auf die alleinige *Schädigung* von Mitbewerberinteressen abgestellt wurde. Sicherlich war dies der unglückli-

---

1156 RegE UWG 2015 BR-Drucks. 26/15, S. 8, 10.

1157 Insofern zutreffend RegE UWG 2015 BR-Drucks. 26/15, S. 11.

1158 Völlig zutreffend *Köhler* WRP 2015, 275, 281; *Kirchhoff* WRP 2015, 659, 661 f.

chen Formulierung in ErwGr 6 S. 3 geschuldet[1159]. Auf eine Schädigung der jeweiligen Interessen kann es aber im Rahmen der Anwendungsbereichsprüfung nicht ankommen, denn die Schädigung stellt sich erst im Zuge der materiellen Unlauterkeitsprüfung heraus. Die Festlegung des Anwendungsbereichs kann demgegenüber nur danach fragen, ob die geschützten Interessen überhaupt tangiert werden, so dass eine Verletzung derselben möglich erscheint. Dementsprechend bezieht sich die UGP-RL gem. ErwGr 7 S. 1 auf Geschäftspraktiken, die in unmittelbarem Zusammenhang mit der – wertneutral zu verstehenden – Beeinflussung der geschäftlichen Entscheidung des Verbrauchers in Bezug auf Produkte stehen. Ob diese Beeinflussung zu verbieten ist, ist eine Frage der materiellen Unlauterkeitsprüfung[1160]. Daher ist die *Schädigung* von geschützten Interessen bereits kein taugliches Abgrenzungsmerkmal im Rahmen der Anwendungsbereichsprüfung[1161].

Darüber hinaus war der Versuch des RegE zur Unterscheidung der Anwendungsbereiche b2c und b2b im Hinblick auf die Schutzzweckschranke der UGP-RL fehlerhaft, der zufolge nur solche Vorschriften dem vollharmonisierten Anwendungsbereich unterfallen, die zumindest auch dem von der UGP-RL bezweckten wirtschaftlichen Verbraucherschutz dienen. Nationale Vorschriften, die zwar begriffsdefinitorisch eine Geschäftspraktik im Sinne der UGP-RL darstellen, diese aber aufgrund anderer Zwecke verbieten, bleiben von der UGP-RL unberührt[1162]. Letzteres trifft insbesondere auf Vorschriften zum Mitbewerberschutz oder aus den Verbotsgründen nach ErwGr 7 S. 3 zu. Derartige Regelungen und die verbraucherschützenden Bestimmungen, die dem Anwendungsbereich der UGP-RL unterfallen, können daher nebeneinander bestehen, auch und gerade bei doppelrelevanten Handlungen[1163]. Es besteht insoweit kein „entweder-oder"-Verhältnis[1164]. Genau dies verkannte aber der RegE. Ihm zufolge sollte die mitbewerberbezogene Generalklausel nur dann zur Anwendung gelangen, wenn

1159 RegE UWG 2015 BR-Drucks. 26/15, S. 10; dazu auch *Köhler* WRP 2015, 275, 281; *Sosnitza* GRUR 2015, 318, 319.

1160 Dazu S. 57. Hierzu kritisch auch *Hetmank* GRUR 2015, 323, 327.

1161 Absurd ist demnach auch die Feststellung des RegE UWG 2015 BR-Drucks. 26/15, S. 11, wonach es in § 3 Abs. 3 S. 2 RegE auf eine spürbare Interessenbeeinträchtigung nicht mehr ankomme, da diese bei einer Schädigung der Mitbewerberinteressen vorliege. Die Prüfung der spürbaren Interessenbeeinträchtigung wird somit direkt in die vorgelagerte Anwendungsbereichsbestimmung integriert. Kritisch hierzu auch Fezer/Büscher/Obergfell/*Fezer*, Einl. Rn. 293 f.

1162 Dazu ausführlich S. 76 – 80.

1163 Völlig zutreffend daher *Köhler* WRP 2015, 275, 281; *Hetmank* GRUR 2015, 323, 328; *Kirchhoff* WRP 2015, 659, 662; *Ohly* WRP 2015, 1443, 1447.

1164 Ein solches, sich gegenseitig ausschließenden Alternativverhältnis, verfolgte in noch schärferer Form § 3 RefE.

ausschließlich Mitbewerberinteressen geschädigt werden. Dabei können nach dem Richtlinienkonzept verbraucherschützende und mitbewerberschützende Regelungen nebeneinander angewendet werden. Der RegE führte stattdessen offenkundig zu einer weder unionsrechtlich gebotenen, noch in der Sache zu rechtfertigenden Verkürzung des Mitbewerberschutzes[1165].

Angesichts der harschen Kritik an dieser fehlerhaften Abgrenzung der Anwendungsbereiche, entschied sich der Gesetzgeber dafür, in der endgültigen Neufassung des § 3 UWG 2015 auf die b2b-Generalklausel des § 3 Abs. 3 RegE und die dortige Formulierung in § 3 Abs. 3 S. 2 RegE zu verzichten. Für das vollharmonisierte b2c-Verhältnis fungiert nunmehr § 3 Abs. 2 UWG 2015 als Generalklauseltatbestand, während die Generalklausel in § 3 Abs. 1 UWG 2015 materiell als Auffangtatbestand außerhalb der Anwendungsbereiche der UGP-RL und der Irreführungs-RL dienen soll[1166]. Gleichzeitig bildet § 3 Abs. 1 UWG 2015 die Rechtsfolgenregelung zu § 3 Abs. 2 UWG 2015. Eine weitergehende, ausdrückliche Abgrenzung der Anwendungsbereiche findet nicht mehr statt und wird auch nicht für erforderlich gehalten[1167]. Damit werden zwar die eklatanten Unzulänglichkeiten des RegE im Gesetzestext wieder ausgeräumt, an gesetzlicher Klarheit und Bestimmtheit fehlt es aber nach wie vor. Der hinsichtlich der Anwendungsbereichsbestimmung der UGP-RL intransparente § 2 Abs. 1 Nr. 1 besteht unverändert fort. § 3 Abs. 2 UWG 2015 regelt die Voraussetzungen der Unlauterkeit geschäftlicher Handlungen, „die sich an Verbraucher richten oder diese erreichen". Diese gesetzliche Neuformulierung bietet weiterhin Raum für Spekulationen, denn der Wortlaut legt nahe, dass bei geschäftlichen Handlungen gegenüber Verbrauchern allein § 3 Abs. 2 UWG 2015 den Beurteilungsmaßstab bildet. Dass bei doppelrelevanten Handlungen daneben auch § 3 Abs. 1 UWG 2015 im b2b-Verhältnis anwendbar sei, geht aus § 3 Abs. 2 UWG 2015 nicht hervor. Insofern beseitigt die Neufassung zwar die im RegE vorgesehene und mit Fehlern beladene ausdrückliche Abgrenzung der Anwendungsbereiche und deren Verhältnis zueinander, verfällt aber wiederum in die unklare gesetzliche Regelungslage des Status quo. Weder das eine, noch das andere ist ein Fortschritt.

1165 So auch *Hetmank* GRUR 2015, 323, 328. – Anders Ohly/*Sosnitza*[7], § 3 Rn. 3; *ders.* GRUR 2015, 318, 320, der auf die noch verbleibende Aktivlegitimation der Mitbewerber in b2c-Konstellationen verweist. Dem ist jedoch zu entgegnen, dass mitbewerberspezifische Schutzinteressen, die nicht ohnehin bereits als faktische Folge des Verbraucherschutzes geschützt werden, in der Gesamtbeurteilung des Marktverhaltens damit unberücksichtigt blieben.

1166 Beschlussempfehlung Ausschuss Recht und Verbraucherschutz zum UWG 2015 BT-Drs. 18/6571, S. 14 f.

1167 Beschlussempfehlung Ausschuss Recht und Verbraucherschutz zum UWG 2015 BT-Drs. 18/6571, S. 15.

C. Systematik des UWG

Die Analyse zur Systematik des UWG erfolgt ebenfalls mittels einer differenzierten Betrachtung. Zunächst gilt es, die normativen Zusammenhänge zwischen den Generalklauseln und Konkretisierungstatbeständen, mithin das im UWG 2008 angelegte innere Wertungssystem herauszuarbeiten und auf dessen Konvergenz zur UGP-RL zu überprüfen. Dabei werden eingangs die sich in der wissenschaftlichen Diskussion entwickelten Auffassungen zur Systematik des UWG 2008 dargestellt. In einem zweiten Schritt widmet sich die Untersuchung dem Anwendungsverhältnis zwischen den Generalklauseln und Konkretisierungstatbeständen des UWG 2008. Schließlich wird die Systematik des UWG 2015 kritisch beleuchtet.

I. Materiell-rechtliches Verhältnis zwischen Generalklausel und Konkretisierungstatbeständen im UWG 2008

1. Meinungsbild im Schrifttum

a) Exklusivität des § 3 Abs. 2 S. 1 im vollharmonisierten b2c-Verhältnis

Fezer, *Peukert* und *Wirtz* gehen davon aus, dass Art. 5 Abs. 2 und dem folgend § 3 Abs. 2 S. 1 sowohl in seiner Funktion als Auffangtatbstand als auch im Verhältnis zu den Tatbeständen der §§ 4 ff. die allein maßgebliche Vorschrift im vollharmonisierten b2c-Verkehr darstelle[1168].

Nach diesem Verständnis bilde Art. 5 Abs. 2 im Regelungskonzept der UGP-RL die zentrale Grundnorm für das gesamte harmonisierte Lauterkeitsrecht im b2c-Verkehr[1169]. Die tatbestandliche Generalklausel normiere einen einheitlichen Bewertungsmaßstab für sämtliche unlauteren Geschäftspraktiken. Die irreführenden und aggressiven Geschäftspraktiken in den Art. 6–9 konkretisierten wiederum den allgemeinen Unlauterkeitstatbestand im Sinne eines nicht abschließenden Beispielkatalogs[1170]. Ausschlaggebend für diese Annahme sei die Normsystematik des Art. 5 mit seiner „insbesondere"-Formulierung in Art. 5 Abs. 4. Gerade die vom Richtliniengeber gewählte Formulierungstechnik verdeutliche die Verknüpfung zwischen Art. 5 Abs. 2 als Generalklausel und den

---

1168 GK-UWG/*Peukert*, § 3 Rn. 102; Hilty/Henning-Bodewig/*Peukert*, S. 27, 52; Fezer/*ders.*, § 3 Rn. 19; *ders.* WRP 2010, 677, 683; *ders.* FS 50 Jahre Schutzverband, S. 29, 32 f.; Götting/Nordemann/*Wirtz*², § 3 Rn. 23.

1169 *Fezer* WRP 2009, 1163, 1171.

1170 Fezer/*ders.*, Einl. E Rn. 133, 137; *ders.* WRP 2009, 1163, 1169; *ders.* FS 50 Jahre Schutzverband, S. 29, 35.

irreführenden und aggressiven Geschäftspraktiken in Art. 6–9 als deren Regelbeispiele[1171].

Daraus folge für das UWG, dass die Generalklausel auch im harmonisierten b2c-Verhältnis auf irreführende und aggressive Geschäftspraktiken anzuwenden sei[1172]. Neben ihrer Funktion als Auffangtatbestand diene die Verbrauchergeneralklausel zudem als Ergänzung zu den Tatbeständen der §§ 4–5a[1173]. Diese bildeten mithin eine Teilmenge der Generalklausel[1174]. Bei deren Prüfung komme allein die Spürbarkeitsklausel des § 3 Abs. 2 S. 1 – die Beeinträchtigung der Fähigkeit des Verbrauchers, sich aufgrund von Informationen zu entscheiden – zur Anwendung[1175]. Dem entsprechend laute die vom Rechtsanwender zugrunde zulegende Normenkette: § 3 Abs. 2 S. 1 i.V.m. §§ 4 ff.[1176]. Der Geschäftsverkehr im b2c-Verhältnis sei im Ergebnis aus dem Anwendungsbereich des § 3 Abs. 1 herausgenommen[1177]. Daher gestalte sich auch die Formulierung „jedenfalls" in § 3 Abs. 2 S. 1 sowie die Aufzählung der Verbraucher im Anwendungsbereich des § 3 Abs. 1 problematisch. Entsprechend der Gesetzessprache seien auch andere geschäftliche Handlungen gegenüber Verbrauchern im harmonisierten b2c-Verkehr denkbar. Da Art. 5 Abs. 2 in diesem Bereich aber eine abschließende Regelung darstelle, sei der wörtliche Zusatz „jedenfalls" gedanklich zu streichen. Eine weitergehende Anwendung von § 3 Abs. 1 unter Umgehung der Kriterien in § 3 Abs. 2 S. 1 sei unzulässig[1178]. Lediglich Fallkonstellationen außerhalb des Anwendungsbereichs der UGP-RL ermöglichten einen Rückgriff auf § 3 Abs. 1[1179].

b) Parallelität von § 3 Abs. 1 und Abs. 2 S. 1

Andere Stimmen in der Literatur favorisieren eine parallele, sich ergänzende Anwendung der Generalklauseln in § 3 Abs. 1 und Abs. 2 S. 1[1180]. Diese Ansicht läuft

1171 GK-UWG/*Peukert*, § 3 Rn. 100; Götting/Nordemann/*Wirtz*², § 3 Rn. 23; *Fezer* WRP 2009, 1163, 1169.

1172 Fezer/*ders.*, § 3 Rn. 51.

1173 GK-UWG/*Peukert*, § 3 Rn. 110.

1174 So Fezer/*ders.*, § 3 Rn. 165.

1175 Götting/Nordemann/*Wirtz*², § 3 Rn. 7.

1176 GK-UWG/*Peukert*, § 3 Rn. 110, 136; Götting/Nordemann/*Wirtz*², § 3 Rn. 13.

1177 So *Fezer* FS 50 Jahre Schutzverband, S. 29, 32 f.

1178 Götting/Nordemann/*Wirtz*², § 3 Rn. 15.

1179 GK-UWG/*Peukert*, § 3 Rn. 105, 107; Götting/Nordemann/*Wirtz*², § 3 Rn. 16.

1180 MüKo-UWG/*Sosnitza*, § 3 Rn. 111; Harte/Henning/*Glöckner*, Einl. B Rn. 338; Harte/Henning/*Podszun*, § 3 Rn. 34; *Beater*, Unlauterer Wettbewerb, Rn. 1118; Gloy/Loschelder/Erdmann/*Lubberger*, § 43 Rn. 24 f.; *Kulka* DB 2008, 1548, 1554; *Schöttle* GRUR 2009, 546, 550; *Timm-Wagner* GRUR 2013, 245, 247.

im Ergebnis darauf hinaus, die im traditionellen integrierten Modell angelegte materielle Einheitlichkeit des UWG zu wahren und den § 3 Abs. 2 S. 1 im Verhältnis zu den §§ 4 ff. als spezielles Erfolgselement in Konstellationen heranzuziehen, die dem Anwendungsbereich der vollharmonisierenden UGP-RL unterfallen. Trotz dieses gemeinsamen Nenners divergieren die jeweiligen Standpunkte im Detail bezüglich der konkreten Funktion der Verbrauchergeneralklausel.

Innerhalb des harmonisierten Anwendungsbereichs der UGP-RL enthalte Art. 5 Abs. 2 den einzigen generellen, gemeinschaftsweit geltenden Maßstab der Unlauterkeit und sperre damit den Rückgriff auf andere materielle Maßstäbe[1181]. Die Art. 6–9 seien als Regelbeispiele der Generalklausel zu begreifen[1182]. Nach *Glöckner* erfolge in den Art. 6–9 eine Konkretisierung der Generalklausel sowohl in qualitativer als auch quantitativer Hinsicht. Dass in den Sondertatbeständen das Erfordernis der spürbaren Beeinträchtigung der Fähigkeit zu einer informierten Entscheidung fehle, sei unschädlich, da Irreführung und Aggressivität stets eine Beeinträchtigung der Entscheidungsgrundlage bzw. des Entscheidungsprozesses indizierten[1183].

In Umsetzung der UGP-RL, die allein für das Verhältnis b2c gelte, müsse der integrierte Ansatz des deutschen Lauterkeitsrechts, der in § 3 Abs. 1 zum Ausdruck komme, gewahrt und eine Rechtszersplitterung vermieden werden[1184]. Dabei sei jedoch der Wertungsmaßstab des Art. 5 Abs. 2 zu berücksichtigen. Im Zusammenspiel mit den §§ 4 ff. fungiere § 3 Abs. 2 S. 1 mit seinen zusätzlichen Eingriffsvoraussetzungen als Ergänzung und Konkretisierung des § 3 Abs. 1[1185]. Nach *Schöttle* sei im Rahmen der Funktion als Auffangtatbestand hingegen eine Kumulierung der Generalklauseln von § 3 Abs. 1 und Abs. 2 S. 1 unnötig, da § 3 Abs. 2 S. 1 hier problemlos allein zum Tragen kommen könne[1186].

1181 Harte/Henning/*Glöckner*, Einl. B Rn. 337; dazu auch *Schöttle* GRUR 2009, 546, 550. – Anders Harte/Henning/*Podszun*, § 3 Rn. 34: Art. 5 Abs. 2 lediglich als interpretatorische Ausfüllung des Art. 5 Abs. 1 ohne eigene Anspruchsqualität; so offenbar auch *Rittner/Dreher/Kulka*, Rn. 203. – Dagegen GK-UWG/*Peukert*, § 3 Rn. 84 f.

1182 Gloy/Loschelder/Erdmann/*Lubberger*, § 43 Rn. 20.

1183 Harte/Henning/*Glöckner*, Einl. B Rn. 322.

1184 So etwa Harte/Henning/*Glöckner*, Einl. B Rn. 338; *Beater*, Unlauterer Wettbewerb, Rn. 1118.

1185 MüKo-UWG/*Sosnitza*, § 3 Rn. 111 f.; Harte/Hennig/*Glöckner*, Einl. B Rn. 338; *Beater*, Unlauterer Wettbewerb, Rn. 1118, 1120; *A. Nordemann* FS Köhler, S. 489, 490; *Timm-Wagner* GRUR 2013, 245, 247; *Schöttle* GRUR 2009, 546, 550. Gloy/Loschelder/Erdmann/*Lubberger*, § 43 Rn. 24, versteht den § 3 Abs. 2 S. 1 selbst als Beispieltatbestand des Abs. 1; Harte/Henning/*Podszun*, § 3 Rn. 34, 60, begreift § 3 Abs. 2 S. 1 lediglich als Auslegungsmaxime.

1186 So *Schöttle* GRUR 2009, 546, 551.

c) Subsidiarität von § 3 Abs. 2 S. 1 gegenüber Abs. 1

Eine dritte Ansicht, insbesondere vertreten von *Köhler*, nimmt eine inhaltliche Trennung zwischen § 3 Abs. 2 S. 1 und den §§ 4 – 6 vor, welche ausschließlich auf § 3 Abs. 1 bezogen seien[1187]. § 3 Abs. 2 S. 1 fungiere allein als Auffangtatbestand für alle Geschäftspraktiken außerhalb der irreführenden und aggressiven Tatbestände[1188].

In Übereinstimmung mit den vorgenannten Auffassungen anerkennt auch diese Ansicht den Art. 5 Abs. 2 als definitorischen Grundsatz für alle Geschäftspraktiken, die im b2c-Verhältnis als unlauter gelten[1189]. Allerdings benenne Art. 5 Abs. 4 in den Art. 6 – 9 Beispieltatbestände, welche die Unlauterkeit einer geschäftlichen Handlung selbstständig begründeten. Anwendungstechnisch sei daher ein zusätzlicher Rückgriff auf die Voraussetzungen des Art. 5 Abs. 2 nicht erforderlich[1190]. Die Besonderheit dieser Ansicht liegt jedoch in der von *Köhler* vorgenommenen *rechtsinhaltlichen* Trennung zwischen der Generalklausel und den Beispieltatbeständen. So erstrecke sich der sachliche Anwendungsbereich der Generalklausel gerade nicht auf irreführende und aggressive Geschäftspraktiken i.S.d. Art. 5 Abs. 4 i.V.m. Art. 6 – 9[1191]. Grund hierfür seien sich untereinander und von Art. 5 Abs. 2 lit. b nicht unwesentlich unterscheidende Anforderungen an die geschäftliche Relevanz der jeweiligen Geschäftspraktik in Art. 6 Abs. 1 und 2, Art. 7 Abs. 1 und 2 sowie Art. 8[1192]. Bei den irreführenden Geschäftspraktiken gem. Art. 6 Abs. 1, 2 sowie Art. 7 Abs. 1, 2 genüge bereits die Eignung, den Verbraucher zu einer Entscheidung zu veranlassen, die er sonst nicht getroffen hätte. Die Fähigkeit zu einer informierten Entscheidung müsse hingegen nicht beeinträchtigt sein. Damit enthielten die irreführenden Tatbestände der UGP-RL geringere Anforderungen als Art. 5 Abs. 2[1193]. Genau anders verhalte es sich bei aggressiven Geschäftspraktiken. Gem. Art. 8 müsse die Geschäftspraktik die Entscheidungs- und Verhaltensfreiheit des Verbrauchers tatsächlich oder voraussichtlich erheblich beeinträchtigen. Art. 5 Abs. 2 lit. b i.V.m. Art. 2 lit. e schützten hingegen allein das Interesse des Verbrauchers, eine informierte Entscheidung zu treffen. Zudem fordere das Tatbestandsmerkmal der „unzulässigen Beeinflussung" in Art. 8 darüber hinaus eine *wesentliche* Einschränkung der Fähigkeit zu einer informierten Entscheidung,

---

1187 *Köhler*/Bornkamm[33], § 3 Rn. 8 f.; offenbar auch *Nordemann*, Rn. 111.

1188 *Köhler*/Bornkamm[33], § 3 Rn. 8; Büscher/Dittmer/Schiwy/*Lehmler*, § 3 UWG Rn. 2; *Emmerich*, Unlauterer Wettbewerb[9], § 5 Rn. 9; *Nordemann*, Rn. 111.

1189 *Köhler*/Bornkamm[33], Einl. Rn. 3.61.

1190 *Köhler*/Bornkamm[33], Einl. Rn. 3.62; *ders.* WRP 2010, 1293, 1297.

1191 *Köhler*/Bornkamm[33], § 3 Rn. 8; *ders.* WRP 2012, 638, 639 f.; *Nordemann*, Rn. 111; *Alexander* WRP 2016, 411, 414.

1192 *Köhler*/Bornkamm[33], § 3 Rn. 8; ebenso GK-UWG/*Obergfell*, § 4 Nr. 5 Rn. 91; *Schlagelambers*, S. 137; *Sack* WRP 2015, 663, 664.

1193 *Köhler* WRP 2010, 1293, 1297.

Art. 2 lit. e jedoch nur eine *spürbare* Beeinträchtigung derselben. Im Ergebnis müssten bei Art. 8 schärfere Voraussetzungen erfüllt werden als im Rahmen der Generalklausel[1194].

Aufgrund dieser materiellen Differenzen ließen sich irreführende und aggressive Geschäftspraktiken nicht über einen Kamm – die Generalklausel des Art. 5 Abs. 2 – scheren. In Konsequenz dieser Regelungskonzeption könne innerhalb der UGP-RL auch nicht von einem einheitlichen Rechtsbegriff der „Unlauterkeit" die Rede sein[1195].

Im Lichte dieses konzeptionellen Verständnisses sei auch die Verbrauchergeneralklausel in § 3 Abs. 2 S. 1 zu betrachten. Da diese allein die Generalklausel in Art. 5 Abs. 2 umsetze, die in keinem inhaltlichen Zusammenhang mit den Art. 6–9 stünde, könne im deutschen Recht eine Anknüpfung der Tatbestände in den §§ 4–6 nur an die allgemeine Generalklausel des § 3 Abs. 1 erfolgen[1196]. Ausweislich ihres Wortlauts präzisierten die §§ 4–6 allein das Merkmal der „Unlauterkeit" in § 3 Abs. 1, nicht jedoch die „fachliche Sorgfalt". Der Gesetzgeber wollte nicht die Verbrauchergeneralklausel in den Beispieltatbeständen konkretisieren[1197]. In seiner Anwendung erschöpfe sich § 3 Abs. 2 S. 1 funktionell als reiner Auffangtatbestand für Geschäftspraktiken, die nicht unter die insoweit abschließenden irreführenden oder aggressiven Unlauterkeitstatbestände zu subsumieren seien[1198].

d) Redundanz des § 3 Abs. 2 S. 1

Durchweg ablehnend begegnet *Scherer* der neu eingefügten Verbrauchergeneralklausel. Nach ihrer Auffassung handele es sich um eine überflüssige Vorschrift[1199].

Zwischen der Generalklausel in Art. 5 Abs. 2 und den Geschäftspraktiken nach Art. 5 Abs. 4 müsse klar getrennt werden. *Scherer* beruft sich hierfür auf die Formulierung des EuGH, der die irreführenden und aggressiven Tatbestände als „zwei präzise Kategorien von Geschäftspraktiken"[1200] umschreibt[1201]. Der EuGH

1194 *Köhler* WRP 2010, 1293, 1298.
1195 So *Köhler* WRP 2010, 1293, 1297.
1196 *Köhler*/Bornkamm[33], § 3 Rn. 8a; *Emmerich*, Unlauterer Wettbewerb[9], § 5 Rn. 9.
1197 So *Nordemann*, Rn. 111.
1198 So *Köhler*/Bornkamm[33], § 3 Rn. 8; *Nordemann*, Rn. 111.
1199 *Scherer* WRP 2010, 586; dahingehend auch *Koppensteiner* FS Fezer, S. 285, 291, der der Definition des Art. 2 lit. h eine eigene Bedeutung abspricht.
1200 EuGH GRUR 2010, 244 Tz. 44 – *Plus Warenhandelsgesellschaft*.
1201 *Scherer* NJW 2010, 1849.

gehe demzufolge bei den Art. 5 Abs. 4, Art. 6–9 von selbstständig unlauterkeitsbegründenden Spezialtatbeständen aus, die nicht zusätzlich anhand der Merkmale des Art. 5 Abs. 2 zu prüfen seien[1202]. Die Generalklausel spiele insgesamt für die Spezialtatbestände des b2c-Bereichs keine Rolle[1203]. Ihr komme allein eine Auffangfunktion für alle Sachverhalte außerhalb des Art. 5 Abs. 4 und 5 zu[1204].

In Konsequenz der beschriebenen Richtliniensystematik habe nichts anderes für § 3 Abs. 2 S. 1 zu gelten, welcher Art. 5 Abs. 2 umsetzt. Dieser sei für die §§ 4–5a, welche wiederum die Art. 6–9 umsetzen, bedeutungslos, da diese ebenfalls selbstständig unlauterkeitsbegründend seien[1205]. Vielmehr ließen sich die Spezialtatbestände als vertyptes Unrecht charakterisieren, welche die übrigen Voraussetzungen der verbotsbegründenden Norm erfüllten. Damit sei auch automatisch die Eignung zur spürbaren Beeinträchtigung der Verbraucherinteressen gegeben. Die Spezialtatbestände stünden somit unabhängig neben § 3 Abs. 1 und 2[1206]. Auch in seiner Funktion als Auffangtatbestand sei § 3 Abs. 2 S. 1 im Verhältnis zu § 3 Abs. 1, in dem auch Verbraucher genannt werden, überflüssig. Die Unlauterkeit einer geschäftlichen Handlung sei anhand der Interessen der betroffenen Marktgegenseite funktional zu bestimmen. Zentrales Interesse der Verbraucher bilde hiernach die informierte und freie Entscheidung. Dieses Interesse sei beeinträchtigt, wenn eine Störung der Informationsbasis oder Verhaltensfreiheit des Verbrauchers vorliege[1207]. Lege man der Auslegung der Generalklausel des § 3 Abs. 1 nun dieses funktionale Verständnis zugrunde, so ergäben sich in ihrem Regelungsgehalt keine Unterschiede zu § 3 Abs. 2 S. 1. Die Verbrauchergeneralklausel sei daher in vollem Umfang redundant und überflüssig. Allein § 3 Abs. 1 entfalte sowohl im mitbewerber- als auch im verbraucherbezogenen Lauterkeitsrecht verbotsbegründende Wirkung[1208].

2. Systematisches Konzept des UWG

a) Regelungsintention des Gesetzgebers

Eine Analyse des vom Gesetzgeber intendierten systematischen Verhältnisses zwischen § 3 Abs. 1 und 2 und §§ 4–6 bringt kaum Licht in die Problematik, da die Ausführungen in der Gesetzesbegründung ihrerseits widersprüchlich sind und

---

1202 *Scherer* NJW 2010, 1849.
1203 So *Scherer* NJW 2010, 1849, 1850.
1204 *Scherer* WRP 2010, 586, 589.
1205 *Scherer* NJW 2010, 1849, 1850.
1206 *Scherer* NJW 2010, 1849, 1850; *dies.* WRP 2010 586, 590.
1207 *Scherer* WRP 2010, 586, 590 f.
1208 So im Ergebnis *Scherer* WRP 2010, 586, 592.

kein einheitliches Bild zeichnen. So heißt es zunächst, die Umsetzung des Art. 5 Abs. 2 erfolge lediglich aus Klarstellungsgründen, insbesondere im Hinblick auf Marktteilnehmer aus anderen Mitgliedstaaten der EU[1209]. Die Umsetzung des Art. 5 Abs. 2 geschehe in § 3 Abs. 1 *und* 2[1210]. Auf den ersten Blick scheint es, als würde der Generalklauseltatbestand der UGP-RL in beiden Generalklauseln des § 3 verwirklicht und nicht ausschließlich in § 3 Abs. 2 S. 1. Zudem suggerieren weitere Ausführungen, dass es sich bei § 3 Abs. 1 und 2 gar um eine einheitliche Generalklausel handele. So werde § 3 Abs. 1 durch Abs. 2 ergänzt[1211]. Zum Anhang mit den Black-List-Tatbeständen heißt es, diese regelten die Unzulässigkeit ohne Rücksicht auf die maßgebliche Erheblichkeitsschwelle des § 3 Abs. 1 und 2[1212]. Dies spräche zumindest für eine einheitliche Erheblichkeitsschwelle. Im Rahmen des § 5 Abs. 1 S. 1 wird hervorgehoben, für diesen gelte der Begriff der geschäftlichen Handlung, der auch der lauterkeitsrechtlichen Generalklausel des § 3 Abs. 1 und 2 zu Grunde liege[1213]. Betrachtet man diese Aussagen des Gesetzgebers, müsste von nur einer einzigen Generalklausel des § 3 Abs. 1 und 2 ausgegangen werden.

Dieses Bild einer einheitlichen Generalklausel bzw. Erheblichkeitsschwelle wird jedoch an anderen Stellen der Gesetzesbegründung verwischt. So gelte für die unwahre Angabe i.S.d. § 5 Abs. 1 S. 2 die Erheblichkeitsschwelle des § 3 Abs. 1[1214]. Zu Nr. 5 des Anhangs wird erläutert, dieser regele die betreffende geschäftliche Handlung ohne Rücksicht auf die sonst maßgebliche Erheblichkeitsschwelle des § 3 Abs. 1[1215]. Auch sei bei § 7 die Bagatellklausel des § 3 Abs. 1 nicht neben § 7 anwendbar[1216]. In den genannten Beispielen wird somit das scheinbare Credo einer einheitlichen Erheblichkeitsschwelle bzw. Generalklausel wiederum aufgebrochen, da es nunmehr allein auf § 3 Abs. 1 ankomme. Ein Gegenbeispiel bietet andererseits die Begründung zu § 5a Abs. 2, der erfordere, dass die vorenthaltene Information auch geeignet sein müsse, i.S.v. § 3 Abs. 2 den Verbraucher zu einer geschäftlichen Entscheidung zu veranlassen, die er sonst nicht getroffen hätte[1217]. Hier soll allein § 3 Abs. 2 als Erheblichkeitsschwelle maßgeblich sein, nicht hingegen § 3 Abs. 1. Angesichts dieser wirren gesetzgeberischen Erklärungsversuche bleibt festzuhalten, dass die Gesetzesbegründung kein klares und systematisch

1209 RegE UWG 2008 BT-Drs. 16/10145, S. 15.
1210 RegE UWG 2008 BT-Drs. 16/10145, S. 15.
1211 RegE UWG 2008 BT-Drs. 16/10145, S. 22.
1212 RegE UWG 2008 BT-Drs. 16/10145, S. 22, 30.
1213 RegE UWG 2008 BT-Drs. 16/10145, S. 23.
1214 RegE UWG 2008 BT-Drs. 16/10145, S. 23.
1215 RegE UWG 2008 BT-Drs. 16/10145, S. 24.
1216 RegE UWG 2008 BT-Drs. 16/10145, S. 28.
1217 RegE UWG 2008 BT-Drs. 16/10145, S. 25.

widerspruchsfreies Konzept zu den § 3 Abs. 1 und 2 sowie ihrem Verhältnis untereinander und zu den §§ 4 – 6 erkennen lässt[1218]. Tendenzen, die die oben beschriebene Auffassung einer Parallelität und Kombination des § 3 Abs. 1 und 2 bestätigen, treten in der Gesetzesbegründung an diversen Stellen zwar zum Vorschein, werden aber nicht in Gänze konsequent weiterverfolgt.

b) Normstruktur des § 3

Wie vertragen sich die wenig eindeutigen Erwägungen des Gesetzgebers zur Systematik des UWG mit der von ihm verabschiedeten tatsächlichen Normstruktur des § 3? Ein genauerer Blick auf die äußere Struktur der Vorschrift und der einzelnen Absätze soll hier Abhilfe schaffen. Dabei ist darauf hinzuweisen, dass sich die nachfolgende Analyse „nüchtern" an der vom Gesetz vorgegebenen Regelungsstruktur des § 3 als Zentralvorschrift des UWG orientiert. Eine wertende Beurteilung erfolgt hingegen im Anschluss an die weitergehende Untersuchung der Regelungszusammenhänge zwischen § 3 und den Tatbeständen der §§ 4 – 6.

aa) Abs. 1

Gem. § 3 Abs. 1 ist eine unlautere geschäftliche Handlung unzulässig, wenn sie geeignet ist, die Interessen von Mitbewerbern, Verbrauchern oder sonstigen Marktteilnehmern spürbar zu beeinträchtigen. Die Generalklausel des Abs. 1 fungiert somit zunächst als Verbotsnorm, da sie die Unzulässigkeit der geschäftlichen Handlung anordnet. Die Unzulässigkeit ist wiederum das Verbindungsstück zum Rechtsfolgenregime der §§ 8 ff. Auf tatbestandlicher Ebene erfordert Abs. 1 eine unlautere geschäftliche Handlung, die zur spürbaren Interessenbeeinträchtigung geeignet sein muss. Der Rechtsbegriff der Unlauterkeit wird damit jedenfalls im Tatbestand des Abs. 1 angesiedelt. Allerdings zieht die Unlauterkeit einer geschäftlichen Handlung für sich genommen noch kein Verbot nach sich, sondern erst bei einer spürbaren Interessenbeeinträchtigung. Solange die Interessenbeeinträchtigung nicht vorliegt, ist die unlautere geschäftliche Handlung nach der Tatbestandsstruktur des Abs. 1 erlaubt[1219]. Die bereits in § 3 UWG 2004 angelegte Trennung zwischen Unlauterkeit, Spürbarkeit und Verbot der geschäftlichen Handlung wird auch im UWG 2008 fortgeführt[1220].

1218 Diesen Befund teilt auch GK-UWG/*Peukert*, § 3 Rn. 82.
1219 Zur Kritik daran S. 246 f.
1220 MüKo-UWG/*Sosnitza*, § 3 Rn. 3; *Köhler*/Bornkamm[33], § 3 Rn. 60 – 62a; Fezer/*ders.*, § 3 Rn. 54.

bb) Abs. 2

In § 3 Abs. 2 S. 1 wird der Generalklauseltatbestand des Art. 5 Abs. 2 nachempfunden, geht aber über diesen strukturell hinaus. Hiernach ist eine geschäftliche Handlung gegenüber Verbrauchern jedenfalls dann unzulässig, wenn sie nicht der für den Unternehmer geltenden fachlichen Sorgfalt entspricht und dazu geeignet ist, die Fähigkeit des Verbrauchers, sich aufgrund von Informationen zu entscheiden, spürbar zu beeinträchtigen und ihn damit zu einer geschäftlichen Entscheidung zu veranlassen, die er andernfalls nicht getroffen hätte. Drei Aspekte fallen bei Abs. 2 S. 1 ins Auge.

Zunächst statuiert § 3 Abs. 2 S. 1 selbstständig die Unzulässigkeit der geschäftlichen Handlung (im Gegensatz zu Art. 5 Abs. 2). Er enthält eine eigenständige Verbotsanordnung, die zum Rechtsfolgenregime der §§ 8ff. überleitet. Der Normstruktur nach steht Abs. 2 S. 1 als selbstständige Generalklausel damit unabhängig neben Abs. 1[1221]. Da der Verbotsausspruch bereits in Abs. 2 S. 1 erfolgt, spielt Abs. 1 bei Abs. 2 S. 1 regelungstechnisch keine Rolle.

Des Weiteren soll die geschäftliche Handlung gegenüber Verbrauchern nach Abs. 2 S. 1 „jedenfalls dann unzulässig" sein, wenn die Voraussetzungen dort erfüllt sind. Demzufolge ist es denkbar, dass auch geschäftliche Handlungen gegenüber Verbrauchern am Maßstab des § 3 Abs. 1 losgelöst von Abs. 2 S. 1 verboten werden können[1222]. Auch dies spricht für die Eigenständigkeit des Abs. 2 S. 1 innerhalb der Normstruktur des § 3.

Drittens ist mit Nachdruck darauf zu hinzuweisen, dass in § 3 Abs. 2 S. 1 vom Rechtsbegriff der Unlauterkeit, wie sie in der Generalklausel des Abs. 1 noch Erwähnung findet, überhaupt keine Rede ist[1223]. Nur innerhalb des Abs. 1 findet die Unlauterkeit ihren Niederschlag. Dabei wird in § 3 Abs. 2 S. 1 auch keinerlei anderweitiger Bezug zur Unlauterkeit des § 3 Abs. 1 hergestellt, etwa durch einen Verweis bzw. einen Zusatz „im Sinne von Abs. 1". Stattdessen bilden die Verletzung der fachlichen Sorgfalt sowie die Beeinträchtigung der Fähigkeit, sich aufgrund von Informationen zu entscheiden in Abs. 2 S. 1 eigenständige Tatbestandselemente, die in keinem regelungstechnischen Konnex zur Unlauterkeit und der spürbaren Interessenbeeinträchtigung i.S.v. Abs. 1 stehen[1224].

1221 GK-UWG/*Peukert*, § 3 Rn. 143; Götting/Nordemann/*Götting*², Einl. Rn. 11; *Boesche*, Rn. 173d. – Unzutreffend Harte/Henning/*Podszun*, § 3 Rn. 8, 34; *Scherer* WRP 2010, 586, 592.

1222 GK-UWG/*Peukert*, § 3 Rn. 217; MüKo-UWG/*Sosnitza*, § 3 Rn. 112; *Köhler*/Bornkamm³³, § 3 Rn. 8a; Götting/Nordemann/*Wirtz*², § 3 Rn. 5, 15; *Boesche*, Rn. 173e.

1223 Darauf ebenfalls hinweisend Fezer/*ders.*, § 3 Rn. 56; Götting/Nordemann/*Wirtz*², § 3 Rn. 5.

1224 Ebenso Götting/Meyer/Vormbrock/*Weiler*, § 25 Rn. 288. – Anders *Boesche*, Rn. 173e, die auf den parallelen Aufbau von § 3 Abs. 1 und Abs. 2 S. 1 verweist. Eine parallele Normstruktur hat jedoch m. E. nicht einen inhaltlichen Gleichlauf zur Folge.

Angesichts dieser strukturellen Merkmale ist es anhand des äußeren systematischen Aufbaus des § 3 nur folgerichtig, den § 3 Abs. 2 S. 1 als selbstständige Verbotsvorschrift anzuerkennen und deutlich von § 3 Abs. 1 zu unterscheiden[1225]. Die Frage der Richtlinienkonformität dieser Gesetzessystematik bleibt davon zunächst unberührt.

cc) Abs. 3

§ 3 Abs. 3 bildet die Umschaltnorm zu den Black-List-Tatbeständen des Anhangs. Abs. 3 ordnet ebenfalls selbstständig die Unzulässigkeit der betreffenden geschäftlichen Handlung an. Er nimmt damit regelungstechnisch eine eigenständige Funktion innerhalb des § 3 wahr, indem er eine von § 3 Abs. 1 und Abs. 2 S. 1 unabhängige Verbotsvorschrift statuiert[1226]. Über die Anordnung der Unzulässigkeit gelingt erneut der systematische Brückenschlag zu den §§ 8 ff.

Die Tatbestände des Anhangs normieren eine Per-se-Unzulässigkeit der jeweils einschlägigen geschäftlichen Handlung. Auch hier fehlt jedwede Verbindungslinie zur Unlauterkeit i.S.d. § 3 Abs. 1. Ebenso wenig nimmt Abs. 3 auf die Tatbestandselemente des Abs. 2 S. 1 Bezug. Die Black-List-Tatbestände bilden im UWG damit wiederum eine eigenständige Verbotskategorie, unabhängig vom Rechtsbegriff der Unlauterkeit und von dem Art. 5 Abs. 2 nachempfundenen Abs. 2 S. 1.

dd) Fazit

Als Ergebnis der Analyse des § 3 ist festzuhalten: § 3 Abs. 1, Abs. 2 S. 1 und Abs. 3 normieren jeweils eigenständige und voneinander unabhängige Verbote von geschäftlichen Handlungen. Diese selbstständigen Verbotsanordnungen stehen unvoreingenommen betrachtet auch in normativer Hinsicht unabhängig nebeneinander, da die Vorschriften der Normstruktur nach keine materielle Konnexität aufweisen. Insbesondere fehlt es an Verweisen oder Hinweisen, die – im Gegensatz zu Art. 5 – eine wertungsmäßige Verbundenheit der jeweiligen Unzulässigkeitskategorien implizieren.

1225 GK-UWG/*Peukert*, § 3 Rn. 109 – 115, 143, 145; *Köhler*/Bornkamm[33], § 3 Rn. 8a; Fezer/*ders.*, § 3 Rn. 18. – Unzutreffend Harte/Henning/*Podszun*, § 3 Rn. 34 und offenbar auch *Rittner*/*Dreher*/*Kulka*, Rn. 203, die in § 3 Abs. 2 S. 1 lediglich eine Auslegungsregel bzw. klarstellende Norm ohne eigene Anspruchsqualität erkennen. Bereits mit der Normstruktur des § 3 ist dies unvereinbar.
1226 MüKo-UWG/*Alexander*, Vor Anh. § 3 Abs. 3 Rn. 83; *Köhler*/Bornkamm[33], § 3 Rn. 6.

c) Materiell-rechtliches Verhältnis zu den §§ 4–6: normative Rückbindung an § 3 Abs. 1

Wie steht es nun um die in der Gesetzessystematik des UWG 2008 angelegten normativen Wertungszusammenhänge zwischen § 3 und den §§ 4–6? Letztgenannte Vorschriften bilden zunächst nicht abschließende Konkretisierungstatbestände der Unlauterkeit[1227]. § 4 verdeutlicht dies mit einem „insbesondere"-Hinweis[1228]. Aber auch die §§ 5, 5a und 6 Abs. 2 greifen lediglich den Begriff der Unlauterkeit auf und füllen diesen für die von ihnen umfassten Sachverhaltskonstellationen aus[1229]. Damit ist bereits ein wichtiger Aspekt zur Systematik des UWG 2008 angesprochen: Da die §§ 4–6 allein an das Merkmal der Unlauterkeit anknüpfen, stehen sie entsprechend dieser gesetzlichen Regelungstechnik allein zu § 3 Abs. 1 in systematischer und normativer Verbindung[1230]. Denn nur § 3 Abs. 1 nennt als einzige generelle Verbotsanordnung im UWG die Unlauterkeit als Tatbestandsmerkmal. Darüber hinaus hat die Konkretisierung allein des Unlauterkeitselements zur Folge, dass die §§ 4–6 regelungstechnisch unselbstständige Tatbestände bilden, die zum Verbotsausspruch der Ergänzung durch § 3 Abs. 1 bedürfen[1231]. Sie ordnen nicht die Unzulässigkeit der geschäftlichen Handlung an, sondern allein deren Unlauterkeit. Um zum Verbot eines Sachverhalts der §§ 4–6 und zur Überleitung zu den §§ 8 ff. zu gelangen, ist regelungstechnisch stets die weiterhin erforderliche spürbare Interessenbeeinträchtigung des § 3 Abs. 1 zu berücksichtigen, um den Verbotsgrund zu vervollständigen[1232].

Die materielle Rückkoppelung der §§ 4–6 ist demnach im Verhältnis zu § 3 Abs. 1 angelegt. In dogmatischer Hinsicht bilden die Generalklausel und die auf sie bezogenen Konkretisierungstatbestände eine identische normative Wertungs-

---

1227 § 7 ist als eigenständiger Verbotstatbestand davon zu trennen, GK-UWG/*Peukert*, § 3 Rn. 116.

1228 *Boesche*, Rn. 318. Die im Rahmen der UWG-Novelle 2008 vorgenommene Streichung des Zusatzes „unlauter im Sinne von § 3" ist in der Sache unschädlich, Ohly/*Sosnitza*[6], § 4 Rn. 9; Gloy/Loschelder/Erdmann/*Lubberger*, § 43 Rn. 20. Kritisch hierzu Fezer/*ders.*, § 3 Rn. 41–44.

1229 RegE UWG 2008 BT-Drs. 16/10145, S. 22; Büscher/Dittmer/Schiwy/*Lehmler*, § 4 Rn. 3; Gloy/Loschelder/Erdmann/*Lubberger*, § 43 Rn. 19 f.; Götting/Meyer/Vormbrock/*Weiler*, § 25 Rn. 194; *Rittner/Dreher/Kulka*, Rn. 215; *Nordemann*, Rn. 81.

1230 So auch im Ergebnis *Köhler*/Bornkamm[33], § 3 Rn. 8a a.E.; Büscher/Dittmer/Schiwy/*Lehmler*, § 3 UWG Rn. 2; Götting/Meyer/Vormbrock/*Weiler*, § 25 Rn. 288; *Rittner/Dreher/Kulka*, Rn. 203; *Kulka* DB 2008, 1548, 1554; *Schöttle* GRUR 2009, 546, 548.

1231 GK-UWG/*Pahlow*, § 4 Nr. 1 Rn. 37; Harte/Henning/*Podszun*, § 3 Rn. 51; Götting/Nordemann/*Götting*[2], § 4 Rn. 0.3; Götting/Meyer/Vormbrock/*Weiler*, § 25 Rn. 194; *Beater*, Unlauterer Wettbewerb, Rn. 1058; *Boesche*, Rn. 318.

1232 Harte/Henning/*Podszun*, § 3 Rn. 51; *Boesche*, Rn. 318. – Unzutreffend *Scherer* NJW 2010, 1849, 1850, wonach die Spezialtatbestände der §§ 4 ff. automatisch die verbotsbegründende Norm des § 3 Abs. 1 erfüllten.

ebene[1233]. Diese rechtsinhaltliche Einheitlichkeit stellt die Gesetzessystematik des UWG 2008 zwischen den §§ 4–6 und § 3 Abs. 1 bzw. zum dort verankerten Unlauterkeitselement her. Normativ sind sämtliche Konkretisierungstatbestände des UWG allein auf § 3 Abs. 1 bezogen und zwar auch diejenigen, die der Umsetzung der Art. 6–9 dienen[1234].

Demgegenüber nimmt § 3 Abs. 2 S. 1 nüchtern betrachtet eine systematisch nahezu bedeutungslose Rolle innerhalb des UWG ein. Die Vorschrift wird von der Gesetzesstruktur ins Abseits befördert und steht in keinerlei systematischen Zusammenhang zu den §§ 4–6. Mangels eines Unlauterkeitselements weist sie keine regelungstechnische Verbindung zu anderen materiellen Vorschriften des UWG auf. § 3 Abs. 2 S. 1 ist eine alleinstehende Generalklausel ohne Exemplifizierungen, mit den §§ 4–6 hat sie objektiviert betrachtet nichts zu tun[1235]. In Bezug auf die in der Gesetzessystematik eingebetteten normativen Wertungszusammenhänge führt die „Verbrauchergeneralklausel", die als Umsetzung des Art. 5 Abs. 2 „lediglich aus Klarstellungsgründen" geschaffen wurde, strukturell ein Schattendasein. Den normativen wie regelungstechnischen Dreh- und Angelpunkt des UWG 2008 bildet nach wie vor § 3 Abs. 1[1236].

d) Tatbestandsimmanente Relevanzklauseln?

Im Zusammenhang mit der oben dargestellten Regelungsstruktur des § 3 und des UWG 2008 gilt es, das Postulat sog. „tatbestandsimmanenter Relevanzklauseln" einer kritischen Würdigung zu unterziehen. Dahinter verbirgt sich die Annahme, dass die Relevanzklausel der spürbaren Interessenbeeinträchtigung des § 3 Abs. 1 den Konkretisierungstatbeständen bereits immanent sei und es daher keiner zu-

---

1233 Zur Dogmatik von Generalklausel und Konkretisierungstatbestand S. 94–97.

1234 So auch angesichts der Gesetzessystematik folgerichtig Harte/Henning/*Podszun*, § 3 Rn. 50: „§ 3 Abs. 1 liefert somit, wie dies auch für die verbreiteten sonstigen gesetzlichen Arrangements von Generalklausel und Regelbeispielen zutrifft, eine Art gedanklicher Klammer, die den Wesensgehalt der nachfolgenden Spezialtatbestände verkörpert."; Götting/Meyer/Vormbrock/*Weiler*, § 25 Rn. 288.

1235 Im Ergebnis ebenso – allerdings aufgrund der Annahme materieller Divergenz – *Köhler*/Bornkamm[33], § 3 Rn. 8a; Büscher/Dittmer/Schiwy/*Lehmler*, § 3 UWG Rn. 113; Götting/Meyer/Vormbrock/*Weiler*, § 25 Rn. 314. – Die Gesetzessystematik steht daher auch einer steten Anwendung des gesamten § 3 Abs. 2 S. 1 neben den §§ 4–6 als zusätzliche Verbotsvoraussetzung entgegen. So aber Götting/Nordemann/*Wirtz*[2], § 3 Rn. 66; Gloy/Loschelder/Erdmann/*Lubberger*, § 43 Rn. 24f.

1236 Angesichts der Gesetzessystematik des UWG folgerichtig Harte/Henning/*Podszun*, § 3 Rn. 50, zu § 3 Abs. 1: „Inbegriff der Verbotstatbestände"; Götting/Meyer/Vormbrock/*Weiler*, § 25 Rn. 194; *Emmerich*, Unlauterer Wettbewerb[9], § 5 Rn. 10.

sätzlichen Prüfung der Relevanzklausel des § 3 Abs. 1 bedürfe. In Rechtsprechung und Literatur werden solche tatbestandsimmanente Relevanzklauseln einer Vielzahl, wenn nicht gar dem Großteil der Konkretisierungstatbestände im UWG 2008 zugrunde gelegt[1237]. Dieses dogmatische Verständnis ist allerdings nicht unproblematisch.

Zum einen widerspricht es der gesetzlichen Regelungsstruktur des UWG 2008, die für das Verbot einer geschäftlichen Handlung zwischen der Unlauterkeit und der spürbaren Interessenbeeinträchtigung trennt. Die §§ 4–6 konkretisieren allein das Tatbestandsmerkmal der Unlauterkeit in § 3 Abs. 1. Das zweite, notwendige Tatbestandsmerkmal, um zur Unzulässigkeit der geschäftlichen Handlung zu gelangen, bildet in § 3 Abs. 1 die spürbare Interessenbeeinträchtigung. Diese bleibt von den §§ 4–6 unberührt und ist aus systematischen Gründen stets zu prüfen.

Zum anderen und mit dem vorgenannten Aspekt zusammenhängend, provoziert die Annahme tatbestandsimmanenter Relevanzklauseln einen regelungstechnischen Systembruch innerhalb des UWG. Die Überleitung zum Rechtsfolgenregime der §§ 8 ff. erfolgt allein über die Unzulässigkeitsvorschriften der §§ 3 und 7[1238]. Deren jeweilige Tatbestandsmerkmale müssen vollständig erfüllt sein. Tatbestandsimmanente Relevanzklauseln führen dazu, dass allein die Unlauterkeit des § 3 Abs. 1 verwirklicht wird, die spürbare Interessenbeeinträchtigung i.S.v. § 3 Abs. 1 hingegen ungeprüft bleibt. Formal betrachtet bleibt die Prüfung des Unzulässigkeitstatbestands des § 3 Abs. 1 damit unvollständig, so dass der reinen Gesetzessystematik folgend auch nicht die Rechtsfolgen der §§ 8 ff. ausgelöst werden können.

Schließlich bedient sich die im Ergebnis abzulehnende Auffassung der Art. 6–9 und behauptet, ihr Verständnis von tatbestandsimmanenten Relevanzklauseln sei auch in den Konkretisierungstatbeständen der UGP-RL angelegt[1239]. In

1237 So etwa zu § 4 Nr. 1: MüKo-UWG/*Heermann*, § 4 Nr. 1 Rn. 397; *Köhler*/Bornkamm[33], § 3 Rn. 8b; Harte/Henning/*Stuckel*, § 4 Nr. 1 Rn. 19; Götting/Nordemann/*Götting*[2], § 4 Rn. 1.7. Zu § 4 Nr. 2: MüKo-UWG/*Heermann*, § 4 Nr. 2 Rn. 138; *Köhler*/Bornkamm[33], § 3 Rn. 8b. Zu § 4 Nr. 3: *Köhler*/Bornkamm[33], § 3 Rn. 8b. Zu § 4 Nr. 4: *Köhler*/Bornkamm[33], § 3 Rn. 8b. Zu § 4 Nr. 5: *Köhler*/Bornkamm[33], § 3 Rn. 8b. Zu § 4 Nr. 10: BGH GRUR 2009, 876 Tz. 26 – *Änderung der Voreinstellung II*. Zu § 5: BGH GRUR 2008, 186 Tz. 26 – *Telefonaktion*; GRUR 2009, 888 Tz. 18 – *Thermoroll*; GRUR 2012, 286 Tz. 18 – *Falsche Suchrubrik*; GK-UWG/*Lindacher*, § 5 Rn. 242; MüKo-UWG/*Alexander*, § 5a Rn. 90; *Köhler*/Bornkamm[33], § 3 Rn. 8 f; Köhler/*Bornkamm*[33], § 5 Rn. 2.20; Harte/Henning/*Dreyer*, § 5 B Rn. 157a; unklar Ohly/*Sosnitza*[6], § 5 Rn. 208, 217. Zu § 5a Abs. 2: BGH GRUR 2010, 852 Tz. 21 – *Gallardo Spyder*; GK-UWG/*Lindacher*, § 5a Rn. 40; MüKo-UWG/*Alexander*, § 5a Rn. 92.

1238 Dies betont auch *A. Nordemann* FS Köhler, S. 489, 492.

1239 Etwa GK-UWG/*Lindacher*, § 5 Rn. 242 und Köhler/*Bornkamm*[33], § 5 Rn. 2.21, zu Art. 6 Abs. 1; MüKo-UWG/*Alexander*, § 5a Rn. 91 f., zu Art. 7; MüKo-UWG/*Heermann*, § 4 Nr. 1 Rn. 397 und § 4 Nr. 2 Rn. 138, zu Art. 8.

der Tat greifen die Art. 6–9 nicht allein das Verhaltenselement, sondern auch das Erfolgselement der Generalklausel des Art. 5 Abs. 2 auf. Verhaltens- und Erfolgselement einer unlauteren Geschäftspraktik lassen sich nach der Struktur des Art. 5 Abs. 2 nicht schematisch voneinander trennen, sondern sind normativ miteinander verwoben und bei der materiellen Prüfung gedanklich in Verbindung zu bringen[1240]. Aber genau hier verkennt die vorbezeichnete Ansicht den regelungstechnischen Unterschied zwischen der UGP-RL und dem UWG 2008. Letzteres konkretisiert in den §§ 4–6 allein die Unlauterkeit. Die Relevanzklausel des § 3 Abs. 1 bleibt jedoch von den Konkretisierungstatbeständen der §§ 4–6 systematisch unabhängig bestehen und gesondert zu prüfen. Zwar wird auch hier der Rechtsanwender nicht umhin kommen, im Rahmen der Prüfung eines Konkretisierungstatbestands das Merkmal der spürbaren Interessenbeeinträchtigung gedanklich mit einzubeziehen. Dies darf allerdings nicht dazu führen, die Gesetzessystematik des UWG vollends aufzusprengen. Aufgrund dieser dogmatischen Unterschiedlichkeit kann die Regelungsstruktur der UGP-RL jedenfalls nicht als Argument zugunsten tatbestandsimmanenter Relevanzklauseln im UWG herhalten. Eine dogmatisch sauber arbeitende Rechtsanwendung darf von diesen gerade nicht ausgehen, sondern muss sich an die vom UWG vorgesehene Regelungstechnik – Unlauterkeit nach §§ 4–6 *plus* spürbare Interessenbeeinträchtigung i.S.v. § 3 Abs. 1 – halten[1241].

Die hier geübte Kritik an der unpräzisen und der äußeren Gesetzessystematik zuwider laufenden Annahme tatbestandsimmanenter Relevanzklauseln mag auf den ersten Blick akademischer Natur erscheinen, zumal der materielle Gehalt der Unzulässigkeitsvoraussetzungen auch unter der Annahme tatbestandsimmanenter Relevanzklauseln ausgefüllt werden könnte. Ernsthaft sollte man sich dann aber fragen, welchen Wert gesetzgebungstechnische Arbeit insbesondere in einem so äußerst praxisrelevanten Gesetz wie dem UWG überhaupt beigemessen werden kann. Sinn einer präzisen und in sich konsistenten gesetzlichen Regelungsstruktur ist es, dem Rechtsanwender in der Praxis ein grundsolides Werkzeug für eine sachgerechte Entscheidungsfindung zur Verfügung zu stellen.

1240 Zu diesem Verständnis der Unlauterkeit i.S.d. UGP-RL ausführlich S. 122–126.

1241 Wie hier GK-UWG/*Pahlow*, § 4 Nr. 1 Rn. 37; MüKo-UWG/*Heermann*, § 4 Nr. 3 Rn. 205, § 4 Nr. 4 Rn. 109; MüKo-UWG/*Leible*, § 4 Nr. 5 Rn. 9; MüKo-UWG/*Jänich*, § 4 Nr. 10 Rn. 1, 8; MüKo-UWG/*Menke*, § 6 Rn. 36; Fezer/*Scherer*, § 4–2 Rn. 23, 161; Fezer/*Hoeren*, § 4–3 Rn. 3; Fezer/*Steinbeck*, § 4–4 Rn. 49; Fezer/*Hecker*, § 4–5 Rn. 74; Fezer/*Peifer*, § 5 Rn. 264; Harte/Henning/*Podszun*, § 3 Rn. 51; Harte/Henning/*Frank*, § 4 Nr. 3 Rn. 38; Harte/Henning/*Bruhn*, § 4 Nr. 4 Rn. 16, § 4 Nr. 5 Rn. 2; Ohly/*Sosnitza*[6], § 3 Rn. 56, § 4 Rn. 1/15, 2/30, 3/63, § 5 Rn. 217, § 5a Rn. 29, der von einer Indizwirkung der Konkretisierungstatbestände ausgeht; Götting/Nordemann/*Nordemann*[2], § 5 Rn. 0.15; *ders.* FS Köhler, S. 489, 492f.; *Boesche* Rn. 318; *Schlagelambers*, S. 141; *Schöttle* GRUR 2009, 546, 548. – Offenlassend GK-UWG/*Obergfell*, § 4 Nr. 4 Rn. 97, § 4 Nr. 5 Rn. 89.

e) Dogmatische Divergenz zur UGP-RL

Als zentrales Ergebnis des vorigen Kapitels wurde herausgearbeitet, dass das innere System einer vollharmonisierenden Richtlinie maßgeblich deren normativen Inhalt mitbestimmt und daher vom umsetzungsverpflichteten nationalen Gesetzgeber zwingend zu übernehmen ist. Im Sinne einer transparenten und hinreichend bestimmten Umsetzung sollte das äußere System des Umsetzungsrechts die inneren Wertungszusammenhänge der Richtlinie möglichst präzise darstellen und zumindest nicht hinter dem Maß an Präzision der Richtlinie zurückfallen (Kongruenzgrundsatz)[1242]. Das Wertungssystem der UGP-RL ist im Verhältnis zwischen Art. 5 Abs. 2 und den Art. 6–9 über Art. 5 Abs. 4 und den Black-List-Tatbeständen über Art. 5 Abs. 5 begründet. Art. 5 Abs. 2 fungiert dabei als normative Basis für die gesamte UGP-RL und formuliert einen einheitlichen Unlauterkeitsmaßstab.

Dieser einheitliche Unlauterkeitsmaßstab der UGP-RL wird im Regelungssystem des UWG 2008 aufgebrochen. Die Systematik des UWG indiziert einen wertungsmäßigen Gleichklang allein zwischen § 3 Abs. 1 und den §§ 4–6, unter denen sich auch die Tatbestände zur Umsetzung der Art. 6–9 befinden. § 3 Abs. 2 S. 1 bleibt davon unberührt und autark neben den §§ 4–6 bestehen, ohne mit diesen normativ verbunden zu sein. Genau darin liegt aber der teleologisch-systematische Bruch mit der UGP-RL. In deren Anwendungsbereich muss die Generalklausel des § 3 Abs. 2 S. 1 als materielle Grundlage und regelungstechnischer Fixpunkt für die transformierten Konkretisierungstatbestände der Richtlinie fungieren.

Die Ansicht, § 3 Abs. 2 S. 1 habe mit den §§ 4–6 bzw. mit den Konkretisierungstatbeständen der UGP-RL nichts zu tun und sei von diesen deutlich zu trennen, trifft zwar grundsätzlich in Bezug auf § 6 zu,[1243] geht im Übrigen aus verschiedenen Gründen aber fehl. Insbesondere die vorgetragene Unterschiedlichkeit der Relevanzklauseln in Art. 6–8 ist nicht materieller, sondern rein sprachlicher Natur[1244]. Der Richtliniengeber hielt eine sprachliche Anpassung der Tatbestandsmerkmale des Art. 5 Abs. 2 lit. a und b in den von den Art. 6–9 umfassten Sachverhaltskonstellationen für sinnvoll und verzichtete etwa darauf, das Merkmal der Beeinträchtigung der Fähigkeit, eine informierte Entscheidung zu treffen, in den Art. 6–9 erneut zu erwähnen, da er es dort als automatisch verwirklicht ansah[1245]. Eine Abweichung in materieller Hinsicht ist damit gerade

---

1242 Dazu S. 185.

1243 § 6 dient der Umsetzung des Art. 4 Irreführungs-RL. Dazu auch ErwGr 6 S. 4; *Köhler/Bornkamm*[33], § 3 Rn. 8h.

1244 Dazu ausführlich S. 130–159.

1245 Dazu S. 99–102.

nicht verbunden. Die Auffassung einer Subsidiarität des § 3 Abs. 2 S. 1 verwechselt Fragen des normativen Verhältnisses mit denen des Anwendungsverhältnisses[1246]. Allerdings bedarf Letzteres im Hinblick auf die im UWG gewählte Regelungstechnik abermals einer Modifizierung. Anders als in der UGP-RL beinhalten die sie umsetzenden Tatbestände der §§ 4–5a keine Konkretisierungen des Erfolgselements nach Art. 5 Abs. 2 lit. b, Art. 2 lit. e, sondern allein die Verhaltenselemente der Art. 6–8, die wiederum Konkretisierungen des allgemeinen Verhaltenselements der beruflichen Sorgfaltspflichtverletzung nach Art. 5 Abs. 2 lit. a, Art. 2 lit. h darstellen. Die Tatbestände der §§ 4–5a, sofern sie in den Anwendungsbereich der UGP-RL fallen, müssten daher inhaltlich als Konkretisierungen der fachlichen Sorgfalt gem. § 3 Abs. 2 S. 1 angesehen werden. Regelungstechnisch hätte die Rückkoppelung der §§ 4–5a in diesen Fällen dann auch richtigerweise im Verhältnis zum Unzulässigkeitstatbestand des § 3 Abs. 2 S. 1 zu erfolgen. Dies wiche zwar von der Regelungstechnik der UGP-RL ab, wäre aber auf die Trennung zwischen Verhaltens- und Erfolgselement in den Konkretisierungstatbeständen des UWG 2008 zurückzuführen. Infolge dessen wäre – anders als in der UGP-RL – über § 3 Abs. 2 S. 1 das Tatbestandselement der Beeinträchtigung der Fähigkeit, eine informierte Entscheidung zu treffen, bei den Konkretisierungen mit zu prüfen. Dies wäre zwar prüfungstechnisch überflüssig, würde jedoch keine materiellen Abweichungen hervorrufen.

In der Sache erweist sich die oben geschilderte Ansicht zur Exklusivität des § 3 Abs. 2 S. 1 in Bezug auf das normative Verhältnis zwischen § 3 und den §§ 4–5a im Anwendungsbereich der UGP-RL *inhaltlich* als zutreffend[1247]. Da § 3 Abs. 2 S. 1 die Unzulässigkeit der geschäftlichen Handlung eigens anordnet, ist es auch konsequent, § 3 Abs. 2 als Umsetzung des Art. 5 Abs. 4 zu qualifizieren,[1248] für den der deutsche Gesetzgeber hingegen keinerlei Umsetzungsbedarf erblickte[1249]. Über die direkte Verknüpfung der §§ 4–5a mit § 3 Abs. 2 S. 1 wäre nicht nur die Einheitlichkeit des normativen Wertungssystems der UGP-RL gewahrt, sondern dieses zugleich auch nach außen hin sichtbar gemacht. Das Problem besteht nun darin, dass das UWG schon bei oberflächlicher Betrachtung diesen Lösungsweg nicht bereithält, sondern diesem vielmehr entgegensteht. Denn die Konkretisierungen der §§ 4–6 sind allein auf die Unlauterkeit des § 3 Abs. 1 bezogen. § 3 Abs. 2 S. 1 steht selbstständig neben § 3 Abs. 1, ohne mit diesem normativ-systematisch verknüpft zu sein. Die Unlauterkeit spielt in Abs. 2 S. 1 keine Rolle. Dieser kann lediglich neben Abs. 1 angewendet werden („jedenfalls"). Eine direkte Anwen-

1246 Demgegenüber zutreffend *Hetmank* GRUR 2015, 323, 327.
1247 Ausführlich S. 229 f.
1248 So GK-UWG/*Peukert*, § 3 Rn. 104–108.
1249 RegE UWG 2008 BT-Drs. 16/10145, S. 15 f.

dung des § 3 Abs. 2 S. 1 i.V.m. §§ 4–5a würde die Systematik des UWG verlassen und sprengen.

Vor diesem Hintergrund ist der Versuch der Ansicht, die für eine Parallelität zwischen § 3 Abs. 1 und Abs. 2 S. 1 plädiert, zu erklären, das in §§ 4–5a konkretisierte Verhaltenselement der Art. 6–9 durch eine ergänzende Anwendung des § 3 Abs. 2 S. 1 mit dem dort geregelten Erfolgselement des Art. 5 Abs. 2 lit. b, Art. 2 lit. e in Verbindung zu bringen und damit die Struktur des UWG weitestgehend zu schonen[1250]. Damit scheint das materielle Ergebnis der Art. 6–9 im UWG verwirklicht zu sein[1251]. Aber auch dieser Lösungsweg muss sich über die Systematik des UWG hinwegsetzen. Sofern § 3 Abs. 2 S. 1 lediglich als spezielle Relevanzklausel oder gar nur als Auslegungsmaxime hinzugezogen wird, missachtet man zugleich die systematische Eigenständigkeit des § 3 Abs. 2 S. 1 als Unzulässigkeitstatbestand, der ohne Rückgriff auf Abs. 1 auskommt[1252]. Sollte § 3 Abs. 2 S. 1 tatsächlich als parallel mitzulesende Ergänzung des Abs. 1 fungieren, wird damit wiederum die unabhängige Stellung des Abs. 2 S. 1 mit seinen von Abs. 1 abweichenden Kriterien negiert. Weder explizit noch implizit weist Abs. 2 S. 1 mangels Verwendung des Unlauterkeitsbegriffs einen materiellen Konnex zu Abs. 1 auf[1253]. Letztlich wird auf diesem Wege ein autarker Unzulässigkeitstatbestand in einen anderen autarken Unzulässigkeitstatbestand hineingelesen[1254]. Daher vermag es auch dieser Lösungsansatz nicht, die Vorgaben der UGP-RL stimmig in das UWG zu übertragen. Vielmehr kommt auch er nicht ohne einen Bruch mit dessen Regelungssystematik aus.

Im Ergebnis bleibt ernüchternd festzustellen, dass zwar sowohl die Auffassung einer Exklusivität des § 3 Abs. 2 S. 1 als auch die einer Parallelität zwischen § 3 Abs. 1 und Abs. 2 S. 1 und einer Subsidiarität des § 3 Abs. 2 S. 1 das materielle Richtlinienergebnis im Umsetzungsrecht anstreben, das UWG 2008 mit seiner Regelungssystematik aber seinerseits eine Möglichkeit zur konsistenten Implementierung der UGP-RL nicht bereit hält. Gerade vor dem Hintergrund, dass der nationale Gesetzgeber das innere Wertungssystem der vollharmonisierenden UGP-RL im UWG 2008 nicht nachvollzogen hat, kann eine Rechtsanwendung, welche den Vorgaben der UGP-RL gerecht werden will, nur unter Verletzung des

---

1250 Dafür etwa Harte/Henning/*Glöckner*, Einl. B Rn. 338; *Beater*, Unlauterer Wettbewerb, Rn. 1118.

1251 Nicht zu verkennen ist, dass die Befürworter dieser Ansicht am tradierten materiell-integrierten Schutzmodell des UWG festhalten, welches mit dem Schutzzweck der UGP-RL jedoch nicht vereinbar ist. Dazu S. 217–221.

1252 GK-UWG/*Peukert*, § 3 Rn. 84 f.

1253 GK-UWG/*Peukert*, § 3 Rn. 89.

1254 GK-UWG/*Peukert*, § 3 Rn. 92.

Regelungssystems des nationalen Rechts erfolgen. Man mag etwa die Variante einer parallelen Anwendung der § 3 Abs. 1 i.V.m. §§ 4 – 5a i.V.m. § 3 Abs. 2 S. 1 gerade noch als Grenzfall richtlinienkonformer Auslegung hinnehmen[1255]. Eine richtlinienkonforme Auslegung, die nur in einer das Regelungssystem des nationalen Rechts durchbrechenden Weise erfolgen kann, kann aber den Anforderungen einer transparenten, bestimmten und präzisen Umsetzung nicht genügen und erst Recht keine langfristige (Ersatz-)Lösung darstellen[1256]. Allein eine erneute legislative Überarbeitung vermag Abhilfe zu schaffen,[1257] die nicht nur das innere Wertungssystem der UGP-RL nachvollzieht, sondern dieses nach hiesiger Auffassung auch möglichst klar und transparent im äußeren System des Umsetzungsrechts manifestiert.

f) Grundsätzliche Kritik an der Unlauterkeitsterminologie des UWG 2008

Abgesehen von den teleologisch-systematischen Problemen, die sich aus der vom Gesetzgeber gewählten Terminologie mit der Unterscheidung zwischen Unzulässigkeit, Unlauterkeit und spürbarer Interessenbeeinträchtigung ergeben,[1258] stößt diese Wortwahl im UWG 2008 verglichen mit der UGP-RL auch aus weiteren Gründen zu Recht auf Kritik[1259].

Zum einen bringt die Trennung zwischen Unlauterkeit und spürbarer Interessenbeeinträchtigung die widersinnige Folge mit sich, dass unlautere geschäftliche Handlungen grundsätzlich erlaubt sind und ein Verbot erst bei Vorliegen des weiteren Tatbestandselements der spürbaren Interessenbeeinträchtigung erfolgt. Verbotsgegenstand des UWG ist damit nicht etwa die Unlauterkeit einer geschäftlichen Handlung, sondern deren Unzulässigkeit. Eigentlich müsste das UWG als Gesetz gegen den unzulässigen Wettbewerb bezeichnet werden[1260]. Damit wird freilich die Verwirklichung der zentralen Zwecksetzung des UWG verfehlt, denn diese bestimmt in § 1 S. 1 den Schutz der Interessen der Marktteilnehmer vor unlauteren und nicht vor unzulässigen geschäftlichen Handlungen. Da aber die Unlauterkeit an sich erlaubt ist (!), kann das Wertungssystem des UWG dessen

1255 Kritisch etwa jurisPK-UWG/*Ullmann*, Einl. Rn. 65 Fn. 79 zu § 4 Nr. 6.

1256 Zur richtlinienkonformen Auslegung und deren Verhältnis zur legislativen Umsetzung der Richtlinie S. 206 – 209.

1257 Dafür auch vehement *Köhler* WRP 2012, 251; *ders.* WRP 2013, 403.

1258 Diese Unterscheidung war bereits im sog. Professorenentwurf zum UWG 2004 angelegt: *Köhler*/*Bornkamm*/*Henning-Bodewig* WRP 2002, 1317, 1318.

1259 Kritisch etwa Fezer/*ders.*, § 3 Rn. 55 – 57; Götting/Nordemann/*Götting*^{2}, Einl. 11: „Pfusch", § 4 Rn. 0.3; Götting/Nordemann/*Wirtz*^{2}, § 3 Rn. 3 – 6; *A. Nordemann* FS Köhler, S. 489.

1260 Zu Recht kritisch Götting/Nordemann/*Götting*^{2}, Einl. Rn. 11, § 4 Rn. 0.3; Götting/Nordemann/*Wirtz*^{2}, § 3 Rn. 3; *A. Nordemann* FS Köhler, S. 489.

Zwecksetzung streng genommen nicht nachkommen. § 1 S. 1 wird durch die gewählte Unlauterkeits- bzw. Unzulässigkeitsterminologie geradezu konterkariert[1261].

Zum anderen hat das in § 3 Abs. 1 verwendete Begriffspaar Unlauterkeit/Unzulässigkeit zur Folge, dass in § 3 Abs. 2 S. 1, der den generellen Tatbestand des Richtlinienbegriffs der Unlauterkeit gem. Art. 5 Abs. 2 umsetzt, von Unlauterkeit gar keine Rede mehr ist[1262]. Dabei bildet Art. 5 Abs. 2, der in lit. a und b die zwei unlauterkeitskonstituierenden Tatbestandsmerkmale aufführt, die normativ zentrale Vorschrift der UGP-RL und statuiert einen für das Harmonisierungsrecht der UGP-RL materiell einheitlichen Unlauterkeitsbegriff. Dieser wird von der vom Gesetzgeber gewählten Gesetzessprache im UWG nicht nachvollzogen, obwohl es zentrales Regelungsziel der UGP-RL ist, die tradierten nationalen Generalklauseln zu ersetzen[1263].

g) Zusammenfassung

Das innere Wertungssystem des UWG 2008 resultiert aus der normativen Verknüpfung der Tatbestände der §§ 4–6 und der Generalklausel in § 3 Abs. 1 – auch bei den umgesetzten Konkretisierungstatbeständen der UGP-RL. § 3 Abs. 2 S. 1, der Art. 5 Abs. 2 umsetzt, spielt für diese Wertungszusammenhänge der Regelungstechnik nach keine Rolle. Damit weicht das Wertungssystem des UWG von dem der UGP-RL ab, welches eine normative Äquivalenz zwischen Art. 5 Abs. 2 (= § 3 Abs. 2 S. 1), den Art. 6–9 (= §§ 4–5a) sowie der Black List intendiert und diese in der Normstruktur des Art. 5 nach außen hin sichtbar macht. Da die teleologisch-systematischen Wertungszusammenhänge den zwingend zu transformierenden Inhalt der Richtlinie wesentlich mitbestimmen, ist die Regelungssystematik des UWG 2008 richtlinienwidrig. Alle Versuche einer richtlinienkonformen Auslegung ziehen die Notwendigkeit einer Durchbrechung der UWG-Systematik nach sich.

II. Anwendungsverhältnis zwischen Generalklausel und Konkretisierungstatbeständen im UWG 2008

Die nachfolgenden Ausführungen sind dem Anwendungsverhältnis zwischen den Generalklauseln und den Konkretisierungstatbeständen des UWG 2008 und deren

---

1261 Demgemäß auch Götting/Nordemann/*Wirtz*², § 3 Rn. 3.
1262 Fezer/*ders.*, § 3 Rn. 56; Götting/Nordemann/*Wirtz*², § 3 Rn. 5 a.E.
1263 ErwGr 13 S. 1.

Kompatibilität mit den Vorgaben der UGP-RL gewidmet. Besondere Aufmerksamkeit verdient der Rechtsbruchtatbestand in § 4 Nr. 11.

1. Abgrenzungen

Vorab lassen sich bereits drei Vorschriften zur Frage des Anwendungsverhältnisses zwischen den UWG-Tatbeständen ausklammern:

Erstens spielt § 7 anwendungstechnisch hier keine Rolle, da er einen verselbstständigten Unzulässigkeitstatbestand darstellt, der weder auf den Unlauterkeitsbegriff noch auf die fachliche Sorgfalt rekurriert und diesen näher ausfüllt[1264]. Zweitens bleibt § 3 Abs. 3 mit den Tatbeständen des Anhangs von der Frage des Anwendungsverhältnisses zwischen § 3 Abs. 1 bzw. Abs. 2 S. 1 und den §§ 4–6 unberührt, da auch er selbstständig die Unzulässigkeit regelt. Im Einklang mit der auch in der UGP-RL angelegten Anwendungsspezialität ist er zudem gegenüber § 3 Abs. 1 oder Abs. 2 S. 1 vorrangig zu prüfen[1265]. Festzustellen ist drittens, dass der Unlauterkeitstatbestand des § 6, der als Umsetzung des Art. 4 Irreführungs-RL nicht im Anwendungsbereich der UGP-RL liegt,[1266] anwendungstechnisch nur im Kontext des § 3 Abs. 1 relevant ist[1267].

Die Frage nach dem Anwendungsverhältnis zwischen den Generalklauseln fokussiert sich daher auf das Verhältnis zwischen § 3 Abs. 1 bzw. Abs. 2 S. 1 und den §§ 4–5a.

2. Zuordnung als Auffangtatbestand

Im Rahmen der Untersuchung zur UGP-RL hat sich gezeigt, dass, sofern die Tatbestände der Black List über Art. 5 Abs. 5 oder die Konkretisierungstatbestände der Art. 6–9 über Art. 5 Abs. 4 nicht zum Verbot der Geschäftspraktik nach Art. 5 Abs. 1 führen, der Rückgriff auf den Generalklauseltatbestand des Art. 5 Abs. 2 aufgrund

---

1264 *Köhler*/Bornkamm[33], § 7 Rn. 1. Dabei ist zu beachten, dass § 7 Abs. 2 Nr. 1 der Umsetzung der Nr. 26 Anhang I dient, die wiederum den Unlauterkeitsmaßstab des Art. 5 Abs. 2 verkörpert und damit den Schutz der geschäftlichen Entscheidungsautonomie des Verbrauchers zum Gegenstand hat. § 7 Abs. 2 Nr. 1 ist innerhalb des § 7 ein teleologischer Fremdkörper und wäre in den Anhang UWG zu verschieben.

1265 GK-UWG/*Peukert*, § 3 Rn. 77, 80; MüKo-UWG/*Sosnitza*, § 3 Rn. 4; MüKo-UWG/*Alexander*, Vor Anh. § 3 Abs. 3 Rn. 13; *Köhler*/Bornkamm[33], § 3 Rn. 6; Götting/Nordemann/*Wirtz*[2], § 3 Rn. 13; Büscher/Dittmer/Schiwy/*Lehmler*, § 3 UWG Rn. 1.

1266 ErwGr 6 S. 4.

1267 Bei § 6 handelt es sich um eine abschließende Regelung vergleichender Werbung i.S.d. Irreführungs-RL. Dazu EuGH GRUR 2003, 533 Tz. 44 – *Pippig Augenoptik/Hartlauer*; *Köhler*/Bornkamm[33], § 6 Rn. 19; *Ohly*/Sosnitza[6], § 6 Rn. 8; Götting/Nordemann/*Koehler*[2], § 6 Rn. 52.

seiner Auffangfunktion offen steht. Dieses Anwendungsverhältnis spiegelt zugleich die materiell einheitliche Wertungsebene zwischen Generalklausel und Konkretisierung wider, demgemäß die Konkretisierungstatbestände typische Sachverhaltskonstellationen aufgreifen, die auch unter die Generalklausel fallen würden, aber in den besonderen, exemplifizierenden Tatbeständen eine präzisere Regelung erfahren haben. Der von der Generalklausel vorgegebene materielle Rahmen wird damit aber gerade nicht verlassen. Anwendungsspezialität bedeutet nicht normative Spezialität[1268]. Angesichts dieses Zusammenhangs ist vorab unproblematisch zu konstatieren, dass Art. 5 Abs. 2 bzw. § 3 Abs. 2 S. 1 nicht als Auffangtatbestand für diejenigen Sachverhaltskonstellationen in Betracht kommt, die nicht in den Anwendungsbereich der UGP-RL fallen, auch, wenn sie einen Verbraucherbezug aufweisen. Denn diese Fälle werden vom inneren Wertungssystem der UGP-RL gerade nicht mit eingeschlossen, es sei denn, der nationale Normgeber unterstellt im Zuge einer erweiternden Umsetzung auch diese Sachverhalte dem Regelungsregime der UGP-RL. Insofern fungiert richtigerweise § 3 Abs. 1 als Auffangtatbestand im UWG 2008[1269]. Dies betrifft zum einen geschäftliche Handlungen, welche die Interessen von Mitbewerbern oder sonstigen Marktteilnehmern berühren und aus deren Perspektive bewertet werden,[1270] zum anderen aber auch geschäftliche Handlungen gegenüber Verbrauchern, deren Verbot nicht mit dem Schutzzweck der UGP-RL begründet wird (Schutzzweckschranke[1271]) oder den Ausnahmen vom Anwendungsbereich der UGP-RL unterfallen[1272]. Von Interesse ist daher allein, welcher Absatz des § 3 als Auffangtatbestand für Sachverhalte *im* Anwendungsbereich der UGP-RL als Auffangtatbestand fungiert.

Überwiegend wird dazu in Rechtsprechung und Literatur vertreten, dass hierfür allein § 3 Abs. 2 S. 1 und nicht Abs. 1 heranzuziehen ist[1273]. Teilweise wird eine kumulative Anwendung von § 3 Abs. 1 und Abs. 2 S. 1 befürwortet,[1274] teilweise soll allein § 3 Abs. 1 als Auffangtatbestand maßgeblich sein[1275].

1268 Ausführlich zu dieser Differenzierung S. 168 f.

1269 Zutreffend Götting/Nordemann/*Wirtz*[2], § 3 Rn. 16.

1270 *Köhler*/Bornkamm[33], § 3 Rn. 56.

1271 Dazu ausführlich S. 76–80.

1272 So differenzierend Götting/Nordemann/*Wirtz*[2], § 3 Rn. 16. Zu den Ausnahmen vom Anwendungsbereich S. 80–89.

1273 OLG Hamburg GRUR-RR 2013, 29, 36 – *Nr. 1 Hits*; OLG Hamm GRUR-RR 2014, 208 – *Gutschein für Folgeauftrag*; GK-UWG/*Peukert*, § 3 Rn. 594; *Köhler*/Bornkamm[33], § 3 Rn. 8a, 32; Fezer/*ders.*, § 3 Rn. 31–33; jurisPK-UWG/*Ullmann*, § 3Rn. 97; Götting/Nordemann/*Wirtz*[2], § 3 Rn. 38.

1274 MüKo-UWG/*Sosnitza*, § 3 Rn. 112 f.; Ohly/*Sosnitza*[6], § 3 Rn. 68 f.; Gloy/Loschelder/Erdmann/*Lubberger*, § 43 Rn. 23 f.

1275 OLG Nürnberg GRUR-RR 2012, 14, 16 – *Oberpfälzer Bierkönigin*; Harte/Henning/*Podszun*, § 3 Rn. 34, 46; *Scherer* WRP 2010, 586, 592.

Sofern im Anwendungsbereich der UGP-RL § 3 Abs. 2 S. 1 als Auffangtatbestand gegenüber den §§ 4–5a fungiert, ist dies *in der Sache* völlig zutreffend, denn somit wird richtigerweise das Anwendungsverhältnis zwischen den Vorschriften der UGP-RL nachvollzogen. Insbesondere das Argument, durch die Anwendung allein des § 3 Abs. 2 S. 1 werde einer möglichen Abweichung von den vollharmonisierenden Vorgaben der UGP-RL über § 3 Abs. 1 entgegengewirkt, verdient Zustimmung.

Dennoch ist anzumerken, dass dieses Verständnis vom Anwendungsverhältnis nicht frei von Bedenken im Hinblick auf die misslungene UWG-Systematik ist und zudem Widersprüche bei denjenigen Stimmen erzeugt, welche die §§ 4–5a streng von § 3 Abs. 2 S. 1 trennen wollen. Die §§ 4–5a konkretisieren allein das Unlauterkeitsmerkmal des § 3 Abs. 1. Der grundlegenden Methodik zum Verhältnis Generalklausel/Konkretisierungstatbestand folgend, ist die normative Einheitlichkeit der §§ 4–5a mit § 3 Abs. 1 intendiert. § 3 Abs. 2 S. 1 bleibt dabei regelungstechnisch außen vor und wäre lediglich daneben anwendbar, wobei dessen praktische Rolle dann fraglich bliebe. Angesichts der in der Gesetzessystematik angelegten materiellen Rückkoppelung an § 3 Abs. 1 ist es nun inkonsequent und systematisch widersprüchlich, § 3 Abs. 2 S. 1 als Auffangtatbestand für die §§ 4–5a auch im Anwendungsbereich der UGP-RL heranzuziehen. Stattdessen wäre – systematisch folgerichtig – § 3 Abs. 1 der maßgebliche Auffangtatbestand. Das dogmatische Verhältnis zwischen § 3 Abs. 1 und den §§ 4–5a wird durch die Anwendung des § 3 Abs. 2 S. 1 als Auffangtatbestand aufgebrochen – diesmal allerdings *zugunsten* des inneren Systems der UGP-RL. Mithin wird von der materiellen Anknüpfung der §§ 4–5a an § 3 Abs. 1, die vom inneren System der UGP-RL abweicht, durch eine Rückausnahme wiederum abgewichen. Erneut zeigt sich die äußerst defizitäre Systematik des UWG. Und auch diejenigen Stimmen, die § 3 Abs. 2 S. 1 streng von § 3 Abs. 1 und den §§ 4–5a trennen wollen, verkennen durch die Befürwortung des § 3 Abs. 2 S. 1 als Auffangtatbestand die dogmatisch begründete normative Einheitlichkeit zwischen Generalklausel und Konkretisierung, wenn sie einerseits die im UWG umgesetzten Konkretisierungstatbestände der UGP-RL von § 3 Abs. 2 S. 1 abkoppeln, auf diesen aber als Sicherheitsnetz zurückgreifen.

3. Anwendungsverhältnis zu § 4 Nr. 11

Problematisch erweist sich zudem die Frage nach dem Anwendungsverhältnis zwischen dem Rechtsbruchtatbestand des § 4 Nr. 11 und § 3 Abs. 2 S. 1 unter dem Blickwinkel der zwingenden Richtlinienvorgaben. Einen § 4 Nr. 11 entsprechenden Tatbestand kennt die UGP-RL nicht, so dass grundsätzlich etwaige Sachverhaltskonstellationen des § 4 Nr. 11 allein am Generalklauseltatbestand gem. Art. 5

Abs. 2 zu messen wären. Wie verhält es sich nun mit der Anwendung des § 4 Nr. 11 im Regelungsgefüge des UWG 2008, sofern das fragliche unternehmerische Verhalten in den Anwendungsbereich der UGP-RL fällt?

Zunächst ist auch hier zu konstatieren, dass die Frage nach der Vereinbarkeit der Anwendung des § 4 Nr. 11 mit der UGP-RL nicht tangiert ist, solange die verletzte Vorschrift nicht in den Anwendungsbereich der UGP-RL fällt[1276]. Sofern also das von der gesetzlichen Vorschrift geregelte Verhalten nicht in erster Linie der Beeinflussung der geschäftlichen Entscheidung des Verbrauchers dient (Unmittelbarkeitszusammenhang) oder der Zweck der Vorschrift sich zumindest nicht auch auf den Schutz der Entscheidungsautonomie des Verbrauchers bezieht (Schutzzweckschranke), bleibt § 4 Nr. 11 von den Richtlinienvorgaben unberührt[1277]. § 4 Nr. 11 kann demgegenüber unschädlicherweise angewendet werden, sofern dies allein aus Gründen des Schutzes von spezifisch lauterkeitsrechtlichen Interessen der Mitbewerber oder sonstigen Marktteilnehmer erfolgt[1278]. Aber auch wenn die verletzte Vorschrift eine verbraucherschützende Dimension aufweist, bleibt sie von der UGP-RL unangetastet, wenn sie nicht auch dem mit der UGP-RL verfolgten Schutz der Entscheidungsautonomie des Verbrauchers dient oder – falls dem so ist – von einer der Ausnahmen vom Anwendungsbereich der UGP-RL umfasst ist[1279].

Schwierigkeiten ergeben sich daher v. a. innerhalb des Anwendungsbereichs der UGP-RL. Hier sind deren zwingende systematische Vorgaben zu beachten. Grundsätzlich unbeachtlich ist dabei, ob die betreffende gesetzliche Vorschrift dem Unionsrecht oder dem rein nationalen Recht entspringt[1280]. Sofern die verletzte Vorschrift eine im Unionsrecht begründete Informationsanforderung nach

---

1276 GK-UWG/*Peukert*, § 3 Rn. 115; GK-UWG/*Metzger*, § 4 Nr. 11 Rn. 8; MüKo-UWG/*Schaffert*, § 4 Nr. 11 Rn. 15; *Köhler*/Bornkamm[33], § 3 Rn. 8e.

1277 Zur generellen Notwendigkeit einer streng schutzzweckorientierten Begrenzung des § 4 Nr. 11 am Schutzzweck der verletzten gesetzlichen Vorschrift zutreffend *Beater*, Unlauterer Wettbewerb, Rn. 2479 – 2482, 2489 – 2493; ebenso OLG Köln GRUR-RR 2007, 285 f. – *Schriftformklauseln*; *Ohly*/Sosnitza[6], § 4 Rn. 11/5, 11/25; *ders.* FS Köhler, S. 507, 516 f.; Götting/Nordemann/*Ebert-Weidenfeller*[2], § 4 Rn. 11.45. – Ausufernd hingegen BGH GRUR 2010, 754 Tz. 20 – 23 – *Golly Telly*; WRP 2011, 858 Tz. 34, 36 – *BIO TABAK*; OLG Hamm GRUR-RR 2014, 395, 397 – *Soffittenlampe*; *Köhler*/Bornkamm[33], § 4 Nr. 11 Rn. 35d.

1278 BGH GRUR 2010, 654 Tz. 15 – *Zweckbetrieb*; GRUR 2011, 539 Tz. 23 – *Rechtsberatung durch Lebensmittelchemiker*; GK-UWG/*Peukert*, § 3 Rn. 181; GK-UWG/*Metzger*, § 4 Nr. 11 Rn. 8; *Köhler*/Bornkamm[33], § 4 Rn. 11.6 f; jurisPK-UWG/*Link*, § 4 Nr. 11 Rn. 28; Götting/Nordemann/*Ebert-Weidenfeller*[2], § 4 Rn. 11.10.

1279 Hierzu GK-UWG/*Peukert*, § 3 Rn. 180 f.; *Köhler*/Bornkamm[33], § 4 Rn. 11.6e–p; jurisPK-UWG/*Link*, § 4 Nr. 11 Rn. 30 f.

1280 GK-UWG/*Peukert*, § 3 Rn. 183.

dem nicht erschöpfenden Anhang II der UGP-RL darstellt, ist deren Vorenthalten über den spezielleren Art. 7 Abs. 5 bzw. § 5a Abs. 4 zu beurteilen. Ein Rückgriff auf den generellen Maßstab des Art. 5 Abs. 2 wäre im System der UGP-RL aufgrund der Anwendungsspezialität des Art. 7 nicht möglich. Dieses Anwendungsverhältnis muss im UWG nachvollzogen werden. Da § 4 Nr. 11 im System der UGP-RL lediglich einen originären Anwendungsfall der Generalklausel darstellen würde, ist § 4 Nr. 11 gesperrt, wenn der anwendungstechnisch speziellere Art. 7 Abs. 5 bzw. § 5a Abs. 4 einschlägig ist[1281]. Darüber hinaus dürfte § 4 Nr. 11 aufgrund der vollharmonisierenden Rechtsangleichung kein materiell abweichendes Ergebnis erzeugen[1282].

Von den spezielleren Art. 6–9 – sofern einschlägig[1283] – abgesehen, verbliebe im Anwendungsbereich der UGP-RL lediglich Art. 5 Abs. 2, um Verstöße gegen gesetzliche Vorschriften lauterkeitsrechtlich zu beurteilen. Gesetzesverstöße würden dem originären Anwendungsbereich der Generalklausel unterfallen. Führt der Gesetzesverstoß zu einer wesentlichen Beeinflussung der Verbraucherentscheidung i.S.v. Art. 5 Abs. 2 lit. b, Art. 2 lit. e, ist dieses unternehmerische Verhalten als Verstoß gegen die spezifisch lauterkeitsrechtlich zu verstehende berufliche Sorgfalt i.S.v. Art. 5 Abs. 2 lit. a, Art. 2 lit. h und dort insbesondere als Nichtbeachtung der standardmäßig gebotenen Kompetenzen zu werten[1284]. Im Rahmen des UWG wäre demgemäß § 3 Abs. 2 S. 1 anzuwenden. Daneben steht jedoch § 4 Nr. 11. Dieser stellt keinen umgesetzten Konkretisierungstatbestand der UGP-RL dar und lässt sich den Art. 6–9 in seiner Abstraktheit auch nicht zuordnen. Das zwischen Art. 5 Abs. 2 und Art. 6–9 und der Black List bestehende Verhältnis der Anwendungsspezialität lässt sich deshalb auch nicht einfach auf das Verhältnis zwischen § 3 Abs. 2 S. 1 und § 3 Abs. 1 i.V.m. § 4 Nr. 11 übertragen.

1281 Zutreffend Fezer/Büscher/Obergfell/*Obergfell*, § 5a Rn. 23; *Ohly* FS Köhler, S. 507, 513; *Schlagelambers*, S. 152f. – Für eine parallele Anwendung: BGH GRUR 2010, 248 Tz. 16 – *Kamerakauf im Internet*; Götting/Nordemann/*Ebert-Weidenfeller*[2], § 4 Rn. 11.14; *Alexander* WRP 2012, 660, 666.

1282 *Köhler*/Bornkamm[33], § 3 Rn. 8e, wendet § 5a Abs. 4 neben § 4 Nr. 11 an, beschränkt letzteren aber auf das materielle Ergebnis des § 5a Abs. 4.

1283 Nach *Schlagelambers*, S. 81, unterfällt die Verwendung bloß unwirksamer AGB dem Irreführungstatbestand des Art. 6 Abs. 1; zu Recht ablehnend *Alexander* WRP 2012, 515, 520; *Janal* ZEuP 2014, 740, 746.

1284 So etwa BGH GRUR 2010, 1117 Tz. 17 – *Gewährleistungsausschluss im Internet*, für einen Verstoß gegen § 475 Abs. 1 S. 1 BGB, ohne allerdings den hier vertretenen normativen Zusammenhang zwischen Art. 5 Abs. 2 lit. a und b zu beachten. Darüber hinaus ist zweifelhaft, ob der Schutzzweck des § 475 Abs. 1 S. 1 BGB mit den von der UGP-RL geschützten Verbraucherinteressen gleichzusetzen ist. Zu Recht kritisch *Ohly*/Sosnitza[6], § 4 Rn. 11/78a; *Beater*, Unlauterer Wettbewerb, Rn. 2519.

Vielmehr stehen die genannten Vorschriften anwendungstechnisch nebeneinander, eine Spezialität des § 4 Nr. 11 lässt sich der Gesetzessystematik nach nicht begründen. Somit ist eine gleichzeitige Anwendung des § 3 Abs. 2 S. 1 und des § 3 Abs. 1 i.V.m. § 4 Nr. 11 als ein Fall echter Konkurrenz formal möglich[1285].

Die Anwendung des § 3 Abs. 1 i.V.m. § 4 Nr. 11 unterliegt allerdings einer normativen Einschränkung. Um den einheitlichen Rechtszustand der vollharmonisierenden UGP-RL im nationalen Recht zu gewährleisten, muss das materielle Ergebnis des § 3 Abs. 1 i.V.m. § 4 Nr. 11 exakt an dem materiellen Ergebnis des Art. 5 Abs. 2 ausgerichtet werden[1286]. § 3 Abs. 1 i.V.m. § 4 Nr. 11 ist dementsprechend richtlinienkonform am Maßstab des Art. 5 Abs. 2 auszulegen[1287]. Dessen Tatbestand ist jedoch direkt in § 3 Abs. 2 S. 1 umgesetzt. Vor diesem Hintergrund bleibt zwar eine richtlinienkonforme Anwendung des § 4 Nr. 11 formal möglich, in der Sache ist sie aber als inhaltlich unterschiedslose Doppelprüfung überflüssig. Denn § 4 Nr. 11 muss über den methodischen Umweg der Auslegung nach Art. 5 Abs. 2 zwingendermaßen zu demselben Ergebnis gelangen, welches § 3 Abs. 2 S. 1 in direkter Anwendung bereits vorgibt. Um diese sinnlose Doppelprüfung zu vermeiden, ist es ratsam, im Anwendungsbereich der UGP-RL allein § 3 Abs. 2 S. 1 zur Beurteilung von Gesetzesverstößen unter spezifisch lauterkeitsrechtlicher Perspektive der UGP-RL heranzuziehen,[1288] zumal § 4 Nr. 11 aufgrund seiner Abstraktheit funktionell kaum als für die Rechtspraxis brauchbare Konkretisierung des Art. 5 Abs. 2 zu qualifizieren wäre. Der Rechtsanwender kommt jedenfalls nicht umhin, bei der Anwendung des § 4 Nr. 11 zwischen dem b2b-Bereich, dem b2c-Bereich außerhalb und dem b2c-Bereich innerhalb des Anwendungsbereichs der UGP-RL zu differenzieren[1289].

4. Zusammenfassung

Mit der überwiegenden Ansicht in Rechtsprechung und Literatur wird das Anwendungsverhältnis zwischen den Richtlinienvorschriften auch im UWG 2008 unter Zugrundelegung des § 3 Abs. 2 S. 1 als Auffangtatbestand im vollharmonisierten b2c-Verkehr zutreffend nachvollzogen. Paradoxerweise geschieht dies streng genommen unter Missachtung der UWG-Systematik. Diese wird bei der

1285 Im Ergebnis ebenso *Köhler*/Bornkamm[33], § 3 Rn. 8e.

1286 Konflikte mit dem Anspruch der UGP-RL auf Vollharmonisierung konstatiert auch Harte/Henning/*Glöckner*, Einl. B Rn. 457.

1287 GK-UWG/*Metzger*, § 4 Nr. 11 Rn. 11; *Köhler*/Bornkamm[33], § 3 Rn. 8e; Götting/Nordemann/*Ebert-Weidenfeller*[2], § 4 Rn. 11.11.

1288 So auch GK-UWG/*Peukert*, § 3 Rn. 182f.; *Alexander* WRP 2012, 515, 521.

1289 Zutreffend *Schlagelambers*, S. 153.

Frage des Anwendungsverhältnisses ebenfalls durchbrochen, allerdings zugunsten der systematischen Vorgaben der UGP-RL. Das problematische Verhältnis zwischen § 3 Abs. 2 S. 1 und § 4 Nr. 11 sollte dahingehend gelöst werden, im Anwendungsbereich der UGP-RL bei Gesetzesverstößen allein auf § 3 Abs. 2 S. 1 abzustellen und die insofern überflüssige Doppelprüfung über § 4 Nr. 11, der seinerseits richtlinienkonform am Maßstab des Art. 5 Abs. 2 (= § 3 Abs. 2 S. 1) auszulegen wäre, zu vermeiden.

III. Systematik des UWG 2015

1. Normstruktur des § 3 UWG 2015

§ 3 Abs. 1 UWG 2015 fungiert in seiner Neufassung zum einen als Auffangtatbestand für geschäftliche Handlungen außerhalb des Anwendungsbereichs der UGP-RL und der Irreführungs-RL, zum anderen bildet er eine reine Rechtsfolgenanordnung für die Verbrauchergeneralklausel des § 3 Abs. 2 und die Tatbestände der §§ 3a–6 UWG 2015[1290]. § 3 Abs. 2 UWG 2015 setzt den Generalklauseltatbestand des Art. 5 Abs. 2 um, dessen Verbotsausspruch nach Vorbild des Art. 5 Abs. 1 über § 3 Abs. 1 UWG 2015 erfolgt.

Eine sinnvolle Neugestaltung des § 3 ist damit nicht verbunden. § 3 UWG 2015 vermengt die Unlauterkeitskonzepte der UGP-RL und des UWG 2004 bzw. UWG 2008, indem er auf der einen Seite mit § 3 Abs. 2 UWG 2015 eine gesonderte Generalklausel im b2c-Verhältnis schafft, in § 3 Abs. 1 UWG 2015 aber weiterhin an einem einheitlich-integrativen Ansatz festhält[1291]. Darin besteht kein Unterschied zum UWG 2008[1292]. Bereits jetzt wird § 3 Abs. 2 UWG 2015 – wie schon im UWG 2008 – als Präzisierung bzw. Konkretisierung des § 3 Abs. 1 UWG 2015 begriffen, obwohl letzterer allein dem Schutz der Mitbewerber und sonstigen Marktteilnehmer dienen soll[1293]. In diesem Zusammenhang wird § 3 Abs. 1 UWG 2015 – auch im

1290 Beschlussempfehlung Ausschuss Recht und Verbraucherschutz zum UWG 2015 BT-Drs. 18/6571, S. 14 f., 16; Fezer/Büscher/Obergfell/*Fezer*, § 3 Rn. 18.

1291 Damit korrespondiert das Bestreben des Gesetzgebers, auch weiterhin an einem möglichst einheitlichen Lauterkeitsrecht im UWG hinsichtlich Mitbewerbern, Verbraucherinnen und Verbrauchern sowie sonstigen Marktteilnehmern festzuhalten und Änderungen nur aus Klarstellungsbedarf vorzunehmen, Beschlussempfehlung Ausschuss Recht und Verbraucherschutz zum UWG 2015 BT-Drs. 18/6571, S. 1. Kritisch zur Beibehaltung der Struktur des UWG 2004/2008 im UWG 2015 auch Fezer/Büscher/Obergfell/*Fezer*, Einl. Rn. 300 f.; *Ohly* WRP 2015, 1443 f.

1292 So auch Fezer/Büscher/Obergfell/*Fezer*, Einl. Rn. 300.

1293 So ausdrücklich *Köhler*/Bornkamm[34], § 3 Rn. 2.3; *Alexander* WRP 2016, 411, 416; Götting/Nordemann/*Götting*[3], § 2 Rn. 55; *Lettl*, Wettbewerbsrecht, § 2 Rn. 3; ähnlich auch Ohly/*Sosnitza*[7], § 3

Hinblick auf § 3 Abs. 2 UWG 2015 – eine umfassende Integrationsfunktion zugesprochen[1294]. Mit dieser Lesart gelangt man jedoch auf der Ebene der Regelungstechnik wiederum zu einem materiell-integrativen Unlauterkeitsbegriff im UWG. Die materielle Unterschiedlichkeit beider Generalklauseltatbestände und v. a. die normative Eigenständigkeit des Unlauterkeitsbegriffs in § 3 Abs. 2 UWG 2015 wird auch mit der neuen Normstruktur des § 3 UWG 2015 verdeckt, so dass weiterhin ein erhebliches Bedürfnis nach richtlinienkonformer Auslegung und Abgrenzung beider Generalklauseln besteht[1295]. Auslegungskontroversen zum systematischen Verhältnis beider Generalklauseln zueiander sind vorgezeichnet[1296]. Der RegE war noch bestrebt, über § 3 Abs. 1 RegE die Regelungstechnik des Art. 5, der in Abs. 1 eine reine Rechtsfolgenregelung für sämtliche Unlauterkeitstatbestände der UGP-RL enthält, auf das gesamte UWG zu übertragen. Infolge dessen sollte in § 3 Abs. 3 RegE ein materiell autarker Generalklauseltatbestand für das b2b-Verhältnis geschaffen werden, dessen Verbotsanordnung sich aus § 3 Abs. 1 RegE ergeben sollte. Trotz der verfehlten Anwendungsbereichsabgrenzung beider Generalklauseltatbestände[1297] war der RegE immerhin um eine strukturelle und rechtssichere Stimmigkeit des § 3 RegE bemüht[1298]. Davon ist nichts geblieben.

Zu kritisieren ist ebenfalls die Reduktion der Generalklausel in § 3 Abs. 1 UWG 2015 allein auf den Begriff der Unlauterkeit[1299]. Der bisherige Zusatz, dass die geschäftliche Handlung geeignet sein muss, die Interessen der Verbraucher, sonstigen Marktteilnehmer oder Mitbewerber spürbar zu beeinträchtigen, wurde komplett gestrichen. Stattdessen soll es der Rechtsprechung überlassen sein, „in Konkretisierung des Tatbestandsmerkmals der Unlauterkeit für die vom Auffangtatbestand erfassten Fälle gegebenenfalls angemessene Spürbarkeitserfordernisse aufzustellen, [...]"[1300]. Gesetzessprachliche Wertungstransparenz wird damit – verglichen mit Art. 5 Abs. 2, 2 lit. e und h – im Hinblick auf die Frage,

---

Rn. 7, der § 3 Abs. 1 UWG 2015 ebenfalls als Verbrauchergeneralklauel begreift, die lediglich vom spezielleren § 3 Abs. 2 UWG 2015 verdrängt wird.

1294 *Köhler*/Bornkamm[34], § 3 Rn. 2.3.

1295 So auch Fezer/Büscher/Obergfell/*Fezer*, Einl. Rn. 298, § 3 Rn. 3, 16.

1296 Fezer/Büscher/Obergfell/*Fezer*, Einl. Rn. 264.

1297 Dazu S. 226 – 228.

1298 Die Streichung des ursprünglich vorgesehenen eigenständigen Genralklauseltatbestands als Rückschritt kritisierend auch Fezer/Büscher/Obergfell/*Fezer*, Einl. Rn. 305. Dagegen jedoch *Köhler* WRP 2015, 275, 282f.

1299 Dies begrüßend hingegen *Köhler* WRP 2015, 1311, 1313; *ders.* NJW 2016, 593, 594: „wichtige[r] Fortschritt". – Wie hier Fezer/Büscher/Obergfell/*Fezer*, § 3 Rn. 269.

1300 Beschlussempfehlung Ausschuss Recht und Verbraucherschutz zum UWG 2015 UWG 2015 BT-Drs. 18/6571, S. 15.

welchen Inhalt die geschützten Interessen eigentlich haben, bewusst vermieden. § 3 Abs. 1 UWG 2015 ist insofern ein Rückschritt.

Schließlich wird im UWG 2015 die materielle Eigenständigkeit der Black-List-Tatbestände fortgeführt, die in § 3 Abs. 3 UWG 2015 eine eigene Unzulässigkeitsbestimmung erhalten. Die Black List bleibt daher weiterhin vom Unlauterkeitsbegriff des § 3 Abs. 2 UWG 2015 und dem damit zusammenhängenden, intendierten materiellen Gleichlauf zwischen Generalklausel und Black List, wie er der UGP-RL zugrunde liegt, abgekoppelt[1301]. Begrüßenswert scheint allein die ausdrückliche Umsetzung der Vorgaben aus Art. 5 Abs. 2 lit. b und Abs. 3 S. 1 in § 3 Abs. 4 UWG 2015.

2. Eigenständige Regelung des Rechtsbruchs in § 3a UWG 2015

Der Rechtsbruchtatbestand ist nunmehr in § 3a UWG 2015 ausgelagert. Dies ist im Grundsatz zu begrüßen[1302]. Die Vorschrift stellt einen eigenständigen Unlauterkeitstatbestand dar, der über § 3 Abs. 1 UWG 2015 zum Verbot der geschäftlichen Handlung führt. Im Wortlaut bleibt der Rechtsbruchtatbestand unverändert und wird lediglich dadurch ergänzt, dass der Verstoß geeignet sein muss, die Interessen von Verbrauchern, sonstigen Marktteilnehmern oder Mitbewerbern spürbar zu beeinträchtigen. Dies entspricht exakt dem Erfolgselement des bisherigen § 3 Abs. 1. Inhaltliche Änderungen sollen mit § 3a UWG 2015 gegenüber § 4 Nr. 11 nicht verbunden sein[1303]. Zugleich bleibt es im Rahmen des § 3a UWG 2015 jedoch bei den Abgrenzungsschwierigkeiten zum vollharmonisierenden Anwendungsbereich der UGP-RL, die sich bereits hinsichtlich § 4 Nr. 11 ergaben[1304]. Eine positivgesetzliche Klarstellung ist im UWG 2015 diesbezüglich nicht erfolgt.

3. Neufassung des § 4 UWG 2015

§ 4 UWG 2015 wird auf eine rein mitbewerberschützende Vorschrift reduziert. Die ehemaligen § 4 Nr. 7–10 finden sich nunmehr in § 4 Nr. 1–4 UWG 2015 wieder. § 4 bildet einen eigenständigen Unlauterkeitstatbestand und dient ausschließlich

---

1301 Eine Umformulierung von „stets unzulässig" in „stets unlauter" befürwortet auch *Köhler* WRP 2015, 1037, 1039.

1302 Zum hiesigen Regelungsvorschlag S. 316–318.

1303 Beschlussempfehlung Ausschuss Recht und Verbraucherschutz zum UWG 2015 BT-Drs. 18/6571, S. 15.

1304 Dazu S. 250–253.

dem Mitbewerberschutz[1305]. Dieser klaren Isolierung rein konkurrentenschutzbezogener Tatbestände in der äußeren Gesetzessystematik des UWG ist in der Sache zuzustimmen[1306]. Auch die ersatzlose Streichung der § 4 Nr. 1–6 ist zu begrüßen. § 4 Nr. 6, der im RefE noch beibehalten werden sollte, hätte als richtlinienwidrige Vorschrift ohnehin kein praktisches Eigenleben entfaltet[1307]. Die Streichung der § 4 Nr. 1–5 ist ebenfalls konsequent, da sich deren materieller Gehalt in §§ 4a–5a widerspiegelt[1308].

Von der misslungenen Regelungstechnik des § 4 RegE ist der Gesetzgeber abgerückt. § 4 RegE sollte eine grundlegende qualitative Umgestaltung widerfahren, die sich sowohl in dogmatischer als auch in rechtspraktischer Hinsicht als fatal erwiesen hätte[1309]. Denn die Tatbestände des § 4 RegE wurden ihres Charakters als gesetzgeberisch festgelegte Konkretisierungen des Verhaltenselements entkleidet, indem sie nur noch Vermutungsregeln für einen Sorgfaltspflichtverstoß darstellen sollten. Der RegE berief sich hierzu auf ErwGr 21, wonach den Mitgliedstaaten die Regelung der Beweislast überlassen bleibe[1310]. Es liege im Rahmen des neuen § 4 am handelnden Unternehmer zu beweisen, dass ausnahmsweise kein Verstoß gegen die fachliche Sorgfalt vorliege[1311].

Unter dogmatischem wie rechtspraktischem Blickwinkel war diese Regelungstechnik des RegE äußerst bedenklich, da sie die Frage der Beweislast mit der reinen Tatbestandsmäßigkeit einer unlauteren geschäftlichen Handlung auf *Tatbestandsebene* vermengte. Beide Aspekte sind jedoch grundverschieden. Nach den allgemeinen zivilprozessrechtlichen Grundsätzen muss derjenige, der sich auf einen Unlauterkeitstatbestand beruft, dessen Verwirklichung nebst sonstigen Anspruchsvoraussetzungen beweisen. Dem angegriffenen Unternehmer obliegt es

---

1305 Beschlussempfehlung Ausschuss Recht und Verbraucherschutz zum UWG 2015 BT-Drs. 18/6571, S. 15.

1306 So auch *Köhler* NJW 2016, 593, 594; *Ohly*/Sosnitza[7], § 4 Rn. 1; *ders.* GRUR 2016, 3, 4. Zum hiesigen Lösungsvorschlag S. 300–308.

1307 Daher zu Recht kritisch gegenüber dem RefE etwa *Alexander* WRP 2014, 1384, 1391; *Fritzsche* WRP 2014, 1392, 1396 f.; *Glöckner* WRP 2014, 1399, 1405 f.; *Henning-Bodewig* WRP 2014, 1407, 1409; *Köhler* WRP 2014, 1410, 1413; *Münker* WRP 2014, 1434, 1437; *Ohly* GRUR 2014, 1137, 1143; *Sack* WRP 2014, 1418, 1421.

1308 So auch zu Recht *Köhler* WRP 2015, 275, 277–279; *ders.* WRP 2015, 1311, 1315; *Ohly* WRP 2015, 1443, 1445 f.; *Redeker/Pres* GRUR-Prax 2015, 99, 100.

1309 Kritisch auch *Alexander* WRP 2014, 1384, 1388 und *Köhler* WRP 2014, 1410, 1415, zu § 4 RefE; *Redeker/Pres* GRUR-Prax 2015, 99, 100; *Kirchhoff* WRP 2015, 659, 661 f. – Anders *Sosnitza* GRUR 2015, 318, 320: „reine Klarstellung".

1310 RegE UWG 2015 BR-Drucks. 26/15, S. 12.

1311 RegE UWG 2015 BR-Drucks. 26/15, S. 12. Für die §§ 4a–6 RegE solle dies indes nicht gelten, RegE UWG 2015 BR-Drucks. 26/15, S. 13, 14, 15.

darzulegen, dass der Tatbestand nicht erfüllt ist (ggf. im Rahmen sekundärer Beweislast)[1312]. Indem nun der beklagte Unternehmer aber darüber hinaus hätte beweisen müssen, dass trotz Verwirklichung eines Tatbestandes in § 4 kein Verstoß gegen die fachliche Sorgfalt vorliege, hätte dies de facto stets eine Doppelprüfung der geschäftlichen Handlung an den Voraussetzungen des § 4 und des gesamten § 3 erfordert[1313]. Dadurch wäre die bislang geltende Exemplifizierungsfunktion des § 4 und die damit einhergehende Rechtssicherheit für die Rechtsanwendung weitestgehend aufgehoben worden[1314]. Da mit dem Konzept des § 4 RegE faktisch stets eine überflüssige Doppelprüfung des § 4 und des gesamten § 3 durchzuführen gewesen wäre, hätte sich die dogmatische wie praktische Bedeutung der Tatbestände in § 4 RegE erheblich verringert.

Jedenfalls im Anwendungsbereich der UGP-RL ist eine solche Regelungstechnik nicht vorgesehen und wäre in der Sache auch nicht gerechtfertigt. Die Tatbestände der UGP-RL sind aus Sicht der geschützten Verbraucher konzipiert[1315]. Ob eine Geschäftspraktik unlauter ist, bestimmt sich nach den Auswirkungen des unternehmerischen Verhaltens auf die geschäftliche Entscheidungsfähigkeit des Verbrauchers. Das Einhalten der beruflichen Sorgfalt im Sinne eines Exkulpations- bzw. Verschuldenselements auf *Tatbestandsebene* ist damit gerade nicht verbunden[1316]. Besonders deutlich tritt dies in der *CHS/Team4 Travel*-Entscheidung des EuGH zum Vorschein, in deren Sachverhalt die irreführende Wirkung auf den Verbraucher zwar erst durch das eigenverantwortliche Dazwischentreten eines Dritten verursacht wurde, der EuGH dies aber richtigerweise für die Frage der Irreführung als unbeachtlich einstufte[1317]. Denn die berufliche Sorgfalt gewährt auf reiner Tatbestandsebene der Konkretisierungstatbestände keine Möglichkeit zur Enthaftung. Zudem liefe eine derartige Prüfungstechnik dem von der UGP-RL vorgegebenen Anwendungsverhältnis zuwider, wonach bei Verwirklichung eines Konkretisierungstatbestands die Voraussetzungen der Generalklausel bereits als

---

1312 BGH GRUR 2004, 246, 247 – *Mondpreise?*, zu § 5. Zur Beweislast im Lauterkeitsrecht und den wenigen gesetzlichen Fällen einer Beweislastumkehr *Nordemann*, Rn. 1630 – 1638.

1313 So denn auch RegE UWG 2015 BR-Drucks. 26/15, S. 12.

1314 So auch *Glöckner* WRP 2014, 1399, 1405: „Konkretisierungstatbestände ohne eigentliche Konkretisierungsfunktion". Zur dogmatischen Funktion von Konkretisierungstatbeständen S. 94 – 97.

1315 EuGH GRUR 2013, 1157 Tz. 43 – *CHS/Team4 Travel*; GRUR 2013, 1159 Tz. 36 – *BKK/Wettbewerbszentrale*.

1316 Dazu S. 108. Lediglich bei den Voraussetzungen eines Schadensersatzanspruches kann das Verschulden eine Rolle spielen, da die Mitgliedstaaten insoweit gem. Art. 11 Abs. 1 frei bleiben. Dazu jüngst EuGH GRUR 2015, 600 Tz. 57 – 59 – *Ungarische Verbraucherschutzbehörde/UPC*.

1317 EuGH GRUR 2013, 1157 Tz. 43 – *CHS/Team4 Travel*.

erfüllt gelten und nicht weiter zu prüfen sind[1318]. Die Umwidmung der Tatbestände des § 4 RegE in bloße Vermutungsregeln hätte dagegen verstoßen.

4. Normative Bezugspunkte der §§ 4–6 UWG 2015?

§ 4a UWG 2015 bildet eine neugeschaffene Regelung für aggressive geschäftliche Handlungen sowohl gegenüber Verbrauchern als auch gegenüber sonstigen Marktteilnehmern und folgt damit dem Vorschlag des RefE[1319]. In seinen Abs. 1 und 2 erfolgt weitestgehend eine direkte Übernahme der Art. 8 und 9. Der Irreführungstatbestand wird in § 5 Abs. 1 S. 1 UWG 2015 um das Erfolgselement des Art. 6 Abs. 1 ergänzt. Als spezielle Regelung der Unlauterkeit führt er automatisch zur Rechtsfolgenanordnung in § 3 Abs. 1 UWG 2015. § 5 Abs. 1 S. 1 UWG 2015 stellt darauf ab, ob die Täuschung geeignet ist, den Verbraucher oder sonstigen Marktteilnehmer zu einer sonst nicht getroffenen geschäftlichen Entscheidung zu veranlassen. Die Vorschrift integriert damit sowohl das b2c-Verhältnis als auch das b2b-Vertikalverhältnis. § 5a Abs. 1 UWG 2015 soll als Vorschrift zum Irreführen durch Unterlassen im herkömmlichen Verständnis unverändert bleiben. Die Abs. 2–4 gelten weiterhin allein für Handlungen gegenüber Verbrauchern und werden um die Abs. 5 und 6 erweitert, welche die Beschränkungen des Kommunikationsmittels bei der Bestimmung des Vorenthaltens berücksichtigen und die Nichtkenntlichmachung des kommerziellen Zwecks einer geschäftlichen Handlung regeln. Als Grundtatbestand des Vorenthaltens wesentlicher Informationen wird Abs. 2 seiner Tatbestandsstruktur zufolge in getrennt zu prüfende, aber kumulativ erforderliche nummerische Einzelkriterien aufgespalten[1320].

Bei den neugefassten §§ 4–6 UWG 2015 stellt sich unter dem Blickwinkel dieser Untersuchung die Frage nach den inneren Wertungszusammenhängen mit den Generalklauseln des § 3 UWG 2015. Jedenfalls § 5a Abs. 2–6 UWG 2015 gilt allein im b2c-Verhältnis, § 4 UWG 2015 allein im b2b-Horizontalverhältnis. §§ 4a und 5 finden im b2c- und b2b-Vertikalverhältnis Anwendung. Mitbewerberinteressen sind hier – anders als noch in §§ 4a Abs. 1 S. 1 und 5 Abs. 1 S. 1 RefE[1321] – ausgeklammert. § 6 enthält keinerlei Einschränkungen.

Die mit dem UWG 2015 erfolgte äußere Neugestaltung des UWG hält damit, von § 4 UWG 2015 abgesehen, primär an einer Systematisierung anhand von

---

1318 Dies verkennen *Redeker/Pres* GRUR-Prax 2015, 99.

1319 Zur damit verbundenen problematischen Überlagerung lauterkeitsrechtlicher und kartellrechtlicher Wertungen nach §§ 19 und 20 GWB im b2b-Vertikalverhältnis *Alexander* WRP 2014, 1384, 1389; *Fritzsche* WRP 2014, 1392, 1396.

1320 Zu Recht kritisch hierzu Fezer/Büscher/Obergfell/*Obergfell*, § 5a Rn. 80–85.

1321 RefE BMJV 2. Änderung UWG, S. 4f.

Lebenssachverhalten fest und ordnet diese dann nur teilweise innerhalb der jeweiligen Vorschriften einem bestimmten lauterkeitsrechtlichen Interessenverhältnis zu. Von einer transparenten Offenlegung der tatsächlichen Wertungszusammenhänge zwischen Generalklausel und Konkretisierungstatbestand, wie sie insbesondere in Art. 5 angelegt ist, kann nach wie vor keine Rede sein. Die Einschätzung des Gesetzgebers, mit der Neufassung dem Klarstellungsbedarf gesetzessystematischer Art nachzukommen, ist jedenfalls aufgrund des nunmehr gewählten verstrickten Gesetzesaufbaus unzutreffend. Insbesondere bleibt unklar, ob den §§ 4–6 UWG 2015 überhaupt noch eine Konkretisierungsfunktion im Verhältnis zu den Generalklauseln zukommt, ober ob sie normativ eigenständig und damit von den grundsätzlichen Wertungen der Generalklauseln unabhängig existieren[1322]. Diesbezüglich bezeichnet der Gesetzgeber § 3 Abs. 1 UWG 2015 lediglich als Auffangtatbestand für geschäftliche Handlungen mit vergleichbarem Unlauterkeitsgehalt[1323]. Damit ist aber allein die Frage nach dem Anwendungsverhältnis der Unlauterkeitstatbestände im UWG 2015 aufgeworfen, nicht aber nach den innersystematischen Zusammenhängen. Eine „insbesondere"-Unlauterkeit i.S.d. Art. 5 Abs. 4 i.V.m. Art. 6–9, die der ausdrücklichen Normstruktur des Art. 5 und der Intention des Richtliniengebers zufolge normativ auf Art. 5 Abs. 2 fußen, verkörpern die zur Umsetzung dieser Vorschriften neugefassten §§ 4a–5a UWG 2015 nach dem Gesetzeswortlaut nicht. Auch die bisherige Generalklausel in § 3 Abs. 1 fungierte noch als materiell übergreifende Umschaltnorm, da die Tatbestände der §§ 4–6 auf den Unlauterkeitsbegriff des § 3 Abs. 1 bezogen und mit diesem inhaltlich verbunden waren (z. B. § 4: „Unlauter handelt insbesondere, wer [...]")[1324]. § 3 Abs. 1 UWG 2015 bildet demgegenüber bezüglich §§ 3a–6 UWG 2015 nur noch eine reine Rechtsfolgenregelung[1325] und steht daher der Regelungstechnik des UWG 2015 zufolge nicht in materieller Verbindung mit den §§ 3a–6. Dafür spricht auch, dass § 3 Abs. 1 UWG 2015 als Auffangtatbestand für geschäftliche Handlungen außerhalb der Geltungsbereiche von UGP-RL und Irreführungs-RL diene,[1326] womit gerade keine normative Koordinierung, sondern

---

1322 Dies folgernd *Ohly* GRUR 2016, 3, 4; *Köhler*/Bornkamm[34], § 3 Rn. 2.28, hält § 3 Abs. 1 UWG 2015 dementsprechend nur punktuell für anwendbar und spricht dem Tatbestand eine Funktion als „Unternehmergeneralklausel" ab; den damit einhergehenden Verlust der materiellen Rahmenfunktion des § 3 kritisierend Götting/Nordemann/*Götting*[3], Einl. Rn. 11.

1323 Beschlussempfehlung Ausschuss Recht und Verbraucherschutz zum UWG 2015 BT-Drs. 18/6571, S. 14 f.

1324 Dazu S. 239 f.

1325 Beschlussempfehlung Ausschuss Recht und Verbraucherschutz zum UWG 2015 BT-Drs. 18/6571, S. 16.

1326 Beschlussempfehlung Ausschuss Recht und Verbraucherschutz zum UWG 2015 BT-Drs. 18/6571, S. 14 f.

vielmehr eine Separierung der §§ 4–6 von § 3 UWG 2015 einhergeht. Es bleibt jedenfalls unklar, ob sich die Tatbestände normativ jeweils auf die Generalklausel des § 3 Abs. 1,[1327] des Abs. 2, auf beide[1328] oder – nach den bisherigen Ausführungen naheliegend – auf keine von beiden beziehen[1329].

Ein Zugewinn an Wertungstransparenz und rechtssystematischer Klarheit ist mit der getroffenen Systematisierung jedenfalls nicht zu verzeichnen. Vielmehr bleiben auch im UWG 2015 die teleologischen und innersystematischen Normzusammenhänge undurchsichtig. Die bisherige Rechtslage ließ – von den sachlichen Divergenzen zur UGP-RL einmal abgesehen – immerhin erkennen, dass § 3 Abs. 1 als Generalklausel nicht nur den regelungstechnischen, sondern auch den materiellen Anknüpfungspunkt für die Konkretisierungstatbestände im UWG bildete. Im Gegensatz dazu weist das UWG 2015 ein geringeres Maß an Wertungstransparenz auf[1330].

D. Reflexion der dogmatischen Divergenzen in der Rechtsprechung zum UWG 2008

Die dargestellten Abweichungen des Umsetzungsrechts im UWG von den Vorgaben der UGP-RL sind nicht bloß theoretischer Natur. Vielmehr sieht sich die Rechtsanwendung mit der Problematik der richtlinienwidrigen UWG-Systematik konfrontiert und muss ihrerseits Wege finden, den zwingend einzuhaltenden Rechtszustand der UGP-RL zu verwirklichen. Den prominentesten Fall liefert hierfür die *Millionen-Chance*-Rechtsprechung des BGH zu § 4 Nr. 6, der die Kopplung der Teilnahme an Gewinnspielen oder Preisausschreiben an den Warenerwerb für unlauter erklärt und faktisch wie ein Per-se-Verbot wirkt. Dessen Richtlinienwidrigkeit ist geradezu ein Paradebeispiel für die mangelnde Umsetzung der Richtliniensystematik und die gesetzgeberische Fehleinschätzung, das bisherige Regelungssystem des UWG beibehalten zu können. Der von der Recht-

---

1327 So offenbar *Lettl*, Wettbewerbsrecht, § 2 Rn. 2, 12; *Alexander* WRP 2016, 139, 141, zu § 5a Abs. 2 UWG 2015: „Bei dem Grundtatbestand des § 5a Abs. 2 S. 1 handelt es sich um ein Regelbeispiel des unlauteren und damit zugleich unzulässigen (vgl. § 3 Abs. 1 UWG) Verhaltens." Auf diese Weise wird jedoch das Informationsgebot nach Art. 7, das auf dem einheitlichen Unlauterkeitsbegriff des Art. 5 Abs. 2 basiert, der Generalklausel des § 3 Abs. 1 UWG 2015 zugeordnet, die für den Anwendungsbereich der UGP-RL jedoch keine Geltung beanspruchen kann.

1328 Dahingehend wohl differenzierend Götting/Nordemann/*Wirtz*[3], § 3 Rn. 43; *Emmerich*, Unlauterer Wettbewerb[10], § 5 Rn. 17.

1329 So offenbar auch *Ohly* GRUR 2016, 3, 4.

1330 Die Regelungssystematik des UWG 2015 als Rückschritt bewertend ebenfalls Fezer/Büscher/Obergfell/*Fezer*, § 1 Rn. 3.

sprechung eingeschlagene Lösungsweg zum Umgang mit § 4 Nr. 6 bedarf auch im Hinblick auf die Systematik der UGP-RL einer kritischen Würdigung.

I. Richtlinienwidrigkeit des § 4 Nr. 6

Die aus deutscher Sicht bislang folgenreichste Entscheidung des EuGH zum novellierten UWG 2008 beruht auf der *Millionen-Chance*-Vorlagefrage des BGH zur Richtlinienkonformität des Kopplungsverbots in § 4 Nr. 6. Im Kontext der *Millionen-Chance*-Rechtsprechung wurde fast ausschließlich die Frage intensiv diskutiert, inwiefern unter dem Regelungsregime der UGP-RL nationale Verbote zur Kopplung von Gewinnspielen, Preisausschreiben oder anderen Zugaben an den Warenerwerb aufrecht erhalten bzw. richtlinienkonform ausgestaltet werden können[1331]. Eine kritische Analyse der Kopplungsproblematik aus teleologisch-systematischer Perspektive und der defizitären UWG-Systematik blieb hingegen weitgehend aus. Dabei illustriert gerade die Richtlinienwidrigkeit des § 4 Nr. 6 eindrucksvoll die praktischen Auswirkungen der systematischen Divergenzen zwischen UWG und UGP-RL, denen das vom deutschen Gesetzgeber für richtlinienkonform erachtete Kopplungsverbot zum Opfer fiel.

1. Analyse der Vorlagefrage des BGH im Fall *Millionen-Chance*

Der Vorlagefrage BGH-*Millionen-Chance*[1332] lag als Sachverhalt die von einer Lebensmittelhandelskette beworbene Kopplung vom Warenerwerb mit sog. „Bonuspunkten" zugrunde, mit denen ab einer bestimmten Anzahl von gesammelten Bonuspunkten die Kunden kostenlos bei einer Ziehung des Deutschen Lottoblocks teilnehmen durften. In den Vorinstanzen wurde die Beklagtenseite antragsgemäß zur Unterlassung verurteilt. Als materiell-rechtliche Grundlage diente hierfür § 4 Nr. 6. Im Rahmen der zugelassenen Revision stellte sich vor dem BGH die Frage, ob § 4 Nr. 6 gegen die materiellen Vorgaben der vollharmonisierenden UGP-RL verstieß.

In seinem Vorlagebeschluss wendete der BGH den Konkretisierungstatbestand des § 4 Nr. 6 systematisch folgerichtig i.V.m. § 3 UWG 2004 (= § 3 Abs. 1 UWG 2008[1333]) an. Er erkannte zutreffend, dass § 4 Nr. 6 als Regelbeispiel formal be-

1331 Dazu etwa *Krüger* GRUR-Prax 2012, 129; *Leible/Günther* GRUR-Prax 2011, 209; *Köhler* GRUR 2010, 767; *ders.* GRUR 2010, 177.

1332 BGH GRUR 2008, 807 – *Millionen-Chance.*

1333 Abgesehen von einer sprachlichen Anpassung soll sich § 3 UWG 2004 inhaltsgleich in § 3 Abs. 1 wiederfinden, RegE UWG 2008 BT-Drs. 16/10145, S. 22.

trachtet eine Per-se-Unzulässigkeit der Geschäftspraktik an sich nicht vorsah, die Anwendung der allgemeinen Relevanzklausel in § 3 UWG 2004 (= Spürbarkeitsklausel in § 3 Abs. 1 UWG 2008), die ihrer Funktion nach lediglich Bagatellfälle ausklammern sollte, aber zu keiner ausreichenden Begrenzung des § 4 Nr. 6 führte[1334]. Denn – so der BGH – die dem Sachverhalt zugrunde liegende Kopplung stelle den möglichen Millionengewinn in den Mittelpunkt und erzeuge damit eine erhebliche Anlockwirkung. Dies reiche aus, um eine nicht unerhebliche Beeinträchtigung i.S.d. § 3 UWG 2004 zu bejahen[1335]. In Anbetracht der systematisch korrekt anzuwendenden Bagatellklausel erblickte der BGH in § 4 Nr. 6 zutreffend ein de facto wirkendes Per-se-Verbot von Kopplungsgeschäften[1336]. Dessen Vereinbarkeit mit Art. 5 Abs. 2 bezweifelte der BGH und legte dies als Vorlagefrage dem EuGH vor[1337].

Aus rechtssystematischer Perspektive ist die *Millionen-Chance*-Entscheidung des BGH von großem Interesse, da sie die Richtlinienwidrigkeit der UWG-Systematik offen zu Tage treten lässt. Die Vorlagefrage erfolgte zwar noch auf Basis des UWG 2004, das systematische Verhältnis des § 4 Nr. 6 zur später in § 3 Abs. 1 fortgeführten alten Generalklausel hat sich jedoch nicht verändert. Konsequent hielt sich der BGH an die Gesetzessystematik und folgte dem im UWG angelegten Wertungszusammenhang zwischen der Generalklausel und des auf sie bezogenen Konkretisierungstatbestands in § 4 Nr. 6. Als Ergebnis dieses Wertungszusammenhangs gelangte der BGH in seiner Einschätzung zu einer materiellen Abweichung von den Richtlinienvorgaben, insbesondere vom Maßstab des als normativen Grundstein fungierenden Art. 5 Abs. 2. Das innere Wertungssystem der UGP-RL spiegelte sich demnach im UWG nicht wider, da es der Gesetzgeber abgelehnt hatte, den inneren Wertungszusammenhang zwischen Art. 5 Abs. 2 und den Art. 6–9 auch im nationalen Recht nachzuvollziehen. Stattdessen verstand er die UWG-Novelle 2004 als Vorgriff auf die europäische Rechtsentwicklung und erkannte auch nach Inkrafttreten der UGP-RL keine materiellen Abweichungen vom geltenden Rechtszustand. Spätestens die Vorlagefrage des BGH im Fall *Millionen-Chance* und die daraufhin getroffene EuGH-Entscheidung *Plus Warenhandelsgesellschaft* belehrte den deutschen Gesetzgeber mit dieser lapidaren Einschätzung eines Besseren.

1334 BGH GRUR 2008, 807 Tz. 10 – *Millionen-Chance.*

1335 BGH GRUR 2008, 807 Tz. 15 – *Millionen-Chance*, wobei nicht nachvollziehbar ist, dass der BGH an dieser Stelle auch Art. 5 Abs. 2 lit. b anführt und für verwirklicht hält. Wäre dem nämlich so, würde sich das Problem der Richtlinienwidrigkeit nicht stellen. Kritisch dazu auch *Köhler* GRUR 2010, 177, 180.

1336 BGH GRUR 2008, 807 Tz. 21 – *Millionen-Chance.*

1337 BGH GRUR 2008, 807 Tz. 20 – *Millionen-Chance.*

2. Analyse der Vorabentscheidung des EuGH im Fall *Plus Warenhandelsgesellschaft*

In der Entscheidung *Plus Warenhandelsgesellschaft*[1338] ging der EuGH auf die Vorlagefrage des BGH ein und nahm diese zum Anlass, § 4 Nr. 6 „im Licht des Inhalts und der allgemeinen Systematik“[1339] der UGP-RL auf dessen Richtlinienkompatibilität hin zu überprüfen. Dabei wertete er § 4 Nr. 6 als grundsätzliches Verbot von Gewinnspielkopplungen an den Warenerwerb[1340]. Eine derartige Geschäftspraktik sei nach § 4 Nr. 6 allgemein verboten, ohne dass anhand des tatsächlichen Kontexts des Einzelfalls geprüft werden müsste, ob die fragliche geschäftliche Handlung im Licht der in den Art. 5–9 der Richtlinie 2005/29/EG aufgestellten Kriterien „unlauter“ sei[1341].

Dieses Verständnis trifft zwar im Hinblick auf die äußere Gesetzessystematik des UWG 2004 nicht ganz zu, denn das Verbot der Wettbewerbshandlung ergab sich erst in Verbindung mit § 3 UWG 2004 und der dort enthaltenen Bagatellklausel[1342]. Allerdings hatte der BGH darauf hingewiesen, dass die Auslegung des § 4 Nr. 6 mit der Bagatellklausel, die de facto stets erfüllt sei, immer zum Verbot der Handlung führe. Auch GA *Trstenjak* ging in ihren Schlussanträgen ausführlich auf den Zusammenhang des § 4 Nr. 6 mit § 3 Abs. 1 ein[1343]. Diese Auslegung legte der EuGH seiner Entscheidung zugrunde. Im Ergebnis ging der EuGH daher zutreffend von einem de facto Per-se-Verbot aus. Derartige Per-se-Verbote könnten nach der Systematik der UGP-RL jedoch nur von den Tatbeständen der Black List gedeckt sein,[1344] die starren Ausnahmen des § 4 Nr. 6 2. Hs. würden dem nicht abhelfen[1345]. Da die Black List freilich keinen mit § 4 Nr. 6 übereinstimmenden Tatbestand enthielt, erklärte der EuGH die Vorschrift für richtlinienwidrig.

3. Analyse der Entscheidung des BGH im Fall *Millionen-Chance II*

Mit Spannung wurde erwartet, wie der BGH die Entscheidung des EuGH rezipieren würde. Er entschied sich im Ergebnis dafür, § 4 Nr. 6 im Rahmen einer richtlini-

1338 EuGH GRUR 2010, 244 – *Plus Warenhandelsgesellschaft.*
1339 EuGH GRUR 2010, 244 Tz. 46 – *Plus Warenhandelsgesellschaft.*
1340 EuGH GRUR 2010, 244 Tz. 47 – *Plus Warenhandelsgesellschaft.*
1341 EuGH GRUR 2010, 244 Tz. 48 – *Plus Warenhandelsgesellschaft.*
1342 Darauf hinweisend jurisPK-UWG/*Seichter*, § 4 Nr. 6 Rn. 6; *Köhler* GRUR 2010, 177, 178; *ders.* GRUR 2011, 478, 479.
1343 Schlussanträge der GA *Trstenjak* v. 03.09.2009, Rs. C-304/08 Tz. 80, 83 – *Plus Warenhandelsgesellschaft.*
1344 EuGH GRUR 2010, 244 Tz. 49 – *Plus Warenhandelsgesellschaft.*
1345 EuGH GRUR 2010, 244 Tz. 52f. – *Plus Warenhandelsgesellschaft.*

enkonformen Auslegung aufrecht zu erhalten[1346]. Nochmals betonte der BGH ausdrücklich, dass § 4 Nr. 6 im systematisch folgerichtigen Zusammenwirken mit § 3 Abs. 1 dessen Spürbarkeitsschwelle generell überschreite, und das auch unabhängig von einer Gefährdung der Verbraucherinteressen im Einzelfall[1347]. Davon ausgehend stellte der BGH § 4 Nr. 6 der Systematik der UGP-RL gegenüber und ordnete – da die Art. 6–9 nicht einschlägig waren – die Vorschrift zutreffend dem Generalklauseltatbestand des Art. 5 Abs. 2 zu[1348]. § 4 Nr. 6 sei nunmehr richtlinienkonform am Maßstab des Art. 5 Abs. 2 dahingehend auszulegen, dass eine Kopplung nur dann unlauter sei, wenn sie eine unlautere Geschäftspraktik i.S.d. UGP-RL darstelle. Letztlich sei zu prüfen, ob das beanstandete Verhalten irreführend sei oder gegen die berufliche Sorgfalt verstoße[1349]. Beides verneinte der BGH im konkreten Fall[1350].

Der *Millionen-Chance-II*-Entscheidung ist insofern zuzustimmen, als der BGH der Systematik und speziell dem Anwendungsverhältnis zwischen den Vorschriften der UGP-RL folgt und § 4 Nr. 6 am Maßstab des Art. 5 Abs. 2 überprüft. Auch ist es im Rahmen der richtlinienkonformen Auslegung zutreffend, hierbei allein auf Art. 5 Abs. 2 und nicht auf § 3 Abs. 2 S. 1 abzustellen, da dieser nach der UWG-Systematik mit § 4 Nr. 6 nicht in Verbindung steht. Auch scheint der BGH mit dem hiesigen Verständnis des Art. 5 Abs. 2 und seiner methodischen Konstruktion durch ein Verhaltens- (lit. a) und ein Erfolgselement (lit. b) zu korrespondieren, da er auf das in § 4 Nr. 6 geregelte *Verhalten* abstellt und dieses mit dem Tatbestandsmerkmal in Art. 5 Abs. lit. a verknüpft[1351]. Allerdings verkennt der BGH die Struktur des Art. 5 Abs. 2, wenn er ausführt, für einen Verstoß gegen die berufliche Sorgfalt fehle es am Unlauterkeitskriterium[1352]. Es verhält sich genau umgekehrt: der Sorgfaltsverstoß ist ein Kriterium der Unlauterkeit i.S.v. Art. 5 Abs. 2.

Durchaus fragwürdig ist zudem das Ergebnis der *Millionen-Chance-II*-Entscheidung auch hinsichtlich der Frage, ob mit ihr weiterhin von einer Anwendung des § 4 Nr. 6 – auch unter richtlinienkonformer Auslegung – ausgegangen werden kann[1353]. Tatsächlich entfaltet § 4 Nr. 6 nunmehr kein praktisches Eigenleben; denn dessen Tatbestandsmerkmale müssen fortan im Rahmen der richtlinienkonfor-

---

1346 BGH GRUR 2011, 532 Tz. 15 – *Millionen-Chance II.*

1347 BGH GRUR 2011, 532 Tz. 16 – *Millionen-Chance II.*

1348 BGH GRUR 2011, 532 Tz. 23 – *Millionen-Chance II.*

1349 BGH GRUR 2011, 532 Tz. 25 – *Millionen-Chance II.*

1350 BGH GRUR 2011, 532 Tz. 26 – *Millionen-Chance II.*

1351 BGH GRUR 2011, 532 Tz. 26 – *Millionen-Chance II*, wobei die Frage nach dem normativen Zusammenhang mit dem Erfolgselement in lit. b offen gelassen wird.

1352 BGH GRUR 2011, 532 Tz. 26 – *Millionen-Chance II.*

1353 Hieran ebenfalls zweifelnd jurisPK-UWG/*Seichter*, § 4 Nr. 6 Rn. 9; *Boesche* WRP 2009, 661, 666; *dies.* WRP 2011, 1345, 1349; *Peifer* WRP 2010, 1432, 1439; *Ernst*/*Seichter* WRP 2013, 1437, 1438.

men Auslegung faktisch beiseitegeschoben und es darf allein auf den Tatbestand des Art. 5 Abs. 2 abgestellt werden[1354]. Dieser findet sich aber unmittelbar in § 3 Abs. 2 S. 1 wieder[1355]. Vorzugswürdig wäre es gewesen, § 4 Nr. 6 künftig nicht mehr anzuwenden und zur Bewertung von Kopplungsangeboten direkt auf § 3 Abs. 2 S. 1 zu rekurrieren[1356]. Beide Varianten laufen zwar auf dasselbe Ergebnis hinaus, letztere erspart dem Rechtsanwender aber den methodischen Umweg über die Richtlinie. Jedenfalls ist § 4 Nr. 6, unabhängig von der Frage seiner Anwendbarkeit, überflüssig[1357].

Vor diesem Hintergrund war es völlig zutreffend und nachvollziehbar, die Streichung des § 4 Nr. 6 zu fordern – wie auch im UWG 2015 geschehen[1358]. Da die Anwendung der Vorschrift nunmehr lediglich Ausnahmecharakter hatte, konnte sie ihre dogmatische Funktion als Konkretisierung der Generalklausel für ein typischerweise zu verbietendes Verhalten nicht erfüllen. Darüber hinaus wirkte sie im Katalog der Konkretisierungstatbestände wie ein normativer Fremdkörper, der aufgrund seiner formalen Stellung die Wertungsäquivalenz zwischen Generalklausel und den Konkretisierungstatbeständen aufzubrechen drohte.

II. Sonstige Rechtsprechung zur Systematik des UWG 2008

Die Richtlinienwidrigkeit des § 4 Nr. 6 und dessen faktische Unanwendbarkeit brachte die wohl einschneidendsten Folgen für das UWG 2008 mit sich. Darüber hinaus ist es jedoch angezeigt, einen kurzen Blick auf die Rechtsprechung und ihren dogmatischen Umgang mit den sonstigen Vorschriften des UWG im Lichte der UGP-RL zu werfen.

Verstärkt tendiert die Rechtsprechung jüngst zu einer gleichzeitigen Anwendung des § 3 Abs. 1 und Abs. 2 S. 1 im Verhältnis zu den Konkretisierungstatbeständen, und zwar regelmäßig im Sinne einer Modifizierung der Spürbarkeits-

---

1354 Im Ergebnis ebenso GK-UWG/*Obergfell*, § 4 Nr. 6 Rn. 16; MüKo-UWG/*Leible*, § 4 Nr. 6 Rn. 27; *Berlit* WRP 2011, 1225, 1228.

1355 *Köhler*/Bornkamm[33], § 4 Rn. 6.12; *ders.* GRUR 2011, 478, 481.

1356 Ebenso *Köhler* GRUR 2011, 478, 485; *Boesche* WRP 2011, 1345, 1349; *Ernst/Seichter* WRP 2013, 1437, 1438. De facto verfährt auf diese Weise auch BGH GRUR 2014, 686 Tz. 22–25 – *Goldbärenbarren*, wendet aber § 4 Nr. 6 gleichwohl an. Für eine von *Köhler* GRUR 2010, 177, 180 f. vorgeschlagene „Einbettung des § 4 Nr. 6 in § 3 Abs. 2 S. 1" fehlen dem UWG die systematischen Anknüpfungspunkte.

1357 Zutreffend GK-UWG/*Obergfell*, § 4 Nr. 6 Rn. 16.

1358 GK-UWG/*Obergfell*, § 4 Nr. 6 Rn. 16; MüKo-UWG/*Leible*, § 4 Nr. 6 Rn. 27; *Köhler*/Bornkamm[33], § 4 Rn. 6.12; Ohly/*Sosnitza*[6], § 4 Rn. 6/2; jurisPK-UWG/*Seichter*, § 4 Nr. 6 Rn. 9; *Boesche* WRP 2009, 661, 672; *dies.* WRP 2011, 1345, 1349; *Peifer* WRP 2010, 1432, 1439.

klausel des Abs. 1[1359]. Nur vereinzelt wird auch allein auf § 3 Abs. 2 S. 1 abgestellt[1360]. Überwiegend folgt die Rechtsprechung damit dem systematischen Verständnis des UWG, welches für eine Parallelität des § 3 Abs. 1 und Abs. 2 S. 1 plädiert[1361]. Vom systematischen Ergebnis her verbindet diese Anwendungsvariante des UWG die in den §§ 4–5a niedergelegten und der UGP-RL entlehnten Verhaltenselemente einer unlauteren Geschäftspraktik mit dem allgemeinen Erfolgselement des Art. 5 Abs. 2 lit. b, Art. 2 lit. e und wird dem vorgegebenen materiellen Rechtszustand der UGP-RL damit auf den ersten Blick gerecht[1362]. Allerdings bringt diese Vorgehensweise die bereits oben beschriebenen Systembrüche innerhalb des UWG mit sich, indem sie die dogmatische Struktur des § 3 beiseite wischt und die allein zwischen § 3 Abs. 1 §§ 4–6 intendierte materielle Wertungsäquivalenz übergeht[1363]. Über diese „akrobatische" Gesetzesauslegung lassen sich zwar zunächst richtlinienkonforme Ergebnisse erzielen, sofern dabei allein dem Telos der UGP-RL gefolgt wird. Die teleologisch-systematisch widersprüchliche Auslegung des UWG ist aber kein dauerhafter Ersatz für eine den primärrechtlichen Anforderungen genügende, korrekte Umsetzung der UGP-RL im nationalen Recht[1364]. Allein eine erneute gesetzgeberische Überarbeitung kann hier Abhilfe schaffen.

1359 So etwa BGH GRUR 2012, 188 Tz. 46 a.E. – *Computer-Bild*; GRUR 2011, 1151 Tz. 23 – *Original Kanchipur*; GRUR 2011, 163 Tz. 21 – *Flappe*; GRUR 2010, 1117 Tz. 34 – *Gewährleistungsausschluss im Internet*; GRUR 2010, 1110 Tz. 28 – *Versandkosten bei Froogle II*; GRUR 2010, 852 Tz. 20 – *Gallardo Spyder*; GRUR 2010, 251 Tz. 18 – *Versandkosten bei Froogle*; OLG Köln GRUR-RR 2014, 125 – *Daten-Flat*; GRUR-RR 2014, 62, 64 – *Status-Angst*; GRUR-RR 2013, 116, 117 – *Versandhandelausreißer*; GRUR-RR 2010, 441 – *Helmut Newton: SUMO*; GRUR-RR 2010, 345 – *Die Fachpresse ist begeistert*; GRUR-RR 2010, 251 – *Verkauf an Energieriesen*; OLG Stuttgart GRUR-RR 2014, 71 – *Mercedes SLK*; OLG Düsseldorf GRUR-RR 2011, 474 – *Wissenschaftlicher Ghostwriter*; OLG Hamburg GRUR-RR 2011, 141 – *HOAI-Mindestsätze*.

1360 BGH GRUR 2011, 629 Tz. 15 – *Einwilligungserklärung für Werbeanrufe*; GRUR 2010, 744 Tz. 46 – *Sondernewsletter*; GRUR 2010, 158 Tz. 11 – *FIFA-WM-Gewinnspiel*; KG GRUR-RR 2013, 223, 224 – *Klick und wirf zurück*.

1361 Dazu S. 230 f.

1362 Zu beachten bleibt, dass auch die der Umsetzung dienenden UWG-Vorschriften weiterhin der richtlinienwidrigen teleologischen Konzeption des UWG unterstehen. Dazu S. 218 f.

1363 Dazu S. 239 f.

1364 Zum Verhältnis zwischen richtlinienkonformer Auslegung und korrekter Richtlinienumsetzung S. 206–209.

E. Zusammenfassung des 3. Kapitels

Die Untersuchung zu den dogmatischen Grundstrukturen des UWG von 2008 und 2015 hat deren Unvereinbarkeit mit den zwingenden dogmatischen Vorgaben der vollharmonisierenden UGP-RL herauskristallisiert. Mit der jüngsten Gesetzesänderung sollte das UWG in wörtlicher und systematischer Hinsicht den Richtlinienvorgaben stärker angepasst werden. Das vollharmonisierte Richtlinienrecht sollte bereits aus dem UWG selbst ersichtlich werden. Vor dem Hintergrund der hiesigen Untersuchungsergebnisse fällt der Befund zur UWG-Änderung 2015 jedoch ernüchternd aus, da sie weiterhin die zwingenden teleologischen, anwendungstechnischen und innersystematischen Vorgaben der UGP-RL nicht beachtet. Es lassen sich folgende Kernaussagen treffen:

Die sog. Schutzzwecktrias des UWG ist insofern unschädlich, als die UGP-RL aufgrund ihres beschränkten Schutzzwecks lauterkeitsrechtliche Verbote aus anderen Zwecküberlegungen unberührt lässt. Ihre dogmatische Konzeption als materiell-integriertes Modell verstößt im Anwendungsbereich der Richtlinie jedoch gegen die dort allein maßgebliche Auslegungsdirektive zum Schutz der wirtschaftlichen Interessen der Verbraucher vor unlauteren Geschäftspraktiken. Diese gibt den Rechtszustand vor und genau hiervon weicht die Zweckkonzeption des UWG ab.

In ihrem Anwendungsbereich ist das UWG von 2008 und 2015 weiter gefasst als die UGP-RL. Dies wirft in der Folge zahlreiche Auslegungs- und Abgrenzungsfragen auf. Die Anwendungsbereichsbestimmung des UWG liefert hierfür kein ausreichendes Induktionsmaterial. Bei der Prüfung einer geschäftlichen Handlung kommt der Rechtsanwender nicht umhin, gedanklich allein mit den Vorschriften zum Anwendungsbereich der UGP-RL (Art. 3 Abs. 1, Art. 2 lit. d, k, ErwGr 7) zu arbeiten. In besonderem Maße gilt dies für diejenigen Einschränkungen, die sich aus dem Unmittelbarkeitszusammenhang sowie der Schutzzweckschranke ergeben. Verfehlt war der Versuch im Gesetzgebungsverfahren zum UWG 2015, den Anwendungsbereich der UGP-RL von dem des sonstigen nationalen Lauterkeitsrechts in den Generalklauseltatbeständen des § 3 RegE abzugrenzen. Insbesondere die Möglichkeit einer zweiseitigen Beurteilung doppelrelevanter geschäftlicher Handlungen, die Berücksichtigung der Schutzzweckschranke sowie des Unmittelbarkeitszusammenhangs nach Art. 2 lit. d wurden von § 3 RegE bei gleichzeitig unverändertem Begriff der geschäftlichen Handlung in § 2 Abs. 1 Nr. 1 nicht nachvollzogen. Mit der erfolgten Regelung im UWG 2015 wurden diese Fehler beseitigt, der intransparente Status quo des UWG 2008 jedoch beibehalten.

Aus systematischer Perspektive hatte der Gesetzgeber bei der UWG-Novelle 2008 das zwingend zu übernehmende innere Wertungssystem der UGP-RL nicht umgesetzt, sondern stattdessen die Normen der UGP-RL dem inneren Wertungssystem des UWG 2004 unterworfen. Hiermit wird von der zwischen Art. 5 Abs. 2, Art. 6 – 9 und der Black List konstruierten normativen Äquivalenz – basierend auf dem Unlauterkeitsbegriff des Art. 5 Abs. 2 – materiell abgewichen. Allein im Zuge einer richtlinienkonformen Auslegung begegnet die Rechtsanwendung dieser Problematik, muss hierzu aber selbst Systembrüche innerhalb des UWG produzieren. Die *Millionen-Chance*-Rechtsprechung liefert dazu prominentes Anschauungsmaterial. Umso verwunderlicher ist es, dass bei der Frage des Anwendungsverhältnisses das innere System der Richtlinie mit der überwiegenden Meinung nachvollzogen, dabei aber streng genommen die Systematik des UWG 2008 wiederum überwunden wird.

Auch im UWG 2015 werden in systematischer Hinsicht die normativen Verknüpfungen zwischen dem Generalklauseltatbestand des Art. 5 Abs. 2 und Art. 6 – 9 sowie der Black List nicht übernommen. Die Normstruktur des § 3 UWG 2015 mit deren Generalklauseln für das b2c-Verhältnis einerseits und alle sonstigen Verhältnisse andererseits orientiert sich nur bezüglich § 3 Abs. 2 UWG 2015 an Art. 5 und spiegelt zudem die in dessen Normstruktur angelegte wertungsmäßige Einheitlichkeit zwischen Art. 5 Abs. 2 und den anderen Unlauterkeitstatbeständen der UGP-RL nicht wider. Auch die Tatbestände der §§ 4a–6 UWG 2015 lassen die Frage nach der normativen Konvergenz zwischen Art. 5 Abs. 2 und Art. 6 – 9 offen, da sie sich unverändert nach Lebenssachverhalten, nicht aber nach teleologischen Gesichtspunkten richten. Unklar bleibt in der Regelungstechnik des UWG 2015 insbesondere, auf welche der Generalklauseln des § 3 UWG 2015 sich die §§ 4a–6 UWG 2015 überhaupt beziehen.

Angesichts dieser mannigfachen Umsetzungsdefizite bedarf es dringend einer konsistenten, dogmatischen Überarbeitung des UWG, die allein der Gesetzgeber und nicht der Richter vornehmen kann. Der Notwendigkeit einer erneuten UWG-Reform widmet sich das folgende Kapitel.

4. Kapitel: Entwicklung eines richtlinienkonformen und kohärenten UWG

Die Untersuchung ist nunmehr an einem Punkt angelangt, an dem sich der Blickwinkel von der kritischen Analyse lösen kann und nach vorn zu richten ist. Die dogmatischen Vorgaben der UGP-RL sind erarbeitet, ebenso Umfang und Inhalt der diesbezüglichen mitgliedstaatlichen Umsetzungsverpflichtung gem. Art. 288 Abs. 3 AEUV. Bei der Betrachtung der Rechtslage im UWG 2008 wurden unter diesen Prämissen die dogmatischen Divergenzen zwischen der UGP-RL und dem bisherigen Umsetzungsrecht offengelegt. Nunmehr ist der Zeitpunkt gekommen, sich dem Ziel der Untersuchung zu widmen, der Entwicklung eines Lösungsvorschlags für ein zu reformierendes UWG, der einerseits den zwingenden Vorgaben der UGP-RL genügt und damit für eine richtlinienkonforme Umsetzung sorgt, andererseits dabei aber keine Wertungswidersprüche zu den übrigen, von der Vollharmonisierung nicht betroffenen Unlauterkeitsregelungen hervorruft. Die Entwicklung des Lösungsvorschlags bleibt in ihrer Struktur dem bisherigen Vorgehen der Untersuchung treu und differenziert zwischen Schutzzweck, Anwendungsbereich und Systematik. Jedes dieser Elemente wird einer gesonderten Betrachtung unterzogen, wobei auf etwaige Interdependenzen eingegangen wird. Bei theoretischen Erläuterungen soll der Lösungsvorschlag allerdings nicht verharren. Als greifbares Ergebnis soll am Ende des Kapitels ein ausformulierter Gesetzesentwurf stehen, der es ermöglicht, die gewonnenen Erkenntnisse in Gesetzesform zu transferieren.

A. Änderung der Schutzzweckbestimmung

I. Zu beachtende Vorgaben

Innerhalb des vollharmonisierten Anwendungsbereichs der UGP-RL ist der nationale Gesetzgeber zwingend verpflichtet, im nationalen Recht exakt denselben materiellen Rechtszustand herbeizuführen, wie er von der UGP-RL vorgegeben ist[1365]. Der Richtlinienzweck in Art. 1 spielt dabei eine maßgebliche Rolle[1366]. Ihn zu verwirklichen, hat die Rechtsanwendung zu gewährleisten. Dabei fungiert der Schutz der Entscheidungsautonomie des Verbrauchers als Auslegungsdirektive

1365 Dazu S. 188.
1366 Dazu S. 204 f.

DOI 10.1515/9783110524369-005

für die einzelnen Vorschriften der UGP-RL und damit auch für diejenigen des Umsetzungsrechts. Diese sind auf den Schutz der geschäftlichen Entscheidung des Verbrauchers zugeschnitten. Erst auf einer zweiten Ebene finden über den weiteren Zweck der UGP-RL, das reibungslose Funktionieren des Binnenmarktes, etwaige entgegenstehende, binnenmarktfunktionale Unternehmer- oder Verbraucherinteressen (Interesse am Marktzugang bzw. Interesse an binnenmarktweiter Produktauswahl) als Verbotsgegengründe Berücksichtigung[1367]. Darüber hinaus werden der Konkurrentenschutz, der institutionelle Schutz des unverfälschten Wettbewerbs sowie ihre Interdependenzen mit dem lauterkeitsrechtlichen Verbraucherschutz von der UGP-RL zwar ausdrücklich anerkannt,[1368] nach ihrer dogmatischen Zweckkonzeption aber nicht zum unmittelbaren Gegenstand der Zweckbestimmung erhoben. Ihr Schutz wird vielmehr über den Schutz der Entscheidungsautonomie der Verbraucher faktisch-kausal bewirkt[1369]. Hieran hat sich der nationale Normgeber im Umsetzungsrecht einschränkungslos zu halten.

II. Lösungsvorschlag

Um den Rechtszustand der UGP-RL zu verwirklichen, greift der hiesige Lösungsvorschlag die im Zuge der UGP-RL und der geänderten Irreführungs-RL erfolgte teleologische Trennung im Lauterkeitsrecht auf. Postuliert wird das Erfordernis einer klaren materiellen Ausdifferenzierung der einzelnen Schutzzwecke, die sich auch formalgesetzlich in dem zu modifizierenden § 1 widerzuspiegeln hat. Damit einher geht die inhaltlich sachgerechte systematische Zuordnung der materiellen Unlauterkeitstatbestände zu den jeweiligen Schutzzwecken, die im Rahmen der gesetzessystematischen Änderungen näher erläutert wird[1370]. Begründet wird die vorgeschlagene teleologische Ausdifferenzierung anhand der Vorgaben auf unionsrechtlicher Ebene sowie auf der Grundlage dogmatischer Überlegungen. Einer näheren Betrachtung bedarf in diesem Zusammenhang der Zweck zum Schutz des Allgemeininteresses am unverfälschten Wettbewerb gem. § 1 S. 2. Es fragt sich, ob und wie dem Allgemeininteresse künftig als eigenständiger, auslegungsbestimmender Schutzzweck neben den Schutzzwecken zu-

1367 Dazu S. 48 f. Besonders deutlich tritt dies im Rahmen der Generalklausel des Art. 5 Abs. 2 und der Definition der beruflichen Sorgfalt gem. Art. 2 lit. h zum Vorschein („billigerweise", „Treu und Glauben"). Dazu S. 112–116.

1368 ErwGr 6 S. 1, 8 S. 2.

1369 Dazu S. 40–46.

1370 Dazu S. 300–303.

gunsten der wettbewerbsfunktionalen Interessen der einzelnen Marktteilnehmer noch Bedeutung beizumessen sein wird.

1. Ausdifferenzierung der Schutzzweckbestimmung

a) Unionsrechtliche Ebene

aa) Teleologische Ausdifferenzierung im lauterkeitsrechtlichen Sekundärrecht

Auf unionsrechtlicher Ebene des Lauterkeitsrechts, welches seine konkrete Ausformung im Sekundärrecht erhält, lässt sich eine teleologisch-materielle Ausdifferenzierung der einzelnen lauterkeitsrechtlichen Teilbereiche jedenfalls seit Erlass der UGP-RL identifizieren. Deren Zweckkonzeption ist in erster Linie auf den Schutz der geschäftlichen Entscheidungsautonomie des Verbrauchers ausgerichtet und umfasst gleichlaufende Mitbewerberinteressen sowie den institutionellen Wettbewerbsschutz nur mittelbar über den Verbraucherschutz, nicht aber als auslegungsbestimmende Richtlinienzwecke[1371].

Demgegenüber beschränkt sich die Irreführungs-RL in ihrer Neufassung von 2006 auf den Schutz der Entscheidungsgrundlage von Gewerbetreibenden bezüglich irreführender Werbung. Der Schutz der Entscheidungsautonomie der Abnehmer im wettbewerblichen Vertikalverhältnis ist damit zwar strukturell gleichgelagert, wird im Unionsrecht aber unterschiedlichen, jeweils spezifischen teleologischen Prämissen untergeordnet. Daran soll sich auch im Zuge der geplanten legislativen Überarbeitung der Irreführungs-RL nichts ändern[1372]. Ebenfalls lassen sich die einzelnen Tatbestandsvarianten der vergleichenden Werbung, die in ihrer formalen Gesamtheit den Schutz sowohl der Verbraucher als auch der Mitbewerber umfassen,[1373] materiell teils aus Verbraucher-, teils aus Mitbewerberperspektive sachgerecht erklären[1374].

Zudem zeigt ein Blick auf sektorspezifische Regelungen unlauteren Wettbewerbsverhaltens, dass diese überwiegend allein spezielle Verbraucherinteressen (Informationsinteressen,[1375] Schutz vor täuschender Werbung[1376]) oder nur vereinzelt spezielle Konkurrenteninteressen[1377] schützen[1378].

1371 Dazu S. 40 – 46, 50 – 52.

1372 Eine Änderung oder Ausweitung des Anwendungsbereichs der UGP-RL auf b2b-Verhältnisse ist nicht geplant. Dazu insbesondere KOM (2011) 702 endg. und die Entschließung des Europäischen Parlaments vom 4. Februar 2014 zur Umsetzung der Richtlinie 2005/29/EG über unlautere Geschäftspraktiken, 2013/2116(INI), K. 2.

1373 ErwGr 9 S. 1 Irreführungs-RL.

1374 Dazu S. 308 – 310. Deutlich wird dies insbesondere bei ErwGr 8 Irreführungs-RL, der die Vorzüge vergleichender Werbung aus Verbrauchersicht benennt, die ihren materiellen Niederschlag wiederum in den Art. 4 lit. a–c Irreführungs-RL finden.

1375 Bspw. Art. 5 und 6 Verbraucherrechte-RL; Art. 5 und 6 E-Commerce-RL.

Es ist daher angesichts dieser teleologischen Diversifizierung nicht möglich, ein materiell-integratives, d. h. rechtsinhaltlich einheitliches Schutzzweckmodell auf sekundärrechtlicher Unionsebene allgemein zu unterstellen[1379]. Insbesondere die materiell-integrative Schutzzwecktrias in Art. 1 Irreführungs-RL 1997 kann nicht mehr als übergreifendes Prinzip des unionsrechtlichen Lauterkeitsrechts betrachtet werden[1380]. Vielmehr zeichnet sich auf unionsrechtlicher Ebene ein Bild der teleologischen Ausdifferenzierung ab.

bb) Art. 6 Rom II-VO als Ausdruck eines materiell-integrativen Schutzmodells?

Ungeachtet der auf materiell-rechtlicher Ebene des Sekundärrechts zu konstatierenden teleologischen Ausdifferenzierung zwischen den einzelnen Schutzzwecken wird vielfach die Fortgeltung des tradierten materiell-integrativen Schutzmodells im europäischen Lauterkeitsrecht verteidigt[1381]. Anknüpfungspunkt bildet hierfür die kollisionsrechtliche Regelung zu unlauterem Wettbewerbsverhalten in Art. 6 Abs. 1 und 2 Rom II-VO sowie der hierauf bezogene ErwGr 21 S. 2 Rom II-VO. Gem. Art. 6 Abs. 1 Rom II-VO ist bei unlauterem Wettbewerbsverhalten das Recht desjenigen Staates anzuwenden, „in dessen Gebiet die Wettbewerbsbeziehungen oder die kollektiven Interessen der Verbraucher beeinträchtigt worden sind oder wahrscheinlich beeinträchtigt werden." Art. 6 Abs. 2 Rom II-VO verweist auf Art. 4 Rom II-VO, sofern ein unlauteres Wettbewerbsverhalten ausschließlich die Interessen eines bestimmten Mitbewerbers beeinträchtigt. Laut ErwGr 21 S. 2 Rom II-VO sollte im Bereich des unlauteren Wettbewerbs die Kollisionsnorm „die Wettbewerber, die Verbraucher und die Öffentlichkeit schützen und das reibungslose Funktionieren der Marktwirtschaft sicherstellen."

Für die Annahme einer Fortgeltung des tradierten integrativen Schutzmodells spricht insbesondere die soeben genannte Formulierung in ErwGr 21 S. 2 Rom II-VO. Im Verordnungsvorschlag von 2003 heißt es zudem, das moderne Wettbewerbsrecht ziele sowohl auf den Schutz der Wettbewerber (horizontale Ebene) als

---

1376 Bspw. Art. 6 Abs. 3 S. 1 Kosmetik-RL; Art. 3 Abs. 1 Pauschalreisen-RL.

1377 Art. 4 Abs. 3, 5 Abs. 2 Marken-RL.

1378 Dazu ausführlich *Haase*, S. 50 – 57.

1379 So auch der Befund bei Staudinger/*Fezer*/*Koos*, IntWirtschR, Rn. 395; Hilty/Henning-Bodewig/*Peukert*, S. 27, 44 f.; *ders.* ZHR 173 (2009), 536, 560 f. Zur Kritik an der Auffassung eines rein institutionellen Wettbewerbsschutzes im Primärrecht S. 286 – 290.

1380 So bereits *Haase*, S. 57.

1381 Ausdrücklich Hilty/Henning-Bodewig/*Henning-Bodewig*, S. 9, 14; offenbar auch MüKo-BGB/*Drexl*, IntLautR, Rn. 112; Rauscher/*Unberath*/*Cziupka*, Art. 6 Rom II-VO Rn. 13, 18; Harte/Henning/*Glöckner*, Einl. C. Rn. 108; Götting/Nordemann/*Götting*[2], Einl. Rn. 128.

auch der Verbraucher und der breiten Öffentlichkeit (vertikale Ebene). Diese dreifache Funktion des Wettbewerbsrechts müsse sich in einem modernen Kollisionsrecht widerspiegeln und so stelle die Kollisionsnorm auf die Beeinträchtigung des Marktes insgesamt, die Beeinträchtigung der Interessen eines Mitbewerbers und die Beeinträchtigung der kollektiven Interessen der Verbraucher ab[1382].

Gleichwohl deutet ein genauerer Blick auf die konkrete Ausgestaltung der Kollisionsnorm in Art. 6 Rom II-VO in eine andere Richtung. Art. 6 Abs. 1 Rom II-VO knüpft zur Bestimmung des anwendbaren Rechts an die Beeinträchtigung der jeweils genannten Interessen der Marktteilnehmer an. Zur Anwendung gelangt damit das Recht am Ort der schutzzweckorientierten lauterkeitsrechtlichen Interessenkollision[1383]. Dies entspricht weitestgehend dem bis dahin vorherrschenden kollisionsrechtlichen Marktortprinzip[1384]. Nur in den eng begrenzten Fällen der von Art. 6 Abs. 2 Rom II-VO umfassten „bilateralen" Verhaltensweisen kommt die allgemeine deliktsrechtliche Kollisionsnorm des Art. 4 Rom II-VO zum Tragen[1385]. Zur konkreten Anknüpfung an den Ort der spezifisch lauterkeitsrechtlichen Interessenkollision bedient sich Art. 6 Abs. 1 Rom II-VO auf tatbestandlicher Ebene allerdings des Kriteriums der Beeinträchtigung der Wettbewerbsbeziehungen *oder* der kollektiven Verbraucherinteressen[1386]. Für die Frage, auf welchem Markt die Interessenkollision stattfindet, unterscheidet Art. 6 Abs. 1 Rom II-VO zwischen den Wettbewerbsbeziehungen auf horizontaler Ebene und den kollektiven Verbraucherinteressen auf vertikaler Ebene[1387]. Das Interesse der „breiten Öffentlichkeit" spielt hingegen auf tatbestandlicher Ebene keine Rolle. Beide Anknüpfungspunkte – die Interessen im Horizontalverhältnis einerseits und im Vertikalverhältnis andererseits – stellt die Kollisionsnorm ausdrücklich in

---

1382 KOM (2003) 427 endg., S. 17.

1383 Staudinger/*Fezer*/*Koos*, IntWirtschR, Rn. 645; MüKo-BGB/*Drexl*, IntLautR, Rn. 133; Rauscher/*Unberath*/*Cziupka*, Art. 6 Rom II-VO Rn. 14; GK-UWG/*Klass*, Einl. D. Rn. 185, 213; MüKo-UWG/*Mankowski*, IntWettbR, Rn. 157; *Köhler*/Bornkamm[33], Einl. Rn. 5.33; Fezer/*Hausmann*/*Obergfell*, Einl. I Rn. 158; *Nettlau*, S. 197–206.

1384 Staudinger/*Fezer*/*Koos*, IntWirtschR, Rn. 645; Rauscher/*Unberath*/*Cziupka*, Art. 6 Rom II-VO Rn. 15; *Ohly*/Sosnitza[6], Einf. B. Rn. 15.

1385 Dies dürfte allenfalls nur Handlungen ohne Marktbezug betreffen, *Köhler*/Bornkamm[33], Einl. Rn. 5.44; *Ohly*/Sosnitza[6], Einf. B. Rn. 21. Kritisch hierzu MüKo-BGB/*Drexl*, IntLautR, Rn. 144–150; Rauscher/*Unberath*/*Cziupka*, Art. 6 Rom II-VO Rn. 43; Fezer/*Hausmann*/*Obergfell*, Einl. I. Rn. 166 f.; Harte/Henning/*Glöckner*, Einl. C. Rn. 119; *Lindacher* GRUR Int. 2008, 453, 457.

1386 So auch in ErwGr 21 S. 3 Rom II-VO.

1387 Wobei hiervon auch das b2b-Vertikalverhältnis umfasst wird, MüKo-BGB/*Drexl*, IntLautR, Rn. 111.

ein *Alternativverhältnis*[1388]. Es genügt demnach für die Anknüpfung, wenn entweder nur spezifische Mitbewerber- *oder* Verbraucherinteressen beeinträchtigt werden. Diese Unterscheidung kam im Vorentwurf der Kommission von 2002 sogar noch deutlicher zum Vorschein; denn dessen Art. 6 legte fest: „Auf ein außervertragliches Schuldverhältnis in Folge von unlauterem Wettbewerb oder unlauteren Praktiken findet das Recht des Staates Anwendung, in dem der unlautere Wettbewerb oder die unlauteren Praktiken die Wettbewerbsbeziehungen oder die kollektiven Verbraucherinteressen beeinträchtigt bzw. beeinträchtigen."[1389] Der Vorentwurf differenzierte demnach zwischen *unlauterem Wettbewerb* und *unlauteren Praktiken* und setzte diese in Bezug zur Beeinträchtigung der *Wettbewerbsbeziehungen* oder der *kollektiven Verbraucherinteressen.*

In ihrer konkreten Ausgestaltung fügt sich die Kollisionsnorm des Art. 6 Abs. 1 Rom II-VO somit ohne Weiteres in die schutzzweckorientierte Ausdifferenzierung des materiellen Lauterkeitsrechts auf europäischer Ebene ein und spiegelt diese tatbestandlich wider. Mitbewerberinteressen und Verbraucherinteressen werden in materieller Hinsicht getrennt und als selbstständige Anknüpfungspunkte lauterkeitsrechtlicher Kollisionsfälle geregelt. Formal betrachtet halten Art. 6 Abs. 1, ErwGr 21 S. 2 und 3 Rom II-VO zwar an einem integrativen Schutzsystem insofern fest, als sie im Rahmen der Rechtsanknüpfung die funktionalen Interessen sämtlicher Marktteilnehmer berücksichtigen. Hinsichtlich der Rechtsanknüpfung verfolgt die Kollisionsnorm jedoch im Einklang mit den spezifischen Schutzzwecken von UGP-RL und Irreführungs-RL einen Ansatz, der nach teleologischen Gesichtspunkten die jeweils maßgeblichen Auslegungsdirektiven gewichtet und nach deren Leitbild die einschlägigen materiellen Vorschriften konzeptioniert und voneinander trennt[1390]. Genau darin besteht die auf unionsrechtlicher Ebene vollzogene Abkehr vom tradierten, materiell-integrativ verstandenen Schutzmodell, welches noch der Irreführungs-RL 1997 zugrunde lag und von einer umfassenden Interessekonformität aller Marktteilnehmer ausging und diese im Sinne einer materiellen Rechtseinheit schützte[1391].

1388 Dies erkennen zutreffend Staudinger/*Fezer*/*Koos*, IntWirtschR, Rn. 395, 646; *Köhler*/Bornkamm[33], Einl. Rn. 5.32; Harte/Henning/*Glöckner*, Einl. C. Rn. 108 a.E.; Gloy/Loschelder/Erdmann/*Wilde*, § 10 Rn. 20; offenbar auch Rauscher/*Unberath*/*Cziupka*, Art. 6 Rom II-VO Rn. 27; Huber/*Illmer*, Art. 6 Rn. 43.

1389 Vorentwurf Rom II-VO der GD Justiz und Inneres von 2002, abrufbar unter http://www.euzpr.eu/eudocs/03kollisionsr/20romiivo/romiivo-010-kom.htm, zuletzt abgerufen am 05.05.2016.

1390 Hierzu Staudinger/*Fezer*/*Koos*, IntWirtschR, Rn. 395, 646.

1391 Staudinger/*Fezer*/*Koos*, IntWirtschR, Rn. 395, 646.

Im Ergebnis vermag daher Art. 6 Rom II-VO das hier postulierte Verständnis einer schutzzweckorientierten Ausdifferenzierung auf unionsrechtlicher Ebene des Lauterkeitsrechts nicht zu widerlegen. Vielmehr findet sich in der Vorschrift die materielle Spezifizierung der lauterkeitsrechtlich geschützten Interessen wieder.

b) Dogmatische Überlegungen

Die hier vorgeschlagene gesetzestextliche Ausdifferenzierung der Schutzzweckbestimmung ist nicht allein vor dem Hintergrund der unionsrechtlichen Entwicklungen jüngster Vergangenheit sowie im Sinne einer korrekten und transparenten Umsetzung der UGP-RL mit ihrem spezifisch verbraucherschützenden Telos erforderlich. Eine Unterscheidung und möglichst präzise Zuordnung der lauterkeitsrechtlichen Schutzzwecke zu den einzelnen Unlauterkeitstatbeständen ist nach hiesigem Verständnis auch aus dogmatischen Überlegungen geboten. Die auf unionsrechtlicher Ebene erfolgte Trennung zwischen verbraucherschutzbezogenen, konkurrentschutzbezogenen und auf den Schutz sonstiger Marktteilnehmer als nachfragende Gewerbetreibende bezogenen Vorschriften ist keine geistige Neuschöpfung des Richtliniengebers. Sie stellt m. E. vielmehr eine Normierung des namentlich von *Beater* seit langem geforderten konsequenten Schutzzweckdenkens im Lauterkeitsrecht dar,[1392] der die Abgrenzung der einzelnen Schutzrichtungen zur Gretchenfrage des Lauterkeitsrechts überhaupt erklärt[1393]. Auch der von *Fezer* postulierte materielle Dualismus des Lauterkeitsrechts[1394] im Sinne einer verbraucherschutzbezogenen und einer mitbewerberschutzbezogenen Lauterkeitsordnung ist m. E. letztlich eine Ausprägung dieses Schutzzweckdenkens.

Lauterkeitsrechtliches Schutzzweckdenken bildet einen Gegenentwurf zum Denken in Fallgruppen bzw. in Lebenssachverhalten[1395]. Die einzelnen Schutzzwecke, d. h. die schützenswerten Interessen der einzelnen Marktteilnehmer,

---

1392 Hierzu insbesondere *Beater*, Unlauterer Wettbewerb, Rn. 808, 814, 816–819, 1095–1101, 1681–1685, 2169–2175; *ders.*, Verbraucherschutz und Schutzzweckdenken, S. 31–45, 86–88, 182–184; *ders.* JZ 1997, 916, 919–922. Ansätze hierzu finden sich bereits bei *Schricker*, Gesetzesverletzung, S. 210 f.: „Die Zeit scheint reif für einen weiteren Schritt: für die Erkenntnis der *Mehrheit oder Vielheit der Maßstäbe und Arten, die Unlauterkeit im Wettbewerb zu begründen.*"; *Burmann* WRP 1968, 258, 263 f.

1393 *Beater*, Verbraucherschutz und Schutzzweckdenken, S. 43.

1394 Hierzu insbesondere Fezer/*ders.*, Einl. E Rn. 117–122, § 1 Rn. 23–32; *ders.* WRP 2009, 1163; *ders.* WRP 2010, 677, 680.

1395 Zur Kritik an diesen Ansätzen *Beater*, Unlauterer Wettbewerb, Rn. 832–834; *ders.*, Verbraucherschutz und Schutzzweckdenken, S. 16–19.

werden klar voneinander unterschieden und unter wettbewerbsfunktionalen Gesichtspunkten mit Inhalt gefüllt[1396]. Anwendungstechnisch verfolgt diese schutzzweckorientierte Herangehensweise eine Beurteilung lauterkeitsrechtlicher Sachverhalte aus mehreren, voneinander zu trennenden Perspektiven in Form der einzelnen Schutzinteressen. Im Zuge des Schutzzweckdenkens setzt sich die grundlegende Erkenntnis durch, dass die einzelnen Sachverhaltskonstellationen in der Regel mehrere Interessen unterschiedlicher Marktteilnehmer berühren, vielfach jedoch ein Schutzzweck zur sachgerechten Bewertung des in Frage stehenden Verhaltens den anderen Schutzzwecken überlegen ist. Der Vorteil schutzzweckorientierten Denkens im Lauterkeitsrecht besteht vornehmlich darin, sich über den Inhalt der einzelnen Schutzzwecke Gewissheit zu verschaffen, deren Bedeutung für die Ausgestaltung der rechtlichen Vorschriften und ihrer materiellen Einteilung sowie die Beurteilung des Einzelfalls zu eruieren und im Rahmen der Rechtsanwendung die maßgeblichen Wertungen offen zu legen[1397]. Striktes Schutzzweckdenken dient einer kohärenten Entscheidungsfindung[1398].

Angesichts dessen vermag die Kritik an diesem schutzzweckorientierten Ansatz nicht zu überzeugen, wonach es sich – gerade bei der UGP-RL – um eine Rechtszersplitterung handele, die einheitliche Lebenssachverhalte künstlich auseinanderreiße und kaum durchzuführen sei[1399]. Ein einheitlicher Lebenssachverhalt – das in Frage stehende unternehmerische Verhalten – wird nämlich nicht „auseinandergerissen", sondern lediglich aus verschiedenen, am jeweiligen Schutzzweck ausgerichteten Perspektiven beurteilt[1400] bzw. unter diesen unterschiedlichen teleologischen Vorzeichen „durchsubsumiert"[1401]. Es kommt dabei auf die spezifischen wettbewerbsfunktionalen Interessen der einzelnen Marktteilnehmer an, ohne dass die zwischen diesen Interessen bestehenden Interdependenzen verkannt werden. In diesem Zusammenhang stellt sich heraus, dass im Kontext der verschiedenen Interessenlagen jeweils ein Schutzzweck die maßgeblichen, sachgerechten Wertungsaspekte liefern kann, wohingegen die anderen Schutzzwecke inhaltlich nicht weiterführen[1402]. Dies hindert freilich nicht daran,

---

1396 *Beater*, Verbraucherschutz und Schutzzweckdenken, S. 43–45.

1397 *Beater*, Unlauterer Wettbewerb, Rn. 812; *ders.*, Verbraucherschutz und Schutzzweckdenken, S. 35; *ders.* JZ 1997, 916, 919; dem ebenfalls zustimmend *Schork*, S. 113.

1398 *Beater*, Unlauterer Wettbewerb, Rn. 813 f.

1399 Gegen diese Kritik wenden sich zu Recht Fezer/*ders.*, § 1 Rn. 29; *ders.* WRP 2009, 1163, 1166; *Beater*, Unlauterer Wettbewerb, Rn. 834.

1400 *Beater*, Verbraucherschutz und Schutzzweckdenken, S. 13; dem auch folgend *Schork*, S. 114.

1401 *Beater*, Verbraucherschutz und Schutzzweckdenken, S. 44.

1402 *Beater*, Unlauterer Wettbewerb, Rn. 808, 1095–1097, 1681, 1684, 2169; *ders.*, Verbraucherschutz und Schutzzweckdenken, S. 44 f.; *ders.* JZ 1997, 916, 921 f.; in diese Richtung gehend auch bereits *Schricker*, Gesetzesverletzung, S. 211: „Es gilt, für jedes Wettbewerbsproblem die pas-

dem Schutzinteresse ggf. entgegenstehende Interessen als Verbotsgegengründe zu berücksichtigen. Ein schutzzweckorientiertes Denken fragt nach der aus sachlichen Gründen maßgeblichen Auslegungsdirektive[1403].

In besonderem Maße gilt dies für den Schutz der Entscheidungsautonomie der Verbraucher. Konkurrenteninteressen und Interessen sonstiger Marktteilnehmer können hierfür keine Schutzmaßstäbe bereitstellen[1404]. Unzweifelhaft verhält es sich so bei Verhaltensweisen von Monopolisten, da hier Konkurrenteninteressen von vornherein nicht greifen können[1405]. Darüber hinaus versagt der Konkurrentenschutzgedanke aber auch sonst bei verbraucherentscheidungsschädigenden Praktiken, etwa Irreführungen, aggressiven Praktiken oder dem Vorenthalten von Informationen. Irreführungen sind aus Konkurrentenperspektive unschädlich, wenn alle Anbieter die Verbraucherschaft gleichermaßen täuschen[1406]. Es ist dann ausgeschlossen, dass ein Anbieter infolge des irreführenden Verhaltens seiner Konkurrenten am Markt ins Hintertreffen gerät. Deshalb muss hier zwingend der auf den Verbraucher bezogene Schutz der Entscheidungsgrundlage die Auslegungsdirektive bilden. Gleiches gilt für aggressive Praktiken im Hinblick auf den Entscheidungsprozess.

Ebenfalls ist das Vorenthalten von wesentlichen Informationen aus Sicht der Verbraucher zu beurteilen. Die Wesentlichkeit der Information ist nach Art. 7 Abs. 1 dadurch gekennzeichnet, dass der Verbraucher diese je nach den Umständen für eine informierte Entscheidung benötigt. Dem Telos der UGP-RL folgend, ist die Wesentlichkeit entscheidungsbezogen auszulegen. Der Verbraucher muss die Information für eine an seinen Präferenzen orientierte Entscheidung benötigen. Dies ist zwingendermaßen aus Sicht des Verbrauchers zu ermitteln. Die Perspektive des Anbieters kann diese Frage nicht sachgerecht beantworten. Dieser ist tendenziell darauf bedacht, neben den werblichen Anpreisungen aus Kostengründen Informationen nur in geringem Umfang bereitzustellen. Als Verbotsgegengrund kann dieses Interesse zwar bei der Frage des Vorenthaltens i.S.v. Art. 7

---

sendste Betrachtungsweise oder Kombination einschlägiger Gesichtspunkte zu finden." Fezer/Büscher/Obergfell/*Fezer*, § 1 Rn. 14, bezeichnet dies als ein Ranking der Schutzinteressen der Marktbürger.

1403 Vor diesem sachlichen Hintergrund erklärt sich der von Fezer/*ders.*, § 1 Rn. 26, postulierte Vorrang der Verbraucherinteressen im verbraucherbezogenen Lauterkeitsrecht und der Vorrang der Mitbewerberinteressen im mitbewerberbezogenen Lauterkeitsrecht.

1404 *Beater*, Unlauterer Wettbewerb, Rn. 1095–1097; *ders.*, Verbraucherschutz und Schutzzweckdenken, S. 190 f.; *ders.* JZ 1997, 916, 922.

1405 *Beater* JZ 1997, 916, 919, 921.

1406 *Beater*, Unlauterer Wettbewerb, Rn. 819, 1100; *ders.*, Verbraucherschutz und Schutzzweckdenken, S. 40 f.

Abs. 1–3 berücksichtigt werden, es erklärt aber nicht, ob eine Information für den Verbraucher wesentlich ist oder nicht.

Gleichsam kann der Schutz sonstiger Marktteilnehmer nicht mit dem Verbraucherschutz oder dem Konkurrentenschutz gleichgestellt werden[1407]. Sofern die Entscheidungsautonomie des Nichtverbrauchers, insbesondere nachfragender Unternehmen, betroffen ist, sind Verbraucherschutz und der Schutz sonstiger Marktteilnehmer zwar strukturell gleichgelagert, in ihrer inhaltlichen Ausformung aber grundverschieden. Der Verbraucher ist als privater Endkonsument betroffen, der sonstige Marktteilnehmer in der Regel als Weiterveräußerer innerhalb einer Lieferkette oder als gewerblicher Endabnehmer, der das Produkt zu unternehmerischen Zwecken verwendet[1408]. Er verfügt hierbei über ein anderes Maß an Beurteilungsfähigkeit im Hinblick auf das Angebot und seine Entscheidungsfindung verläuft oftmals in anderen Bahnen. Ebenso dürfen Verhältnisse zwischen Unternehmen, die nicht im Vertikalverhältnis anzusiedeln sind und die keine Konkurrenten darstellen, nicht nach konkurrentenschutzbezogenen Maßstäben beurteilt werden[1409]. Die das Konkurrenzverhältnis prägende gegenläufige Interessenlage besteht hier gerade nicht. Die Kritik an einem Nichtkonkurrenten hat regelmäßig mit anderweitigen Äußerungsinteressen zu tun[1410].

Schließlich sind auch Konkurrenteninteressen berührende Konstellationen, sofern diese nicht die Beeinträchtigung der Entscheidungsautonomie der Marktgegenseite betreffen, bei denen der Konkurrentenschutz bereits automatisch mit verwirklicht ist, in erster Linie an den wettbewerblich legitimen Konkurrenteninteressen auszurichten[1411]. Die Interessen der Verbraucher oder sonstigen Marktteilnehmer liefern hierfür keine sachgerechten Beurteilungskriterien, auch wenn sie infolge veränderter Marktbedingungen ggf. auf nachgelagerter Stufe betroffen sein könnten. Es ist daher möglich und geboten, Interessenverhältnisse in bestimmten Sachverhaltskonstellationen primär aus der spezifischen Konkurrentenperspektive zu erklären. Ein anschauliches Beispiel liefert hierfür das Abreißen von Werbeplakaten eines Konkurrenten. Hierdurch wird der betroffene Konkurrent in nicht wettbewerbsinhärenter Weise in seinen wettbewerblichen Entfaltungsmöglichkeiten beschränkt. Zugleich werden dadurch Verbraucherinteressen beeinträchtigt, da die Verbraucher von der Werbung und dem Werbenden keine Kenntnis nehmen können und somit ihre Wahlfreiheit am Markt verkürzt

---

1407 *Beater*, Unlauterer Wettbewerb, Rn. 2169; so auch GK-UWG/*Peukert*, § 1 Rn. 43–45; Götting/Meyer/Vormbrock/*Weiler*, § 25 Rn. 233; in dieser Hinsicht unzutreffend Fezer/*ders.*, § 1 Rn. 3.

1408 *Beater*, Unlauterer Wettbewerb, Rn. 2173 f.

1409 *Beater*, Unlauterer Wettbewerb, Rn. 1684.

1410 *Beater*, Unlauterer Wettbewerb, Rn. 1685.

1411 Dies erfolgt auch bei den § 4 Nr. 7–10, 6 Abs. 2 Nr. 3–6. Dazu S. 300–305.

wird. Diese Interesseninterdependenz wird teilweise gern bemüht, um die unmögliche Teilbarkeit des Marktverhaltens zu beschreiben[1412]. Gleichwohl bietet allein der Konkurrentenschutz den sachgerechten Beurteilungsmaßstab[1413]. Zwar werden die soeben beschriebenen Interessen in aller Regel zusammenfallen. Es sind jedoch auch Konstellationen denkbar, in denen das Verbraucherinteresse an der Wahrnehmung der Werbung nicht weiterhilft. Dies insbesondere dann, wenn – hypothetisch betrachtet – die Werbung aus Sicht des Durchschnittsverbrauchers weder einen mit seinen Präferenzen korrespondierenden, bedeutsamen Informationsgehalt aufweist, noch im Rahmen einer Imagewerbung geeignet ist, die Aufmerksamkeit des Verbrauchers in entscheidungserheblicher Weise auf den Anbieter und seine Produkte zu lenken. Es handelt sich dann schlichtweg um „schlechte" Werbung, die der Durchschnittsverbraucher im Grunde nicht benötigt, da sie seine wirtschaftlichen Interessen weder positiv noch negativ tangiert. Aus Sicht des Verbraucherschutzes ist das Entfernen einer solchen Werbung im Ergebnis ohne Bedeutung. Aus Sicht des betroffenen Konkurrenten hingegen liegt die Sache anders. Diesem ist daran gelegen, frei darüber zu entscheiden, ob und wie er an den potentiellen Kunden herantritt. Dies kann auch in werblich ineffizienter Weise erfolgen. Der Anbieter muss – anders gewendet – auch schlechte Werbung machen dürfen. Gerade darin spiegeln sich sein unternehmerisches Risiko und die von ihm zu tragende Verantwortung für seine Produkte und seinen Marktauftritt wider. Nicht zuletzt kommt es ihm darauf an, aus Misserfolgen im Marketing zu lernen und sich dementsprechend neu zu positionieren. Deshalb bietet der Konkurrentenschutz in dieser Interessenlage den ausschlaggebenden Verbotsgrund. Die Interessen der Verbraucher sind dabei automatisch mit geschützt, soweit sie betroffen sind.

Vor diesem Hintergrund lässt sich schließlich die m. E. oftmals missverstandene Einteilung in „b2c-Verhältnis" und „b2b-Verhältnis" erklären. Es geht bei dieser Einteilung nicht darum, bestimmte Verhaltensweisen ausschließlich als „b2c-Praktik" oder „b2b-Praktik" zu kategorisieren, in denen die Existenz anderer lauterkeitsrechtlicher Interessen völlig ausgeblendet wird. Selbstverständlich sind die auftretenden Interesseninterdependenzen anzuerkennen[1414]. Stattdessen hat die Einteilung „b2c" und „b2b" das jeweilige *Interessenverhältnis* zum Gegenstand. Die materiellen Vorschriften im b2c-Bereich und im b2b-Bereich, der seinerseits Konkurrentenschutz und den Schutz sonstiger Marktteilnehmer zu tren-

---

1412 So etwa *Köhler*/Bornkamm[33], § 3 Rn. 126.

1413 Zu Recht wird das Abreißen von Werbeplakaten als Fallgruppe dem konkurrentenschutzbezogenen Behinderungsverbot in § 4 Nr. 10 zugeordnet, *Köhler*/Bornkamm[33], § 4 Rn. 10.71; Harte/Henning/*Omsels*, § 4 Nr. 10 Rn. 72.

1414 Dies tut auch die UGP-RL in ErwGr 8 S. 2.

nen hat, sind auf das jeweilige Interessenverhältnis bezogen und lassen andere Interessenverhältnisse unberührt, sofern diese nicht in sachgerechter Weise einem inhaltlich überlegenen Interessenverhältnis unterzuordnen sind[1415]. Das unternehmerische Marktverhalten wird dabei in vollem Umfang bewertet. Genau auf dieser Linie bewegt sich die vielfach gescholtene UGP-RL, da sie allein das Interessenverhältnis zwischen Anbieter und Verbraucher in Bezug auf deren Entscheidungsautonomie aufgreift, Konkurrenten insoweit mit schützt, und die anderweitigen Interessenverhältnisse mit ihren spezifischen Wertungen unberührt lässt[1416]. Dies ist keine künstliche Aufspaltung einheitlicher Lebenssachverhalte, sondern eine dogmatisch fundierte, schutzzweckorientierte Systematisierung lauterkeitsrechtlicher Regelungskomplexe.

Im Ergebnis lässt sich damit festhalten, dass eine teleologische Ausdifferenzierung im Lauterkeitsrecht nicht nur den unionsrechtlichen Vorgaben folgt, sondern auch aus dogmatischen Gründen geboten ist. Diese Ausdifferenzierung sollte sich im Sinne eines wertungstransparenten und umsetzungstechnisch eindeutigen Lauterkeitsrechtsgesetzes auch gesetzessprachlich und -systematisch widerspiegeln[1417]. Den einzelnen Schutzzwecken gilt es, die auf sie bezogenen materiellen Unlauterkeitstatbestände zuzuordnen. Dies ist keine unnötige Rechtszersplitterung, sondern vielmehr ein Ansatz, welcher der Spezifizität der lauterkeitsrechtlich geschützten Interessen gerecht wird. Dass das gesetzliche Lauterkeitsrecht damit auch einen Zuwachs an Komplexität verzeichnet, ist im Endeffekt der Komplexität seines Regelungsgegenstands, der Beurteilung marktbezogener Verhaltensweisen, geschuldet. Eine streng schutzzweckorientierte Ausgestaltung des Lauterkeitsrechts auf gesetzlicher Ebene bedeutet somit auch, die Vielschichtigkeit des Realphänomens Wettbewerb anzuerkennen und sich dieser unvoreingenommen zu stellen.

2. Interesse der Allgemeinheit an einem unverfälschten Wettbewerb als eigenständiger Schutzzweck?

Von den Ausführungen zur hier vorgeschlagenen gesetzestextlichen Diversifizierung der Zweckbestimmung in § 1 blieb das gem. § 1 S. 2 geschützte Interesse der Allgemeinheit an einem unverfälschten Wettbewerb bislang ausgeklammert. Das Allgemeininteresse fungiert nach der gesetzlichen Schutzzweckkonzeption seit

---

1415 Nochmals sei darauf hingewiesen, dass Konkurrenteninteressen den Schutz der Entscheidungsautonomie der Verbraucher nicht mit Inhalt füllen können, unter verbraucherschutzbezogenen Gesichtspunkten aber mit verwirklicht werden.

1416 Zur Schutzzweckschranke der UGP-RL S. 76 – 80.

1417 Dazu die hier vorgeschlagene modulare Gesetzessystematisierung, S. 300 – 303.

dem UWG 2004 als eigenständiger Schutzzweck und ist Bestandteil der tradierten Schutzzwecktrias (Mitbewerber, Verbraucher, Allgemeinheit). Auch im UWG 2015 hat sich daran nichts geändert. Dennoch soll an dieser Stelle der Frage nachgegangen werden, ob das institutionelle Interesse der Allgemeinheit an einem unverfälschten Wettbewerb neben den wettbewerbsfunktional zu bestimmenden Interessen der einzelnen Marktteilnehmer überhaupt eine eigenständige Bedeutung als auslegungsanleitender Schutzzweck erlangt und welche Konsequenzen sich daraus für die hier favorisierte Neugestaltung des § 1 ergeben. Es geht daher nicht darum, eine wettbewerbsfunktionale Ausrichtung des Lauterkeitsrechts zu negieren, sondern vielmehr danach zu fragen, ob das Allgemeininteresse dogmatisch als eigenständiger Schutzzweck neben den wettbewerbsfunktionalen Interessen der Marktteilnehmer beizubehalten ist.

a) Argumente für eine eigenständige Bedeutung des Allgemeininteresses

Die Eigenständigkeit und Berechtigung des Schutzes des institutionellen Interesses der Allgemeinheit an einem unverfälschten Wettbewerb wird überwiegend befürwortet[1418]. Es werde damit klargestellt, dass der Schutz sonstiger Allgemeininteressen nicht Aufgabe des Lauterkeitsrechts sei[1419]. Gleichsam entfalte das auf den unverfälschten Wettbewerb ausgerichtete Allgemeininteresse eine begrenzende Funktion im Hinblick auf die Marktteilnehmerinteressen[1420]. Abgesehen davon sei der Schutzzweck insbesondere auf materieller Ebene als Begründungsmuster für die Fallgruppe der sog. allgemeinen Marktstörung von Bedeutung[1421].

Einige Stimmen im Schrifttum gehen darüber hinaus und betrachten das Allgemeininteresse am unverfälschten Wettbewerb im Sinne einer rein institutionellen Schutzrichtung als überragenden[1422] oder gar alleinigen Schutzzweck des UWG bzw. des europäischen Lauterkeitsrechts insgesamt[1423].

1418 MüKo-UWG/*Sosnitza*, § 1 Rn. 16; *Köhler*/Bornkamm[33], § 1 Rn. 48; Harte/Henning/*Podszun*, § 1 Rn. 64; Ohly/*Sosnitza*[6], § 1 Rn. 31; Götting/Nordemann/*Götting*[2], § 1 Rn. 27.

1419 RegE UWG 2004 BT-Drucks. 15/1487, S. 16; MüKo-UWG/*Sosnitza*, § 1 Rn. 11, 17, 30; *Köhler*/Bornkamm[33], § 1 Rn. 41; Ohly/*Sosnitza*[6], § 1 Rn. 30; jurisPK-UWG/*Ullmann*, § 1 Rn. 12.

1420 *Köhler*/Bornkamm[33], § 1 Rn. 51.

1421 MüKo-UWG/*Sosnitza*, § 1 Rn. 16; *Köhler*/Bornkamm[33], § 1 Rn. 49; Ohly/*Sosnitza*[6], § 1 Rn. 31.

1422 So für das UWG GK-UWG/*Peukert*, § 1 Rn. 310, 316; offenbar auch *Koppensteiner* FS Fezer, S. 285, 288 f.

1423 So etwa Hilty/Henning-Bodewig/*Glöckner*, S. 263, 272; *ders.*, Europäisches Lauterkeitsrecht, S. 509, 512; *Leistner*, S. 354; *ders.* ZEuP 2009, 56, 59 f.; Harte/Henning/*Podszun*, § 1 Rn. 28 f.; *ders.* WRP 2009, 509, 510.

b) Gegenargumente

Den Befürwortern einer Eigenständigkeit oder gar ausschließlichen Maßgeblichkeit des institutionellen Allgemeininteresses am unverfälschten Wettbewerb sind allerdings vielzählige Einwände entgegenzuhalten. Diese sollen im Folgenden aufgegriffen und unter dem Blickwinkel der materiell-rechtlichen Bedeutung des Allgemeininteresses, seiner Rolle in den maßgeblichen Zweckkonzeptionen des Unionsrechts und in dogmatischer Hinsicht betrachtet werden.

aa) Materiell-rechtliche Bedeutung des Allgemeininteresses

Zunächst fragt sich, welche eigenständige Bedeutung der Schutz des Allgemeininteresses am unverfälschten Wettbewerb auf materiell-rechtlicher Ebene erlangt. Der Blick richtet sich zunächst auf die Zweckbestimmung des § 1. Im Anschluss an die auf die Interessen der einzelnen Marktteilnehmer abstellenden Schutzzwecke des § 1 S. 1 schützt das UWG gem. § 1 S. 2 „zugleich“ das Interesse der Allgemeinheit. Hierüber wird eine institutionelle Schutzrichtung im Hinblick auf den funktionstreuen Wettbewerb statuiert[1424]. Der gesetzlichen Formulierung ist zu entnehmen, dass das Allgemeininteresse am unverfälschten Wettbewerb gleichzeitig und immer dann berührt ist, wenn sich eine geschäftliche Handlung auf die geschützten Interessen der jeweiligen Marktteilnehmer auswirkt. Konzeptionell ist mit dem Schutz der Marktteilnehmer gleichsam der Schutz der Allgemeinheit bezweckt. Diese Wechselseitigkeit kommt in der Gesetzesbegründung zum UWG 2004 und diesem als maßgebliche Grundlage dienenden „Professoren-Entwurf“ noch stärker zum Ausdruck, sofern dort die Interessen der Marktteilnehmer „und damit“ das Allgemeininteresse am unverfälschten Wettbewerb geschützt werden[1425]. In umgekehrter Richtung soll es nicht denkbar sein, dass der Wettbewerb als Institution verfälscht wird, ohne gleichzeitig die wettbewerbsfunktionalen Interessen der Marktteilnehmer zu beeinträchtigen[1426]. Schon vor diesem hermeneutischen Hintergrund kann bezweifelt werden, weshalb mit dem Allgemeininteresse eigenständig als auslegungsanleitende Zweckbestimmung gearbeitet werden soll, wo doch die geschützten wettbewerbsfunktionalen Ein-

1424 *Köhler*/Bornkamm^{33}, § 1 Rn. 42; Ohly/*Sosnitza*^{6}, § 1 Rn. 31.

1425 RegE UWG 2004 BT-Drucks. 15/1487, S. 15 f.; *Köhler/Bornkamm/Henning-Bodewig* WRP 2002, 1317; darauf auch explizit abstellend MüKo-UWG/*Sosnitza*, § 1 Rn. 30; *Köhler*/Bornkamm^{33}, § 1 Rn. 48; Harte/Henning/*Schünemann*^{2}, § 1 Rn. 109; HK-UWG/*Klippel/Brämer*, § 1 Rn. 25; *Nordemann*, Rn. 49.

1426 *Köhler*/Bornkamm^{33}, § 1 Rn. 48; Fezer/*ders.*, § 1 Rn. 89; HK-UWG/*Klippel/Brämer*, § 1 Rn. 26.

zelinteressen nach § 1 S. 1 ohnehin beeinträchtigt sind[1427]. Insofern erscheint die Allgemeinheit, deren Interesse bei jedem von ihr als regelungsbedürftig angesehenen Sachverhalt betroffen ist und die letztlich doch nur die einzelnen Marktteilnehmer in sich vereint, als leere Worthülse[1428].

Ein weiterer Blick auf die gesetzliche Verankerung des Allgemeininteresses zeigt, dass diesem außerhalb des § 1 S. 2 weder ein eigenständiger Konkretisierungstatbestand zugedacht ist, noch findet es sich in der allgemeinen Generalklausel des § 3 Abs. 1 wieder[1429]. Diese nennt allein die Interessen der jeweiligen Marktteilnehmer. Dennoch wird § 3 Abs. 1 unter Berufung auf das Allgemeininteresse bemüht, um hierunter die Fallgruppe der sog. allgemeinen Marktstörung zu fassen. Eine tatbestandliche Entsprechung findet diese – den Wortlaut des § 3 Abs. 1 übersteigende – Fallgruppe streng genommen nicht[1430]. Da hingegen § 3 Abs. 1 UWG 2015 lediglich auf die Unlauterkeit abstellt, ließe sich die Fallgruppe nunmehr unter die allgemeine Generalklausel subsumieren. Jedenfalls die materielle Berechtigung der allgemeinen Marktstörung im Lauterkeitsrecht darf mit guten Gründen negiert werden[1431]. Sie umfasst Verhaltensweisen, die der Rechtsprechung zufolge zwar für sich genommen nicht unlauter, aber immerhin „bedenklich“ sind, da sie allein oder in Verbindung mit gleichartigen Maßnahmen von Mitbewerbern die ernstliche Gefahr begründen, den auf unternehmerischer

---

1427 So auch Fezer/*ders.*, § 1 Rn. 87: ausdrückliche Regelung des Allgemeininteresses in § 1 S. 2 gesetzestechnisch überflüssig, sowie Rn. 79: „Der Schutz von lauterkeitsbezogenen Allgemeininteressen ist dem Interessenschutz der Marktteilnehmer immanent.“; Fezer/*Osterrieth*, § 4–S1 Rn. 167; Harte/Henning/*Schünemann*², § 1 Rn. 109: „das geeinte Interesse aller Marktbeteiligten“, § 3 Rn. 312: „keine gleichsam von außen an das Wettbewerbsgeschehen herangetretene ‚eigenständige Bedeutung‘“; *ders.* WRP 2004, 925, 935; HK-UWG/*Klippel*/*Brämer*, § 1 Rn. 25f.; *Nordemann*, Rn. 49; Götting/Meyer/Vormbrock/*Weiler*, § 25 Rn. 236; *Ohly* GRUR 2004, 889, 894; *Ullmann* GRUR 2003, 817, 821: „Der Schutz vor unlauterem Wettbewerb reicht nur soweit, als es um den Schutz der am Wettbewerb beteiligten Personen geht.“ Eine institutionelle Schutzrichtung des UWG generell ablehnend Gloy/Loschelder/Erdmann/*v. Ungern-Sternberg*, § 23 Rn. 12. Zur Frage, ob die institutionelle Zwecksetzung zum unverfälschten Wettbewerb den Schutzzwecken in Bezug auf die wettbewerbsfunktionalen Interessen der Marktteilnehmer als Auslegungsdirektive dogmatisch überlegen ist, S. 290–296.

1428 *Nordemann*, Rn. 49; *Peukert*, Güterzuordnung, S. 349: „Dagegen konnten bisher keine Fallgruppen benannt werden, bei denen *ausschließlich* Allgemeininteressen am unverfälschten Wettbewerb betroffen sind, nicht aber Belange einzelner Marktteilnehmer, so dass § 1 S. 2 UWG im Ergebnis doch wieder leerläuft.“; *Ullmann* GRUR 2003, 817, 821.

1429 Hierzu im Kontext der Spürbarkeitsklausel des § 3 Abs. 1 Götting/Meyer/Vormbrock/*Weiler*, § 25 Rn. 311.

1430 HK-UWG/*Klippel*/*Brämer*, § 1 Rn. 25.

1431 So insbesondere MüKo-UWG/*Heerman*, Anh. §§ 1–7 B Rn. 2, 74f.; Harte/Henning/*Schünemann*², § 3 Rn. 335; *Ohly*/Sosnitza⁶, § 4 Rn. 10/97; *Emmerich*, Unlauterer Wettbewerb⁹, § 19 Rn. 3; *Nordemann*, Rn. 49, 568; *Lux*, S. 375 f.; *Schricker* AfP 2001, 101, 106.

Leistung beruhenden Wettbewerb in erheblichem Maße einzuschränken[1432]. Hauptanwendung fand die Fallgruppe bislang auf das Verschenken von Originalware, das kostenlose Verteilen von Presseerzeugnissen und auf den – so die Befürchtung – wettbewerbsausschaltenden Verkauf unter Einstandspreis.

In diesen aus wettbewerbsfunktionaler Perspektive z.T. sehr zweifelhaften Anwendungsfällen[1433] sollen folglich die Interessen der Marktteilnehmer keinen sachgerechten Maßstab liefern können. Dies ist jedoch nicht ersichtlich. Das Lauterkeitsrecht schützt unstreitig die Interessen der Marktteilnehmer partiell in individueller,[1434] jedenfalls aber in kollektiver Hinsicht. Ohne Weiteres ermöglicht es die kollektive Schutzrichtung der wettbewerbsfunktionalen Interessen der Marktteilnehmer, Einschränkungen oder gar der Ausschaltung des Wettbewerbs entgegenzuwirken. So haben Verbraucher ein grundlegendes Interesse an einer möglichst breiten Produktauswahl unterschiedlicher Anbieter, um in Folge dessen von Preisvorteilen zu profitieren[1435]. Konkurrenten haben demgegenüber ein grundlegendes Interesse am möglichst ungehinderten Marktzugang und freier Tätigkeit in ihrer Funktion als Anbieter. Die erhebliche Einschränkung oder Aufhebung des Wettbewerbs hin zu einer Monopolstellung läuft diesen Interessen in kollektiver Hinsicht zuwider, wobei auch hier exakt geklärt werden muss, ob die veränderten Marktstrukturen in Form einer marktmächtigen Stellung wettbewerbskonform erreicht worden sind[1436]. Denn die marktbeherrschende Stellung eines Unternehmens beinhaltet für sich genommen keinen Vorwurf, sondern begründet nur eine besondere Verantwortung zur Aufrechterhaltung des – wenn auch gering ausgeprägten – Restwettbewerbs auf dem betroffenen Markt und dessen Offenhaltung für potentielle Konkurrenten[1437].

1432 BGH GRUR 1991, 616, 617 – *Motorboot-Fachzeitschrift*; GRUR 2001, 80, 81 – *ad-hoc-Meldung*. Kritisch zu dieser bezeichnenden Ungenauigkeit *Ohly*/Sosnitza[6], § 4 Rn. 10/97; *Nordemann*, Rn. 568: „juristisch unbrauchbar".

1433 Zu Recht kritisch etwa *Ohly*/Sosnitza[6], § 4 Rn. 10/97; *Emmerich*, Unlauterer Wettbewerb[9], § 19 Rn. 3, 13 f.

1434 So etwa die zum individuellen Schutz des betroffenen Mitbewerbers geregelten Vorschriften.

1435 Allerdings ist hierbei anzumerken, dass dieses Interesse im Rahmen der auf den geschäftlichen Entscheidungsschutz zugeschnittenen verbraucherbezogenen Vorschriften lediglich als Verbotsgegengrund berücksichtigt werden kann. *Nordemann*, Rn. 567, zählt deshalb die Marktstörung trefflicher zum kollektiven Konkurrentenschutz.

1436 Insbesondere darf die Annahme einer Marktstörung keine unbegründeten Marktzutrittsschranken für innovative Unternehmen errichten, *Rittner/Dreher/Kulka*, Rn. 469. Dazu auch *Ohly*/Sosnitza[6], § 4 Rn. 10/96; jurisPK-UWG/*Müller-Bidinger/Seichter*, § 4 Nr. 10 Rn. 375.

1437 EuGH v. 09.11.1983, Rs. C-322/81, Slg. 1983 3461 Tz. 57 – *Michelin*; *Lettl*, Kartellrecht, § 3 Rn. 24; *Rittner/Dreher/Kulka*, Rn. 1102, 1111.

Diese Überlegungen weisen den Weg hin zum Kartellrecht. Das Verbot einer allgemeinen Marktstörung läuft auf eine Marktstrukturkontrolle hinaus[1438]. Dies ist jedoch die Kernaufgabe des Kartellrechts, insbesondere des Missbrauchsverbots marktbeherrschender Unternehmen gem. Art. 102 AEUV, §§ 19, 20 GWB[1439]. Es ist nicht ersichtlich, dass die eigens für diese Konstellationen geschaffenen Regelungen des Kartellrechts zur Beurteilung der Anwendungsfälle einer allgemeinen Marktstörung ungeeignet oder unzureichend wären[1440]. Im Gegenteil weist nunmehr auch der BGH darauf hin, dass die kartellrechtlichen Wertungen bei der Prüfung einer allgemeinen Marktstörung zu berücksichtigen sind[1441]. Dann aber stellt sich die Frage, weshalb über das UWG neben dem Kartellrecht Marktstrukturkontrollen durchgeführt werden sollen, deren Ergebnisse sich letztlich an den Vorgaben der kartellrechtlichen Tatbestände orientieren müssen. So gesehen ist die Fallgruppe der allgemeinen Marktstörung schlichtweg überflüssig[1442] und praktisch mit erheblichen Schwierigkeiten belastet[1443]. Gleichsam verliert damit das Allgemeininteresse am unverfälschten Wettbewerb auch auf tatbestandlicher Ebene neben den wettbewerbsfunktionalen Interessen der jeweiligen Marktteilnehmer seine eigenständige Bedeutung.

bb) Unionsrechtliche Zweckkonzeption und institutionelles Allgemeininteresse

Gegen eine eigenständige oder gar überragende Bedeutung des institutionellen Allgemeininteresses am unverfälschten Wettbewerb als auslegungsanleitende Zweckbestimmung spricht auch die konkrete Ausgestaltung der lauterkeitsrechtlichen Zweckkonzeptionen auf unionsrechtlicher Ebene.

1438 MüKo-UWG/*Heermann*, Anh. §§ 1–7 B Rn. 4; *Köhler*/Bornkamm[33], § 4 Rn. 12.2; *Ohly*/Sosnitza[6], § 4 Rn. 10/96; jurisPK-UWG/*Müller-Bidinger/Seichter*, § 4 Nr. 10 Rn. 375; *Emmerich*, Unlauterer Wettbewerb[9], § 19 Rn. 1; *Rittner/Dreher/Kulka*, Rn. 470.

1439 *Emmerich*, Unlauterer Wettbewerb[9], § 19 Rn. 3, 14; *Rittner/Dreher/Kulka*, Rn. 471.

1440 *Ohly*/Sosnitza[6], § 4 Rn. 10/97; *Emmerich*, Unlauterer Wettbewerb[9], § 19 Rn. 3.

1441 BGH GRUR 2004, 602, 603 f. – *20 Minuten Köln*; *Lux*, S. 415–423, spricht diesbezüglich von einer „Sperrwirkung" der einschlägigen GWB-Tatbestände; *Köhler*/Bornkamm[33], § 4 Rn. 12.2; Fezer/*Osterrieth*, § 4–S1 Rn. 165: „Identität der Wertungsmaßstäbe".

1442 *Ohly*/Sosnitza[6], § 4 Rn. 10/97; jurisPK-UWG/*Ullmann*, § 3 Rn. 28; *Emmerich*, Unlauterer Wettbewerb[9], § 19 Rn. 3.

1443 Zum Nachteil des lauterkeitsrechtlichen Gerichtsverfahrens zur Durchführung einer Marktstrukturkontrolle (ohne Amtsermittlungsgrundsatz) MüKo-UWG/*Heermann*, Anh. §§ 1–7 B Rn. 9; *Köhler*/Bornkamm[33], § 4 Rn. 12.2; Fezer/*Osterrieth*, § 4–S1 Rn. 149; *Ohly*/Sosnitza[6], § 4 Rn. 10/97; *Emmerich*, Unlauterer Wettbewerb[9], § 19 Rn. 3; *Podszun* WRP 2009, 509, 517; noch schärfer *Nordemann*, Rn. 568: „grundsätzliche[s] Versagen des UWG für Fälle der objektiven Behinderung".

Der Blick richtet sich zunächst auf das Primärrecht und die dort verankerten Vertragsziele. Dreh- und Angelpunkt der Ansicht, die den institutionellen Wettbewerbsschutz als alleinigen, überragenden Zweck des Lauterkeitsrechts begreift, bildet die Zielbestimmung in Art. 3 Abs. 1 lit. g EGV (jetzt Protokoll Nr. 27 AEUV), wonach der Binnenmarkt ein System umfasst, das den Wettbewerb vor Verfälschungen schützt[1444]. Diese primärrechtliche Zielsetzung überlagere das Lauterkeitsrecht insgesamt und dominiere den Mitbewerber- und Konsumentenschutz als alleiniger Schutzzweck[1445]. Mitbewerber- und Verbraucherschutz seien in den Wettbewerbsschutz institutionell rückgebunden[1446] und wiederum allein aus dem Wettbewerbsschutz abzuleiten[1447].

Ein solches, rein institutionelles Verständnis des Lauterkeitsrechts bietet zwar ein gedanklich in sich geschlossenes System[1448]. Zu bezweifeln ist jedoch, ob dieser Erklärungsansatz den geltenden primärrechtlichen Realitäten entspricht. Bei genauer Betrachtung lässt sich eine übergreifende Dominanz des rein institutionellen Wettbewerbsschutzes als ausschließliches Begründungsmuster des Lauterkeitsrechts auf unionsrechtlicher Ebene de lege lata nicht (mehr) konstatieren. Grundlage hierfür ist die präzise Analyse von *Peukert*, der auf die primärrechtliche Zielpluralität des Unionsrechts hinweist, die sich im Zuge der jüngsten Rechtsakte auf dem Gebiet des Lauterkeitsrechts auch und gerade im Sekundärrecht widerspiegelt[1449].

Im Gefüge der Vertragsziele der Union steht der Wettbewerbsschutz neben einer Vielzahl weiterer und gleichrangiger Ziele, etwa dem Gesundheitsschutz, dem Umweltschutz und – für das Lauterkeitsrecht von besonderer Relevanz – dem Verbraucherschutz. Bei allen Rechtsakten der Union sind diese Ziele zu berücksichtigen. Dies betrifft v. a. binnenmarktfunktionale Rechtsangleichungen über Art. 114 Abs. 1, 3 AEUV, bei denen die anderen Vertragsziele sogar eine maßgebliche Rolle einnehmen können und im Verhältnis zu binnenmarktfunktionalen

---

1444 Dazu S. 38.

1445 *Glöckner*, Europäisches Lauterkeitsrecht, S. 509; Hilty/Henning-Bodewig/*Podszun*, S. 151, 157.

1446 *Leistner*, S. 354; *ders.* ZEuP 2009, 56, 59 f.; *Podszun* WRP 2009, 509 f.

1447 Harte/Henning/*Podszun*, § 1 Rn. 28 f., 45.

1448 So auch *Peukert* ZHR 173 (2009), 536, 553. Fraglich bleibt aber, ob ein rein institutioneller Schutzzweck im Lauterkeitsrecht als alleinige Auslegungsdirektive dogmatisch zur präzisen Ermittlung der Verbotswürdigkeit eines Marktverhaltens taugt. Dazu S. 290 – 296.

1449 Hilty/Henning-Bodewig/*Peukert*, S. 27, 34 – 50; *ders.* ZHR 173 (2009), 536, 554 – 565; allgemein zur Zielpluralität im primären Unionsrecht und der damit einhergehenden Ablehnung einer rein institutionell-wettbewerblichen Dominanz Grabitz/Hilf/Nettesheim/*Terhechte*, Art. 3 EUV Rn. 22; Grabitz/Hilf/Nettesheim/*Bast*, Art. 26 AEUV Rn. 7; Streinz/*Schröder*, Art. 26 AEUV Rn. 34 – 36; Callies/Ruffert/*Kahl*[4], Art. 114 AEUV Rn. 34: „Mehrdimensionalität der Ziele“.

Aspekten zu optimieren sind[1450]. Durch die ständige Erweiterung der unionsrechtlichen Ziele und Kompetenzen lässt sich ein relativer Bedeutungsverlust des allein rein institutionellen Wettbewerbsschutzes verzeichnen[1451]. Dies schlägt sich insbesondere in den jüngsten Entwicklungen des europäischen Lauterkeitsrechts nieder, die maßgeblich vom Vertragsziel des Verbraucherschutzes gem. Art. 169 AEUV getragen werden[1452]. Die UGP-RL stützt sich ausdrücklich neben der binnenmarktgebundenen Kompetenznorm zur Rechtsangleichung gem. Art. 95 EGV (jetzt Art. 114 AEUV) zusätzlich und unmittelbar auf das verbraucherschutzbezogene Vertragsziel in Art. 153 EGV (jetzt Art. 169 AEUV). Auch die gescheiterte – wohlgemerkt aus der Feder der GD Binnenmarkt stammende – VO Verkaufsförderung nannte in der Zweckbestimmung des Verordnungsvorschlags neben dem reibungslosen Funktionieren des Binnenmarktes den Schutz der Verbraucher[1453]. Die Begründung der lauterkeitsrechtlichen Verbotsnormen aus dem primärrechtlich verankerten Verbraucherschutzgedanken wirkt sich zudem direkt auf die Anwendung der unionsrechtlichen Vorschriften aus, da der EuGH in seinen Entscheidungen zur UGP-RL auf die primärrechtliche Zielbestimmung zum Verbraucherschutz als maßgebliche Auslegungsdirektive zurückgreift[1454]. Im Kern besteht die primärrechtliche Zielpluralität in Bezug auf das Lauterkeitsrecht letztlich darin, dass dessen konstitutives Erklärungsmuster sich nicht im institutionellen Schutz des unverfälschten Wettbewerbs erschöpft, der den Schutz der Verbraucher lediglich integrativ umfasst. Vielmehr liefern die wirtschaftlichen Verbraucherinteressen unmittelbar den Anknüpfungspunkt und Begründungsansatz im Lauterkeitsrecht europäischen Gepräges, sie werden zum eigentlichen Schutzobjekt erhoben[1455].

Vor dem Hintergrund dieser Zielpluralität auf primärrechtlicher Ebene ist auch die bereits angesprochene Ausdifferenzierung der lauterkeitsrechtlichen Zwecke im Sekundärrecht zu verstehen. Die UGP-RL konzentriert ihre Zwecksetzung auf den Schutz der Entscheidungsautonomie der Verbraucher, aus deren Sicht die Richtlinientatbestände konzipiert werden[1456]. Als Folge des Entscheidungsschutzes wird der unverfälschte Wettbewerb innerhalb ihres Anwen-

---

1450 Zum Verhältnis des primärrechtlichen Vertragsziels Verbraucherschutz und dem Binnenmarktkonzept S. 34–37.

1451 *Peukert* ZHR 173 (2009), 536, 554.

1452 Hierzu auch GK-UWG/*Heinze*, Einl. C. Rn. 64–68.

1453 Zur VO Verkaufsförderung im Kontext der rechtspolitischen Hintergründe der UGP-RL S. 17 f.

1454 So etwa EuGH GRUR 2014, 196 Tz. 31 – *Trento Sviluppo/AGCM*.

1455 Zutreffend *Peukert* ZHR 173 (2009), 536, 565; Fezer/*ders.*, Einl. E Rn. 122: originärer Verbraucherschutz durch Lauterkeitsrecht.

1456 Hilty/Henning-Bodewig/*Peukert*, S. 27, 44.

dungsbereichs dadurch faktisch-kausal gewährleistet[1457]. Gleichzeitig – und dies spricht ungleich stärker für eine Abkehr von einem allein institutionell begründeten Lauterkeitsrecht – werden die Allgemeininteressen an der Verhinderung irreführender Werbung und ihrer unlauteren Auswirkungen aus der Irreführungs-RL gestrichen[1458]. Entsprechend ErwGr 8 S. 2 UGP-RL wird in ErwGr 3 Irreführungs-RL nur noch *deskriptiv* klargestellt, dass irreführende und unzulässige vergleichende Werbung den Wettbewerb im Binnenmarkt zu verfälschen geeignet ist. An der *normativen* Zweckbestimmung in Art. 1 Irreführungs-RL nimmt das Allgemeininteresse hingegen nicht mehr teil. Explizit wendet sich der europäische Gesetzgeber damit von einem Schutzmodell ab, das im Interesse aller Marktteilnehmer *einheitlich* die Funktionsfähigkeit des Wettbewerbs zum Gegenstand hat,[1459] sondern *differenziert* zwischen verschiedenen Schutzzwecken, die mit den Interessen der einzelnen Marktteilnehmer korrespondieren. Hinzu kommt, dass das Allgemeininteresse – wie im UWG – auf tatbestandlicher Ebene der lauterkeitsrechtlichen Rechtsakte des Unionsrechts keine Entsprechung findet, insbesondere auch nicht in Art. 6 Abs. 1 Rom II-VO. Angesichts dessen kann von einem generellen Primat allein des institutionellen Wettbewerbsschutzes auf europäischer Ebene des Lauterkeitsrecht nicht gesprochen werden[1460]. Speziell in Bezug auf den Verbraucherschutz wird im Zuge der UGP-RL der Schutz der Verbraucherinteressen dogmatisch nicht allein als integraler Bestandteil eines unverfälschten Wettbewerbs begriffen, vielmehr fungiert er als unmittelbarer Richtlinienzweck, der den Wettbewerbsschutz gleichsam gewährleistet[1461]. Dass die einzelnen Schutzzwecke und die ihnen zugeordneten Vorschriften freilich nicht gegen das Vertragsziel eines Systems unverfälschten Wettbewerbs verstoßen dürfen, ist methodisch eine Frage der Systemkonformität, die sich im Übrigen auch auf sämtliche Vertragsziele des Primärrechts erstreckt, nicht aber eine Vorgabe für eine bestimmte teleologische Konzeption[1462].

Im Ergebnis lässt sich festhalten, dass die Zweckbestimmungen des europäischen Lauterkeitsrechts konzeptionell nicht den Schutz der einzelnen Marktteilnehmer durch alleinigen Institutionsschutz, sondern umgekehrt den Institu-

---

1457 Dazu S. 40–46.

1458 Hilty/Henning-Bodewig/*Peukert*, S. 27, 44.

1459 Hilty/Henning-Bodewig/*Peukert*, S. 27, 44 f.

1460 So im Ergebnis Hilty/Henning-Bodewig/*Peukert*, S. 27, 38, 49; *ders.* ZHR 173 (2009), 536, 554 f., 565.

1461 Abzulehnen daher *Glöckner*, Europäisches Lauterkeitsrecht, S. 501, der Schutzziel und mittelbare Wirkung im Lauterkeitsrecht weitestgehend einebnet.

1462 Dazu bereits im Zusammenhang mit der Kompetenznorm zur Rechtsangleichung im Binnenmarkt gem. Art. 114 Abs. 1 AEUV S. 41–43.

tionsschutz durch auslegungsbestimmenden Interessenschutz der einzelnen Marktteilnehmer gewährleisten. Die dogmatische Konstruktion der lauterkeitsrechtlichen Zwecke verläuft auf unionsrechtlicher Ebene nicht einheitlich-deduktiv „von oben nach unten", sondern pluralistisch-konstitutiv „von unten nach oben".

cc) Dogmatische Überlegungen

Gegen eine Beurteilung der Unlauterkeit mittels einer rein institutionellen Schutzrichtung und nicht anhand der Interessen der einzelnen Marktteilnehmer sprechen schließlich dogmatische Einwände, die auf eine möglichst präzise und transparente Entscheidungsfindung zur Bestimmung unlauteren Marktverhaltens abzielen.

Dabei ist zunächst zu berücksichtigen, dass ein rein institutioneller Wettbewerbsschutz zur Bestimmung der Unlauterkeit mit den wettbewerbstheoretischen Funktionsbedingungen arbeitet. Ein genauer Blick zeigt jedoch, dass diese Herangehensweise keine präziseren Maßstäbe liefert, die über den anhand der Interessen der jeweiligen Marktteilnehmer gewährten Schutz hinausgehen. Hierzu wird im Rahmen institutioneller Funktionssicherung etwa die Gewährleistung der *par condicio concurrentium*, die Sicherung autonomer Entscheidungen sowie die Korrektur von Marktunvollkommenheiten genannt, für die der Boykott, Liefersperren und Diskriminierungen sowie der Missbrauch von Nachfragemacht aufgeführt werden[1463].

Ob die Gleichheit der Wettbewerbsbedingungen pauschal allgemeingültigen Charakter als Kriterium zur Qualifizierung einer geschäftlichen Handlung als unlauter besitzt, kann mit guten Gründen bezweifelt werden[1464]. Jedenfalls beim Schutz der Entscheidungsautonomie ist es zwingend erforderlich, unmittelbar auf die Perspektive der betroffenen Marktteilnehmer abzustellen. Insofern kommt der institutionelle Ansatz nicht umhin, direkt mit den Interessen und der Sichtweise der jeweiligen Marktteilnehmer zu arbeiten. Dann fragt sich aber, weshalb es eines solchen dogmatischen Umwegs bedarf. Das Verbot von Boykottaufrufen, welches unter § 4 Nr. 10 fällt, erklärt sich bereits aus dem unternehmerischen Interesse, nicht in einer Weise vom Markt ausgeschlossen zu werden, gegen die er sich durch seine wirtschaftliche Tätigkeit als Anbieter von Produkten und Konkurrent des Aufrufenden nicht wehren kann[1465]. Allenfalls können die Wertungen des Art. 5

1463 *Glöckner*, Europäisches Lauterkeitsrecht, S. 465 – 471.

1464 Zu den Schwächen dieser Argumentation *Beater*, Unlauterer Wettbewerb, Rn. 2489 – 2493.

1465 Insofern steht das Verbot von Boykottaufrufen dem – freilich überholten – Verständnis vom Leistungswettbewerb sehr nahe, Harte/Henning/*Omsels*, § 4 Nr. 10 Rn. 221 a.E.

Abs. 1 S. 1 GG bei Wirtschaftswerbung, die einen wertenden, meinungsbildenden Inhalt hat, Berücksichtigung finden[1466]. Eine rein institutionelle Sichtweise verschafft hierbei keine weitergehenden Erkenntnisse. Ungleichbehandlungen im Kontext von Liefersperren und vermeintlichen Diskriminierungen sind aufgrund der im Wettbewerb bestehenden Vertragsabschluss- und Vertragsinhaltsfreiheit nicht per se unzulässig, sondern bedürfen zusätzlicher Umstände, die sich im Wesentlichen aus den kartellrechtlichen Verboten ergeben[1467]. Der Missbrauch von Nachfragemacht ist im Verhältnis zum Lieferanten ebenfalls an kartellrechtlichen Vorgaben auszurichten[1468]. Eine wie auch immer geartete wettbewerbliche Funktionswidrigkeit des sog. „Anzapfens"[1469] bietet angesichts der grundsätzlichen Handlungsfreiheit im Wettbewerb keinen aussagekräftigen Maßstab[1470]. Neben den kartellrechtlichen Beurteilungskriterien, die insbesondere Marktmacht voraussetzen, kommen allenfalls Druckausübungen nach § 4 Nr. 1 gegenüber dem Lieferanten in Betracht, die nicht mit einer Marktbeherrschung zusammenfallen (z.B. Nötigung)[1471]. Das Behindern von Mitbewerbern nach § 4 Nr. 10, indem sich der Nachfrager gegenüber seinen ebenfalls nachfragenden Mitbewerbern einen Vorsprung verschafft, kann ebenfalls einen lauterkeitsrechtlichen Angriffspunkt bieten, wobei aber auch diese Fälle angesichts der zu berücksichtigenden kartellrechtlichen Wertungen kaum denkbar erscheinen[1472].

Darüber hinaus wird teilweise im Rahmen des primär institutionellen Verständnisses eine Ausrichtung des Lauterkeitsrechts am *more economic approach*

1466 MüKo-UWG/*Jänich*, § 4 Nr. 10 Rn. 156. Boykotte zu Zwecken der reinen Meinungsäußerung fallen hingegen von vornherein nicht in den Anwendungsbereich des Lauterkeitsrechts, GK-UWG/*Peifer*, § 4 Nr. 10 Rn. 127.

1467 Dazu GK-UWG/*Peifer*, § 4 Nr. 10 Rn. 158; *Köhler*/Bornkamm[33], § 4 Rn. 10.210 f., 10.215 f.; Harte/Henning/*Omsels*, § 4 Nr. 10 Rn. 21. Unzutreffend ist die Annahme von *Glöckner*, Europäisches Lauterkeitsrecht, S. 470, dass es für die unlautere Liefersperre oder Diskriminierung nicht auf die marktbeherrschende Stellung im kartellrechtlichen Sinne ankomme, sondern darauf, ob der Betroffene auf den Erwerb des Produktes angewiesen und deshalb vom anbietenden Unternehmer abhängig sei. Sobald eine solche Abhängigkeit in Bezug auf das konkrete Produkt aber mangels anderweitiger Alternativen am Markt besteht, liegt gleichsam auch eine marktbeherrschende Stellung vor.

1468 GK-UWG/*Peifer*, § 4 Nr. 10 Rn. 162.

1469 *Köhler*/Bornkamm[33], § 4 Rn. 10.130: Fordern von Leistungen, denen keine echte Gegenleistung gegenübersteht.

1470 MüKo-UWG/*Jänich*, § 4 Nr. 10 Rn. 136; *Köhler*/Bornkamm[33], § 4 Rn. 10.134.

1471 *Köhler*/Bornkamm[33], § 4 Rn. 10.135; Harte/Henning/*Omsels*, § 4 Nr. 10 Rn. 22; *Scherer* WRP 2015, 148, 152.

1472 Zutreffend MüKo-UWG/*Jänich*, § 4 Nr. 10 Rn. 138 a.E.

gefordert[1473]. Dieser wirtschaftswissenschaftliche Ansatz der sog. *Post Chicago School*, der zunehmend im europäischen Kartellrecht fruchtbar gemacht wird,[1474] orientiert sich im Rahmen einer einzelfallbezogenen Auswirkungsanalyse[1475] an den prognostizierten Effekten des fraglichen Verhaltens und stellt den Effizienzgedanken in den Mittelpunkt ihrer rechtlichen Beurteilung[1476]. Kern dieser methodischen Herangehensweise bildet eine Prognose über die mit dem fraglichen Verhalten zu erwartenden Marktfolgen im Hinblick auf effizienzorientierte Marktergebnisse, insbesondere unter Ausrichtung auf die Konsumentenwohlfahrt[1477]. Effizienzorientierung hat dabei im Zweifel Vorrang gegenüber wettbewerblichen Freiheitsinteressen[1478].

Zu Recht sieht sich dieser Ansatz erheblichen Bedenken ausgesetzt. Auf der einen Seite steht der Einwand gegen die Loslösung von der strikten Rechtsbindung zugunsten ökonomischer Analysen und dem damit einhergehenden Verlust an Rechtssicherheit und Justiziabilität[1479]. Auf der anderen Seite greifen grundsätzliche Überlegungen wettbewerbstheoretischer Art durch. Prognosen zugunsten einer gewünschten Effizienz instrumentalisieren den Wettbewerb für ein als „richtig" erachtetes Marktergebnis[1480]. Das methodische Konzept des *more economic approach* bleibt dabei am Ende – bei aller Sorgfalt in der Entscheidungsfindung – rein spekulativer Natur[1481] und damit je nach Interpret offen[1482]. Für konkrete Marktverhältnisse und Marktergebnisse existieren keine robusten kausalen Erklärungsmuster[1483]. Derartige Folgeerwägungen bilden letztlich nur auf

1473 Namentlich Harte/Henning/*Podszun*, § 3 Rn. 71; Hilty/Henning-Bodewig/*Podszun*, S. 151, 165–168; *ders.* WRP 2009, 509, 514–518.

1474 Kritisch im Hinblick auf die demokratische Legitimation dieses Ansatzes der EU-Kommission *Rittner/Dreher/Kulka*, Rn. 610.

1475 Dazu Harte/Henning/*Podszun*, § 1 Rn. 85–89, der wiederum den Schutz der freien und informierten Entscheidung der Marktbeteiligten zur wesentlichen Frage dieser Auswirkungsanalyse erklärt. Insofern rekurriert auch dieser Ansatz vornehmlich auf die wettbewerblichen Interessen der einzelnen Marktteilnehmer.

1476 MüKo-UWG/*Sosnitza*, Grundl. Rn. 10; *Podszun* WRP 2009, 509, 513f.; *Mestmäcker* WuW 2008, 6, 14.

1477 *Podszun* WRP 2009, 509, 514.

1478 *Podszun* WRP 2009, 509, 514.

1479 *Köhler*/Bornkamm[33], Einl. Rn. 1.15a; *Emmerich*, Kartellrecht, § 1 Rn. 36; *Rittner/Dreher/Kulka*, Rn. 610; *Basedow* WuW 2007, 712, 713.

1480 So auch *Basedow* WuW 2007, 712.

1481 Dazu GK-UWG/*Schünemann*, Einl. A Rn. 114; Harte/Henning/*Schünemann*[2], § 3 Rn. 339; *Basedow* WuW 2007, 712, 713: „beliebige Melange von Erwägungen".

1482 *Rittner/Dreher/Kulka*, Rn. 610.

1483 GK-UWG/*Schünemann*, Einl. A Rn. 115; *Emmerich*, Kartellrecht, § 1 Rn. 34; *Mestmäcker* WuW 2008, 6, 15 f.

modellreduktiver Grundlage getätigte, von der Realität abstrahierende Voraussagen[1484]. Der *more economic approach* ist deshalb nicht lediglich ein besonderes methodisches Konzept,[1485] sondern hat über die Festlegung auf ein zu prognostizierendes Marktergebnis erhebliche Auswirkungen auf den Inhalt der lauterkeitsrechtlichen Entscheidung[1486]. Zudem gilt es zu beachten, dass der Gesetzgeber sich nicht auf ein bestimmtes, in erster Linie effizienzorientiertes Wettbewerbsleitbild festgelegt hat[1487]. Es erscheint bedenklich, das Lauterkeitsrecht einem wirtschaftstheoretischen Effizienz- bzw. Ergebniskonzept zu unterwerfen, wohingegen die gesetzliche Ausgestaltung des Lauterkeitsrechts und seiner Vorschriften auf die wettbewerbsfreiheitlichen Interessen der einzelnen Marktteilnehmer zugeschnitten ist[1488].

Eine institutionelle Herangehensweise bietet nach alldem keine über das Denken in einzelnen Schutzinteressen hinausgehenden Beurteilungsmaßstäbe, sondern läuft im Endeffekt auf dieselbe Problematik zur Gewichtung der sich gegenüberstehenden Interessen der Marktteilnehmer hinaus[1489] und kleidet diese in ein institutionelles Gewand[1490]. Zudem besteht die Gefahr, kartellrechtliche Wertungen zu unterlaufen. Effizienzgedanken zur Maxime einer institutionellen Sichtweise auf das Lauterkeitsrecht zu erklären, ist nicht nur wirtschaftswissenschaftlich bedenklich und äußerst umstritten, sondern auch vom Normgeber nicht vorgesehen.

Dies führt zum eigentlichen Grundproblem des primär oder gar ausschließlich institutionellen Verständnisses im Lauterkeitsrecht: Eine exakte Festlegung auf *den* unverfälschten Wettbewerb ist angesichts der Komplexität und Dynamik sich ständig ändernden Marktgeschehens zum Scheitern verurteilt. Man ist sich einig,

---

1484 GK-UWG/*Schünemann*, Einl. A Rn. 115; Harte/Henning/*Schünemann*², § 3 Rn. 337.

1485 So *Podszun* WRP 2009, 509, 516.

1486 MüKo-UWG/*Sosnitza*, Grundl. Rn. 11: grundlegende Veränderung des Verhältnisses zwischen Ökonomie und Rechtswissenschaft.

1487 *Ohly*/Sosnitza⁶, Einf. A Rn. 18; *Rittner/Dreher/Kulka*, Rn. 610, sehen deshalb im *more economic approach* einen Verstoß gegen das freiheitliche Wettbewerbsmodell des Grundgesetzes und der europäischen Grundrechte.

1488 Bedenklich ist daher die Ansicht von *Podszun* WRP 2009, 509, 517, wonach der Verweis auf ein fehlendes gesetzliches Wettbewerbskonzept einer Kapitulationserklärung vor den komplexen Gegebenheiten der Wirtschaft gleichkomme. Ob die äußerst umstrittene ergebnisorientierte Bewertung einer geschäftlichen Handlung unter Effizienzgesichtspunkten als reine Prognoseentscheidung dieser Komplexität gerecht zu werden vermag, ist mehr als zweifelhaft.

1489 *Ohly*, Richterrecht, S. 222: „Die Anweisung zur Berücksichtigung der ökonomischen Folgen einer Entscheidung ist eine rein methodische, vergleichbar der Forderung, das Gericht habe eine umfassende Interessenabwägung durchzuführen."

1490 *Ohly*, Richterrecht, S. 222 Fn. 166: „Die Errungenschaft eines neuen Erklärungsmodells wird hier durch einen Verzicht auf Verständlichkeit erkauft."

positiv gewendet den Wettbewerb an sich nicht präzise definieren zu können[1491]. Umgekehrt versagt aber auch der Ansatz, negativ gewendet die Vermeidung von Funktionsstörungen und somit einen unverfälschten Wettbewerb in denjenigen Konstellationen exakt zu bewerkstelligen, die über bloße Trivialitäten hinausgehen[1492]. Dass in eindeutigen Fällen einer Irreführung oder aggressiven Geschäftspraktik gleichsam der Schutz der Entscheidungsautonomie als wettbewerbliche Funktionsbedingung zur optimalen Steuerung des Wettbewerbsprozesses beeinträchtigt wird, liegt auf der Hand und bringt keinen weiteren Erkenntnisgewinn. Abgesehen von diesen Fällen existiert weder Gewissheit über eine optimale Marktform, noch über eine optimale Wettbewerbsintensität[1493]. Dann besteht jedoch die Gefahr, dass eine vermeintliche Beseitigung einer Wettbewerbsverfälschung eine solche erst begründet[1494]. Dem Lauterkeitsrecht liegt zudem keine wettbewerbstheoretische Konzeption zugrunde, die ein bestimmtes Marktergebnis für erstrebenswert hält. Mit Hilfe des Lauterkeitsrechts, welches die Interessen der Marktteilnehmer im Rahmen des wettbewerblichen Marktgeschehens und kein effizienzorientiertes Wettbewerbsmodell schützt, darf der Wettbewerbsprozess keiner exogenen Ergebniskontrolle unterzogen werden[1495]. Sowohl UWG als auch UGP-RL, freilich begrenzt auf die Verbraucherperspektive, gehen stattdessen von den individuellen Freiheiten der Marktakteure aus, denen *a priori* keine einseitige Prävalenz beigemessen wird[1496]. Institutioneller Schutz des Wettbewerbs bedeutet daher im Ergebnis nichts anderes als freier Wettbewerb,[1497] in dem sich die Freiheiten der einzelnen Marktteilnehmer möglichst optimal entfalten können. Als dynamisches, endogenes und entwicklungsoffenes Realphänomen kann der Wettbewerb nicht mit einer auf sozialen Regelmäßigkeiten beruhenden institutionellen Betrachtung fassbar gemacht werden[1498].

1491 Dazu S. 25 f.

1492 *Beater*, Unlauterer Wettbewerb, Rn. 836: „Zugleich ist der Wettbewerb zu komplex, als dass er sich auf einen subsumtionsfähigen Nenner bringen ließe. Ein derartiger Schutzzweck kann nicht konkret gefasst werden und taugt daher für die Rechtsanwendung nicht."; *Knöpfle*, S. 144 f.: „Fehlt es an einer Klarheit darüber, was der Wettbewerb ist, so kann schwerlich Klarheit darüber bestehen, ob im Einzelfall eine Störung des Wettbewerbs droht."; *Lux*, S. 373 f., 375; Gloy/Loschelder/Erdmann/*v. Ungern-Sternberg*, § 23 Rn. 12 f.

1493 *Knöpfle*, S. 143; *Lux*, S. 374.

1494 *Drews*, S. 48 f.

1495 MüKo-UWG/*Micklitz*, EG D Art. 1 Rn. 12; Harte/Henning/*Schünemann*², § 3 Rn. 313.

1496 Zur Berücksichtigung möglicher Gegeninteressen im Rahmen des Art. 5 Abs. 2 S. 112–116.

1497 GK-UWG/*Schünemann*, Einl. A Rn. 107; *Köhler*/Bornkamm³³, § 1 Rn. 43; Ohly/*Sosnitza*⁶, § 1 Rn. 31; *Drews*, S. 48.

1498 Hierzu ausführlich *Drews*, S. 52–55, insbesondere S. 54: „Eben aufgrund mangelnder Regelmäßigkeit ist der Wettbewerb daher aber nicht institutionell erfassbar und es würde sich der auf

Damit ist keine abschließende Aussage über die Bewertung einzelner Fälle gegeben, in denen die Marktfreiheiten verschiedener Marktteilnehmer miteinander kollidieren und die über bloße Trivialitäten hinausgehen. Die Rechtsanwendung hat sich an den jeweiligen marktfunktionalen Interessen zu orientieren, diese mit dem – nicht vollends greifbaren – Wettbewerbsprinzip abzustimmen und unter Berücksichtigung der mit ihnen im Wettbewerbsgeschehen zusammenhängenden Chancen und Risiken auszubalancieren[1499]. Hierüber kann in komplexen Sachverhaltskonstellationen *ex ante* keine treffsichere Prognose angestellt werden, ohne dass ein bestimmtes Interesse oder eine bestimmte wettbewerbliche Funktionsbedingung von vornherein als ausschlaggebend erachtet und damit ein bestimmtes Ergebnis des Marktprozesses verfolgt wird. Zwar korrespondiert das Wettbewerbsprinzip mit den wettbewerbsfunktionalen Interessen der Markteilnehmer und ist zur inhaltlichen Ausfüllung dieser Interessen heranzuziehen[1500]. *Der* unverfälschte Wettbewerb ist aber kein vorgegebenes Konstrukt, an dem sich die Rechtsanwendung – von Trivialitäten abgesehen – verlässlich orientieren könnte[1501]. Im Detail wird er vielmehr durch die Summe der Einzelentscheidungen zu den jeweiligen Konfliktfällen normativ erst begründet[1502]. Bildlich gesprochen ist der unverfälschte Wettbewerb ein nicht endendes Mosaiksteingebilde, bei dem die Entscheidungen sowohl in trivialen als auch in komplexen Interessenkonflikten die einzelnen Mosaiksteine darstellen und damit dessen Gesamtbild formen. Den Kern dieser Grundannahme treffen auch die so banal wie zirkulär anmutenden Feststellungen, dass unlauterer Wettbewerb das

---

Autonomie basierenden Unregelmäßigkeit als Lebensader des Wettbewerbs durch eine primäre institutionelle Betrachtung von vorneherein verschlossen."

1499 Zu einer wettbewerbsfunktionalen Auslegung dergestalt *Beater*, Unlauterer Wettbewerb, Rn. 990 f.

1500 *Beater*, Unlauterer Wettbewerb, Rn. 987; *Drews*, S. 60 f., beschreibt dies dahingehend, dass das Spannungsverhältnis zwischen Individual- und Institutionsschutz äquivalent aufzulösen sei: „eine Aushöhlung der wettbewerbsrechtlich relevanten Freiheitsrechte durch institutionelle Bindung vermeiden und somit zugleich gesellschaftliche, durch den Antrieb des Einzelnen bewirkte Entwicklungsmöglichkeiten des endogenen Wettbewerbsprozesses offen halten."

1501 So aber etwa GK-UWG/*Peukert*, § 1 Rn. 310; *Wuttke* WRP 2007, 119, 124. – Wie hier *Knöpfle*, S. 145: „Bei dieser Beurteilung könnte, auch wenn sie noch so gewissenhaft vorgenommen wird, nicht selten jeder zu einem anderen Ergebnis kommen."

1502 So auch zum Begriff des Wettbewerbs als solchen MüKo-UWG/*Sosnitza*, Grundl. Rn. 14; in der Sache ebenso *Lux*, S. 416 f.: „Deutlich wird hieran, dass auch das Konzept der Wettbewerbsfreiheit an seine Grenzen stößt und in Randbereichen nicht ohne dezisionistische Elemente auskommt. So ist in manchen Bereichen schlicht eine politische Entscheidung darüber nötig, was als unbillige Einschränkung des Handlungsspielraums oder der Wahlmöglichkeiten anzusehen ist."

sei, was für unlauter gehalten werde[1503] bzw. Wettbewerb dann unverfälscht sei, wenn er nicht durch unlautere geschäftliche Handlungen verzerrt werde[1504]. Auf den ersten Blick mag dies für Ernüchterung sorgen, sollte aber der Erkenntnis weichen, dass für ein deskriptiv nicht vollends zu durchdringendes Realphänomen auch normativ keine allumfassende, „vollkommene" und „wahre" Handhabe bereitsteht. Gleichzeitig erlangt damit die präzise Argumentation mit schutzzweckorientierten Erwägungen im Kontext lauterkeitsrechtlicher Entscheidungsfindung überragende Bedeutung. Dort knüpft die hier postulierte teleologische Ausdifferenzierung im Lauterkeitsrecht an.

3. Zusammenfassung

Für ein umfassend zu reformierendes UWG gebietet sich künftig eine teleologische Ausdifferenzierung der gesetzlichen Zwecksetzung. Dies ist zum einen angesichts der unionsrechtlichen Vorgaben zwingend erforderlich. Um insbesondere den Regelungsinhalt der UGP-RL eins zu eins im nationalen Recht zu verwirklichen, ist die teleologische Konzeption des Lauterkeitsrechts auf unionsrechtlicher Ebene im UWG zu implementieren. Zum anderen knüpft die zweckspezifische Diversifizierung an das lauterkeitsrechtliche Schutzzweckdenken an und ist vor diesem Hintergrund auch aus dogmatischen Gründen geboten.

Das Allgemeininteresse am unverfälschten Wettbewerb hat als Schutzzweck in der hier postulierten ausdifferenzierten Schutzzweckkonzeption gegenüber den wettbewerbsfunktionalen Schutzinteressen der einzelnen Marktteilnehmer keine eigenständige Bedeutung. Ebenso ist der Ansatz eines einzigen, rein institutionellen Schutzzwecks im Lauterkeitsrecht abzulehnen. Nach Vorbild des ErwGr 8 S. 2 lässt sich allenfalls klarstellend gesetzlich festlegen, dass die lauterkeitsrechtlichen Vorschriften einen unverfälschten Wettbewerb gewährleisten[1505].

Im Ergebnis ist kein einheitlich gedachtes materiell-integratives, sondern vielmehr ein teleologisch ausdifferenziertes Schutzkonzept dem UWG zugrunde zu legen.

1503 *Glöckner*, Europäisches Lauterkeitsrecht, S. 12; Götting/Meyer/Vormbrock/*Weiler*, § 25 Rn. 6 a.E.

1504 *Köhler*/Bornkamm[33], § 1 Rn. 43; Ohly/*Sosnitza*[6], § 1 Rn. 31.

1505 Ähnlich *Schork*, S. 115: „Die Anwendungsbereiche der mitbewerberschützenden und der verbraucherschützenden Vorschriften überschneiden sich zwar teilweise. Die Regelungen gewährleisten auch gemeinsam die Lauterkeit des Wettbewerbs."

B. Änderung der Anwendungsbereichsbestimmung

I. Zu beachtende Vorgaben

Um den materiellen Rechtszustand der UGP-RL im nationalen Recht in identischer Weise transparent zu verwirklichen, muss bereits auf gesetzlicher Ebene Klarheit über den von der Vollharmonisierung betroffenen Anwendungsbereich bestehen, wie er in Art. 3 Abs. 1, 2 lit. d, k und ErwGr 7 niedergelegt ist. Diese Vorgaben sind zwingend zu beachten. Insbesondere der erforderliche Unmittelbarkeitszusammenhang sowie die Schutzzweckschranke spielen hierbei eine maßgebliche Rolle. Gerade die Auswirkungen der Schutzzweckschranke müssen zum Tragen kommen, wonach die Richtlinienvorschriften nationale Regelungen von Verhaltensweisen, die (auch) eine Geschäftspraktik im Sinne der UGP-RL darstellen, aber anderen Schutzzwecken dienen, unberührt lassen[1506]. Insoweit stehen der Anwendungsbereich der UGP-RL und der Anwendungsbereich des autonomen nationalen Lauterkeitsrechts autark und eigenständig nebeneinander, wobei ein und derselbe Sachverhalt beiden Anwendungsbereichen unterfallen kann. Die bislang geltende Bestimmung des Anwendungsbereichs nach § 2 Nr. 1 hat dies nicht verdeutlicht. Um Gewissheit darüber zu erhalten, ob das Verhalten des Unternehmers in den Anwendungsbereich der UGP-RL fällt, muss der Rechtsanwender de facto auf die originären Richtlinienbestimmungen bei der Prüfung gedanklich zurückgreifen.

II. Lösungsvorschlag

Der im Gegensatz zum objektiven Zusammenhang enger gefasste unmittelbare Zusammenhang mit der Beeinflussung der geschäftlichen Verbraucherentscheidung sowie die Schutzzweckschranke des Anwendungsbereichs der UGP-RL sollten im Sinne einer transparenten und präzisen Umsetzung auf gesetzlicher Ebene sichtbar nachvollzogen werden[1507]. Die Bestimmung des Anwendungsbereichs des harmonisierten Richtlinienrechts der UGP-RL hat sich insgesamt streng

1506 Dazu ausführlich S. 76–80.

1507 Kritisch zur Intransparenz des bisherigen § 2 Abs. 1 Nr. 1 auch GK-UWG/*Peukert*, § 2 Rn. 8, 11; Fezer/*ders.*, § 2 Abs. 1 Nr. 1 Rn. 29.

am Richtlinienbegriff der Geschäftspraktik von Unternehmen gegenüber Verbrauchern i.S.v. Art. 2 lit. d, 3 Abs. 1 und ErwGr 7 S. 1 auszurichten[1508].

Bereits mit der oben geforderten Ausdifferenzierung der jeweiligen Schutzzwecke des UWG und deren Zuordnung zu den sachlich nahestehenden Tatbeständen kann die Schutzzweckschranke im nationalen Umsetzungsrecht errichtet werden. Damit werden die jeweiligen Vorschriften nicht nur ihrem unionsrechtlich sowie materiell gebotenen, maßgeblichen Telos unterstellt. Vielmehr wird gleichzeitig veranschaulicht, dass neben den Bestimmungen, die dem Verbraucherschutz i. S. d. UGP-RL dienen, auch andere Vorschriften mit allerdings eigenständigen Schutzzwecken angewendet werden können. Die den Anwendungsbereich der UGP-RL begrenzende Zweckschranke tritt somit durch eine mit der äußeren Systematik verknüpften, zweckorientierten Ausdifferenzierung der einzelnen UWG-Vorschriften zu Tage.

Es bleibt die Frage nach der Umsetzung des Unmittelbarkeitszusammenhangs i. S. d. Art. 2 lit. d, ErwGr 7 S. 1. Dieser ging in der bisherigen Fassung des § 2 Abs. 1 Nr. 1 unter und musste durch richtlinienkonforme Auslegung des objektiven Zusammenhangs für den Anwendungsbereich der UGP-RL fruchtbar gemacht werden. Um diese Intransparenz künftig zu vermeiden, sollten daher die Anwendungsbereiche der jeweiligen, an ihrem spezifischen Schutzzweck orientierten materiellen Regelungsbereiche autark und eigenständig nebeneinander bestimmt werden[1509]. Dieser Lösungsweg greift eine bereits von *Fezer* geforderte gesetzliche Unterscheidung der Anwendungsbereiche im b2c- und b2b-Verhältnis auf[1510]. Eine derartige Differenzierung findet sich beispielsweise im österreichischen UWG, welches zwischen unlauteren Geschäftspraktiken und sonstigen unlauteren Handlungen differenziert[1511]. Auch das belgische Wirtschaftsgesetzbuch vom 31.05.2013 (Code de droit économique) unterscheidet in Buch VI gesetzlich zwischen „Pratiques commerciales déloyales à l'égard des consommateurs"[1512] und

1508 So auch Fezer/Büscher/Obergfell/*Fezer*, Einl. Rn. 279 f., 291, 312, § 1 Rn. 41 f., § 2 Abs. 1 Nr. 1 Rn. 27, der den nichtharmonisierten Anwendungsbereich des UWG über den Begriff der Geschäftspraktik negativ vom harmonisierten Bereich abgrenzt.

1509 Anders wohl Fezer/Büscher/Obergfell/*Fezer*, § 3 Rn. 100 f., der den nichtharmonisierten Anwendungsbereich des Lauterkeitsrechts nicht positiv, sondern allein negativ in Abgrenzung zum harmonisierten Anwendungsbereich bestimmt. Ein solches „entweder-oder"-Verhältnis ist m. E. jedoch durch die UGP-RL und ihrer Begrenzung allein auf den Schutz wirtschaftlicher Verbraucherinteressen (Schutzzweckschranke) nicht geboten. Dazu S. 76 – 80, 226 – 228.

1510 Fezer/*ders.*, § 2 Abs. 1 Nr. 1 Rn. 26 f.

1511 § 1 Abs. 1 Nr. 1 öUWG.

1512 Code de droit économique, Livre VI, Titre 4, Chapitre 1er.

„Pratiques du marché déloyales à l'égard des personnes autres que les consommateurs“[1513].

Es wäre nun denkbar, für den durch die UGP-RL harmonisierten b2c-Bereich ebenfalls den Begriff der Geschäftspraktik i. S. d. Art. 2 lit. d einzuführen und die übrigen Handlungen davon zu unterscheiden[1514]. M. E. ist es jedoch vorzugswürdig, die geschäftliche Handlung als Oberbegriff beizubehalten und definitorisch aus Sicht der jeweils geschützten Interessen mit einem zweckorientierten Inhalt zu füllen[1515]. Damit ließe sich zum einen eine Begriffsmehrung innerhalb der UWG-Tatbestände vermeiden, zum anderen wäre aber klargestellt, dass die jeweiligen Anwendungsbereiche autark und unabhängig voneinander zu bestimmen sind. Deshalb geht der hiesige Lösungsvorschlag dahin, für das Verhältnis zu Verbrauchern die geschäftliche Handlung formulierungstechnisch mit dem Richtlinienbegriff der Geschäftspraktik gleichzusetzen und insbesondere den Unmittelbarkeitszusammenhang im Wortlaut zu manifestieren[1516]. Dieses Begriffsverständnis kann auch dem Verhältnis zu sonstigen Marktteilnehmern im Vertikalverhältnis zugrunde gelegt werden, da dieses dem b2c-Verhältnis strukturell gleichsteht[1517]. Die materiell unterschiedlichen Anforderungen im b2c- und b2b-Vertikalverhältnis werden wiederum über die Zuordnung der jeweils einschlägigen Tatbestände zu dem jeweils maßgeblichen Schutzzweck gewahrt.

Für die sonstigen Verhaltensweisen im Verhältnis zu Mitbewerbern oder sonstigen Marktteilnehmern, die in der betreffenden Sachverhaltskonstellation nicht als Abnehmer von Waren oder Dienstleistungen auftreten,[1518] bedarf es hingegen eines weiter gefassten Begriffsverständnisses der geschäftlichen Handlung, die sich an der bislang geltenden Definition und dem dort verwendeten objektiven Zusammenhang mit der Absatzförderung, dem Abschluss oder der Durchführung eines Vertrages zu richten hat.

1513 Code de droit économique, Livre VI, Titre 4, Chapitre 2.

1514 Dahingehend Fezer/*ders.*, § 2 Abs. 1 Nr. 1 Rn. 27.

1515 Damit lässt sich auch den berechtigten Bedenken von Fezer/Büscher/Obergfell/*Fezer*, § 2 Abs. 1 Nr. 1 Rn. 29, 31, begegnen, mit einer einheitlichen Begriffsbestimmung könnten die rechtsinhaltlichen Unterschiede verdeckt werden.

1516 In diese Richtung gehend auch Fezer/*ders.*, § 2 Abs. 1 Nr. 1 Rn. 139 f., der es zumindest für geboten hält, den unmittelbaren Zusammenhang gesetzlich zu fixieren und mit dem objektiven Zusammenhang zu ergänzen.

1517 Eine dem Unmittelbarkeitszusammenhang entsprechende Auslegung des objektiven Zusammenhangs im b2b-Vertikalverhältnis wird bereits gefordert, so etwa *Köhler*/Bornkamm[33], § 2 Rn. 43 a.E.; Gloy/Loschelder/Erdmann/*Erdmann*, § 31 Rn. 11.

1518 Dazu *Beater*, Unlauterer Wettbewerb, Rn. 2167 f.

C. Änderung der Gesetzessystematik

I. Zu beachtende Vorgaben

Das innere Wertungssystem der UGP-RL ist als vollharmonisierender Richtlinieninhalt zwingend in das nationale Recht umzusetzen. Es gilt, die zwischen Art. 5 Abs. 2, Art. 6–9 und der Black List angelegte normative Äquivalenz zu übernehmen und auf der autonomen Regelungsebene des Mitgliedstaats eins zu eins nachzuvollziehen. Art. 5 Abs. 2 muss dabei, entsprechend dem systematischen Konzept der UGP-RL, als normative Grundlage des Harmonisierungsbereichs anerkannt werden.

Im Sinne einer transparenten, eindeutigen und präzisen Umsetzung ist zu fordern, die inneren Wertungszusammenhänge der Umsetzungsvorschriften möglichst anschaulich im äußeren Regelungsgefüge des nationalen Rechts zu verorten. Um dem Gebot der begrifflichen Kongruenz zwischen Richtlinien- und Umsetzungsrecht nachzukommen, dürfen die Tatbestände des Umsetzungsrechts jedenfalls nicht hinter dem Präzisionsgrad der Richtlinientatbestände zurückfallen. Gerade in der UGP-RL ist der Richtliniengeber um die Sichtbarmachung des inneren Systems durch die Normstruktur des Art. 5 und dessen Wortlaut („insbesondere unlauter“, Art. 5 Abs. 4) bemüht.

II. Lösungsvorschlag

1. Modulare Einteilung der jeweils spezifisch schutzzweckbezogenen Vorschriften

Für eine systematische Neuordnung des UWG im Sinne einer transparenten und möglichst präzisen Umsetzung der vollharmonisierenden Vorgaben der UGP-RL orientiert sich der hier vertretene Lösungsvorschlag an einer *modularen* Einteilung der materiellen Regelungsabschnitte nach den jeweils spezifischen Schutzzwecken[1519]. Damit wird im Zusammenhang mit der Problemstellung dieser Untersuchung das einer integrierten Umsetzung entgegenstehende Konzept der *modularen Umsetzung* vollharmonisierender Richtlinien aufgegriffen, welches von *Wendehorst* im Vorfeld der Umsetzung der Verbraucherrechte-RL in das österrei-

1519 Dieser Grundansatz steht dem von der Wettbewerbszentrale geforderten systematischen Lösungsweg in ihrer Stellungnahme zum RefE sehr nahe, geht aber darüber hinaus. Hierzu *Münker* WRP 2014, 1434, 1435. Für eine strikte Ausgliederung mitbewerberschützender Vorschriften vom Einflussbereich der UGP-RL auch *Hetmank* GRUR 2015, 323, 330.

chische Konsumentenschutzgesetz favorisiert worden ist[1520]. Diese Methode der Neusystematisierung im Kontext des Verbrauchervertragsrechts lässt sich m. E. auch für das vollharmonisierte verbraucherschutzbezogene Lauterkeitsrecht fruchtbar machen.

Wendehorst versteht unter der modularen Umsetzung gesetzliche Regelungszusammenhänge, „die in sich möglichst abgeschlossen sind und die daher ohne legistische Schwierigkeiten und Kohärenzverluste verändert, ausgetauscht, gestrichen oder zugefügt werden können, wobei der Zuschnitt der Module sich möglichst eng an den europäischen Vorgaben orientieren sollte."[1521] Den Vorteil modularer Gesetzesstrukturen gegenüber der mit einer erweiternden Umsetzung verbundenen Horizontalisierung[1522] sieht *Wendehorst* darin begründet, dass der „überschießend" umgesetzte Bereich keiner strengen Bindung an die europäischen Vorgaben unterworfen wird und daher von nachträglichen Änderungen des Schutzniveaus auf europäischer Ebene verschont bleibt. Ansonsten sähe sich der nationale Gesetzgeber gezwungen, den autonomen Regelungsbereich des überschießenden Umsetzungsrechts entweder an das geänderte Schutzniveau anzupassen oder eine normative Spaltung der Vorschriften hinzunehmen[1523]. Zudem werde eine erweiternde Umsetzung oftmals nicht in exakter Weise durchgeführt; denn dies würde bedeuten, das Schutzniveau der Richtlinie auch dem überschießenden Teil in identischer Weise zugrunde zu legen. Sofern nun innerhalb der einzelnen Paragrafen materielle Differenzierungen vorgenommen werden, handele es sich vielmehr um eine „Pseudo-Horizontalisierung"[1524]. Als solch eine „Pseudo-Horizontalisierung" lässt sich zweifelsohne das UWG 2008 bzw. 2015 bezeichnen, denn dort werden in den Vorschriften einzelne Absätze nur einem

---

1520 *Wendehorst*, in: Jud/Wendehorst, S. 153, 181 f., 186 f.; *dies.* ZEuP 2011, 263, 286 f., im Hinblick auf die deutsche Umsetzung der Verbraucherkredit-RL: „So könnte die Verbraucherkreditrichtlinie endgültig gezeigt haben, dass das integrierte Umsetzungskonzept letztlich ein Irrweg war und dass den Erfordernissen jüngerer Unionsgesetzgebung allein ein modulares Modell gerecht werden kann."

1521 *Wendehorst*, in: Jud/Wendehorst, S. 153, 182.

1522 Hierzu *Wendehorst*, in: Jud/Wendehorst, S. 153, 176: „Unter dem Begriff ‚horizontal' wird seit einiger Zeit – insbesondere in der Debatte um das europäische Sekundärrecht – ein eher allgemeiner Zuschnitt von Rechtsinstrumenten bezeichnet, der möglichst viele Anwendungsfälle abdeckt und im Kontrast steht zu einem ‚vertikalen' Ansatz, der sich jeweils auf eng gefasste Vertragstypen, Situationen des Vertragsschlusses oder Rechtsfragen beschränkt. Dementsprechend kann von ‚Horizontalisierung' (*horizontalisation*) gesprochen werden, wo der Regelungsansatz des nationalen Rechts breiter ist als der Regelungsansatz der Richtlinie. Normalerweise erfolgt dies durch die Wahl einer höheren Abstraktionsstufe."

1523 *Wendehorst*, in: Jud/Wendehorst, S. 153, 172; ähnliche Befürchtungen äußert auch *Hetmank* GRUR 2015, 323, 326.

1524 *Wendehorst*, in: Jud/Wendehorst, S. 153, 177; *dies.* ZEuP 2011, 263, 287.

bestimmten lauterkeitsrechtlichen Verhältnis zugeordnet[1525] oder es müssen bei den in persönlicher Hinsicht erweiterten Vorschriften unterschiedliche materielle Maßstäbe zur Beurteilung der geschäftlichen Handlung angelegt werden[1526].

Eine modulare Umsetzung erscheint nicht nur aus den oben genannten Gründen vorteilhaft, sondern ist nach hiesiger Ansicht im Rahmen der Umsetzung der UGP-RL gar geboten, um die notwendigen Konsequenzen aus dem beschränkten, spezifischen Telos und der damit einhergehenden Aufspaltung der tradierten Schutzzwecktrias sowie dem Anwendungsbereich der UGP-RL zu ziehen. Die modulare Umsetzung der Richtlinienvorschriften verläuft parallel zur oben vorgeschlagenen Zuordnung des für die jeweiligen Vorschriften primär maßgeblichen Schutzzwecks. Bereits aus der Gesetzesstruktur ginge deutlich hervor, dass für dasjenige Gesetzesmodul, welches der Transformation der UGP-RL dient, allein deren Telos zugrunde zu legen ist. Die bislang einheitliche Regelung unlauterer geschäftlicher Handlungen ist – sofern der Anwendungsbereich der UGP-RL betroffen ist – mit der Problematik belastet, die Zweckbestimmung als maßgebliche Auslegungsdirektive in richtlinienkonformer Auslegung zu reduzieren. Mit der modularen Einteilung könnte die zwingende Verknüpfung der Umsetzungsvorschriften mit dem Richtlinienzweck stärker als bislang herausgestellt werden. Darüber hinaus hätte eine modulare Neustrukturierung des UWG nicht nur materielle Folgen für das vollharmonisierte b2c-Verhältnis, sondern auch für den Schutz von Mitbewerbern und sonstigen Marktteilnehmern. Denn die diesbezüglichen, zweckspezifischen Vorschriften würden ebenfalls gesondert in einem eigenen Gesetzesmodul normiert und könnten ihrem maßgebenden Schutzzweck unterworfen werden. Auch hier erfolgt eine konsequente Fortschreibung der oben dargestellten und m. E. sowohl unionsrechtlich als auch materiell gebotenen Ausdifferenzierung der Zweckbestimmung. Die einzelnen Regelungsmodule wären, entsprechend den parallel anzuwendenden Anwendungsbereichsbestimmungen des hiesigen Vorschlags, nebeneinander anwendbar, so dass bei der Beurteilung einer geschäftlichen Handlung sämtliche ggf. einschlägige Vorschriften der getrennten Regelungsmodule zum Tragen kämen[1527].

Eine Neusystematisierung des UWG im Sinne einer modularen Umsetzung der UGP-RL wird auch in der Stellungnahme der Wettbewerbszentrale zum RefE,

---

1525 Nur für das b2c-Verhältnis gilt § 5a Abs. 2–6 UWG 2015.

1526 So insbesondere in Form unterschiedlicher Schutzniveaus in Bezug auf Verbraucher einerseits und gewerbliche Abnehmer andererseits in den §§ 4a, 5 UWG 2015.

1527 Eine parallele Anwendbarkeit der Regelungsabschnitte seines Alternativvorschlags betont auch *Ohly* WRP 2015, 1443, 1444.

gezeichnet von *Münker*, favorisiert,[1528] die allerdings im UWG 2015 über § 4 UWG 2015 nur z.T. Berücksichtigung gefunden hat. Zwar lässt *Münker* die Zweckbestimmung in § 1 RegE unberührt, möchte aber die materiellen Vorschriften des UWG in Verbraucherschutz und Konkurrentenschutz deutlich trennen[1529]. Zu Recht sieht er die Vorteile dieser Umstrukturierung darin begründet, dass insbesondere die Vorgaben der UGP-RL präzise übernommen werden könnten und das UWG somit aus sich heraus verständlich werde, der Konkurrentenschutz eine eigenständige Normierung erfahre, normative Abweichungen in ein und derselben Vorschrift vermieden werden könnten und nicht zuletzt die Bedeutung des Konkurrentenschutzes im Lauterkeitsrecht deutlicher betont werde[1530].

V. a. letzterer Aspekt verdient m. E. besondere Zustimmung, denn als Konsequenz einer modularen, an den jeweiligen Schutzzwecken orientierten Neusystematisierung des UWG sind Rechtsanwendung und Wissenschaft in verstärktem Maße gefordert, die einzelnen Zwecke und Normen des UWG strenger als bislang zu unterscheiden und über die Bedeutung und Reichweite der jeweiligen materiellen Maßstäbe Rechenschaft abzulegen[1531]. Mithin böte eine modulare Systematisierung neben einer präzisen Richtlinienumsetzung nach hiesiger Ansicht die denkbar günstigste Plattform für die inhaltlich gebotene Ausdifferenzierung und Weiterentwicklung des Lauterkeitsrechts insgesamt. Ein schutzzweckorientiertes Denken im Lauterkeitsrecht – wie von *Beater* zu Recht vehement gefordert[1532] – würde damit einen wesentlichen Schritt nach vorn wagen.

2. Implementierung und Veranschaulichung der inneren Wertungszusammenhänge

a) Wertungstransparenz im äußeren Gesetzessystem

Innerhalb des Gesetzesmoduls zu den primär verbraucherschutzbezogenen Vorschriften lassen sich die inneren Wertungszusammenhänge zwischen der Generalklausel und den Konkretisierungstatbeständen im Einklang mit Art. 5 nach außen sichtbar machen. Dem Rechtsanwender soll im Sinne einer transparenten und eindeutigen Richtlinienumsetzung bereits aus der Regelungsstruktur des Abschnitts die in der UGP-RL angelegte materielle Einheitlichkeit des Unlauterkeitsmaßstabs verdeutlicht werden. V. a. muss es darum gehen, die Generalklausel

1528 Hierzu *Münker* WRP 2014, 1434–1441.

1529 *Münker* WRP 2014, 1434, 1435.

1530 *Münker* WRP 2014, 1434, 1435.

1531 Diesen Vorteil der unionsrechtlichen Unterscheidung zwischen Verbraucher- und Konkurrentenschutz betont auch Hilty/Henning-Bodewig/*Beater*, S. 207, 210.

1532 Hierzu bereits *Beater*, Verbraucherschutz und Schutzzweckdenken, S. 31–45.

als normativen Ursprung und Bezugspunkt aller Konkretisierungen zu begreifen. Die Struktur des Art. 5 sowie die Bezeichnung der Konkretisierungstatbestände als „insbesondere"-Vorschriften bilden hierfür die Grundlage. Auch sollte klargestellt sein, dass die Black-List-Tatbestände keine materiell eigenständige Unzulässigkeitskategorie bilden, sondern als Unlauterkeitstatbestände gem. Art. 5 Abs. 5 eben nur Unterfälle der allgemeinen Generalklausel darstellen.

Darüber hinaus sollte es das Ziel sein, äußere Wertungstransparenz auch in den anderen materiellen Regelungsmodulen herzustellen. Im Gegensatz zu den bisherigen Systematisierungsvorschlägen zum UWG 2015[1533] sollte im nicht von der UGP-RL umfassten Regelungsbereich eine zusätzliche Ausdifferenzierung zwischen den Interessen sonstiger Marktteilnehmer und den davon zu unterscheidenden Mitbewerberinteressen erfolgen, da die jeweiligen Interessenlagen grundverschieden sind[1534].

In das Regelungsmodul zum Mitbewerberschutz ließen sich jedenfalls die Tatbestände des § 4 Nr. 1–4 UWG 2015 übertragen[1535]. Im Regelungsmodul zum Schutz sonstiger Marktteilnehmer hätten die Konkretisierungstatbestände in erster Linie den Schutz der Entscheidungsautonomie und damit zuvorderst das b2b-Vertikalverhältnis zum Gegenstand[1536]. Im Gegensatz zum bisherigen Rechtszustand erhielten der Schutz der Entscheidungsgrundlage und des Entscheidungsprozesses sonstiger Marktteilnehmer eigene Vorschriften[1537]. Strukturell gleichgelagerte Konstellationen zum Schutz der Entscheidungsautonomie der Verbraucher und der sonstigen Marktteilnehmer wären damit allerdings doppelt geregelt. Aus Sicht des tradierten Schutzmodells des deutschen Lauterkeitsrechts erscheint dies zunächst ungewohnt. Die wesentlichen Vorteile dieser Systematisierung bestünden jedoch zum einen darin, dass – anders als bislang geregelt – einheitlich gefasste Vorschriften nicht mit der Schwierigkeit einer an unter-

---

1533 *Münker* WRP 2014, 1434, 1436, trennt zwischen b2c- und b2b-Bereich. Zwischen Vertikal- und Horizontalverhältnis trennen *Fritzsche* WRP 2014, 1392, 1394; *Köhler* WRP 2014, 1410, 1414; *Ohly* GRUR 2014, 1137, 1138; *ders.* WRP 2015, 1443, 1444.

1534 Dies offen lassend *Alexander* WRP 2014, 1384, 1391. Zur Notwendigkeit einer Unterscheidung dieser geschützten Interessen S. 215 f.

1535 So auch im Vorschlag von *Ohly* WRP 2015, 1443, 1446 f.

1536 Daneben stünde eine umfassende Generalklausel, um die Interessen sonstiger Marktteilnehmer zu erfassen, die sich nicht auf den Schutz der Entscheidungsautonomie beziehen. Hierzu ausführlich *Beater*, Unlauterer Wettbewerb, Rn. 2198–2261.

1537 So auch *Münker* WRP 2014, 1434, 1437; für eine „überschießende" Umsetzung der verbraucherschutzbezogenen Vorschriften auf den Schutz sonstiger Marktteilnehmer hingegen *Ohly* WRP 2015, 1443, 1444.

schiedlichen normativen Maßstäben orientierten Auslegung belastet wären[1538]. Zum anderen fördert und fordert eine derartige systematische Herangehensweise eine Sachverhaltsbeurteilung, die sich streng an den einzelnen Schutzzwecken orientiert und diese auch gesetzessystematisch präziser in speziell dafür geschaffenen Vorschriften abschichtet. Wissenschaft und Praxis müssten bei Anwendung eines Konkretisierungstatbestands speziell im Verhältnis zu sonstigen Marktteilnehmern exakt begründen, welche materiellen Maßstäbe aus deren Perspektive im Unterschied zum Verbraucherschutz zu statuieren wären[1539]. Einer inhaltlichen Fortentwicklung des Lauterkeitsrechts wäre damit ein immenser Dienst erwiesen.

b) Etablierung neuer Generalklauseln

Im Gegensatz zu den Konkretisierungstatbeständen gestaltet sich die Frage nach den für sonstige Marktteilnehmer bzw. Mitbewerber zu schaffenden Generalklauseln problematisch[1540]. Der RegE sah vor, den der UGP-RL entlehnten Begriff der fachlichen Sorgfalt auch in den übrigen, von der Richtlinie nicht umfassten Regelungsbereichen zu etablieren und dort ausdrücklich zwischen dem „jeweiligen Standard [...] jeweils gegenüber Verbrauchern, Mitbewerbern und sonstigen Marktteilnehmern" zu differenzieren[1541]. Im UWG 2015 wurde letztlich auf eine präzisierte Generalklausel in den b2b-Verhältnissen verzichtet. Dem Grundanliegen des RegE, die materiell jeweils unterschiedlichen Anforderungen etwaiger Sorgfaltspflichten ausdrücklich hervorzuheben, verdient jedenfalls Zustimmung. Allerdings war der vom RegE eingeschlagene Weg nicht frei von Zweifeln.

So stellt sich zunächst die Frage, ob die „fachliche Sorgfalt" als Verhaltensmaßstab im Verhältnis zu sonstigen Marktteilnehmern oder Mitbewerbern überhaupt geeignet ist. Dagegen wendet sich von nicht wenigen Seiten Kritik. Der Interessenkonflikt zwischen Mitbewerbern sei nicht durch das Postulat einer „fachlich sorgfältigen" Konkurrenz zu erfassen[1542]. Das Wettbewerbsverhältnis

---

1538 So auch *Münker* WRP 2014, 1434, 1435, der hierin zu Recht einen erheblichen Zuwachs an Rechtssicherheit erblickt. Kritisch zur normativen Spaltung einheitlicher Lauterkeitsvorschriften auch *Ohly* GRUR 2014, 1137, 1142, im Hinblick auf die „fachliche Sorgalt".

1539 Mit *Münker* WRP 2014, 1434, 1437, genügt es dabei, die Konkretisierungstatbestände im Verhältnis zu sonstigen Marktteilnehmern nicht mit der im Verbraucherkontext vorgegebenen Detailliertheit zu fassen.

1540 Gegen die Etablierung einer Generalklausel bezüglich sonstiger Marktteilnehmer *Ohly* WRP 2015, 1443, 1446.

1541 RegE UWG 2015 BR-Drucks. 26/15, S. 1, 8.

1542 *Alexander* WRP 2014, 1384, 1385 f.

werde nicht durch „Fachkenntnisse und Sorgfalt" beherrscht[1543]. Es sei sprachlich grotesk, dass der Marktteilnehmer zu seinen Mitbewerbern unter Aufbietung fachlich gebotener Sorgfalt in Wettbewerb treten müsse[1544]. Im Bereich des Mitbewerberschutzes sei der Begriff jedenfalls verfehlt[1545]. Dagegen wird die Übertragung des Sorgfaltsbegriffs auf den b2b-Bereich teilweise weniger kritisch gesehen,[1546] teilweise sogar ausdrücklich befürwortet[1547].

Die Diskussion zur „fachlichen Sorgfalt" im b2b-Verhältnis fokussiert sich m. E. zu sehr auf den für das deutsche Lauterkeitsrecht ungewohnten sowie unglücklich als „fachlich" übersetzten Sorgfaltsbegriff und verschließt den Blick auf den hinter dem Begriff stehenden, definitorisch ausschlaggebenden Bedeutungsgehalt. Im Sinne der UGP-RL umschreibt der Sorgfaltsbegriff im Kern einen objektivierten Verhaltensmaßstab von Kompetenzen und Rücksichtnahme, dessen Einhaltung nach Treu und Glauben vernünftigerweise erwartet werden kann. Insofern ist nicht ersichtlich, weshalb etwa gegenüber gewerblichen Abnehmern oder Konkurrenten ein derartiger, spezifischer Maßstab nicht verlangt werden könne. Es geht hierbei nämlich nicht um den „sorgfältigen" Konkurrenten, der sein berufsspezifisches Fachwissen aufzubringen habe, sondern um denjenigen, der – bei aller unternehmerischen Handlungsfreiheit am Markt – die legitimen und geschützten wettbewerblichen Interessen seiner Mitbewerber zu achten hat[1548]. Jedenfalls die den Sorgfaltsbegriff inhaltlich ausfüllenden, definitorischen Kernelemente scheinen als Verhaltensmaßstab nicht von vornherein ausgeschlossen[1549].

Schwieriger gestaltet sich allerdings das Abstellen auf die „fachliche" Sorgfalt, die nach dem Konzept der UGP-RL im Kern spezifisch „unternehmerische"

1543 *Fritzsche* WRP 2014, 1392, 1393 f.; *Henning-Bodewig* GRUR Int. 2015, 529, 531.

1544 *Glöckner* WRP 2014, 1399, 1404.

1545 So im Ergebnis *Henning-Bodewig* WRP 2014, 1407, 1409; *dies.* GRUR Int. 2015, 529, 531 f., die im Folgenden den Begriff der „anständigen Marktgepflogenheiten" aus Art. 10bis Abs. 2 PVÜ im b2b-Verhältnis favorisiert; *Köhler* WRP 2014, 1410, 1414; *ders.* WRP 2015, 275, 280; *Würtenberger/Loschelder* GRUR 2014, 1185, 1186; *Kirchhoff* WRP 2015, 659, 660; Stellungn. DIHK WRP 2014, 1426, 1427; Stellungn. Markenverband WRP 2015, 46, 47.

1546 *Ohly* GRUR 2014, 1137, 1142, der aber das Problem einer gespaltenen Begriffsauslegung erkennt; *Schlingloff* WRP 2014, 1424, 1425; Stellungn. HDE WRP 2014, 1430, 1431; Stellungn. Verbraucherzentrale BV WRP 2015, 177, 178.

1547 *Keller* FS Bornkamm, S. 381, 390 f.; *ders.* WRP 2015, Nr. 3, Die erste Seite; *Münker* WRP 2014, 1434, 1436; Stellungn. ZAW WRP 2015, 180, 181.

1548 So auch *Keller* WRP 2015, Nr. 3, Die erste Seite.

1549 So rekurriert die EU-Kommission in ihrer Mitteilung zur Überarbeitung der Irreführungs-RL vom 27. 11. 2012 ebenfalls auf den Begriff der beruflichen Sorgfalt im b2b-Verhältnis, KOM (2012) 702 endg., S. 1.

Verhaltensanforderungen statuiert[1550]. Fraglich bleibt dadurch die Einbeziehung von Konstellationen, die vom UWG bislang umfasst werden, in denen der Handelnde jedoch keine Unternehmenseigenschaft aufweist. Verwiesen sei auf Anwendungsfälle des Wettbewerbs der öffentlichen Hand sowie auf Verhaltensweisen von nicht unternehmerischen Personen (Verbände, NGOs)[1551]. Unproblematisch lassen sich jedenfalls erwerbswirtschaftliche Tätigkeiten unter die Definition der unternehmerischen Sorgfalt fassen, die auf die Beeinflussung der geschäftlichen Entscheidung der Verbraucher abzielen. Juristische Personen des öffentlichen Rechts und Non-Profit-Verbände sind insofern vom Regelungsbereich der UGP-RL nicht ausgenommen[1552]. Zudem kann die Anwendungsbereichserweiterung des Art. 2 lit. b 2. Hs. bzw. § 2 Abs. 1 Nr. 6 etwaige Verhaltensweisen nicht unternehmerischer Personen als „unternehmerisch" fingieren, da es zur Beurteilung eines Handelns „im Namen" oder „im Auftrag" des Unternehmers allein auf das äußere Auftreten ankommt, das sich aus Sicht der angesprochenen Verbraucher bzw. sonstigen Marktteilnehmer beurteilt[1553]. Lücken entstünden jedoch dann, wenn auch diese gesetzliche Fiktion der Unternehmereigenschaft nicht einschlägig ist. Ein direkter Rückgriff auf die unternehmerische Sorgfalt im Sinne der UGP-RL wäre nicht möglich.

Dies berücksichtigend, lassen sich nach hiesiger Ansicht die Kernelemente der Sorgfaltsdefinition grundsätzlich auch für Verhaltensweisen gegenüber Konkurrenten bzw. sonstigen Marktteilnehmern mit Inhalt füllen. Der hiesige Lösungsvorschlag geht deshalb dahin, sich in den Regelungsmodulen zum Konkurrentenschutz sowie zum Schutz sonstiger Marktteilnehmer zwar vom Richtlinienbegriff der unternehmerischen Sorgfalt zu lösen und diesen zugunsten einer einheitlichen, richtlinienkonformen Auslegung allein dem vollharmonisierten b2c-Verhältnis zu überlassen[1554]. Gleichzeitig können jedoch die Kernelemente der Sorgfaltsdefinition auch außerhalb des b2c-Verhältnisses aufgegriffen und formulierungstechnisch an die jeweils geschützten Interessen angepasst werden, ohne dabei den Unternehmensbezug aus Art. 2 lit. h zu übernehmen. Es würde sich dann um den *Standard an Kompetenzen und Rücksichtnahme handeln, deren Anwendung gegenüber dem sonstigen Marktteilnehmer bzw. dem Mitbewerber nach Treu und Glauben vernünftigerweise erwartet werden kann.* Neben dem Ver-

1550 So jetzt auch § 2 Abs. 1 Nr. 7 UWG 2015; zur vorzuziehenden Bezeichnung als „unternehmerische Sorgfalt" S. 107.

1551 *Köhler* WRP 2015, 275, 276; *Sosnitza* GRUR 2015, 318, 319; *Kirchhoff* WRP 2015, 659.

1552 Dazu S. 68.

1553 Dazu S. 68 f.

1554 Auf die mit einer einheitlichen Begriffsbestimmung zu erwartenden Auslegungsprobleme hinweisend *Henning-Bodewig* GRUR Int. 2015, 529, 532.

stoß gegen diese Verhaltensanforderungen müsste zusätzlich die Eignung treten, dadurch die wirtschaftlichen Interessen des sonstigen Marktteilnehmers bzw. die *legitimen wettbewerblichen Interessen* des Mitbewerbers spürbar zu beeinträchtigen[1555]. Der Hinweis auf die *legitimen* wettbewerblichen Mitbewerberinteressen soll verdeutlichen, dass wettbewerbsinhärente Nachteile infolge erlaubter Konkurrenztätigkeit hinzunehmen sind.

Der Vorteil dieser Formulierung bestünde darin, dass die Generalklauseln der jeweiligen Regelungsmodule in ihrer tatbestandlichen Struktur übereinstimmen würden und damit der rechtstechnische Umgang mit ihnen erleichtert würde. Auch im Verhältnis zu sonstigen Marktteilnehmern bzw. Mitbewerbern wäre klargestellt, dass es auf das objektiviert gebotene Können und Wissen des Handelnden ankäme und legitime gegenläufige Interessen als Verbotsgegengründe bei der Abwägung im Einzelfall zu berücksichtigen wären („vernünftigerweise"; „Treu und Glauben"). Zudem wäre der methodische Umgang mit den Generalklauseln gleichgelagert. Denn die hier vorgeschlagene Strukturierung der Generalklauseln umfasst – in Anlehnung an das methodische Konzept des Art. 5 Abs. 2 – ein Verhaltens- und ein Erfolgselement der Unlauterkeit, die in der konkreten Beurteilung des Einzelfalls fließend ineinander übergingen[1556]. Die Frage, welches Maß an Kompetenzen und Rücksichtnahme vernünftigerweise erwartet werden kann, müsste im Hinblick auf die jeweils spezifisch lauterkeitsrechtlich geschützten Interessen und die Auswirkungen der geschäftlichen Handlung auf diese Interessen („Erfolg") beantwortet werden. Auch im Verhältnis zu sonstigen Marktteilnehmern und Mitbewerbern wären das Verhaltens- und das Erfolgselement der Unlauterkeit normativ untrennbar miteinander verbunden. Der hiesige Lösungsvorschlag beachtet damit zwar die zwingend gebotene materielle Ausdifferenzierung nach den Schutzzwecken des Lauterkeitsrechts, schafft dabei aber eine *methodische* Einheitlichkeit zur Beurteilung der Unlauterkeit einer geschäftlichen Handlung.

3. Schutzzweckbezogene Aufteilung der vergleichenden Werbung

a) Zuordnung zu den jeweiligen Regelungsmodulen

Die schutzzweckbezogene Aufteilung der materiellen Unlauterkeitstatbestände in spezifische Regelungsmodule betrifft auch den Tatbestand der vergleichenden Werbung in § 6. Das überwiegende Schrifttum ordnet bereits die einzelnen Tat-

1555 Die von *Ohly* WRP 2015, 1443, 1447, vorgeschlagene Generalklausel im Konkurrentenverhältnis orientiert sich hingegen an Art. 10bis Abs. 2 PVÜ und stellt auf die anständigen Marktgepflogenheiten bzw. die „gute Praxis" ab.

1556 Zur normativen Untrennbarkeit der Art. 5 Abs. 2 lit. a und b S. 122–126.

bestandsvarianten des § 6 in erster Linie dem Schutz der Marktgegenseite (§ 6 Abs. 2 Nr. 1 und 2) einerseits und dem Konkurrentenschutz (§ 6 Abs. 2 Nr. 3–6) andererseits zu[1557]. Dies fügt sich konzeptionell in die hier postulierte Gesetzessystematisierung nach materiellen Regelungsmodulen ein. Im Hinblick auf den Zweck der Irreführungs-RL stellt ErwGr 9 S. 1 Irreführungs-RL im Zusammenhang mit vergleichender Werbung auch auf die negative Beeinflussung der Verbraucher durch unzulässige vergleichende Werbung ab. Daher lassen sich die materiell primär aus Sicht der Marktgegenseite zu beurteilenden Tatbestandsvarianten auch in das Regelungsmodul zum Verbraucherschutz integrieren[1558].

Im Gesetzesmodul zum Schutz sonstiger Marktteilnehmer lässt sich in einer gesonderten Vorschrift auf die Regelung zur vergleichenden Werbung im Verbraucherschutzmodul verweisen. Allerdings ist hierbei die Differenzierung hinsichtlich der irreführenden vergleichenden Werbung in Art. 4 lit. a Irreführungs-RL zu beachten. Im Verhältnis zu Verbrauchern verweist Art. 4 lit. a auf Art. 6 und 7 UGP-RL, im Verhältnis zu gewerblichen Abnehmern hingegen auf den Irreführungstatbestand in Art. 2 lit. b, 3 Irreführungs-RL. Diese Unterscheidung muss auch im Umsetzungsrecht klar zum Ausdruck kommen[1559]. Im verbraucherschutzbezogenen Regelungsmodul bedarf es eines Verweises auf die Umsetzungsvorschriften zu Art. 6 und 7, beim Schutz sonstiger Marktteilnehmer auf die dortige, spezielle Irreführungsregelung. Die Vorschrift zum Vorenthalten wesentlicher Informationen gegenüber sonstigen Marktteilnehmern kann hingegen keine Berücksichtigung finden, da der abschließend formulierte Art. 4 lit. a Irreführungs-RL nur auf den Irreführungstatbestand im b2b-Verhältnis Bezug nimmt. Lediglich klassische Fälle von Irreführungen durch Unterlassen, die mit einer konkreten Fehlvorstellung des angesprochenen Marktteilnehmers einhergehen, können bei vergleichender Werbung gegenüber sonstigen Marktteilnehmern Bedeutung erlangen[1560].

Des Weiteren gilt es in einer künftigen Neuregelung der vergleichenden Werbung, die unterschiedlichen Zielrichtungen der Art. 6 Abs. 2 lit. a UGP-RL und

---

1557 Etwa *Köhler*/Bornkamm[33], § 1 Rn. 9; Harte/Henning/*Podszun*, § 1 Rn. 37; Ohly/*Sosnitza*[6], § 1 Rn. 14; Götting/Nordemann/*Götting*[2], § 1 Rn. 4; *Beater*, Unlauterer Wettbewerb, Rn. 1480: vorbildliche Trennung in Abnehmer- und Konkurrentenschutz; Gloy/Loschelder/Erdmann/*v. Ungern-Sternberg*, § 24 Rn. 4.

1558 *Ohly* WRP 2015, 1443, 1447, ordnet die Tatbestände der vergleichenden Werbung hingegen allein dem Abschnitt zum Mitbewerberschutz zu. Zur Bedeutung des Verbraucherschutzzwecks bei der vergleichenden Werbung im Hinblick auf Art. 1 Irreführungs-RL: ErwGr 5, 6, 9 Irreführungs-RL; MüKo-UWG/*Micklitz*, EG D Art. 6 Rn. 139; Fezer/*Koos*, § 6 Rn. 16; *Ohly*/Sosnitza[6], § 6 Rn. 2; Götting/Nordemann/*Koehler*[2], § 6 Rn. 13.

1559 So auch *Köhler* GRUR 2013, 761, 766 f.; *ders.* WRP 2015, 1037, 1039 f.

1560 Dazu *Köhler* GRUR 2013, 761, 766.

Art. 4 lit. h Irreführungs-RL zu beachten. Ersterer bezieht sich allein auf Verwechslungsgefahren bei vergleichender Werbung gegenüber Verbrauchern, letzterer kommt nur im Verhältnis zu Gewerbetreibenden zum Tragen[1561]. Zudem ist die bisherige Tatbestandsvariante des § 6 Abs. 2 Nr. 3 im konkurrentenschutzbezogenen Regelungsmodul zu verorten. Grund hierfür ist dessen Beurteilungsperspektive, die von Art. 6 Abs. 2 lit. a abweicht. Denn dieser untersagt Verwechslungsgefahren bei vergleichender Werbung im Verhältnis zu Verbrauchern als Unterfall einer irreführenden Geschäftspraktik aus Gründen des Entscheidungsschutzes[1562]. Besonders deutlich tritt dies durch das mit Art. 5 Abs. 2 lit. b im Einklang stehende entscheidungsbezogene Erfolgselement in Art. 6 Abs. 2 zu Tage[1563]. Im Gegensatz dazu richtet sich der Schutz vor Verwechslungen im Rahmen des § 6 Abs. 2 Nr. 3 nach den Schutzinteressen des betroffenen Mitbewerbers und weist damit eine dem Markenrecht ähnliche subjektive Schutzdimension auf[1564]. Mithin wird die Verwechslungsgefahr bei § 6 Abs. 2 Nr. 3 im Einklang mit der markenrechtlichen Verwechslungsgefahr ausgelegt[1565]. Die variierende Handhabung des Schutzes vor Verwechslungen aus Gründen des Irreführungsverbots einerseits und aufgrund spezifischer Mitbewerberinteressen andererseits ist letztlich durch die unterschiedlichen Zweckkonzeptionen bedingt[1566].

b) Verhältnis zu den jeweils spezifischen Generalklauseln

Im Kontext der schutzzweckbezogenen Aufteilung der vergleichenden Werbung stellt sich das Problem der normativen Implementierung der jeweils spezifischen Tatbestandsvarianten in das jeweilige Regelungsmodul und ihr Verhältnis zu der dortigen Generalklausel. Damit einher geht die Frage, ob das jeweilige Erfolgselement der betreffenden Generalklausel auch für die Tatbestandsvarianten der vergleichenden Werbung gelten kann oder gar muss. Im Hinblick auf das verbraucherschutzbezogene Regelungsmodul, welches materiell der umgesetzten Generalklausel des Art. 5 Abs. 2 untersteht, stellt sich dabei zusätzlich die Frage,

---

1561 Art. 4 lit. h Irreführungs-RL: „bei Gewerbetreibenden"; dazu *Köhler* GRUR 2013, 761, 766.

1562 So auch *Beater*, Unlauterer Wettbewerb, Rn. 1386 f.

1563 Dazu S. 135 f.

1564 Dazu *Beater*, Unlauterer Wettbewerb, Rn. 1562, 2040 f.; *Berlit*, Wettbewerbsrecht, IV. Rn. 21; *Emmerich*, Unlauterer Wettbewerb[9], § 7 Rn. 38.

1565 EuGH GRUR 2008, 698 Tz. 49 – *O2/Hutchinson*; BGH GRUR 2010, 835 Tz. 41 – *POWER BALL*; *Köhler*/Bornkamm[33], § 6 Rn. 144; Götting/Nordemann/*Koehler*[2], § 6 Rn. 88.

1566 Zutreffend *Beater*, Unlauterer Wettbewerb, Rn. 1387; *ders.*, Verbraucherschutz und Schutzzweckdenken, S. 86 f.

wie die normativen Vorgaben der UGP-RL mit denen der Irreführungs-RL in Einklang zu bringen sind. Es handelt sich insofern auch und gerade um einen Fall der koordinierenden Richtlinienumsetzung[1567].

aa) Koordinierung im verbraucherschutzbezogenen Regelungsmodul

Unter bisheriger Rechtslage stellte die Regelung zur vergleichenden Werbung in § 6 lediglich einen Unlauterkeitstatbestand dar, der nach der Gesetzessystematik erst bei einer spürbaren Beeinträchtigung der Interessen der Mitbewerber, Verbraucher oder sonstigen Marktteilnehmer gem. § 3 Abs. 1 zur Unzulässigkeit führte. Ein solches Spürbarkeitserfordernis ist in Art. 4 Irreführungs-RL hingegen nicht vorgesehen, der zudem nicht als Verbotstatbestand ausgestaltet ist, sondern formulierungstechnisch Anforderungen an die Zulässigkeit vergleichender Werbung aufstellt. Unter der strikten Annahme, Art. 4 Irreführungs-RL sei ausschließlich als nicht vollharmonisierender Zulässigkeitskatalog konzipiert, wird daher teilweise die Regelung der vergleichenden Werbung als Verbotskatalog mit zusätzlichem Spürbarkeitserfordernis als richtlinienwidrig eingestuft[1568]. Auch der RegE zum UWG 2015 lehnt nunmehr das Erfordernis einer Spürbarkeitsprüfung bei § 6 ab[1569].

Die Grundannahme dieser Ansicht, die unionsrechtlichen Bestimmungen zur vergleichenden Werbung in Art. 4 Irreführungs-RL (ex Art. 3a Irreführungs-RL 1997) seien nicht vollharmonisierend und daher in Bezug auf die Unzulässigkeit nicht abschließend, trifft jedenfalls nicht zu[1570]. Insbesondere ergeben sich die entscheidenden Anhaltspunkte für eine Vollharmonisierung aus der Irreführungs-RL und ihrer Vorgängerrichtlinie von 1997 selbst, die inhaltlich unverändert lediglich aus Gründen der Übersichtlichkeit und Klarheit kodifiziert werden sollte[1571]. In ErwGr 3 Irreführungs-RL 1997 heißt es: „Die *Zulässigkeit oder Nichtzu-*

1567 Dazu S. 193.

1568 Harte/Henning/*Sack*, § 6 Rn. 22–25, 28, 239; *ders.* WRP 2014, 1418, 1420; *ders.* WRP 2004, 30 f.

1569 RegE UWG 2015 BR-Drucks. 26/15, S. 17; zustimmend Ohly/*Sosnitza*[7], § 3 Rn. 80. – Sich zumindest rechtspolitisch für eine Spürbarkeitsschwelle weiterhin aussprechend *Ohly*/Sosnitza[7], § 6 Rn. 40. – An einer Spürbarkeitsschwelle im Rahmen einer unionsrechtskonformen teleologischen Auslegung festhaltend Fezer/Büscher/Obergfell/*Koos*, § 6 Rn. 31–38.

1570 Für die Annahme einer vollharmonisierenden und damit insgesamt abschließenden Regelung der vergleichenden Werbung auch die ganz herrschende Ansicht, etwa EuGH GRUR 2003, 533 Tz. 44, 54, 70 – *Pippig Augenoptik/Hartlauer*; GK-UWG/*Heinze*, Einl. C Rn. 335 f.; GK-UWG/*Glöckner*, § 6 Rn. 60; MüKo-UWG/*Menke*, § 6 Rn. 20; *ders.* WRP 1998, 811, 818; *Köhler*/Bornkamm[33], § 6 Rn. 3, 10; Fezer/*Koos*, § 6 Rn. 7; Harte/Henning/*Glöckner*, Einl. B Rn. 158; *Ohly*/Sosnitza[6], § 6 Rn. 8; Götting/Nordemann/*Koehler*[2], § 6 Rn. 9; *Lehmler*, § 6 Rn. 8.

1571 ErwGr 1 Irreführungs-RL.

lässigkeit vergleichender Werbung nach den verschiedenen einzelstaatlichen Rechtsvorschriften kann den freien Waren- und Dienstleistungsverkehr behindern und Wettbewerbsverzerrungen hervorrufen. [...] Es ist Aufgabe der Gemeinschaft, in einer solchen Situation Abhilfe zu schaffen [Hervorhebung durch Verf.]." Ausgangspunkt des Richtliniengebers zur Angleichung vergleichender Werbung waren demnach die unterschiedlichen *Zulässigkeits- oder Verbotsbestimmungen* in den einzelnen Mitgliedstaaten, die es zu vereinheitlichen galt. Würde man die Vorschrift des Art. 4 Irreführungs-RL (ex Art. 3a Irreführungs-RL 1997) allein als zwingende Zulässigkeitsvoraussetzung betrachten und damit die Möglichkeit weitergehender Verbote durch die Mitgliedstaaten eröffnen, so liefe dies der soeben geschilderten Regelungsintention des Richtliniengebers zuwider. Zudem stellte Art. 7 Abs. 2 Irreführungs-RL 1997 ausdrücklich klar, dass die allgemeine Öffnungsklausel in Abs. 1, die den Mitgliedstaaten den Erlass weiterreichender Schutzbestimmungen im Vergleich zu den Richtlinienvorschriften offen ließ, für vergleichende Werbung keine Geltung beanspruchte. In Art. 8 Abs. 1 Unterabs. 1 Irreführungs-RL wird diese Ausnahme von der allgemeinen Öffnungsklausel beibehalten. Als Umkehrschluss lässt sich daraus folgern, dass die Regelung zur vergleichenden Werbung, da von der Mindestharmonisierung ausdrücklich ausgenommen, eine abschließende Regelung enthält.

Problematischer wird es im Hinblick auf die Frage, ob die – auch als Verbotskatalog formulierbare – Umsetzungsvorschrift zu Art. 4 Irreführungs-RL mit einer weiteren gesetzlichen Einschränkung in Form der bisherigen Spürbarkeitsklausel bzw. nach hiesigem Verständnis eines Erfolgselements versehen werden darf. Unter Berufung auf den Wortlaut des Art. 4 Irreführungs-RL, der ein solches Tatbestandsmerkmal nicht vorsieht, wird dies teilweise als richtlinienwidrig abgelehnt[1572]. Die weit überwiegende Ansicht hält demgegenüber ein zusätzliches, den Tatbestand der vergleichenden Werbung ergänzendes Element für richtlinienkonform bzw. gar geboten[1573]. Begründet wird dies oftmals mit dem Gebot des unionsrechtlichen Verhältnismäßigkeitsgrundsatzes[1574]. Ebenso wird auf ErwGr 9 S. 1 Irreführungs-RL verwiesen, wonach festgelegt werde, „welche

---

1572 Harte/Henning/*Sack*, § 6 Rn. 239; *ders.* WRP 2004, 30 f.; *Lehmler*, § 6 Rn. 96; *Ohly* GRUR 2004, 889, 896. Offenlassend jetzt *Ohly*/Sosnitza[6], § 6 Rn. 40.

1573 So etwa MüKo-UWG/*Menke*, § 6 Rn. 36; *Köhler*/Bornkamm[33], § 6 Rn. 20 – 22; Fezer/*Koos*, § 6 Rn. 36; Götting/Nordemann/*Koehler*[2], § 6 Rn. 53; jurisPK-UWG/*Müller-Bidinger*, § 6 Rn. 32. Offenlassend *Ohly*/Sosnitza[6], § 6 Rn. 40.

1574 In diesem Sinne MüKo-UWG/*Menke*, § 6 Rn. 36; *Köhler*/Bornkamm[33], § 6 Rn. 20; Fezer/*Koos*, § 6 Rn. 36; Götting/Nordemann/*Koehler*[2], § 6 Rn. 53; jurisPK-UWG/*Müller-Bidinger*, § 6 Rn. 32. Dagegen spricht, dass der unionsrechtliche Verhältnismäßigkeitsgrundsatz sich an die Organe der EU wendet, GK-UWG/*Glöckner*, § 6 Rn. 590; Harte/Henning/*Sack*, § 6 Rn. 240.

Praktiken der vergleichenden Werbung den Wettbewerb verzerren, die Mitbewerber schädigen und die Entscheidung der Verbraucher negativ beeinflussen können"[1575]. Für eine materielle Begrenzung der vergleichenden Werbung soll auch Art. 5 Abs. 1 Unterabs. 2 Irreführungs-RL sprechen, demzufolge ein „berechtigtes Interesse" Voraussetzung dafür sei, dass Personen oder Organisationen gegen vergleichende Werbung gerichtlich vorgehen könnten[1576]. Den methodisch überzeugendsten Lösungsansatz wählt m. E. jedoch *Glöckner*, der den Tatbestand der vergleichenden Werbung im Rahmen einer EU-grundrechtskonformen Auslegung einschränken will,[1577] das Spürbarkeitserfordernis aber als Ausprägung des Prinzips mangelnden Interesses auf vergleichende Werbung anwendet und dabei die in der UGP-RL niedergelegten Erfordernisse der wesentlichen Beeinflussung der geschäftlichen Entscheidung verallgemeinernd heranzieht[1578]. *Glöckner* führt an, es bestehe im Hinblick auf die analogen Formulierungen der Entscheidungsrelevanz in Art. 6 UGP-RL und Art. 2 lit. b Irreführungs-RL ein weitgehender Gleichlauf hinsichtlich des Verbots irreführender Werbung. Es wäre ein Wertungswiderspruch, wenn der von der UGP-RL gewährte Verbraucherschutz dadurch beschränkt werde, während dies bei dem durch die übrigen Regelungen der Voraussetzungen vergleichender Werbung bewirkte Schutz der Mitbewerber nicht in entsprechender Weise der Fall wäre[1579]. Bei an Verbraucher gerichteter vergleichender Werbung seien beide Regelungen parallel anzuwenden. Art. 2 lit. c und 4 Irreführungs-RL seien „besondere Aspekte unlauterer Geschäftspraktiken" i.S.d. Art. 3 Abs. 4, im Übrigen könne aber auf die nicht verdrängten allgemeinen Regelungen der UGP-RL zurückgegriffen werden[1580]. Jedenfalls solle die Geschäftsentscheidungsrelevanz, wie bei irreführender vergleichender Werbung gegenüber Verbrauchern oder Nicht-Verbrauchern vorgesehen, auf sämtliche Formen unzulässiger vergleichender Werbung Anwendung finden. Schutz der Marktteilnehmer gelte es nur zu gewähren, sofern wirtschaftliche Interessen von Abnehmern oder Mitbewerbern betroffen seien. Seien die Adressaten der vergleichenden Werbung zu keiner geschäftlichen Entscheidung veranlasst, bestehe

1575 In diesem Sinne *Köhler*/Bornkamm[33], § 6 Rn. 21, der dies bereits auf Tatbestandsebene des § 6 berücksichtigen will; *Ohly*/Sosnitza[6], § 6 Rn. 40.

1576 In diesem Sinne MüKo-UWG/*Menke*, § 6 Rn. 36; Götting/Nordemann/*Koehler*[2], § 6 Rn. 53. Dagegen spricht, dass Art. 5 Abs. 1 Unterabs. 1 Irreführungs-RL lediglich die Möglichkeit eines gerichtlichen Vorgehens gegen eine vergleichende Werbung festlegt, GK-UWG/*Glöckner*, § 6 Rn. 590; Harte/Henning/*Sack*, § 6 Rn. 241.

1577 GK-UWG/*Glöckner*, § 6 Rn. 593; Harte/Henning/*Glöckner*, Einl. B Rn. 162, 179.

1578 GK-UWG/*Glöckner*, § 6 Rn. 594; Harte/Henning/*Glöckner*, Einl. B Rn. 180; im Ergebnis ähnlich *Köhler*/Bornkamm[33], § 6 Rn. 23.

1579 GK-UWG/*Glöckner*, § 6 Rn. 597.

1580 GK-UWG/*Glöckner*, § 6 Rn. 598.

kein Schutzbedürfnis[1581]. Zudem ließe sich unter teleologischen Gesichtspunkten die Entscheidungsrelevanz als Ausdruck des Verhältnismäßigkeitsprinzips begründen[1582]. Letztlich komme es bei vergleichender Werbung darauf an, ob die Eignung bestehe, den Adressaten zu einer anderweitigen geschäftlichen Entscheidung zu veranlassen. Die Beeinträchtigung zur Fähigkeit, eine informierte Entscheidung zu treffen, sei bei Art. 4 Irreführungs-RL wie in den Art. 6–8 UGP-RL vom Richtliniengeber generell impliziert[1583].

Glöckners Argumentation ist jedenfalls im Hinblick auf die Tatbestandsvarianten vergleichender Werbung in § 6 Abs. 2 Nr. 1 und 2 zu folgen, die in erster Linie auf den geschäftlichen Entscheidungsschutz zugeschnitten sind[1584]. Hierfür spricht m. E. auch, dass der EuGH bei vergleichender Werbung nach der Irreführungs-RL von demselben Durchschnittsverbrauchermodell als Referenzmaßstab ausgeht,[1585] welches zugleich der UGP-RL gem. ErwGr 18 S. 2 zugrunde liegt. Insofern können die genannten Tatbestände der vergleichenden Werbung dem in der verbraucherbezogenen Generalklausel enthaltenen Erfolgselement zur Umsetzung des Art. 5 Abs. 2 lit. b zugeführt werden. Zwar wird – wie *Glöckner* unterstellt – in den meisten Fällen die Beeinträchtigung der Fähigkeit zur informierten Entscheidung gegeben sein, so dass nur noch die Eignung zur abweichenden Entscheidung Bedeutung erlangt. Generell kann dies jedoch nicht angenommen werden, v. a. in Bezug auf § 6 Abs. 2 Nr. 2. Die Berücksichtigung der Beeinträchtigung der Fähigkeit, eine informierte Entscheidung zu treffen, bringt letztlich unabhängig von ihrer prüfungstechnischen Notwendigkeit keine abweichenden materiellen Ergebnisse mit sich.

bb) Koordinierung im mitbewerberschutzbezogenen Regelungsmodul

Eine Ausweitung des Erfolgselements im Sinne des Art. 5 Abs. 2 lit. b auch auf die Tatbestände des § 6 Abs. 2 Nr. 3–6 ist m. E. hingegen nicht angezeigt. Diese sind sachgerecht aus der Interessenperspektive der Mitbewerber zu erklären, da sie in erster Linie Zurechnungsinteressen der Mitbewerber tangieren bzw. in marken-

1581 GK-UWG/*Glöckner*, § 6 Rn. 599.

1582 GK-UWG/*Glöckner*, § 6 Rn. 600, der dabei auf Art. 10 Abs. 2 EMRK rekurriert.

1583 GK-UWG/*Glöckner*, § 6 Rn. 601 f.

1584 In diese Richtung weist auch ErwGr 8 Irreführungs-RL, der die positiven Effekte vergleichender Werbung hinsichtlich der Verbraucher beschreibt, sofern diese „wesentliche, relevante, nachprüfbare und typische Eigenschaften vergleicht und nicht irreführend ist". Damit werden Art. 4 lit. a–c Irreführungs-RL in den speziell verbraucherschützenden Kontext gerückt.

1585 Bspw. EuGH GRUR 2011, 159 Tz. 47 – *Lidl/Vierzon*; GRUR 2007, 69 Tz. 78 – *Lidl Belgium/Colruyt*; GRUR 2003, 533 Tz. 55 – *Pippig Augenoptik/Hartlauer.*

rechtlichen Zusammenhängen stehen[1586]. Nach hiesigem Systematisierungsvorschlag sind sie dem Regelungsmodul des Mitbewerberschutzes zuzuordnen. Insoweit stellt sich die Frage nach der Anwendung des dortigen generellen Erfolgselements, welches eine spürbare Beeinträchtigung der legitimen wettbewerblichen Interessen der Mitbewerber verlangt.

Dabei ist zu berücksichtigen, dass die in den § 6 Abs. 2 Nr. 3–6 aufgelisteten Tatbestandsvarianten vergleichender Werbung ihrerseits in hohem Maße auslegungsbedürftig sind. Etwa die unlautere Rufausnutzung eines Kennzeichens oder die Herabsetzung eines Mitbewerbers sind nicht aus sich heraus zu erklären, sondern nehmen ihren Ausgangspunkt in dem Mitbewerberinteresse an möglichst ungestörter wettbewerblicher Entfaltungsfreiheit und werden wiederum begrenzt durch berechtigte Verbotsgegengründe, die bei vergleichender Werbung in richtlinienkonformer Anwendung insbesondere an das Bedürfnis transparenter Verbraucherinformation anknüpfen[1587]. Es geht mit anderen Worten darum, die Reichweite der schutzwürdigen Mitbewerberinteressen im Kontext vergleichender Werbung auszuloten, also danach zu fragen, welche wettbewerblichen Interessen der Mitbewerber noch als *legitim* anzusehen sind. Dies fügt sich in das hiesige Verständnis des normativen Zusammenhangs zwischen Verhaltens- und Erfolgselement einer unlauteren geschäftlichen Handlung ein, die bei der konkreten Sachverhaltsbeurteilung nicht voneinander zu trennen sind, sondern in der Bewertung ineinanderfließen[1588]. Demnach wären etwa Rufausnutzung oder Herabsetzung stets unter gleichzeitiger Berücksichtigung des Erfolgselements der spürbaren Beeinträchtigung legitimer wettbewerblicher Mitbewerberinteressen sachgerecht zu beurteilen[1589]. Die Verknüpfung der mitbewerberschutzbezogenen

---

1586 *Beater*, Unlauterer Wettbewerb, Rn. 1558 f. Ebenso fungieren in den § 4 Nr. 7–10, die sich bei vergleichender Werbung z.T. in den speziellen § 6 Abs. 2 Nr. 3–6 wiederfinden, Mitbewerberinteressen als maßgebliche Auslegungsdirektive. Sofern dabei auch der Schutz der Entscheidungsautonomie auf Abnehmerseite tangiert ist, können die einschlägigen Tatbestände daneben treten.

1587 Zu § 6 Abs. 2 Nr. 4: GK-UWG/*Glöckner*, § 6 Rn. 461, 478, 484; MüKo-UWG/*Menke*, § 6 Rn. 255 f., 276; *Köhler*/Bornkamm[33], § 6 Rn. 157; Fezer/*Koos*, § 6 Rn. 216, 218; Harte/Henning/*Sack*, § 6 Rn. 193 f., 204; *Ohly*/Sosnitza[6], § 6 Rn. 63; Götting/Nordemann/*Koehler*[2], § 6 Rn. 96; *Beater*, Unlauterer Wettbewerb, Rn. 1563. Zu § 6 Abs. 2 Nr. 5: GK-UWG/*Glöckner*, § 6 Rn. 518 f., MüKo-UWG/*Menke*, § 6 Rn. 279, 285; *Köhler*/Bornkamm[33], § 6 Rn. 170; Fezer/*Koos*, § 6 Rn. 243; Harte/Henning/*Sack*, § 6 Rn. 209, 214; *Ohly*/Sosnitza[6], § 6 Rn. 68; Götting/Nordemann/*Koehler*[2], § 6 Rn. 102; *Beater*, Unlauterer Wettbewerb, Rn. 1564, 2028.

1588 Dazu S. 122–126.

1589 In diese Richtung geht auch *Köhler*/Bornkamm[33], § 6 Rn. 21, der die Spürbarkeitsprüfung des § 3 Abs. 1 in der Sache auf die Tatbestandsebene des § 6 Abs. 2 verlagern will. Dies verstößt jedoch gegen die gesetzliche Regelungsstruktur des UWG. Dazu S. 240–242.

Tatbestandsvarianten der vergleichenden Werbung mit dem hier befürworteten Erfolgselement kann damit streng genommen nicht als materielle Einschränkung verstanden werden, sondern vielmehr als transparente Offenlegung des unter Berücksichtigung der Richtlinienzwecke zur vergleichenden Werbung gebotenen Auslegungsmaßstabs. Eine materielle Abweichung ist damit gerade nicht bewirkt.

Im Ergebnis sind die in erster Linie mitbewerberschutzbezogenen Tatbestandsvarianten der vergleichenden Werbung (§ 6 Abs. 2 Nr. 3–6) mit dem hier vorgeschlagenen Erfolgselement zu verbinden und in eine eigene Vorschrift innerhalb des mitbewerberschutzbezogenen Regelungsmoduls zu überführen.

4. Eigenständige Regelung des Rechtsbruchs

Schließlich soll besonderes Augenmerk auf den Rechtsbruchtatbestand gerichtet werden. Dieser war bislang als Regelbeispiel der Unlauterkeit in § 4 Nr. 11 normiert und findet sich nunmehr in § 3a UWG 2015. Für die Neufassung des Rechtsbruchs sind diverse Besonderheiten zu beachten.

Die verletzten gesetzlichen Vorschriften können, um lauterkeitsrechtlich Bedeutung zu erlangen, dem Schutz jeder der vom UWG umfassten Interessen dienen. Eine eindeutige Zuordnung des Rechtsbruchtatbestands in eines der Regelungsmodule, die jeweils auf einen spezifischen Schutzzweck des § 1 bezogen sind, kann daher nicht ohne Weiteres erfolgen. Stattdessen sollte der Rechtsbruch künftig – wie auch im UWG 2015 geschehen – als eigenständige Vorschrift in einem eigenen Abschnitt geregelt werden[1590]. Um gleichwohl die notwendige und den Rechtsbruch insgesamt beschränkende Verknüpfung der Marktverhaltensregel zu den Schutzzwecken des UWG zu gewährleisten, ist innerhalb des Rechtsbruchtatbestands ausdrücklich festzulegen, dass die in Frage stehende gesetzliche Vorschrift (auch) dazu bestimmt sein muss, das Marktverhalten im Sinne eines oder mehrerer der Schutzzwecke gemäß § 1 zu regeln. Von vornherein sind somit Vorschriften von der Anwendung des Rechtsbruchtatbestands ausgenommen, die zwar einen irgendwie gearteten Bezug zum Marktverhalten aufweisen, jedoch ihrer Schutzrichtung nach keine der spezifisch lauterkeitsrechtlich geschützten Interessen betreffen, welche die Marktteilnehmer in ihrer funktionalen Rolle im Wettbewerbsgeschehen verfolgen[1591].

1590 So auch *Fritzsche* WRP 2014, 1392, 1397; *Köhler* WRP 2014, 1410, 1416; *Sack* WRP 2014, 1418, 1421; *Münker* WRP 2014, 1434, 1438; *Ohly* WRP 2015, 1443, 1447 f.

1591 Ausdrücklich für diese Einschränkung auch *Ohly*/Sosnitza[6], § 4 Rn. 11/25: „*funktionsbezogenes* Verständnis des Verbraucherinteresses"; *ders.* FS Köhler, S. 507, 515 f.; *Beater*, Unlauter Wettbewerb, Rn. 2480; *Gärtner/Heil* WRP 2005, 20, 22; *Wuttke* WRP 2007, 119, 123, 125. – Zu weitgehend etwa BGH GRUR 2010, 754 Tz. 20–23 – *Golly Telly*; WRP 2011, 858 Tz. 34, 36 – *BIO*

Darüber hinaus stellt sich die Problematik der Abgrenzungserfordernisse im Kontext des Rechtsbruchs, die sich aus dem vollharmonisierenden, aber beschränkten Anwendungsbereich der UGP-RL ergeben und Einfluss auf das Erfolgselement des Rechtsbruchs in b2c-Konstellationen haben können. Sofern ein Verstoß gegen eine gesetzliche Vorschrift in den Anwendungsbereich der UGP-RL fällt und keine der Anwendungsbereichsausnahmen vorliegt, ist dieses Verhalten zwingendermaßen an deren Unlauterkeitsmaßstab zu messen[1592]. Anwendungstechnisch hat Art. 7 Abs. 5 dabei Vorrang vor Art. 5 Abs. 2. Diese Vorgaben muss auch das nationale Umsetzungsrecht erfüllen. Ein klarstellender Hinweis in der Vorschrift zum Rechtsbruch sollte dies verdeutlichen[1593].

Außerhalb des Anwendungsbereichs der UGP-RL ist der nationale Normgeber hingegen weitestgehend frei, Gesetzesverstöße auch lauterkeitsrechtlich zu sanktionieren. Jedenfalls für b2b-Konstellationen, sei es im Verhältnis zu Mitbewerbern oder zu sonstigen Marktteilnehmern, kann das Schutzniveau unter Berücksichtigung der mindestharmonisierenden Irreführungs-RL autonom auf nationaler Ebene festgelegt werden. Aber auch b2c-Konstellationen, die vom Anwendungsbereich der UGP-RL unberührt bleiben,[1594] können von unionsrechtlicher Warte aus nach abweichenden Maßstäben beurteilt werden. Im Hinblick auf das erforderliche Erfolgselement der unlauteren geschäftlichen Handlung bedeutet dies, dass im verbraucherschutzbezogenen autonomen nationalen Recht nicht zwingend auf das Merkmal der wesentlichen Beeinflussung des wirtschaftlichen Verhaltens des Verbrauchers im Sinne des Art. 2 lit. e abgestellt werden muss[1595]. Ungeachtet dessen ist aber nach hier vertretener Ansicht allein die Beeinträchtigung der Entscheidungsautonomie des Verbrauchers auch im Rahmen des Rechtsbruchtatbestands als Erfolgselement zugrunde zu legen[1596]. Anknüpfungspunkt stellt insoweit das Erfolgselement der Generalklausel des verbraucherschutzbezogenen Regelungsmoduls dar. Gleichermaßen sollte der Rechtsbruchtatbestand in Bezug auf den Schutz von Mitbewerbern oder sonstigen Marktteilnehmern auf die Erfolgselemente der jeweils einschlägigen Generalklauseln verweisen. Allein spezifisch wettbewerbliche Konkurrenteninteressen

---

TABAK; OLG Hamm GRUR-RR 2014, 395, 397 – *Soffittenlampe*; *Köhler*/Bornkamm[33], § 4 Nr. 11 Rn. 35d; *ders.* NJW 2016, 593, 595; *Niebel*/*Jauch* BB 2016, 259, 261.

1592 So auch Fezer/Büscher/Obergfell/*Fezer*, Einl. Rn. 326, der die Fallkonstellation des Rechtsbruchs im Anwendungsbereich der UGP-RL allein an § 3 Abs. 2 UWG 2015 messen will.

1593 Ähnlich *Glöckner* GRUR 2013, 568, 576; *Ohly* WRP 2015, 1443, 1448, fordert eine dementsprechende Klarstellung in der Gesetzesbegründung.

1594 Art. 3 Abs. 2–10. Dazu S. 80 – 89.

1595 Dahingehend offenbar *Alexander* WRP 2016, 411, 412, zu § 3a UWG 2015.

1596 So auch im Ergebnis *Ohly*/Sosnitza[6], § 4 Rn. 11/25; *ders.* FS Köhler, S. 507, 513 f., 517.

bzw. wirtschaftliche Interessen der sonstigen Marktteilnehmer in ihrer Funktion als Teilnehmer des Marktprozesses dürfen für die Unlauterkeit den Ausschlag geben. Die eigenständige Normierung des Rechtsbruchs auch zum Schutz der spezifischen lauterkeitsrechtlichen Verbraucherinteressen lässt sich für die Anwendungsfälle rechtfertigen, die nicht der UGP-RL unterliegen. Um den lauterkeitsrechtlichen Schutzcharakter mit den damit verbundenen Sanktionsmöglichkeiten zu wahren, ist aus Verbraucherschutzperspektive als Konsequenz des Gesetzesverstoßes eine spürbare Beeinträchtigung der Entscheidungsautonomie zu fordern. Ansonsten hat es bei den Rechtsfolgen zu verbleiben, welche die verletzte Gesetzesvorschrift selbst vorsieht[1597].

D. Zusammenfassung des 4. Kapitels und Novellierungsvorschlag

Die UGP-RL legt ihrem Anwendungsbereich den Schutz der Entscheidungsautonomie des Verbrauchers als Auslegungsdirektive zugrunde und berücksichtigt binnenmarktfunktionale Unternehmerinteressen an offenen Märkten lediglich als Verbotsgegengründe. Weder konkurrentenspezifische Interessen, noch institutionell wettbewerbliche Aspekte sind von ihr bezweckt, sondern allein faktisch-kausal bewirkt. Die UGP-RL bringt damit eine teleologische Spezifizierung und Ausdifferenzierung mit sich, die hier auch aus dogmatischen Gründen befürwortet wird. Diese ist im nationalen Lauterkeitsrecht des UWG zwingend zu verankern. Den Unlauterkeitstatbeständen innerhalb des Anwendungsbereichs der UGP-RL darf nur ihr spezifischer Schutzzweck als Auslegungsdirektive zugeordnet sein, um den inhaltlichen Vorgaben der UGP-RL tatsächlich zu entsprechen. Diese Verknüpfung zwischen Telos und Umsetzungsvorschriften gilt es in § 1 transparent darzustellen. Die einzelnen Schutzinteressen als spezifische Auslegungsmaßstäbe sind normstrukturell zu trennen und innersystematisch den mit ihnen zu verknüpfenden Unlauterkeitstatbeständen zuzuordnen. Diese schutzzweckspezifische Ausdifferenzierung bildet teleologisch die Kehrseite zur erforderlichen modularen Umsetzung der UGP-RL in systematischer Hinsicht. Das Allgemeininteresse am unverfälschten Wettbewerb kann mangels eigenständiger materieller Bedeutung und methodischer Sinnhaftigkeit entfallen. Allenfalls klarstellend ist

---

1597 Dazu m. E. zutreffend *Beater*, Unlauterer Wettbewerb, Rn. 2491, der die Einheitlichkeit der Wettbewerbsbedingungen als Beurteilungsmaßstab für den Rechtsbruch ablehnt. Einheitlichkeit sei nur ein Ergebnis, das sich auf unterschiedlichen Ebenen erreichen ließe.

nach Vorbild des ErwGr 8 S. 2 darauf abzustellen, dass die Vorschriften des UWG insgesamt faktisch einen unverfälschten Wettbewerb gewährleisten.

Die Abgrenzung des vollharmonisierten Anwendungsbereichs der UGP-RL ist nach hiesiger Ansicht präzise in § 2 Abs. 1 Nr. 1 zu bewerkstelligen. Für Verhaltensweisen im b2c-Verhältnis ist dort der Inhalt des Richtlinienbegriffs der Geschäftspraktik direkt umzusetzen und kann strukturell auch auf das b2b-Vertikalverhältnis erweitert werden. Für geschäftliche Handlungen in den übrigen Konstellationen in Bezug auf sonstige Marktteilnehmer und im Konkurrentenverhältnis bleibt es bei der bislang geltenden Definition der geschäftlichen Handlung. Diese Abgrenzung kann durch zwei verschiedene Begrifflichkeiten oder – wie hier vorgesehen – durch eine unterschiedliche inhaltliche Definierung des Begriffs der geschäftlichen Handlung für das jeweilige Interessenverhältnis erfolgen. Entscheidend ist allein, dass die Anwendungsbereichsbestimmung für das b2c-Verhältnis transparent und bestimmt den einschlägigen Richtlinienvorgaben folgt.

Um das zwingend umzusetzende innere Wertungssystem der UGP-RL im UWG zu implementieren, bedarf es einer modularen Umsetzung der UGP-RL. Ihre Unlauterkeitstatbestände und die zwischen ihnen bestehenden normativen Verknüpfungen werden als autarkes Regelungsmodul im UWG anerkannt und als eigenständiger Gesetzesabschnitt dem in § 1 spezifisch umgesetzten Telos der UGP-RL unterstellt. Neben der damit einhergehenden inhaltlichen eins-zu-eins-Umsetzung der UGP-RL hat diese Systematisierung den positiven Nebeneffekt, im Sinne eines ausdifferenzierten Schutzzweckdenkens eigene Regelungsmodule für das Konkurrenzverhältnis und das Verhältnis zu sonstigen Marktteilnehmern zu etablieren. Diese werden mit ihrem jeweils korrespondierenden Zweck in § 1 verknüpft und erhalten spezifische Generalklauseln, ergänzt durch in dem jeweiligen Interessenverhältnis anzusiedelnde Konkretisierungstatbestände. Als Folge der zweckspezifischen modularen Systematisierung wird die Vorschrift zur vergleichenden Werbung nach § 6 aufgespalten und die einzelnen Tatbestandsvarianten dem jeweils einschlägigen Interessenverhältnis zugeordnet. Der bislang in § 4 Nr. 11 geregelte Rechtsbruchtatbestand wird – ähnlich § 3a UWG 2015 – in einen gesonderten Abschnitt verlagert und hat sich ausdrücklich auf den Schutz wettbewerbsfunktionaler Interessen der Marktteilnehmer zu beschränken. Dies erfolgt durch die Verknüpfung des Rechtsbruchtatbestands mit den Erfolgselementen der einzelnen Generalklauseln der Regelungsmodule. Innerhalb des Tatbestands ist auf die vorrangigen Wertungen der Umsetzungsvorschriften zu Art. 7 Abs. 5 und Art. 5 Abs. 2 hinzuweisen.

Zur Veranschaulichung dieser Vorgaben dient der im Folgenden abgebildete Novellierungsvorschlag. Innerhalb des Vorschlags werden Neuformulierungen kursiv hervorgehoben. Auch wird auf eine direkte oder sinngemäße Übernahme von bestehenden Formulierungen der UGP-RL oder dem UWG 2015 hingewiesen. Die geltenden Rechtsfolgenregelungen der §§ 8 ff. bleiben von dem Vorschlag unangetastet. Ebenfalls soll die Vorschrift zum reinen Belästigungsschutz nach § 7 zunächst erhalten bleiben, wobei dessen Fortbestand im UWG angesichts der Fokussierung auf die wettbewerbsfunktionalen Interessen der Marktteilnehmer zu überdenken wäre[1598]. Jedenfalls ist die entscheidungsschutzbezogene Nr. 26 des Anhangs zu § 3 Abs. 3, die bislang teleologisch fehlerhaft in § 7 Abs. 2 S. 1 umgesetzt ist, aus dem Belästigungstatbestand zu entfernen und entsprechend der UGP-RL innerhalb der Black List zu regeln. Der hiesige Novellierungsvorschlag versteht sich als Anregung und Beitrag zur Diskussion um eine dritte, in diesem Fall umfassende und grundlegende Reform des UWG, der sich der Gesetzgeber angesichts der erneut unzureichenden Umsetzung der zwingend zu beachtenden dogmatischen Vorgaben der UGP-RL nicht wird entziehen können.

1598 Auf eine mögliche Regelung des § 7 im Datenschutz- oder Telekommunikationsrecht hinweisend *Ohly* WRP 2015, 1443, 1446.

Novellierungsvorschlag für ein neusystematisiertes UWG unter teleologisch ausdifferenzierter, modularer Umsetzung der UGP-RL:

1. Abschnitt: Allgemeine Vorschriften

§ 1 Schutzzwecke des Gesetzes

(1) [1]Die Vorschriften des 2. Abschnitts schützen unmittelbar die wirtschaftlichen Interessen der Verbraucher vor unlauteren geschäftlichen Handlungen. [2]Sie schützen somit auch mittelbar rechtmäßig handelnde Unternehmer vor Mitbewerbern, die sich nicht an diese Vorschriften halten.

(2) Die Vorschriften des 3. Abschnitts schützen unmittelbar die wirtschaftlichen Interessen sonstiger Marktteilnehmer vor unlauteren geschäftlichen Handlungen.

(3) [1]Die Vorschriften des 4. Abschnitts schützen unmittelbar die wettbewerblichen Interessen von Mitbewerbern vor unlauteren geschäftlichen Handlungen. [2]Sie schützen somit auch mittelbar die wirtschaftlichen Interessen der Verbraucher und sonstigen Marktteilnehmer.

(4) Die Vorschriften dieses Gesetzes gewährleisten einen unverfälschten Wettbewerb.

§ 2 Definitionen

Im Sinne dieses Gesetzes bedeutet

1. „geschäftliche Handlung“

a) im Verhältnis zu Verbrauchern oder sonstigen Marktteilnehmern als Abnehmer von Waren oder Dienstleistungen jedes Verhalten eines Unternehmers vor, bei oder nach einem Geschäftsabschluss, das mit der Absatzförderung, dem Abschluss oder der Durchführung eines Vertrags über Waren oder Dienstleistungen unmittelbar zusammenhängt;

b) in sonstigen Verhältnissen jedes Verhalten einer Person zugunsten des eigenen oder eines fremden Unternehmens vor, bei oder nach einem Geschäftsabschluss, das mit der Förderung des Absatzes oder des Bezugs von Waren oder Dienstleistungen oder mit dem Abschluss oder der Durchführung eines Vertrags über Waren oder Dienstleistungen objektiv zusammenhängt; als Waren gelten auch Grundstücke, als Dienstleistungen auch Rechte und Verpflichtungen;

2. „Marktteilnehmer" neben Mitbewerbern und Verbrauchern alle Personen, die als Anbieter oder Nachfrager von Waren oder Dienstleistungen tätig sind;

3. „Mitbewerber" jeder Unternehmer, der mit einem oder mehreren Unternehmern als Anbieter oder Nachfrager von Waren oder Dienstleistungen in einem konkreten Wettbewerbsverhältnis steht [siehe § 2 Abs. 1 Nr. 2 und 3];

4. „Verbraucher" jede natürliche Person, die im Geschäftsverkehr im Sinne dieses Gesetzes zu Zwecken handelt, die nicht ihrer gewerblichen, handwerklichen oder beruflichen Tätigkeit zugerechnet werden können [siehe Art. 2 lit. a];

5. „Nachricht" jede Information, die zwischen einer endlichen Zahl von Beteiligten über einen öffentlich zugänglichen elektronischen Kommunikationsdienst ausgetauscht oder weitergeleitet wird; dies schließt nicht Informationen ein, die als Teil eines Rundfunkdienstes über ein elektronisches Kommunikationsnetz an die Öffentlichkeit weitergeleitet werden, soweit die Informationen nicht mit dem identifizierbaren Teilnehmer oder Nutzer, der sie erhält, in Verbindung gebracht werden können;

6. „Verhaltenskodex" Vereinbarungen oder Vorschriften über das Verhalten von Unternehmern, zu welchem diese sich in Bezug auf Wirtschaftszweige oder einzelne geschäftliche Handlungen verpflichtet haben, ohne dass sich solche Verpflichtungen aus Gesetzes- oder Verwaltungsvorschriften ergeben;

7. „Unternehmer" jede natürliche oder juristische Person, die geschäftliche Handlungen im Rahmen ihrer gewerblichen, handwerklichen oder beruflichen Tätigkeit vornimmt, und jede Person, die im Namen oder Auftrag einer solchen Person handelt;

8. „unternehmerische Sorgfalt" der Standard an Kompetenzen und Rücksichtnahme, bei denen vernünftigerweise davon ausgegangen werden kann, dass der Unternehmer sie gegenüber dem Verbraucher gemäß den anständigen Marktgepflogenheiten und/oder dem Grundsatz von Treu und Glauben in seinem Tätigkeitsbereich anwendet;

9. „wesentliche Beeinflussung des wirtschaftlichen Verhaltens des Verbrauchers" die Anwendung einer geschäftlichen Handlung, um die Fähigkeit des Verbrauchers, eine informierte Entscheidung zu treffen, spürbar zu beeinträchtigen und damit den Verbraucher zu einer geschäftlichen Entscheidung zu veranlassen, die er andernfalls nicht getroffen hätte;

10. „geschäftliche Entscheidung" jede Entscheidung darüber, ob, wie und unter welchen Bedingungen ein Kauf getätigt, eine Zahlung insgesamt oder teilweise geleistet, ein Produkt behalten oder abgeben oder ein vertragliches Recht im Zusammenhang mit dem Produkt ausgeübt wird, unabhängig davon, ob der Verbraucher oder sonstige Marktteilnehmer beschließt, tätig zu werden oder ein Tätigwerden zu unterlassen [siehe § 2 Abs. 1 Nr. 4–9];

11. „Aufforderung zum Kauf" jede kommerzielle Kommunikation, die die Merkmale der Ware oder Dienstleistung und den Preis in einer Weise angibt, die den Mitteln der verwendeten kommerziellen Kommunikation angemessen ist und den Verbraucher dadurch in die Lage versetzt, einen Kauf zu tätigen [siehe Art. 2 lit. i];

12. „vergleichende Werbung" jede Werbung, die unmittelbar oder mittelbar einen Mitbewerber oder die von einem Mitbewerber angebotenen Waren oder Dienstleistungen erkennbar macht [siehe § 6 Abs. 1].

§ 3 Verbot unlauterer geschäftlicher Handlungen
Unlautere geschäftliche Handlungen sind verboten.

2. Abschnitt: Verbraucherschutzbezogene Vorschriften
§ 4 Unlauterkeit aus Sicht der Verbraucher
(1) Eine geschäftliche Handlung ist aus Sicht des Verbrauchers unlauter, wenn sie gegen die Erfordernisse der unternehmerischen Sorgfalt verstößt und das wirtschaftliche Verhalten des Verbrauchers wesentlich beeinflusst oder dazu geeignet ist, es wesentlich zu beeinflussen.

(2) [1]Geschäftliche Handlungen sind aus der Sicht der Verbraucher, an die sie sich richten oder die sie erreichen, zu beurteilen. [2]Dabei ist auf den durchschnittlichen Verbraucher oder, wenn sich die geschäftliche Handlung an eine bestimmte Gruppe von Verbrauchern wendet, auf ein durchschnittliches Mitglied dieser Gruppe abzustellen. [3]Geschäftliche Handlungen, die voraussichtlich in einer für den Unternehmer vernünftigerweise vorhersehbaren Art und Weise das wirtschaftliche Verhalten nur einer eindeutig identifizierbaren Gruppe von Verbrauchern wesentlich beeinflussen, die aufgrund von geistigen oder körperlichen Gebrechen, Alter oder Leichtgläubigkeit im Hinblick auf diese Praktiken oder die ihnen zugrunde liegenden Produkte besonders schutzbedürftig sind, werden aus der Perspektive eines durchschnittlichen Mitglieds dieser Gruppe beurteilt. [4]Die übliche und rechtmäßige Werbepraxis, übertriebene Behauptungen oder nicht

wörtlich zu nehmende Behauptungen aufzustellen, bleibt davon unberührt [siehe Art. 5 Abs. 3].

(3) Unlautere geschäftliche Handlungen im Sinne des Absatzes 1 sind insbesondere solche nach §§ 5–8.

(4) Die im Anhang dieses Gesetzes aufgeführten geschäftlichen Handlungen gegenüber Verbrauchern sind stets unlauter.

§ 5 Irreführende geschäftliche Handlungen

(1) [1]Unlauter handelt, wer eine irreführende geschäftliche Handlung vornimmt. [2]Eine geschäftliche Handlung gilt als irreführend, wenn sie falsche Angaben enthält und somit unwahr ist oder wenn sie in irgendeiner Weise, einschließlich sämtlicher Umstände ihrer Präsentation, selbst mit sachlich richtigen Angaben den Durchschnittsverbraucher in Bezug auf einen oder mehrere der nachstehend aufgeführten Punkte täuscht oder ihn zu täuschen geeignet ist und ihn in jedem Fall tatsächlich oder voraussichtlich zu einer geschäftlichen Entscheidung veranlasst, die er ansonsten nicht getroffen hätte:

1. das Vorhandensein oder die Art des Produkts;

2. die wesentlichen Merkmale des Produkts wie Verfügbarkeit, Vorteile, Risiken, Ausführung, Zusammensetzung, Zubehör, Kundendienst und Beschwerdeverfahren, Verfahren und Zeitpunkt der Herstellung oder Erbringung, Lieferung, Zwecktauglichkeit, Verwendung, Menge, Beschaffenheit, geografische oder kommerzielle Herkunft oder die von der Verwendung zu erwartenden Ergebnisse oder die Ergebnisse und wesentlichen Merkmale von Tests oder Untersuchungen, denen das Produkt unterzogen wurde;

3. den Umfang der Verpflichtungen des Gewerbetreibenden, die Beweggründe für die geschäftliche Handlung und die Art des Vertriebsverfahrens, die Aussagen oder Symbole jeder Art, die im Zusammenhang mit direktem oder indirektem Sponsoring stehen oder sich auf eine Zulassung des Gewerbetreibenden oder des Produkts beziehen;

4. der Preis, die Art der Preisberechnung oder das Vorhandensein eines besonderer Preisvorteils;

5. die Notwendigkeit einer Leistung, eines Ersatzteils, eines Austauschs oder einer Reparatur;

6. die Person, die Eigenschaften oder die Rechte des Gewerbetreibenden oder seines Vertreters, wie Identität und Vermögen, seine Befähigungen, seinen Status, seine Zulassung, Mitgliedschaften oder Beziehungen sowie gewerbliche oder kommerzielle Eigentumsrechte oder Rechte an geistigem Eigentum oder seine Auszeichnungen und Ehrungen;

7. Rechte des Verbrauchers, insbesondere solche auf Grund von Garantieversprechen oder

Gewährleistungsrechte bei Leistungsstörungen.

(2) Eine geschäftliche Handlung gilt ferner als irreführend, wenn sie im konkreten Fall unter Berücksichtigung aller tatsächlichen Umstände einen Durchschnittsverbraucher zu einer geschäftlichen Entscheidung veranlasst oder zu veranlassen geeignet ist, die er ansonsten nicht getroffen hätte, und Folgendes beinhaltet:

1. jegliche Art der Vermarktung eines Produkts, einschließlich vergleichender Werbung, die eine Verwechslungsgefahr mit einem anderen Produkt, Warenzeichen, Warennamen oder anderen Kennzeichen eines Mitbewerbers begründet;

2. die Nichteinhaltung von Verpflichtungen, die der Unternehmer im Rahmen von Verhaltenskodizes, auf die er sich verpflichtet hat, eingegangen ist, sofern

a) es sich nicht um eine Absichtserklärung, sondern um eine eindeutige Verpflichtung handelt, deren Einhaltung nachprüfbar ist,

und

b) der Gewerbetreibende im Rahmen einer Geschäftspraxis darauf hinweist, dass er durch den Kodex gebunden ist [siehe Art. 6].

§ 6 Vorenthalten von Informationen

(1) Eine geschäftliche Handlung ist unlauter, wenn sie im konkreten Fall unter Berücksichtigung aller tatsächlichen Umstände und der Beschränkungen des Kommunikationsmediums wesentliche Informationen vorenthält, die der durchschnittliche Verbraucher je nach den Umständen benötigt, um eine informierte

geschäftliche Entscheidung zu treffen, und die somit einen Durchschnittsverbraucher zu einer geschäftlichen Entscheidung veranlasst oder zu veranlassen geeignet ist, die er sonst nicht getroffen hätte.

(2) Als Vorenthalten von wesentlichen Informationen im Sinne des Absatzes 1 gilt es auch, wenn ein Gewerbetreibender wesentliche Informationen gemäß Absatz 1 unter Berücksichtigung der darin beschriebenen Einzelheiten verheimlicht oder auf unklare, unverständliche, zweideutige Weise oder nicht rechtzeitig bereitstellt oder wenn er den kommerziellen Zweck der Geschäftspraxis nicht kenntlich macht, sofern er sich nicht unmittelbar aus den Umständen ergibt, und dies jeweils einen Durchschnittsverbraucher zu einer geschäftlichen Entscheidung veranlasst oder zu veranlassen geeignet ist, die er ansonsten nicht getroffen hätte.

(3) Werden durch das für die geschäftliche Handlung verwendete Kommunikationsmedium räumliche oder zeitliche Beschränkungen auferlegt, so werden diese Beschränkungen und alle Maßnahmen, die der Gewerbetreibende getroffen hat, um den Verbrauchern die Informationen anderweitig zur Verfügung zu stellen, bei der Entscheidung darüber, ob Informationen vorenthalten wurden, berücksichtigt.

(4) Im Falle der Aufforderung zum Kauf gelten folgende Informationen als wesentlich, sofern sie sich nicht unmittelbar aus den Umständen ergeben:

1. die wesentlichen Merkmale des Produkts in dem für das Medium und das Produkt angemessenen Umfang;

2. Anschrift und Identität des Gewerbetreibenden, wie sein Handelsname und gegebenenfalls Anschrift und Identität des Gewerbetreibenden, für den er handelt;

3. der Preis einschließlich aller Steuern und Abgaben oder in den Fällen, in denen der Preis aufgrund der Beschaffenheit des Produkts vernünftigerweise nicht im Voraus berechnet werden kann, die Art der Preisberechnung sowie gegebenenfalls alle zusätzlichen Fracht-, Liefer- oder Zustellkosten oder in den Fällen, in denen diese Kosten vernünftigerweise nicht im Voraus berechnet werden können, die Tatsache, dass solche zusätzliche Kosten anfallen können;

4. die Zahlungs-, Liefer- und Leistungsbedingungen sowie das Verfahren zum Umgang mit Beschwerden, falls sie von den Erfordernissen der unternehmerischen Sorgfalt abweichen;

5. für Produkte und Rechtsgeschäfte, die ein Rücktritts- oder Widerrufsrecht beinhalten, das Bestehen eines solchen Rechts.

(5) Als wesentlich im Sinne des Absatzes 1 gelten auch Informationen, die dem Verbraucher auf Grund unionsrechtlicher Verordnungen oder nach Rechtsvorschriften zur Umsetzung unionsrechtlicher Richtlinien für kommerzielle Kommunikation einschließlich Werbung und Marketing nicht vorenthalten werden dürfen [siehe Art. 7].

§ 7 Aggressive geschäftliche Handlungen

(1) [1]Unlauter handelt, wer eine aggressive geschäftliche Handlung vornimmt. [2]Eine geschäftliche Handlung gilt als aggressiv, wenn sie im konkreten Fall unter Berücksichtigung aller tatsächlichen Umstände die Entscheidungs- oder Verhaltensfreiheit des Durchschnittsverbrauchers in Bezug auf das Produkt durch Belästigung, Nötigung, einschließlich der Anwendung körperlicher Gewalt, oder durch unzulässige Beeinflussung tatsächlich oder voraussichtlich erheblich beeinträchtigt und dieser dadurch tatsächlich oder voraussichtlich dazu veranlasst wird, eine geschäftliche Entscheidung zu treffen, die er andernfalls nicht getroffen hätte [siehe Art. 8].

(2) Bei der Feststellung, ob im Rahmen einer geschäftlichen Handlung die Mittel der Belästigung, der Nötigung, einschließlich der Anwendung körperlicher Gewalt, oder der unzulässigen Beeinflussung eingesetzt werden, ist abzustellen auf:

1. Zeitpunkt, Ort, Art oder Dauer des Einsatzes;

2. die Verwendung drohender oder beleidigender Formulierungen oder Verhaltensweisen;

3. die Ausnutzung durch den Unternehmer von konkreten Unglückssituationen oder Umständen von solcher Schwere, dass sie das Urteilsvermögen des Verbrauchers beeinträchtigen, worüber sich der Unternehmer bewusst ist, um die Entscheidung des Verbrauchers in Bezug auf das Produkt zu beeinflussen;

5. belastende oder unverhältnismäßige Hindernisse nichtvertraglicher Art, mit denen der Gewerbetreibende den Verbraucher an der Ausübung seiner vertraglichen Rechte zu hindern versucht, wozu auch das Recht gehört, den Vertrag zu kündigen oder zu einem anderen Produkt oder einem anderen Unternehmer zu wechseln;

6. Drohungen mit rechtlich unzulässigen Handlungen [siehe Art. 9].

§ 8 Vergleichende Werbung
Unlauter handelt aus Sicht des Verbrauchers, wer vergleichend wirbt, wenn der Vergleich

1. gegen die Bestimmungen der §§ 5 und 6 verstößt;

2. sich nicht auf Waren oder Dienstleistungen für den gleichen Bedarf oder dieselbe Zweckbestimmung bezieht oder

3. nicht objektiv auf eine oder mehrere wesentliche, relevante, nachprüfbare und typische Eigenschaften oder den Preis dieser Waren oder Dienstleistungen bezogen ist [siehe § 6 Abs. 2 Nr. 1 und 2]

und im Falle der Nummern 2. und 3. geeignet ist, das wirtschaftliche Verhalten des Verbrauchers wesentlich zu beeinflussen.

3. Abschnitt Auf den Schutz sonstiger Marktteilnehmer bezogene Vorschriften
§ 9 Unlauterkeit aus Sicht sonstiger Marktteilnehmer
(1) Eine geschäftliche Handlung ist aus Sicht des sonstigen Marktteilnehmers unlauter, wenn sie gegen den Standard an Kompetenzen und Rücksichtnahme verstößt, deren Anwendung gegenüber dem sonstigen Marktteilnehmer nach Treu und Glauben vernünftigerweise erwartet werden kann und dadurch geeignet ist, die wirtschaftlichen Interessen des sonstigen Marktteilnehmers spürbar zu beeinträchtigen.

(2) Geschäftliche Handlungen sind aus der Sicht der sonstigen Marktteilnehmer, an die sie sich richten oder die sie erreichen, zu beurteilen.

§ 10 Irreführende geschäftliche Handlungen
[1]Unlauter handelt, wer eine irreführende geschäftliche Handlung vornimmt. [2]Eine geschäftliche Handlung gilt als irreführend, wenn sie falsche Angaben enthält und somit unwahr ist oder wenn sie in irgendeiner Weise, einschließlich sämtlicher Umstände ihrer Präsentation, selbst mit sachlich richtigen Angaben den sonstigen Marktteilnehmer täuscht oder ihn zu täuschen geeignet ist und ihn in jedem Fall tatsächlich oder voraussichtlich zu einer geschäftlichen Entscheidung veranlasst,

die er ansonsten nicht getroffen hätte [siehe Art. 6 Abs. 1]. [3]*§ 5 Abs. 1 Satz 2 Nr. 1–6 gilt entsprechend mit der Maßgabe, dass auf den durchschnittlichen sonstigen Marktteilnehmer abzustellen ist.*

§ 11 Vorenthalten von Informationen

[1]Eine geschäftliche Handlung ist unlauter, wenn sie im konkreten Fall unter Berücksichtigung aller tatsächlichen Umstände und der Beschränkungen des Kommunikationsmediums wesentliche Informationen vorenthält, die der sonstige Marktteilnehmer je nach den Umständen benötigt, um eine informierte geschäftliche Entscheidung zu treffen, und die ihn somit zu einer geschäftlichen Entscheidung veranlasst oder zu veranlassen geeignet ist, die er sonst nicht getroffen hätte [siehe Art. 7 Abs. 1]. [2]*Bei zeitlichen und räumlichen Beschränkungen des Kommunikationsmediums sind auch alle Maßnahmen des Unternehmers, die Informationen anderweitig zur Verfügung zu stellen, zu berücksichtigen.* [3]*Als Vorenthalten einer wesentlichen Information im Sinne des Satzes 1 gilt es auch, wenn der Unternehmer wesentliche Informationen verheimlicht oder auf unklare, unverständliche oder zweideutige Weise oder nicht rechtzeitig bereitstellt oder wenn er den geschäftlichen Zweck der geschäftlichen Handlung nicht kenntlich macht, sofern er sich nicht unmittelbar aus den Umständen ergibt.*

§ 12 Aggressive geschäftliche Handlungen

[1]*Unlauter handelt, wer die Entscheidungs- oder Verhaltensfreiheit des sonstigen Marktteilnehmers tatsächlich oder voraussichtlich unangemessen beeinträchtigt und dieser dadurch tatsächlich oder voraussichtlich zu einer geschäftlichen Entscheidung veranlasst wird, die er andernfalls nicht getroffen hätte.* [2]*Die Wertungen der §§ 19 und 20 GWB sind zu berücksichtigen.*

§ 13 Vergleichende Werbung aus Sicht der sonstigen Marktteilnehmer

§ 8 ist entsprechend anwendbar mit der Maßgabe, dass auf die Sichtweise des angesprochenen durchschnittlichen sonstigen Marktteilnehmers abzustellen ist. Im Rahmen des § 8 Nr. 1 ist allein § 10 anwendbar.

4. Abschnitt: Mitbewerberschutzbezogene Vorschriften

§ 14 Unlauterkeit aus Sicht des Mitbewerbers

(1) Eine geschäftliche Handlung ist aus Sicht des Mitbewerbers unlauter, wenn sie gegen den Standard an Kompetenzen und Rücksichtnahme verstößt, deren An-

wendung gegenüber dem Mitbewerber nach Treu und Glauben vernünftigerweise erwartet werden kann und dadurch geeignet ist, die legitimen wettbewerblichen Interessen des Mitbewerbers spürbar zu beeinträchtigen.

(2) Unlauter im Sinne des Absatzes 1 handelt insbesondere, wer

1. die Kennzeichen, Waren, Dienstleistungen, Tätigkeiten oder persönlichen oder geschäftlichen Verhältnisse eines Mitbewerbers herabsetzt oder verunglimpft,

2. über die Waren, Dienstleistungen oder das Unternehmen eines Mitbewerbers oder über den Unternehmer oder ein Mitglied der Unternehmensleitung Tatsachen behauptet oder verbreitet, die geeignet sind, den Betrieb des Unternehmens oder den Kredit des Unternehmers zu schädigen, sofern die Tatsachen nicht erweislich wahr sind; handelt es sich um vertrauliche Mitteilungen und hat der Mitteilende oder der Empfänger der Mitteilung an ihr ein berechtigtes Interesse, so ist die Handlung nur dann unlauter, wenn die Tatsachen der Wahrheit zuwider behauptet oder verbreitet wurden,

3. Waren oder Dienstleistungen anbietet, die eine Nachahmung der Waren oder Dienstleistungen eines Mitbewerbers sind, wenn er

a) eine vermeidbare Täuschung der Abnehmer über die betriebliche Herkunft herbeiführt,

b) die Wertschätzung der nachgeahmten Ware oder Dienstleistung unangemessen ausnutzt oder beeinträchtigt oder

c) die für die Nachahmung erforderlichen Kenntnisse oder Unterlagen unredlich erlangt hat, oder

4. Mitbewerber gezielt behindert [siehe § 4 Nr. 1–4]

und dadurch die legitimen wettbewerblichen Interessen des Mitbewerbers spürbar beeinträchtigt.

§ 15 Vergleichende Werbung aus Sicht der Mitbewerber
Unlauter handelt aus Sicht des Mitbewerbers, wer vergleichend wirbt, wenn der Vergleich

1. im geschäftlichen Verkehr mit sonstigen Marktteilnehmern zu einer Gefahr von Verwechslungen zwischen dem Werbenden und einem Mitbewerber oder zwischen den von diesen angebotenen Waren oder Dienstleistungen oder den von ihnen verwendeten Kennzeichen führt,

2. den Ruf des von einem Mitbewerber verwendeten Kennzeichens in unlauterer Weise ausnutzt oder beeinträchtigt,

3. die Waren, Dienstleistungen, Tätigkeiten oder persönlichen oder geschäftlichen Verhältnisse eines Mitbewerbers herabsetzt oder verunglimpft oder

4. eine Ware oder Dienstleistung als Imitation oder Nachahmung einer unter einem geschützten Kennzeichen vertriebenen Ware oder Dienstleistung darstellt [siehe § 6 Abs. 2 Nr. 3–6]

und dadurch geeignet ist, die legitimen wettbewerblichen Interessen des Mitbewerbers spürbar zu beeinträchtigen.

5. Abschnitt: Rechtsbruch

§ 16 Rechtsbruch

[1]*Unlauter handelt, wer einer gesetzlichen Vorschrift zuwider handelt, die auch dazu bestimmt ist, im Sinne eines oder mehrerer Schutzzwecke des § 1 das Marktverhalten zu regeln, und dadurch geeignet ist, die jeweils geschützten Interessen im Sinne der § 4 Absatz 1 2. Halbsatz, § 9 Absatz 1 2. Halbsatz oder § 14 Absatz 1 2. Halbsatz zu beeinträchtigen.* [2]*Von Satz 1 ausgenommen sind Verstöße gegen gesetzliche Vorschriften, die dem Anwendungsbereich der § 6 Absatz 5 oder § 4 Absatz 1 unterfallen.*

6. Abschnitt: Belästigungsschutz

7. Abschnitt: Rechtsfolgen

Schlussbetrachtung

Auch nach über 10 Jahren seit Inkrafttreten der UGP-RL ist eine vollständige und transparente Angleichung des UWG an die inhaltlichen Vorgaben der UGP-RL noch immer nicht vollzogen. Die jüngste UWG-Änderung 2015 übernimmt zwar in größerem Umfang als bislang die Tatbestandsformulierungen der UGP-RL, bleibt jedoch in ihrer dogmatischen Struktur weiterhin dem UWG 2004 verhaftet. Die voreilige UWG-Novelle 2004 hat sich im Nachhinein als gravierende gesetzgeberische Fehlentscheidung erwiesen, die eine unvoreingenommene Angleichung des UWG an die zwingenden unionsrechtlichen Vorgaben bis in die Gegenwart blockiert. Es ist an der Zeit, sich vom Konzept des UWG 2004 zu lösen und das UWG im rechtspolitischen und dogmatischen Geiste des Unionsrechts zu reformieren.

Die UGP-RL erfordert weitaus tiefergehende Eingriffe in das deutsche Lauterkeitsrecht als zunächst von den meisten Stimmen angenommen. Ihr teleologischer und materiell-rechtlicher Regelungsansatz spezifisch im b2c-Verhältnis und die damit verbundene Fokussierung der Irreführungs-RL auf das b2b-Verhältnis stehen der einheitlich gedachten materiell-integrativen Unlauterkeitsdogmatik des geltenden UWG entgegen. Das Unionsrecht gebietet eine teleologische und materielle Ausdifferenzierung des Lauterkeitsrechts, die in den jeweiligen Interessenverhältnissen spezifische Auslegungsdirektiven und Normen unterscheidet. Vor dem Hintergrund der vorliegenden Untersuchungsergebnisse ist die von *Fezer* postulierte These eines rechtsinhaltlich dualistischen Lauterkeitsrechts im Wesentlichen zu bestätigen, jedoch sollte die damit verbundene materielle Auftrennung des Lauterkeitsrechts nicht an der Unterscheidung zwischen b2c- und b2b-Verhältnis stehen bleiben, sondern darüber hinaus den Schutz sonstiger Marktteilnehmer als eigenständige Schutzzweckkategorie neben dem Verbraucher- und Konkurrentenschutz anerkennen. Von der unionsrechtlichen Gebotenheit abgesehen, findet dieser Ansatz seine dogmatische Begründung in dem von *Beater* geforderten stringenten Denken in lauterkeitsrechtlichen Schutzzwecken.

Angesichts der Notwendigkeit einer vollständigen Angleichung an die vollharmonisierenden Regelungen des Unionsrechts bedarf es nicht einer integrierten, sondern einer modularen Umsetzung der UGP-RL in das UWG. Die Dogmatik der UGP-RL in Form ihrer teleologischen und systematischen Vorgaben ist in sich geschlossen im UWG zu implementieren. Daneben sind weitere, voneinander unabhängige Regelungsmodule zum Schutz der Mitbewerber und der sonstigen Marktteilnehmer zu schaffen. Das UWG gewinnt damit zwar an Umfang und Komplexität, ermöglicht aber künftig eine transparente Zuordnung des vollharmonisierten und des nichtvollharmonisierten Lauterkeitsrechts. Jedenfalls wird

DOI 10.1515/9783110524369-006

sich der Gesetzgeber einer erneuten UWG-Änderung zwecks vollständiger Umsetzung der dogmatischen Vorgaben der UGP-RL nicht entziehen können. Diesbezüglich seien die wesentlichen Ergebnisse der vorliegenden Untersuchung im Folgenden thesenartig zusammengefasst. Mögen sie gemeinsam mit dem hiesigen Gesetzesvorschlag als Anregung und Diskussionsmaterial für eine grundlegende und richtlinienkonforme Novellierung des UWG dienen.

1. Die vollharmonisierende UGP-RL statuiert über ihre Teleologie und Regelungssystematik in ihrem Anwendungsbereich eine komplexe und unionsrechtlich autonome Unlauterkeitsdogmatik. Die dogmatischen Grundlagen beeinflussen unmittelbar die Anwendung ihrer Unlauterkeitstatbestände.

2. Die UGP-RL bezweckt den Schutz der wirtschaftlichen Entscheidungsautonomie des Verbrauchers. Binnenmarktfunktionale Verbraucher- und Unternehmerinteressen können über die binnenmarktintegrative Zwecksetzung der UGP-RL methodisch als Verbotsgegengründe berücksichtigt werden.

3. Die UGP-RL dient nicht dem Schutz von Konkurrenteninteressen und des unverfälschten Wettbewerbs als Institution. Der Konkurrentenschutz sowie der Schutz des unverfälschten Wettbewerbs werden über den Schutz der Verbraucherinteressen faktisch-kausal bewirkt, nicht aber bezweckt. Sie können daher nicht als Auslegungsdirektiven herangezogen werden.

4. Der Anwendungsbereich der UGP-RL wird über den extensiven Begriff der Geschäftspraktik eröffnet. Einschränkungen ergeben sich aus dem Unmittelbarkeitszusammenhang und dem Schutzzweck der UGP-RL.

5. Der Unmittelbarkeitszusammenhang einer Geschäftspraktik erfordert, dass das unternehmerische Verhalten bei objektivierter Betrachtung in erster Linie auch der Beeinflussung der geschäftlichen Entscheidung des Verbrauchers dienen muss. Verfolgt das unternehmerische Verhalten vorrangig andere Zwecke, unterfällt es nicht dem Anwendungsbereich der UGP-RL.

6. In den Anwendungsbereich der UGP-RL fallen nur solche Vorschriften, die auch den Schutz der wirtschaftlichen Entscheidungsautonomie des Verbrauchers bezwecken. Ist der wirtschaftliche Verbraucherschutz im Sinne der UGP-RL nicht Gegenstand der fraglichen Vorschrift, bleibt diese von den Richtlinienvorgaben unberührt.

7. Die UGP-RL umfasst ein komplexes inneres Wertungssystem, das sich in ihrer äußeren Regelungsstruktur widerspiegelt. Der Generalklauseltatbestand des Art. 5 Abs. 2 wird über die Tatbestände der irreführenden und aggressiven Geschäftspraktiken der Art. 6–9 sowie der Black List im Sinne einer demonstrativen Kasuistik näher präzisiert.

8. Der Generalklauseltatbestand in Art. 5 Abs. 2 bildet den normativen Grundpfeiler der Unlauterkeitsdogmatik der UGP-RL. Er etabliert einen einheitlichen Unlauterkeitsmaßstab für den gesamten Anwendungsbereich der UGP-RL, auf den sich die Konkretisierungstatbestände und die Black List stützen. Sein Verhaltens- und Erfolgselement sind normativ untrennbar miteinander verbunden und gehen in der Sachverhaltsbeurteilung fließend ineinander über.

9. Die Konkretisierungstatbestände der irreführenden und aggressiven Geschäftspraktiken stellen kein materielles Aliud zum Generalklauseltatbestand dar, sondern verkörpern dessen Wertungen in den von ihnen umfassten Regelungssituationen. Sprachliche Abweichungen innerhalb der Konkretisierungstatbestände bringen keine inhaltlichen Unterschiede zum Generalklauseltatbestand mit sich. Sie bilden vielmehr eine formulierungstechnische Anpassung der generellen Unlauterkeitskriterien an die jeweilige Regelungssituation.

10. Die unter allen Umständen als unlauter geltenden Tatbestände der Black List fußen normativ auf dem Generalklauseltatbestand. Sie rekurrieren allein auf das Verhaltenselement der unlauteren Geschäftspraktik, da das Erfolgselement vom Richtliniengeber fingiert wird. Dogmatisch ist dies mit der wechselseitigen wertungsmäßigen Verbundenheit von Verhaltens- und Erfolgselement einer unlauteren Geschäftspraktik zu begründen.

11. Die Tatbestände der Black List sind anwendungstechnisch leges speciales gegenüber den Konkretisierungstatbeständen der irreführenden und aggressiven Geschäftspraktiken, die wiederum leges speciales gegenüber dem Generalklauseltatbestand sind. Die Frage nach der Anwendungsspezialität ist nicht mit der normativen Einheitlichkeit der Unlauterkeitstatbestände der UGP-RL zu vermengen.

12. Das der UGP-RL zugrunde liegende Konzept der Vollharmonisierung hat zur Folge, dass der mitgliedstaatliche Normgeber den materiellen Gehalt der UGP-RL eins zu eins in das nationale Recht umzusetzen hat. Er muss exakt die von der UGP-RL vorgegebenen Sachverhalt-Rechtsfolge-Relationen innerhalb ihres Anwendungsbereichs übernehmen.

13. Das innere System der UGP-RL ist Bestandteil des Richtlinieninhalts und somit vom nationalen Normgeber eins zu eins umzusetzen. Die Regelungsgehalte der einzelnen Normen beeinflussen sich im Rahmen systematisch-teleologischer Auslegung gegenseitig. In besonderem Maße gilt dies für das Verhältnis zwischen Generalklausel und Konkretisierungstatbestand, die auf einer normativ einheitlichen Ebene stehen.

14. Das äußere System ist grundsätzlich vom Regelungsinhalt unabhängig, sollte jedoch in transparenter Weise die innere Struktur des Rechts möglichst adäquat wiedergeben. Aus diesem Grund ist die äußere Regelungsstruktur der UGP-RL, die deren innere Wertungszusammenhänge transparent widerspiegelt, möglichst ohne Abweichungen vom mitgliedstaatlichen Gesetzgeber zu übernehmen. Gleiches gilt für die Terminologie der UGP-RL, um die Gefahr von Fehlinterpretationen zu vermeiden. Dabei sollten die anderen Sprachfassungen der UGP-RL berücksichtigt werden.

15. Der Zweck der UGP-RL statuiert das Auslegungsziel ihrer Unlauterkeitsvorschriften und gibt damit den herbeizuführenden Rechtszustand vor. Entscheidet sich der mitgliedstaatliche Gesetzgeber für eine ausdrückliche positiv-rechtliche Normierung des Schutzzwecks, muss diese in transparenter und eindeutiger Weise der Zweckbestimmung der Richtlinie entsprechen. Eine richtlinienkonforme Auslegung kann eine richtlinienwidrige nationale Zweckbestimmung nicht ausgleichen.

16. Die dogmatischen Grundlagen des UWG 2008 laufen den zwingend einzuhaltenden dogmatischen Grundlagen der UGP-RL zuwider.

17. Die Dogmatik der einheitlichen materiell-integrativen Schutzzwecktrias widerspricht der Zweckkonzeption der UGP-RL, die in ihrem Anwendungsbereich als Verbotsgrund allein den Schutz der Entscheidungsautonomie des Verbrauchers zur Auslegungsdirektive erklärt und binnenmarktfunktionale Verbraucher- und Unternehmerinteressen nur einschränkend als Verbotsgegengründe berücksichtigt.

18. Die Anwendungsbereichsbestimmung des § 2 Abs. 1 Nr. 1 gibt den vollharmonisierten Anwendungsbereich der UGP-RL intransparent wieder. Insbesondere der Unmittelbarkeitszusammenhang und die Schutzzweckschranke gehen hieraus nicht eindeutig hervor.

19. Das innere System des UWG 2008 bricht die inneren Wertungszusammenhänge zwischen dem Generlklauseltatbestand, den Konkretisierungstatbeständen und den Black-List-Tatbeständen der UGP-RL auf. Eine richtlinienkonforme Auslegung ist nur über einen Bruch mit dem System des UWG zu bewerkstelligen.

20. Auch die UWG-Änderung 2015 setzt die dogmatischen Vorgaben der UGP-RL nicht um. Zwar erfolgt eine stärkere Angleichung im Wortlaut der einzelnen Tatbestände, die richtlinienwidrige Schutzzwecktrias und die intransparente Anwendungsbereichsbestimmung bleiben jedoch unverändert. Zudem kann die Umsetzung des inneren Systems der UGP-RL nicht konstatiert werden, da das UWG 2015 die Regelungsstrukturen der UGP-RL mit denen des UWG 2008 vermengt und damit weiterhin Unklarheiten hinsichtlich der Wertungszusammenhänge zwischen den Generalklauseln und den speziellen Unlauterkeitstatbeständen schafft.

21. Eine vollständige Umsetzung der zwingenden dogmatischen Vorgaben der UGP-RL gelingt über eine modulare Umsetzung. Die UGP-RL ist als eigenständiges materielles Regelungsmodul im UWG zu implementieren. Daneben sind autarke Regelungsmodule zum Schutz sonstiger Marktteilnehmer und zum Schutz von Mitbewerbern zu schaffen. Die Regelungsmodule stehen unabhängig nebeneinander und können parallel angewendet werden. Damit werden inhaltliche Wertungswidersprüche vermieden und ein spezifisches Schutzzweckdenken im Lauterkeitsrecht gefördert.

22. Die ehemalige Schutzzwecktrias ist materiell und gesetzesformal aufzuspalten. Jedem Regelungsmodul ist der jeweils allein maßgebliche Schutzzweck als Auslegungsdirektive zuzuordnen. Der überflüssige Schutz des Interesses der Allgemeinheit an einem unverfälschten Wettbewerb entfällt. Es ist lediglich im Sinne der UGP-RL klarzustellen, dass die Vorschriften des UWG einen unverfälschten Wettbewerb gewährleisten.

23. Die Anwendungsbereichsbestimmung hat in transparenter Weise zwischen dem Anwendungsbereich des vollharmonisierten und des nichtvollharmonisierten Lauterkeitsrechts zu differenzieren. Insbesondere der erforderliche Unmittelbarkeitszusammenhang des unternehmerischen Verhaltens mit der Entscheidungsbeeinflussung muss deutlich hervorgehen. Die Schutzzweckschranke wird über die schutzzweckspezifische modulare Einteilung der Unlauterkeitstatbestände umgesetzt.

24. Innerhalb des verbraucherschutzbezogenen Regelungsmoduls sind die inneren Wertungszusammenhänge der UGP-RL transparent zu implementieren. In den

Regelungsmodulen zum Schutz sonstiger Marktteilnehmer und zum Schutz von Mitbewerbern sind eigenständige Generalklauseln zu schaffen und mit den jeweiligen Konkretisierungstatbeständen normativ zu verknüpfen.

25. Die Regelung der vergleichenden Werbung ist schutzzweckspezifisch aufzuspalten. Die abnehmerschützenden Tatbestandsvarianten (§ 6 Abs. 2 Nr. 1 und 2) sind in den Regelungsmodulen zum Schutz der Verbraucher bzw. der sonstigen Marktteilnehmer, die konkurrentenschützenden Tatbestandsvarianten (§ 6 Abs. 2 Nr. 3–6) im Regelungsmodul zum Schutz der Mitbewerber zu verankern.

26. Der Rechtsbruchtatbestand ist in einem eigenen Abschnitt zu regeln. Um die Begrenzung auf den Schutz wettbewerbsfunktionaler Interessen der Marktteilnehmer zu gewährleisten, ist der Rechtsbruchtatbestand mit den jeweiligen Erfolgselementen der Generalklauseln der einzelnen Regelungsmodule zu verknüpfen. Für verbraucherschützende Marktverhaltensregeln muss deutlich hervorgehen, dass die Wertungen der Umsetzungsvorschriften zu Art. 7 Abs. 5 und Art. 5 Abs. 2 Vorrang haben.

Literaturverzeichnis

Abbamonte, Giuseppe B.: The Unfair Commercial Practices Directive and its General Prohibition, in: Weatherill, Stephen/Bernitz, Ulf (Hrsg.): The Regulation of Unfair Commercial Practices under EC Directive 2005/29 – New Rules and New Techniques, Oxford/Portland (Oregon, USA) 2007, S. 11–32

Ackermann, Thomas: Vollharmonisierung im Wettbewerbsrecht, in: Gsell, Beate/Herresthal, Carsten (Hrsg.): Vollharmonisierung im Privatrecht – Die Konzeption der Richtlinie am Scheideweg?, Tübingen 2009, S. 289–317 (zit. *Ackermann*, in: Gsell/Herresthal)

Ahrens, Hans-Jürgen: Vom stillen Wirken richterlicher Preiskontrolleure – Wettbewerbsverstöße bei Teilzahlungsgeschäften mit Niedrigzinsangebot, GRUR 1991, 500–507

Alexander, Christian: Anmerkungen zum Referentenentwurf eines Zweiten Gesetzes zur Änderung des UWG, WRP 2014, 1384–1391

ders.: Bedarf § 5a UWG einer Korrektur?, WRP 2013, 716–722

ders.: Die „Schwarze Liste" der UGP-Richtlinie und ihre Umsetzung in Deutschland und Österreich, GRUR Int. 2010, 1025–1033

ders.: Die Informationspflichten gemäß § 40 Abs. 1 und 2 EnWG und ihre Durchsetzung nach Energiewirtschafts-, Lauterkeits- und Vertragsrecht, WRP 2012, 660–669

ders.: Die Neufassung von § 5a UWG, WRP 2016, 139–146

ders.: Die Rechtsprechung des EuGH zur Richtlinie 2005/29/EG bis zum Jahr 2012, WRP 2013, 17–24

ders.: Die Umsetzung von Art. 7 der Richtlinie 2005/29/EG über unlautere Geschäftspraktiken in Deutschland und Österreich, GRUR Int. 2012, 1–9

ders.: Grundfragen des neuen § 3 UWG – Systematik, Anwendungsbereich, Abgrenzungen: Verbraucherbezogenes und unternehmensbezogenes Lauterkeitsrecht, WRP 2016, 411–419

ders.: Kommentar zu EuGH *RLvS Verlagsgesellschaft/Stuttgarter Wochenblatt*, WRP 2013, 1577 f.

ders.: Verhaltenskodizes im europäischen und deutschen Lauterkeitsrecht, GRUR Int. 2012, 965–973

ders.: Vertragsrecht und Lauterkeitsrecht unter dem Einfluss der Richtlinie 2005/29/EG über unlautere Geschäftspraktiken – Zugleich Besprechung der Entscheidung EuGH, 15.03.2012 – C-453/10 – Pereničová und Perenič/SOS, WRP 2012, 515–523

ders.: Wege und Irrwege – Europäisierung im Kartell- und Lauterkeitsrecht, GRUR Int. 2013, 636–641

Alexy, Robert: Theorie der juristischen Argumentation: die Theorie des rationalen Diskurses als Theorie der juristischen Begründung, 2. Aufl., Frankfurt a.M. 1991

Apetz, Martin: Das Verbot aggressiver Geschäftspraktiken – Herkunft, Inhalt, Umsetzung und Zukunftsperspektiven eines neuen Verbotskonzepts des europäischen Lauterkeitsrechts, Köln 2011 (zugl. Diss. München 2010)

Apostolopoulos, Haris: Das europäische Irreführungsverbot: Liberalisierung des Marktgeschehens oder Einschränkung für die Anbieterseite?, GRUR Int. 2005, 292–299

ders.: Neuere Entwicklungen im europäischen Lauterkeitsrecht: Problematische Aspekte und Vorschläge, WRP 2004, 841–857

Augenhofer, Susanne: Individualrechtliche Ansprüche des Verbrauchers bei unlauterem Wettbewerbsverhalten des Unternehmers, WRP 2006, 169–178

DOI 10.1515/9783110524369-007

Basedow, Jürgen: Konsumentenwohlfahrt und Effizienz – Neue Leitbilder der Wettbewerbspolitik?, WuW 2007, 712–715

Beater, Axel: Mehr oder weniger Konkurrentenschutz durch Europäisches Lauterkeitsrecht?, in: Hilty, Reto M./Henning-Bodewig, Frauke (Hrsg.): Lauterkeitsrecht und Acquis Communautaire, Berlin 2009, S. 207–236 (zit. Hilty/Henning-Bodewig/*Beater*)

ders.: Mitbewerber und sonstige unternehmerische Marktteilnehmer – Wandel, Bedeutung und Abgrenzung der unternehmensbezogenen Schutzzwecke des UWG, WRP 2009, 768–780

ders.: Schutzzweckdenken im Recht gegen den unlauteren Wettbewerbsrecht, JZ 1997, 916–922

ders.: Unlauterer Wettbewerb, Tübingen 2011

ders.: Verbraucherschutz und Schutzzweckdenken im Wettbewerbsrecht, Tübingen 2000

ders.: Verbraucherverhalten und Wettbewerbsrecht, in: Keller, Erhard/Plassmann, Clemens/von Falck, Andreas (Hrsg.): Festschrift für Winfried Tilmann zum 65. Geburtstag, Köln u.a. 2003, S. 87–104

Becker, Maximilian: Der Schutz von Veranstaltungszeichen über § 5 Abs. 1 S. 2 Nr. 4 UWG, WRP 2015, 139–147

Bergmann, Alfred: Richtlinienkonforme Auslegung im Unlauterkeitsrecht am Beispiel der Irreführung durch Unterlassen nach § 5a UWG, in: Blaurock, Uwe/Bornkamm, Joachim/Kirchberg, Christian (Hrsg.): Festschrift für Achim Krämer zum 70. Geburtstag am 19. September 2009, Berlin 2009, S. 163–176

Berlit, Wolfgang: Die Zukunft des Preisausschreibens im Lichte der Entscheidung „Millionen-Chance II", WRP 2011, 1225–1231

ders.: Wettbewerbsrecht, 9. Aufl., München 2014

Bernitz, Ulf: The Unfair Commercial Practices Directive: Its Scope, Ambitions and Relation to the Law of Unfair Competition, in: Weatherill, Stephen/Bernitz, Ulf (Hrsg.): The Regulation of Unfair Commercial Practices under EC Directive 2005/29 – New Rules and New Techniques, Oxford/Portland (Oregon, USA) 2007, S. 33–46

Binder, Steffen: Die Idee der Konsumentensouveränität in der Wettbewerbstheorie – Teleokratische vs. nomokratische Auffassung, Frankfurt a.M. 1996 (zugl. Diss. Hohenheim 1996)

Boesche, Katharina Vera: Drum kopple, was sich (nicht) ewig bindet – Hohe Hürde der gemeinschaftsrechtlichen Unzulässigkeit von Kopplungsangeboten, WRP 2011, 1345–1357

dies.: Über die Folgen der Vollharmonisierung und die vergebliche Rettung der Zugabeverbote, WRP 2009, 661–672

dies.: Wettbewerbsrecht, 4. Aufl., Heidelberg 2011

Bornkamm, Joachim: Irrungen, Wirrungen – Der Tatbestand der Irreführung durch Unterlassen, WRP 2012, 1–5

Brandner, Gert: Die überschießende Umsetzung von Richtlinien, Frankfurt a.M. 2003 (zugl. Diss. Freiburg/Breisgau 2003)

Brechmann, Winfried: Die richtlinienkonforme Auslegung – Zugleich ein Beitrag zur Dogmatik der EG-Richtlinie, München 1994 (zugl. Diss. München 1993)

Brömmelmeyer, Christoph: Der Binnenmarkt als Leitstern der Richtlinie über unlautere Geschäftspraktiken, GRUR 2007, 295–302

Büllesbach, Eike: Auslegung der irreführenden Geschäftspraktiken des Anhangs I der Richtlinie 2005/29/EG über unlautere Geschäftspraktiken, München 2008 (zugl. Diss. München 2008)

Burmann, Hans Friedrich: Wettbewerbsrecht und gewerblicher Rechtsschutz – Die Entwicklung vom Persönlichkeitsrecht zum Funktionsrecht im Wettbewerb, WRP 1968, 258–266
Busch, Christoph: Informationspflichten im Wettbewerbs- und Vertragsrecht – Parallelen in UWG und BGB, Tübingen 2008 (zugl. Diss. Bielefeld 2007/2008)
ders.: Welche Folgen hat die Umsetzung der Lauterkeitsrichtlinie für das Vertragsrecht? Der Regierungsentwurf zur Umsetzung der Richtlinie 2005/29/EG aus der Perspektive des Gemeinschaftsprivatrechts, GPR 2008, 158–164
Büscher, Wolfgang/Dittmer, Stefan/Schiwy, Peter (Hrsg.): Gewerblicher Rechtsschutz, Urheberrecht, Medienrecht – Kommentar, 3. Aufl., Köln 2015
Bydlinski, Franz: Juristische Methodenlehre und Rechtsbegriff, 2. Aufl., Wien 1991
ders.: Möglichkeiten und Grenzen der Präzisierung aktueller Generalklauseln, in: Behrends, Okko/Dießelhorst, Malte/Dreier, Ralf (Hrsg.): Rechtsdogmatik und praktische Vernunft – Symposium zum 80. Geburtstag von Franz Wieacker, Göttingen 1990, S. 189–230
ders.: System und Prinzipien im Privatrecht, Nachdruck, Wien 2013 (zit. *Bydlinski*, System)
ders.: Über prinzipiell-systematische Rechtsfindung im Privatrecht, Berlin/New York 1995
ders.: Zum Verhältnis von äußerem und innerem System im Privatrecht, in: Heldrich, Andreas/Koller, Ingo/Prölss, Jürgen/Langenbucher, Katja/Grigoleit, Hans Christoph/Hager, Johannes/Hey, Felix/Neuner, Jörg/Petersen, Jens/Singer, Reinhard (Hrsg.): Festschrift für Claus-Wilhelm Canaris zum 70. Geburtstag, Bd. II, München 2007, S. 1017–1040
Callies, Christian/Ruffert, Matthias (Hrsg.): EUV/AEUV Kommentar, 4. Aufl., München 2011
dies.: EUV/AEUV Kommentar, 5. Aufl., München 2016
Canaris, Claus-Wilhelm: Systemdenken und Systembegriff in der Jurisprudenz entwickelt am Beispiel des deutschen Privatrechts, 2. Aufl., Berlin 1983
Dauses, Manfred A. (Hrsg.): Handbuch des EU-Wirtschaftsrechts, 38. Ergänzungslieferung, München 2015
Deutscher Industrie- und Handelstag (DIHK): Stellungnahme zum Referentenentwurf eines Zweiten Gesetzes zur Änderung des Gesetzes gegen den unlauteren Wettbewerb, WRP 2014, 1426–1430
Dohrn, Thomas: Die Generalklausel der Richtlinie über unlautere Geschäftspraktiken – ihre Interpretation und Umsetzung, Köln 2008 (zugl. Diss. München 2008)
Drews, Martin: Die Erheblichkeitsschwelle des § 3 UWG, Frankfurt a.M. 2009 (zugl. Diss. Köln 2009)
Drexl, Josef: Die gemeinschaftsrechtliche Pflicht zur einheitlichen richtlinienkonformen Auslegung hybrider Rechtsnormen und deren Grenzen, in: Lorenz, Stephan/Trunk, Alexander/Eidenmüller, Horst/Wendehorst, Christiane C./Adolff, Johannes (Hrsg.): Festschrift für Andreas Heldrich zum 70. Geburstag, München 2005, S. 67–86
ders.: Die wirtschaftliche Selbstbestimmung des Verbrauchers – Eine Studie zum Privat- und Wirtschaftsrecht unter Berücksichtigung gemeinschaftsrechtlicher Bezüge, Tübingen 1998
Dröge, Alexander: Lauterkeitsrechtliche Generalklauseln im Vergleich – Art. 5 der Richtlinie gegen unlautere Geschäftspraktiken im Vergleich zu § 3 UWG und der Umsetzungsbedarf für den deutschen Gesetzgeber, Frankfurt a.M. 2007 (zugl. Diss. München 2007)
Ekey, Friedrich L./Klippel, Diethelm/Kotthoff, Jost/Meckel, Astrid/Plaß, Gunda: Heidelberger Kommentar zum Wettbewerbsrecht, 2. Aufl., Heidelberg 2005 (zit. HK-UWG/*Bearbeiter*)
Emmerich, Volker: Kartellrecht, 13. Aufl., München 2014
ders.: Unlauterer Wettbewerb, 9. Aufl., München 2012
ders.: Unlauterer Wettbewerb, 10. Aufl., München 2016

Erman, Walter (begr.)/*Westermann, Harm Peter*/*Grunewald, Barbara* (Hrsg.): Bürgerliches Gesetzbuch – Handkommentar, Bd. I: §§ 1–758, AGG, UKlaG, 13. Aufl., Köln 2011

Ernst, Stefan/*Seichter, Dirk*: Bestimmung des Kaufpreises durch Spiel – Glücksspielelemente im Werberecht, WRP 2013, 1437–1440

Feld, Lars P./*Köhler, Ekkehard A.*: Zur Zukunft der Ordnungsökonomik, Freiburger Diskussionspapiere zur Ordnungsökonomik, Nr. 11/2, 2011, abrufbar unter http://www.econstor.eu/handle/10419/55033

Fezer, Karl-Heinz/*Büscher, Wolfgang*/*Obergfell, Eva Inés* (Hrsg.): Lauterkeitsrecht – Kommentar zum Gesetz gegen den unlauteren Wettbewerb (UWG), Bd. 1: §§ 1–3, Bd. 2: §§ 4–20, 3. Aufl., München 2016

Fezer, Karl-Heinz (Hrsg.): Lauterkeitsrecht – Kommentar zum Gesetz gegen den unlauteren Wettbewerb (UWG), Bd. 1: §§ 1–4 UWG, Bd. 2: §§ 5–20, 2. Aufl., München 2010

ders.: Bestätigungslösung eines telefonischen Vertragsschlusses als Königsweg effektiven Verbraucherschutzes im Telefonmarketing, GRUR-Prax 2011, 361–365

ders.: Das Informationsgebot der Lauterkeitsrichtlinie als subjektives Verbraucherrecht – Zur Umsetzung des Art. 7 der Richtlinie über unlautere Geschäftspraktiken in § 5 UWG, WRP 2007, 1021–1030

ders.: Das lauterkeitsrechtliche Informationsgebot im Lebensmittelrecht – Die „Teekanne"-Entscheidungen des EuGH und BGH, VuR 2015, 289–293

ders.: Das wettbewerbsrechtliche Vertragsauflösungsrecht in der UWG-Reform – Zur Notwendigkeit eines wettbewerbsrechtlichen Vertragsauflösungsrechts wegen Vorliegens verbraucherschützender Regelungslücken und Durchsetzungsdefiziten bei bestimmten Fallkonstellationen unlauteren Wettbewerbs, WRP 2003, 127–143

ders.: Der Dualismus der Lauterkeitsrechtsordnungen des b2c-Geschäftsverkehrs und des b2b-Geschäftsverkehrs im UWG, WRP 2009, 1163–1175

ders.: Eine Replik: Die Auslegung der UGP-RL vom UWG aus? Methodensynkretismus zur Abwehr des rechtsverbindlichen Richtlinienbegriffs der Unlauterkeit im Sinne des Art. 5 Abs. 2 lit. a und b UGP-RL, WRP 2010, 677–686

ders.: Lebensmittelimitate, gentechnisch veränderte Produkte und CSR-Standards als Gegenstand des Informationsgebots im Sinne des Art. 7 UGP-RL – Lauterkeitsrechtliche Informationspflichten nach § 5a UWG zum Schutz vor irreführender Lebensmittelvermarktung, WRP 2010, 577–585

ders.: Modernisierung des deutschen Rechts gegen den unlauteren Wettbewerb auf der Grundlage einer Europäisierung des Wettbewerbsrechts, WRP 2001, 989–1022

ders.: Normenkonkurrenz zwischen Kennzeichenrecht und Lauterkeitsrecht – Ein Beitrag zur kumulativen und subsidiären Normenkonkurrenz im Immaterialgüterrecht – Kritik der Vorrangthese des BGH zum MarkenG, WRP 2008, 1–9

ders.: Plädoyer für eine offensive Umsetzung der Richtlinie über unlautere Geschäftspraktiken in das deutsche UWG – Originärer Verbraucherschutz durch Lauterkeitsrecht als Paradigma der europäischen Rechtsharmonisierung, WRP 2006, 781–790

ders.: Unlauterkeit als unionsrechtlicher Rechtsbegriff in einem verbraucherbezogenen und mitbewerberbezogenen Lauterkeitsrecht, in: Krafft, Hartmut (Hrsg.): Freiheit und Fairness im Wettbewerb – Festschrift zum 50-jährigen Bestehen des Schutzverbandes gegen Unwesen in der Wirtschaft e.V., Baden-Baden 2013, S. 29–42 (zit. *Fezer* FS 50 Jahre Schutzverband)

Fischer, Christian: Topoi verdeckter Rechtsfortbildungen im Zivilrecht, Tübingen 2007

Fritzsche, Jörg: Aggressive Geschäftspraktiken nach dem neuen § 4a UWG, WRP 2016, 1–8

ders.: Der Einfluss der Richtlinie über unlautere Geschäftspraktiken auf die Dogmatik des Lauterkeitsrechts, in: Roth, Herbert (Hrsg.): Europäisierung des Rechts – Ringvorlesung der Juristischen Fakultät der Universität Regensburg 2009/2010, Tübingen 2010, S. 27 – 52 (zit. *Fritzsche*, in: Roth)
ders.: Die Unlauterkeit im Sinne der UGP-RL nach der Rechtsprechung des EuGH, in: Alexander, Christian/Buchner, Benedikt/Fritzsche, Jörg/Lettl, Tobias (Hrsg.): Festschrift für Helmut Köhler zum 70. Geburtstag, München 2014, S. 145 – 157
ders.: Überlegungen zum Referentenentwurf eines Zweiten Gesetzes zur Änderung des UWG, WRP 2014, 1392 – 1399
Gailbraith, John Kenneth: The Affluent Society, London 1958
ders.: The New Industrial State, Boston 1967
Gamerith, Helmut: Der Richtlinienvorschlag über unlautere Geschäftspraktiken – Möglichkeiten einer harmonischen Umsetzung, WRP 2005, 391 – 437
Gärtner, Anette/Heil, Ulf: Kodifizierter Rechtsbruchtatbestand und Generalklausel – Zur Bedeutung des Marktbezugs im neuen UWG, WRP 2005, 20 – 24
Gebauer, Martin: Vollharmonisierung und Wertungs-Kohärenz der mitgliedstaatlichen Rechtsordnung, in: Gsell, Beate/Herresthal, Carsten (Hrsg.): Vollharmonisierung im Privatrecht – Die Konzeption der Richtlinie am Scheideweg?, Tübingen 2009, S. 163 – 176 (zit. *Gebauer*, in: Gsell/Herresthal)
Glöckler, Till: Die Bedeutung der Purely Creative Entscheidung für die UGP-RL – Eine Folgenanalyse, WRP 2014, 1167 – 1172
Glöckner, Jochen/Henning-Bodewig, Frauke: EG-Richtlinie über unlautere Geschäftspraktiken: Was wird aus dem „neuen UWG"?, WRP 2005, 1311 – 1335
Glöckner, Jochen: Der gegenständliche Anwendungsbereich des Lauterkeitsrechts nach der UWG-Novelle 2008 – ein Paradigmenwechsel mit Folgen, WRP 2009, 1175 – 1188
ders.: Entwicklungslinien des Lauterkeitsrechts, in: Hilty, Reto M./Henning-Bodewig, Frauke (Hrsg.): Lauterkeitsrecht und Acquis Communautaire, Berlin 2009, S. 263 – 289 (zit. Hilty/Henning-Bodewig/*Glöckner*)
ders.: Europäisches Lauterkeitsrecht, München 2006 (zit. *Glöckner*, Europäisches Lauterkeitsrecht)
ders.: Rechtsbruchtatbestand oder ... The Saga Continues!, GRUR 2013, 568 – 576
ders.: Über die Schwierigkeit, Proteus zu beschreiben – die Umsetzung der Richtlinie über unlautere Geschäftspraktiken in Deutschland, GRUR 2013, 224 – 238
ders.: UWG-Novelle mit Konzept und Konsequenz – Anmerkungen zum Referentenentwurf eines Zweiten Gesetzes zur Änderung des Gesetzes gegen den unlauteren Wettbewerb, WRP 2014, 1399 – 1406
Gloy, Wolfgang (begr.)/*Loschelder, Michael/Erdmann, Willi* (Hrsg.): Handbuch des Wettbewerbsrechts, 4. Aufl., München 2010
Göhre, Stefan: Frischer Wind aus Brüssel? Der Vorschlag der Europäischen Kommission für eine Verordnung über Verkaufsförderung im Binnenmarkt und das Grünbuch der Europäischen Kommission zum Verbraucherschutz in der Europäischen Union, WRP 2002, 36 – 47
Goldmann, Michael: Lauterkeitsrechtlicher Schutz gegen mittelbare Verwechslungsgefahr?, GRUR 2012, 857 – 864
Götting, Horst-Peter/Meyer, Justus/Vormbrock, Ulf (Hrsg.): Gewerblicher Rechtsschutz und Wettbewerbsrecht – Praxishandbuch, Baden-Baden 2011

Götting, Horst-Peter/Nordemann, Axel (Hrsg.): UWG – Handkommentar, 2. Aufl., Baden-Baden 2013
dies.: UWG – Handkommentar, 3. Aufl., Baden-Baden 2016
Götting, Horst-Peter: Wettbewerbsrecht – Das neue UWG, München 2005
Götz, Volkmar: Europäische Gesetzgebung durch Richtlinien – Zusammenwirken von Gemeinschaft und Staat, NJW 1992, 1849–1856
Grabitz, Eberhard (begr.)/*Hilf, Meinhard* (fortgef.)/*Nettesheim, Martin* (Hrsg.): Das Recht der Europäischen Union, 58. Ergänzungslieferung, München 2016
Grundmann, Stefan: EG-Richtlinien und nationales Privatrecht – Umsetzung und Bedeutung der umgesetzten Richtlinie im nationalen Privatrecht, JZ 1996, 274–287
Gsell, Beate/Schellhase, Hans Martin: Vollharmonisiertes Verbraucherkreditrecht – Ein Vorbild für die weitere europäische Angleichung des Verbrauchervertragsrechts?, JZ 2009, 20–29
Haase, Martin: Die unlautere Wettbewerbshandlung nach der UWG-Reform – Zu den normativen Leitlinien des neuen Lauterkeitsrechts unter besonderer Berücksichtigung des Verbrauchers als Schutzsubjekt, Hamburg 2006 (zugl. Diss. Münster/Westfalen 2006)
Haberkamm, Markus: Die Auslegung der Richtlinie über unlautere Geschäftspraktiken im Lichte der europäischen Grundrechte, Baden-Baden 2013 (zugl. Diss. Erlangen-Nürnberg 2013)
Habersack, Mathias/Mayer, Christian: Die überschießende Umsetzung von Richtlinien – Normauslegung und Rechtsweg im Grenzbereich zwischen deutschem und europäischem Privatrecht, JZ 1999, 913–921
Handelsverband Deutschland (HDE): Stellungnahme zu dem Referentenentwurf eines Zweiten Gesetzes zur Änderung des Gesetzes gegen den unlauteren Wettbewerb, WRP 2014, 1430–1434
Handig, Christian: Harmonisierung des Lauterkeitsrechts in der EU, Wien 2005
Harte-Bavendamm, Henning/Henning-Bodewig, Frauke (Hrsg.): Gesetz gegen den unlauteren Wettbewerb (UWG) – Kommentar, 3. Aufl., München 2013
dies.: Gesetz gegen den unlauteren Wettbewerb (UWG) – Kommentar, 2. Aufl., München 2009
Heck, Philipp: Begriffsbildung und Interessenjurisprudenz, Tübingen 1932
ders.: Gesetzesauslegung und Interessenjurisprudenz, Tübingen 1914
Hecker, Manfred: Die Richtlinie über unlautere Geschäftspraktiken – Einige Gedanken zu den „aggressiven Geschäftspraktiken" – Umsetzung ins deutsche Recht, WRP 2006, 640–647
Heermann, Peter W./Hirsch, Günther (Hrsg.): Münchener Kommentar zum Lauterkeitsrecht Bd. 1, 1. Aufl., München 2006 (zit. MüKo-UWG/*Bearbeiter*[1])
Heermann, Peter W./Schlingloff, Jochen (Hrsg.): Münchener Kommentar zum Lauterkeitsrecht, Bd. 1, Bd. 2, 2. Aufl., München 2014 (zit. MüKo-UWG/*Bearbeiter*)
Heiss, Helmut: Verbraucherschutz im Binnenmarkt: Art. 129a EGV und die wirtschaftlichen Verbraucherinteressen, ZEuP 1996, 625–647
Helm, Horst: Hohes Verbraucherschutzniveau – Zur Umsetzung der UGP-Richtlinie 2005/29/EG, WRP 2013, 710–716
Henning-Bodewig, Frauke/Schricker, Gerhard: Stellungnahme des Max-Planck-Instituts für ausländisches und internationales Patent-, Urheber- und Wettbewerbsrechts zum Grünbuch zum Verbraucherschutz in der EU KOM (2002) 531 endg., GRUR Int. 2002, 319–323
Henning-Bodewig, Frauke: Das Europäische Lauterkeitsrecht: B2C, B2B oder doch besser beides?, in: Keller, Erhard/Plassmann, Clemens/von Falck, Andreas (Hrsg.): Festschrift für Winfried Tilmann zum 65. Geburtstag, Köln u. a. 2003, S. 149–160

dies.: Das Europäische Wettbewerbsrecht: Eine Zwischenbilanz, GRUR Int. 2002, 389–398
dies.: Der „ehrbare Kaufmann", Corporate Social Responsibility und das Lauterkeitsrecht, WRP 2011, 1014–1023
dies.: Der Schutzzweck des UWG und die Richtlinie über unlautere Geschäftspraktiken, GRUR 2013, 238–244
dies.: Die Richtlinie 2005/29/EG über unlautere Geschäftspraktiken, GRUR Int. 2005, 629–634
dies.: Erneute UWG-Reform? Einige Anmerkungen zum Referentenentwurf 2014, WRP 2014, 1407–1410
dies.: Lauterkeit im B2B-Verhältnis – „anständige Marktgepflogenheiten", nicht „fachliche Sorgfalt"!, GRUR Int. 2015, 529–534
dies.: Richtlinienvorschlag über unlautere Geschäftspraktiken und UWG-Reform, GRUR Int. 2004, 183–193
dies.: UWG und Geschäftsethik, WRP 2010, 1094–1105
dies.: Was gehört zum Lauterkeitsrecht?, in: Hilty, Reto M./Henning-Bodewig, Frauke (Hrsg.): Lauterkeitsrecht und Acquis Communautaire, Berlin 2009, S. 9–26 (zit. Hilty/Henning-Bodewig/*Henning-Bodewig*)
Hennings, Stefan: Anmerkung zu EuGH v. 15.03.2012, Rs. C-453/10 – *Pereničová/SOS*, GRUR 2012, 641f.
Herresthal, Carsten: Die Ablehnung einer primärrechtlichen Perpetuierung des sekundärrechtlichen Verbraucherschutzniveaus, EuZW 2011, 328–333
Hetmank, Sven: „Wettbewerbsfunktionales Verständnis" im Lauterkeitsrecht, GRUR 2014, 437–443
ders.: Im Korsett der UGP-RL, GRUR 2015, 323–330
Höpfner, Clemens: Die systemkonforme Auslegung – Zur Auflösung einfachgesetzlicher, verfassungsrechtlicher und europarechtlicher Widersprüche im Recht, Tübingen 2008 (zugl. Diss. Konstanz 2007)
Huber, Peter (Hrsg.): Rome II Regulation – Pocket Commentary, München 2010
Isele, Jan-Felix: Von der „Wettbewerbshandlung" zur „geschäftlichen Handlung": Hat die „Änderung der Voreinstellung" ausgedient?, GRUR 2009, 727–730
Jäger, Torsten: Überschießende Richtlinienumsetzung im Privatrecht – Zugleich ein Beitrag zur Dogmatik der Mindestharmonisierung, der richtlinienorientierten Auslegung und des Vorabentscheidungsverfahrens, Baden-Baden 2006 (zugl. Diss. Augsburg 2005)
Janal, Ruth M.: Unlautere Geschäftspraktiken und unwirksame Geschäftsbedingungen – zu den Wechselwirkungen zwischen UGP-RL und Klauselrichtlinie, ZEuP 2014, 740–761
Jansen, Nils: Rechtsdogmatik im Zivilrecht, Erstpublikation: 08.04.2011, abrufbar unter http://www.enzyklopaedie-rechtsphilosophie.net/inhaltsverzeichnis/19-beitraege/98-rechtsdogmatik-im-zivilrecht, zuletzt abgerufen am 20.10.2015
Jarass, Hans D.: Grundfragen der innerstaatlichen Bedeutung des EG-Rechts – Die Vorgaben des Rechts der Europäischen Gemeinschaft für die nationale Rechtsanwendung und die nationale Rechtsetzung nach Maastricht, Köln u.a. 1994
Jauernig, Othmar (begr.)/*Stürner, Rolf* (Hrsg.): Bürgerliches Gesetzbuch – Kommentar, 15. Aufl., München 2014
Joecks, Wolfgang/Miebach, Klaus (Hrsg.): Münchener Kommentar zum StGB, Bd. 2: §§ 38–79b StGB, 2. Aufl., München 2012 (zit. MüKo-StGB/*Bearbeiter*)
John, Martin: Das rundfunkrechtliche Trennungsgebot im Lauterkeitsrecht unter Geltung der UGP-Richtlinie, WRP 2011, 1357–1364

Jungheim, Stephanie/Haberkamm, Markus: Probleme der UWG-Novelle zur Umsetzung der Richtlinie über unlautere Geschäftspraktiken, VuR 2009, 250–260
Keller, Erhard: Die „fachliche Sorgfalt" – ein sich entwickelnder Zentralbegriff des Lauterkeitsrechts, in: Büscher, Wolfgang/Erdmann, Willi/Haedicke, Maximilian/Köhler, Helmut/Loschelder, Michael (Hrsg.): Festschrift für Joachim Bornkamm zum 65. Geburstag, München 2014, S. 381–392
ders.: UWG-Reform 2015 – Die „fachliche Sorgfalt" wird einheitlicher Lauterkeitsmaßstab, WRP 2015, Nr. 3, Die erste Seite
Keßler, Jürgen/Micklitz, Hans W.: BB-Europareport: Der Richtlinienvorschlag über unlautere Praktiken im binnenmarktinternen Geschäftsverkehr, BB 2003, 2073–2078
dies.: Die Richtlinie 2005/29/EG über unlautere Geschäftspraktiken im binnenmarktinternen Geschäftsverkehr zwischen Unternehmen und Verbrauchern, BB-Special 2005 Nr. 13, 1–22
dies.: Das neue UWG – auf halbem Wege nach Europa?, VuR 2009, 88–95
Keßler, Jürgen: Lauterkeitsschutz und Wettbewerbsordnung – zur Umsetzung der Richtlinie 2005/29/EG über unlautere Geschäftspraktiken in Deutschland und Österreich (Richtlinie 2005/29/EG), WRP 2007, 714–722
ders.: UWG und Verbraucherschutz – Wege und Umwege zum Recht der Marktkommunikation, WRP 2005, 264–274
Kirchhoff, Wolfgang: Die UWG-Novelle 2015 – nur Kodifizierung der Rechtsprechung oder substantiell Neues?, WRP 2015, 659–663
Klang, Heinrich: Generalklausel und Beispielsaufzählung, JBl 1946, 63–67
Knöpfle, Robert: Die marktbezogene Unlauterkeit, Tübingen 1983
Koch, Eberhard: Die Richtlinie gegen unlautere Geschäftspraktiken – Aggressives Geschäftsgebaren in Deutschland und England und die Auswirkungen der Richtlinie, Hamburg 2006 (zugl. Diss. Trier 2006)
Köhler, Helmut/Bornkamm, Joachim/Feddersen, Jörn: Gesetz gegen den unlauteren Wettbewerb, 34. Aufl., München 2016
Köhler, Helmut/Bornkamm, Joachim/Henning-Bodewig, Frauke: Vorschlag für eine Richtlinie zum Lauterkeitsrecht und eine UWG-Reform, WRP 2002, 1317–1328
Köhler, Helmut/Bornkamm, Joachim: Gesetz gegen den unlauteren Wettbewerb, 33. Aufl., München 2015
Köhler, Helmut/Lettl, Tobias: Das geltende europäische Lauterkeitsrecht, der Vorschlag für eine EG-Richtlinie über unlautere Geschäftspraktiken und die UWG-Reform, WRP 2003, 1019–1057
Köhler, Helmut: „Fachliche Sorgfalt" – Der weiße Fleck auf der Landkarte des UWG, WRP 2012, 22–32
ders.: „Gratuliere, Sie haben gewonnen!" – neue Kontrollmaßstäbe für Gewinnmitteilungen – Zugleich Besprechung von EuGH, Urt. v. 18.10.2012 - C-428/11 – Purely Creative u. a., GRUR 2012, 1211–1215
ders.: „Wettbewerbshandlung" und „Geschäftspraktiken" – Zur richtlinienkonformen Auslegung des Begriffs der Wettbewerbshandlung und zu seiner Definition im künftigen UWG, WRP 2007, 1393–1397
ders.: Alternativentwurf (UWG-AE) zum Regierungsentwurf (UWG-E) eines 2. Gesetzes zur Änderung des Gesetzes gegen den unlauteren Wettbewerb, WRP 2015, 1311–1318
ders.: Das neue UWG 2015: Was ändert sich für die Praxis?, NJW 2016, 593–598

ders.: Das Verbot der unzumutbaren Belästigung (§ 7 UWG) im Lichte des Unionsrechts, WRP 2015, 798–804
ders.: Der Regierungsentwurf zur UWG-Novelle 2015: Nur Klarstellungen oder doch tiefgreifende Änderungen?, WRP 2015, 275–285
ders.: Der steinige Weg vom deutschen zum europäischen Lauterkeitsrecht, in Greipl, Erich/Münker, Reiner (Hrsg.): 100 Jahre Wettbewerbszentrale, Frankfurt a.M. 2012, S. 147–155 (zit. *Köhler*, 100 Jahre Wettbewerbszentrale)
ders.: Die Kopplung von Gewinnspielen an Umsatzgeschäfte: Wende in der lauterkeitsrechtlichen Beurteilung – Zugleich Besprechung von BGH, Urt. v. 5.10.2010 – I ZR 4/06 – Millionen-Chance II, GRUR 2011, 478–485
ders.: Die Umsetzung der Richtlinie über unlautere Geschäftspraktiken in Deutschland – eine kritische Analyse, GRUR 2012, 1073–1082
ders.: Dogmatik des Beispielkatalogs des § 4 UWG, WRP 2012, 638–649
ders.: Grenzstreitigkeiten im UWG – Zum Anwendungsbereich der Verbotstatbestände des § 3 Abs. 1 UWG und des § 3 Abs. 2 S. 1 UWG, WRP 2010, 1293–1304
ders.: Irreführende vergleichende Werbung, GRUR 2013, 761–767
ders.: Ist der Unlauterkeitstatbestand des § 4 Nr. 6 UWG mit der Richtlinie über unlautere Geschäftspraktiken vereinbar?, GRUR 2009, 626–633
ders.: Kopplungsangebote neu bewertet – Zugleich Besprechung der „Plus Warenhandelsgesellschaft“-Entscheidung des EuGH, GRUR 2010, 177–183
ders.: Neujustierung des UWG am Beispiel der Verkaufsförderungsmaßnahmen, GRUR 2010, 767–776
ders.: Richtlinienkonforme Gesetzgebung statt richtlinienkonforme Auslegung: Plädoyer für eine weitere UWG-Novelle, WRP 2012, 251–260
ders.: Richtlinienumsetzung im UWG – eine unvollendete Aufgabe, WRP 2013, 403–416
ders.: Stellungnahme zum Referentenentwurf eines Zweiten Gesetzes zur Änderung des UWG, WRP 2014, 1410–1418
ders.: Übersetzer als Gesetzgeber? – Zur deutschen Fassung der Richtlinie über unlautere Geschäftspraktiken, in: Büscher, Wolfgang/Glöckner, Jochen/Nordemann, Axel/Osterrieth, Christian/Rengier, Rudolf (Hrsg.): Marktkommunikation zwischen Geistigem Eigentum und Verbraucherschutz – Festschrift für Karl-Heinz Fezer zum 70. Geburtstag, München 2016, S. 969–976
ders.: Unzulässige geschäftliche Handlungen bei Abschluss und Durchführung eines Vertrags, WRP 2009, 898–913
ders.: UWG-Reform 2015: Im Regierungsentwurf nicht angesprochene Defizite bei der Umsetzung der UGP-RL, WRP 2015, 1037–1040
ders.: Vom deutschen zum europäischen Lauterkeitsrecht – Folgen der Richtlinie über unlautere Geschäftspraktiken für die Praxis, NJW 2008, 3032–3037
ders.: Zu den „unter allen Umständen unlauteren“ irreführenden und aggressiven Geschäftspraktiken, in: Büscher, Wolfgang/Erdmann, Willi/Haedicke, Maximilian/Köhler, Helmut/Loschelder, Michael (Hrsg.): Festschrift für Joachim Bornkamm zum 65. Geburstag, München 2014, S. 393–406
ders.: Zum Anwendungsbereich der §§ 1 und 3 UWG nach Aufhebung von RabattG und ZugabeVO, GRUR 2001, 1067–1079
ders.: Zur „geschäftlichen Relevanz“ unlauterer geschäftlicher Handlungen gegenüber Verbrauchern, WRP 2014, 259–267

ders.: Zur richtlinienkonformen Auslegung und Neuregelung der „Bagatellklausel“ in § 3 UWG, WRP 2008, 10–15

Koppensteiner, Hans-Georg: Zwecke im Lauterkeitsrecht im Zeichen „beruflicher Sorgfalt“, in: Büscher, Wolfgang/Glöckner, Jochen/Nordemann, Axel/Osterrieth, Christian/Rengier, Rudolf (Hrsg.): Marktkommunikation zwischen Geistigem Eigentum und Verbraucherschutz – Festschrift für Karl-Heinz Fezer zum 70. Geburtstag, München 2016, S. 285–295.

Kramer, Ernst A.: Juristische Methodenlehre, 4. Aufl., München u. a. 2013

Krüger, Christof: Die Kopplung von Umsatzgeschäften mit Glücksspielen, GRUR-Prax 2012, 129–133

Kruse, Jörn: Informationspolitik für Konsumenten, Göttingen 1979 (zugl. Diss. Hamburg 1978)

Kulka, Michael: Der Entwurf eines Ersten Gesetzes zur Änderung des Gesetzes gegen den unlauteren Wettbewerb, DB 2008, 1548–1557

Kunz-Hallstein, Hans Peter/Loschelder, Michael: Stellungnahme zum „Grünbuch zum Verbraucherschutz in der Europäischen Union“, GRUR 2002, 408–410

Langenbucher, Katja (Hrsg.): Europäisches Privat- und Wirtschaftsrecht, 3. Aufl., Baden-Baden 2013

Larenz, Karl: Methodenlehre der Rechtswissenschaft, 6. Aufl., Berlin/Heidelberg/New York 1991

Lehmann, Michael: Sales-promotion und unlauterer Wettbewerb – Verbraucherschutz und Sales-promotion, GRUR 1974, 689–693

Lehmler, Lutz: Kommentar zum Wettbewerbsrecht – UWG, München 2007

Lehnke, Klaus-Heiner/Haak, Andreas Max: Die Europäische Verordnung über Verkaufsförderung im Binnenmarkt – ein wirklicher Fortschritt im Europäischen Wettbewerbsrecht?, in: Keller, Erhard/Plassmann, Clemens/von Falck, Andreas (Hrsg.): Festschrift für Winfried Tilmann zum 65. Geburtstag, Köln u. a. 2003, S. 179–194

Leible, Stefan/Günther, Lucas: „Millionen-Chance II“ – Das endgültige Aus für § 4 Nr. 6 UWG?, GRUR-Prax 2011, 209–211

Leible, Stefan: Anmerkung zu EuGH v. 10. 05. 2001, Rs. C-144/99 – *Kommission/Niederlande*, EuZW 2001, 438 f.

Leistner, Matthias/Stang, Felix: Die Neuerung der wettbewerbsrechtlichen Verkehrspflichten – Ein Siegeszug der Prüfungspflichten? Zugleich ein Beitrag zur dogmatischen Fortentwicklung des Maßstabs der Prüfungspflichten, WRP 2008, 533–555

Leistner, Matthias: Bestand und Perspektiven des Europäischen Lauterkeitsrechts, ZEuP 2009, 56–89

ders.: Richtiger Vertrag und lauterer Wettbewerb – Eine grundlagenorientierte Studie unter besonderer Berücksichtigung der europäischen Perspektive, Tübingen 2007

ders.: Verbraucherschutz oder Recht des unlauteren Wettbewerbs? Die aktuellen Initiativen der Europäischen Kommission auf dem Feld der unlauteren Geschäftspraktiken, in: Tietze, Andrea/McGuire, Mary-Rose/Bendel, Christian/Kähler, Lorenz/Nickel, Nicole/Reich, Barbara/Sachse, Kathrin/Wehling, Eileen (Hrsg.): Jahrbuch Junger Zivilrechtswissenschaftler 2004 – Europäisches Privatrecht – Über die Verknüpfung von nationalem und Gemeinschaftsrecht, Stuttgart 2005, S. 185–229 (zit. *Leistner* JBJZivRWiss 2004)

Lerche, Christoph: Die Umsetzung privatrechtsangleichender Richtlinien auf dem Prüfstand des effet utile – Eine rechtsfolgenorientierte Untersuchung anhand eines deutsch-italienisch-europäischen Rechtsvergleichs, Berlin 2004 (zugl. Diss. Berlin 2004)

Lettl, Tobias: Der lauterkeitsrechtliche Schutz vor irreführender Werbung in Europa, München 2004 (zit. *Lettl*, Irreführende Werbung)
ders.: Kartellrecht, 3. Aufl., München 2013 (zit. *Lettl*, Kartellrecht)
ders.: Wettbewerbsrecht, 3. Aufl., München 2016 (zit. *Lettl*, Wettbewerbsrecht)
Lindacher, Walter F.: Allgemeines Irreführungsverbot und konditioniertes Informationsgebot, in: Bernreuther, Jörn/Freitag, Robert/Leible, Stefan/Sippel, Harald/Wanitzek, Ulrike (Hrsg.): Festschrift für Ulrich Spellenberg zum 70. Geburtstag, München 2010, S. 43–49
ders.: Die internationale Dimension lauterkeitsrechtlicher Unterlassungsansprüche: Marktterritorialität versus Universalität, GRUR Int. 2008, 453–459
Lux, Jochen: Der Tatbestand der allgemeinen Marktbehinderung – Ein Beitrag zu den Grenzen des Lauterkeitsrechts, Tübingen 2006 (zugl. Diss. Bayreuth 2006)
Markenverband: Position zum Entwurf eines Zweiten Gesetzes zur Änderung des Gesetzes gegen den unlauteren Wettbewerb, WRP 2015, 46–48
Mayer, Christian/Schürnbrand, Jan: Einheitlich oder gespalten? – Zur Auslegung nationalen Rechts bei überschießender Umsetzung von Richtlinien, JZ 2004, 545–552
Menke, Burkhart: Die vergleichende Werbung in Deutschland nach der Richtlinie 97/55/EG und der BGH-Entscheidung „Testpreis-Angebot", WRP 1998, 811–826
Mestmäcker, Ernst Joachim: 50 Jahre GWG: Die Erfolgsgeschichte eines unvollkommenen Gesetzes, WuW 2008, 6–22
Meyer, Ernst: Grundzüge einer systemorientierten Wertungsjurisprudenz, Tübingen 1984 (zugl. Diss. Tübingen 1981/1982)
Meyer-Dohm, Peter: Sozialökonomische Aspekte der Konsumfreiheit – Untersuchungen zur Stellung des Konsumenten in der marktwirtschaftlichen Ordnung, Freiburg 1965
Micklitz, Hans W./Keßler, Jürgen: Europäisches Lauterkeitsrecht – Dogmatische und ökonomische Aspekte einer Harmonisierung des Wettbewerbsverhaltensrechts im europäischen Binnenmarkt, GRUR Int. 2002, 885–901
dies.: Funktionswandel des UWG, WRP 2003, 919–936
Micklitz, Hans W./Reich, Norbert: „Und es bewegt sich doch"? – Neues zum Unionsrecht der missbräuchlichen Klauseln in Verbraucherverträgen, EuZW 2012, 126–128
Micklitz, Hans W.: Europäisches Lauterkeitsrecht – mehr als eine Fußnote? – Notizen zum Verhältnis von UWG und EU-Recht, in: Büscher, Wolfgang/Glöckner, Jochen/Nordemann, Axel/Osterrieth, Christian/Rengier, Rudolf (Hrsg.): Marktkommunikation zwischen Geistigem Eigentum und Verbraucherschutz – Festschrift für Karl-Heinz Fezer zum 70. Geburtstag, München 2016, S. 835–848
ders.: EWS-Kommentar zu EuGH v. 10. 05. 2001, Rs. C-144/99 – *Kommission/Niederlande*, EWS 2001, 486–488
Mittwoch, Anne-Christin: Vollharmonisierung und Europäisches Vertragsrecht – Methode, Implikationen und Durchführung, Berlin/Boston 2013 (zugl. Diss. Berlin 2013)
Möstl, Markus: Grenzen der Rechtsangleichung im europäischen Binnenmarkt – Kompetenzielle, grundfreiheitliche und grundrechtliche Schranken des Gemeinschaftsgesetzgebers, EuR 2002, 318–350
ders.: Wandel des Verbraucherleitbilds? – Eine Positionsbestimmung aus lebensmittelrechtlicher Perspektive, WRP 2014, 906–910
Müller, Friedrich/Christensen, Ralph: Juristische Methodik, Bd. I: Grundlegung für die Arbeitsmethoden der Rechtspraxis, 11. Aufl., Berlin 2013

Münker, Reiner: Stellungnahme der Wettbewerbszentrale zum Referentenentwurf eines Zweiten Gesetzes zur Änderung des Gesetzes gegen den unlauteren Wettbewerb, WRP 2014, 1434–1441
Namysłowska, Monika: Trifft die Schwarze Liste der unlauteren Geschäftspraktiken ins Schwarze? Bewertung im Lichte der EuGH-Rechtsprechung, GRUR Int. 2010, 1033–1039
Nettlau, Harry: Die kollisionsrechtliche Behandlung von Ansprüchen aus unlauterem Wettbewerbsverhalten gemäß Art. 6 Abs. 1 und 2 Rom II-VO, Frankfurt a.M. 2013 (zugl. Diss. Hamburg 2013)
Neuner, Jörg: Die Rechtsfindung contra legem, 2. Aufl., München 2005
Nicolaysen, Gert: Europarecht I – Die europäische Integrationsverfassung, 2. Aufl., Baden-Baden 2002
Niebel, Rembert/Jauch, Andreas: Die UWG-Reform 2015 – ein Überblick über die Auswirkungen in der Praxis, BB 2016, 259–264
Niedobitek, Matthias (Hrsg.): Europarecht – Grundlagen der Union, Berlin 2014
Nieschlag, Robert/Dichtl, Erwin/Hörschgen, Hans: Marketing, 19. Aufl., Berlin 2002
Nordemann, Axel/Nordemann, Jan Bernd/Nordemann-Schiffel, Anke: Wettbewerbsrecht – Markenrecht, 11. Aufl., Baden-Baden 2012 (zit. *Nordemann*)
Nordemann, Axel: Die wettbewerbliche Erheblichkeit – relevant oder irrelevant?, in: Alexander, Christian/Buchner, Benedikt/Fritzsche, Jörg/Lettl, Tobias (Hrsg.): Festschrift für Helmut Köhler zum 70. Geburtstag, München 2014, S. 489–494
Obergfell, Eva Inés: Vollharmonisierung im Lauterkeitsrecht, in: Stürner, Michael (Hrsg.): Vollharmonisierung im Europäischen Verbraucherrecht?, München 2010, S. 159–178 (zit. Stürner/*Obergfell*)
Ohly, Ansgar/Sosnitza, Olaf: Gesetz gegen den unlauteren Wettbewerb – Kommentar, 6. Aufl., München 2014
dies.: Gesetz gegen den unlauteren Wettbewerb – Kommentar, 7. Aufl., München 2016
Ohly, Ansgar: Alternativentwurf („Große Lösung") zum Regierungsentwurf eines 2. Gesetzes zur Änderung des Gesetzes gegen den unlauteren Wettbewerb, WRP 2015, 1443–1448
ders.: Das Herkunftslandprinzip im Bereich vollständig angeglichenen Lauterkeitsrechts – Überlegungen zur Binnenmarktklausel der Richtlinie über unlautere Geschäftspraktiken und zum BGH-Urteil „Arzneimittelwerbung im Internet", WRP 2006, 1401–1412
ders.: Das neue UWG im Überblick, GRUR 2016, 3–6
ders.: Das neue UWG – Mehr Freiheit für den Wettbewerb?, GRUR 2004, 889–900
ders.: Nach der Reform ist vor der Reform – Anmerkungen zum Referentenentwurf eines Zweiten Gesetzes zur Änderung des UWG, GRUR 2014, 1137–1144
ders.: Bausteine eines europäischen Lauterkeitsrechts, WRP 2008, 177–185
ders.: Richterrecht und Generalklausel – Ein Methodenvergleich des englischen und deutschen Rechts, Köln 1996 (zugl. Diss. München 1995)
ders.: Vom abstrakten zum konkreten Verbraucherschutz im Rahmen des Rechtsbruchtatbestands, in: Alexander, Christian/Bornkamm, Joachim/Buchner, Benedikt/Fritzsche, Jörg/Lettl, Tobias (Hrsg.): Festschrift für Helmut Köhler zum 70. Geburtstag, München 2014, S. 507–517
Omsels, Hermann-Josef: Die geschäftliche Entscheidung, WRP 2016, 553–561
Oppermann, Thomas/Classen, Claus Dieter/Nettesheim, Martin: Europarecht, 6. Aufl., München 2014
Pawlowski, Hans-Martin: Methodenlehre für Juristen, 3. Aufl., Heidelberg 1999

Peifer, Karl-Nikolaus: Aufräumen im UWG – Was bleibt nach der Kodifikation zum irreführenden Unterlassen für § 4 Nr. 1, 4, 5 und 6 UWG?, WRP 2010, 1432–1439
ders.: Die Zukunft der irreführenden Geschäftspraktiken, WRP 2008, 556–563
ders.: Lauterkeitsrechtliche Informationspflichten – Dogmatik und Verhältnis zu (lebensmittelrechtlichen) Kennzeichnungsgeboten, ZLR 2011, 161–173
Peukert, Alexander: Der Wandel der europäischen Wirtschaftsverfassung im Spiegel des Sekundärrechts – Erläutert am Beispiel des Rechts gegen unlauteren Wettbewerb, ZHR 173 (2009), 536–574
ders.: Die Ziele des Primärrechts und ihre Bedeutung für das Europäische Lauterkeitsrecht: Auflösungserscheinungen eines Rechtsgebiets?, in: Hilty, Reto M./Henning-Bodewig, Frauke (Hrsg.): Lauterkeitsrecht und Acquis Communautaire, Berlin 2009, S. 27–63 (zit. Hilty/Henning-Bodewig/*Peukert*)
ders.: Güterzuordnung als Rechtsprinzip, Tübingen 2008
Podszun, Rupprecht: Der „more economic approach" im Lauterkeitsrecht, WRP 2009, 509–518
ders.: Spezielle Wettbewerbsförderung durch Europäisches Lauterkeitsrecht: Plädoyer für ein allgemeines Europäisches Wettbewerbsrecht, in: Hilty, Reto M./Henning-Bodewig, Frauke (Hrsg.): Lauterkeitsrecht und Acquis Communautaire, Berlin 2009, S. 151–180 (zit. Hilty/Henning-Bodewig/*Podszun*)
Rauscher, Thomas (Hrsg.): Europäisches Zivilprozess- und Kollisionsrecht, Bd. 3: Rom I-VO – Rom II-VO, 3. Aufl., München 2011
Redeker, Sandra Sophia/Pres, Sascha: UWG-Novelle 2015: Kursorische Betrachtung des Gesetzgebungsverfahrens, GRUR-Prax 2015, 99–101
Riehm, Thomas/Schreindorfer, Benedikt: Das Harmonisierungskonzept der neuen Verbraucherkreditrichtlinie, GPR 2008, 244–249
Riehm, Thomas: Die überschießende Umsetzung vollharmonisierender EG-Richtlinien im Privatrecht, JZ 2006, 1035–1045
ders.: Umsetzungsspielräume der Mitgliedstaaten bei vollharmonisierenden Richtlinien, in: Gsell, Beate/Herresthal, Carsten (Hrsg.): Vollharmonisierung im Privatrecht – Die Konzeption der Richtlinie am Scheideweg?, Tübingen 2009, S. 83–111 (zit. *Riehm*, in: Gsell/Herresthal)
Riesenhuber, Karl (Hrsg.): Europäische Methodenlehre, 2. Aufl., Berlin 2010
ders.: System und Prinzipien des Europäischen Vertragsrechts, Berlin 2003
Rittner, Fritz/Dreher, Meinrad/Kulka, Michael: Wettbewerbs- und Kartellrecht, 8. Aufl., Heidelberg 2014
Röhl, Klaus F./Röhl, Hans Christian: Allgemeine Rechtslehre, 3. Aufl., Köln/München 2008
Rott, Peter: Der „Durchschnittsverbraucher" – ein Auslaufmodell angesichts personalisierten Marketings?, VuR 2015, 163–167
Rüthers, Bernd/Fischer, Christian/Birk, Axel: Rechtstheorie mit Juristischer Methodenlehre, 8. Aufl., München 2015
Rüthers, Bernd: Rechtsdogmatik und Rechtspolitik unter dem Einfluss des Richterrechts, Rechtspolitisches Forum 15, Trier 2003
ders.: Rechtswissenschaft ohne Recht?, NJW 2011, 434–436
Sack, Rolf: Anmerkungen zur geplanten Änderung des UWG, WRP 2014, 1418–1424
ders.: Die Erheblichkeitsklauseln der UGP-RL 2005/29/EG und die UWG-Novelle, WRP 2015, 663–667
ders.: Vergleichende Werbung und die Erheblichkeitsschwelle in § 3 des Regierungsentwurfs einer UWG-Novelle, WRP 2004, 30 f.

Säcker, Franz Jürgen/Rixecker, Roland (Hrsg.): Münchener Kommentar zum Bürgerlichen Gesetzbuch, Bd. 2: Schuldrecht Allgemeiner Teil §§ 241–432, 6. Aufl., München 2012 (zit. MüKo-BGB/*Bearbeiter*)

Säcker, Franz Jürgen/Rixecker, Roland/Oetker, Hartmut (Hrsg.): Münchener Kommentar zum Bürgerlichen Gesetzbuch, Bd. 11: Internationales Privatrecht II, Internationales Wirtschaftsrecht, Einführungsgesetz zum Bürgerlichen Gesetzbuch (Art. 25–248), 6. Aufl., München 2015 (zit. MüKo-BGB/*Bearbeiter*)

Scherer, Inge: „Case law" in Gesetzesform – Die „Schwarze Liste" als neuer UWG-Anhang, NJW 2009, 324–331

dies.: Der EuGH und der mündige Verbraucher – eine Beziehungskrise?, WRP 2013, 705–709

dies.: Die „Verbrauchergeneralklausel" des § 3 II 1 UWG – eine überflüssige Norm, WRP 2010, 586–592

dies.: Die „wesentliche Beeinflussung" nach der Richtlinie über unlautere Geschäftspraktiken, WRP 2008, 708–714

dies.: Die Leerformel vom „hohen Verbraucherschutzniveau", WRP 2013, 977–980

dies.: Die Neuregelung der aggressiven geschäftlichen Handlungen in § 4a UWG, GRUR 2016, 233–242

dies.: Die weißen Flecke in der Schwarzen Liste – Teleologische Tatbestandsrestriktion bei generell fehlender geschäftlicher Relevanz, WRP 2014, 771–776

dies.: Erdrutsch im deutschen Lauterkeitsrecht – Europarechtswidrigkeit des § 4 Nr. 6 UWG, NJW 2010, 1849 f.

dies.: Lauterkeitsrecht und Leistungsstörungsrecht – Veränderung des Verhältnisses durch § 2 I Nr. 1 UWG?, WRP 2009, 761–767

dies.: Massiver Irrtum bei Nr. 17 der „Schwarzen Liste" des UWG-Anhangs? – Zugleich Besprechung von EuGH, Urteil vom 18.10.2012 – C-428/11 – Purely Creative u. a./Office of Fair Trading, WRP 2013, 143–146

dies.: Ungeschriebenes Tatbestandsmerkmal für die „Geschäftspraxis" nach Art. 2 d) UGP-RL – Weitreichende Konsequenzen für die „geschäftliche Handlung" nach § 2 Abs. 1 Nr. 1 UWG?, WRP 2014, 517–522

dies.: Was bringt die „Schwarze Liste" tatsächlich? – Bestandsaufnahme und Konsequenzen, WRP 2011, 393–400

dies.: Wohin mit der „Insolvenzmasse"? – Grundsätzliches zum geplanten Wegfall von § 4 Nr. 1, Nr. 2 UWG, WRP 2015, 148–152

Schlagelambers, Jana: Die Verwendung unwirksamer Allgemeiner Geschäftsbedingungen als unlautere Geschäftspraktik im europäischen und deutschen Recht, Göttingen 2011 (zugl. Diss. Kiel 2011)

Schlingloff, Jochen: Keine Änderungen für die Rechtspraxis? Ein erster Blick auf den Referentenentwurf zur Änderung des UWG, WRP 2014, 1424–1426

Schmidt, Martin: Konkretisierung von Generalklauseln im europäischen Privatrecht, Berlin 2009 (zugl. Diss. Berlin 2008)

Schork, Daniela: Imitationsmarketing – Die irreführende vergleichende Werbung nach Art. 6 Abs. 2 lit. a UGP-RL, § 5 Abs. 2 UWG, Tübingen 2011 (zugl. Diss. Konstanz 2010)

Schöttle, Hendrik: Aus eins mach zwei – die neuen Generalklauseln im Lauterkeitsrecht, GRUR 2009, 546–551

ders.: Die Schwarze Liste – Übersicht über die neuen Spezialtatbestände des Anhangs zu § 3 Abs. 3 UWG, WRP 2009, 673–683

Schricker, Gerhard: Gesetzesverletzung und Sittenverstoß – Rechtsvergleichende Untersuchung zur wettbewerbsrechtlichen Haftung bei Verletzung außerwettbewerblicher Normen, München 1970
ders.: Gratisverteilung von Tageszeitungen und das Gesetz gegen unlauteren Wettbewerb, AfP 2001, 101–106
Schroeder, Werner/Müller, Andreas Th.: Das Recht des Binnenmarktes – Entwicklungslinien, Herausforderungen und Perspektiven, in: Wagner, Alice/Wedl, Valentin (Hrsg.): Bilanz und Perspektiven zum Europäischen Recht, Wien 2007, S. 87–111 (zit. *Schroeder/Müller*, in: Wagner/Wedl)
Schünemann, Wolfgang B.: „Unlauterkeit" in den Generalklauseln und Interessenabwägung nach neuem UWG, WRP 2004, 925–936
ders.: Generalklausel und Regelbeispiele, JZ 2005, 271–279
Schürnbrand, Jan: Die Grenzen richtlinienkonformer Rechtsfortbildung im Privatrecht, JZ 2007, 910–918
Schwarze, Jürgen (Hrsg.): EU-Kommentar, 3. Aufl., Baden-Baden 2012 (zit. Schwarze/*Bearbeiter*)
Seichter, Dirk: Der Umsetzungsbedarf der Richtlinie über unlautere Geschäftspraktiken, WRP 2005, 1087–1095
Soergel, Hans Theodor (begr.)/*Siebert, Wolfgang* (Hrsg.): Bürgerliches Gesetzbuch mit Einführungsgesetz und Nebengesetzen – Kohlhammer-Kommentar, Bd. 2: Schuldrecht I (§§ 241–432), 12. Aufl., Stuttgart 1990
Sonntag, Marcel: Das BGB unter europäischem Einfluss – Eine Analyse der Mindest- und Vollharmonisierung von Richtlinien im Verbraucherprivatrecht, Hamburg 2009 (zugl. Diss. Münster/Westfalen 2008)
Sosnitza, Olaf: Der Gesetzentwurf zur Umsetzung der Richtlinie über unlautere Geschäftspraktiken, WRP 2008, 1014–1034
ders.: Der Regierungsentwurf zur Änderung des Gesetzes gegen den unlauteren Wettbewerb, GRUR 2015, 318–322
ders.: Die Richtlinie über unlautere Geschäftspraktiken – Voll- oder Teilharmonisierung?, WRP 2006, 1–7
Steinbeck, Anja: Die Zukunft der aggressiven Geschäftspraktiken, WRP 2008, 865–870
dies.: Richtlinie über unlautere Geschäftspraktiken – Irreführende Geschäftspraktiken – Umsetzung in das deutsche Recht, WRP 2006, 632–639
Steiner, Helmut: Der Kurzschluß der Marktwirtschaft – Instrumentalisierung und Emanzipation des Konsumenten, Berlin 1999
Stillner, Benjamin: Irreführung über Verbraucherrechte – Das Aus für die „Flucht in die Rechtsauffassung" – Zur Notwendigkeit einer richtlinienkonformen Auslegung von § 5 Abs. 1 S. 2 Nr. 7 UWG sowie Anmerkungen zu § 5 Abs. 1 UWG RegE, WRP 2015, 438–442
Streinz, Rudolf (Hrsg.): EUV/AEUV Kommentar, 2. Aufl., München 2012
Stuyck, Jules/Terryn, Evelyne/van Dyck, Tom: Confidence through fairness? The new Directive on unfair business-to-consumer commercial practices in the internal market, CML Rev. 2006, 107–152
Tamm, Marina/Tonner, Klaus (Hrsg.): Verbraucherrecht – Beratungshandbuch, Baden-Baden 2012
Tamm, Marina: Verbraucherschutzrecht – Europäisierung und Materialisierung des deutschen Zivilrechts und die Herausbildung eines Verbraucherschutzprinzips, Tübingen 2012

Teplitzky, Otto/Peifer, Karl-Nikolaus/Leistner, Matthias (Hrsg.): Gesetz gegen den unlauteren Wettbewerb – Großkommentar, Bd. 1: Einleitung; §§ 1–3, Bd. 2: §§ 4–7, 2. Aufl., Berlin/Boston 2014 (zit. GK-UWG/*Bearbeiter*)
Timm-Wagner, Birte: Die Umsetzung der Richtlinie über unlautere Geschäftspraktiken in Deutschland, GRUR 2013, 245–248
Ullmann, Eike (Hrsg.): juris PraxisKommentar UWG – Gesetz gegen den unlauteren Wettbewerb, 3. Aufl., Saarbrücken 2013 (zit. jurisPK-UWG/*Bearbeiter*)
ders.: Das Koordinatensystem des Rechts des unlauteren Wettbewerbs im Spannungsfeld von Europa und Deutschland, GRUR 2003, 817–825
Vedder, Christoph/Heintschel von Heinegg, Wolff (Hrsg.): Europäisches Unionsrecht, Baden-Baden 2012
Veelken, Winfried: Kundenfang gegenüber dem Verbraucher – Bemerkungen zum EG-Richtlinienentwurf über unlautere Geschäftspraktiken, WRP 2004, 1–30
Verbraucherzentrale Bundesverband e.V.: Stellungnahme zum Referentenentwurf eines Zweiten Gesetzes zur Änderung des Gesetzes gegen den unlauteren Wettbewerb – Lauterkeitsrecht behutsam anpassen: Schutzniveau für Kinder, Alte und Behinderte darf nicht abgesenkt werden, WRP 2015, 177–180
Vesting, Thomas: Rechtstheorie, München 2007
Volkmann, Uwe: Veränderungen der Grundrechtsdogmatik, JZ 2005, 261–271
von der Groeben, Hans (begr.)/*Schwarze, Jürgen* (Hrsg.): Kommentar zum Vertrag über die Europäische Union und zur Gründung der Europäischen Gemeinschaft, Bd. 1: Art. 1–53 EUV; Art. 1–80 EGV, 6. Aufl., Baden-Baden 2003 (zit. von der Groeben/Schwarze/*Bearbeiter*[6])
von der Groeben, Hans (begr.)/*Schwarze, Jürgen/Hatje, Armin* (Hrsg.): Europäisches Unionsrecht, Bd. 4: Art. 174 bis 358 AEUV, 7. Aufl., Baden-Baden 2015 (zit. von der Groeben/Schwarze/Hatje/*Bearbeiter*)
von Hayek, Friedrich August: Die Anmaßung von Wissen, ORDO 26 (1975), 12–21
von Staudinger, Julius (begr.)/*Magnus, Ulrich* (Redaktor): Kommentar zum Bürgerlichen Gesetzbuch – Internationales Wirtschaftsrecht, Berlin 2010 (zit. Staudinger/*Bearbeiter*)
Wagner, Matthias: Das Konzept der Mindestharmonisierung, Berlin 2001 (zugl. Diss. Bayreuth 1999)
Weber, Martin: Grenzen EU-rechtskonformer Auslegung und Rechtsfortbildung, Baden-Baden 2010 (zugl. Diss. Bonn 2009)
Wendehorst, Christiane C.: Auf dem Weg zu einem zeitgemäßen Verbraucherprivatrecht: Umsetzungskonzepte, in: Jud, Brigitta/Wendehorst, Christiane C. (Hrsg.): Neuordnung des Verbraucherprivatrechts in Europa? – Zum Vorschlag einer Richtlinie über Rechte der Verbraucher, Wien 2009, S. 153–188 (zit. *Wendehorst*, in: Jud/Wendehorst)
dies.: Das deutsche Umsetzungskonzept für die neue Verbraucherkreditrichtlinie, ZEuP 2011, 263–291
Wiebe, Andreas: Die „guten Sitten" im Wettbewerb – eine europäische Regelungsaufgabe?, WRP 2002, 283–293
ders.: Umsetzung der Geschäftspraktikenrichtlinie und Perspektiven für eine UWG-Reform, JBl 2007, 69–81
Wiring, Roland: § 5 UWG über irreführende geschäftliche Handlungen: Eine Norm, die irreführt?, NJW 2010, 580–582

Wunderle, Timo: Verbraucherschutz im Europäischen Lauterkeitsrecht – Theoretische Grundlagen, gegenwärtiger Stand sowie Perspektiven der Rechtsentwicklung, Tübingen 2010 (zugl. Diss. Bayreuth 2009)

Würtenberger, Gert/Loschelder, Michael: Stellungnahme der Deutschen Vereinigung für gewerblichen Rechtsschutz und Urheberrecht zum Entwurf eines Zweiten Gesetzes zur Änderung des Gesetzes gegen den unlauteren Wettbewerb, GRUR 2014, 1185–1187

Wuttke, Tobias: Die Bedeutung der Schutzzwecke für ein liberales Wettbewerbsrecht (UWG) – Zugleich eine Anmerkung zu BGH I ZR 234/03 – Warnhinweis II, WRP 2007, 119–127

Zabel, Matthias: Das Regelungskonzept des § 3 UWG und die lauterkeitsrechtliche Beurteilung von Gewährleistungsausschlüssen in Verbrauchsgüterkaufverträgen – Teil 1, VuR 2011, 403–409

Zentralverband der deutschen Werbewirtschaft e.V. (ZAW): Anmerkungen zum Entwurf eines Zweiten Gesetzes zur Änderung des Gesetzes gegen den unlauteren Wettbewerb, WRP 2015, 180–183

Sachregister

MIX

Papier | Fördert gute Waldnutzung

FSC® C083411

Kolibri 360 GmbH
Ferdinand-Jühlke-Straße 7
99095 Erfurt, Deutschland
produktsicherheit@kolibri360.de